U0918960

为你钻取

智慧之火

Get the fire of wisdom for you

广州传（上册）

叶曙明 著

SPM
南方出版传媒
广东人民出版社
·广州·

图书在版编目（CIP）数据

广州传 / 叶曙明著．—广州：广东人民出版社，2020.6（2022.1重印）
ISBN 978-7-218-14253-1

Ⅰ. ①广… Ⅱ. ①叶… Ⅲ. ①广州—地方史 Ⅳ. ①K296.51

中国版本图书馆CIP数据核字（2020）第065516号

GUANGZHOUZHUAN
广 州 传
叶曙明 著

出 版 人：肖风华

选题策划：汪 泉
责任编辑：汪 泉
文字编辑：刘飞桐 于承州
装帧设计：赵焜森
内文设计：奔流文化
责任技编：周星奎

出版发行：广东人民出版社
地 址：广州市海珠区新港西路204号2号楼（邮政编码：510300）
电 话：（020）85716809（总编室）
传 真：（020）85716872
网 址：http://www.gdpph.com
印 刷：广东信源彩色印务有限公司
开 本：889毫米×1194毫米 1/32
印 张：25.75 **字 数**：550千
版 次：2020年6月第1版
印 次：2022年1月第4次印刷
定 价：148.00元

如发现印装质量问题影响阅读，请与出版社（020-85716849）联系调换。
售书热线：（020）85716826

城区俯瞰，可以见到远处的光塔和岭南第一楼

俯瞰珠江

观音山

光孝寺

广府学宫碑亭

广州的商业街道

广州的街道

广州孔庙

惠爱路（1924年）

六榕寺

南海学宫的大成殿及殿前的露台。当时大殿已经缺门少窗，露台及台阶上可见英法联军的军人

南面的城墙

清代的广州牙雕

十三行的浩官花园

五仙观牌楼

长堤大马路

越秀山佛山牌坊

正北门（大北门）

正西门

珠江上的花艇

目录

第一章 城的诞生

广州，因水而生，因水而美，因水而荣，曾经是一座河道如巷、水系成网的水城。

第二章 海上丝路

每次广州渐入佳境的时候，总有一股横发逆起的力量，半路杀出，将蒸蒸日盛的上升势头，猝然拦腰斫断。这种悲剧，在黄巢之前，上演过多次；在黄巢之后，也有多次上演，好像成了这座城市逃不脱的宿命。

第九章 城坊岁月 507

1838年，在伦敦举办了一场很轰动的展览，展出巨幅的广州风景画，在展览画册上注明："此作品源于广州画家通呱之原创作品，其作品以高度写实而闻名。"

第十章 十字路口 611

经过充满喧嚣、忙乱、尘土飞扬的1919年，永汉、万福、惠爱、文德等马路，陆续开通。双十节那天，由军政府总裁伍廷芳、督军莫荣新主持，在永汉路举行开车与开路典礼。

第十一章 699 破与立

广州人最殷切期待的就是赶快清理战争的废墟，重建这座城市。广州受灾最严重的，是西堤至黄沙一带，以前这里是广州各种栏口集中的地方，沦陷前受日本飞机的反复轰炸，国民党撤退时又纵火焚烧，抗战后期复被盟军飞机轰炸，西堤附近已成废墟。

第一章　城的诞生

广州，因水而生，因水而美，因水而荣，曾经是一座河道如巷、水系成网的水城。

山与海之间

茫茫无涯的大海，波涛缓缓地涌起，缓缓地沉落，又缓缓地涌起，有如大地的呼吸，一起一伏；隆隆的巨响，仿佛来自大地腹腔深处，随着海浪的节奏，滚滚而来，滚滚而逝；无论吹东南风，还是西北风，无论是黎明，还是黄昏，海浪从不止歇。天地之间，除了水，似乎什么也没有了。

但终于有一天，浩瀚的水面，露出一块粗粝的礁石，最初只是一个小黑点，有时会被滔滔海水淹没，不见了踪影，但几天之后又露了出来，还渐渐扩大，渐渐高隆，成了一个小岛。小岛渐渐长大，海水再也淹没不了它了。不知从何时起，岛上的岩石缝隙间，长出第一株青翠的小草。第一粒草籽也许是风吹来的，也许是候鸟带来的，也许是从海底爬上来的，总之它就这么不可思议地来了，而且生根发芽了。

海面的岛屿越来越多，渐渐连成一片，迎接着来自遥远北方的千百条河流，河水以雷霆万钧之势，穿过南岭山脉，把无穷的砂砾推向大海。经过千万年的地貌变迁，海水退却，陆地隆起，一片陆地形成了。后来人们把这个地方称为——珠江三角洲。

广州在珠江三角洲北缘，再往北就是绵延千里的南岭，西江出肇庆羚羊峡，北江出清远飞来峡，东江出博罗田螺峡，三江来水，汇成浩浩珠江，最后通过八大门河口，奔流入海，形成了众多的溺谷和漏斗湾。南海古时有“涨海”“沸海”之称，其磅礴恣肆的气势，可以想及。清代咸丰三年（1853）《顺德县志》有记载：“昔者五岭以南皆大海耳，渐为洲岛，渐成乡井，民亦藩焉。”海潮一日两涨，枯水期江水势弱，海潮从各个河口涌入珠江三角洲腹地，甚至远溯至清远山区。

在距今约六七千年的新石器时代，更多岛屿浮出水面。广州的海珠区，也在这时成为一个大岛。海珠区的七星岗，只要往地下挖几米，就会遇到藏着大量海洋软体动物的贝壳和微体化石的淤层。地理学家于1937年在七星岗发现了海蚀崖和海蚀平台的地貌结构，从而认定这里曾是南海溺谷湾的一部分。

从地理学来看，溺谷湾最显著的特征之一，就是海岸在长年累月的潮水冲击下，会堆积形成沙堤。七星岗东南方的松岗，就横亘着一道高出珠江准点平原一米多的沙堤。这一发现，吸引地貌学者纷至沓来。随后，他们在赤沙、鹭江、赤岗，陆续发现了古沙堤的痕迹。遥想当年，这个如今熙熙攘攘的闹市区，曾经浪涛汹涌。

人们在中山四路发掘出一个秦代遗址，有部分学者判断其为造船的船台，这意味着，秦汉时中山四路以南，便是溺谷湾的滩涂水岸，否则船只无从下水。在遗址下面的淤泥中，采到了几十枚泥蚶——一种生活在咸水中的软体动物。有趣的是，它们的贝壳是闭合的，属于自然死亡，并非人们食用后丢弃的空壳。这表明当时中山四路以南的珠江水，就像海水一样是咸的。

直到20世纪70年代，广州人仍习惯把穿城而过的珠江称为“海”。天字码头、沿江路一带被称为“海皮”；渡江叫作“过海”；城厢有多条“海傍街”。有人认为这只是方言，并非真的指大海。但早在东汉，《汉书》中就说番禺（广州）“处近海”，《汉书》作者班固是陕西咸阳人，应该是说关中语的，但关中语并没有把江说成海的习惯。三国东吴中书丞华覈上表举荐交州刺史陆胤时，亦称广州“州治临海，海流秋咸”。华覈是江苏丹徒人，也不懂广州方言。另一位交州刺史步骘评价广州地理：“斯诚海岛膏腴之地，宜为都邑。”他把广州形容为海岛，其实它更像一个半岛。步骘是江苏淮阴人。唐代诗人高适留下了诗句：“海对羊城阔，山连象郡高。”他是河北景县人。宋代诗人杨万里诗曰：“大海更在小海东，西庙不如东庙雄。”他笔下的“大海”，是指扶胥南海神庙一带，而“小海”则指今荔湾地区。杨万里是江西吉水人。

这些外省人都不熟悉广州方言，却不约而同采用了“海”的说法。由此可以推断，广州人把珠江称为海，既不是方言，也不是井蛙之见，把江河误作大海，而是千万年前对大海的记忆，代代相传，留存下来了。濒海地区，往往受咸潮影响。广州直到明朝，日常生活仍深受咸潮的困扰，每年冬季枯水期，咸潮便会从南海汹涌而至，直灌入城，连井水都是咸的，每逢夏秋台风季节，经常水漫羊城。

从侏罗纪至白垩纪，燕山期岩浆不断大规模侵入，至第三纪的喜马拉雅造山运动，广州地区形成了瘦狗岭断裂带、广从断裂带和广三断裂带这三大断裂带。沿海地貌出现先降后升的变化，从海里冒出的沙洲、岛屿越来越多，南沙、番禺至虎门出海口，大小岛屿，星罗棋布。广州著名的三石：海珠石、海印石、浮丘石，原来都是沉浮于海中的小岛。

宋人方信孺形容广州的地形是“万山滚滚尽东来”。大庾岭自北逶迤而来，至广州分为三十余峰，逐级而下，白云山为第一级，越秀山为第二级，禺山、番山为第三级。明末清初屈大均在《广东新语》中描述：“自白云蜿蜒而来，为岭者数十，乍开乍合，至城北耸起为粤秀，落为禺，又落为番。禺北番南，相引如长城，势至珠江而止。”

番、禺二山在南汉时期已经消失。考其位置，番山大约起于今越华路，沿旧仓巷、文德路向南伸至文明路，西及北京路、西湖路。禺山大约起于广大路西端路口，经财厅前、南越王宫博物馆、城隍庙，至仓边路与中山四路交会处止，以聚星里为最高处。从高处俯瞰，二山略呈“丁”字形，山势并不算雄大。屈大均推测，番、禺二山应该很大，所以番禺县才会以它们命名，不会只是城中这两座“特培塿耳”的小山。

但屈大均在《广东新语》中没有解释，为什么一定是番禺县以番、禺二山得名，而不是反过来？历史的真相，也许是任嚣或赵佗在这里建立郡治时，登山临水，一时兴起，才把这两座无名小“培塿”，以番禺县的地名，分别命名为番山、禺山呢？

远古时代，番、禺二山与越秀山是一体的，是同一座山的不同山头，并非截然分开的三座山，正如越秀山还有越井岗、象岗、蟠龙岗、桂花岗、木壳岗、长腰岗、鲤鱼头岗等不同的山头。1954年在越秀山镇海楼后面，发现唐代天祐三年（906）的王涣墓，墓志有“番山之左，越井之下，以卜以筮，可封可树”之句，似乎证明越秀山也叫番山。其实，所谓“番山之左，越井之下”，更多是出于骈文骊句的要求，追求对仗工整而已。

越秀山的北面是白云山。这两座山也是一体的，越秀山是白云山的余脉。蒲涧清溪，飞流直下，从濂泉向西汇入金钟塘，在上下塘转向南，在越秀山东麓一分为二，一支沿今吉祥路、教育路而下，从北京路西侧汇入仙湖（今西湖路）；另一支经今小北路、仓边路，从中山四路注入珠江，得名文溪。文溪宽阔浩大，风帆可过。仓边路一带，布满河汊水道、曲渚回湾，夹岸丰草绿缛，佳木葱茏，鸟鸣在枝，鱼跃在水。

大东门以东，统称“东山”。南部虽有冲积平原（沙洲），但形成年代较晚，北部受瘦狗岭断裂带的挤压，连片的低丘台（岗），自北向南倾斜，延绵不绝，有蟾蜍岗、竹丝岗、木棉岗、柏子岗、马棚岗、螺岗、大眼岗、和尚岗、青菜岗、天圣岗、玉子岗、竹园岗、蚬壳岗、横枝岗、黄花岗、英雄岗、白灰牛、大云头、猫儿岗、象栏岗、大水牛岗、松岗、水均岗、龟岗、西元岗、木荫岗等，溪流沟壑，纵横交错，灌木丛生，野兽出没。明代成化二十一年（1485）的《敕赐永泰禅寺碑记》，描述东山口的地理环境："千金山列于左，印山列于右，观音、弥陀、马鞍、白云诸山当其前，州冈山拥其后，前临白云溪，后滨珠海水，高明幽雅，真胜境也。"

西门口附近，直到三国时，还是烟波浩渺的水域。经地质钻孔，在今文化公园、天成路、大德路、宝源路、西堤、光塔路、大南路、大德路等地的地层下，都发现了蚝和泥蚶的贝壳。宝源路地层中发现的海贝，经鉴已有两千多年历史，说明秦、汉时代，这里还是水天相连。这也印证了《南海百咏续集》所说，西门口外，"汉魏时，此处尚属汪洋耳"。相传晋代葛洪在今中山七路的小岛浮丘石上炼丹，曾经从水井中捞出一丛珊瑚，大家都说这是海神献来的瑞物，于是把水井命名为珊瑚井。清代乾隆年间，有人在元妙观（今中山六路）开垦菜地，挖出了一条古船。

广州，因水而生，因水而兴，因水而美，因水而荣，曾经是一座河道如巷、水系成网的水城。无数的河涌溪流，纵横交错，千回百转，滋润着广州大地，为这座文明古城带来无限的生机。屈大均曾盛赞广州水脉："盖会城沙水气脉，起伏周环，有情有势，真天地造设之奇。"

岭南地区的新石器时代，始于八千多年前，经历了四千多个春秋，进入青铜时代。在这段漫长的历史中，水处行舟的古越人，一直在南海之滨，过着狩猎捕鱼的生活，与中原纷乱不已的征战，似乎十分遥远。

“越族”常被人误以为是一个民族，其实它只是文人史家的杜撰，指向十分宽泛，最初是指商朝时活跃于河南、甘肃、陕西的某些部落族群；到战国时，变成指长江下游的越国；越国亡后，又变成泛指所有生活在中国东南部的土著。正如《路史》所说，越族“自交趾至会稽七八千里，百粤杂处，各有种姓”，虽然他们的语言、文化、习俗和社会结构，都不尽相同，却被一个模糊的“越族”概念，统而括之。这种情况，就像19世纪广州人叫洋人为“番鬼”一样，并不具有任何人类学的意义。

广州人究竟是些什么人？有人说与北方人同属蒙古人种，有人说是马来人种，也有人辩称马来人种就是蒙古人种的南亚类型，大家争论不休。种族的划分，为人的体格、相貌、肤色特征，赋予了强烈的社会内涵，更多时候，只是为了对不同人群作文化定位，把对角色的预期合理化而已。事实上，眼睛大小、颧骨高低、小脚趾甲有没有分瓣、屁股有没有长蒙古斑，并不会引起文化的本质差异。

春秋战国时代，生活在西北黄土高原的人，把东南沿海的人称为越族，也是基于想象的一种“文化建构”，虚构成分大于事实。在这种观念之下，分布在浙江、福建、江西、湖南南部及两广地区的众多部族，虽然互不相属，但统称为越族。它们的名称五花八门，有越常、瓯越、且瓯、南越、禽人、海癸、蛮扬等，如温州一带的人就被称为东瓯，广东的越族被称为南越，粤西至广西一带的人被称为西瓯或骆越，有时会被统称为瓯骆人。

在南越人居住的两广地区，迄今已发现大量的旧石器时代文物，包括各种石制工具和人类化石，可证其文明历史，有自己的成长路径。但在中原人看来，南越也罢，骆越也罢，都是未开化的“南蛮”。战国或更早时期成书的《山海经》说南人“其为人人面有翼，鸟喙”，是近乎半人半鸟的怪物；在北齐（550—577）时期所著的《魏书》中，也还是把岭南人形容为“鸟声禽呼，言语不同；猴蛇鱼鳖，嗜欲皆异”。唐朝名臣韩愈把岭南描写成“恶溪瘴毒聚，雷电常汹汹”的瘴疠之地，一入岭南，便不作生还之想，嘱家人“好收吾骨瘴江边”。

在文化历史研究中，存在一个有趣现象：凡进入岭南的中原人，都被描述成“传播文明”的使者；如果某种优良的器物或技术，在岭南与中原都存在，那一定是从中原传到岭南的；岭南的每一个进步，都是在中原的教导下完成的；岭南文化的每一步发展，都是伴随着中原人的南迁而来的。“天不生仲尼，万古如长夜”，在王道正统的眼里，岭南的文明史，就是一部接受王道教化的历史，最后也要通过出了多少举人、多少进士、多少状元，来接受中原正统文化的验收。这已成了民间与学界共同的思维定式。

屈大均曾说：“粤处炎荒，去古帝王都会最远，固声教不能先及者也。”似乎离帝王都会的远近，成了文明的指标，离帝王都会近则文明程度高，离帝王都会远则文明程度低。然而，帝王都的声教，并不是文明的唯一代表。各地都有自己的文明，是生活在不同地区的人，以自己独特的生活方式创造出来的。这才是最恒久的、最基本的文化之源。

广州老城区（指越秀山以南地区）成陆较晚，旧石器时代，还是一片烟波之地。但到了新石器时代，随着越秀山下的陆地越来越多，成片的红树林慢慢成长起来，杂花生树，草长莺飞，野猪、麂、鹿、猴和各种啮齿动物、昆虫，开始出没活动。从那时起，第一代的广州人，便在这里安下他们的家了。1954年，海珠区中山大学的师生，在校园内的马岗顶，采集到几件新石器时期的双肩石斧和石镞，经专家考证，是四五千年前的遗存。这是在广州市区内第一次发现先秦文物。

1956年，中山大学地理系在飞鹅岭（今华南植物园）附近也发现了石凿、石镞、有肩石斧、砺石、玉环、一些有印纹的软陶和夹砂粗陶片。20世纪50年代以来，从化吕田多次发现史前社会的文化遗物。1961年在增城金兰寺发现新石器时代至战国时期的文化遗存。1965年在萝岗区暹岗、大岭岗南发现了几件古老的青铜器，不久又发现大批印纹陶片和石器。1999年在萝岗发掘出很多春秋战国时期的硬陶器。

21世纪以后，更多地处广州的先秦遗址，重见天日。2000年在增城石滩围、2006年在萝岗隔田山、2008年在增城猪头山、2013年在萝岗来峰岗，都发掘出数量可观的先秦文物。2017年秋至2018年春，在黄埔区九龙镇汤村发现了新石器时代晚期至夏商之际的墓葬174座、普通灰坑111座、窑穴类灰坑19座、柱洞302个，出土陶、石、玉等不同质地的小件文物500多件。堆积之丰富，遗迹之复杂，令人叹为观止。

这些先秦遗址，大部分在东北郊，似乎离老城区越近越少，这就造成一种错觉：广州的文明程度，不如周边的深山野墺。其实原因是，直到秦朝，中山路以南、中山六路以西的地区，仍是大片水域与滩涂，退潮时烂泥盈积，涨潮时尽成泽国，人们只能选择在中山路以北，越秀山以南这段地势较高的狭窄地区居住，借着番山、禺山的山势，躲避珠江大潮和洪水的威胁。2009年在西湖路的大佛寺工地，挖出了广州老城区迄今唯一的先秦文化遗存。当年这里是番山西麓，林木繁荫，倚山临水，是个很好的聚居点。

广州自秦汉时任嚣立寨、赵佗建城，一直是岭南的政治文化中心，许多文化遗存，因城区不断地移山凿湖，大兴土木而遭到破坏，不被南越国破坏，就被南汉国破坏，逃得过宋朝，也逃不过明朝，每次战乱，都被摧残一番。民国以后，作为一个现代城市，广州进行了几轮大规模开发建设，古迹遗物更如疾风吹箨、虎荡羊群一般，十不存一了。历史的露往霜来，就这样无情地把我们的记忆，一点一点淡化。

但记忆不会被完全抹去。1982年考古人员在广州市白云区新市葵涌龟岗，发掘出石斧、石锛、砺石、网坠、纺轮等物，还有各种釜、罐、盘、鼎、钵、豆等器皿的残片。石器的形制，不再像旧石器时代那样单一不变，而是花样百出，用途越来越专门化；工艺也从早期的打制，发展成磨制。2000年、2002年在南沙鹿颈村挖出了大量新石器时代晚期至商朝的陶、石器物和鱼骨、兽骨、贝壳等，甚至还有一具三千多年前的完整男性人体骨架。这两个遗址都在水边，自然环境与广州老城区很相似，让人可以展开想象，一窥远古时代先民的生活图景。

广州春夏秋三季，都是阑风长雨的天气，所谓“夏季东风恶过鬼，一斗东风三斗水”，加上老城区前有珠江大潮，后有白云山洪水，房子被淹浸和冲垮，乃家常便饭。为了应付这种地势卑湿、瘴气凝聚的自然条件，越人发明了干栏式房子。

在越语中，“干”是上面的意思，“栏”是房子。顾名思义，这种房子大多用竹竿、木棍、干草和泥巴搭建，分上下两层，上层用木柱架空，离地面约两米，搭梯子上下，供人居住；下层架空，用来养家畜或放杂物。有些房子倚山而建，后部建在山坡实地上，前部悬空，称为“吊脚楼”，算是半干栏式建筑。

南宋人周去非对干栏建筑的描述是：“深广之民，结栅以居，上施茅屋，下豢牛豕。栅上编竹为栈，不施椅桌床榻，唯有一牛皮为裀席，寝食于斯。”他称之为“麻栏”。而在《魏书》和《新唐书》中，则称为“干栏”。晋朝《博物志》说：“南越巢居……避寒暑也。”其实主要是为了防水、防潮、防毒虫野兽，避寒暑倒不是最重要的。

在陆地生活的越人，喜欢把头发束成椎髻，或编成辫子。不同的发饰，往往成为一个部族的标志。他们用树皮或兽皮做成衣服来防寒，发明纺车后，可以纺织麻布了。大多人是赤足而行，上身穿左衽短衣，无领短袖，下身穿“无袴”短裤，其实就是用一幅布围起来，有的称之为“桶裙”；还有一种衣服，是在一幅布上剪个洞，从头套入，称为“贯头”。越人有凿齿的习俗，青年男女到了一定年龄，就要硬生生拔掉一两颗牙齿，作为成年的标志。这无疑是一件极疼痛的事情。

虽然房子简陋，食物也很粗糙，风餐露宿，备尝艰难，但并不妨碍越人对美好事物的追求。他们把本地出产的珠玑、玳瑁、象齿、贝壳、翠羽等，做成精巧的首饰，佩戴在身，倍显光彩照人。在广州龙洞飞鹅岭、青山岗、菱塘岗一带，曾发现一只四千多年前的完整玉环，直径9.1厘米。在新市葵涌的遗址，有两块黑色页岩磨制的石环残段，颇为抢眼。它们原本是装饰用的石环，以当时的工艺水平来看，造型柔美，手工精致，钻孔和打磨技术，已十分高超。

广州先民讲究生活的质量，细节上并不马虎。在大佛寺的先秦遗址，清理出近两百块夹砂灰陶和泥质灰陶的残片，可以辨认出是釜、钵、盘、罐、豆、尊、壶的残件。釜用来烹饪，罐用来贮存物品，盘和豆盛食物，樽和壶装酒水。不同的器皿，有不同的功用，大大小小，各司其职，井井有条。

器物不仅要实用，而且要美观。从广州附近出土的陶器来看，器型普遍较小而且胎薄，有大口卷沿折肩的圈足罐，有圆唇弧腹圜底的杯形罐，有小口广肩鼓腹的圈足尊、圈足豆，有圆唇折沿敞口弧腹圜底釜。每件器皿都拍上花纹，尽量做得悦目娱心。纹饰以绳纹居多，包括细绳纹和线状绳纹，还有曲折纹、方格纹、云雷纹、条纹、网格纹以及三角圆点凸纹，有的绳纹互相交错，与圆圈纹、双圆圈纹、指甲纹、排列状戳印小涡纹等构成复杂而精细的图案，呈现质朴淳厚的味道，显示出一种典雅的审美眼光。这就是文明的表征。

不难想象，家里使用如此繁夥的器皿，说明他们拥有一定的物质生活水准。如果家无隔夜粮，吃了上顿没下顿，要这么多釜鼎钵罐做什么？自古“民以食为天”，开门七件事，柴米油盐酱醋茶，都是为了吃，食物是头等重要的。这些坛坛罐罐，第一用来烹饪食物，第二用来盛放食物，第三用来贮藏食物。

住山里的人，每天奔走于山林，猎杀动物和采集野菜、野果；住水边的人，则划船出海，捕捞鱼虾蚝蚬。靠山吃山，靠水吃水，都不太会耕种。只有住平原的人，才会面朝黄土背朝天，火耕水耨。广州山环水抱，大部分是岗地，可以耕种的平坦之地不多，而水陆物产丰富，人们自然会选择狩猎、渔捕、采集，而不是耕田，作为主要的营生。

广州人善造舟。《山海经》记载：“帝俊生禺号，禺号生淫梁，淫梁生番禺，是始为舟”，所谓番禺者，即指今广州一带的百越先民，他们的历史，从上古时代开始，便与造船紧密相连。男人们个个体格强壮，活龙鲜健，上山是猛虎，入水是蛟龙。他们很早就学会了“刳木为舟”和编织渔网。把大树剖开，挖空中间，做成独木舟，在水上往来如风；绞动纺轮，用麻纤维编织渔网；把石制的网坠系在渔网下面，加快它的下沉，以捕捞更多的鱼蚌。渔民的装束，大多是“断发文身”，即剪短头发，在身体上刻画鱼龙纹饰，涂上颜料。《庄子》说：“越人断发文身。”《说苑》也说：“彼越……是以剪发文身，烂然成章，以象龙子者，将避水神也。”断发、剪发是为了方便水下作业，文身最初是想扮成鱼蚌同类，迷惑它们，后来变成了一种趋吉避凶的个人爱好。

珠江每月的初一潮涨，初四退；十五复涨，十八退。人们称涨潮期为“水头”，退潮至下一次涨潮为“水尾”。《羊城古钞》说：“春、夏水头盛于昼，秋、冬盛于夜；春、夏水头大，秋、冬小。”那时虽然没有月历，但善渔者根据天文气象，对潮水的涨退，了如指掌，“水头鱼多，水尾鱼少，不如沓潮，鱼无大小”。沓潮就是旧潮未退尽，而新潮初起最盛时，捕捞收获必大。这是他们的经验之谈。

猎兽也是先民重要的食物来源。在众多先秦遗址里，除了发现龟甲、蚬、蚌、螺、蚶等软体动物贝壳和鱼骨之外，还有鹿、野猪、豪猪的骨骼，鹿角和鳄鱼骨架。东汉时期广州人杨孚在公元一世纪写的《异物志》一书，记载了广州的三十多种动物，包括狐母、猩猩、殃牛、大猪、�狼、鼠母、鼯、灵狸、白蛤狸等，水里则有鲸鲵、鲛鱼、鼍风鱼、鹿鱼等。

对生活在山海之间的广州人来说，各种飞禽走兽、蛇虫鼠蚁，都可成馔。明代《百夷传》写道，广州人“鳅、鳝、蛇、鼠、蜻蜓、蝮、蛟、蝉、蝗、蚁、蛙、土蜂之类以为食，鱼肉等汁暨米汤信宿而生蛆者以为饮”。尽管每天日晒雨淋，饱经霜露辛苦，但餐桌上的肴菜，却一点也不单调，至少蛋白质是足够的，所以在鹿颈村发现的男性人骨，年有四五十岁，身高约1.7米，体格不逊于现代人。

种种迹象表明，新石器晚期的广州地区，已有不少人烟，形成了不同的聚落，生齿日繁。聚落之间并非“鸡犬之声相闻，老死不相往来”，而是你来我往，交流密切，甚至还有某种形式的交易。最明显的例子是，不同聚落使用的石制器具，工艺如此相似，让人不禁猜想，它们好像出自同一个工匠之手。在西樵山就有二十几个石器加工场，俨然石器的生产中心，不同聚落的人，用各种物资去换取石器。

人们甚至可能已经建立起某些管理规则、行为规范。在新市葵涌的遗址，找到大量残破的石器、陶器（几乎无一完整）和动物残骨、贝壳，却没有人类居住的痕迹。那么，这些人类生活垃圾是怎么来的？这是不是一个垃圾堆填区？它是怎么形成的？为什么人们会循规蹈矩，不嫌麻烦地把垃圾运到这里丢弃？几千年前人们是用这种方法处理生活垃圾的吗？这些问题虽然不会有答案，但也饶有趣味。每一个考古的新发现，都为后人拓展了更大的遐想空间、更多的可能性，也带来了更多的不解之谜。

某些掺杂了神话的传说，追溯越族祖先，从大禹传至夏朝中原少康之世。两晋名臣贺循在《会稽志》中说：“少康，其少子号曰于越，越国之称始此。”少康的活动范围，在河南、山西一带。《国语》里有一段注文提出：越王“勾践，祝融之后，允常之子，芈姓也。”“芈”是羊的叫声，同样可以追溯到中原及西北地区。祝融的孙子季连，出生于河南，其部落生活在河南、甘肃、陕西一带，与以牧羊为业的西北羌族多有联姻。甲骨文中，

“羌”是“羊”的变体，季连部落亦以“芈”为各部落的共姓。

当时一个部落有多少人呢？夏朝时，有三百多户人家、一千五百人左右，就算大部落了。由于各部落间，不断爆发争地盘与抢人口的战争，一些部落战败，各散东西，分成几个小部落，或被其他部落吞并。不断的裂变，让人搞不清各个部落间的血缘关系，所以有“三代不同源”之说。

夏末商初，曾经显赫的季连部落也被打垮了，部落中氏族分路逃亡，熊氏一支逃至甘肃东南部（今信阳市罗山县）隐藏，休养生息。他们因善于罗网捕鸟而被叫作“罗”。武王伐纣后，周天子裂土分茅，罗被封为子爵，其封土在湖北房县，名为罗国，面积有一二百里，周朝一里相当于现代的四分之三里。熊氏另外一支被封在荆州为楚国。

罗国与楚国都是季连部落的后裔，但春秋时代，楚国吞并了罗国。罗族愤然与熊氏割席，改称罗氏，以纪念故国，南迁至洞庭湖一带。公元前391年，楚国平定了东越，但南越因有五岭为屏，楚国不能越雷池一步，罗氏便逃入了南越的地盘，建立“缚娄国”（也就是后来的博罗）。有人认为，如今两广地区，保留着大量“罗”字地名，如罗定、罗傍、罗董、罗岭、罗湖、罗欧山、罗马山等，均为罗氏南下经过的痕迹，甚至广州的“羊城”之称，也源自季连部落的共姓“芈”。

一个与岭南似乎毫不相干的中原小部落，就这样，和广州历史挂上钩了。

五羊神话，在广州传诵千年，家喻户晓。相传有五仙骑羊，各执穗禾一茎六出，降临广州，祝曰：“愿此阛阓，永无荒饥。”然后五仙腾空飞去，羊化为石。所以广州也被称为“仙城”“穗城”或“羊城”。唐代初年，羊城这个名称，已广泛流传。初唐诗人沈佺期《峡山赋》即称广东清远峡山“切惟羊城五岭之要冲”。高适的《送柴司户充刘卿判官之岭外》诗亦有“海对羊城阔，山连象郡高”之句。在唐人诗文、笔记、杂史中，“五羊城”或“羊城”的出现，屡见不鲜。

几乎所有人谈论五羊故事时，都把它说成是农业文明从中原传到岭南的象征，这是想象性随意阐释。比如《岭南民间文化》一书便总结说，五羊传说是一则“史前拓殖神话”，反映史前时代北方文明对岭南的“拓殖”，这种说法是完全错的。

五羊传说，最早出现在晋代裴渊的《广州记》，此书原版已佚，现仅存收在宋代《太平御览》里的残篇。裴渊写道：“州厅事梁上画五羊像，又作五谷囊，随像悬之。云昔高固为楚相，五羊衔谷萃于楚庭，于是图其像。广州则楚分野，故因图象其瑞焉。”冯沛祖的《越秀史稿》说，“五羊衔谷萃于楚庭”，是广州“最古老也是最著名的神话”。但我们从最古老的裴渊版本中，却看不到有神话色彩，无非是高固家里有五只羊，当地人觉得很稀罕而已。与裴渊同时代的顾微，也写了一本《广州记》，记述与裴渊相同。

显而易见，这两本最早讲述五羊故事的书，都没有说五羊是仙羊，也没有五仙的出现，直到南朝时，故事才被赋予了神话色彩。南朝宋人沈怀远在《南越志》中大笔一挥，写道“昔有五仙牵五色羊至此”，不仅多了五仙，而且羊也变成了带有仙气的五色羊。沈怀远信奉道教，曾受妾室王鹦鹉巫蛊事件牵连，被宋孝武帝发往广州，几乎杀头。五仙和五色羊的出现，是他采自民间传说，还是基于自己的信仰编造的，现已不可稽考。

这个故事后来衍生出多个版本，时间跨度逾千年，细节也愈丰富。有说五羊降临于周夷王（前895—前880年在位）时，有说降临于周显王（前369—前321年在位）时，有说降临于任嚣、赵佗征讨岭南（前222—前214年）时，也有说降临于西晋（266—316）时。情节从最初“五羊衔谷萃于楚庭”，变成后来的“五仙牵五色羊而至”，再后来变成五仙人骑着五色仙羊，驾着五朵彩色祥云，在柔美悠扬的仙乐伴奏下，从天空飘飘而降，仙人把稻穗赠给广州人后，又踏着祥云飞走了，五只仙羊却因依恋人间，留下化为石头。

然而，无论哪个版本，成书时间都不是史前，讲的也不是史前故事，与“史前拓殖”没有任何关系。岭南农业和畜牧业，不是北方传来的，广东甚至是全国最早发明种水稻的地区之一；岭南人也早就开始饲养猪、水牛和狗等家畜了。

真正与五羊有关系的，不是五仙，而是裴渊、顾微在各自的《广州记》里都提到的高固。他是历史文献中出现第一位有名有姓的广州人，楚威王时以才学闻名，做了五年楚相。明人欧大任《百越先贤志》把他列为百越先贤之一。高固的祖先是高傒，姜姓，高氏，春秋齐国大夫，姜太公的后人。姜是羌人的姓氏，而羌人以牧羊为业，奉羊为图腾，与季连部落有不少亲戚关系。因此，高固在家里养羊，也是有可能的。

近代学者对高固其人的真实性，一直很怀疑，因为高固的名字，未见于东晋以前的典籍。民间却言之凿凿，深信五羊确实降临在高固的家里，并赠了一茎六出谷穗给广州人。北宋初年，五仙和五羊传说，得到官府加持，热度骤然提升，还在广州人认为是高固故居的地方，兴建了第一座五仙祠。

这座五仙祠的地点在十贤坊，即今北京路与广卫路交界之处，先秦时是禺山西麓。在广州人心目中，高固曾在北京路居住过，五仙骑羊也是降临在北京路。后来五仙祠一度迁往他处，但宋政和年间（1113年前后），又搬回了十贤坊。南宋嘉定年间（1218年前后），五仙祠迁往西湖玉液池畔（今西湖路附近），称奉真观；南宋末年迁至今广仁路；明洪武元年（1368）毁于大火，十年后迁建于大市街（今惠福西路）。明代成化五年（1469）和清代雍正元年（1723）都对五仙观进行过重修。

至此，五仙和五羊到底具体降临在什么地方，已不再重要了。在五仙观内后殿东侧的原生红砂岩石上，有一大一小两个凹穴，为古时山坡受海水回旋冲刷侵蚀而成的瓯穴。两穴互相连通，长约三米，宽约一米，状如人的脚印，凹穴下有泉眼，名为“陀泉”。人们就说，这是仙人留下的足迹，于是围绕凹穴砌石为池，名为“仙迹池”，池壁上嵌“仙人拇迹”石匾，成为广州一处胜迹。

1925年的《广州民国日报》刊登署名“甘树熙”的文章，说他探访五仙观时，主持道人告诉他另一版本的五仙故事。在这个故事中，五仙与五羊，同为一体。当初白鹅潭是一汪弱水，行舟甚险。某日有五人雇船过潭，船至半途，忽然兴起巨浪，小船摇摇欲覆。五人投二石于水，顿时风平浪静。白鹅潭从此波澜不兴，每于月白风清之时，可以见到一对白鹅浮没于波间。这五人登岸后，行至大市街，化为石羊。明、清两代，五仙观均入选“羊城八景”，分别名为“穗石洞天”和“五仙霞洞”。当然，五羊降临只是一个民间故事，所谓仙人拇迹，也不过是附会之说。

与高固同时代的，还有一位公师隅，也久居岭南。明人欧大任的《百越先贤志》说他筑了一座南武城，是为广州建城之始，却没有指出具体位置，只说“乃往相度南海，将依山筑南武城以拟之。”后来很多人说，南武城就建在越秀山边，不知何所据而云。也许因为清初顾祖禹《读史方舆纪要》一书说：“相传南海人高固为楚威王相，时有五羊衔谷萃于楚庭，遂增筑南武城，周十里，号五羊城”，因此他们就据高固住在越秀山下，推断南武城也在越秀山下。

明、清两代的记录，距离春秋时代，太过久远，且无更多旁证，哪怕是东汉时专述吴、越两国史事的《吴越春秋》，亦无相关记载。因此所谓南武城，早经清人阮元《广东通志》指为可疑，更遭到清光绪年间《广州府志》直斥“向壁虚造，不足为据”。

楚国的势力范围止于五岭，未能征服两广，但觊觎之心是有的。楚威王请世居南越的高固任楚相，很可能就是为了谋取南越。如今在越秀山上立有一座“楚庭”牌坊，纪念楚国与广州的交往，可见广州人没把楚国当敌人。因此，比罗族逃难更合乎情理的想象是：高固是南海人，楚王派他回家乡，与越人联络感情，高固带了几只羊和一些谷穗稻米，作为见面礼送给岭南土著首领。人们第一次看见这种奇怪的动物，无不啧啧称奇，认为是天示祥瑞，高固也因此大受欢迎。结果口口相传，羊成了民间故事的主角，最后被升格为“仙”。

不管是罗氏，还是高固，他们带来了稻米，不等于广州没有稻米。两广种植稻子的历史，比楚国平百越的时间更早，在很多新石器时代的遗址中，都发现了有肩石斧，就是耕地的工具。1996年在广东英德云岭狮石山牛栏洞发现了1.8万年前的水稻硅石；1965年在广西桂林发现一万年前的石杵、石磨、石磨棒等稻谷加工工具。水稻专家认为，野生水稻需要的基本自然条件，是江河入海处且具一定规模的三角洲和岸边沼泽，因此，中国水稻的种植历史，应是从沿海向内地发展的，而不是相反。

在广州周边地区发现大量新石器时代的陶罐，我们不妨想象一下，这些陶罐在当时是用来装什么的？很可能，除了盛水，就是贮藏粮食。农业愈发达，家里的坛坛罐罐就愈多。有人推断陶器是伴随着农业文明而出现的，不无道理。罗氏或高固还带来了羊，但羊始终未能成为岭南主要的家畜，越人嫌其羶臊。屈大均说：“东南少羊而多鱼，边海之民有不知羊味者。”难怪有人说，“羊城”既没有羊，也没有城。

至于“罗”字地名，是否罗氏族人的印记，在无史实佐证的情况下，只能靠设想。楚国平东越后，洞庭湖畔的罗氏族人，已分崩离析，一支入了广东境内，一支从滇东、滇南迁入湄南河下游，还有一支向西越过神农架进入川东，定居阆中，一部分西迁到北胜县。按常理推测，罗氏四散逃亡，能翻越五岭的重岩叠嶂，穿过大片原始森林，逃过毒蛇猛兽的袭击，进入广东的人数，当不会太多，但罗字地名却遍布广东全境，远及广西。罗氏到底需要多少人，才能走遍这些地方，并且都以他们的姓氏命名呢？

语言学家说，广东很多地名，其实出自僮语，包括以那、乌、良、思、古、都等字起首的地名都是，罗字亦然。在僮语里，“罗”与“六”是相通的，如封川六田、信宜六岸、茂名六双、化县六磊坡、阳江六平山等；“六”与“禄”也是相通的，如台山禄马、南海禄境、鹤山禄峒、德庆禄滚等。这些地名最初都是口头的，没有文字，后来写入官府文书时，以读音定字，按照书写者的不同理解，便写成了不同的字。

罗氏族人即使到过岭南，也只是岭南文明的介入者，得到了岭南文明的包容与接纳，而不是开创者。中原人的到来，也许确实带来了北方的某些农耕技术，对广东的农业与畜牧业，有助推作用，但并不是说没有中原，岭南就永远要茹毛饮血。事实上，中原的某些农耕技术，在岭南未必适用，盖因地形不同，水土气候不同，种植的品种也不同。

天地间自有人类以来，广州人便生于斯，长于斯，耕耘树艺，渔海樵山，从石器时代走向青铜时代，文化一天天茁壮成长。春秋战国五百余年，中原征伐不已，江山万里，尽成战图，但广州有五岭屏障，依然河清海晏。战国后期，甚至和海外建立了贸易往来，商业活动十分活跃，海内外商贾咸集，是一个繁华热闹的商品集散地。司马迁的《史记》描写：“番禺亦其一都会也，珠玑、犀、玳瑁、果布之凑。”后来《汉书》又补了一句点睛之笔：“中国往商贾者多取富焉。”

司马迁所说的“果布”，可能是指蔬果布匹，但也有人猜测，可能是指“果布婆律”，即马来语中的“龙脑香”。如果这个推测正确，那么就为当时岭南与东南亚的贸易往来，提供了佐证。司马迁把番禺（广东广州）与邯郸、燕（河北易县）、临淄（山东淄博东北）、彭城（江苏徐州）、宛（河南南阳）等地并列为“都会”，显示出太史公独具慧眼的见识。

最让人感兴趣的是，《史记》所描写的这种景象，究竟出现在秦始皇嬴政征服岭南之前，还是之后？史学家吕思勉认为：“《史记·货殖列传》言番禺珠玑、犀、玳瑁、果布之凑，此语必非言汉时，可见陆梁之地未开，蛮夷贾船，已有来至交、广者矣。”这一判断，被越来越多的考古发现所证实。如果不是秦王朝的南征，广东沿海完全有可能发展出自己独特的文明体系——海洋文明。

楼船之师打来了

历史的发展，经常会被一些突如其来的事情，完全改变走向。随着秦王朝完成统一六国的大业，秦始皇二十九年（前218）前后，广州乃至整个岭南，正面临着一场突如其来的巨变。

秦始皇有囊括四海、并吞八荒的雄心，但终其一生，南行的足迹，最远止于洞庭，再往南去，便是瘴雾缭绕、让人望而生畏的五岭了。楚国没有能够跨过去，秦始皇也从未涉足，大部分北方人都没到过山那边。去了的人几乎都没有回头。他们对岭南的一知半解，多半靠道听途说。现在，秦始皇决心征服这片神秘而广袤的土地了。

他为什么一定要征服岭南呢？秦始皇的理想，是建立一个大一统帝国，他希望掌控天下万事万物，不仅文字、音乐、礼仪、度量衡、钱币他要管，马路的宽度、车辆的尺寸他要管，甚至人们读什么书，讲什么话，他统统都要管。举凡一切行政、军事、经济、民间生活，事无巨细，都要置于管控之下，他才“朕心稍安”。如果某个地方，有他控制不了的东西，他会终日如芒在背。这种心理，有如得了强迫症。他急需把权力扩张到他的认知所能够到达的极限之地。因此，他必须征服岭南，不征服睡不稳。

中原喘息甫定，秦王朝的五十万大军，便在尉屠睢统帅下，分东西两路，浩浩荡荡南下。东路取道江西，攻闽越地区；西路取道湖南，攻广西地区；居中一支，越九嶷，下湟溪，顺北江直捣番禺。三军出朝，地动山摇。陆上甲马如云，水上楼船相继，旌旗遍野，戈矛林立，铺天盖地，席卷而来。这阵势，令人心胆俱裂。

然而，这场彻底改变广州未来的战争，虽然为史学家和文学家所津津乐道，但到今天，还有许多细节未能厘清，留下了一笔糊涂账。

首先是开打时间，一直众说纷纭，有说是公元前222年，有说是公元前221年，也有说是公元前219年，还有说是公元前218年。其次是领兵的主帅，有说是屠睢一人，《淮南子》称“秦皇使尉屠睢发卒五十万，与越人战”，并无其他将帅的名字；也有说是屠睢和赵佗两人，《史记》便称：“使尉佗、屠睢将楼船之士，南攻百越”，似乎赵佗的地位比屠睢还高，排在前面。

另一个疑团是，这五十万秦军，到底是正规军，还是由贱民、罪犯组成的杂牌军？秦国到底有多少正规军？秦始皇二十二年（前225），王翦领兵伐楚，发兵六十万，他自称“今空国中之甲士而专委于我”，也就是说秦国全部兵力也就六七十万，打楚国时已差不多倾巢而出了。伐楚之后，部分士兵已战死沙场，还要分兵驻守三楚之地。那么，它还有多少兵力可供征伐南越呢？

司马光的《资治通鉴》说，秦始皇“发诸尝逋亡人、赘婿、贾人为兵，略取南越陆梁地”。有人据此推断，这五十万大军，并非荡平六国的熊罴之师，而是由“逋亡人、赘壻、贾人”拼凑的杂牌军。秦朝有“七科谪”之律，凡是罪吏、逃犯、倒插门、一家三代做商人或做过商人的人，都属于重利轻义的贱民，没有资格当军士，只能在军中做苦役，打仗时充当敢死队。但如果说五十万大军全是“七科谪”的罪犯和贱民，似乎也不太可信，秦始皇再看不起岭南，也不至于如此轻率，更没哪个将领敢带领这样一支七拼八凑的“散仔兵”，孤军深入，远征遐荒之地。

于是又有人分析，秦军的南征，可能分先后两拨，第一拨是屠睢，他的大军是正规军。后来屠睢败亡，任嚣、赵佗再率领以“逋亡人、赘婿、贾人”为主的援军南下，这是第二拨。还有一种观点，认为屠睢、任嚣、赵佗的军队都是正规军，几十万“逋亡人、赘婿、贾人”，是战争结束后，才发往岭南殖民的。

但如果屠睢已发卒五十万，任嚣、赵佗再带来援军，战后复“谪徙民五十万戍五岭”，人数合计，又过于庞大了。因此，最大的可能是，五十万是所有南征秦军的总数，既包括了屠睢最初的兵力，也包括了任嚣、赵佗带来的补充兵力和战后谪徙的罪民。秦军不可能全是正规军，也不会全是贱民、罪犯的杂牌军。在广州的秦汉墓葬中，出土过三件雕有动物纹饰的鎏金铜牌，乃匈奴之物。可见这支秦军曾与匈奴作战，南下时把战利品也带来了。

秦始皇发动这场战争的动机，按《淮南子》说，是看中了“越之犀角、象齿、翡翠、珠玑”，未免贬低过甚；但如果说秦始皇很重视这场战争，也非实情：战争开始得很草率，后勤补给线几乎没有建立，还以屠睢这样一位性格鲁莽的人领军，劳师远征。很显然，一开始秦始皇没料到打南越有多难，用五十万人踏平南越，绰绰有余——尽管五十万之数，有相当水分，但大秦气势正盛，撄其锋者必死。在他的考虑中，战争结束后，把这批贱民留在岭南做劳力，开山垦壤，屯耕戍海，意义也许更大。

这些军人也清楚自己的身份，谪罪戍边，峻法难逃，他们的命运，早已注定，无论打赢打输，都回不了中原了。他们缺乏作战经验，士气也不是很高，长途跋涉，兵疲意阻，却遇上誓死保卫家园的越人。一场殊死血战，骤然爆发。

越人从来没有经历过大型战争，他们的武器装备，都是为打猎准备的，与北方军队相比，显得窳隳不堪。但南征秦军的兵器，也不见得多好。1962年在区庄螺岗的一座木椁墓中，出土铜戈一件，上面刻有“十四年属邦工□（师）蕺丞□□□”等铭文。虽然文字细如发丝，磨蚀严重，但幸好关键几个字，尚能辨识。从铭文推敲，既称“属邦”，不避汉高祖刘邦名讳，当为秦军之物；“十四年”为秦始皇十四年，而秦军平定岭南，乃三十三年事。换言之，在“一年三百六十日，多是横戈马上行”的战争年代，这支铜戈，居然使用了起码19年。秦军的兵器，似乎也比较陈旧，不甚精良。

秦军的攻势，初时一鼓作气，凶猛异常，过惯和平生活的越人，猝不及防，被杀得鸡飞狗跳，雨零星散，西瓯首领译吁宋也被砍下头颅。但他们很快重新集结起来，举桀骏为新主帅。越人的武器装备虽不及秦军，但凭着天时、地利、人和，采取“游击战”形式，进行顽强抵抗。

越人的士兵，都是训练有素的猎渔高手，头戴羽冠，腰系羽裙，裸着古铜色的上身，赤着双脚，手持弓箭、短剑、钺斧、盾牌，守候猎物有着无穷耐心，猎物出现时，出手又快又狠。遇着秦军人少时，越人就擂响铜鼓，震天动地，几十艘甚至上百艘满载战士的船只，像箭一样，从水岸边的芦苇丛中，纷纷射出来，鼓噪前进，奋力砍杀，然后不等秦军反应过来，便迅速撤离。

越人的小艇，如鱼群一般穿梭于河涌汊流，神出鬼没，白天躲进深山密林，与虎豹狼虫为伍，晚上突然从暗处杀出，袭击秦军营垒，凿穿他们的楼船。当秦军闻警驰援时，越人又悄然隐进了漆黑的山林，或消失在河澳隈曲之处。秦军疲于奔命，无计可施。他们原以为征服南蛮，如热鏊翻饼，没想到打了两年，泥足深陷，连主帅屠睢也死于越人的箭镞之下。《淮南子》记载了这惊天动地的一役，越人“夜攻秦人，大破之，杀尉屠睢，伏尸流血数十万”。

秦军付出了惨重代价才明白，越人并非一盘散沙的野蛮人，他们有着严密的军事组织和强悍的战斗力。相反，从高纬度北亚气候地区来的秦军，虽然占据了番禺、龙川等一些孤立据点，但在广大山野沼泽地区，却被打得晕头转向，受尽溽暑、咸潮、台风、蛇蝎、山蚂蟥、痢疾和各种“瘴疠”疫病的折磨，水土不服，粮食缺乏，忍饥挨饿之余，还要提防越人的袭击，时时胆战心惊。

秦军攻占番禺的主力是“楼船之士”，也就是舟师（水军），他们从北江顺流而下，攻入番禺。楼船是一种体型巨大的船只，大者一艘可载几百甚至上千士兵。然而，秦军南征要翻越湘粤交界的崇山峻岭，才能到达北江，他们不可能扛着楼船爬山，最大的可能是到达北江后，才开始制造楼船。在那么短时间内，像魔术一样，变出这么多楼船，说明秦军有非常高的造船技术和生产力。

屠睢占领番禺后，第一件大事，就是建立舟师基地，一方面要建造新楼船，一方面也要维修保养旧楼船，保持舟师的作战能力。番山与禺山相交的湾澳区，山势不算陡峭，水面也够宽阔，是兴建大型船坞的理想地。

明人黄佐编纂《广东通志》，记载了一件奇事：“嘉靖戊午十一月，广州城隍庙后五丈，有大榕树，颓朽久矣。其根下壤又丈余，有穴，道士扣之，其声洞洞然。曰：中必有藏物。发之，得桨木板数十片，皆两两相对立，多不可数，且近神像，乃封之。盖唐宋以来完缮橹板干也。”时城隍庙位置与今天相同，在中山四路北侧。这是古文献首次记载在中山四路附近发现古代的“桬木板”，两两相对排列，数目“多不可数”。黄佐推断这是“櫓板干”。

在嘉靖戊午年过了四百多年后，即1974年，考古学家在中山四路城隍庙旁，发掘出一个规模宏大的秦代遗址，深埋在地表下5米之处。这是一个建在河滩上的造船工场。三个船台平行排列，呈东北—西南走向，南面是一片木料加工场。已揭开的第一、二号船台结构相当完好，长度在88米以上，由两行平行的大木板组成滑道，下面用枕木垫承，可以使受压面积较为均匀，避免局部下沉，使船台保持平稳。滑道上竖立着架承船体的一对对木墩，木墩的间距可以调整，这样就可以制造大小不一的船只。这种技术，直到近代船厂仍然在广泛运用。

这个工场至少可以制造船身宽5~8米，载重25~30吨的平底木船。遗址上还发现了秦至汉代的铜钱，年代最晚的是汉文帝四铢半两铜钱。对船台枕木进行科学鉴定，测定其年代为公元前240±90年，也就是秦始皇统一岭南的时代。

人们迄今还没有发现过秦代的木船，但在出土的南越铜鼓上，最常见的图案就是船纹，说明造船业在当时是一个兴旺发达的行业。惯于“水处舟行”的南越人，应该有很不错的造船技术，不过当时与秦军正处于交战状态，这个船坞，不会有南越工匠参与，它只反映了秦军而不是南越的造船工艺。

船坞的建造年代，有考古学家推测，应该是屠睢死后，“尉佗将卒以戍越”时修建的。但更有可能是屠睢兴建的，他在岭南转战数年，楼船是秦军最重要的作战工具，需要不断补充和维修保养，而“尉佗将卒以戍越”时，战争已近尾声，反而不那么迫切需要了。战争结束后，船坞甚至废弃不用了。船台上的滑道和枕木的棱角还很分明，据此可以推测船台使用的时间不会太长。

考古界一直有不同的声音。有一种观点认为，这不是造船工场，而是秦代的一处木建筑遗构，因为秦时这里离江边已有一段距离，在这里建船台不合情理。

考古学家把遗址拍了照片，做了模型，跑去请教造船工人：“这是不是造船的船台？”工人问：“有没有发现木炭和小木片？”考古学家忙不迭回答：“有有，不仅有很多木炭屑、小木片，还发现了铁凿、铁锛、铁挣凿、木垂球和砺石等工具。”工人挥挥手，不容置疑地说：“肯定是造船遗址了。别的行业不会有这种现象。”但这依然未能说服质疑者。争了几十年，还在继续争。历史的迷人之处，恰恰在于它有多种的可能性，供人探索。这个秦代遗址在试掘后，暂时用河沙填埋保存。

屠睢被杀，秦始皇赫然震怒，碾平岭南的决心，更加迫切。他意识到从大庾山入越地，困难太大，补给问题难以解决，屠睢就是吃了这个亏。越地“非水不至”，因此秦始皇不惜动用十万军工，开凿灵渠，使长江的船只，得以由湘江，过灵渠，入漓江、桂江，再转入西江，顺流东下，直达番禺，载重万斤的大船，也可以轻松行驶。水路的开通，大大减低了运输成本，保障了秦军的后勤补给。秦军改以任嚣、赵佗为主帅，收拾屠睢的残兵败将，重新准备舟楫，缮置军器，择日星驾席卷，大举南犯。

任嚣入越之前的经历不详，赵佗是恒山郡真定县（今河北正定县）人，两人应该都是惯战能征的骁将。由于粮路畅通，飞刍转饷，源源不绝，秦军的战斗力大增。经过“三年不解甲弛弩”的苦战，终于底定岭南大部，消灭了越人有组织的抵抗。部分不肯臣服的越人，退入了广西的崇山峻岭之中，成为后来的僮族（壮族）。《粤西丛载》和《天下郡国利病书》都把僮族归入“古越人”之列。但也有人说，瑶族才是广西原住民，《明史》便称僮族是大元至正年间（1341—1368）才从湖北迁入广西的。其实，所谓僮族、瑶族之说，和越族之说，大同小异，大抵是基于秦汉文化优越感的想象。

秦始皇三十三年（前214），岭南终于正式划入大秦版图，设置南海、桂林、象郡。南海郡的范围，东南临海，西至今广西贺州，北接南岭，包括今粤东、粤北、粤中和粤西部分地区，下设番禺、博罗、四会、龙川四县。任嚣为南海尉，赵佗为龙川县令，共守越地。按照秦制，郡设守、尉、监御史，守是行政长官，尉是军事长官。由于岭南远离中原，秦始皇感到鞭长莫及，所以授予任嚣较大的权力，岭南三郡都没有设郡守，最高长官就是任嚣，对辖地实行“军管”，所以《晋书》说他是“东南一尉”。

任嚣最初在武水泷口万人城设郡治，黄佐在《广东通志》中说：“秦南海尉署始于任嚣，居泷口西岸万人城”；后来把治所迁到番禺，顾祖禹在《读史方舆纪要》中说：“秦以任嚣为南海尉，初居泷口西岸，俗名万人城……既，乃入治番山隅，因楚亭之旧……俗谓之任嚣城。”番禺的任嚣城，位于今仓边路以东至芳草街以西之间。

广州自此成为岭南政治中心。后人把公元前214年，定为广州建城之始。具体日子不可考，但根据广州的老传统，农历七月二十四日是城隍诞辰，这一天也就是筑城纪念日。

许多人都会提出这样的问题：任嚣为什么会看中广州这块地方呢？其实比任嚣更早看中这里的是屠睢，甚至在屠睢之前，越人在这里可能已有一定的经营了。屠睢在海边兴建大型船坞，显然是准备把这里当作一个政治、军事枢纽来经营。但他低估了越人的反抗，结果在战争中赔上了性命。

水与山是选择城址的两大考虑要素，水的选择尤为重要。大部分的重要城市，都是建在海边或大江大河的出海口，这并非偶然。水不仅是人类生存的基本需要，而且从古到今都是人类互相联系的纽带，即使在火车、飞机发明以后，船运仍然是成本最低的运输方式。因此，依水而建的城市，总是特别兴旺。

古人选择城址，除了要考虑军事、经济、交通因素之外，还涉及风水学、气候学、方位学等学问。通常言风水者，以山南为阳，水北为阳。城池尽量建在山的东南面，西北倚山，东方开阔向阳，有利于大治。山是建城的另一个要素。用古代堪舆家的话来说，任嚣城位于白云山与珠三角平原的结穴之处，吐唇之地，山水兼具，阴阳平衡。西北面是气势磅礴的越秀山、禺山、番山，再远处是白云山，更远处是大庾岭。山势自粤北逶迤而来，一脉相连，一气呵成。

所谓“百尺为形，千尺为势”，越秀、禺、番三山为“形”，白云山为“势”，形势兼具。屈大均的《广东新语》写道：“昔人尝以尧山及番禺为三山，与五岭并称。今尧山莫知其处，疑即粤秀也。三山之脉，自白云蜿蜒而来，为岭者数十，乍开乍合，至城北耸起为粤秀，落为禺，又落为番。禺北番南，相引如长城，势至珠江而止。”屈大均由此得出结论：“广州背山面海，形势雄大，有偏霸之象。”从科学的角度看，山地有利于调节地区的气候，有利于水的聚集与流动，从而使动植物资源更加丰富和多样化。无论从哪个角度看，广州的山水形势，都是得天独厚的。

广州虽然依傍珠江，但太近大海，经常有咸潮出现，人们的饮用水源，主要靠白云山的蒲涧泉水，相传味甘冷异于常流，饮之有金石气。宋人苏轼在《蒲涧》诗中，描绘了水势的奇雄，有“千章古木临无地，百尺飞涛泻漏天”之句。溪水奔流而下，经濂泉一泻出山，名为甘溪。甘溪注入金钟塘后，掉头向南，名为文溪，经上塘、下塘绕过越秀山麓，分为东西两支，汇入珠江。东支为文溪主流，仓边路就是昔日的水道；西支为文溪支流，即今吉祥路。西支在越秀山脚再分出北津溪，向西汇入兰湖（今流花湖一带）。

蒲涧被赋予了某种神秘的仙气。相传秦时山下有一条小村，乡人郑安期为了给乡亲治病，上山采药，在蒲涧找到九节菖蒲，不料却失足堕岩，被仙鹤救走成仙。白云山至今还有郑仙岩。人们把七月廿五日定为“郑仙诞”，每年这天都会有人到蒲涧洗浴，然后端坐石上，等候登仙，当然每次都是失望而回。明人陆渐逵的诗叹道：“九节菖蒲生涧烟，人传此地驻飞仙。何当共觅安期迹，数到秦皇汉武年。”

正因为这优越的地理环境，历代统治者，对广州的“王气”，都心存忌惮。秦始皇曾听信风水先生之说，认为广州有“黄云紫气之异”，龙脉在越秀山与白云山之间，便下令秦军去凿开一个二十几丈的大口子，状如马鞍（至今留下马鞍山地名，在云台花园附近），以断龙脉。据说开凿之时，地下“涌血数日”。负责凿地脉的，不出任嚣、赵佗这两人。

尽管如此，恐惧的心理，并未消除，直到一千多年后，明太祖朱元璋登基，仍然觉得广州有王气。为防异人出世，起猖獗之端，不利大明，他下令在越秀山上盖五层楼，安放罗刹像，以镇压南方的王气。

任嚣在广州建城，并无实物可证，它的具体位置，唯有依据古人的零星描述来推断。《唐垧记略》称“旧有城在州之东，规模近隘，仅能藩离官舍暨中人数百余家”，可见面积并不大，类似一个行辕。宋初人郑熊在《蕃禺杂记》记：“今城东二百步，小城也。始嚣所理，后呼东城，今为盐仓，即旧番禺县也。”宋代的盐仓在今仓边路，这里有一条宽阔的文溪水道，因此，任嚣城的西界，当在仓边路。

有人认为，任嚣城应该在南越王宫署遗址上，因为文溪东岸（今德政北路一带）地势较低，易有水患，任嚣不可能弃西岸的禺山高地不用，而选择东岸的低地。但当时西岸的船坞很可能还在使用，并未完全废置。任嚣城并不是一个永久性的城池，只是一个临时性的军营，设在文溪东岸，可以同时起到保护船坞的作用。

也有人认为，任嚣城就建在原南武城旧址。被称为三大奇书之一的《读史方舆纪要》说，任嚣迁入番禺后，“遂增筑南武城，周十里，号五羊城”。秦制以六尺为一步，三百步为一里。但这种说法，同样有不少争议，因为历史上到底有没有南武城，本来就歧见纷纭，如果南武城都没有，“增筑”一说，从何谈起？

凡涉及秦、汉时的广州文物，由于历史久远，信史阙尔，所以为数不多的文献，几乎一字一词，都会引起争议。比如1952年西村石头岗的秦墓，出土的一件盖面烙有“蕃隅”二字的木胎漆盒，就是这一时期的遗物，于是有人声称，这是“番禺”在秦时的写法，汉代的“番”字已去掉了“艸”的部首。但也有人说，漆盒上明明是个“隅”字。“番禺”与“蕃隅”不是一回事。一般认为番禺之名，来自番山和禺山，番字无藩属之意。但“蕃隅”却可以解释为藩属之隅，意思完全不同。事实上，“蕃”字在汉代以后很长时期，仍然使用，可通“番”与“藩”，如广州的“蕃坊”，读音与“番”亦不同。有人提出另一种猜测：“番”为蛮夷，“禺”是地区，番禺是指“蛮邦”；但也有人反驳，认为番禺与上述各种解释都不相干，是古越语“盐村”的意思，广州曾经是产盐区。

人们各抒己见，议论横生。但无论如何训诂，任嚣建立在番禺的“城”，不是真正意义上的城市，这是可以肯定的。它更像是南海尉的辕垣，称“寨”更为合适。

在这座范围不大的城寨里，驻扎着任嚣的卫队。按照秦制，校尉的卫队，可达千人，以任嚣城寨的规模，恰好容纳得下。深秋时分，城寨内外，旗帜飘飘，戈钺如林。营垒的西边，是屠睢建的大型船坞，黑乎乎的船台轮廓，耸立在余霞返照、残月衔山之间，显得无限苍凉。东边是岗丘起伏的荒野，秋霜满地，战马咴咴，刁斗相闻。四面不见平民百姓的屋舍，不见稼穑桑麻，没有人捕鱼，没有人打猎，那些从大海彼岸划着船来交易的人，也因战乱而消失无踪了。

这种死寂的日子，持续了好几年，岭南也没有恢复过来。几十万的秦军，永远留在了岭南，留在了桂林、象、南海三郡。万水千山迷远近，不知乡关在何处。年老的解甲归田，死了就在当地掩埋，连尸骨也回不了家乡；年轻的被分派到各地屯守，有的被派去粤北山区，承担艰苦的劈山开路工作。这是中原人口第一次大规模南迁。

越人对这些入侵者恨意难消，远远看见都要绕路走；而秦军对越人也深怀衣袽之戒，不敢稍懈，生怕单独外出时，后脑勺会冷不防挨上一棍子。加上双方语言不通，越人讲越语，秦人讲关中语，谁也听不懂谁的话；生活习惯差天共地，越人吃稻米鱼鳖，秦人吃小麦，闻鱼腥而欲呕。在这种情形下，双方很难建立正常交往，更谈不上互信。

症瘕很快就凸显出来了。秦军既已绝了还乡之望，又融不入当地，怎么解决结婚生子的问题？几十万单身怨男聚在一起，就像一个随时会爆炸的火药桶。公元前209年，秦二世即位，赵佗立即给他上书，请求朝廷派三万名未婚女子到岭南，名义上为驻军缝补衣服，实际上是想解决官兵成家立室，传宗接代的问题。虽然三万女子，仍属杯水车薪，但至少让大家有个盼头。不料秦二世很小气，把赵佗的要求砍了一半，只准一万五千女子到岭南。这批女子是怎样到岭南的，史无记载，想象之中，搭载着一万五千女子的庞大船队，从灵渠驶过，也是一个壮观的场面。

有人一本正经地计算：一个妇女可为五个军人缝补衣服，赵佗要求三万妇女，也就意味着秦军有十五万人。这种思维方式，有点钻牛角尖。中国古人写史，往往不注重数字的准确性，而更在乎它的文学气势，“五十万大军”“十万军工”“万五妇女”，其实都不具有统计学的意义。

一万五千妇女与数十万秦军，无论是为了结婚生子，还是为了缝破补绽，都不成比例。更多中原军士，虽然不情不愿，但最后还是要被迫走出自己的“方言岛”，学着与当地土著交流，学着吃蚺蛇，学着唱越讴，学着和土著妇女谈情说爱；同时越人也向他们学北方的“雅言”，学中原的夔龙礼乐。他们在交往日多，互相熟悉起来以后，才发现对方并不是那么可怕，戒心逐渐放下，隔阂也慢慢化解。久而久之，中原人与南越人的血统，便混在一起了，他们就成了广府人的祖先。

秦二世元年（前209），陈胜、吴广在大泽乡揭竿而起，中原再度陷入大乱。有星卜家称，五星会于东井，东井为秦分，南斗为越分，两分相背，乃秦亡越霸之象。任嚣听了不禁怦然心动。岭南虽然奉大秦为正朔，但任嚣自掌管岭南政务后，才深切体会到，岭南和中原，天南地北，异习殊俗，完全不是出兵前想象的那样，死搬硬套中原那一套，根本行不通。但朝廷里发号施令的人，不会明白这一点。因此，当陈胜、吴广起兵后，任嚣便动了借星象之说，自立门户的念头了。

腹案还在酝酿之中，任嚣却忽然患上重病，药石无效。他自知不起，便匆匆把赵佗从龙川召来，吩咐后事。任嚣对赵佗说："闻陈胜等作乱，秦为无道，天下苦之。项羽、刘季、陈胜、吴广等，州郡各共兴军聚众，虎争天下，中国扰乱，未知所安，豪杰叛秦相立。南海僻远，恐盗兵侵地至此；吾欲兴兵，绝秦新道以自备，待诸侯之变。会病甚，不能有所为。"他把郡尉的印绶托付给赵佗，然后，说了一段在他一生中最为著名的话："且番禺负山险，阻南海，东西数千里，颇有中国人相辅，此亦一州之主也，可以立国。"这段话，被后人引用了无数次，足以青史留名。

任嚣不久便病逝了，遗体葬在城西，有人说就在解放北路迎宾馆，还凿凿可据地指出，宾馆里某个隆起的土坡即是，但并没有实物可证，只能聊备一说。赵佗从龙川迁到番禺，继续驻劄任嚣城，人们改称为赵佗城。作为郡尉的继任者，进驻原来的郡尉官署办公，是理所当然的。顾祖禹说："及赵佗代嚣，益广嚣所筑城，今谓之赵佗城。"清人梁廷枏在《南越五主传》中也说："（佗）既代其官，宜即居其署。"因此，所谓赵佗城、任嚣城，其实最初是同一处，只是叫法不同而已，任嚣时叫任嚣城，赵佗时叫赵佗城。赵佗接篆后，开始紧张地准备兴兵，亦无暇去建造新的官署。禺山上的南越王宫署，是若干年后才兴筑的。

赵佗决心履践任嚣遗愿，星夜驰檄横浦、阳山、湟溪等各处关隘守军，断绝入粤新道；在曲江以北、乐昌西南两处修筑城寨，深沟高垒，紧扼"战守必争之地"，以防北军入侵；撤换各县不愿追随的官吏，换上自己的心腹；大兴马步三军，长驱直入，扫荡桂林郡、象郡，尽括三郡之地。

赵佗立国

秦军平越已七年，对岭南越人来说，生活总算慢慢恢复正常，也开始接受这些看样子不会走的北方人了，他们当然不希望再有新的入侵者，再经历新的战乱。因此，抗拒北方和保境安民的口号，深得人心。公元前207年，刘邦攻入咸阳，秦朝亡。赵佗乘机拥旄岭南，自立为王，号称南越国。

距此两千一百多年后，人们在繁华的中山五路改建新大新百货商店大楼时，从地下挖出一个属于南越国时代的建筑地基，还有万岁瓦当和云树纹瓦当。考古学家有强烈的感觉，这一带地底，必有一个秦、汉时代的巨大遗迹。

这个猜想，在1995年夏天得到了证实。建筑工人在忠佑大街的工地上，挖出了四个万岁瓦当。经过勘探发掘，考古学家发现了包括约4000平方米用石板砌筑的斗形大水池、一条长达150

米的曲流石渠和回廊在内的古代建筑遗迹，还有典型希腊风格的叠石柱、八棱石柱、石栏杆、砖瓦、步石、石板桥等大量秦砖汉瓦。石构水池呈斗状，池壁用石板作密缝冰裂纹铺砌，池壁石板上发现有“蕃”等许多石刻文字。

宫署御花苑的全石构曲流石渠，迂回曲折，由西向东，渠底密铺黑色卵石。弯曲石渠中有两个用以限水和阻水的渠陂，以形成碧波和粼粼水景。可以想象御花苑处处小桥流水，水果飘香，花草繁繁，龟鳖爬行，鱼翔浅底的景致，一派岭南山水园林风光。石渠连接大型蓄水池引水，并有木质暗槽出口排水入珠江，保持水流长年不断。

考古学家还清理出一段砖石走道的遗迹，宽阔平整，以印花铺地砖夹道镶砌，目前只清理出20多米长的一段，两端均未见尽头。在走道北面发现砖质窗棂，涂朱瓦当，涂朱、绿色的灰塑基饰等宫室建筑残件。在发现的砖瓦建筑构件中，最具特色的是一块烧制而成的大方砖，又大又厚，边长95厘米，号称“中国第一大方砖”。为了防止砖在烧制过程中变形，工匠在砖坯上留出一些圆孔，显示了古代工匠的聪明巧思。

遗址出土了大量的绳纹板瓦、筒瓦、“万岁”瓦当、云纹瓦当、带钉瓦、大型花纹砖、凹面砖等各类建筑材料，戳印有“公”“官”“留”“居室”等字样的各式瓦片，种类繁多，是当时制陶工匠在产品上留下的印记。遗址还出土了汉代鎏金半两铜钱，这在岭南十分罕见，尤显珍贵。除此之外，还有大量的日常生活用品，如陶罐、铁斧、铁凿等生产工具；铁铤、铜镞等兵器；还有一枚印文为“中府啬夫”的封泥，“中府”为宫廷内府之名，“啬夫”为官名，“中府啬夫”即南越王内府的主管钱币之官。

在这个遗址里，还有一个很奇异的景观，就是水井特别多，达83口，堪称“星罗棋布”。井的年代自南越国、东汉、晋、南朝、唐、宋至民国时期均有，既有土井、砖井、瓦井，也有木井、篾圈井和陶圈井，反映了不同时期的建筑文化特色。其中有三口南越国时期的食水砖井，最深的达14米，最浅的也有8米。

最特别的是八卦砖井，八行竖砖间砌横砖，呈八卦之状，可见古人已懂得这种刚性力学结构之原理，其筑井的技术水平，精妙高超，超乎想象。人们先挖井坑，用弧扇形砖结砌成井圈，井圈外再用纯净的泥土夯打结实，以阻隔地下污水渗入井内。井底用五块大石板铺砌，中间一块方形石板的中央凿一圆孔，其余周边四块弧形石板也各凿有一个半圆形小孔，井水通过这几个小孔，从地底下慢慢渗上来。井底石板之下还铺有细沙，形成非常精妙的滤水体系。

凡此种种，显示这里曾经存在一个规模宏大、栋宇连云的园林建筑群，部分遗址叠压着秦代的造船工场。规模之大，令人吃惊。考古学家经过认真考察后，断定这是南越国的宫署。人们为这个发现欢腾雀跃。但在一片热闹声中，也有人提出质疑：既然船台与宫苑几乎是同时代的产物，它们怎么会建在一起？

这个疑问，听起来很有道理，赵佗怎么会容忍一班光头赤膊、大汗淋漓的工匠，整天在王宫外“叮叮当当”地敲钉拔楔、刨板锯木？其实，在船台与宫署之间，相隔了起码几十年。南越国成立之初，赵佗还住在任嚣城里。汉朝开基以后，战乱并未停止，叛乱此起彼伏，刘邦忙于应付。岭南亦危机四伏，赵佗虽自立为王，但各地还有不少反对势力，周边的闽越国、长沙国和西南夷国，亦虎视眈眈，令赵佗寝不安席，食不甘味。在这种情形下，他断无大兴土木，修建王宫园林的雅兴。

兴建如此规模宏大的宫署，至少要等南越国与汉廷的关系稳定以后。汉高祖十一年（前196），北方乱局，逐渐平定，刘邦也急需与民休息，不想再为岭南大动干戈，于是派陆贾携玺绶、诏书，出使广州，承认南越国的既成事实，封赵佗为南越王。诏曰：

> 越人之俗，好相攻击，前时秦徙中县之民南方三郡，使与百越杂处。会天下诛秦，南海尉佗居南方长治之，甚有文理，中县人以故不耗减，越人相攻击之俗益止，俱赖力。今立佗为南越王。

陆贾乘船从西江顺流而下，进入增埗河，在今西场附近登陆。赵佗给他一个下马威，有意把他撂在增埗河边，不予理睬。陆贾就在岸边搭了间窝棚，号称泥城，日居衡茅，耐心等候。几个月后，赵佗才不紧不慢地召见他。后人把泥城称作“陆贾城”，立“开越陆大夫驻节故地”碑以作纪念。

陆贾原以为在赵佗治下，越人应接受中原礼俗，没想到赵佗竟一身越人的装束打扮，头发梳成越人的椎状，而不是像汉人那样束发为髻；接见时双腿向前叉开而坐，也不像汉人那样跪坐，还自称“蛮夷大长老”。陆贾非常生气，像婆婆一样数落赵佗，责怪他“反天性，弃冠带，欲以区区之越与天子抗衡为敌国”，还威胁说，汉廷可以掘烧你的祖坟，夷灭你的宗族，也可以派个偏将率十万大军剿灭南越。赵佗大笑而起说：“居蛮夷中久，殊失礼义。”但话锋一转又说：“吾不起中国，故王此。使我居中国，何渠不若汉？”意思是我没有参与中原逐鹿而已，若参与，也未必会输给汉廷。

盱衡大局，其实赵佗同样迫切需要与汉廷达成和解，以保南越平安。他挫一挫陆贾的锐气之后，便欣然接受了汉朝赐予的南越王印，剖符通使，称臣奉汉。南越国从此每年向汉廷进贡，在边关与汉朝互通市物，贸易往来。赵佗对孤身南下的陆贾是由衷佩服的，在城西埗头盖了一座越华楼送给他。屈大均说：“……越华楼，故在广州城西戙船澳，越王佗以陆大夫有威仪文采，为越之华，故作斯楼以居之。”后来，一些刻翠剪红的文人，给这个埗头改了个雅号叫“拾翠洲”。

广州人以前最钟情的素馨和茉莉，相传都是陆贾从西域携回，又把种子带到了广州。素馨本名耶悉茗花，又名六月雪，曾在广州大面积栽种，不仅是一种观赏植物，更成为深受广州人欢迎的日用商品。宋人吴曾《能改斋漫录》说：“唯（素馨）花洁白，南人极重之。以白而香，故易其名。妇人多以竹签子穿之，像生物，置佛前供养。又取干花浸水洗面，滋其香耳。”但到21

世纪，素馨花在广州已非常稀少，难得一见了。是什么原因，使它遽然退出了人们的生活，莫可究诘。后来屈大均说，不仅素馨、茉莉，连西关的荔枝湾、花坞、藕塘，都是陆贾经营的结果，就有点夸大了陆贾的功劳了。

得到刘邦的加持，赵佗有豁然轻松之感，南越国的危险警报解除了，一片快乐祥和的气氛，笼罩在全南越上下。陈大震在《南海志》中说，陆贾北归时，赵佗向刘邦进献了“白璧一双，翠鸟千，贝五百，桂蠹一器，生翠四十双”。

南越国总算进入承平时期，该过一些好日子了。南越国宫署很可能就是在此之后，甚至有可能是赵佗第二次归汉后，才真正动工兴建的，因为船台遗址上曾发现汉文帝（前180—前157年在位）时期的铜钱，这或可反映出建造宫署的年代。这时珠江北岸，已向南推进了一大截，汉武帝平南越国时，江岸线在今白沙居一线。沿岸淤积着厚厚的烂泥，变成了浅水带，也无法再造船了。在一个废置几十年的船台上面建造宫署，利用船台的一些基础设施，并非不可能的事情。

陆贾北归后，被刘邦封为上大夫。刘邦死后，吕后对南越实行封锁，双方交恶。赵佗和汉朝关系破裂，发兵攻打汉朝的诸侯长沙国，并挫败了汉军南下的攻势，声望大增，四方来归。司马光在《资治通鉴》中说：“赵佗因此以兵威财物赂遗闽越、西瓯、骆，役属焉。东西万余里，乘黄屋左纛，称制与中国侔。”

到汉文帝刘恒时，复派陆贾带信给赵佗，劝其归汉。刘恒的书信措辞平和，感情真挚，赵佗看了十分感动，表示愿奉明诏，长为藩臣，乃向国中宣布："吾闻两雄不俱立，两贤不并世，汉皇帝贤天子。自今以来，去帝制黄屋左纛。"赵佗给刘恒的复信说："老夫处粤四十九年，于今抱孙焉。然夙兴夜寐，寝不安席，食不甘味，目不视靡曼之色，耳不听钟鼓之音者，以不得事汉也。今陛下幸哀怜，复故号，通使汉如故，老夫死骨不腐，改号不敢为帝矣！"这封信措辞不卑不亢，举重若轻。汉越关系在濒于决绝之际，得以变逆为顺，转危为安，实有赖于刘恒与赵佗的通信。这是赵佗的第二次归汉。屈大均对此赞扬备至，认为"南越文章，以尉佗为始，所上汉文帝书，辞甚醇雅"，辑录广东文选，当从赵佗始。

为了表示臣服的诚意，赵佗还在象岗筑朝汉台，朔望升拜。南越国被灭后，越华楼改称"朝亭"，到唐代改称"津亭"。陆贾备受后世尊崇，在光孝寺原有陆大夫祠，明代广州知府陈锭在越秀山上又兴建南粤三君祠，祀南海尉任嚣、西汉南越王赵佗、开越大夫陆贾。

赵佗在任嚣城寨的基础上，踵事增华，把东至芳草街，西至华宁里，南至西湖路北，北至越华路的范围，划为王城，面积约26.6万平方米。华丽的南越王宫署，坐落在王城的中心位置，背倚越秀山，面临珠江，恍如万顷晴霞放彩虹。

越秀山上最著名的，莫过于越王台。北宋诗人唐庚对越王台的环境，有如此动人的描述："台北据山，南临小溪横浦，牂牁之水，辐辏于其下。顾瞻，则越中诸山不招自至；却立延望，则海外诸国盖可仿佛于溟蒙杳霭之间。"一种海阔天空的气势，令人豪气顿生。越王台在清康熙年间（1662—1722），荒废日甚，只剩下一个破石堆，除了偶有几个文人骚客光顾外，再无人理会。到了清道光年间（1821—1850），更是完全湮没，不知去向了。后世很多人猜测，它究竟建在哪里。有人认为，可能在现在的孙中山纪念碑处。但唐庚既然说“台北据山”，似乎是在半山腰，而不是山顶。

广州的基本格局，以越王城为起点，一步一步发展起来。任嚣城与越王城，都没有留下城墙遗迹，史学家根据古人记载，越王城“周回十里”，以南越王宫署遗址为坐标，大致推算出越王城的具体范围。两千多年来，广州的行政中心一直没有超出这个范围。这在中国古代五千多座城池的兴衰史里，也是一个极其罕见的例子。

迄今发现的汉代墓葬，离王城中心最近的，东边在中山三路烈士陵园，西边在解放北路迎宾馆，北边在越秀山，这大致就是王城以外的近郊范围。王城内是王公贵族的居所，老百姓大都住在近郊。唯一的例外是，南越国末代国主赵建德，曾在城郊居住，其宅邸后来建成了光孝寺。赵建德的母亲是揭阳越人，明王没有立他为太子，而是立了赵建德的异母弟弟赵兴为太子，赵建德被贬到王城外居住。

南越王宫苑可能是广州有史以来第一座园林，无论是它的设计布局，还是建筑工艺，都是旷古绝伦的佳作。考古学家推测，宫苑内的大水池，可能是赵佗学秦始皇蓬莱三山求仙的地方。南越国出过不少“长生不老药”，秦、汉时，这股迷信风刮得很厉害，做了皇帝又想升仙。但更令人惊奇的是，那些石头全是以密缝冰裂纹砌的。这种复杂的砌墙工艺，曾在古希腊出现过。中国建筑以木结构为主，为什么南越国竟会出现古希腊的建筑工艺？实在又是一个不解之谜。

那时没有专业的设计师和土木工程师，盖房子全凭工匠的经验水平。这些工匠是从哪里来的，此后又到哪里去了，没有人知道。他们悄然出现，建成一批辉煌的建筑后，又悄然消失，好像他们的一生，就是专为此而来。据《旧唐书》记载，广州一直以竹茅为屋，直到唐代一些北方官员来广州后，才教会当地人用砖瓦盖房子，以绝火患。这显然是以讹传讹。早在南越国时代，广州人已经能兴建富丽堂皇的砖石结构宫殿，其建筑技术丝毫不逊色于中原。1996年在同福中路海幢公园西侧的基建工地，挖出一个汉代的窑场，有不少烧坏了的器物废品，其中就有筒瓦、瓦当等物。

这里不仅是两千多年前的南越国王宫，而且在约 5.2 万平方米的核心保护区中，叠压着 12 个历史朝代的文化遗存，包括隋朝的广州刺史署；唐朝的岭南道署、广东节度使司署和清海军节度使司署；南汉的皇宫所在地；宋朝的经略安抚使司署、清海军大都督府；明、清两朝的广东行中书省和布政使司署。

如今漫步在南越王宫博物馆中，看到的是一片坚实、荒芜的黄土，我们还能想象出当年那些直上云霄的宫殿阶基、那些“左城右平，重轩三阶，重叠盘曲，崔嵬屹立”的玉楼金阁吗？还能看到那些在繁花之间，在曲流水渠两岸，嬉戏追逐的宫女身影吗？在她们的身后，那一缕香风，一阵花雨，今天安在哉？

赵佗知道，要在岭南立制度，崇教化，美风俗，唯有与岭南人和睦相处，以包容的心态，对待当地土著的习俗，不管这种习俗与中原优雅的礼教有多么巨大的差异，“良则从之，恶则禁之”。因此，他采取“百越和集”的政策，并不强行推广中原冠带，反而虚怀以容纳越俗，鼓励中原汉人与土著越人通婚。

因人见风俗，入境闻方言。汉越交往，首先要过语言关。当年楚国鄂君子皙，在湖中泛舟，听见有人唱越语歌，觉得曲调很动听，但歌词咿咿哑哑，完全听不懂。请人翻译，原来是一首感人肺腑的情歌。

广州在汉初也出了一位叫张买的歌手，其父追随刘邦打江山，被封为“越骑将军”，与周勃、樊哙、灌婴、华无害等人齐名，但未及封侯而殁。张买精于诗歌音律，《百越先贤志》说他“鼓棹能为越讴”，歌声悠扬，清婉欲绝。屈大均更把他称为“开吾粤风雅之先”。所谓“越讴”，就是用越（粤）语唱的地方歌谣。籍贯沛郡丰邑的汉惠帝刘盈，居然也喜欢听张买唱越讴，还把他召到船上演唱，说明他能听得懂，或者朝里有翻译越语的人。歌中传达民间疾苦，暗寓规讽。吕后主政时，封张买为南宫侯。

广州人认定一位歌星也能“正色立朝”，难能可贵。于光和元年（178）在距南越王宫署故址不远处，为他兴建了一座秉正祠，以供后人祭祀，也留下了秉正街这个地名，一直到21世纪还在。这是见之于广州文献中最早的一座祠堂。

可见想象，赵佗初到岭南时，对当地土话，是一句也听不懂的，要从头开始，牙牙学语。方言是人们的身份标记之一。中国广土众民，十里不同风，百里不同俗，日常生活中，根据什么来辨别“你是哪里人”呢？不是书面文字，也不是相貌、衣着，而是主要靠口音、方言。方言承载着他们的文化历史，是宗族血脉传承的一个象征。

所谓粤语，乃指以广州话为本的广府方言。清人陈澧认为，粤语形成于隋唐，“盖千余年来中原之人徙居广中，今之广音实隋唐时中原之音。”其实粤语的形成，要远早于隋唐，它是当年南征秦军带来的，在封开落地，然后从粤西沿西江流域，传至广西梧州和广东珠三角地区。

广州人的血统，南越人占主，但粤语却以中原音为主。任何强势语言的背后，都有强势的政治与经济实力支撑。在政治与经济上占主导地位者，掌握“话语权”，决定用哪一种语言作为官方语言。任嚣、赵佗平定岭南后，中原文化强势，它决定岭南要采用中原的“雅言”为交流媒介。

雅言是春秋战国时期，北方在官方场合（包括讲学与祭祀）使用的语言。孔子说：“子所雅言，诗书执礼皆雅言也。”秦军把雅言带到岭南，初期他们在西江流域驻扎屯田，雅言的流行，也局限于西江至珠江秦军戍区内，即肇庆、佛山、广州、中山、珠海、东莞、宝安、香港及梧州、贺州等地。汉武帝平南越国后，才在更大范围推广，远及交趾刺史部所辖区域。

任何语言，都有一个与周边的语言互相吸收、融合的过程，完全自我封闭的语言是没有生命力的。雅言也在嬗变之中。从音韵上看，目前所见最早的一部音韵学著作，乃隋代初期的《切韵》。众多学者认为，该书所记为南北朝时士大夫阶层所采用的音系，即晚期雅言音系。比照今天汉语七大方言，大部分已改曲易调，唯粤语保存了这个音系中最丰富和完整的元素，称为古汉语“活化石”，当之无愧。

语音方面，粤语保留了最多古汉语的发音；声调方面，在保留古汉语平、上、去、入之外，还衍生出中入调，共有九个声调，是古汉语入声保留最完整的语言。若要验证粤语发音是否标准，念一念这首歌谣就知道了：“阿四阿四，攞条锁匙，开个夹万，攞两毫子，买斤荔枝，唔爱黑叶，要爱槐枝。”这首歌谣取衣韵，须上下齿咬合，舌面向上，才发得出衣音。若可咬字清晰准确，则可算正宗白话。

从词汇上看，粤语有大量典雅的古词古义。在粤语词汇中，三分之一以上是方言词。广州人把粘说成“黐”；把吃说成“食”；把喝说成“饮”；把“走”说成“行”；把“脖子”说成“颈”；把“他”说成“渠”；把“晚”“迟”说成“晏”；把“节省”说成“悭”；惯用感叹词“嗟”“噫”和语气助词“嘅”等。严格而论，这些都不是方言，而是正宗的古汉语用字。

粤语中有大量倒装句，把形容词置于主词之后；形容词做定语放在名词前；指物宾语在前，指人宾语在后；修饰动词或形容词的副词放在所修饰的词之后，趋向动词直接接宾语之类的用法，比比皆是，如“你行先”“多谢晒”“多过头”“食多啲”等等。古汉语也有大量倒装句，如“何罪之有”“具告以事”“时不我待”。粤语中常见的反序构词，也与古汉语契合，广州人把“重要”说成“紧要”，而不是“要紧”。在古书里，“紧要”比“要紧”更常见，如程子说“且将论孟紧要处看”。

一种语言流行与否，与其政治、经济强弱，息息相关。在粤语形成地封开一带，古代雅言音系的元素，保存得更为明显，但人们却不以封开粤语为正宗，而以广州西关（上下九、第十甫一带）的粤语为标准音，这是因为广州是岭南政治、经济的中心。

语言是交流的桥梁。语言一变，等于打通了一条新的道路，很多东西跟着变了。

赵佗摆出“椎结箕踞”的姿态，表面看，似乎被越俗所化，其实正是他推广汉俗的高明手法：先与越人打成一片，邀请越人参政，再做“融入式”推销，润物无声，事半功倍。这套策略，赵佗之后的四任国主，都持之以恒。大名鼎鼎的吕嘉，以越人酋长出身，被第二代国主文王和其后的明王、哀王两代国主聘为丞相，三朝在位，国之元老。梁廷枏甚至推测他从赵佗时就担任丞相。吕嘉宗族有七十多人出来当官，男的尽娶赵氏王室的公主、女儿，女的尽嫁赵氏王室的王子、宗室。

13世纪的《安南志略》说：“赵佗王南越，稍以诗礼化其民。”诗礼要靠语言和文字传播，以前说话听不懂，读先王诗书礼乐，如对牛弹琴，现在说话能听懂了，教育也随之而来。黄佐宣称，自从赵佗治粤，“冠履聘聚，华风日兴，入汉以后，学校渐弘”。越人开始读书识字，青青子衿，春弦夏诵，斯文之气浸浸日盛。

越人旧俗，不同部族之间，经常互相攻击，造成严重死伤。赵佗来了以后，运用他的管治权威与魅力，调解各个部族的关系，使斗殴之风大大收敛。本来越人性格强悍，好勇斗狠，对五十万秦军都没怕过，但对赵佗却服服帖帖，克恭克顺。所以屈大均称赞赵佗：“不倦于和辑百越，使粤人相攻击之风以息，而中县民不致耗减。”

汉朝从吕后称制五年（前183）开始对南越实行经济封锁，物资禁运，“别异蛮夷，隔绝器物”。禁绝中原与南越进行金铁、田器买卖，甚至卖马、牛、羊等牲畜给南越国，也只能卖公的，不能卖母的。但这并不能阻止人们在私下买卖。南越国没有发行自己的货币，交易以货物交换为主，有时也会使用秦朝的半两钱，但数量甚少。他们用翡翠、玳瑁、珠玑，从岭北换来各种物品，包括四川特产枸酱——一种色如玛瑙，质如饴糖的食物。汉廷明令禁止将其贩卖出境，但商人在牂牁江开辟秘密航线，偷运进来，任是坚甲利兵也阻挡不了。

商业利益是文明发展的重要动力。邯郸出生的秦始皇，从小接受中原文化熏陶，对商人深恶痛绝，“七科谪”中，和商人相关的占了四条。五十万南征秦军里，就有不少充军的商人，这无异于把大批优秀的经商人才，输送到了广东。广州后来发展成一个商业城市，有地理的因素，也有人的因素。

从广州出发，沿东江可抵惠州、河源，到达的龙川老隆，这里与闽、赣相连接，经赵佗早期开发，“其地为水陆舟车之会，闽粤商贾辐辏于此”；循北江则可抵韶关，北上湖南，连接长江水系；沿西江而上，可通广西、湖南，连接灵渠与湘江，与长江水系相接。水路交通四通八达，把贸易的触角，扩展到西南、华中、江南的经济腹地，形成了一个范围广泛的经济圈。

天下无不可变之风俗。以前越人的衣服，大多是麻织品，短衣短裤，方便劳作，秦汉时纺织技术进步了，有了葛织品、丝织品、棉织品。《汉书》记载，儋耳、珠厓“女子桑蚕织绩”，连海南地区也学会了桑蚕织绩，何况番禺？在南越王的王宫中，贮藏了大量的丝线织品，平纹绢、方也纱、斜纹绮、刺绣，以及锦、罗、绉纱、提花棉、绒圈锦等，无所不有。其中有一种绢的经纬密度，竟达到每平方厘米300根经线×100根纬线，在那个年代，堪称极品。丝织品被染成各种颜色，有朱绢、朱罗、云母绢、漆纱和黑油绢。

在南越王的墓葬中，发现有青铜铸造的印花凸版，纹样与长沙马王堆1号汉墓出土、被认为是世界上最早的彩色套印织物的金银色印花纱的图案，惊人地相似。很可能长沙出土的印花纱，就是采用南越的印花凸版制作的。这是两地文化交流的证明，但究竟是从南越流到长沙，还是从长沙流到南越呢？这是一个谜。

尽管汉朝实行禁运，但南越国仍有如此大量的丝织品，除了本地能够生产之外，很难作第二种解释。事实上，南越国属地的广西罗泊湾，曾经出土了一批南越国时期的纬刀、绞线棒、工字形器等纺织工具。由于丝织技术的发展，人们的穿着也起了变化，不同身份地位的人，服饰日益变得繁复多样。

南越人开始喜欢在身上佩戴玉器，这符合《礼记》所说："古之君子必佩玉，右徵角，左宫羽，趋以《采齐》，行以《肆夏》，周还中规，折还中矩，进则揖之，退则扬之，然后玉锵鸣也。"君子须佩玉，走路要有声，举止温文尔雅、不紧不慢，玉珮碰击发出清脆的声音，远远就能听到，以示本人行止光明磊落，这才合礼。南越国的铜镜上，镂有男子拱手而立的图案，这也是中原的礼仪。冠袍带履，让人产生礼仪和道德的联想。

平民人家把花朵簪在云鬓上，别在衣襟上，或用细绳把鲜花串成项圈，让它慢慢绽放，慢慢升华，清香四溢。那份淡雅优柔的感觉，是从骨子里渗透出来的，绝非穿金戴银可比。自从陆贾把素馨花种子带来后，素馨花成了人们最喜欢的装饰品之一。屈大均说："南人喜以花为饰，无分男女，有云髻之美者，必有素馨之围。在汉时已有此俗，故陆贾有彩缕穿花之语。"

南越人好歌舞。每逢打胜仗，或猎渔耕种有好收获，或部族中有人去世下葬，都会擂起铜鼓，载歌载舞。南越王墓出土的铜器上，留下了不少越人舞蹈的画面，有羽舞、武舞、建鼓舞等不同的舞蹈形式。秦军的关中汉子到来以后，叩缶弹筝，鼓簧鼓瑟，唱一些越人闻所未闻的曲调，摆弄的乐器也是越人见所未见的，音色有如天籁。越人趋之若鹜，开始仿造这些乐器，学习他们的歌讴。当铜甬钟、铜句鑃、石编磬、篪角和琴瑟奏起悠扬乐韵时，能歌善舞的越人，便踏着节拍，翩翩起舞。

南越王墓中出土的五件玉舞人，仿佛把人带回到楚舞吴歌的年代。少女绾着一个螺髻，五官清秀，表情娇憨，身穿绣有卷云图案的宽袖长袍，扭腰跪膝，左手向上挥动，右手向下轻甩，轻若云雾的衣袖，有如流风回雪。楚汉舞蹈最迷人之处，就在其袖舞与腰舞，长袖飘飘，纤腰轻扭，轶态横出，绰约曼妙。1983年凤凰岗也出土过一件南越国的玉舞人，其水裙风带、轻盈婀娜的体态，妙不可言。

赵佗在越秀山上筑台，每年三月上巳节，都要在这里大宴群臣，举行祭祀典礼，祓除不祥。据梁廷枏所写，南越“既久无事，为台于都城北歌舞岗上，每岁三月三登高欢宴”，因此越秀山又有“越王山”之称。壮族也有三月三节，举行祭祖活动，打铜鼓，对情歌，跳打扁担舞，与战国时的上巳节，相似之处颇多。

越人的厨房越来越复杂，出现了鍪、釜、鼎、烤炉、煎炉等功能不同的炊具；食案摆上了簋、壶、盘、箸、杯、瓿、盉、钫、提筒，人们开始养成在不同场合、吃不同食物时，用不同餐具的习惯。主食有黍、稻米、粟、芋、豆之类，菜肴有美味的鱼、龟、鳖、鸡、鸭、牛、禾花雀、竹鼠等肉类和萝卜、葫芦、菠菜、黄瓜、冬瓜等蔬菜，珍错杂陈，鲜薨并进。人们吃着美食，饮着美酒，“觥筹交错，各适其意”。《礼记》宣称，“夫礼之初，始诸饮食”，餐具越复杂，表明饮食礼仪也越复杂。

衣冠变了，饮食变了，礼俗变了，一切都在潜移默化地改变。尽管从考古发现有关南越国人的生活，大部分属于贵族阶层，但反映的是一个地区的文化形态。贵族的生活是有垂范作用的，平民的生活是其简化版，精神内核，一以贯之。事实证明，“百越和集”和“变服从俗”，没有令中原文化在岭南湮灭，反而为其注入了新的内涵，养成了岭南文化开放性的先天基因。

赵佗治理南越国近七十年，开物成务，草创经营，史书上说他“居南方长治之，甚有文理”。这种文理，反映在舟车、文字、音律、冕旒、衣食、人伦、政治等方面，为岭南文明开创了一片盎然的生机。若论岭南的“人文始祖”，赵佗当之无愧。

汉建元四年（前137），活了一百多岁的赵佗，寿终正寝。

人们一度以为他会永远活下去，但他终于也入土为安了。赵佗葬在哪里，又是一个谜。南越国留下了很多谜团。北宋的《蕃禺杂志》说，赵佗下葬时，丧车从四门出，使人无法确定墓葬的确切位置。晋代的《交广春秋》说：“越王赵佗，生有奉制称藩之节，死有秘奥神密之墓。佗之葬也，因山为坟，其垄茔可谓奢大，葬积珍玩。”正是这些珍玩，吸引着人们孜孜不倦地去寻找。

相传蒲涧的岩石上，曾刻着一首哑谜诗：“山掩何年墓，川流几代人，远同金騕褭，近似石麒麟。”人们认为它暗示了赵佗墓的方位，猜透它，就能找到赵佗墓了。但古往今来，多少人想破脑袋，也只得个“吉”。三国时孙权派了几千人到广州找赵佗墓，凿山破石，挖地三尺，只挖出了明王婴齐的墓，获得“珍襦玉匣三具，金印三十，一皇帝信玺，一皇帝行玺，三钮铜镜”等一批珍宝。婴齐是南越国第三代国主，一即位便宣告臣服汉廷，把武帝赵佗和文帝赵眛的玺韫椟而藏之，但他的墓却最早被掘了出来。

晋人裴渊是第一个试图具体指明位置的人，他言之凿凿：“城北有尉佗墓，墓后有大罡（山岗），谓之马鞍罡。”接着有人更精确指出，墓在马鞍山大凤岗、勒茶坑一带。这也不是完全没有可能，因为连秦始皇都相信马鞍山是广州的龙脉，非要派人凿断不可。但赵佗既然立国称王，说明他并不相信龙脉已断。当年他们有没有认真凿断地脉，抑或只是敷衍朝廷，尚且存疑呢。

更多的猜测，在坊间流传。有人说赵佗墓在禺山，有人说在白云山，有人说在鸡笼岗，但更多的人深信，赵佗就埋在越秀山。当年汉文帝也是凿山为陵，不在平地起坟，这种做法很可能被南越国君主所仿效，文王赵眛就是凿象岗为墓的，他把自己葬在爷爷的旁边，也合乎礼制。到了清代，梁廷枏还在猜这个谜，他认为赵佗葬在广州城东北，“南自鸡笼岗，北至天井，连岗接岭，葬时多为疑冢，輀车从四门出，棺塴无定处，当时人莫知所在”。说了半天，还是没结论。

唐人裴铏写过一篇传奇小说，讲述唐德宗贞元年间，有个叫崔炜的人，意外跌入了赵佗墓中，遇见“羊城使者”骑着白羊，从空中冉冉而降，衣冠俨然，手执大笔，把写有篆字的青竹简放在几上。赵佗还把齐王田横的女儿配给崔炜为妾，并送给他一颗西亚大食国的夜明珠。后来崔炜回到人世，在广州城隍庙见有一尊神像，与他在赵佗墓中所见的羊城使者一模一样，这才恍然大悟，原来羊城即广州城。这篇小说把赵佗、仙人、仙羊都扯到一块了，反映出人们对赵佗墓的好奇，已到了痴迷程度。

历代多少皇帝陵墓都被人们发掘了，连秦皇陵也找到了，曹操有七十二疑冢，也被人找到了。南宋诗人方信孺感叹，赵佗墓藏得比曹操墓还好：

漫说曹瞒七十余，老佗疑冢更模糊。
不知禹葬会稽处，也有累累如许无。

可以预见，只要赵佗墓一天没被找到，它依然会是一个令人心动的话题。

1982年，人们在解放北路的象岗，挖掘出一座汉朝王莽年代的大型贵族墓葬；后来又陆续掘出几座西汉后期、晋代、明代的小型墓葬，都没有引起人们太多关注。1983年，在象岗地下20多米深处，发现了两千多年前的第二代南越王文帝赵眜的陵墓。象岗在越秀山西侧，高不过50米，原属越秀山的一部分，昔日这里全是参天古木，草茅茂密，野狐出没，古书形容它“直峭百丈螺道登”，地形十分险峻。

陵墓的格局，前朝后寝，墓坑采用竖穴与挖洞相结合的方法构筑，整个平面呈“士”字形。墓室南北长10.85米，东西宽12.5米，面积有100平方米左右，分为前后两部分共七室。建筑陵墓的750块红砂岩石材，采自距离广州37千米的莲花山。这些巨型石块，究竟是怎么运到广州的，实在匪夷所思。

这个墓在两千多年的岁月里，从未被盗挖过。墓中最吸引人们目光的，自然是文王赵眛身上的丝缕玉衣了。玉衣又称“玉匣”，是汉代皇帝与诸侯王公的特殊殓服，按死者身份等级不同，分别用金丝、银丝或铜丝，把玉片连缀而成。古人相信玉除了显示死者的尊贵，还有保护尸身不腐的作用。

南越王墓中的这袭玉衣，长1.73米，由2291块玉片组成，分成头套、上身衣、两袖筒、两裤筒和双鞋，共六个部分。它最特别之处，在于既不是用金丝、银丝，也不是用铜丝串起的，而是用丝线穿系和麻布粘贴编缀而成，故称“丝缕玉衣”。这是迄今所见年代最早的一套形制完备的丝缕玉衣，堪称价值连城。

在赵眛玉衣下纵列着五块玉璧，玉衣贴身铺盖十四块玉璧；头、肩放着三件透雕玉饰，全身覆盖成串的组玉佩饰；棺材外头端还平叠七件大玉璧。在外椁的“头箱”和“足箱”中，出土了青玉角杯、玉盒、大玉璧、波斯银盒，极为珍贵。棺椁头端放了一只铜承盘高足玉杯，可见“玉”作为礼器，在西汉时代的岭南，同样具有崇高地位。

墓中共计有两百多件珍贵玉器，葬玉之多，在已发现的汉墓中，无出其右。在其他南越国时代的墓葬中，也发现过玉鱼、玉猴、玉鼻塞、琀、璧、佩、环、玦、璜、管、剑具等二十余种玉器，品目繁多，式样丰富，雕工精美，有明显的南派玉雕风格。人们通常把北京玉雕称为“京派”、扬州称为“扬派”、上海称为“海派”，广州人则把他们一律称为“北派”，以广东为代表的为“南派”。北派风格凝重、厚实、古朴，而南派风格飘逸、洒脱、灵活通透。两者的区别，在两千多年前，已见端倪。

这些玉器并非专为陪葬而制作，不少是墓主生前就惯用的东西。最有趣的是，有些玉器已经破损，曾由玉工修补，然后继续使用。其中有一个玉盒的盖子崩裂了一块，赵眜并没有丢弃它。玉工沿着裂纹两边钻两组对称的小孔，以某种细绳把破片绑紧，还在盖内凿了两条细槽，用来隐藏绳子，手工十分精细。这个玉盒修好后还使用了很长时间，直到陪着赵眜入土，可见是他的心爱之物。还有一件凤形牌形玉珮，下部曾断为两截，工匠用两个H形的小金桥，锁住两端，金桥上还刻有卷云纹饰，不仅修复了断裂，而且更添美观。这种修复技术，虽然民间并不罕见，但出现在南越王室之中，却有可圈可点之处。

赵眜不仅不愿丢弃旧物，还尽量把废物再生利用。在他玉衣裤筒的玉片中，考古人员发现有一片是用玄璧改造的。可能是这块玄璧已经破碎，无法修复，便利用碎片改制其他物品。从陪葬品看，南越王的生活，既有穷侈极奢的一面，但细节上似乎又透出敬天惜物的一面。人就是这样的矛盾。

南越王墓是一个伟大的谜。墓中那么多玉器制品，玉石是从哪里来的呢？广东本地产玉不多，当时南北交往不便，北方玉石要进入广东，也是困难重重。玉石很可能产自曲江玉山。宋代《湘州记》称：“曲江县东有玉山，卉木滋茂，泉石澄洄，相传云昔人采玉处。”20世纪70年代在曲江石峡发现了一批新石器时代晚期墓葬，出土的玉器，有些与玉衣片的玉材很相似，让人产生联想。

赵眜身上随葬的印玺有九枚之多，其中“文帝行玺”金印，是迄今考古发现最大的一枚西汉金印。印面阴刻有篆书“文帝行玺”四个字，印钮为一条游龙，盘曲成“S”形，龙腰隆起可以系印绶。以龙为印钮是南越国首创。而更为有趣的是，秦、汉时的皇帝玺，均以白玉为材，以螭虎为印钮，印面尺寸为“方二寸”（为2.7~2.8厘米），而这枚“文帝行玺”金印，竟然长3.1厘米、宽3厘米，大大突破了帝玺的规制。

在墓中的大小器物，几乎全用华丽的丝绢包起来，连铜熏炉也用绣花绢、绒圈锦等高级织物，精心包裹。在出土的屏风铜构件中，有一个朱雀铜饰顶，是青铜所铸，朱雀昂首展翅，站在方座之上，方座四周装饰火焰纹。朱雀在汉代被视为主管南方之神，在南越王墓中出现，反映了中原文化对岭南的影响。而屏风下面的承托构件，则是青铜铸造的越人力士，头顶屏风，双手抓住五条蛇，口衔一条双头蛇。古越人有捕蛇、食蛇和以蛇为图腾的习俗。在同一个屏风中，出现各具南北特色的饰物，是有趣的现象。

南越王墓出土了一千多件（套）文物，从丝缕玉衣、丝囊珍珠枕、玉璧、玉杯、玉盒、玉珮、玉舞人，到龙纽金印、张仪铜戈、错金铁矛、彩绘铜镜、错金文虎节、各种铜制炊具、餐具、熏炉；从铜钟、石磬、响盒、响鱼，到各种金器、漆器、丝织物、象牙骨器等，恍如云蒸霞蔚，宝光四照。

这是岭南地区发现规模最大、随葬品最丰富的西汉前期彩绘壁画石室墓。墓中文物，若按材质，可分为铜、铁、金、银、铅、陶、玉、玻璃等二十多种；按功能则可分为礼乐、兵器、饮食、服饰等门类。它们分别带有鲜明的中原文化、楚文化、巴蜀文化、北方匈奴文化、海外文化和岭南文化等多种文化印记，显示出岭南人兼容并包的特点。

制作这些精致器物的工匠，无名无姓，湮没在历史的尘烟之中。后人只能想象他们的身影，在四面透风的工棚里，背曲腰躬，脚踏转盘，用石英砂、无齿锯和管钻等原始工具，埋头攻玉；或是光着膀子在火炉前焙烧制范、浇注滚烫的铜液，细心地修整铜器。春去秋来，无止无休。他们也许是土生土长的南越人，也许是五十万秦军中的一员。王宫中的钟鸣鼎食，早已烟消云散，不知焉往，但工匠们创造的艺术品，却天长地久，存留于世。

元鼎五年（前112），南越国丞相吕嘉叛汉，杀死赵兴和汉朝使者，立婴齐长子赵建德为王，汉武帝刘彻遣大军南征。元鼎六年（前111），汉军攻陷番禺，平定南越国。这一仗打得天愁地惨，汉军四处纵火，只见烟迷雾卷，焰吐云从，风乘火势，天地通红。南越王宫署亦在大火中，轰隆隆倒塌，化作废墟瓦砾堆。百姓慌慌乱窜，四散逃亡。南越国五主九十三年繁华梦，转眼空成陌上尘。经此一役，广州要花上几百年时间，才能恢复元气。

总算有了城墙

汉武帝刘彻平南越后，害怕南越国会死灰复燃，把岭南的政治中心移到广信，设交州刺史管理相当于今天广东、广西和越南中、北部的大片地区。广州作为南越国的旧都，地位一落千丈，王城的尊贵不复存在了，富室豪家，散个精光，衰败之象，惨不忍睹。贩夫皂隶、饭牛屠狗之辈，纷纷迁入，昔日龙楼凤阙的王室禁地，变成了穷巷掘门的平民区；大家用御苑的砖瓦盖猪圈，用王室水井的水，煮他们的蛤蜊汤。最显著的变化是人们的服饰，在官府的强力推广下，已完全汉化，越族的传统，基本失传。

近百年来，很多人都希望找到任嚣城、越王城的城墙，有人引北宋《蕃禺杂志》所载，赵佗下葬时“丧车从四门出”，既有“四门”，就一定有城墙。然北宋距赵佗死，已千年之久，《蕃禺杂志》根据什么说越王城有“四门”，也不得而知。而迄今没找到城墙遗迹，却是一个事实。也许越王城真的没有城墙。

2000年夏季，西湖路兴建光明广场时，发现了一座南越国水闸遗址，面积约650平方米，是世界上发现年代最早、规模最大、保存最完好的水闸遗存。秦、汉时，这里是番山西麓，北接文溪之水，南临珠江之浒。水闸是保护城市的水利设施，洪水来时，打开闸门，泄洪出珠江；而当珠江咸潮来时，放下闸门，阻挡潮水涌入。

水闸高5米，深近2米，长201米，从北往南分为引水渠、闸室、出水渠三个部分，是一座由大批排列有序、纵横交错，构成“八”字形的大型木结构建筑。闸室平面自北向南，向珠江“八”字形敞开；引水渠和出水渠均呈长方形。其在建闸材料选择、松软地基处理、技术线路处理、总体布置、泄流处理、闸室稳定处理等方面，竟大致符合2001年的水闸设计行业标准，古人造水闸的技术水平，令人吃惊。

水闸的木材为水松，有榫卯结构，估计是水闸上层建筑的木构件。但这个“上层建筑”究竟是什么呢？却没有留下更多线索。有人推断，就是城墙。不过，水闸两侧却没有发现南越国城墙的痕迹，倒是有一道东汉时的城墙，在水闸前东西向横过。南越国城墙之说，依然缺乏说服力。此处很可能只是一个防洪水闸而已。

直到东汉末年，广州复活的第一线曙光终于显现。建安十五年（210），东吴孙权派步骘为交州刺史。步骘到广州考察，登上象岗，游目骋怀，被眼前“负山带海，博敞渺目”的壮阔景象所震撼。只见巨海茫茫，烟波万顷，西山、龟岗、席帽山，三山相连，看似三只巨龟，浮海而至。《水经注》描述：“高则桑土，下则沃衍，林麓鸟兽，于何不有？海怪鱼鳖，鼋鼍鲜鳄，珍怪异物，千种万类，不可胜记。”

遥望更远之处，是一个雾锁烟迷的大洲，广州人所说的“河南”。《广东新语》说：“广州南岸有大洲，周回五六十里，江水四环，名河南。”究其原意，并非指珠江之南，而是东汉章帝年间（76—88），议郎杨孚在大洲的下渡头村居住，他在宅前移植了几株河南洛阳的松柏，隆冬竟然瑞雪纷飞，成为一时奇景，人们便把这里称作“河南”。杨孚撰写的《异物志》，是中国第一部地区性的物产专著。后人有诗咏河南的山川形胜：“百花古渡河之南，远连珠海吞鹅潭。规方正与玉山对，日月还同碧落参。”步骘至此，恍然了悟，为什么赵佗要选这里做王城了：“斯诚海岛膏腴之地，宜为都邑。”

步骘向孙权请准把交州治所迁回广州，然后征调大批民工，环绕着昔日南越王宫署，修筑城墙。广州乃风水宝地，须好好守保。广州开天辟地头一回建城墙，从规划位置，丈量地皮，到鸠工庀材，兴役动众，一筐土、一筐砂，把城墙垒起来了。

当时中山四路以南，还是河滩烂地，淤泥深不见底。步骘城建在烂地之上，工程有相当难度，因此进展缓慢，历时六七年，才告竣工。东汉建安二十二年（217），步骘把州治迁回了广州。这时距南越国被灭，已经三百多年过去了。物换星移，劫后重生，广州的“第二春”，于焉开始。

城墙建好没多久，西晋太康九年（288），广州发生了一次强烈地震，这是见于史册的广州第一震。《晋书》写道：“四月辛酉，长沙、南海等郡国八地震。七月至于八月，地又四震，其三有声如雷。”人们惊慌失措，不知是什么凶兆，因为前一年海安（广东恩平）有人聚众作乱，反叛晋廷，不知会不会打到广州。但似乎乱民很快被镇压下去了，广州人又松一口气了，只要还有一碗安乐茶饭吃，外面的世界怎么变，由它去吧。

步鹭城的具体范围，随着20世纪末、21世纪初的考古发现，逐渐露出轮廓。1996年至1998年，中山五路南侧、教育路东侧、小马站西侧的地铁工地，挖出一段16米长，呈南北走向，分别修建于东汉、东晋和南朝三个不同时代的城墙。

东汉城墙为夯土墙垣，残存面宽5米，残高1.85米，夯筑19层，每层之间以草茎铺垫。夯土中还发现了大量汉代的板瓦、筒瓦和陶器残片。这是步鹭城的西墙了。西湖路南越国水闸前发现的东汉城墙，是步鹭城的南墙。2005年在南越王宫署遗址东面，中山四路北面，旧仓巷西面，又挖出了一段南北走向的城墙，是步鹭城的东墙。2011年，在中山四路以南，长塘街以西，清出了一段城墙角台的基址，是步鹭城的东南角。

大批避乱的士民，为避东汉末年之乱，纷纷扶老携幼，逃往广州。广州的人口越来越多，但官方的统计，却没有反映出这种变化。东吴永安六年（263）的广州，有人口43120户，下辖南海、高凉、高兴、苍梧四郡。南海郡统番禺、四会、增城、博罗、龙川、平夷六县，合计9498户，平均每县1583户。按东吴天纪四年（280）的统计，每户平均为4.4人。于是有人照此推算出，每县平均人口为6965.2人。也就是说，广州城的人口，必在七千人以下，否则番禺县其他地方，就要变得近乎荒无人烟了。

这些记录是否可靠，差堪商榷。六县户数不能按平均计算，因各县差距甚大，番禺县会比其他县更多人，这是肯定的。以人口密度衡量，宋代三千户就算大县，三国时代只会在这个标准之下。当时的人口统计，十分粗疏，大量漏报瞒报，在所难免，战乱时期更甚。官府的统计，本来就不严谨，文人记录时，更以其吟诗作赋的写作风格，动辄“十万余众”“八万余户”，让后人难辨真伪。

广州既为州治，又建起了城墙，气象一新。东吴的水师最有名，赤壁之战打得曹魏胆裂魂飞。广州是东吴大后方，孙权要把它建成主要的造船基地。造船本来就是越人最擅长的，加上南越国“楼船之士”的后裔，广州汇聚了大批杰出的造船工匠，其技术与产能，都相当惊人，造出了能搭载三千人的“大舡”。东吴赤乌六年（243），孙权要攻打朱崖和儋耳，须臾之间，在广州征集了一支三万人的庞大船队，可见当时广州的人力物力已恢复得七八成。

迨至西晋，先有八王之乱，再有永嘉之乱，更兼五胡乱华，北方田园寥落，十室九空。难民男女老幼，杖履相随，挑着家什，赶着牛羊，背负着先人的牌位与骨殖，像潮水般涌来，梅关道上，应接不暇。他们带来了北方动乱的消息，广州人像听海外奇谈一样，听他们讲晋室宗亲如何互相残杀，南匈奴如何在宁平城大败晋军，如何在洛阳大肆焚掠，如何发掘陵墓、焚毁宫殿。每有一批新移民来，老移民就忙着向他们打探家乡的情况，听完以后，无不欷歔嗟叹，摇头而去。

与北方相比，南海之滨，在停僮葱翠的越秀山下，竟有一片安乐土，不闻金鼓悲笳之声，但见“抱布贸丝”的商贾，简直成了北人心中的世外桃源。有个晋人在广州死了，墓砖上刻着：“永嘉世，天下荒，余广州，平且康。”

西晋衣冠南渡，历史进入东晋时代。中国出现了近三百年南北分治。游牧民族在政治和军事上的强势介入，导致北方汉语出现红紫乱朱之变，大量游牧民族的语音加入，使北方的官话与原本的中原雅言渐行渐远。但这时逃到岭南的中原士民，其语言仍是承自东周的雅言，和广州话十分相似，但毕竟过了几百年，双方的语音都有了不少变化。古人说：“北人避胡多在南，南人至今能晋语。”晋语带来的新元素，再次催化广州话的嬗变。

两晋时期，广州人口急剧增加，新盖的房子越来越多，干栏式仍然是很多人的选择，下层为畜舍，上层住人。这种楼阁建筑，设备渐趋完善，有厨房、厕所，粪便从楼上直接排到楼下的畜舍里。但也有不少人放弃了干栏形式，把房子建在地面上。房子的内部结构更加复杂，功能越分越细，前堂与后室已经分开了，前部为堂，后部为室，富裕人家的前堂还设有舂米簸米的地方；后室分为左右两边，中间是天井，类似三合院形式。房子的装修也很讲究，窗子上有精致的窗棂，做成直格子，或斜格子；大门绘画着类似门神的怪兽。以前官衙才有门神，现在民宅也出现神荼、郁垒的画像了。

每天清晨，薄雾还未散去，人们睡眼惺忪，打着呵欠，从房子里走出来，有如无数涓涓细流，向四面八方淌去，寂静了一晚的街道，渐渐响起了脚步声、说话声、咳嗽声，最初是窃窃低语，然后很快汇成喧闹的海潮。井台打水的声音，公鸡“胶胶膊膊”的啼声，鸟雀在枝头“啈呖呖”地唱，两条瘦狗在街头互相追逐，一辆牛车从街上“嘎吱嘎吱”经过，赶车人蜷缩在车篷下，半闭着眼睛，摇摇晃晃，好像还没睡醒一样，但街道两旁的人，已收拾器具，准备营生了。各种各样的聒噪，嘈嘈哜哜，显示城市开始苏醒。

河涌从城中蜿蜒流过，两岸泊着大船小艇。农夫在靠近城墙的地方，开垦了一些田地，种植蔬菜。人们每天把粪便与腌臜之物，倾倒进河涌。农夫从河涌里挑水浇灌，妇女在河涌里浣衣，小孩在河涌游泳嬉戏。水上的人与岸上的人互相打招呼，有时还聊上几句，然后各自离去。炊烟在河涌上空飘过，随风而散。空气中混杂着动物粪便和河涌边垃圾的臭气，四处弥漫。外人也许闻不惯，但当地人已习以为常，如果哪天没有了这味道，还觉得好像少了点什么。当他们到外地做生意时，这味道就成了他们的乡愁。

街上来来往往都是为口奔驰的人，作坊鳞次栉比，打铁的，斗木的，纺布的，染印的，编织的，烧玻璃的，酿酒的，制茶的，每天都忙忙碌碌。商铺里摆满了各种陶制和铜制器皿，这边打铜的作坊，锅碗瓢勺，大至鼎、簋、釜、炉、甑，小至姜礤、挂钩、筷子、勺子，应有尽有；那边是做鞋的作坊，绣花布鞋，漆画木屐，葛屦草鞋，丝舄靴履，色色俱备；还有卖各种辘轳灯、琉璃珠、玛瑙、珊瑚的店铺，五光十色，让人目乱睛迷。

新移民在城里安家，要备齐各种各样的日用品。店家个个落足嘴头，吹得天花乱坠。走在街上，听到的都是讨价还价的声音："你这只铁镬靓唔靓？""一日工夫千日看，走遍全城没有第二家。""便宜一点吧。""货真价实，童叟无欺，对得人，拜得神。""那更应该便宜点了。""好吧好吧，就当结个缘，发个市喇。"最后交易成功，双方皆大欢喜。店主把顾客送到门口，满脸堆笑说："下次再来帮衬啊！"任何人一踏入这个地界，都会被这种充满动感和张力的热流所感染。

人们在城外建起了陶窑，日夜开工，生产各式各款的陶器，供应城里的居民，窑火一年到头熊熊不熄。1996年就在海珠区的海幢寺附近，挖出了一个东汉陶窑遗址。这里烧制的陶器，林林总总，品目繁多。日常使用的罐、魁、碗、钵、盂、甑、缸、瓶、盒、壶、樽、簋、卮、杯，应有尽有。很多器皿造型优美，缕着细致的弦纹、方格纹，有的还印上五铢钱的戳印纹，上了黄绿彩釉，显得更加美观。

东城墙脚，办起了一个大型的冶铸工场，吸引一群群浑身肮脏的小孩，每天都蹲在工场附近看热闹，看工匠们怎么奋力地拉风箱，怎么往炉膛里添木柴，看熔化的铜汁倾倒出来，看烧红铁块淬进冷水时轰然冒起的蒸汽。这些场景，天天看也不腻。白天黑烟滚滚，入夜火光熊熊，把天空映照得通红透亮；“叮叮当当”敲打铁砧的声音，远至城外几里地都能听见。《晋书》称，咸和六年（331），广州刺史邓岳“大开鼓铸，诸夷因此造兵器”。这个冶炼工场，深埋在中山四路的地底，在1994年的考古中被发现了。

城里的生活，就是这样纷纭杂沓，每天都好像充满新奇，又好像一成不变。

太元十一年（386），滕含任交州刺史时，广州城墙已建成一百六十多年了，由于人稠物穰，不少地方已破损坍塌。滕含投入了大量的人力物力，重修城墙。1996年至2011年间，旧仓巷发现了滕含修的城墙残存墙体，是在东汉墙体基础上扩宽、夯筑加固而成的，用红黄色网格纹砖包边，上宽7.8米，底宽8.8米，高1.4米。夯层中发现有青釉瓷器残片。在外墙基部的砖块上，有“泰元十一年”的模印字样。

隆安三年（399），浙江爆发由琅琊人孙恩领导的五斗米道暴乱，史称“孙恩之乱”。元兴元年（402），孙恩战败，投水而死，残部拥戴其妹夫卢循为首领，继续与晋廷对抗。元兴二年（403），卢循率众浮海南下，攻打广州，百姓惊慌失措，纷纷往城里跑，《晋书》说，避难的民众“盈满城内”。

一场奇灾大祸，就这样悄然降临了。古人说：“小乱入城，大乱下乡。”卢循之乱，是广州自汉武帝平南越后，最大的一次战乱。入城等于进了凶门，九死一生。卢循攻陷城池后，满街满衢的百姓，上天无路，入地无门，就像刈草一样，被一路砍杀过来，人头滚滚。城中府舍、民居，亦被焚烧殆尽。《晋书》说此役“焚烧三千余家，死者万余人”。裴渊的《广州记》说得更恐怖：“晋卢循袭广州，风火夜发，奔免者数千而已。循除诸烧骨，数得髑髅三万余，于江南洲上作大坑葬之，今名共冢。”

这些数字虽然不太可靠，但也可约略估度，广州的人口，有四万余人。卢循在河南筑城寨固守，长达六七年时间，史称“卢循故城”。南汉时期，卢循故城做了朝廷的粮仓，乡人都称它作“刘王廪”，其故址在广州美术学院附近。一千四百年后，清人黄子高的诗，仍然悲叹：“卢循旧事已千秋，故城父老犹能记。”

经过“卢循之乱”，广州城墙遭到严重破坏，不得不进行第三次大修。中山五路发现的南朝城墙，是在晋砖墙两边填土扩宽，再砌砖包边，残体宽21米，高1.5米。在城墙旁边还发现一处马面结构，南北长9.1米，北边宽7.3米，南边宽8.1米，建筑形式与墙体相同。南朝城墙西侧还有唐代路面残痕，东侧发现宋代水池遗迹。据此推测，唐、宋时这道城墙已废弃不用了。三个朝代的城墙套合修筑，时间跨度超过五百年，堪称奇观。

广州城墙下一次大修，是两三百年以后的事情了。

哪里有水喝

如果说，广州是东江、北江、西江三江相汇之处，珠江全年入海的总水量，超过黄河七倍，仅次于长江，但广州人却没有水喝，那简直是天方夜谭。

但在很长的一段时间里，饮水问题确实困扰着广州人。原因在于“州治临海，海流秋咸”。古人形容，晚上当海潮涌起时，“海水纯丹，火光万里，波浪乘风如千万火山冲击，物触之辄生火花，咸故生火也”。燃烧的海景，蔚为壮观，可见咸潮威力之巨。每届冬季枯水期，咸潮便会托起珠江水，大举倒灌入城。最凶猛的咸潮，可以沿着北江往上涌，一直到清远飞来峡。这时，所有的江水、溪水、井水，都变得咸苦难饮。

无可奈何的人们，为了取得淡水，要么往上走，要么往下走。往上走就是上白云山，从蒲涧源头帘泉取水，地势越高，咸味越少。往下走就是在城厢内外深挖井，希望挖深一点，水没那么咸。但咸潮来时，大部分井水还是咸的，越靠南边，咸味越重。

在离珠江仅一箭之地的越秀山脚，有一口神奇的井，咸潮季节，水居然是淡的。南朝宋人沈怀远在《南越志》里记录了这口著名的井："天井岗下有越王井，深百余尺，云是赵佗所凿。诸井咸卤，惟此井甘泉，可以煮茶。昔有人误坠酒杯于此井，遂流出石门。"人们相信，这口井之所以不咸，与它百尺之深有关。其实它的深度，也就在10米以内。屈大均称井水"力重而味甘，乃玉石之津液"，赵佗因为长年饮这井水，活到一百多岁，结果黄梅不落青梅落，儿子比他还早死，王位只好传给孙子。如此说来，赵佗的儿子似乎没有饮这口井的水，否则也应该很长命。

南汉时这口井被皇室独霸，称为"玉龙泉"；南宋时还井于民，官府给井加了一个九孔的石盖，几个人同时打水，互不干扰，故称"九眼井"。需要解决九个人同时打水的难题，可见当时附近已人烟稠密，打水的人多得要排队了。到清代，平南王府又把这口井独霸了十年之久，并在井四周建起围墙，派兵把守，私自汲水者要受鞭挞。直到20世纪50年代，井水仍清冽可饮用，但最后终成枯井，井底淤积深达七米。

这口井到底是不是赵佗掘的，争论从未消停。有人说，是六世纪南朝时来广州的达摩高僧挖的，真正的越王井在越秀山上悟性寺中。也有人说，达摩挖的井在光孝寺，不在越秀山。明代谪居广州的侍读学士黄谏，喜欢烹茶，对井水要求甚苛，广州"城中井水多咸苦”，令他深感失望，亦促使他跋山涉水，寻找优质井泉，经过逐一品尝后，列出广州井泉的前十名是：“学士泉烹茶味最美，经昼夜色且不变，宜居第一。九龙、泰泉次之，蒲涧帘泉第三，越井第四，双井及施水庵井第五，韸韸水第六，洗臼井第七，九眼井第八，居士泉第九，外是固不足取，而藩司、郡廨二井宜居第十。”他认为越王井、九眼井、达摩井（洗臼井）是三口不同的井。

三国时的交州刺史陆胤，身居广州，体会到咸潮的危害，奇怪为什么以前的官府都坐视不理——难道他们自己不用喝水吗？为官一任，总得为广州做点什么。于是，他征募民夫，在越秀山东麓挖了一个人工湖，开凿河渠，引蒲涧水入湖中，以供冬季枯水期之用。这个湖就是越秀公园东秀湖的前身，初名“甘泉池”。南宋方信孺《南海百咏》载：“在郡东北五里北山脚下，东晋太守陆胤所凿，引泉以给广民，亦呼甘泉。”广州人对这项工程感恩戴德，陆胤离任后，在甘泉池边，修筑了一座甘泉亭，又名“陆公亭”，纪念这位“惠风横被，化感人神”的官员。咸潮期来这里取水的人，络绎不绝。

久而久之，甘泉池的淤积变得严重，水质也差了，存水量日渐减少，不足以给全城人饮用。很多人每天还是不得不披霜踏露，上白云山挑水，一根扁担两只水桶，走几里崎岖山路，体力弱点都顶不住。有些人才走一半路，水已洒掉三分之一了。如果不慎摔跤，打翻了水桶，还要重新上山。这成了人们一天最苦最累的事情。

东晋太元年间（376—396）的广州刺史罗友，对民众取水之苦，动了恻隐之心，在蒲涧溪旁修筑了一个可容纳百人的平台，供取水的人歇脚。但挑水的人，个个忙得马不停蹄，哪有息歇的工夫？这个平台被一些不食人间烟火、不知民间疾苦的文人看中，起名为“洗心之域”，做了游山玩水，观赏风景的地方。

南朝梁武帝普通八年（527），有“东土第一代祖师”之称的禅宗第二十八祖达摩禅师，从天竺航海至广州，在华林寺附近绣衣坊码头登陆，结草为庵，传播禅宗妙旨。有人说他是波斯人，也有人说他是南天竺人。他生了一对绀青色的眼睛，被人称作“碧眼胡僧”，所以是波斯人的可能性大一些。他在广州留下了两处圣迹。一处是位于华林街的“西来初地”。华林寺前身就是达摩所建的“西来庵”，附近有“达摩祖师西来登岸处”石碑，标示他登陆的地点。另一处是光孝寺的“洗钵泉”。

关于洗钵泉，坊间传说很多。当时光孝寺每天都要派和尚到外面挑水，挑回来的水却味咸难饮，对身体不利。达摩在寺里挂单时，告诉和尚们，寺院的地底有黄金。光孝寺曾是南越国第五代国主赵建德的居所，埋有宝藏也不奇怪。大家兴奋莫名，纷纷荷锄肩锹，跟着达摩走。达摩走到一处，指着地面说：从这里挖下去吧。大家就按照所指往下挖，挖至几丈深时，有泉水喷涌而出，却无黄金。大家正感到失望，达摩笑着说：这黄金不是可以用斤两计算的。

后来，人们才发现，冬季咸潮凶猛时，这口井的水依然甘洌可口，确实堪比黄金。于是，人们把这口井称为“达摩井”。据《光孝寺志》所述，这口井“味甚甘洌，盖石泉也”。故事在民间一传十，十传百，变成了达摩用诃树之根在井中蘸水，令泉水变淡；又说达摩用井水洗过他的钵，水就不咸了，所以又叫“洗钵泉”。15世纪，有人在井壁上刻了十六个字：“水由天生，心由水悟；卓彼老禅，待神而喻。”

千百年来，广州人不断努力，开湖泊，挖濠涌，浚河道，修水利，其原动力，大都是为了阻挡咸水灌城。但每年的咸潮，还是如期而至。

到了唐代，人们还在孜孜不倦地挖井。唐天宝元年（742），刘巨麟出任南海太守时，就在城外挖了四口井。清代《南海百咏续编》引前人著述称：“今城内之日泉井、月泉井、流水井、乾明井，即唐时四井也。”日泉井的位置，大约在诗书路、百灵路附近，宋代的《舆地记》说，每晨日出，井中辄有一日影。月泉井则在盐仓街附近，明嘉靖朝《广东通志》称：“月泉，在盐仓街，即古月华楼。旧志云：月出则照映井底，与日井相望。”乾明井有人说在法性寺（光孝寺）西廊，与达摩井混为一谈了，刘巨麟可能是浚缮，而不是新掘。流水井在西湖东岸，今西湖路流水井街内。但也有另一种说法，刘巨麟挖的四井是日井、月井、星井、乾明井。星井在西城外绣衣坊，即西来初地的五眼井。

唐开成年间（836—840），卢钧出任广州刺史、岭南节度使。他在全城发起募役，开展整治甘泉池工程，从甘溪的源头开始，濬缮涌渠，疏凿河床，清除甘泉池的淤泥，加固堤岸；湖畔栽种花草树木，兴建亭台楼阁。地虽不广，但周围绿水，八面青山，亦有可观之处，命名为“菊湖”。甘泉池不仅变成一处游玩的景胜，还给附近农田供水灌溉。在宋代的羊城八景之中，有“菊湖云影”一景。卢钧离任时，广州的老百姓依依不舍，向官府请求为他建生祠。

两百多年以后，北宋绍圣元年（1094），苏轼被贬往惠州，路过广州。他是美食家，味觉特别敏锐。他被广州的咸水吓着了：这样的水如何下咽？他请人浚缮元妙观里的水井，希望改善水质。挖井时挖出了一石龟，所以又叫“石龟泉”。这口井因苏东坡一顾而价增，暴得大名，但水质其实并不太好。黄谏在广州寻找优质水源时，曾慕名品尝，失望地表示：“苏东坡浚井元妙观，饮之亦不甚佳。”

被黄谏看得上的学士泉、九龙泉、泰泉、蒲涧帘泉，都远离城区，取水不便。离城最近的，唯有越王井，但长年被官府霸占，轮不到民众享用。一位罗浮山道士告诉苏轼：“广州一城人好饮咸苦水，春夏疾疫时多所损矣。惟官员及有力者得饮刘王山（即越秀山）井水，贫下何由得。”

但道士又悄声对苏轼说，他有一个解决之法：蒲涧离广州不过二十里，可以借助白云山的地势，把水引入城里。“若于岩下作大石槽，以五管大竹续处，以麻缠之，漆涂之，随地高下，直入城中。又为一大石槽以受之，又以五管分引散流城中，为小石槽以便汲者。”所花费者，不过是砍一批竹子做输水管，再用葵茅苫盖住二十里长的管道而已，“大约不过费数百千”，便可一劳永逸解决咸水问题。

听起来是异想天开，但苏轼深感兴趣。他以前在杭州西湖修过水利，有点经验，认为方案可行，即使失败，损失也不大。但现在他的身份，是一个天涯谪客，不在其位，难谋其政，虽然这不过是“费数百千”的小工程，亦心有余而力不足。于是他把方案力荐给广州太守王敏仲，希望他聘用罗浮山道士去做这个工程，后来还专门写信给王敏仲，对怎么防止管道淤塞，提出具体办法。可惜此事到最后不了了之，广州人要饮用自来水，还要再等八百四十年。

苏轼在天庆观挖过的那口井，后来成了每个到天庆观的人，必去瞻仰的景点。南宋淳祐年间（1241—1252），广东经略安抚使方大琮发现井有点淤塞了，于是重新疏浚，并从别的寺院移来一道铁井栏，把井围起来，免得人们往井里乱丢东西。他写了一篇《铁井栏铭》纪其事：“众妙堂，东有泉；经品尝，眉山仙。名去堂，井不迁。宋淳祐，越五年。方大琮，来莆田。去者还，人耶天。得古栏，和名镌；泽物远，与坡传。”学士李昴英后来也到天庆观游览，并照例要参观这口井，他留下一篇续铭：“考经云，坡记成；名非古，堂遂轻；两翁像，久晦明。伟方公，旧观仍。取彼栏，护此泓。新作盖，环以铭。遗千年，饮清泠。续铭谁？李昴英。”铭词中提到的“两翁像”，指当时在天庆观中有苏轼与方大琮像。虽然这口井因苏轼而闻名，但咸潮期间，它也一样是咸的。

《越秀史稿》一书认为，宋代以后，大海已远离广州，海潮不再抵达，广州水井亦渐摆脱咸潮的影响。到晚明时，井水秋咸问题，基本消除。明代万历二十九年（1601），刑部主事王临亨来广东办案，声称“居广城三月，水亦在在可饮”，似乎便是最好的证明。然而，查一查王临亨的行程记录，他到广州的时间，是仲春二月中旬以后，木棉花已经盛开。咸潮发生时间，一般是冬月至献岁。王临亨来时，咸潮已过，当然觉得“水亦在在可饮”了。事实上，同为明人的黄谏，仍然觉得广州“城中井水多咸苦”，显见咸水问题远远没有解决，宋代没解决，明代没解决，甚至到清代也没有解决。

城里的生活，靠水井、湖泊和山泉，还可勉强应付，但乡村灌溉农田用水量大，关系一年收成，矛盾便更加尖锐了。广州城郊不时因争水灌溉而发生械斗。城东簸箕村（今杨箕村）的玉虚宫，便立着《详奉各宪断定三圳轮灌陂水日期碑记》和《奉宪钧断三乡碑文》两方清代的石碑，记录着清代簸箕村、大水圳（今天河村）和冼村争水的一段公案。

簸箕村与大水圳、冼村相邻，田地也互相交错，长年共用沙河水灌溉农田。大水圳处于上游，冼村处于中游，簸箕村处于下游，这三条村因为争水，吵吵闹闹，不知多少代人了。清康熙年间（1662—1722），三村先后在沙河涌下游建造陂闸，拦截沙河水，实现截流储水，开圳引灌。后来，杨箕村民又集资在双复桥下游，建造陂闸，设三度人工排洪的水闸，受益农田一千六百亩。大水圳为上陂头，冼村为中陂头，簸箕村为下陂头。番禺县令曾作裁断，大水圳与簸箕村轮流灌溉，大水圳截灌两日，然后簸箕村也决开基口放水两日，周而复始。由县衙弄发碑文，勒石铭碑，永远遵守，但碑文并未提及冼村如何轮灌。

乾隆六年（1741）夏历七八月间，广州大旱，沙河水量减少。为取水灌溉，冼村在中陂堵截河道，造成下陂缺水，有簸箕村民去掘开中陂时，被冼村村民拿获，扭送官府，两村矛盾激化。冼村在外打工的村民回家，路经簸箕村，被村民包围殴打报复。冼村大为愤怒，鸣锣聚众，抄起锄头扁担，准备与簸箕村民大打一场。簸箕村民向广州府控告冼村有“吹角担旗、毁苗封庄”等事。

案件经广州府知府、提刑按察使司、广东巡抚批转番禺县署审理。乾隆七年（1742）六月，番禺知县裁断，冼村的田地与上下陂都有交错，他们没有提出分日灌溉，是故意含糊，企图坐收渔利，擅自截断中陂水流，致簸箕村断水，又鸣锣纠众，意图斗殴，实属理亏，但簸箕村说他们“吹角担旗、毁苗封庄”，则是夸大其词，架词上渎，又殴打冼村村民，也是不对。双方各打三十大板。官府判决，三陂轮流灌溉，各取水二日，上陂之水同灌上陂之田，中陂之水同灌中陂之田，下陂之水同灌下陂之田，不得越取别陂之水，复起争端，按陂次第轮流，周而复始，勒碑为记，永远遵守。

但到乾隆九年（1744），三村为争水又起争端。上陂大水圳的田亩地势最高，沙河水位较低，不用水车抽水无法灌溉，但冼村则控告大水圳用水车引灌后，中陂更加缺水了，请求官府禁止上陂使用水车。这引起了下陂簸箕村的抗议。于是三村的争水官司又打到了县衙。官府派人到三村实地查勘后，再次作出判决：三村依旧轮流取水，每村二日，上陂大水圳多添一日，灌溉坐落在中陂的高田，可以继续使用水车，驳回了冼村的要求，并把最新的判决立碑为记，三村永远遵守。

但争水的矛盾，并未真正解决，从乾隆朝到光绪朝，每逢天旱和咸潮，冲突便频频发生。光绪二十八年（1902），大水圳与冼村因争水再次开战，冼村召集三千多人，包围攻打大水圳，大水圳出动火炮还击。这场械斗打了三个月，两广总督岑春煊不得不派兵弹压。但三年后，即光绪三十一年（1905），两村械斗又起，持续了一年多，互有伤亡，不少村屋也被毁坏，农田丢荒。直到官兵进驻，烧掉了双方作为械斗指挥部的公祠，以示警诫，才勉强把冲突压了下去。

直到民国时期，因争水而发生的械斗，仍此起彼伏。1919年夏天，东郊沧头、沙村争水，惊动了番禺、增城和省政府出面调解；1920年，北郊石湖、南村也因争水，发生冲突，甚至有军队介入。据九善堂所刻的碑记所载："逮民国光复，其斗尤烈，甚而互诱军队，滥加焚杀，波及乡邻。其祸更惨，死者千数，焚亦千百家，死横于野，生者失所。"情况之严重，触目惊心。

这种因水而起的争斗，在广州这个山环水抱、河网如织的地方，似乎不可思议，但究其原因，足见咸潮为害之烈。坊间有一首童谣唱道："咸水清，淡水浊，咸水满洋不如淡水一掬。"直到光绪三十一年（1905），广州成立"广东省河自来水有限公司"，开办水厂，修建水塔，广州城区居民的生活用水，才逐渐摆脱咸潮的影响。

第二章 海上丝路

每次广州渐入佳境的时候，总有一股横发逆起的力量，半路杀出，将蒸蒸日盛的上升势头，猝然拦腰斫断。这种悲剧，在黄巢之前，上演过多次；在黄巢之后，也有多次上演，好像成了这座城市逃不脱的宿命。

- 打通大海航线
- 住蕃坊的人
- 来了几个大和尚
- 喧闹的街道
- 商贾骚动

打通大海航线

广州与南洋的贸易航线，早在先秦时期已经建立。从南越王墓中出土的熏炉、犀角、象齿、琥珀和一些香料，可能都是从南洋进口的。其中有五支大象牙，已确认是非洲象的；还有一个用锤鍱工艺制成的蒜头凸纹银盒，具有明显的古西亚波斯银器的特点。这些似乎都告诉人们，两千多年前广州与南洋存在某些未被史籍记载的交往。

汉武帝平定南越国后，派出庞大的官方贸易船队，携带黄金、杂缯（丝绸）等商品，从番禺（广州）、徐闻、合浦等多个港口出发，开辟海上商贸通道。船队的篙工楫师都是从本地募召的。船队在渺渺南海中，航行五至九个月，可到达都元国（越南南圻一带）、邑卢没国（泰国华富里）、黄支国（印度东岸）和已程不国（斯里兰卡）等地港口，与埃及、大秦（罗马帝国）和希腊商人进行交易。

南宋人周去非的《岭外代答》记载：“三佛齐国（室利佛逝）在南海之中，诸蕃水道之要冲也，东自阇婆诸国，西自大食、故临诸国，无不由其境而入中国者。”三佛齐国即印度尼西亚，阇婆即爪哇，大食即阿拉伯，故临是印度半岛西南部一港口。上述诸“国”，很早就成为广州重要的贸易伙伴。

汉代的纺织，已可以生产出单色锦缎和色彩丰富的丝绣，以涡卷图案与菱形图案搭配，展现出精致、华丽的视觉趣味。希腊和罗马商人，把丝绸带回欧洲。那时的罗马人，几乎都穿粗布麻衣，丝绸简直是可以让人羽化成仙的神物。当第一位穿着丝绸衣服的妇女出现在公众面前时，引起的震动，不亚于刮过一场飓风。人们惊呼：“天啊！有哪个穿这种衣服的女人敢说她不是赤身裸体，曲线毕露？”

丝绸在罗马掀起了轩然大波，一方面由于丝绸太过轻薄，引起道德上的忧虑；另一方面，价格过于昂贵，在罗马市场上，一磅丝绸的价格，竟达到12两黄金，大量进口，威胁到罗马的国库，所以公元16年，罗马元老院提议颁布限制奢侈的法令，禁止男人穿丝绸衣服，只有妇女才可以穿着。

这种如同黄油一样细滑的丝织物，是怎么生产出来的？罗马人百思不得其解，只能作童话式的猜想：在东方大地边缘，有一个与世隔绝的神奇国度，覆盖着茂密的森林，有一种羊毛树，人们天天向树洒水，然后从树上采摘一种轻柔的丝线，织成丝绸。商人绘形绘色地描述，在那个神秘国度里，风和日丽，空气鲜美，生活安宁，每一寸空间，都色彩斑斓、芬芳袭人，大地像铺着柔和的丝绸。这些描述，更像是亚热带的中国南方。唯有如此美好的地方，才配出产丝绸。故事口耳相传，愈传愈美，愈传愈神。罗马人干脆取“丝”的发音，把中国叫作“赛里斯”（Séres）。

西罗马帝国亡，东罗马帝国继起，中国古籍上译作“拂菻国”，亦即拜占庭帝国，统治范围包括欧洲东部、亚洲西部和非洲北部的广大土地。罗马人用毛织品、麻布、金属、玻璃、琥珀、珊瑚、树脂，交换中国的丝绸。这些商船来回一趟，往往耗时数年，行程的千难万险，超乎想象，而长盛不衰的海上丝绸之路，亦在惊涛骇浪的岁月中，渐次形成。

罗马人视中国的丝绸如天珍，千方百计打探其生产原理。中国人小心翼翼地严守着秘密，长达数百年之久。传说罗马僧侣曾冒着被砍头的危险，把蚕种藏在镂空的手杖里，从中国偷带回欧洲，罗马才开始有了蚕丝业。从拜占庭艺术中的龙、凤、孔雀及荷花图案，亦可略窥中国文化的蛛丝马迹。

东晋时代，只剩半壁江山，汇聚广州的各地商人，越来越多，仿佛半个中国的商人都挤进来了。从广州输往内地的名贵商品，有雀头香、大贝、明珠、象牙、犀角、玳瑁、孔雀，以及无数村野匹夫叫不出名的奇珍异宝。这些东西，并非全是广东土产，很多是广州商人用丝绸等物，与南洋蕃商交换得来，再转运北方。封开虽然是交州治所，但缺乏做海外贸易的条件，海舶只能停靠广州，蕃商也只认广州。

广州与罗马之间，终于打通了两条直航路线，一条从罗马出发，穿过尼罗河，通红海的古运河，循红海向南，跨过印度洋，从太平洋西南部，经交趾七郡而达广州；另一条从罗马到缅甸南部海口，经伊洛瓦底江，北上至云南保山。5世纪时，广州至少已和东南亚、西亚15个国家与地区有贸迁往来。阿拉伯人记下了广州人西行的足迹："中国的商舶，从公元3世纪中叶，开始向西，从广州到达槟榔屿，4世纪到锡兰，5世纪到亚丁，终于在波斯及美索不达米亚独占商权。"

晋代广州的珠江岸线，已移到今惠福西路。坡山（位于惠福西路五仙观附近）有一个重要码头，史称"坡山古渡头"。码头周围形成了繁华的商业区，客栈连门接户。广州商人和印度、南亚的蕃客做生意，也和北方的商人做生意。1994年，在德政中路以西、担杆巷以北的地方，也发现了一个唐代的码头遗址。但它不是外贸码头，而是一些内河船停泊的，后来这里发展为广州最大的盐运中心。

每年一吹东南季风，坡山便热闹了，一班财大气粗的买家，天天跑来打探消息，翻译们也成群结队在码头"打踅"，生怕错过了什么机会。每当海舶的风帆，隐隐约约出现在遥远的江面上时，码头上便欢声四起，凫趋雀跃。海舶靠岸，是最激动人心的时刻。商人们争着上船验看新货，好像敲开了宝藏的大门。

各种商品摆在大街上，琳琅满目，堆积成山，买卖双方围成一圈，瞒天讨价，就地还钱，村声泼嗓，百口喧呼。南朝宋、齐、梁、陈，不断变幻大王旗，没有哪种通货是大家都信得过的，汉代的五铢、货泉、大泉当千、大泉二千等，虽然还在流通，但商家都不太愿意使用，要么用金银交易，要么用盐米布帛交易。到傍晚收市，各自散去，热闹一天的街衢，终于安静下来。但这种安静，仿佛只是为明天更大的喧嚣，积蓄能量。

这时到广州做官，已不再是“一闻双泪流”的苦差，而是个肥缺。东晋南朝时，坊间流行一个说法：“广州刺史但经城门一过，便得三千万也。”《晋书》夸张地形容，广州“包带山海，珍异所出，一箧之宝，可资数世”。南朝时，广州的海贸，已成为南梁的重要财政支柱。据《南史》所说，由于地方官的贪苛，外国海舶不胜其扰，初时每年只有三几艘，后来萧劢出任刺史，纤毫不犯，海舶增至每年十几艘，“岁中数献，军国所须，相继不绝”。梁武帝感叹：“朝廷便是更有广州。”

一篇为广州刺史欧阳頠歌功颂德的碑文，以华丽辞藻形容南陈时的广州：“工贾竞臻，鬻米商盐，盈衢满肆。新垣既筑，外户无扃。脂脯豪家，锺鼎为乐。扬袪洒汗，振雨流风。市有千金之租，田多万箱之咏”，勾画了一幅欣欣向荣的太平盛世画卷，以致陈朝亡后，隋朝派韦洸于接管广州，引起当地人强烈不满，担心换一群新的饿狼来，又要重新喂肥。于是番禺人王仲宣率众造反，主张恢复陈朝，竟然得到不少当地豪族的响应。最后隋朝不得不派大军平乱，又请出土著首领冼夫人，安抚本地人，软硬兼施，才平息了风波。

隋朝是一个说不清的朝代，隋炀帝杨广的“炀”字，有荒淫怠政的意思。帝王家的奢靡淫逸、穷兵黩武，受到历史学家责备，但隋朝的南海贸易却十分畅旺。开皇九年（589）岭南初定，文帝杨坚即下《安边诏》，敕戒广州，不得侵渔前来通商朝贡的海外客商，“外国使人欲来京邑，所有船舶沿泝江河，任其载运，有司不得搜检”，确保贸易畅通。《元和郡县图志》记述，自从杨广开通济渠之后，“自扬、益、湘南至交、广、闽中等州，公家运漕，私行商旅，舳舻相继。”由于海上商旅频繁，官府在广州扶胥镇修建南海神庙，以保佑海不扬波，风调雨顺。

大业三年（607），杨广派遣使臣常骏出访赤土国。赤土国到底在哪里，也没人说得清，有人说是苏门答腊岛，有人说是马来半岛，《明史》则认为，赤土国就是暹罗（泰国），“暹罗，在占城西南，顺风十昼夜可至，即隋、唐赤土国。”

常骏从广州出发，漂洋过海。在当时的通讯条件下，赤土国怎么会知道他的到访，是一件神秘之事。常骏到达时，赤土国派了三十艘船组成欢迎船队，以金锁缆船，奏乐击鼓，迎接贵宾。常骏登陆后，走了一个月，才到达国都。国王派王子那邪迦隆重出迎，以两头大象开路，持七彩孔雀盖，男女百人奏蠡鼓，婆罗门二人引路，将其请入王宫，盛宴款待。常骏送上大捆丝绸和各种礼品，宾主尽欢，熙熙融融。后来王子还跟常骏回访，送金芙蓉冠、龙脑香给杨广作为礼物。在常骏访问赤土国11年后，隋亡唐兴。常骏有没有活到唐朝，不得而知，但他风光了这一回，也死而无憾了。

唐朝是一个让人引以为豪的朝代，海外贸易达到空前的规模。唐诗中，留下了“梯航万国来，争先贡金帛”“岸香蕃舶月，洲色海烟春”“秋来海有幽都雁，船到城添外国人”等诗句；史书中，“天下大治，河清海晏，物殷俗阜”“奇珠玳瑁，异香文犀，皆浮海舶以来”“雄蕃夷之宝货，冠吴越之繁华”一类文字记载，更是汗牛充栋，再现了中外通过海路交往的盛况。

唐代的艺术，尤其是在中唐时期，以鲜活的生命力、繁复的形式、超凡的创意，获得朝野的热情支持，达到了历史的空前高度。丝绸与中国的书画艺术，精神上有相通之处。士人山水画兴起于唐代，技法讲究浓淡相生，虚实相济，浓处精彩而不滞，淡处灵秀而不晦，虚实并起，意态万千。一种缥缈空灵、烟云绵邈的韵味，于浓浓淡淡、虚虚实实的墨迹之间，晕化出来，正如一位妙曼女子，穿起丝绸衣服时的感觉，身体在丝绸中游动，丝绸随之飘飘起舞，好像鱼儿在水中吹起细浪，丝丝入扣，妙不可言。有人说士人画乃“诗中有画，画中有诗”；若论丝绸与绘画的关系，则“丝中有画，画中有丝”，亦无不可。

丝绸是最受外商欢迎的商品之一。唐代的丝绸，通过陆路与水路，输往欧洲。贞观十七年（643），朝廷在广州、泉州、扬州设市舶使，专门管理以丝绸出口为主的海外贸易。每年当寒冷的冬季季候风越过南岭之际，满载绫绮罗绢的中外商船，便鼓起风帆，从广州出发，穿越马六甲海峡，跨过印度洋、波斯湾，再到阿曼湾、亚丁湾、东非海岸，经过九十余个国家和地区，航期（不包括沿途停留时间）近九十天，来年再随东南季风“回唐山”。由于海路迢迢，西太平洋的许多古国，便成了中西方贸易的中泊港、集散地。

朝廷在广州设市舶使，专管海外贸易事宜。凡海外商舶埋岸，须缴付下碇税（被称为“舶脚”），才能进行交易。又规定部分货品为专卖货品，民间不准私下交易，统由官府定价收购，通过贱买贵卖，为官府创造高额利润。这类专卖货品，约占到全部货品的十分之三。还有部分“贡品”是要进奉朝廷的，商人也不能染指。除此三项，其他货品，则由商人自由买卖。这套规定，称为“征榷制度”。

除市舶使外，负责交聘会盟、管理外贸的官员，还有过岭南市阉珠玉使、押蕃舶使、结好使等不同称谓。尤其是押蕃舶使，权力甚大。柳宗元《岭南节度使飨军堂记》说：“其外大海多蛮夷，由流求、诃陵，西抵大夏、康居，环水而国以百数，则统于押蕃舶使焉。”日本学人桑原骘藏猜测，押蕃舶使就是市舶使。他在《蒲寿庚考》中提出：“市舶使之称，唐人记录已有之，当时又称押蕃舶使（《柳河东集》卷十）或监[市]舶使。”明人顾炎武《天下郡国利病书》写道：“自唐设结好使于广州，自是商人立户，迄宋不绝，诡服殊音，多流寓海滨湾泊之地，筑石联城，以长子孙。”

市舶使院还在珠江边建海阳馆，专门用来招待蕃使、蕃商。王虔休《进岭南王馆市舶使院图表》描写：“近得海阳旧馆，前临广江，大槛飞轩，高明式叙；崇其栋宇，辨其名物；陆海珍藏，徇公忘私。”可想其规模十分宏敞。

岭南节度使署附设飨军堂，这是一个联络蕃客与民间感情的机构。受到盛宴款待的，不仅有蕃商，还有本地土著，甚至疍家也是座上客，多达千人以上。柳宗元曾经很生动地描写过飨军堂里举办的活动：

> 幢牙茸纛，金节析羽，旆旗旐旟，咸饰于下。鼓以鼖晋，金以铎铙。公与监军使，肃上宾，延群僚，将校士吏，咸次于位。卉裳罽衣，胡夷蜑蛮，睢盱就列者，千人以上。铏鼎体节，燔炮胾炙，羽鳞狸互之物，沉泛醍盎之齐，均饫于卒士。兴王之舞，服夷之伎，揳击吹鼓之音，飞腾幻怪之容，寰观于远迩。

由于对外商实行“招诱奖进”政策，刺激海贸大兴。朝廷对保护水陆运输都很重视，杜佑任岭南节度使时，建造楼船、艨艟、斗舰、走舸、游艇、海鹘等各种战船，拽起风帆，冲波激浪，在江河大海上耀武扬威，往来巡梭，以威慑盗贼。

广州是全国的造船中心之一。各国商舶汇聚于广州，都要等到冬季才能回航，大家趁此机会，进行船只的维修保养，清理船身上的海蛎子，修补一下裂缝，有些船要重新上桐油。这是广州修船工匠最忙碌的季节了。他们上船干几天活，就把人家的造船技术也学到手了，比如看到大食国人用桄榔纤维缝合木船，比钉子更好，不会生锈，马上在自己的新船也用上桄榔纤维了。刘恂的《岭表录异》总结说，把桄榔纤维用咸水浸泡，使它膨胀，变得坚韧，用来缚船，不用钉线，也非常结实。广州人还发明了用橄榄糖填塞船缝的方法，“（橄榄）树枝节上生脂膏如桃胶，南人采之，和其皮叶煎之，调如黑饧，谓之橄榄糖。用泥船损，干后坚于胶漆，着水益坚耳”。

天宝二年（743），海贼犯永嘉郡（今浙江温州），朝廷命岭南采访使、南海太守刘巨麟率水师北上征讨。当时扬州大云寺高僧鉴真正准备第二次东渡日本，他从刘巨麟那里买下了一艘船，可载中日僧人十七人，舟人十八人，玉作人、画师、雕佛、刻镂、铸写、绣师、修文、镌碑等工手八十五人，共一百二十人，备办粮食、佛像、佛典、香料、药品等一大批，可以出海远航，技术堪称首屈一指。

广东还有一种巨船叫“木兰舟”，周去非的《岭外代答》描述：“舟如巨室，帆若垂天之云，柂长数丈。”船上可载几百人，贮藏一年的粮食，甚至还养猪、酿酒，有纺织机杼和商店，以防遇上大风浪，船在某个荒凉地方搁浅，人们要在孤立隔绝的环境中，挺过几年时间。船一入海，恍如与世隔绝。人类作为一种陆上的生物，无论意志如何坚强，体魄如何强壮，航海技术如何先进，要在茫茫大海上熬过漫长的日子，都是一件极其折磨人的苦差事。人们终日与大风大浪为伴，在船上唯有大块吃肉，大碗饮酒，借此忘记危险。木兰舟体型够大，抵御风浪的能力较强，很多大食人也看中木兰舟的稳当，都想委托它运货，以致一舱难求，商人们宁愿把货暂时存入仓库，等木兰舟的舱位，也不想给其他船运。

在通往岭北的陆路方面，开元四年（716），张九龄在粤北梅岭开凿了一条驿道，连接章水与浈江。这条路线，“坦坦而方五轨，阗阗而走四通”，较以前的灵渠，或潇水—封水线、耒水—湟水线，都更为方便，成了北方入粤的主要路线，到北宋时，已占了入粤交通流量的七八成。水陆畅通，货如轮转，南北商人、四海商舶联翩而至，坡山渡头的规模，大到令人吃惊，繁忙程度，全国之最。

今大德路与海珠中路交界之处，古称为西澳，是广州最大的内港，民廛稠聚，海舶鳞凑，远远眺望，江上的樯桅好像森林一样，密密麻麻。码头上的街道，蕃商云集，宝货盈衢，街道两边开满了大大小小的商铺、邸店和柜坊，各种幌子、招旗，满街满巷，随风招展。对这些以商人为服务对象的行业，法律也有相应的规定，《唐律疏议》规定“邸店者，居物之处为邸，沽卖之所为店”，而柜坊则是代客保管金银财物的商铺。来自各国的蕃商，进出邸店、柜坊，川流不息，门槛为穿。以前人数最多的南亚蕃客，逐渐被大食和波斯蕃客所取代。

港口风帆如织，各国商舶在这里把犀角、象牙、翠羽、玳瑁、龙脑、沉香、丁香、乳香、白豆蔻、胡椒、蓝靛、檀木等货物卸下，把各种精美瓷器、丝绸、呢绒、布帛、丝线、绣品、漆器、糖、酒、茶、米、梳子、伞、扇子装上船。唐人王建在一首诗中描述这样的场景：“戍头龙脑铺，关口象牙堆。”殷尧藩的诗则有“尝闻岛夷俗，犀象满城邑”的句子。西澳码头每天装船、卸货、泊岸、离岸，热闹非凡。

据统计，唐代每天到广州的外舶约11艘，全年到港舶数达4000艘。假设每舶载客200人，则平均每天在广州港登陆者达2200人，一年多达80万人次。唐人权德舆记述，唐兴元元年（784）至贞元三年（787）间，“万船继至，百货错处”。另一位唐人李翱亦有类似的描述：唐贞元十八年（802）至元和元年（806），“蕃国岁来互市，奇珠玳瑁，异香文犀，皆浮海舶以来。常贡是供，不敢有加，舶人安焉，商贾以饶”，呈现一派繁盛景象。

每天中午时分，码头鼓声一响，交易开始。街道上挤满了住在附近的蕃商和从内地来的客商，他们或蹲在路边交头接耳，或围在客栈门前比比画画，窃窃商议，进哪些货，出哪些货，什么价钱。有些人直接跑上商舶，和舶主洽谈。市场上充斥着表情各异的面孔，有人欢天喜地，有人惴惴不安，有人紧张得满脸通红，有人垂头丧气，面若死灰。南腔北调甚至异国口音的讲价声，此起彼伏。有些北方人觉得奇怪，语言不通，怎么做生意？了解情况的官员轻描淡写地说：没关系，“虽言语不通，而赀币交致”，认得钱就行。

唐朝的法币是开元通宝、乾封泉宝等铜钱，但广州人更喜欢用真金白银做交易，铜钱只作辅助，这是从两晋时期就形成的习惯。与海外商人做生意，什么通宝、泉宝，都不及金银信用可靠。阿拉伯人也用波斯金币、阿拉伯金币做交易。岭南出产金银最多，唐人许浑到广东一看，发现“洞丁多斫石，蛮女半淘金”，很多人以淘金为业。由于贸易额连年增长，金银流通量过大，竟然出现“通货膨胀”，金价跌了。唐人王建的诗句“市喧山贼破，金贱海船来”，证实了这种情况。

傍晚收市的鼓声一响，码头上聚集的人群，就像退潮一般，迅速向各条街道的深处退去，瞬间码头便平静下来了。朝廷规定，城门、坊门、市门黄昏后必须关闭，天明再开启。城里实行宵禁，一更三点敲响暮鼓，便禁止出行。但黄昏才罢，谯鼓方声，广州城外码头的夜市，在一片半暗半明、摇曳不定的烛光下，又见到人头攒动了。喧嘈声混着潮水声，漫天漫地涌起，再度充盈街巷，直到鬼宿渡河时分，才逐渐散去。

唐代诗人张籍曾有诗咏广州的夜市：“蛮声喧夜市，海色浸朝台。”这里的人好像恨不得把一天十二个时辰都拿来做生意。美国人谢爱华（E.H.Schafer）在《唐代的外来文明》中写道：“南方所有的城市以及外国人聚居的所有乡镇，没有一处比广州巨大的海港更加繁荣的地方，阿拉伯人将广州称作‘Khanfu’（广府），印度人则将广州称作‘China’（中国）。”

住蕃坊的人

依据大唐律法，“化外人法不当城居”，即外国人不能居于州城内，大约在贞观年间（627—649）至开元年间（713—741），官府在广州西城外划出一块地方，让蕃商集中居住，称为“蕃坊”。

“蕃坊”一词，最早见于大和元年（827）人房千里所撰《投荒录》一书，他写道：“顷年在广州蕃坊，献食多用糖蜜脑麝。有鱼俎，虽甘香而腥臭自若也。”蕃坊大致以今光塔路为中心，东至朝天路、米市路，西至人民中路，南至惠福西路以南，北至中山六路。光塔路东段（海珠中路以东）旧称蕃巷、大食巷，多为大食人居住。那时大食并非单指某个国家，而是泛指阿拉伯帝国诸国。

蕃客以大食与波斯人为主，大食人信奉伊斯兰教，而波斯人则很多是信奉祆教。祆教也叫拜火教，是波斯的国教。651年，波斯萨珊王朝亡于阿拉伯帝国，但唐朝却接纳了不少流寓长安的萨珊王室成员，并支持波斯复国。因此，来广州做生意的波斯人非常多。

蕃坊设蕃长（亦常写作蕃客大首领、蕃酋等）一人，管理蕃坊事务，对内负责裁决蕃客之间的纠纷，对外负责招邀蕃商前来贸易。蕃长由蕃坊内的穆斯林公推德高望重者，上报地方官府，获朝廷或官府批准后，正式出任。

阿拉伯人苏莱曼（Sulayman）的《中国印度见闻录》，对蕃长职责，有如下记述："在商人云集之地广州，中国官长委任一个穆斯林，授权他解决这个地区各穆斯林之间的纠纷。这是照中国君主的特殊旨意办的。每逢节日，总是他带领全体穆斯林做祷告，宣讲教义，并为穆斯林的苏丹祈祷。此人行使职权，做出的一切判决，并未引起伊拉克商人的任何异议。"海外商舶至，由蕃长负责引领入关，市舶使负责稽查舶货，征榷抽分。

唐代专门制定了有关蕃商遗产继承的法律，宋代也有"蕃商五世遗产法"；蕃客犯事，一般由蕃坊根据《古兰经》和伊斯兰教习俗，自行处理，"徒"以上重罪，由广州地方官府审理。当时的朝廷律法中，有不少条文是针对蕃坊居民的，如《宋刑统》规定，暂时居住蕃坊的蕃商，不得与中国女子结婚，长期定居的则可以与中国女子（赵姓除外，避皇帝讳）结婚，但不得带出国；又规定长期定居的蕃客，必须改穿唐式服装，而短暂往来的则不必。

朝廷对蕃商在广州购买田宅，初时并无限制，但后来蕃客与华人谈婚论嫁，买田买地，兴建房屋，开枝散叶的现象，越来越普遍，乃至有“五世蕃客”“土生蕃客”的出现，广州人称他们为“住唐”，意为长住唐山。朝廷曾颁令，“广州海南蕃商毋得多市田宅，与华人杂处”，但实际上禁而不止。

有些蕃客在中国生活日久，高度汉化，甚至参加科考。来自大食的蕃客李彦升，被时任岭南节度使、广州刺史卢钧视为一品布衣，唐大中元年（847），卢钧向刚刚登基的宣宗李忱推荐李彦升，朝廷派人考察后，准其参加科举，竟一举蟾宫折桂，成为中国历史上的第一位穆斯林进士，并由皇帝钦点为翰林学士。

蕃商在中国获封赐荣誉性质的官职，或授予实职的情形，也不罕见。北宋时做过蕃长的辛押陀罗，朝廷封他为归德将军。大食蕃商蒲寿庚兄弟，在广州经营商舶，浸成巨富。南宋咸淳十年（1274），蒲寿庚与其兄蒲寿晟平海寇有功，累官福建安抚沿海都制置使，执掌福建兵事民政要职。南宋景炎元年（1276），南宋朝廷授予蒲寿庚为福建、广东招抚使、总海舶。

蕃坊内不仅有专供蕃坊居民买卖的市场（蕃市）、专收蕃商子弟的学校（蕃学）及养育院等机构，还有清真寺，繁盛时期，号称“蕃汉万家”。最初到广州的穆斯林，多数是商贾，平时居住在蕃坊，很少在非穆斯林的中国人中传教。因此，在光塔路上的街巷地名，亦多与贸易有关，而不是与伊斯兰教有关。

光塔路有条玛瑙巷，北接中山六路，南接光塔路，相传为昔日中外商人交易玛瑙的集市。《南海甘蕉蒲氏家谱》记有“穗城玳瑁巷”。有人猜那就是玛瑙巷。玳瑁是一种龟状动物，其甲五彩斑斓，有“海金”之誉，从汉代至元代，一直是海舶贸易的宝货之一；而玛瑙则为名贵宝石，古时多由波斯等地传入中国。但也有另外两种说法，一说玳瑁巷即光塔路西段的大食巷，一说玳瑁巷是今天的普宁里。除此之外，白薇街、绒线街、象牙巷、梳篦巷一带，都是宝石、象牙、香料等商品的交易市场。

一千多年前，伊斯兰传入中国，主要是通过两条路线，一条是陆上丝绸之路，即从中亚至天山南麓、天山北麓，再东进至长安；另一条是海上丝绸之路（旧称“香料之路”），即从波斯湾经马六甲海峡，到广州、泉州等沿海地区。唐代初年，阿拉伯、波斯穆斯林来华经商或旅游者，络绎不绝，促进了中国和阿拉伯、波斯地区间业已存在的传统关系的发展，也为伊斯兰教在中国的传播提供了条件。

伊斯兰教“封印先知”穆罕默德的母舅萨阿德·宾·阿布·宛葛素（Saheb Saad Wakkas），曾经到广州传教，并兴建怀圣寺。关于他的故事，在民间流传甚广，绘形绘色，但并非所有人都当真。一些人宁愿相信，宛葛素在中国的传说，是在一些真实的事情里，加入大量想象与渲染，铺陈出一段近乎神话的故事。

宛葛素是穆罕默德的重要圣伴，是伊斯兰教创立后第17位皈依的信徒。虽然伊斯兰教史实表明，穆罕默德的母舅从未离开过阿拉伯，但中国民间却盛传，宛葛素在隋大业十二年（616）曾乘船到达福建，成为第一位从伊斯兰教圣城麦地那到达中国的阿拉伯穆斯林。他此行是为了告诉炀帝杨广，西方已出现了一位新的先知。

其后，宛葛素返回阿拉伯。在巴德尔战役中，他担任穆斯林主将，并大获全胜。穆罕默德在战后派遣四名信徒，分头到中国传教，宛葛素是其中之一。他和儿子乘船沿着海上丝绸之路，于唐贞观元年（627）前后抵达广州，把一封穆罕默德的信呈交给太宗李世民，劝李世民信奉伊斯兰教。这是他第二次到达中国。

据伊斯兰教的传说，宛葛素在出发前，曾向穆罕默德请求，允许他将来返回麦加故土三次。穆罕默德同意了。宛葛素又向穆罕默德请示自己将来的死处。穆罕默德手指东方，令人射出一箭说："今以我之法力，矢所著之地点，即汝之死所也。快回中国，至则自知。"宛葛素到广州后，四处寻找，终于发现箭落在北门外，流花桥的南侧。而且箭落之处，已被穆斯林筑起一堵围墙，加以保护。

宛葛素请求在广州西城外建筑清真寺，得到朝廷允准后，他与侨居广州蕃坊的穆斯林合力，修建了中国第一座清真寺——怀圣寺。"怀圣"之名，寓怀念伊斯兰教创始人至圣穆罕默德之意。怀圣寺亦称为龙凤寺、狮子寺、礼拜寺。宛葛素是怀圣寺的第一任"伊玛目"（阿拉伯语原意为领袖、师表、祈祷主持者）是在广州乃至中国伊斯兰教事业的传播者和奠基人。

穆罕默德曾答应让宛葛素回麦加三次，他把三次机会都用上了。第一次回麦加，是取各种经典到中国传授；第二次回麦加，取回一本《可兰经》，要弟子习诵。唐贞观六年（632）宛葛素北上长安，拜见唐太宗，并进行过交谈。唐太宗认为他为人耿介，讲经论道，有真才实学。

这时，宛葛素自称梦见一巨人告诉他：至圣（穆罕默德）不久将去世，你若回去早还能见到，迟则晚矣。于是，宛葛素第三次赶回麦加，但还是迟了一步，穆罕默德已归真了。临终遗命，让宛葛素继续回中国传教，并把全部《可兰经》凡6666段，分为114章，共30本，交宛葛素带回广州，传与后人。

据说宛葛素在重返广州前，还参加了著名的卡迪西亚战役，担任穆斯林军队的司令，大败苏珊王朝的波斯大军，将伊斯兰化推及整个波斯王朝的版图。唐代永徽二年（651），56岁的宛葛素作为哈里发的穆斯林使者，带着儿子，再次远涉重洋，来到中国，并拜见了唐太宗的继位者唐高宗。

不久，宛葛素便在广州归真了。信徒们在北门外箭落之地的围墙内，为他建造坟墓，称为清真先贤古墓。墓园的拱门嵌额，显示其建于贞观三年（629），这不是宛葛素归真的时间，在此之后，他在中国还活动了很长时间，也许他提早建造了自己的陵墓，亦未可知。相传此墓间响声可闻十里，墓中诵经之声，亦可传到十里之远。

最初流花桥四周近二十个山岗，共五百多亩山地，都属于穆斯林坟场。宋人方信孺把它称之“蕃人冢”。里面有数千个坟头，“皆南首西向”。以这样的规模来看，坟场应该存在相当长时间了。他感叹道：“鲸波仅免葬吞舟，狐死犹能效首邱。目断苍茫三万里，千金虽在此生休。”

穆斯林的葬礼，自有一套独特礼仪。周密的《癸辛杂识》一书曾作详细记载。归真后，有专人为之洗涤，用大铜瓿从口往肚里灌水，洗净肠胃秽气，再从头顶到脚底清洗干净，用帛擦干身体，以纻丝（或绢、布亦可）包裹起来，放入薄薄的松木板棺材中。与中国人不同的是，棺材里干干净净，没有任何陪葬物品。“棺出之时，富者则丐人持烛撒果于道，贫者无之。既而各随少长跪拜，如俗礼成服者，然后咶靴尖以乐，相慰劳之，意止令群回诵经。后三日，再至瘗所，富者多杀牛马以飨其类，并及邻里与贫丐者。”他还听说，有的人到坟地后，会把遗体从棺材里搬出来，赤身葬于穴中。下葬时死者的脸要朝着西方。

在光塔路的西端，有一条朝天路，当年是蕃坊之地，“朝天”有两个寓意，一是指“朝天房”，“天房”位于沙特阿拉伯麦加城禁寺中央，是世界穆斯林做礼拜时的正向；二是有“归天”之意。穆斯林出殡，从蕃坊前往流花桥墓地，必定要经过朝天路，城门亦因此命名为朝天门。

后来穆斯林又在怀圣寺内修建了一座光塔，从此，怀圣寺又有光塔寺、怀圣光塔寺之称，其址亦因此而被命名为光塔路。宋代，广州怀圣寺与扬州仙鹤寺、杭州凤凰寺、泉州麒麟寺并称中国四大清真寺，但以怀圣寺历史最长，是中国现存最早的清真寺，亦为世界现存最早的清真寺之一。

光塔的建筑年份，有唐建与宋建两种说法。唐建之说，主要依据南宋后期成书的方信孺《南海百咏》所说：“（蕃塔）始于唐时，曰怀圣塔。”但迄未见唐代实物或其他文献为证。元代至正三年（1343）怀圣寺被焚毁，至正十年（1350）重建。现存的建筑，是清代康熙三十四年（1695）重建。1949年后，怀圣寺进行过三次较大规模的修葺，基本保持了清代的建筑风格。

怀圣寺坐北向南，占地面积约3800平方米，沿中轴线建有三道门、看月楼、礼拜殿和藏经阁，总建筑面积约1430平方米，建筑的比例、色彩、装饰均具西亚风格。头门门额为阿拉伯文“清真寺”匾；二门门额为汉文“怀圣寺”匾，上款“同治辛未仲秋重修”，落款“邓廷书”；三门门额为“教崇西域”匾，上款“光绪二十八年八月二十日”，下款“怀圣寺恭承”。

看月楼为康熙三十四年（1695）重建，面阔5.98米，进深4.88米，红砂岩砌墙，重檐歇山顶，插栱翘角，四面均有拱券门，东西两门与廊庑相连。上檐施三跳斗栱，平綦天花，下檐施四跳斗栱，为明代建筑规制。楼后有一月台，以咸水石打造，总阔18.66米，深12.56米。月台前方及左右有石望柱、石栏板，均为明代遗构。

礼拜殿在1935年重建，长宽均为21.1米，重檐歇山顶，绿琉璃瓦，红砖墙石脚，梁上题字“唐贞观元年岁次丁亥季秋鼎建”“大明成化三年岁次丁亥秋九月二十日戊午重建”“大清康熙三十四年岁次乙亥腊月十七日己巳再重建”“中华民国二十四年元月二十一日辛未第三次重建”。殿内装饰具有浓郁的阿拉伯特色，极显富丽堂皇。全寺可容纳一千多穆斯林进行礼拜。礼拜殿后为藏经阁，收藏各种版本的《古兰经》。

怀圣寺最显著的建筑，是寺西南角的怀圣塔（俗称“光塔”）。塔身呈圆筒状，以青砖砌筑，蚬壳灰批荡，全塔银白色。塔高36.3米，塔底周长30.5米，分上下两截，逐渐收窄，中间为平台，顶部用砖牙叠涩出线脚。塔身上有五个长方形小孔，含伊斯兰教的五门功课和每天五次礼拜之意。塔内有两道螺旋状楼梯，南梯共159级，北梯共153级，互不相交，各通塔顶。

光塔原称邦克塔，即宣礼塔，每次礼拜前，有专人登高呼唤信众来做礼拜。中国人听不懂他们喊什么，就把这座塔叫作“叫佛楼”。塔顶原有金鸡风向标，为进出坡山码头的船舶指示风信；入夜则悬灯，用以导航。《南海百咏》记，光塔“轮囷直上凡六百十五丈，绝无等级。其颖标一金鸡，随风南北。每岁五六月，夷人率以五鼓登其绝顶呼佛号，以祈风信。下有礼拜堂”，并有一首诗：

半天缥缈认飞翚，一柱轮囷几十围。
绝顶五更铃共语，金鸡风转片帆归。

明初金鸡为飓风所毁，改为铜葫芦。康熙八年（1669）铜葫芦又毁于飓风。1934年重修时改为现在的火焰尖顶样式。

怀圣寺保存着四十多方元代至民国的中文、阿文碑匾，其中有“重建怀圣塔寺之记”碑，碑高1.65米，宽0.92米，额宽1.15米，高0.48米，元至正十年（1350）刻。碑文由奉议大夫、广东宣慰使司、都元帅府经历郭嘉撰写，略述伊斯兰教在中国传播的历史，并对光塔的外形及内部结构均有所描述，是中国现存最古老的汉字伊斯兰教碑记之一。原碑于“文革”时期被砸毁，仅余碑额。1984年6月据广州市文物管理委员会所藏原碑拓片重刻，环以原碑的龙云浮雕篆额。寺内有三座碑亭，均为歇山顶，清初重修。

2000年，人们对光塔进行了严谨的测量，发现主塔顶部与底部的中心总偏心量是947.97毫米，倾斜度为4.49%；主塔与小塔倾斜方向略有差异，主塔斜向北偏西45° 22'02"，小塔斜向北偏西63° 0'5"。据专家推测，小塔倾斜是建筑时有意为之，寓朝向圣地麦加之意，主塔倾斜则是由地貌变化引起的。

光塔路周边，有不少地名，都留有蕃坊的痕迹，如玛瑙巷之类。有人甚至宣称，这里的街巷名，很多本身就是阿拉伯语的音译。光塔路东段南侧有一条甜水巷，“甜水”是阿拉伯语“中国山岗”的音译；东段南侧有杏花巷，“杏花”是阿拉伯语“造船”的音译；诗书街的“诗书”是“狮子”；仙邻巷的“仙邻”是“支那”；大市街（惠福西路旧名）的“大市”是“大食”；仙羊街（海珠中路旧名）的“仙羊”是“送别”；蓬莱北街的“蓬莱”是“真主至大”。这类考证，颇有穿凿附会之嫌，盖因这些地名，不乏中文来源，如仙羊街、仙邻巷得名于与五仙观相邻；甜水巷是巷内有一口井的水特别清甜，不一定与蕃坊有关，但反映出光塔路一带作为海上丝绸之路港口的历史，源远流长。

“蓬莱”虽然未必是“真主至大”的意思，但有一条街名，确实与阿拉伯人有关，那就是普宁里，旧名蒲宜人巷或蒲宜巷。广州人有一种奇怪的观念，认为外国人（主要是穆斯林）都是姓“蒲”的，所以对来自大食、波斯的蕃商，统统给他们起个“蒲”姓。北宋时有蒲姓阿拉伯巨商，往来于中国与波斯之间，一次贩运的货值可达五万余贯。他在蕃坊兴建豪华巨宅，人们就把他住的地方，叫作蒲宜人（姓蒲的夷人）巷。

这位蒲姓巨商，即大食国舶主蒲希密。开宝九年（976），他第一次到中国，向朝廷进贡方物。淳化四年（993），蒲希密载运大批香料及药物、珍宝，再赴广州，因为年老多病，不能至长安，托副酋长李亚勿把大量礼物送达开封，并上表赞颂太宗赵光义“德合二仪，明齐七政，仁宥万国，光被四夷”，谦卑地声称：“臣顾惟殊俗，景慕中区，早倾向日之心，颇郁朝天之愿。”他献给皇帝“象牙五十株，乳香千八百斤，宾铁七百斤，红丝吉贝一段，五色杂花蕃锦四段，白越诺二段，都爹一琉璃瓶，无名异一块，蔷薇水百瓶”。

赵光义诏赐蒲希密敕书、锦袍、银器、束帛等以答之。蒲希密在广州蕃坊一住数年不归，他的妻子让儿子蒲押陁黎来广州寻父。父子在蕃坊相见。至道元年（995），蒲希密托儿子再次赴京，贡献白龙脑一百两，腽肭脐五十对，龙盐一银盒，眼药二十小琉璃瓶，白砂糖三琉璃瓮，千年枣、舶上五味子各六琉璃瓶，舶上褊桃一琉璃瓶，蔷薇水二十琉璃瓶，乳香山子一坐，蕃锦二段，驼毛褥面三段，白越诺三段。

蒲押陁黎被带到崇政殿拜见初即皇位的真宗赵恒皇帝，译者代他上奏："父蒲希密因缘射利，泛舶至广州，迨今五稔未归。母令臣远来寻访，昉至广州见之。具言前岁蒙皇帝圣恩降敕书，赐以法锦袍、紫绫缠头、间涂金银凤瓶一对、绫绢二十匹。今令臣奉章来谢，以方物致贡。"赵恒赐以袭衣、冠带、被褥等物，还设宴招待。蒲押陁黎在开封盘桓数月才返回广州。赵恒赐蒲希密与贡物等值的黄金。

蒲希密是定居广州的第一代穆斯林蕃客，以经营有道，富甲一方，父子先后与北宋三位皇帝打过交道，都取得圆满结果，建立了良好的关系，因此蒲希密在蕃客中有相当大的影响力。宋时聚居在蒲宜人巷的蒲姓大食蕃商，俨然奉蒲希密为居穗始祖。

关于蒲宜人巷地名的来由，还流传着另一种说法：南宋时广州的蒲氏一世祖玛呿阿，由他的儿子海达迎养，定居玳瑁巷。海达仕宋，为广东茶盐司提举，管军千户侯，也居住在玳瑁巷。海达的儿子阿呪咾叮及海达的兄弟栢的后人，都在玳瑁巷一带居住。而蒲氏五世祖寿宬以蒲州府丞升梅州刺史，祖妣晋封宜人，里人遂将玳瑁巷更名为蒲宜人巷。

另一位赫赫有名的阿拉伯人叫辛押陀罗，也有译作谢赫阿布杜拉。谢赫（Sheikh）在阿拉伯语中有"长老"和"大首领"之意。辛押陀罗来自阿曼苏丹国，这是一个属于大食帝国的小国，位于阿拉伯半岛东南部，濒临阿曼湾和阿拉伯海，古译作勿巡、瓮蛮。阿曼从唐代开始与广州建立了贸易关系，蕃坊中的不少蕃客，就是来自这里，而辛押陀罗是其中之一。

辛押陀罗在北宋时期到广州，定居蕃坊几十年，靠海上贸易致富，积累了数百万缗家财。官府委其为蕃长，负责招徕外商、协助贸易、征收关税、管理外侨等事务。辛押陀罗热心公益事业，熙宁元年（1068）广州知府张田徙郡学于国庆寺（在今中山六路惠吉东街、惠吉西街）之东，但学校还没建好，却一病不起。有官员认为地方过于卑狭，准备停止工程。辛押陀觉得建学校是大事，不能半途而废，于是捐出巨资，把未完成的斋宇建筑，全部建好，并购学田以资膏火，在学校内置别舍，接收蕃客和当地人的子弟入读。

熙宁五年（1072）四月，辛押陀罗以勿巡国进奉使的名义，再次向朝廷进贡珍珠、通犀、龙脑、乳香、珊瑚、笔格、琉璃水精器、龙涎香、蔷薇水、五味子、千年枣、猛火油、白鹦鹉、越诺布、花蕊布、兜罗绵毯、锦禩和蕃花簟等物。他向神宗赵顼提出，准备辞去广州蕃长一职回国，并推荐了继任人选。

赵顼批准辛押陀罗辞去蕃长之职，对于继任人选，可交由广州地方官府决定。临别时，赵顼特赐白马一匹、鞍辔一副给辛押陀罗，封他为归德将军，制敕由苏轼起草："天日之光，下被草木。虽在幽远，靡不照临。以尔尝诣阙庭，躬陈珍币，开导种落，岁致梯航，愿自比于内臣，得均被于霈泽，祗服新宠，益思尽忠，可。"

辛押陀罗回国后，竟被阿曼国王所杀，他在广州的家产，由他的养子继承。后来，养子派了两个人到京师做生意，被广州商人向户部告发，指辛押陀罗者居广州数十年，家赀数百万缗，近年返国，被国主所杀。辛押陁罗并无亲生子女在世，虽有一养子，其实是童奴，因此属户绝财产，不能由这个养子继承。

其时苏轼的弟弟苏辙任签书应天府判官，他把广州商人传来讯问："辛押陀罗在蕃国死，有没有正式报告广州？"商人答称："只是传闻，没有确报。"苏辙又问："辛押陀罗的养子生父母、养父母有在世者吗？"商人答称没有。苏辙再问："法告户绝，必须在本州县，你何故告于户部？"商人答称："因天下财富皆由户部掌管。"苏辙指出："你告的三条都违法了。你若承认这三条违法，还可免你受罚。"但户部官员仍有疑问，苏辙解释："那人来告的，都是法律不允许的。他之所以要到户部来告而不去广州告，是因为他知道这事行不通，无非想假户部来压广州。"苏辙运用户绝继承法，保护了辛押陀罗养子合法继承遗产的权利。后来，苏辙把这段故事，写进了《龙川略志》一书内。

来了几个大和尚

作为一种外来文化，佛教在隋、唐时代，风靡全国，成为主流的宗教之一，乃匪夷所思的事情。伊斯兰教、景教（基督教）、摩尼教、犹太教等宗教，都在隋、唐时期传入中国，但都没有能够大规模传播，只有佛教，简直像刮台风一样，席卷全国。虽然与主政者的倡导有关，但细想一下，也绝非易事。

佛教与中国的道教不同，道教主要是源于老庄道家，没什么分支旁系，而佛教门派繁多，经书浩瀚，光是搞清那些名词概念，就很不容易。佛教要得到中国人的信奉，有很多事情要做：首先是要道路通，印度僧人必须大批进来，而不是三三两两进来，中国幅员辽阔，人少不起作用；其次是要语言通，老百姓很多不识字，要有大批把梵文翻译成中国所有方言区都能听懂的语言的人才；然后要说服很多中国人相信这个宗教，愿意削发出家，遵守戒律；还要在全国各地兴建很多的寺院，才能慢慢影响到天南地北十三州的普通民众。

这是一个极其复杂、浩大的过程，没有天意相助，简直无法想象如何完成。史书常说菩提达摩到广州传教，结草为庐，设坛传教，开中国佛教禅宗之始。听起来很简单，但那时西来初地一带，人迹尚稀，即使有居民，也以目不识丁的村夫农妇居多。达摩不会粤语，孤身来到，在水岸边搭个草寮，整天用没人听得懂的话说“嗡阿弥德瓦阿依思德吽舍”，就会有人听他传教？不把他当傻子，已经是奇迹了，但人们竟然接受了，后来还在他结庐的地方，兴建了规模宏大的华林寺。

佛教在中国的传播，最早开始于西汉时期，佛家的“空”与道家的“无”，有某些相通之处，很多人最初是通过理解道家，去理解佛家的。道家理论对佛教传播，起到了很大的推助作用。

东汉建和元年（147），中国佛教史上第一个佛经翻译家安世高漂洋过海来到广州。从此，印度僧人经海路由徐闻、合浦等地来中国，络绎不绝，他们先在西江流域立足，然后东至广州，再北上韶关，越过五岭，扩散至江淮和北方地区。三国时代的广信人牟子，中国第一位著书弘扬佛法的学者，也是一位深稽博考的《老子》研究者，他在论述佛教时，便大量引用儒家、道家的经典。

佛教一度被原教旨的儒家视为异端邪说，受到激烈抨击。它之所以能够在岭南立足，显然与岭南“去古帝王都会最远，固声教不能先及”的人文环境有关。正统学术不看好岭南，各种“异端邪说”便易于“乘虚而入”，在这里生根发芽了。牟子放言：“四师（尧、舜、周公、孔子）虽圣，比之于佛，尤白鹿之与麒麟，燕鸟之与凤凰也。”他在苍梧舌战群儒，释疑辩难，并写下《理惑论》三十七章，此书至今仍是研究中国佛教的必读之书。

西晋太康二年（281），印度僧人迦摩罗从西天竺抵达今广州传教，修筑三归寺（也有写作三皈）、仁王寺。这是广州最早的两座佛寺。三归寺湮灭已久，无从稽考，而仁王寺的位置，在诗书路南端。仁王者，佛之尊称。佛号能仁，又称法王，故称仁王。仁王寺再往南，就是浩浩的珠江。唐代仁王寺前有日泉井，故又名“日泉寺”。南汉时进行重修，又称“千佛寺”。与迦摩罗同一时期抵达的，还有一位天竺僧侣彊梁娄至，在广州从事佛典的翻译，译成《十二游经》一卷。

广州城西有一座光孝寺，在中国佛教传播史上，具有举足轻重的地位。光孝寺原是南越国末代国主赵建德的故宅。三国时，东吴才子虞翻被孙权贬到广州，栖身于赵建德的故园讲学，绛帐侍坐者，常数百人。讲学之余，他在园中栽种了不少诃子树，于是人们把这个园子称为“虞苑”。虞翻死后，他的家人把虞苑捐出，兴建制止寺（亦称制旨寺）。这时诃子树已长大，僧人便把称寺院为“诃林”，取佛家“降三世种子”之意。

东晋时期，西域高僧昙摩耶舍来广州传教，在制止寺修了一座大雄宝殿，改名为王苑朝延寺，俗称王园寺。魏晋南北朝时，广州是全国佛教重镇，留有许多高僧大德的足迹。天竺高僧求那跋陀罗，也在刘宋年间（420—479），乘商船从诸薄港（爪哇岛）抵达广州。这位大和尚登岸以后，披着袈裟，拄着锡杖，信步而行，来到王园寺。这时寺院里的诃子树林，已是浓郁葱茏。他指着树林，大发感慨说：“此西方诃梨勒果之林也。宜曰‘诃林制止’。”他这句话被中国僧人听懂了，说明他懂中文，或者至少带了翻译。

求那跋陀罗在寺中始创戒坛，修建了毗卢殿，开设了“制止”道场。而他最神秘的举动，是在寺中立了一块石碑，上面凿刻一行字：“后当有肉身菩萨于此受戒。”清人钱以垲说，梁天监元年（502）从天竺来的智药三藏，在寺中也立了一块碑，上面刻的是“后百七十年有肉身菩萨来此树下开演上乘”。这是同一块碑，还是两块碑？或者根本就没有碑？碑文又是什么意思？谁也猜不透。

梁普通八年（527），南天竺高僧菩提达摩一苇渡海，到广州传播禅学。达摩离开广州北上后约二十年，西印度高僧真谛（梵名波罗末陀）也到了中国，并在十数载飘泊后，欲返乡未果，来到广州。广州刺史欧阳頠竭力挽留他，真谛便挂锡制旨寺，从事译经。唐代的《续高僧传》说他“笔受文义，垂二十年，前后所出五十余部，并述义记，皆此土所无者”。如果真谛不是在来中国前，已经学会了中文，怎么可能在南陈永定二年（558），至南陈太建元年（569）间，便翻译了《金刚般若波罗蜜多经》等三十八部经书。在真谛之后，还有慧恺等僧人，也在制止寺传教、译经。

其后再到唐乾封二年（667），岭南出了一个惠能。

惠能是广东新兴人，少时父亲早亡，靠卖柴养活母亲。一日，他在街市听人诵读《金刚经》，心有所感，于是远赴湖北黄梅，拜五祖弘忍为师。这也是一个奇迹：一个目不识丁的人，为什么会对《金刚经》“心有所感”？他怎么听得明白？他拜弘忍为师，怎么听得懂弘忍讲的湖北话？似乎冥冥之中，一切早有安排。

惠能与五祖之间有一段对话。五祖问：“汝何方人，欲求何物？”惠能答：“弟子是岭南新州百姓，远来礼师，惟求作佛，不求余物。”五祖问：“汝是岭南人，又是獦獠，若为堪作佛？”惠能回答：“人虽有南北，佛性本无南北。獦獠身与和尚不同，佛性有何差别？”五祖看出惠能很有根器，便把衣钵传授给他，成为六祖。惠能携带着被无数人觊觎的衣钵，历尽险阻，返回广州。

王园寺在唐贞观十九年（645）已改名为乾明法性寺。惠能到了法性寺，没有马上表露身份，而是默默听印宗法师说法。哲学史上著名的“风幡之论”，就发生在法性寺内。印宗法师讲《大涅槃经》，讲了一半，忽然指着飘动的法幡，问大家幡动的意趣。有人说是幡动；有人说幡是无情，因风而动；又有人说，风亦无情，如何能动，是风和幡因缘和合而动。这时，惠能忽然插话：“不是风动，不是幡动，仁者心动。”此言一出，四座皆惊，于是惠能取出六祖衣钵，表明身份。印宗法师恭请惠能至上席，向他请教奥义。人们这才恍然大悟，原来那块碑上说的肉身菩萨，就是指惠能。

智光律师为惠能授满分戒，惠能正式躬受衣钵，成为南宗的创始人。他的头发被埋在地下，上面盖了一座塔，名为瘗发塔。这座塔在大雄宝殿后面，以石基灰沙砖筑成，高7.8米，共七层，八角形，每一立面设佛龛佛像，上作八角攒尖顶，至今仍在。

神龙二年（706）前后，和尚们在法性寺内建了一座睡佛阁，亦称风幡堂，纪念惠能的风幡之论。宋代法性寺改名为报恩广孝禅寺，后来又易“广”为“光”，就称为光孝寺了。北宋大中祥符元年（1008）至大中祥符九年（1016）间，光孝寺内再建了一座六祖殿（原名“祖堂”），供奉六祖。

佛教史上有“南顿北渐”之争。以惠能为代表的南宗，重在顿悟，而北宗则认为人的佛性为客尘所覆，必须时时修习，拂尘除垢，才能成佛。北方讲求繁礼多仪，循序渐进，有时仪式比结果更重要；而南方则喜欢避繁就简，舍名求实，只重效果而不在乎虚文缛节。

惠能斗大的字不识一筐，主张不立文字，即心即佛，当下一念，见性成佛，即“运水搬柴皆是道”。佛门里有一首偈语：“佛在灵山莫远求，灵山就在汝心头；人人有个灵山塔，好向灵山塔下修。”这和孟子说“人皆可以为尧舜”，陆象山说“宇宙便是吾心，吾心便是宇宙”，王阳明说“个个人心有仲尼”，文异而义同。所谓圣人满街走，是东方文化的精义所在。南宗的修持方法通俗易行，阿猫阿狗皆可成佛，无须理会那些烦琐的义学。

光孝寺的面积非常大，全盛时方圆三里都属寺院的地皮，有十二殿六堂，以致有人夸张地形容：“光孝和尚，骑马上香。”光孝寺也是广州最古老的寺庙，坊间流传着一句话：“未有羊城，先有光孝”。

南朝萧梁（502—557），佛教极盛，朝廷派昙裕大智法师前往真腊寻求佛舍利。昙裕不负所托，果然从真腊带回了佛舍利。昙裕俗姓诸葛，是诸葛亮的后裔。萧梁立国初年，诸葛氏与萧氏结为姻亲。昙裕法师作为内道场沙门，出入宫禁，与闻朝政。南梁天监十六年（517），梁国与扶南互遣使节通好，后梁国改元大同，扶南派人来致贺，朝廷派昙裕法师到扶南答谢，途中他因舟车劳顿而身患重病，回到广州后，表奏朝廷，表示愿意居于宝庄严寺，梁武帝诏允。

宝庄严寺在光孝寺的东面，建于南朝刘宋时。其范围，北至今百灵路，西邻光孝寺、开元寺，南至今中山六路，东至解放北路，十分敞静。昙裕法师遂强支病体，在寺中兴建舍利塔，以收藏佛骨。广州刺史萧誉派掌天文历数的官员，勘测地质，又请堪舆家择定吉日，于南梁大同三年（537）动工兴建，先掘了九口水井，再筑一个蓄水池，这是为寺僧和工人的生活和施工，提供用水。

工程花了十年时间，才告完成，一座六层高的木塔，耸立在蓝天之下、绿榕环抱之中，塔下埋藏着佛舍利，梁武帝赐名“宝庄严寺舍利塔”。塔内各层雕刻了许多图画，人物众多，山川、花草、鸟兽、鱼虫俱全，是昙裕法师参考佛经故事和自己所见所闻而设计，俗称“千佛塔”。后来昙裕法师圆寂，葬于广州城北柯子岭和顺岗。在这个墓地里，还埋葬着宝庄严寺的二十几位祖师。

唐代时宝庄严寺香客如云，香火极盛。高僧在殿堂说法，座下巍冠博带、轩裳缨珮之辈，济济一堂。藏经阁经、律、论俱备，香积厨旁斋堂，饭桌一字排开，延接四众弟子，香烛纸札山积，斋衬钱不可胜计。直到民国年间，寺内还收藏着不少南北朝时期的文物，其中有一尊北齐的铜观音像，上面刻有："武平元年八月有疫，圣上忧民之疾，上坛焚香三七日，功德被四海。复有年，祥祯来聚，制度维布，匝（月）二，波罗寺僧昙瑞（裕）及侍僧一百八员，奉敕造金铜像十躯，愿皇基弗疠，圣寿无疆。"可惜后来不知下落。另有一块南梁的响石，亦于20世纪60年代"文革"时期失落。

隋、唐以降，越来越多的天竺僧人，杖履相随，到中国传法；而中国僧人，也纷纷取海路前往西域，尤其是7世纪后期至8世纪，室利佛逝（苏门答腊岛东部）佛教大兴，航海技术也日益提升，远渡重洋的中国僧人，更是与日俱增。据义净《大唐西域求法高僧传》记载，前往西域取经的僧人有60人，其中取海路的就有19人，其中包括常慜、明远、会宁、运期、彼岸、智弘、义净、善行等。

义净法师是河北范阳人，唐代咸亨二年（671）他带着弟子善行，从广州登上波斯的海舶，前往西方求佛。他到了室利佛逝，在那里居留了半年，学习梵文，然后经末罗瑜、羯荼、裸人等国，前去印度取经。在咸亨四年（673），义净抵达印度，在印度东部的耽摩立底待了13年，潜心研究佛法。垂拱二年（686）他携梵本三藏五十余万颂，返回室利佛逝，从事翻译与著述。

因为翻译佛经需要大量笔墨纸张，但室利佛逝的笔纸墨质量，不合理想，而且市场上很难买到，所以永昌元年（689），义净返回广州，驻锡法性寺。他不辞劳累，千里迢迢回到广州，只为了购买一批的文房四宝，并寻找志同道合者，一起到室利佛逝从事翻译工作。在他的感召下，贞固、道弘、法朗、孟怀业等人，毅然舍弃国内的一切，与他同赴海外。

在室利佛逝，义净忘寝废食，完成了《南海寄归内法传》（四卷）、《大唐西域求法高僧传》（两卷）。到武则天证圣元年（695），义净才和贞固、道弘一起返回广州。而这时，法朗已客死诃陵，孟怀业则因习惯了在室利佛逝的生活，不愿回国，宁愿长居印尼。他们都是有姓名可考的、从广州出发的第一代印尼华侨。

法性寺规模太大了，因此从南朝到唐朝的漫长岁月里，关于它的记述，汗牛充栋，也有不少混乱矛盾之处。有时它被说成是一寺，有时说成是两寺，有时被称为制止寺、王园寺，有时又被称为法性寺、乾明寺。各种史书的记载，都有不同，可以推想，有些写书的人，并没有真的到过法性寺，只是互相转抄而已，以致讹传纷纭。但法性寺在中外佛教交流上，却始终扮演着重要角色。

开元七年（719），高僧不空来到广州，也在法性寺驻锡。不空名智藏，狮子国人，他追随金刚智三藏，从阇婆国来到广州。相传他乘船来广州时，途中遇到大风浪，前方又有巨鲸阻路，人们都以为必死无疑。不空站立船头，右手握五股菩提心杵，左手持《般若佛母经》，口诵《大随求》，海面即时风平浪静，巨鲸也不见了。

金刚智入灭后，不空准备返回狮子国，开元二十年（732），大唐朝廷托他赍送国书到狮子国，他率领弟子再次来到广州。广州的佛教信众很多，一听说有高僧抵埗，立即全城轰动，人们扶老挈幼，潮水般涌到法性寺，希望得到高僧加持。宋代释赞宁等撰《宋高僧传》说，采访使刘巨麟请求不空为他灌顶，不空乃在法性寺中龙华三会，说法度人，“相次度人百千万众”。直到入冬后，刮起北风，他才乘昆仑船离开广州。

当时广州人家，不分富贵贫贱，人人虔诚礼佛，排设佛像，供养塔寺，敬献供品，布施僧贫，诵经礼忏，成为一时风气。法性寺有一口巨甑，直径一丈，深五六尺，六祖时就放在那里了，供信众施饭给寺僧的。屈大均说：“当饭僧时，城中人争持香粳投之。或有诗云：‘万户饭香诸佛下。’”信佛者之人数众多和狂热程度，从不空“度人百千万众”和法性寺巨甑的“万户饭香”，可想而知。

天宝七载（748），律宗高僧鉴真第五次东渡日本失败后，皇帝下诏留鉴真在广州开元寺供养。广州城再次沸腾起来了，寺庙一齐鸣铙击鼓，人们奔走相告，激动万分，简直像遇上神仙下凡一样。日本人真人元开撰写《唐大和上东征传》一书，记述了鉴真莅临广州时的盛况：全城民众扶老携幼，缁素云集，夹道相迎，从码头到开元寺的沿途，“州县官人、百姓填满街衢，礼拜赞叹，日夜不绝”。当鉴真离开广州时，广州人又再“倾城远送”。这种热闹，持续了多日，甚至变成一个节日。

喧闹的街道

鉴真在开元寺驻锡期间，看到广州城外的景象是："有婆罗门、波斯、昆仑等舶，不知其数；并载香药、珍宝，积载如山。其舶深六七丈。狮子国、大石国、骨唐国、白蛮、赤蛮等往来居，种类极多。"而广州城内的景象则是："州城三重，都督执六纛，一纛一军，威严不异天子。紫绯满城，邑居逼侧。"

一道不算很巍峨的城墙，便隔开了两个世界，内外形成鲜明对比。朝廷在贞观元年（627）设岭南道，辖境包括今广东、广西大部、海南及越南北部地区。岭南道署设在今越秀区省财政厅位置，即隋朝时广州刺史署所在，署衙内设有绥南府和番禺府。一万五千多经略军驻扎广州城内，军中的副使、司马、判官、功曹、书记、参谋诸署，均列于岭南道署内，另巡察、按察、巡抚诸署则在道署外。韩愈有一首诗《送郑尚书赴南海》，描写城中官衙盛炽的威仪："番禺军府盛，欲说暂停杯。盖海旂幢出，连天观阁开。"

城内门枪森严，官威熏天，民居集中在城墙脚一带，仄狭浅陋，生活很不自在；而城外花天锦地，满眼繁华，充满了活泼泼的生机，就是当时的真实情况。商人都不想住在城里，他们有的是钱，要盖渠渠大屋，最好是在城外。除非遇到什么商业纠纷要闹上公堂，否则平日与官府没什么来往，见得最多的是收税的官员，对他们花些财货打点就可以了。在城外多少有点"天高皇帝远"的感觉，自由自在，饮酒，品茶，逛街，和朋友玩玩樗蒲，日子过得很惬意。

樗蒲是一种流行百年的赌博游戏，有点像后世的掷骰子，人们对它的喜爱，几近病态，甚至有人专门写了一本书《五木经》，介绍它的玩法。另一种热门赌博游戏是打双陆，在棋盘上以掷骰子的点数决定棋子移动，先把所有棋子移离棋盘者为胜。唐人张鷟的《朝野佥载》里，记载有个人带着双陆渡海，途中翻了船，他手持双陆盘，口含双陆子，在海上漂了两昼夜，宁死也不丢双陆。

虽然朝廷禁止赌博，但官府没有严格执行，因为官场中也有不少人沉溺赌博，连宫禁大内也不例外，没听说过哪个官员因为放任赌博，而受到惩处。广东人似乎特别好赌，各种流行的赌博游戏还有掷骰、围棋、象棋、斗鸡、斗鸭、斗蟋蟀等，五花八门，不可胜举，甚至扯根小草，都能用来赌输赢。有钱就赌钱，没钱就赌衣服、赌家什。有一句讽刺赌风盛行的话说："生儿不用识文字，斗鸡走马胜读书。”

咸通年间（860—874）的作家裴铏，在传奇《崔炜》里描写，七月中元日，“番禺人多陈设珍异于佛庙，集百戏于开元寺”。中元节即七月半祭祖节，又称施孤、鬼节、斋孤，道教称七月半是地官诞辰，祈求地官赦罪之日，冥府大开，放出全部鬼魂，已故祖先可回家团圆；佛教称之为“盂兰盆节”。中元节前一天是“烧衣节”，家家户户具酒馔、剪楮衣，祭祀祖先。中元节当天，几乎倾城而出，到寺庙上香，追荐故亲。

开元寺在西城外，紧挨着光孝寺和蕃坊，成了一个盛大的圩场，各种摊档、店铺，密密麻麻，从寺内一直排到寺外，摆卖各种名花珍果、元宝蜡烛、珠玉古玩、沙煲罂罉、糖果小食，无所不有。山门内外，人如潮涌，语笑喧呼，盈街塞巷。人们围成一堆一堆，有的斗鸡赌博，有的舞刀弄棍，有的搭台演百戏，表演吞刀、吐火、顶水缸，或是戴角披毛，模仿动物舞蹈，敲锣打鼓的喧豗，伴随着寺庙的钟鼓声，回荡大地。

在广州人看来，什么都可以赌，什么都可以卖。到街市上逛一圈，可以见识到各种稀奇古怪的商品。一段形状奇特的木头可以卖钱，一块颜色斑斓的石头也可以卖钱，连鸡爪子、猪骨头、死鱼烂虾、死蛇烂鳝、枯蓬断草，也都摊在路边，招徕买家。从海里捞到的死蜈蚣，更是奇货可居，卖家唾沫横飞地吹嘘，这条蜈蚣大到仅一只爪，就有百二十斤肉。广州人喜欢用蜈蚣泡酒，认为可以解毒消疮，蜈蚣越大药效越好。乡下佬从山里抓到一条罕见的两头蛇，用笼子装着在路边展览，交钱才准看，又有大批人围拢过来，扶肩搭背，交颈并头围观。有个老太婆，声称自己采得异草，用秘方制成“媚男药”，专卖给富家妇女，竟然不少人掏钱争购，甚至用金簪、耳珰等首饰交换，惹得周围的闲人哄然大笑。

对生意人来说，广州的日子，就像一大串铜钱，一年到头叮当作响，好听得像音乐。逢年过节很热闹，商舶埋岸很热闹，新官上任很热闹，商铺开张很热闹，红白喜事很热闹，佛菩萨出生日、出家日、成道日、涅槃日，更是要大大热闹一番。

从武德四年（621）开始，人们不再使用流通了一千多年的五铢钱，而改用开元通宝钱了；到乾元年间（758—760），又出了乾元重宝钱，这两种钱成为主要的流通货币，在市场上都可以用。官府在番山西麓设一处钱模翻砂工坊，2000年兴建广州百货大厦新翼时，连同一座六朝时的钱窖，一起被挖掘了出来。到底有多少开元通宝和乾元重宝在广州市面流通，从来没有人统计过，也无法统计。

广州人太多了，城市太繁嚣了。凡亲历其境的人，都不禁猜度，这座通都大邑里外，到底住了多少人？蕃坊有多少人？其中多少是蕃客？多少是本地人？多少是内地商贾？城里有多少人？城外有多少人？这些问题，就像问广州有多少开元通宝一样，难以数清。按官方的统计，贞观十三年（639），广州领十县，共有12463户，59114口，每户平均口数为4.74人；其中番禺县有958户，也即只有4547口。实在难以置信，偌大一个番禺县，怎么可能只有四千多人？广州城一次中元节，到开元寺上香的都不止四千人。

历朝历代，广州的人口数目，都是笔糊涂账。据《元和郡县图志》的记载，开元年间（713—741）广州有64250户。但《太平寰宇记》《永乐大典》却说，开元年间广州人口为43230户。《旧唐书》则说，乾元元年（758），广州户数为12463，十几年间三级跳，相差甚远，这不太可能。虽然广州领县数目时有变化，如贞观初年领十县，天宝初年增加了三县，但也不至于差得那么远。这些数据有多少瞎编的成分呢?

唐代人口问题，十分复杂。从统计数字看，唐初确实人口大减。原因之一，是隋末战乱，人民流离失所，迁徙避难，造成户籍统计的困难与混乱。另一个原因，是建中元年（780）推行“两税法”之前，实行租庸调制，这种赋税制度，规定一户逃亡，邻保就要代纳租庸调，结果逼得邻保也要逃亡，形成恶性循环，逃亡的人像滚雪球一样，越滚越多，户籍人口自然越来越少。

官府的统计，只反映州县编入户籍的平民，而和尚、尼姑、道士、女冠、官府工匠、乐户、贡织户、官奴婢、杂户、官户（番户）等众多特殊人群，都不计算在内；因为逃避战乱、灾荒而产生的巨量流动人口，原籍已经注销，新居地又迟迟没有登录上籍，也无法统计；更有许多赤贫人家，上无片瓦，下无立锥之地，官府根本懒得去登记了；自隋、唐佛教盛行以后，出现了庞大的假和尚、假道士群体，剪发披缁，寄食江湖，以此逃避徭役，这些人也是没有统计的。因人口流动太大，或人手不足、官吏懒政等各种原因，有些州县索性不申报人口，任由付之阙遗。因此官府的人口统计，错漏百出。

可以肯定，蕃坊的人口，从来没有准确统计过，说几万、十几万、几十万人的都有；附郭地区的人口，也没有准确统计过，连最容易统计的城里人口，都没有统计过。住城里的人，其实不会很多，唐代的广州城，以城墙为界，面积比南越国王城大不了多少，同样是挤满了衙门官署，连墙接栋，几乎不余间隙。留给老百姓居住的，只有城墙根的一些湫隘之地。

唐代的坊市制，把住宅区（坊）和交易区（市）分开管理。“在邑居者为坊，在田野者为村”。坊与坊之间，以墙相隔，定时启闭坊门，实行坊里邻保制。但广州因为城里面积不大，大量人口在城外，他们也不从事农耕，而是经商，所以“坊”也不限于城里。《隋故太原王夫人墓志铭》里记载，王夫人“以大业三年五月二□□于南海扬仁坊之私第”。如果扬仁坊就是后来西关扬仁里的话，那么证明早在隋朝，西关一带，亦被视为“在邑”。

唐代广州人的生活，出现了许多变化。

衣着的变化最明显。当时丝织业的兴旺，作坊遍布全国城乡，诗人李白用“缫丝鸣机杼，百里声相闻”来形容。河北绫罗江南纱，品种数不胜数，纹样也五花八门，有雁衔绶带、鹊衔瑞草、盘龙、对凤、麒麟、仙鹤、芝草、葡萄等。丝绸是最流行的高级衣服面料之一。广州五方杂处，汇集了世界各地与内地各省的商人，他们的服饰，对广州人产生了很大的影响，出现了许多新奇美妙的冠服。

男子穿幞头袍衫，有时在幞头里面加一个巾子作为装饰。官员穿圆领窄袖袍衫，还时兴把袍子外面一层襟松开，让它自然垂下，这样才够潇洒。有一种时髦的穿衣法，是在长袖衫襦外面，再套一件袖仅及肘的半臂衫，内长外短，使衣服的层次感，更加鲜明。但招来某些古板的人嗤之以鼻，认为半臂衫过于“轻佻”。

有一位大食商人，在广州拜会官员，透过官员的丝绸衣服，看见他胸口上的黑痣。商人十分诧异，以为是自己眼花了，目不转睛看了半天。官员问他干吗老盯着自己的胸口。商人疑惑地说：“我奇怪你胸口的痣，为什么可以透过两重衣服显露出来呢？”官员大笑，拉起衣袖给商人看，他不是穿了两层丝绸衣服，而是五层！中国丝绸举之若无，轻若烟雾，令外商惊为神物。

女子的服饰更是万紫千红。官宦人家的妇女，生活在香闺绣阁之内，身穿锦绣长裙，胸前束锦带，宽大的下摆拖在地上，上身不穿内衣，而代之以薄薄的纱衣，显得风情万种，让诗人们留下了许多香艳的诗句，如“惯束罗衫半露胸”“粉胸半掩疑暗雪”“坐时衣带萦纤草，行即裙裾扫落梅”。

1957年，广州皇帝岗的一座唐代木椁墓里，出土了十几件精美的鎏金银质头饰，制作十分精巧，其中有一支花鸟钗，头部分成两叶，饰以花草图案，一侧有两只鸽子相对嬉戏，形态栩栩如生。此外，还有以花穗、缠枝卷叶花纹和玉蜀黍状花纹为饰的花钗。1987年在黄埔区夏园乡出土的鎏金鱼形银簪，鱼嘴咬着一圆环，腹部有清晰的鱼鳞纹，背鳍呈锯齿形，尾鳍散开为扇形，线条流畅，造型别致。当时妇女头上的金钗花钿、翠绕珠围，是身份地位的象征。

不过，住在城墙脚一椽板屋里的贫民，则依旧是黄冠草履、布裙荆钗。晚唐岭南诗人邵谒的诗作，为寒家女鸣不平："养蚕多苦心，茧熟他人丝。织素徒苦力，素成他人衣。"平头百姓的衣服多用土布缝制，称为"卉服"。唐末任广州司马的刘恂，在《岭南录异》一书中，把"卉服"作为一异，记录下来。据他观察，卉服的布料是用南方的草木纤维织成的，常见的有勾芒布、红蕉布、桐花布、琼枝布、婆罗布等，还有一种古贝木纤维布，颜色以紫白二色为主，也有杂色相间，"蛮女喜织之，文最繁缛"。她们拿到市场上摆卖，价钱也不便宜。诗人刘禹锡诗曰："蛮语钩輈音，蛮衣斑烂布"，说的就是这种土布。

有钱的广州人家，出门时带个皮肤黝黑、短小精悍的"昆仑奴"，是件很炫耀的事情。昆仑奴大都是从阿拉伯或东南亚买回来的。宋人朱彧在《萍洲可谈》中写道，唐、宋时"广州富人多蓄鬼奴"。昆仑奴对主人忠心耿耿，为了主人哪怕流血五步，也不会眨一下眼。他们的装束打扮，也别具一格，走到哪里都特别抢眼。张籍用一首诗来描述："金环欲落曾穿耳，螺髻长卷不裹头。自爱肌肤黑如漆，行时半脱木绵裘。"

木棉是广州人最常用的衣服辅料之一。广州城厢，处处有高大挺拔的木棉树，番山上的木棉，更是连成一片，枝叶繁茂，春季开出满树红花，色若喷血，天地为之染红，非常壮观，故又有人把它称为“英雄花”；落花后满城飘絮，如同鹅毛大雪，纷纷扬扬，漫天飞舞，又是另外一番美景。广州人喜欢拿木棉花煲鲫鱼汤，有健脾养胃、清热利湿的功效，而木棉则是最好的保暖纤维。每到飘絮季节，人们便背着麻袋，到处收集木棉，做冬衣和被褥的填充料。有人说，古书里常提到的“古贝木”就是木棉。广州最早的一首竹枝词，写的就是木棉树下的女子：“木棉花尽荔枝垂，千花万花待郎归。”

广州人的饮食也有了新变化。谁都知道，吃是广州人的头等大事，“食得系福”“辛苦揾嚟自在食”，辛辛苦苦挣钱，就是为了吃得快活，哪怕是布衣蔬食，一箪一瓢，也绝不马虎。孔子提出十不食，追求“食不厌精，脍不厌细”的境界，对中国的饮食文化，影响很大，而广州人则把孔子的美食观，发挥到了极致。

粤菜最大的特点，就是用料五花八门，无所不包，飞潜动植皆可口，蛇虫鼠鳖任烹调。南宋人周去非说，广州人“不问鸟兽虫蛇，无不食之”。明代的《五杂俎》说得更具体：“南人口食，可谓不择之甚。岭南蚁卵、蚺蛇，皆为珍膳，水鸭、虾蟆，其实一类……又有泥笋者，全类蚯蚓。扩而充之，天下殆无不可食之物。”

四海升平，广州人追求饮食的热忱，便越发显露出来了。

对广州女子来说，学厨艺比学女红更重要，会做菜就是“大好女”。唐人房千里说：“岭南无问贫富之家，教女不以针缕纺织为功，但躬庖厨、勤刀机而已。善醯醢菹者，得为大好女矣。”能否烹得一手好菜，甚至成为嫁女的条件之一。媒人上门时，女方家长可以坦承自家女儿不会针黹，但厨艺却是必不可少的。他们理直气壮地说：“我女裁袍补袄，即灼然不会；若修治水蛇、黄鳝，则一条必胜一条矣。”这种自我介绍，北方人听了哭笑不得。

广州人爱吃蛇，被视为惊世骇俗的事情。相传苏轼被贬广东时，他的爱妾吃了一道美味佳肴，赞不绝口，问厨师是什么做的，厨师告诉她，那是一道蛇羹。美人大惊失色，竟至恶心过度而死。其实早在西汉《淮南子》就有“越人得蚺蛇，以为上肴”的记述了。

广州的人菜谱中，还有一味让北方人大惊失色的东西，就是青蛙！唐代《南楚新闻》，绘形绘色地描写南方人烹煮青蛙的几种方法：第一种，“先于釜中置水，次下小芋烹之。候汤沸如鱼眼，即下其蛙，乃一一捧芋而熟，如此呼为‘抱芋羹’”。另一种，“又或先于汤内安笋笴，后投蛙，乃进于筵上，皆执笋笴，瞪目张眼，而座客戏之曰‘卖灯心者’。”还有一种，“又云疥皮者最佳，掷于沸汤，即跃出，其皮自脱矣。皮既脱，乃可修馔”。作者啧啧称道：“其味绝珍。”但北方人恐怕连胆汁也呕出来了。

广州人也迷上了饮茶。以茶待客，成为一种风尚，广州有句老话："茶骨戚戚企，今日有客来。"茶叶要好，以蒙山、顾渚、蕲门出产的为上品，但有"茶仙""茶圣"之称的陆羽，在《茶经》中，对岭南茶也有不错的评价："茶者，南方之嘉木也"，产自广东韶州、广西象州的茶叶，"往往得之，其味极佳"。水要好，山水为上，江水次，井水下。煮茶的器皿也要好，切忌用新铁，铁腥一入，香味顿失。懂茶之人，要经过非常繁复、细致的工序，才煮出一壶好茶；还要有好的茶具，才能真正品出茶的意境。唐人煮茶，有时会放点姜，甚至放点盐，这种奇怪的口味，在后人看来，不可思议。

贞元五年（789），陆羽曾应宗室出身的广州刺史兼南岭节度使李复之邀，入幕为宾，在广州居住了一段时间。南宋王象之《舆地纪胜》记载："陆鸿渐（陆羽）佐南海陇西公幕府，自号东园先生。东园即广州东郊园也。"东园在广州哪里，已漫不可考。

陆羽晚年自称"桑苎翁"，很多人对此困惑不解，不知是何含意。《唐国史补》说："羽于江湖称竟陵子，于南越称桑苎翁。"陆羽居吴兴时号竟陵子，居上饶时号东岗子，居南越时称桑苎翁。这里的南越，指的是广州而不是江南。

陆羽对广州人饮茶的风气，影响甚大。后来广州很多茶居、茶庄、茶室，都取名陆羽。民国时期有一家陆羽居，门前悬挂一副楹联："人喜陆羽之风常临此地；客具卢仝之癖独嗜乎茶"。卢仝也是唐代负有盛名的"茶仙"。足见陆羽带来的茶道，千年不衰。

广州人也特别喜欢饮酒，且饮酒的历史很长。南越王赵眜的墓中，便出土了一件釉陶提筒，里面装着高粱，器盖上写着“藏酒十石，令兴寿至三百岁”。高粱是北方作物，广东本地不产，南越王居然有高粱酿酒，说明是专门从北方购进，用于酿酒。国主有这么大的酒瘾，下必甚焉。

唐代诸项专卖收入中，盐居首位，酒类次之，但广州似乎没有实行。路边的酒铺，密密地排列，每天从开门到打烊，酒客满座，没人见过酒铺门庭冷清的时候，因为它从不冷清。刘恂在《岭南录异》一书中慨叹：“大抵广州人多好酒。”

酒铺有个怪现象，就是允许顾客蹭酒饮。每次开一坛新酒前，都会在封泥上钻一个孔，插入芦管，让顾客免费啜两口试味，称为“滴淋”。很多兜里没钱的酒鬼，眼巴巴就等这个机会，使尽丹田之气，长啜两口免费酒，试完这家试那家，直喝得晕晕乎乎，当街当巷“劏白鹤”（醉酒呕吐）。每天夜市散后，总有二三十个男女，烂醉如泥，瘫在街上。酒铺全是女人当家，也不以为意，一笑置之，反正酒是便宜货。刘恂说：“不持一钱，来去尝酒致醉者，当垆妪但笑弄而已。”

人们的房子也开始改变了。富商们在城外建起一幢幢高门大宅。蕃坊里的建筑，更是极尽富丽堂皇。

有的商人因为住宅过大，引起贼人觊觎，甚至丢掉了性命。宋代有一本法医专著《棠阴比事》便记载了一件案件：唐大顺年间，刘崇龟任广州刺史，有富商子泊船珠江边，见岸上有一座大宅，门前站立一少女，见人亦不回避。少年故意去挑逗她，说晚上到她家幽会，少女也不拒绝。当晚，少女把大门打开等候。不料，少年未到，先有贼人入屋行窃。黑暗中，少女以为是少年来了，迎上前去拥抱，贼人大骇，一刀把少女刺死了，仓皇逃去。等到少年来时，黑暗中踩到血泊，弄得满身是血，差点被当成杀人凶手。后来刘崇龟略施小计，巧妙地找出真凶，洗掉了少年的嫌疑。两宋时蕃坊更是甲第连云，大食国舶主蒲希密在蒲宜人巷兴建的大宅，岳飞的孙子岳珂参观后，惊叹房子太大了，超乎常规。但官府觉得，这些外国人是摇钱树，由他去吧，为了招徕更多的摇钱树，对他们的铺张扬厉，也不加干涉，“故其宏丽奇伟，益张而大，富盛甲一时”。

富贵人家的豪宅，一般人难以窥究。穷其想象，大约就如唐传奇《崔炜》描绘赵佗的琼府金穴那样：

> 当中有锦绣帏帐数间，垂金泥紫，更饰以珠翠，炫晃如明星之连缀。帐前有金炉，炉上有蛟龙、鸾凤、龟蛇、鸾雀，皆张口喷出香烟，芬芳蓊郁。旁有小池，砌以金壁，贮以水银，凫鹥之类，皆琢以琼瑶而泛之。四壁有床，咸饰以犀象，上有琴瑟笙篁、鼗鼓柷敔，不可胜记。

但在城市的另一角落，贫民的房屋，大部分还是非常简陋的，以茅茨、竹子、蒲葵叶搭起来，用绳子扎牢两边，一家人便靠它遮风挡雨了。据说唐代以前，广州人不懂用砖瓦盖房，他们的茅寮，一遇火厄，瞬间便成燎原，所以汉武帝、卢循烧城，破坏力才如此巨大。开元二年（714），以耿直著称的宋璟，被贬到岭南任广州都督，在广州住了三年，居官廉洁，对市舶贸易之物，分毫不取。而他最为人称颂的功德，是教会了广州老百姓烧瓦代竹茅盖房，以避免火灾。

唐人张说撰写碑文赞美他："其（宋璟）率人版筑，教人陶瓦。室皆斅堲，昼游则华风可观；家撤茅茨，夜作而炎火不发：栋宇之利也。"类似的说法，充斥了几乎所有史书。《旧唐书》说："广州旧俗，皆以竹茅为屋，屡有火灾。璟教民烧瓦，改造店肆，自是无复延烧之患，人皆怀惠兴颂，以纪其政。"《新唐书》则说："广人以竹茅为茨屋，多火。璟教之陶瓦筑堵，列邸肆。越俗始知栋梁利而无患灾。"唐代大书法家颜真卿也说："彼之风俗，竞趋苟简，茅茨竹檐，比屋鳞次。（宋璟）教之度材，变以陶瓦，千甍齐翼，万堵皆兴。"南宋《南海百咏》里说："宋广平都督广州，越俗始知栋宇。"仿佛宋璟来广州之前，广州人还不知"栋宇"为何物。

以讹传讹，莫此为甚。广州早在汉代就懂得如何烧砖瓦，也懂得用砖瓦盖房子了，烧瓦技术并不逊于中原。砖瓦不是宋璟带来的，他只是致力于在广州推广砖瓦的应用，希望所有人都能住上砖瓦房。这种良好的用心，把广州人感动了，宋璟离任后，大家兴建了一座"遗爱堂"纪念他；南宋时又建"广平堂"（宋璟字广平），以崇其德纪其功。

然而，贞元四年（788），李复任广州刺史兼御史大夫岭南节度观察使，他到广州后，发现宋璟离开已经七十多年了，人也过了两三代了，老百姓住的还是茅草屋。可见人们对宋璟虽然颂德咏功，但现实却没有多少改观。李复唯有继续“劝导百姓，令变茅屋为瓦舍”，以免飓风、祝融之患。《越秀史稿》作者冯沛祖感叹：要移风易俗是多么艰难。其实，对于大多数穷人来说，问他们为什么不建瓦房，多少有点“何不食肉糜”之意。这不是移风易俗的问题，而是财力的问题。谁不知道砖瓦可以防火防风？奈何囊中羞涩。

商贾骚动

广州人喜欢简单、实际，讨厌繁复的条条框框，与人相处平和、平等，不喜仗势凌人，尤恶居富傲人，有句广州俗语："泥水佬开门口，过得自己过得人。"这代表了广州人的性格，低调、务实、包容、灵活、开放、平和、冷漠、重利、常被用来描述他们。唐朝常年侨居广州的穆斯林蕃商，虽数以万计，人伦并处，却很少与广州人发生冲突。大家都是做生意，和气生财，没人在意什么"华夷大防"，赚钱最重要。北方人对此看不惯，唐朝丞相萧邺曾不屑地批评："百粤之地，其俗剽轻，猎浮淫之利，民罕著本。"

朝廷轻视商人，认为他们都是逐利之徒，商人则认为官府只盯着他们的钱袋，历任主管官员，廉洁者十无一二。商人则与官府的关系，始终若即若离，遇见官员，虽然作揖打躬，毕恭毕敬，但其实内心恨不得把官员撕成碎片。

光宅元年（684）发生了一件事，官员们震惊地发现，原来商人对他们的仇恨，如此之深，深到真要取他们的性命。事情的起因，是有些蕃商不堪官吏任意侵渔，向广州都督路元睿告状。不料官官相护，路元睿判定蕃商理亏，要治蕃商的罪，激起蕃商愤怒。有一个受雇于蕃商的昆仑奴，袖中藏刃，直入衙署，把路元睿及十多个亲随全部杀掉，然后扬长而去，与一些蕃商登舟入海，逃之夭夭。坊间传说，事后找不到路元睿的尸首，估计被逃走的蕃商带到海外去了。又有一些街谈巷议，说路元睿死后，从他家找到无数金银珠宝，拉了几大车才拉完。

这次流血事件，目标很明确，就是要杀路元睿泄愤，并不是蕃商与民众的冲突。所以对官府造成极大震撼，开始担心，蕃客人多势众，最终会变得尾大不掉。蕃坊的设立，多少带有防范的动机。

蕃坊设立后不久，官府与蕃商不知出于什么原因，真的交恶了，结果发生唐乾元元年（758）九月大食、波斯蕃客暴动事件。这次暴动规模很大，影响远远超过刺杀路元睿。大批武装起来的穆斯林蕃客，对广州发起突袭。由于变生肘腋，广州刺史韦利见猝不及防，惶骇翻墙而逃。蕃客们挥动刀剑，蜂舞并起，攻入城中，抢掠府库，焚毁庐舍，最后带上战利品，乘船从海上逃去。

对这一事件，中国的史籍，几乎无一例外地说，广州是遭到大食、波斯军队的攻击。《旧唐书》有两则记载，一则写道：

“……大食国、波斯国兵众攻城，刺史韦利见弃城而遁。”另一则写道：“乾元元年，波斯与大食同寇广州，劫仓库，焚庐舍，浮海而去。”《新唐书》则说：“乾元初，从大食袭广州，焚仓库庐舍，浮海走。”《资治通鉴》的记载也大致相同，都说是大食、波斯等国，直接出兵攻打广州，但原因却语焉不详。

尽管七年前大唐军队与大食人在怛罗斯爆发一场战争，以大唐战败告终，但阿拉伯和伊朗的史籍，都没有记载阿拉伯军队曾经南攻广州。对于8世纪成书的《中国印度见闻录》写得比较清楚：“公元758年以来，居住在广州的大食人与波斯人众多，甚至到了足以反抗中国当局，并劫掠城市的程度。”不少人也认为，攻城者其实是侨居广州的蕃商。地方官上报朝廷时，不敢明言，可能是想夸大事态，掩饰自己管理无方。后来的史书，互相援引，也没有加以考证。于是，究竟是阿拉伯军队攻打广州，还是居住广州的蕃客暴乱，便成了一个罗生门。

蕃客暴动，石破天惊，把官府吓坏了，愈发感到高壁深垒的必要。唐朝在晋代城墙的基础上，对广州城墙进行了一次大规模修葺。

1998年2月，越华路与仓边路交会处的建筑工地上，发掘出了一段南北向的唐代城墙，现存长14米，残高3米，两边包砖，中间夯土，墙体下宽上窄。砖壁底下以黄白色砂质块石砌基，基下铺垫碎砖瓦层。包砖南壁厚约2米，残高0.65米；北壁瓮砖底部最宽2.05米，残高2.3米。修城砖块大而厚实。砖壁发现有“番禺修城大条砖”等砖铭。这是广州市首次发现唐代的城墙，从方位推测，应为唐代东城墙遗迹。唐城的北墙，在越华路南侧的高坡上，西墙在吉祥路东侧，南墙在西湖路北侧一线。

但城墙并没有能保境安民，蕃客暴动才过去五年，广德元年（763）十一月，广州城又发生一场严重动乱。广州市舶使吕太一乘岭南军队北上勤王之机，矫诏募兵作乱，驱逐广南节度使张休。吕太一是太监，自开元二十年（732）实行宦官监军制以后，市舶使也多由太监兼任。吕太一与张休的冲突，显然是为了争夺海外贸易的财富，吕太一不愿让别人分肥。张休逃往端州后，吕太一在广州大肆焚掠。《旧唐书》说他“纵下大掠广州”；《资治通鉴》也说：“太一纵兵焚掠”。直到永泰元年（765），朝廷军队才平定了吕太一之乱。吕太一盘踞广州两年，虽然史书没详载造成了多大的破坏，但来广州的海舶数量大减，商人纷纷觅路而逃，却是事实。

更可怕的是，动乱就像一个魔盒，一旦开启，纷至沓来。大历八年（773）九月，循州刺史哥舒晃发动兵变，攻占广州城，杀死广州刺史、岭南节度使吕崇贲，连陷潮、韶、端等州。哥舒晃是西突厥哥舒部人，唐代有一首著名民谣：“北斗七星高，哥舒夜带刀。至今窥牧马，不敢过临洮。”唱的就是哥舒部族。哥舒晃这次攻打广州，有一个奇怪现象，就是得到大批商人的拥戴。史书并没有披露，一向秉持和气生财原则的商人，为什么会悍然支持造反？他们到底有什么诉求？

朝廷不敢怠慢，即诏令江西观察使路嗣恭为广州刺史，充岭南节度使，统兵南讨。又命江西、容管、福建三镇出兵配合。

路嗣恭自领精兵猛将，鼓噪而进，一路斩将搴旗，旬日间攻陷广州城，诛杀哥舒晃及部众万余人。杀红了眼的路嗣恭，把刀锋一转，开始大肆屠杀支持哥舒晃造反的“商舶之徒”。《旧唐书》记载：“及平广州，商舶之徒，多因晃事诛之；嗣恭前后没其家财宝数百万贯，尽入私室，不以贡献。”幸运捡回一条命的商人，早已东躲西藏，远离广州这块凶险之地了。

官府视商贾如盗寇，商贾视官府如虎狼。刀刃在颈，兵威相压，繁荣的海上贸易，至此乃顿呈衰败之象。

唐朝佛教大兴，“生关死劫，六道轮回”，是佛教徒经常思考的问题。在宿命论者看来，历史也在不断轮回。当年汉武帝兵发长安，平定南越，造成广州近三百年的衰退。好不容易缓过气来，浙江“五斗米道”卢循又来一回风火夜发，把广州烧成废墟，“平且康”的好日子，戛然而止。在其后百年间，长江流域的刘宋、萧梁、南陈，你方唱罢我登场，若干年就来侵扰一下。南朝之后，又过了若干年太平日子，虽然时有天灾发生，骚乱也出现过几次，所幸都没有酿成大祸。广州在这段日子里，凭着打开门做生意，与世界建立贸易关系，成了一个殷民阜财、高度繁华的城市。

但灾难再次降临。上天似乎给了某种预兆和暗示，许多地方都发生旱蝗之灾，有的地方则雷雨交加，雹大如鸡卵，狂风把树连根拔起。乾符元年（874），卖私盐起家的山东濮州人王仙芝在北方起事，聚众数千，揭竿长垣。乾符二年（875），另一位私盐贩子、山东曹州人黄巢，率众响应。长达十年的王仙芝、黄巢之乱，由此开锣。乾符五年（878）王仙芝死，黄巢代为首领。乾符六年（879）九月，这些山东大汉，挥军入粤。

黄巢看中广州遍地黄金，所以一边造反，一边向朝廷要求当安南都护、广州节度使。这种“若要官，杀人放火受招安”的伎俩，历来为人不齿。朝廷认为广州是金山银库，“市舶宝货所聚”，绝不可落入黄巢之手，但又怕黄巢求官不成，来个玉石俱焚，于是授予黄巢“率府率”的官衔（太子属官，正四品上）安抚他。这是个虚职，掌管东宫兵仗、仪卫和门禁、徼巡、斥候等事。黄巢大怒，二度上表，非要当安南都护、广州节度使不可。皇上垂询大臣意见，有大臣忧心忡忡地进言：“南海以宝产富天下，如与贼，国藏竭矣。”于是朝廷再次拒绝了黄巢的要求。黄巢恼羞成怒，下令攻广州，竟势如破竹，仅一天时间，便攻陷城池，随后扫荡周围县城。

自汉武帝以降，历次入侵者，都用烧城这一招。黄巢攻陷广州后，又是四面纵火，焚戮极其惨烈。广州城没有毁于蕃客暴动，没有毁于吕太一之乱，也没有毁于哥舒晃造反，这次却没有那么幸运了。全城烟火迷天，连甍接栋的官衙与民房，顷刻柱折墙崩，尽成灰烬。避乱城中的民众，哭爹喊娘，满城逃窜，被烧得神焦鬼烂，不计其数。晚唐的《续南越志》记载，广州城“初尉佗筑之，后为步骘修之，晚为黄巢所焚。”《旧唐书》说，“广州、荆南、湖南，资贼留驻，人户逃亡，伤夷最甚”。

被黄巢所杀的，不只城中官吏和百姓，还有大批居住在城外的蕃客。据《中国印度见闻录》记述："仅寄居城中经商的伊斯兰教徒、犹太教徒、基督教徒、拜火教徒，就总共有十二万人被他杀害了。此四种教徒的数目之所以能予确定，是因为中国政府对于外国人要按口征税的原故。"阿拉伯历史学家马苏第（Abu Hasan AIiaI-Masudi）在《黄金草原》中写道，广州城陷后，黄巢军"杀戮大量居民。伊斯兰教徒、基督教徒、犹太人以及波斯拜火教徒，在逃避刀兵中死于水火般的劫难者，计有二十万之众。我们所以能够进行这种估计，是由于中国的国王们都有户口簿，其中统计了其帝国中的臣民以及附近附属他们的民族的人"。

马苏第的统计数据，死者比《中国印度见闻录》还多出八万。对这些数字，大部分史家都持怀疑态度，认为在广州的蕃客不可能有那么多。但有一个事实却没争议，那就是，曾经繁花似锦的蕃坊，瞬间废为榛莽。

黄巢占据广州后，人们以为他会割据岭南，称孤道寡。但北方军人却水土不服，疫病大爆发，不少人染上疫病，死者十之三四，士气低落，一夜军心尽望北。黄巢只好拔营西向，打着北伐的旗号，由广西挥军北上，离开了岭南。

黄巢不仅大规模屠杀商人，还把广州城周边的桑树砍伐一空，从而使广州的养蚕业陷入绝境，无法再生产丝绸。从这个举动可以看出，黄巢根本没有对广州作长期占领和经营的打算，只是把它摧毁而已。《中国印度见闻录》说："这一事件，就是阿拉伯各国失去货源，特别是失去丝绸的原因。"

黄巢在广州只停留了短短一个月，烧杀抢掠一番，然后扬长而去，丢下无量的尸骸和一个几十年都难以恢复的烂摊子。19世纪的日本学者桑原骘藏在《蒲寿庚考》中说：“事件发生以后，阿拉伯至广州的通航中断了。”外国海船直到唐朝灭亡（907）都不敢来广州了，改在马来半岛的箇罗与中国商人贸易。《中国印度见闻录》也记载：“中国的情势，发生了前所未有的剧变。由于事变频仍，开往中国的航船已经绝迹；在中国的国土上，田园荒芜，秩序荡然，国势也逐渐衰落了。”

清代的《南海续志》记载了一个小故事：在小市街（今大南路以南解放南路段）的邓大林药店，从地下掘出一条铁索，往外拉扯，源源不断，竟连着一艘深埋地下的巨舶。这时的小市街，已“濒海数里许”，不再是江岸了，地下竟有巨舶，令人有“小阅沧桑”的感叹。有人猜测，这艘巨舶，可能是唐代来广州的外国商舶，遇风浪沉没。但以常理推测，承平时期，江上舳舻相接，进出码头十分繁忙，怎么会任由一艘巨舶沉没在码头区，阻塞航道，而无人理会？因此，更可能是动乱时期的沉船。

及至后世，竟然有人声称，黄巢杀蕃商，是替一百多年前被大食、波斯蕃商杀害的同胞报仇，大快人心。其实在唐代时，穆斯林与广州人相处，颇为融洽。乾元元年（758）的蕃商暴动，是攻入广州城里，“劫仓库，焚庐舍”，目标主要是官衙与官仓。那时城里，如鉴真和尚所见，“紫绯满城，邑居逼侧”，并没有多少平民百姓居住。即使中国的史书，也没有记载蕃商曾大肆屠杀百姓。而黄巢的屠杀是无区别的滥杀，故有“人屠”之称。

黄巢就是为了在最短时间内，以最凶暴的手段，制造最大的恐怖，迅速摧毁广州人的抵抗意志，以便采用竭泽而渔的方式，夺尽广州的财富。所以他才不会在乎杀的是大食人、波斯人，还是广州人，也不会理会杀的是穆斯林、基督徒，还是佛教徒。

每次广州渐入佳境的时候，总有一股横发逆起的力量，半路杀出，将蒸蒸日盛的上升势头，猝然拦腰斫断。这种悲剧，在黄巢之前，上演过多次；在黄巢之后，也有多次上演，好像成了这座城市逃不脱的宿命。黄巢走后第二年，朝廷下令广州的各种赋税，十分减四，以利人民休养生息，可见被祸之重。

大顺元年（890）冬十月，刘崇龟出任广州刺史，来到广州城。这时距黄巢之祸，已经11年，广州仍然满目凄凉，城池毁坍，井废垣颓，人气涣散。昔日繁忙的码头，冷冷清清，再无鲜车健马、比肩击毂的嚣纷景象，但见袒肉膝行、吹箫吴市的乞丐；以前摆满异域珍玩的店铺，如今售卖胝足之药。那些为黄巢杀蕃商叫好的人，如果生活在这样的城市里，不知是否还觉得“大快人心”？

刘崇龟是快乐不起来，他花了很大气力，重新修补城墙，安顿流离失所的民众，尽力消除兵燹造成的伤痕。明人黄佐的《广东通志》称赞他“始修理城隍，抚恤疮痍，岭海靖安，民夷赖之”。在官府的支持与蕃客共同努力下，逐步重建蕃坊。

第三章　奢华年代

羊城世界本花花，更买鲜花度年华。
除夕案头齐供奉，香风吹暖到人家。

- 三城半是宫苑
- 快活不知时日过
- 信佛的暴君
- 眼看它楼塌了

三城半是宫苑

唐朝崩溃的原因之一，在于制度设计自相矛盾，朝廷一方面不断强化中央集权，不允许地方有任何形式的自主，但一方面又赋予节度使极大的权力。其本意是希望由节度使防范地方势力坐大，但不少原来没打算割据的节度使，最后都走上割据之路，就是拜这种制度设计所赐。

黄巢把大唐的国运毁了。不久，天下分崩离析，进入五代十国时期，大批中原士民再次涌入岭南。这是继晋室南渡之后，第二次大规模的移民潮。南逃士民翻越大庾岭时，一步一回头，一回头一断肠。一部分难民进入南雄后，在珠玑巷栖身。这里就成了中转站，再从这里散往广东各地，有一部分便到了广州。

从珠玑巷的各姓族谱中，可以找到来自河南、河北、山东、山西、浙江、江苏、湖北、甘肃、安徽等不同地方的移民。他们对修族谱非常重视，希望子子孙孙都记住自己的根。不过，由于中原文化是强势文化，一些并非来自中原的姓氏，为了攀上“河洛移民”的“显贵血统”，在编撰族谱时，也往往为自己杜撰一个中原的根。

后梁贞明三年（917），原籍上蔡（今属河南）的南海王刘岩，在广州称帝，于广州设兴王府做国都，建立大越政权，改元乾亨，追封他的哥哥刘隐为圣武帝烈祖。关于刘氏籍贯，众说纷纭，至少有六七种不同的猜测，有说他是彭城人，与刘邦是同宗，有说他是河南蔡州人，有说他是寿州上蔡人，也有说他是封州蛮族人，可能是瑶、苗、獠之属，有说他俚族人，甚至有说他是大食国的后裔。乾亨二年（918），刘岩在兴王府南郊祭天，大赦境内，改国号大汉，史称南汉。

刘岩是个私生子，曾经改名叫刘陟，后来又改回叫刘岩。父亲曾做封州刺史，不敢把刘岩带回家，但还是被妻子韦氏发现了。韦氏大怒，派人把刘岩抢回府，准备剁成肉泥，以泄心头之愤。《五国故事》绘声绘形地记述了这件事：当韦氏见到襁褓中的刘岩时，就像中了邪一样，忽然震惧悚惶，不敢下手，“剑辄坠地，乃跪而抱之曰：‘此我家之宝也。’取为己子”。天意从来高难问，因为韦氏突如其来的“中邪”，广州历史，完全改写。刘岩长大后，身材魁梧，膂力过人，熟娴弓马，精通战略，数年间扫平了交、桂、邕、容七十多股地方势力，成为一方霸主。

刘岩笃信子平六壬、占卜算卦之类的东西。当皇帝后，他听从方外士之言，把自己的名字改为刘龚，后来有僧人告诉他，谶书说“灭刘氏者龚也”。他马上把名字改为䶮，取“飞龙在天”之意。刘䶮在位期间，年号始而乾亨，继而白龙，再改为大有，都是听信了江湖术士的诡言浮说。

南汉国进行了广州有史以来规模最大的城市开发建设，几乎把整个广州城推倒重建了。越秀山、番山和禺山这三座山，名气极大，“与五岭并称”。几乎所有史书都说，刘䶮动用无限人伕，把番山和禺山夷平了。

这个说法，最初是由离南汉最近的宋初人郑熊在《蕃禺杂记》提出来，他说：“番山，在城中东北隅；禺山，在南二百许步。两山旧相联属，刘䶮凿平之。”从此，刘䶮凿平二山的说法，便流行开了。明朝的《大明一统志》写道：“番山、禺山在府城内东南。番山在南，禺山在北，相联属如长城。南汉刘龚凿平之。”除了把番山、禺山的南北位置掉转外，其他都是照搬郑熊。再后来，清初《读史方舆纪要》说：“旧时二山连属如长城，南汉刘䶮凿平之。”清康熙朝《广州府志》记：“番山在南，禺山在北，相联属如长城，南汉刘䶮凿平之。”清同治朝《番禺县志》记：“番山在南，禺山在北，相联属如长城然。南汉刘䶮皆凿平之。”屈大均也感叹：“自刘䶮凿二山以为宫阙，而番、禺遂平。”

这些记录，大同小异，可以推测，基本都是照抄前人的。南汉国移山填海，斩岸堙溪，兴建宫阙园苑，令广州地貌，发生了巨大变化，也为后人留下了广阔的想象空间。1995年在城隍庙西侧发现的南汉宫殿基址、宫苑水池和排水渠等遗迹，下面叠压着南越国至唐历朝遗迹地层。

一个历史的疑团，于焉浮出了地面。

如果番、禺二山，在南汉已被人为铲平了，这些前朝遗迹，亦当一并消失。但现在不仅南越国的宫署遗迹还在，连时间上与南汉最接近的唐代若干组大型官衙建筑基址、铺砖走道和水井，亦历历可辨，压在南汉的遗迹之下。南汉连唐朝的基址都没铲去，那它铲去了什么？只要尊重所见的事实，当可得出最简单的结论：南汉没有凿平番、禺二山。

从地底挖出来的历史，胜过万卷书本。南朝、唐朝遗迹压在南汉遗迹之下，说明几百年来，禺山不仅没有降低，而且逐年增高。南汉时的禺山，比唐朝时又高了一截。两座山不是被凿平的，而是四周地势被填高了。南汉时挖掘仙湖，大量土方用于填平番山以东、禺山以南，乃至江边的大片滩涂烂地。否则，我们无法解释，挖仙湖和凿平两座山的土，都到哪里去了。

南汉的皇宫，与南越王宫署在同一地点。经考古挖掘，遗址的第八、九层，便属南汉文化层，当中整理出南汉国宫殿的基址、宫苑水池和排水渠等遗迹。遗物中有雕十六狮柱础石、青釉兽面纹瓦当、乾亨重宝铅钱等。其中的十六狮柱础石，是用整块石灰岩雕刻而成，底座为方形，边长为1.12米，底座连覆盆共高56厘米，重达两吨，是非常罕见的建筑雕刻精品。当年南汉皇宫有乾和殿，殿前立有12根铁柱，每根铁柱的直径约70厘米，高约

4米。这座殿堂，至少有11开间，何等雄伟，与天子无异。乾和殿的遗址，就在中山四路。

南汉皇帝的离宫别苑，遍布城厢内外，珠宫贝阙、凤阁龙楼，不计其数。叫得出名的宫殿有玉堂珠殿、万政殿、三清殿、昭阳殿、南薰殿、文德殿、集贤殿、大明宫、玩华宫、玉清宫、长春宫、甘泉宫、秀华宫、景福宫、思元宫、定圣宫、龙应宫、仪凤楼、南宫等，林林总总。《南汉书》描述南汉宫殿的穷奢极侈：昭阳殿“以金为仰阳，银为地面，榱角皆饰以银；下设水渠，浸以真珠；琢水晶、琥珀为日月，分列东西楼上”；玉堂珠殿“饰以金碧翠羽”；南薰殿的龙柱是用名贵的沉香做的，“柱皆通透，刻镂础石，各置炉燃香”。

刘龑在番山之西，开辟了一个烟水连天的大湖，名为西湖。南宋的《南海百咏》说，湖面“凡几百余丈，穴城而导于海，绿净如染”。湖的东界至今流水井、龙藏街东侧，西至朝观街西侧，南至仙湖街以南，北至华宁里北端，面积宽阔，上承文溪西支来水，与菊湖相通，浩浩茫茫，上下天光，堪称广州城里第一大湖，对日后河道水网的建设，有着重要影响。据清人阮元的《广东通志》记，湖的南面有仙湖渠通往城外，经南濠汇入珠江。

1996年，广州修地铁一号线时，在中山五路与教育路交会处5.4米深的地底，挖出了一段大型木桩板护岸堤坝，这段堤坝南北走向，长24米，宽2.1米，专家推测其东侧是地势较高的山岗，西侧全是低洼的黑色淤泥，当为仙湖东堤所在。其构造是先打上两排相距约1.5米的木桩，木桩内放置木板，形成板墙，然后在中间填土夯筑，堤坝表层用石块砌成斜面。这是宋代修筑的堤坝。

仙湖的湖心有小岛名西洲，是皇帝的御花园，背倚南宫，有长春宫、三清殿等宫苑建筑，水色与烟光交融，云气与虹影相映，夹岸奇花异木，四季芳华鲜美，常年落英缤纷；又筑有明月峡、玉液池等景观，四面环以犀桥，以通宫城。北为宝石桥，在今中山五路与吉祥路交会处；南为仙童桥，在今仙湖街。

传说东晋仙家葛洪曾在西洲炼丹，洲上还留有一口“葛仙井”。刘龑网罗了一批炉鼎之客，钻研方术，在洲上种植药草，修炼灵丹，所以人们把这个湖叫作仙湖，把湖心岛叫作葛仙洲，或叫药洲。炼丹与化学有密切关系，但最终却未能在化学或药物学领域，有什么作为，因为中国人赋予了炼丹术一个高不可及的目标——长生不老。坊间哄传，南汉以后从葛仙井里捞出了一石瓮，里面有几粒丹砂，被人当垃圾丢了，一渔翁捡到，吃了一颗，结果活了106岁。

从来没有人深入研究“丹砂烧之成水银，积变又还成丹砂”的化学原理，但对长生不老的怪诞故事，却传播得津津有味。清代有人写竹枝词嘲笑道：“烧丹方士羽衣翩，南汉君王冀永年。指点药洲空瓦砾，何曾天下有神仙。”

自从北宋书画家米芾在园中笏石题书“药洲”二字后，其他名称，都黯然失色，人们只知“药洲”，而不知有他。药洲的另一大特色是奇石多。方信孺《南海百咏》记述：“药洲，在子城之西址，漕台之北界，旧居水中，积石如林。今西偏壅塞，水尚潴其东，几百余丈，穴城而导于海，绿净如染。”修筑园林时，南汉皇帝遍购天下怪石，甚至允许罪犯以石赎罪，富人犯了罪，只要购得怪石进献，就可获得赦免，以致洲中奇石如林，有“石洲”之称。

各种奇石之中，又以九曜石最为著名。九曜石是九块奇石中的奇石，以天上星宿取名，俨然九大星宿散布于药洲。方信孺记述：“九曜石在药洲水中。《图经》云：‘石，太湖旧产也，伪刘时，有富民负罪者，每运填此以自赎，遂成胜景’云。”称九曜石为太湖石，恐属讹传，据考产自封开和英德。

九曜石尚有部分残石，现存于药洲，石上有历代文人雅士的题刻，弥足珍贵。池西北大石有宋人许彦先题刻《药洲》绝句：

> 花药氛氲海上洲，水中云影带沙流。
> 直应路与银潢接，槎客时来犯斗牛。

这首诗被广泛传诵，该石因诗而名，被称为“海上洲石”。清人阮元在《广东通志》中认为，这首诗的首句，说明药洲之名，源于洲上种植花药，而不是聚方士炼丹。所种植的花药，据说叫“红药”。清嘉庆朝的《羊城古钞》说：“督学张明先以宋许彦先诗有‘花药氛氲海上洲’之句，谓是曾种红药，故名药洲。”这种红药几乎和染料一样，清康熙朝《广州府志》说：“以药投之，水遂变色，故名药洲。”但从来没人说得清，红药到底是什么植物，有人说是芍药。芍药的根可以入药，却不能把水染红。

药洲中最后一首题刻，是1943年叶浓铭的《癸未中秋次宋人韵》：

> 此地原来是药洲，因何今日水无流。
> 苍海桑田成万古，槎客复来犯斗牛。

一千余年的沧桑变迁，尽在诗中。由于地理变化及城中人烟日稠，文溪西支渠道变窄，水流减少，仙湖日渐淤塞，至南宋嘉定元年（1208），已变成一片烂地。经略使陈岘曾尝试疏凿整治，在药洲上种植花木，修筑园林，改名为“西园”，但终不能恢复昔日的景观，浩浩仙湖，缩小为一“白莲池”。

元代人还把药洲称为“千古之胜”，明代把“药洲春晓”列入羊城八景之一，多少是出于怀古之意。清代的药洲，四周已成廛闬街市，清人檀萃游药洲后写道：“昔刘龑凿湖，于中为洲，聚方士炼药。今仙湖、九曜、西湖、看莲诸街，皆湖旧境。宋人所题‘步自葛仙洲’‘煮茶景濂堂’‘采菊�谷’‘榜舟九曜石下’‘摩挲前贤题刻’云云者，想见当日脂膏腻身时，士大夫犹得借此一泓散浪心神，略蠲贪泉之浊。”然而，到他去游览时，四周已是瓦居鳞次，巷狭檐交，茶坊酒肆，列肆如栉，人来人往，繁华热闹。叫卖虾酱的声音、叫卖豆腐的声音，此起彼伏，不绝于耳。檀萃感慨地说：“天上人间，何变化乃尔邪！”清末民初的药洲，面积仅余两千多平方米，其中湖水面积440平方米，其后更进一步缩小。昔日五百余丈的仙湖，已不复存在，所以叶浓铭诗云“今日水无流”。

广州几乎每一寸的土地，都被刘氏用来兴建宫苑、佛寺了。老城中心全被占据，而南面远至河南的隔山村、龙导尾、小谷围、土华村，北面至流花桥，亦布满皇家的桂殿兰宫；西城外烟水二十余里，琼楼金阙，连天匝地，普通百姓无立足之处。屈大均在《广东新语》里写道：“大抵刘鋹（南汉末代君主）时，三城之地，半为离宫苑囿，又南北东西环城有二十八寺，以象二十八宿，民之得以为栖止者，无多地也。”

史书记载，南汉在广州城外建有多个郊坛。按照惯例，郊坛都建在南郊，但南汉的郊坛，城西、城南都有，其一在席帽山、双井街附近；其二在西场，开越陆大夫驻节故址附近；而南郊龙导尾的郊坛，规模最为宏大，是南汉皇帝祭天祈雨的地方。刘龑登基时，就是在龙导尾的郊坛祭天，大赦境内的。

民初《广州杂抄》所记，河南是藏龙之地。龙头在东海官洲，龙尾在乌龙岗龙尾道。南汉皇帝在官洲兴建陵墓，便是为了吸东海龙气，又在龙尾道设天坛祭龙王。这条“龙”从官洲蜿蜒而来，龙身时现龙鳞。当地人说，赤岗东七星顶，赤龙现身，龙鳞片片可见，后人仍有以“鳞石”为名。该书作者自称曾亲自踏勘，“见大片‘鳞片’于七星顶东坡，赤壁高十余丈，满布‘鳞石’，亦广州一奇观也。”

龙导尾祈雨坛是仿照大唐长安含元殿建造的。龙导尾原来叫龙尾道，是指登坛的道路，盘旋不断，看上去宛如巨龙之尾，下垂于地。后来龙尾道的尾段辟为道路，乡人习惯称为“龙道尾”。导与道通，遂变成了龙导尾。

在现在江南大道中和宝岗大道中有隔山村，这里诞生过著名画家居廉、居巢，南汉时也是皇帝的离宫故地。在广州美术学院西北面，原有一个“刘王殿岗”的地名，后来被人叫成了“牛王岗”。清人黄子高描述：“由隔山折而北一里许，坟丘杂沓，走马路出焉。殿基隐隐，与镇海楼相望，白云诸山，可览而尽。”他曾题诗：

隔山道口吹松风，木棉花开天火红。
残丘断垄马路出，云有先朝行乐宫。

刘王殿很可能是皇帝举行祭天典礼时，驻跸休息之处。晓港公园附近有一座上马岗，相传是南汉宫女习武，上马演练的地方。宫女习武当然不是为了上阵杀敌，而是为了南汉皇帝休息时的行乐活动。

另一座郊坛在席帽山。《大明一统志》载：“席帽山，在府城北双井街。相传上有南汉刘氏郊坛遗址。”明代已经是“相传”，可见席帽山的郊坛早已湮灭。席帽山是越秀山向西的余脉，东接象岗，西连西山，山下是波光粼粼的芝兰湖，也称兰湖。广州有三大湖：菊湖、仙湖和芝兰湖，只有芝兰湖是天然湖，其他两个都是人工湖。芝兰湖北起桂花岗，南至第一津，面积十分辽阔，湖水碧澄，万象透底。南北朝时期，芝兰湖是渔民和客船的避风塘，三面环绕着象岗、席帽山、西山、龟岗，岗陇屈伏，云水参错。三国时步骘登上象岗，被“负山带海，博敞渺目”的景象所震撼，其实在他眼底的，就是芝兰湖。直到21世纪，在盘福路医国街内，还留有兰湖里等地名。

解放北路兰圃附近，南汉时有皇家园林芳春园（又名甘泉苑），苑内有流杯池（又称泛杯池）、濯足渠、避暑亭等景致，种满了奇花异草，一年四季，万紫千红。园中有清溪流过，宽阔可以行舟，桃花夹岸，延绵数里，溪水与芝兰湖相通。皇帝与妃嫔在水边张筵设戏，弦徽鼓乐的声音，越秀山上也清晰可闻。

每天清晨，宫女们把隔日的残花掷入水中，朱朱粉粉、红红白白，千百片随波逐流，从园内的木桥下漂过，流入湖中，人们便把这座木桥称为“流花桥”。后来木桥朽坏，直到明代有个理税太监，发愿重修古桥，把木桥改为石桥，并在桥头建亭，题匾“民乐”，从此流花桥又称“民乐桥”。昔日的芝兰湖，后来成了流花湖。

还有一座郊坛在增埗河畔的西场。《南海百咏续编》写道：“在泥城河干，地近陆贾故城。伪汉时之郊台，雄矗其旁。”清代雍正时期《广东通志》说：“朝汉台在广州城西硬步，五代南汉郊天于此，亦名郊台。”北距席帽山不过两三千米，南面在魏晋时还没完全成陆，是大片的低洼沼泽地，所以也叫“半塘”，即今泮塘。

唐代以后，江水退去，硬地逐渐增多，人们便在上面修筑基围，开垦荒地，播种力田，因为土地还不多，乡人只好在浅水中打短桩，用竹篾搭架，固定在短桩上，以泥土和水生植物封住竹木架底部四周，然后在上面种植水生蔬菜，名为“葑田”，或叫“浮田”。屈大均在《广东新语》中详细描述：“蕹无田，以篾为之，随水上下，是曰浮田。”由于水底下都是烂泥，木桩扎不稳，不时会发生整片葑田被水冲走的事情，甚至一直漂到广州城下。

这片半是水涯半是田的新开地，又叫荔枝湾。荔枝是岭南水果中的极品之一，苏轼一尝难忘，留下千古佳句：“日啖荔枝三百颗，不辞长作岭南人。”泮塘早在唐代就开始普遍栽种荔枝了。晚唐诗人曹松曾作《南海陪郑司空游荔园》诗，其中有“叶中新火欺寒食，树上丹砂胜锦州”之句，就是咏泮塘的荔枝。清代，泮塘筑“唐荔园”，供游人采摘荔枝时休憩之用，更有一丝追溯唐代荔枝的古意。

到了南汉，这片新开发的土地，也被皇帝看中了，在荔枝湾畔，兴建了昌华苑、华林苑、秀华苑、芳华苑等皇家园林。苑囿内外，锦绣成堆，遍植素馨、茉莉、桃、梅、荔枝等花果，纷红骇绿，四季飘香。后世在泮溪酒家对面的云津阁畔，发现“古之花坞”的石匾，证明这里是南汉的皇家花园。在广州博物馆，藏有一对南汉时代的铁花盆，上面分别铸有“大有四年冬十一月甲申塑造”和“供奉芳华苑永用”的铭文。

清人阮元的《揅经室续集》写道：“广州城西荔支湾，荔林夹岸，白莲满塘，即南汉昌华旧苑也。”昌华苑又叫显德园，从“开国皇帝”刘龑到“末代皇帝”刘鋹，年年都在这里举办“红云宴”，和妃嫔们品尝荔枝，昼歌夜弦，朝夕玩乐。明人郭棐的《岭海名胜记》记述：“荔支湾，在城西七里。南汉于荔支熟时，宴于此，名‘红云宴’。”从“红云”二字，可以想象荔枝堆积如山，恍如满天红云的景象。今天的荔湾区，还留有昌华大街、昌华东街、昌华横街等地名，便是当年南汉宫苑飞阁流丹之地。

南汉的建筑业、矿冶业、陶瓷业、纺织业等，都非常发达，南汉能够在这么短时间内，完成巨大无比的土建工程，反映出当时广州聚集着岭南最优秀的工业和建筑人才。

南汉的宫城建于昔日禺山之上，即南越国宫署遗址上面。2002年7月，北京路在进行大整修时，从现代的路面底下，清理出唐代至民国的11层路面。各个时期的路面层层叠压，第11层砂石路距今地表约3米，与第10、9层铺砖层同属唐代；第8、7层铺砖路为南汉国时期；第6、5、4层属宋代；第3层属宋、元时期；第2层石板路属明代，最顶层属民国年间。在4.5米深处是南越国时期遗迹，再往下为淤泥层，直至7.9米深处，见灰红色生土，表明这里曾是河涌滩涂地段。后来，人们对这条“千年古道”进行精心整饰，做了防潮、防长草等技术性处理，并铺设了钢化玻璃上盖，供行人观赏。

从唐朝开始，这里就是城内的主要马路，铺设的规格很高，不是碎砂石路面，而是平整的灰砖，坦荡如砥。南汉把这条马路作为皇城的主轴线，连接着北面的宫城与南面的新南城。由于几百年来，珠江的岸线向南推进，在西湖路以南，大南路、文明路以北，东西以东西城墙为界，形成了一片狭长的新地，名为新南城。在新旧城区之间，叠石建双阙，宏伟壮观。到宋代改为双门城楼，元代时被毁掉，明洪武七年（1374）重建，清代重修，称为“拱北楼”。因为是东西二间为双门，所以后来的北京路有了“双门底”的俗名。南汉把南海县分成了咸宁、常康两个县，北京路的东侧为左街，归咸宁县管辖；西侧为右街，归常康县管辖。街道两侧食物店铺，比屋连甍，是繁华的商业区。

在广州这样一个水网交错、地下水丰沛的城市，兴建如此密集的宫苑与佛寺，治水是前提。因此，几代皇帝都致力于凿湖浚渠，修整河道，建堤坝水闸，营建广州水脉，确实留下不少可圈可点的水利工程。终南汉时代，广州没有发生过重大的水灾。

1994年，在大塘街东侧，发现了一个南汉时的水关。这个水关，是用长条形砖砌成一个南北向的券顶隧洞，砖筑出水口在南面，呈八字形敞口，长两米，内宽2.2米，外宽5米。入水口在北面，宽度与券洞相同。出入水口两头，有木柱与厚板构成的接引段。发掘时，券顶与墙都已破损不堪；南面出水口的券墙基内，有一条硬木地袱，上面盖一块铁板，有5个菱形方孔，应该是插铁栅栏的，但栅栏早已不存。

在券墙的砖缝中，还塞着许多质薄如纸的南汉铅钱，直径只有一厘米。南汉发行过几种货币；刘龑在位时铸过“乾亨通宝”铜钱、“乾亨重宝”（铜钱与铅钱两种），后来又铸过“飞龙进宝”铜钱；刘玢时铸过“光天元宝”铜钱。铅钱的发行量大，多在城外流通，城里则多用铜钱。在水关发现的铅钱，比真正的乾亨重宝要小，大约是专用于拜神的冥币，有辟邪的意思，并不在市面流通。

在水关的东面，直到越秀南路一带，都是码头区。南汉的贸易非常繁荣，宋人薛居正《旧五代史》载：“陟僭位之后，广聚南海珠玑，西通黔、蜀，得其珍玩，穷奢极侈，娱僭一方，与岭北诸藩岁时交聘。”盐是南汉的一项重要商品。唐代在沿海一带，已形成了靖康、金斗湾、东莞、大宁和归德等多个盐场。以前因为大唐朝廷规定，广东食盐只能在岭南地区销售，现在大唐也管不着了，广东盐源源不绝地销往五岭以北，广州是最大的集散中心。

为了招徕客商，刘龚经常把内地来的商人，请到皇宫里参观，让他们领略一下雕梁画栋、金玉为器、连排水渠也镶珍珠的气派；在市肆中感受广州的生活气息，参观拥挤的酒肆、繁沸的码头、忙碌的作坊、喧闹的客店。官府有一个前无古人的规定，每个进城的人，都要买“门票”，在城门口交钱一枚，才可放行。每天进城的人，多如过江之鲫，仅此一项，便为朝廷带来了丰厚的收入。这一切仿佛都告诉商人们：与这样一个盛大豪华的城市做生意，还有什么不放心吗？

南汉的造船业十分先进，技术高超，能够造出不用钉子的大船。南汉的船队，曾远征占城（越南），携回大量的奇珍异宝。由于南汉船队名气很大，谣言也不胫而走，说他们在海上拦截外国船只，抢夺财物。因此，海外的商舶有点担惊受怕，举棋不定，想来中国做生意又不敢来，有些船驶到苏门答腊，便不敢再往前了，四处打探消息，希望中国商人到苏门答腊交易。

但慢慢地，他们发现，广州依然是一个最好的商埠，南汉朝廷还是欢迎他们的。于是，到广州的海舶又逐渐增多了。北宋路振在《九国志》中承认，由于“五十年来，岭表无事”，到末代皇帝刘鋹时，“珠贝犀象、�瑁翠羽，积于内府”，经年累月也用不上，几乎要烂在府里了。皇帝经常把珍宝随意地赐给臣子，或送给邻国联络感情，炫耀财富。这些珍宝都是南洋与广州贸易的传统商品。刘鋹还纳了一位波斯女子媚猪为妃，证明南汉的海贸十分畅旺，与海外联系密切。

在南方的吴、南唐、吴越、闽、南汉、前蜀、后蜀、楚、南平、北汉十国之中，南汉富居首位。《南汉书》声称，早在第一代南汉皇帝刘龑时，国中已是“犀、象、珠、玉、翠、玳、果、布之富，甲于天下”。

南汉上承隋、唐遗风，佛教仍然盛行，甚至有过之而无不及。几代皇帝，一面笃信佛教，大建佛寺，一面极尽裘马声色地享乐，两种互相矛盾的东西，集于一身。屈大均说，刘鋹在广州城“南北东西环城有二十八寺，以象二十八宿”。这二十八寺，东七寺是：慈度、觉华、梵王、普慈、化乐、兴圣、觉性；西七寺是：千佛、真乘、水月、定林、昭瑞、集福、咸池；南七寺是：宝光、千秋、古胜、延祥、地藏，还有两座寺名称失传；北七寺是：国清、尊胜、证果、报恩、地藏、报国、悟性。

这些寺庙大都与南汉王朝一起消亡了，后来没有重建，慢慢就被人遗忘了，连地点也无人知晓。只有寥寥几家，通过史书的零星记录，大致能推断方位。比如，千佛寺在城西青紫坊（龙津东路中段）；真乘寺在城西硬步（西场）；慈度寺在海珠石（长堤）上；宝光寺是芳村大通寺的前身；千秋寺是海幢寺的前身；古胜寺在卢循故城以东，即昌岗东路东段；悟性寺在越秀山。

这并不是说，南汉只建了二十八座寺庙，只不过按照星宿排列的，有二十八座，除此之外，还有其他寺庙。比如大佛寺的前身是地藏寺，也建于南汉，它就不在二十八寺之列。还有很多原有的旧寺，包括法性寺、宝庄严寺、开元寺、仁王寺、止台寺、朝亭寺、竹林寺、显明寺、智慧寺、西阴寺、孤园寺、法明寺等，不计其数，遍布广州城厢，也纷纷重新修葺，扩大范围，几乎所有能盖房子的地方，都被皇宫苑囿和佛寺所占了。

刘龑很喜欢“乾亨”这个词，算命先生告诉他，这个词对他有利，于是他把年号改为乾亨，钱币也叫作乾亨，连法性寺也改名为乾亨寺。技术高超的工匠，为乾亨寺造了一座铁塔，置于大殿西隅，原塔身表面贴有金箔，称为“涂金千佛塔”，坊间俗称“西铁塔”。这是中国现存铁塔中，有确切年款最早的一座。铁塔呈方形四角，原为七层，后来有四层被毁坏。塔身四面各有一个佛龛，供弥陀佛铸像，坐在莲花座上，身后有宝光，又有许多小龛，里面各有小佛像。在现存的三层塔身上，有数不清的大小佛坐像，有人数出580尊，也有人说是592尊，因此称作“千佛塔”，不是夸张之词。这是广州现存最古老的佛像。

塔身四角有塔檐飘出，檐下为莲花角柱以作顶托。塔檐还铸有飞天、飞鹤、飞凤，让人联想到敦煌艺术。塔身下是莲花铁座，其四角有力士造像，束腰部分每面铸二龙戏火焰三宝珠图，其上为硕大的突起仰莲，形态逼真，活灵活现。再下面是石须弥座，北面刻狮子玩球，东西两面刻海棠花纹。塔身四面铸有铭文：“玉清宫使、德陵使、龙德宫使、开府仪同三司、行内使监、上柱国龚澄枢同女弟子邓氏三十三娘，以大宝六年岁次癸亥，五月壬子朔十七日戊辰铸造，永充供养。”龚澄枢是小太监出身，刘龑时的内供奉，后升至内给事，后主刘鋹时官至内太师。有人考证出，邓氏三十三娘是龚澄枢的老婆。太监娶老婆，也是一种炫耀权势的方式。

铁塔铸好后，刘鋹让工匠重样再铸一座，同样是方形四角七层，身高6.35米，塔身也贴金箔，塔下亦为石须弥座，连石座通高7.69米。全塔身共铸有九百多个小佛龛，龛内均有佛像。莲花铁座四面雕铸有“行龙火珠”和“升龙降龙火焰三宝珠”图形。塔身有楷书铭文，最下一层的铭文是：“大汉皇帝，以大宝十年丁卯岁，敕有司用乌金铸造千佛宝塔一所七层，并相轮莲花座，高二丈二尺。保龙躬有庆，祈凤历无疆。万方咸底于清平，八表永承于交泰。然后善资三有，福被四恩。以四月乾德节设斋庆赞。谨记。”这座铁塔在开元寺放了两百六十多年，最后由光孝寺住持僧绍喜把它移到光孝寺，在大殿后东隅建殿保护，俗称“东铁塔”。凭这两座铁塔，南汉的铸造工艺，在全国可占一席地了，而那些真正的大匠，却不载经传。

刘龑把广州最负盛名的佛寺都改了名，除了法性寺改为乾亨寺外，宝庄严寺因为有一位皇家宗室女剃度为尼，在寺中焚修，改名为长寿寺。听起来，佛教也有了世俗的气息。

大宝七年（964），皇帝把一口原在曲江南华寺的千斤重大铜钟，赐给长寿寺永远供养，将镇祖山，功资国祚。长寿寺在大宝十二年（969）开铸一座罗汉龛，《六榕史料》说它“高可盈尺，围如之，中有诸佛罗汉像六百四十七”。开铸时刘鋹还在位，完工时南汉已经被大宋灭了，罗汉龛竟被宋官府中人强行取去，寺僧一直追索，直到南宋时才归还。寺僧在龛上刻了四句偈：“昔人造此像，愿力如海深。若有见闻者，莫起贪嗔心。”只剩下的十六尊铜罗汉，直到清同治年间（1862—1875）还在，但最后仍归失踪。

快活不知时日过

大唐的文治武功，如日中天，让人产生一种幻觉——这是一个神话的国度，会永远强盛，称雄天下。谁也没想到，在历史长河中，会有一个叫作“残唐”的时代，已在前方。黄巢之祸以后，大唐的国运，直如阪上走丸，开始急遽地衰落。南汉乾和九年（951），中宗刘晟遣宦官潘崇彻率兵伐南楚，取郴州，败南唐援兵于宜章。翌年复遣宦官吴怀恩率兵伐南楚，取连州、桂州，尽有岭南地，一时声势大张。南汉王朝这个小池塘，居然也有了一点盛世的气象。

南汉刘氏几代皇帝，都特别喜欢排场、享乐，在皇室的推动下，各种音乐、舞蹈、杂技、散乐、倡优曼延之戏，盛行一时，朝野追趋逐耆。皇宫之中，专门设了教坊，训练乐舞，为皇室演出。第二代国主刘玢在位时，喜好宴乐，东西教坊的伶官多达千余人。当时有大臣谏劝："今禁中自有箫韶，府内乐工百余，皆善音律，夜宴用此足矣，焉用教坊？"刘玢不听，他觉得一千伶官还不够。

皇家带起来的奢竞之风，必然会广泛影响到民间。广州人对鲜花近乎疯狂的消费、无底洞般的需求，反映了浮华风气的盛行，打破了人们对广州人只注重吃，不注重衣着形象的固定印象。

河南有一个叫庄头的地方，相传是埋葬南汉宫女的地方，因为宫女生前喜欢素馨花，所以人们在她的墓地上栽种素馨。《番禺志》说："昔南汉宫人葬此，有美人喜簪素馨，殁后，遂多称之，名其冢曰素馨斜。"清人袁廷柏说葬的是一名妃子，他还作竹枝词咏："名妃娇宠隔千秋，香气犹留土一丘。"而梁廷枏则说死者是宫女出身的妃子："素馨，后主司花宫女，以色进御，封美人。性喜簪那悉茗花，因名之素馨。"乡间野语，每到月圆之夜，就会听到这个女子的浅笑低语声。凄美的传说，吸引很多文人雅士、大小官员来凭吊，来者都会买一些素馨花，以寄托闲情，于是种花者越来越多，美人埋骨之处，成了"花田"。

其实，广州从西汉就开始，就大量栽种素馨花、茉莉花了，南汉时规模翻了几番，形成了一个产业，并非因为这位妃子才出现花田。清代《广东图说》记载："河南堡有庄头花市，为南汉花田故址。"开花季节，遍地皆白，古人以"弥望如雪"形容。种花的产业，历尽战乱，长盛不衰数百年，有一首清代《羊城竹枝词》写道：

附郭烟村十万家，家家衣食素馨花。

花田儿女花为命，妾独河南歌采茶。

供应广州花卉的，不仅有庄头花田，花埭（芳村花地）从隋、唐开始，也大面积种植花卉，后来成为广州最著名的鲜花产区；而在广州东郊远至萝岗，靠种花养家的人，亦为数不少。屈大均说：“自小坑、火村至罗岗，三四十里，多以花果为业。”似乎广州四郊，都成了向广州供应鲜花的基地。支撑起这样庞大的产业，需要多大的市场？广州人一天要消耗多少鲜花？如果统计出来，将是一个惊人的数字。广州已具有了典型的消费城市特征。人们有很多的闲情逸致，去用鲜花装饰自己的生活，制成各种香料，各种不同的节日里，各种拜神、拜佛、拜祖先的仪式，都离不开香花供奉，花为不可或缺之物。

一年之中，最大和最长的节日就是春节了。问一个广州人，对过年的印象是什么，也许他会回答：很多很多的鲜花。正月初一这天，古称元旦、朔旦、正旦等，是一年之始，三阳交泰，春暖花开。千家万户，都以鲜花来迎接新岁。

任何一个节日，都需要一定的仪式来维系，这些仪式包括可以做什么，不可以做什么，什么事情该怎么做，有规有矩，有先有后，不可乱套。广州人过年，实际上从腊月廿三就开始了，谓之“入年关”。这天是谢灶之日，以烧猪肉、米、糖等物上供，焚香烧纸，送灶君上天。仪式完后，把米放入米缸，谓之“碛瓮”（压瓮）。祭灶的时间，有所谓“官三民四疍五”之说，即官宦家是廿三，平民百姓廿四，疍民廿五。腊月廿四开炸，《粤东笔记》记述：“广州之俗，岁终以烈火爆开糯谷，名曰炮谷，以为煎堆心馅；煎堆者，以糯粉为大小圆入油煎之，以祀先及馈亲友，又以糯饭盘结诸花入油煎之，名曰米花；以粉杂白糖入猪油煎之，名沙壅。”腊月廿五蒸年糕、萝卜糕等，寓意年年高升。

从谢灶之日开始，各家各户大扫除。坊间有一首《迎春扫尘歌》唱道：“腊月二十三，晒被洗衣衫；腊月二十四，清洁房屋地；腊月二十五，扫房掸尘土；腊月二十六，洗净禽畜屋；腊月二十七，里外洗归一；腊月二十八，家什擦一擦；腊月二十九，脏物都搬走。”人们从街市买回鲜花，装饰家居，心情像鲜花一般盛放，清代的《竹枝词》唱道：

羊城世界本花花，更买鲜花度岁华。
除夕案头齐供奉，香风吹暖到人家。

年卅是除夕夜，一家团圆，欢欢喜喜吃团年饭。郊廛乡鄙之地，在除夕夜（还有端午、冬至夜）还有为小孩“喊惊”之俗。以前凡小孩说梦话、啼哭、生病等，都被认为是魂魄受惊，游离于体外，所以要请一些有道行的老太婆“喊惊”，召魂魄归来。除夕夜的“喊惊”，是对所有小孩的，不管有病没病，一律喊之，谓之“喊平安惊”。有些人家甚至还要为家中全体男女老少“喊惊”。

正月初一大家都闭门谢客，在家食斋，鲜花香烛，供神祀祖，家里幼辈拜长辈，表达祝福，长辈则向幼辈讲一番吉祥勉励的话。正月初二是“开年”，烧香拜神，宰鸡杀鸭，大排宴席，然后出门拜年，亲朋好友交相称贺；出嫁女在这天回娘家。年初三是“赤口”，民间传说，这天见面易招口舌是非，所以大家待在家里，打扫庭除，把家里的垃圾扫出去，称为“送穷鬼”；年初四接灶神；年初五接财神，俗称“破穷日”，也称为“破五”，意思是这年过完了。

真正的欢乐高潮，是在过年期间，城里搭戏台，演杂戏，金鼓喧震，歌声达旦，官民同乐，一片欢腾，男女老少把街衢挤得满坑满谷。初一清晨，官府在东郊举行迎土牛、芒种仪式。芒种代表太岁，当它经过时，围观人群便向它抛撒米粟，以祈丰年，散痘疫。

正月十五是元宵节。广州元宵闹花灯的传统，南汉时已盛行，延续千年。清代的《羊城竹枝词》，把当年火树银花闹元宵的场景，描绘得淋漓酣畅：

鱼灯万颗耀长空，闹热元宵处处同。
顶马狮龙人物好，衢歌巷舞尽儿童。

广州民间风俗，正月初十到元宵期间要“开灯”，所有的宗祠大门、神堂正中央和两旁，都挂起莲花灯；灶君、“床头婆”神位、土地庙也都点起了灯。“开灯”之夜，亲朋戚友都欢聚一堂“饮灯酒”。正月十三日这天是“试灯”，即试点元宵灯的意思。正月十四是上元前夕，坊间纷纷搭灯棚，系结花彩，箫鼓齐鸣，舞龙舞狮，预演元宵节目，街市摊贩也竞售各式纸灯，争奇斗艳；卖“阿婆灯”的小贩也挑着担子，沿街叫卖。人也怡怡，市也熙熙，春回大地的无限喜悦，令城市也变得鲜活起来。

说到广州花灯，许多人都会想到素馨灯。广州人把素馨花串绕在灯壁上，雕玉镂冰，玲珑四照，美不可言。素馨花的花期很短，用来装饰灯具，更显其奢侈与矜贵。屈大均在《广东新语》中，记述了这种花灯：“‘绕髻人人艳，穿灯处处光。’花又宜作灯，雕玉镂冰，玲珑四照。游冶者以导车马，故杨用修云：‘粤中素馨灯，天下之至艳者。’”素馨花是夏天开花的，可做七夕、中秋的花灯，却做不了元宵花灯。

花是每一个节日都不可少的东西。女人们特别爱花，素馨花要天没亮就去采摘，用湿布覆盖，不能让阳光直晒，这样花才不会一下开尽。各个城门都是卖花的市场，有如锦天绣地的花花世界，素馨花、茉莉花、吊钟花、水仙花，合匝缤纷，弥望不绝，花开如积雪，芬芳成云烟，笼罩全城。

女人是最大的主顾，她们买素馨花，不是十朵八朵，而是以升计斗量，整筐买回家。除了做花灯以外，还可以做成花球，悬于大门之首，置于绣帐之内、枕簟之侧，满室香氛。贫家女只有荆布之饰，也会用花来装扮自己，做成花簪、花冠、花佩珰、花项链，行走在街上，裳袂芗泽，为城市平添无限春色。没有女人，城市就是一潭死水，有一些节日，甚至是专为女人而设的，七月七乞巧节，就是一个女人的节日。

这个节日的缘起，只是这天阳光好，女人们把衣服、被褥晾出来晒一晒，打一打，去掉霉味，顺便打掉几只虱子；书生们也趁机把书搬出来晒一下，免得一箧青编都喂了蠹鱼。后来渐渐演变成一种互相攀比，看谁家的衣服更漂亮、更昂贵，谁家的藏书更多。这种习俗，南北朝时已很盛行。

社会对女人的“女德”要求，有时到了荒诞的程度。西汉成书的《淮南万毕术》已有记载：“七月七日采守宫阴干之，治合，以井华水和，涂女身，有文章。即以丹涂之，不去者不淫，去者有奸。”守宫就是壁虎，井华水即清晨初汲的水，时人把它们调制成一种带有巫术色彩的东西，用来测试女子是否贞洁。唐代《长恨歌》里唐玄宗与杨贵妃的爱情故事，以“七月七日长生殿”为背景，同样包含了“女德”的内涵。

七夕之水，不仅可以验女子贞洁，而且有特殊的功用。七夕的凌晨，广州人已经纷纷出动，挑着大桶小桶，守候到井边和河边，一听到鸡啼头遍，马上以最快速度汲水。据说这时的水，比平时的重几斤，贮存经年不变味，越放越甘洌，可以治疗热病，谓之“圣水”，或叫“天孙水”。到鸡啼二遍时再汲取的水，就没有这种功效了。坊间有歌谣唱道：“七夕江中争汲水，三秋田上竞烧盐。”

晋代以后，牛郎织女的故事，开始与七夕联系起来。织女在传说中是纺织之神，针黹是衡量女子是否贤淑能干的重要标准之一。晋人周处《风土记》描述民间七夕节的场景："七月七日，其夜洒扫于庭，露施几筵，设酒脯时果，散香粉于河鼓、织女，言此二星神当会。守夜者咸怀私愿，或云见天汉中有奕奕正白气，有耀五色，以此为征应。见者便拜，而愿乞富乞寿，无子乞子，唯得乞一，不得兼求。"这与后世的七夕乞巧节，已非常相近了。

大部分未婚女子，七夕最主要的活动，就是"乞巧"。从七月六日晚开始，在户外陈列种种奇巧玩品，并用蒲草、色纸、芝麻、米粒等，制成各种袖珍的花果、仕女、器物、宫室等，炫巧斗妍，巧不可言；还有各种鲜花、瓜果、饼饵、酒水等，甚至连针黹、脂粉、古董、珍玩等杂七杂八的女人东西，都摆出来了，有些大户人家可以摆上十桌八桌。七夕当晚，女孩子们焚香燃烛，向空礼拜，祈求织女赐予自己一双巧手。吃七夕饼是广州人的习俗，一直维持到当代。七夕饼也叫"七娘饼"，因其状如棋子，故又称为"棋子饼"。

乞巧活动，有很多不同形式。有的女子先以盆水置于户外，俟一段时间后，水面形成一层薄膜，把绣花针（细草也可以）轻放在膜上，如果盆底的影子呈现云状、花状、鸟兽状、鞋状、剪刀状等，便是得了巧；如果针影粗如槌、细如丝、直如轴，就是没得巧。有的女子把蜘蛛关在小盒子里，第二天看它有没有织网，结网丝多而圆正者为得巧，没织网的就是蠢妇一个。有的女子在七夕比赛以丝缕穿针孔，看谁穿得又快又准。

对宫中的女人来说，乞巧自然不是为了乞针黹之巧，只是一种单纯的游乐活动。七夕的前一天，宫中已在丹霞楼上设瓜果筵，备酒馔，玉碗金瓯，光映几案。楼下用棚架搭起繁华街市的布景，张灯结彩，鲜花铺路，有各种店铺、摊档，摆满琳琅满目的“商品”。妃嫔们穿上平民的青衣，扮成商贩，皇帝扮成顾客，“逛街购物”，互相讨价还价取乐。皇帝也会邀请一些大臣参加宫中的乞巧活动。有一首词写道：

丹霞楼畔月如钩，瓜果筵前露已秋。
良夜风帘尚摇曳，十千沽酒不曾休。

民国的文人邓尔雅写有《癸亥七夕竹枝词》：“纸醉金迷斗巧工，民间俗尚仿深宫。改将七夕从初六，南粤犹存五代风。”他在诗后加注：“七夕改为六夕，始于五代，以七夕诸大臣须赴宫中乞巧会也。”可见南汉皇宫的七夕活动，对民间影响之大。

市场上开始有七娘秧卖了。乡下人从六月初就开始浸泡谷子，育成七娘秧，七夕拜完天仙后晒干，拿到城里兜售。妇人们都知道一个秘方，把七娘秧与麦芽、鸡内金、糖桔饼、山楂、蚕矢一起，煮成茶汤或稀粥，专治小儿夏季热。这是七夕的最后余音，然后就要等明年的七夕了。

七夕过后，一连串的节庆，接踵而来。七月十五中元节，七月廿四城隍诞，八月十五中秋节，都是万众欢腾的日子。中秋的习俗，有人说宋代才出现，其实在唐代就开始形成了，唐玄宗要建“望月台”，宰相苏颋八月十五在皇宫中值夜班时置酒赏月，都是流传很广的故事。很多唐代诗人都写过以中秋为题的诗篇。

中秋赏月的风尚，慢慢从官僚和文人的圈子，传到普通民众中间。唐人裴铏传奇《文萧》写道，在江西省钟陵县，“每岁至中秋上升日，吴、越、楚、蜀人，不远千里而携挈名香、珍果、绘绣、金钱，设斋醮，求福佑，时钟陵人万数，车马喧阗，士女栉比，数十里若阛阓”。连岭南人也不远千里，赶去钟陵凑热闹，可见中秋拜月的风气，已传播很广。

南汉对大唐文化，一向举踵思慕，很多规制都照搬大唐，甚至连盖宫殿、建郊坛，都要依照大唐的样式。早在唐代，在中秋夜登上越秀山赏月，已成广州的习俗，清道光朝的《南海县志》写道：“万善寺，在粤秀山，上有越王台故址，建阁于其南，唐人多登此玩月。”随着大批北方难民的涌入，中原的中秋节俗，从岭北传到广州，唤起了很多来自北方的官员、大臣的思乡之情，这一天愈发受到重视。在朝廷的鼓励下，中秋逐渐成为一年一度的固定节日。

中秋之夜，长寿寺在千佛塔举办燃灯悬烛活动。从塔顶至底层，点燃无数灯烛，整座千佛塔通体放光，煌煌烨烨，与月争辉，号称“赛月金灯”，以兆丰年。长寿寺是宗室女修行的地方，这一活动反映出皇室对这个节日的重视。民众成群结队前往观灯，寺院内外，黑压压一片，水泄不通，分不出谁是富家子，谁是寒门郎，也没人在乎这个了，大家暂时忘却了身份的区别，挤成一团，就像被一股欢乐的漩涡搅动着。

四衢八街的孩子们，用瓦片和薪柴堆叠成塔状，引火燃烧，“哔哔剥剥”的火焰，蹿起几尺高，把漆黑的天空照亮。行走在坊里间，几乎每条街巷，都燃起这样的火堆，互相映对，十分壮观。孩子们围着火堆，欢呼雀跃，尖声吵闹。交汇在一起的声音，从大街小巷流出来，宛如溢出河道的河水，四处蔓延。

广州人的中秋节，后来越来越隆重了，中秋前一天迎月，中秋当天赏月，中秋第二天送月。有些人在中秋当夜“守夜”。他们认为，守到月亮最圆最亮时，就是天门大开，月光菩萨降临，见者求福得福，求财得财。因此深更半夜，还有很多人围坐在溶溶月色下，炒田螺、煲鸡粥，分食月饼、水果。小孩子则提灯嬉戏，唱着“游园游耍碌（灯），唔游火烧屋”的童谣，其乐融融。

小孩拜月以后，要亲手剥一只桑麻柚，如果剥到是中心空的，便是时运亨通的征兆，全家欢欢喜喜。月出之后，浅街窄巷中的妇人，各自在家门口烧香禀神，说明自己想问的事情，然后独自出门，细听街谈巷议，根据最先听到的内容，判定吉凶，名为“撞口卦”。有个女子的丈夫被贼人掳走，她在中秋夜出门，恰好邻居的猫走失复还，有人说：“好彩啰，佢会走返嚟㖞。”女子听了，满心欢喜，便认定丈夫会返回来。还有人放孔明灯，看它能升得多高，来判断时运的高低。

九月九重阳节是一年之中最后一个重要节日，俗话说：“过了重阳无大节。”老百姓一年之中，有两个拜祭先人的重要日子，一个是清明，一个是重阳，清明拜祭各族近支祖墓，而重阳则只祭远祖。

这一天很热闹，除了举行祭祖仪式，还有登高、放纸鹞、插茱萸、吃花糕、赏菊等各种户外活动。重阳秋风送爽，登高赏菊饮酒，是心旷神怡的事情。《广州府志》记载：“重阳有墓祭者，亦曰登高。细民放风鸢。风鸢之戏，自古有之。或云因天地之气候，以舒小儿之气而除内热。但岭北俱于二三月，而广州则于九月，风候固殊焉。”

相传登高可以避灾解难。这个习俗始于汉代，从中原传来。当年桓景跟费长房学道，费长房告诉他：九月九日有灾难降临，赶快制绢囊，盛茱萸，挂在身上登高山，饮菊花酒，可以避难。桓景依言而行，带全家人登山，晚上回家时，看见遍地死鸡死狗，知为代人受难。从此，便有了重阳登高这个风俗。

广州人登高，最方便的当然是越秀山。唐人刘恂撰《岭表录异》，首次提及广州人在重阳节登越秀山的习俗。他写道：“越井岗岗头有古台基址……今在悟性寺后，郡人呼为越王台。相传尉陀曾张乐于此。故老云，旧皆夹道栽菊，黄花迤逦，为九日登高之所。”

刘氏建立南汉国后，越秀山成了皇家游乐的园林。刘龑修筑了一条上山的磴道，在越王台上建起华丽的楼榭。《白云越秀二山合志》写道：“南汉刘龑叠石为道，名曰‘呼銮’，旁栽金菊、芙蓉，与群臣游宴，故又名游台，今名歌舞岗。”连山岗也被称作“歌舞岗”，可见歌舞之盛。君臣在山上载歌载舞，投壶猜枚，宴饮游玩。

放纸鹞虽然是小孩的游戏，但也带有避灾解难的意义。纸鹞的样式，都不复杂，就是用一张纸加几根竹篾糊起来，有些加两条尾巴，大人们在纸鹞写上“流灾流难”等字，等纸鹞放到高处时，把线割断，让它飘落别处，意味着把灾难吹走无踪。坊间有俗谚说：“重阳登高放纸鹞，千灾万祸一齐消。”这种越秀山上放纸鹞的风俗，持续到清代，仍不衰退。有一首清代的《竹枝词》写道：

万家秋色赵佗城，粤秀山前景物清。
到处响弓齐入耳，西风吹遍纸鸢声。

所有民间节庆的习俗，都经过千百年的演进，新移民不断到来，把五湖四海的风俗也带来了，在本地旧俗中不断加入新元素。而一些宜忌和仪式，一旦成型，则几百年都不会废除，只会随着新元素的加入，变得越来越复杂、冗长、烦琐。广州人几个传统的大节日，都是在唐代和南汉时形成，然后一直传承下来的。

中国的传统节日，几乎都与大自然有关。这是一个很有趣的现象。春节赏花，清明踏青，端午戏水，中秋望月，重阳登山。在以农立国的传统文化中，人与自然的关系十分密切，天地化育，生生不息，万物皆有德性，充满价值，与人德相通。《乐记》说：“春作夏长，仁也。秋敛冬藏，义也。”守岁、踏青、赏月、登山、观星、戏水、为花祝寿，都是人对自然的一种感恩表示，所以孔子说：“仁者乐山，智者乐水。”

信佛的暴君

南汉王朝到底是一个怎样的朝代，历史呈现了两幅截然不同的画面。

在正统官史里，南汉是僭窃的伪朝，集万恶于一身。受到最严厉指责的，是几代皇帝的极度奢侈与残暴。兴王府麻雀虽小，五脏俱全。三宫妃嫔，六院宫人，八千粉黛，花林香阵，丝毫不逊色于京国长安。

史书上，刘龑是一个嗜血成性、以杀人为乐的暴君。雕刻南薰殿的龙柱时，大批匠役，因为手艺达不到刘龑的要求，而遭到诛杀。为了震慑百官，刘龑发明了炮烙、截舌、灌鼻、肢解、刳剔、烹蒸、锤锯等各种酷刑，随意残害无辜。他折磨人的方法，花样百出，无奇不有，聚毒蛇在水中，把人投进去，名为“水狱”；又把人下汤镬“焯水”后，再放在烈日下暴晒，或洒上盐醋，令其肌肤腐烂，但人还没死，还可以起立行走，血腥臭恶之气，充沸殿庭。施刑之时，刘龑还喜欢亲临观看，受刑人愈是痛苦挣扎，他便愈是兴奋。《新五代史》说刘龑“每视杀人，则不胜其喜，不觉朵颐，垂涎呀呷，人以为真蛟蜃也”。这类故事，经过几百年相传，到清代的《南汉书》，说刘龑“每决事，垂帘便殿，有司在阶下屠脍罪人，帝必垂涎朵颐，若嗡其膏肉气者”。

文学化的描写，历历如绘，用现代人的常识去看，很难相信是信史。它更像《聊斋志异》或《封神演义》里的山魈恶鬼。把污水泼在敌人身上，以便从道德上处死他，历史上司空见惯，名其为贼，敌乃可克。官史野史，概莫能免。

刘龑的脑筋并不糊涂，临死时，对家族的事业，似乎有所预感，流着泪说：“奈何吾子孙不肖，后世如鼠入牛角，势当渐小尔！”刘龑死后，庙号高祖，谥天皇大帝。第三子刘玢承嗣大统。史书照例嘲讽一番，说此子昏昧无能，不亲政事，父皇还没下葬，他便召伶人到宫中饮酒作乐，又让男女赤身裸体嬉戏，供他观赏。《南汉书》说，刘玢喜欢“夜与倡妇微行入民家，左右忤其意辄死”。因为害怕被自己的兄弟所害，刘玢规定出入内宫，都要露体搜查。但他才做了两年皇帝，还是被弟弟刘晟杀了，死后连庙号也没有。

刘晟夺了王位后，害怕其他兄弟学他，于是大开杀戒，把13个弟弟统统杀死，连他们家的男丁也一个不留，全部杀绝，所有女子纳入宫中。在史书中，他是一名酗酒的暴君，设汤镬、铁床、刳剔等酷刑，号称“生地狱”。他喝醉时，让伶人头顶瓜果，挥剑试砍，却把伶人的脑袋砍下来了，第二天假装什么也记不起。虽然没人夺他的王位，但刘晟也不过39岁就死了。

后主刘鋹16岁登基，他更加不堪了，对珍珠嗜爱如命，有一支多达五千人的队伍，专门打捞珍珠，其中两千人在合浦，三千人在大步海，即今天大鹏湾、香港大屿山和深圳湾一带。两地的采珠场都称为“媚川都”（俗称“媚珠池”）。采珠方法非常粗暴，用绳子把石头绑在采珠者的身上，丢到水里，沉到几百尺的水底去采珠。扯上来时，多半已溺毙，没死的再丢下去。珍珠出水，人骨沉海，皇宫内珍珠堆积如山，海底人骨也堆积如山。

刘鋹在位期间，兴建了大量的宫苑与佛寺，史书形容他“酷奢”。他所居的宫殿，梁栋、帘箔均以珍珠和玳瑁为饰；万政殿的一根柱子，就耗白金三千锭，以银为殿衣，间以云母，穷极华丽。

刘鋹和他的几位先皇一样，设置烧煮、剥剔、刀山、剑树等酷刑，又驱赶罪人与老虎、大象搏斗以取乐。但刘鋹却深信自己是一位仁君。他让人为他和两个儿子塑造铜像，供奉在开元寺，让后世万民瞻仰。第一次铸造出来，刘鋹不满意，把工匠拉去砍头了；再换一批工匠，铸出来还是不满意，又把工匠拉去砍头了。就这样换了几批工匠，才用无量的鲜血，把铜像铸成，放置在开元寺的东庑。

刘鋹有蟾姬和媚猪两名宠妃，媚猪还是个波斯美女，被后世史家判为妲己一类“妖妃”，要为南汉亡国扮演红颜祸水的角色。刘鋹要宫女在内殿斗玩“斗花”游戏，供他娱乐。所谓“斗花”就是让宫女摔跤。在河南海幢寺旁，有一座“南汉梳妆楼”，相传有妃子因为与蟾姬、媚猪争宠，被贬入“冷宫”，独居于此。几百年后，清光绪朝举人郑权来凭吊，见梳妆楼早已湮没，只剩下一条冷巷，几间破屋，不禁怆然赋词：“故国悲凉，梵宫岑寂，几间破屋人家。访绮楼遗迹，尽化尘沙。妆镜香奁俱渺，都莫问，往日繁华。伤心处，斜阳古木，怕听啼鸦。”

刘龑时的内廷太监有三百多人，刘晟时增至一千多人，刘鋹时大幅飙升，《闻见后录》说有七千多人，而《南海志》则说有近二万人，差距之大，近乎随心所欲。龚澄枢作为四朝太监，官至内太师，操纵朝政。女巫樊胡子与龚澄枢相勾结，自称玉皇附身，在宫中施帷幄，列珍玩，设玉皇座，紫衣霞裾升座，俨然玉皇大帝的代言人，政事统由她所决，刘鋹反而拜倒在座前，唯唯听命。这样一个残暴荒淫、纲纪崩坏的王朝，不亡是无天理。

然而，历史也有另外的一面。

史书上关于南汉皇帝种种暴行的记述，溯其来源，大部分出自宋人著作，后世史家互相援引，添油加醋，越描越黑。大宋既灭了南汉，自然要把它渲染为一个十恶不赦的王朝，这样才能彰显自己“替天行道”的正义性。但是，如果南汉如此暴戾恣睢，天下人恨不得与之皆亡，又怎么创造出几十年繁荣稳定的局面？明人王夫之在《宋论》说刘龑“坐拥百粤，闭关自擅，而不毒民以与吴、楚争强”。这是南汉繁荣的关键所在。没有了北方的干扰侵掠，加上宽松的营商环境，自然民安物阜。

南汉对人才是非常重视的。乾亨四年（920），刘龑设置选部贡举，选拔进士、明经十余人，模仿唐朝旧例，岁以为常。由于重视庠序，复开贡举，设铨选，一切步武盛唐规摹，吸引了不少唐世谪宦子孙，为避战乱而逃往岭南。南汉朝廷都一一妥善安置，从而出现了《南汉书》所说的“名流毕集，分任得宜，岭表获安”的安稳局面。这些人也把盛唐文化带到了岭南，南汉国被治理得头头是道，经济繁荣，全赖这批能臣。

唐朝进士赵光裔，曾任膳部郎中、知制诰，后梁太祖命刘隐为清海、静海节度使，以赵光裔为官告使，刘隐把他留在身边，奏为节度副使。刘龑登庸纳揆，赵光裔受命为兵部尚书，改门下侍郎，同平章事。但他的两个儿子都在洛阳，难免日夜思念，不时流露出想回北方的念头。刘龑悄悄派人到洛阳，把他两个儿子及家属，全部接到广州。赵光裔深为感动，从此死心塌地，衔结相报，成为刘龑朝的柱石之寄，做了二十多年宰相，“府库充实，辑睦四邻，边烽无警”，号称贤相。

刘龑并不是一意孤行的人。他登基之初，雄心万丈，砥兵砺伍，准备对外用兵。有大臣劝他：“岭南久被征战，妨百姓耕耨，苦不聊生。陛下建大号，耆定疆宇，正宜弭兵息民，奠安南土。今穷兵黩武，日事战争，非太平所宜有也。”刘龑被兜头浇一盆冷水，但没有把进谏大臣杀掉，而是再去征求高僧如敏的意见。

当日刘龑还没到禅院，如敏已知道他要来，留下一函，然后坐化。刘龑来时，吃惊地问禅院僧人："师几时得病？"僧人回答："师无病，有一函呈陛下。"刘龑展开信函，里面写着八个字："人天眼目，堂中上座。"刘龑如红炉点雪，霍然醒悟，打消了用兵的念头，避免了一场生灵涂炭。

刘龑在乾亨寺的后院，辟了一处园林，作为避暑之地，方便他与寺僧交谈。清人徐承烈的《听雨轩笔记》，描述这个园林："树石亭台，回廊曲沼，颇饶幽趣。"得到刘龑礼遇的高僧，包括益州僧竟钦、江南僧文偃、如敏和灵树寺知圣、光运寺证视、灵鹫寺景泰等。文偃在岭南弘法近四十年，形成了独树一帜的"云门家风"，以"函盖乾坤""截断众流"和"随波逐流"作为精神依归，蕴含机锋无限，被徒众称之为"吹毛剑"。

刘龑奉文偃禅师为自己的"精神老师"，经常上门请益，甚至为了听文偃说法，多次御驾亲赴韶州。那时交通极不方便，从广州到韶州，路途遥远，车马劳顿，是一件很辛苦的事情。云门家风对刘龑究竟产生了什么影响，从来没有史家去研究。

在刘龑陵墓中发现的《高祖天皇大帝哀册文》，说刘龑"凝情释老"，意思是他信奉佛家与老子的学说，甚至超过儒家。释老学说都带有出世色彩，道家主张"以虚无为本，以因循为用"，佛家主张"涅槃寂静"。刘龑的这种思想倾向，直接影响了他的子孙，以致个个都信奉释老。但如果说他们都以释老学说修身治国，却又不是。南汉时代在城厢遍布丛林宝刹、人工湖泊，如此庞大的工程，究竟需要动用多少劳力？需要多少财宝去堆砌？仅以骄奢放逸而论，说南汉是一个"清心寡欲"的释老朝代，亦难以令人信服。这种自相矛盾，正是南汉王朝最令人困惑的地方。

南汉四个皇帝中，对佛教投入最大的是刘鋹。史书上说广州的二十八寺，都是他当政时建的，但他在位只有13年，掐头去尾，也就只有七八年时间，给他去建这二十八座佛寺。这些寺庙有多大规模，史书上并无记载。其中南七寺之一的大通寺，坐落在花埭河口，到宋代还在，是著名的大寺。

大通寺的创始人达岸禅师，是曲江人，据说他出生前夜，父亲梦见有金甲神人道喜："明天有圣僧到你们家暂住一段时间，这是几生修到的因缘，赶快打扫房间，恭迎圣僧。"梁贞明四年（918）正月十一，达岸降生。他从小很有慧性，举手投足都像出家人，家人让他读《孝经》，他说还不如读佛经。他于18岁那年削发出家，后来到乾亨寺挂单，住在风幡堂里，感悟六祖惠能的开示。刘鋹听说来了一位高僧，顿生向风慕义之心，沐浴更衣，毕恭毕敬，赴乾亨寺拜谒，请达岸在广州建一座寺院。

达岸禅师遍寻广州各地，找不到一处好地方。某日乘船过白鹅潭，忽然刮起大风，仓猝间在花埭登岸避风。上岸后，忽见一片浓翠蔽日的松林，奇花遍径，异草生香，俨然是离绝尘境的净土。达岸指着说："除此再无别处矣！"于是由朝廷拨给经费，选择吉日，平地筑基，先建大殿，再建各处楼台殿阁，遂成一座煌煌佛寺。佛寺盖好后，刘鋹赐名宝光寺，达岸做了首任住持。

达岸在大通寺一住十几年，在这期间，广州发生了翻天覆地的巨变，他见证了南汉国的覆亡。到宋太平兴国三年（978）

农历正月十一，达岸禅师在寺中坐化。人们记起他降生是正月十一，圆寂也是正月十一，不禁产生许多神秘猜想。相传达岸圆寂时，“灵光烛一室”，经久不散，肉身七日不坏，面容如生，还长出了胡须和指甲。弟子们为他妆漆、涂金粉，做成全身舍利的肉身佛供奉。

这位深得刘鋹尊崇的大和尚，入灭六百年后，传奇故事还在延续。宋政和六年（1116），宝光寺更名为大通慈应禅院，俗称大通寺。明万历六年（1578），广东大旱，禾稼枯死，民众把达岸禅师的肉身从大通寺请出，用船载过白鹅潭，抬到光孝寺举行祈雨仪式。仪式还没完毕，已经下起了倾盆大雨，水深三尺，民众载欢载笑，家家布施。清康熙朝《南海县志》亦有记载：“大通寺在大通堡，有达岸禅师肉身，求雨辄应。”

祈雨仪式结束后，人们准备把达岸禅师的肉身送回大通寺，却怎么也抬不起来。有人用杯珓卜算，说禅师想留在光孝寺。于是人们便在光孝寺为禅师辟了一间龛室。当达岸禅师的肉身进入龛室时，芳村传来惊人消息，说大通寺失火，全寺烧塌了。

大通寺有一口龙霞井，每逢风雨前夕，便有烟霞缭绕升腾，又称“烟雨井”。清同治朝《番禺县志》载：“烟雨井在大通寺中，晨熹初散，常袅轻烟，所谓大通烟雨是也。”坊间流传着许多这口井的奇闻，有说天气晴朗时，从井中可看到白鹅潭的帆影；也有说夜深人静时，从井口可隐约听到白鹅潭的弦歌声。某次寺中水工从井中汲水，扁担不慎掉落，后来在白鹅潭上发现，于是坊间流传一段歌谣：“扁担放井流，白鹅潭上收。阳光照船影，井口见船浮。”

刘鋹的向佛之心，还从另外一件小事，反映出来。乾和七年（949）文偃禅师在韶州证真寺圆寂，肉身在方丈金塔中封存了15年，直到大宝六年（964）开启金塔，文偃肉身竟然重新长出胡须、头发，手脚肌肤柔软如生时。刘鋹诚心敬意，把文偃的真身迎入宫中供奉，并举行了非常隆重的仪式，百戏联演，通宵达旦，允许百官和平民入内庭瞻礼，甚至连外国商人也可以入宫观瞻，身份是平等的。刘鋹颁旨赠文偃为大慈云匡圣宏明大师，升证真寺为大觉禅寺。

刘鋹平日不太理朝政，大小事都交给太监龚澄枢去处理，自己沉迷于手工艺，经常设计与制作一些穷工极巧的小玩艺，自得其乐。南汉国亡后，他被宋军俘获。南唐后主李煜的命运与他差不多，被囚期间写了很多感人至深的亡国词，流传千古。刘鋹不会诗词，他把时间都花在摆弄漂亮的工艺品上了，亲自动手，用珍珠编织了一副华丽的“珠龙九五鞍”，献给宋太祖赵匡胤。赵匡胤赞赏不已，感慨地说：“鋹好工巧，遂习以成性，倘能移于治国，岂至灭亡哉！”

除非南汉几个皇帝都有严重的双重人格，否则，那种看见杀人就垂涎朵颐、食指大动的“聊斋怪物”，与笃信佛教，到处兴建寺庙，念经诵佛，整天“我佛慈悲”，沉溺于手工艺的人物形象，很难重合起来。到底哪个才是他们的真面目？

历史对刘鋹的评价，也是错综复杂的。明嘉靖元年（1522），广东提学副使魏校在广州大毁淫祠，把刘鋹父子铜像推倒砸烂，铸成几十面大铜镜，分送朝中的达官贵人，暗寓“以史为鉴”之讽，让他们每天都照镜子，看看有没有贪黩的模样。这代表了主流的观点，认为刘龑、刘玢、刘晟、刘鋹都是无道的昏君和暴君。但也有另外的观点，把刘龑奉为纲纪严明、护国庇民的神灵，在广州的城隍庙里，刘龑居主神之位，被当成广州的保护神。

眼看它楼塌了

坊间相传，在南汉灭亡前好几年，各种各样的凶兆，已纷见迭现了。大宝三年（960）发生日蚀；大宝四年（961），宫中长出芝菌，野兽碰撞寝门，苑中的羊吐出珍珠，井旁的石板自己立起来，行走百余步才倒下；大宝十年（967）发生日蚀，并狂风大作，把真谛栽种在法性寺的菩提树，连根拔起；大宝十三年（970）的异象更多了，白天有日蚀，晚上有流星雨，“众星皆北流”，《南汉书》用12个字形容：“狐鸣鬼哭，妖怪日作，灾异叠见。”刘鋹时城中发生火灾，朝廷要家家准备大桶防火，有占星家出来解释：大宋分野属房，与“防”同音，“桶”与“统”同音，即宋要一统天下。坊间儿童传唱：“羊头二四，白天雨至。”卜工又解读为辛未二月四日，宋师兵临城下。诸如此类的事情，激发起坊间巨大的惊异、恐惧、焦虑，人心惶惶。

《南汉春秋》记载了一个故事：某日，珠江上顺水漂来一片浮田，上面种有稻米，人们纷纷围观，忽然有人说："地宜静不宜动，一旦浮动，在水旁而有米有田，于字为潘；禾者，五谷之美。其必有姓名潘美者来获斯土。"这种故事的可信度很低，大抵是事后诸葛亮的杜撰。当时如果有人敢这么说，早被官家拉去砍头了。

宋开宝四年（971），北宋大军在潘美的统率下，浩浩荡荡，连陷贺州、昭州、桂州、连州、韶州、英州、雄州各处，直捣广州。大宋之所以要征讨南汉，原因与秦始皇、汉武帝差不多，就是不允许在自己武力可及的范围内，有任何独立王国的存在。赵匡胤登基后，南方诸国纷纷以珠宝进贡，表示臣服，但南汉却一个使节也不派去，一封信也没有。赵匡胤让南唐后主李煜派人游说刘鋹归宋，刘鋹不仅一口拒绝，还囚禁了李煜的说客。赵匡胤勃然大怒：卧榻之侧，岂容他人鼾睡？于是，一场毁灭广州的战争便爆发了。

刘鋹派大军骑着大象出发，北上阻击。那些大象体型庞大，巨耳长鼻，八面威风，每头驭十几人，高牙大纛，金戈甲胄，鼓进金止，风云簇拥，倒也气势不凡。可惜宋军一轮箭雨射向象群，大象负痛，狂奔乱突起来，把南汉兵都抛到地上，尽情践踏。

南汉不能敌。刘鋹决定弃城逃亡。他把宫中的奇珍异宝装了十几条大船，准备从海路逃走。城中忽然火发，昌华苑首先起火，翻腾怒卷的火焰和浓烟，直冲云霄，在城中的西湖药洲和珠江南岸千秋寺都清楚可见。随后，各处的宫殿、馆苑、仓廪，也纷纷陷入火海。

这场大火，究竟是什么人放的？《宋会要辑稿》说是刘鋹使人放火的："刘鋹知城隍之必陷，将府库以自焚。烈焰连天，更甚昆冈之火；投戈散地，甘从涿野之诛。"《南汉书》则说是龚澄枢干的，当宋军逼近广州城时，龚澄枢与廷臣相议："'北军之来，不过利我国珍宝耳！今尽焚之，使得空城，无以守，必不能久驻，当自还也。'乃纵火焚宫殿、府库，一夕皆尽"。

龚澄枢以宦官操控朝政，被史家认为是断送南汉的头号祸首，当年谶书说"灭刘氏者龚也"，刘龑以为自己改了名字就没事了，不想却应在龚澄枢身上。龚澄枢被俘后，押入开封，宋太祖曾追问是谁放火。龚澄枢不肯承认是他所为，南汉谏议大夫王珪当着宋太祖的面，向龚澄枢吐口水，掌掴其面颊，骂道："尚不自承，欲推过何人？"如果在龚澄枢呼风唤雨之时，王珪敢这么做，倒是一条铮铮铁汉，但现在龚澄枢已是阶下囚，如此表演就有点难看了。龚澄枢只好低头引服。

不过，也有人说，这火是宋军放的。当宋军逼近广州时，南汉军在马径设防，以竹木编为栅栏，抵御宋军。潘美派人潜近，四面纵火，火势一发不可收拾。马径在哪里呢？《南汉书》说"去兴王府裁百余里"。但有人考证，马径就是广州城北的马鞍山。清人仇巨川的《羊城古钞》写得更清楚："（潘）美率励士卒兼程趋栅头，遣丁夫数千人持二炬间道抵栅，及夜，万炬俱发，会天大风，火势益炽。鋹众惊扰，美挥兵急击之，鋹众大败。”从这段记述可知，刘鋹并不知情，这场被宋军点燃的大火，把他吓坏了，以至于全盘瓦解。

很可能双方都有纵火，内外交攻，酿成巨灾。总之，广州再经历了一次焚城惨祸，这场大火烧得十分彻底，三宫六苑、二十八寺，几乎无有幸存，长寿寺和千佛塔，也在这场大火中，被彻底焚毁。20世纪60年代的六榕寺主持觉澄大师在追述寺院历史时说：“赵宋初年（太祖开宝四年，即971年）遭兵燹，寺塔毁于火，片瓦无存，顿成废墟。”当所有皇宫与寺庙被夷为平地时，也就意味着，广州全城，几乎都被夷为平地了。胡宾王在南汉朝曾任中书舍人，知制诰，他在《刘氏兴亡录》中感叹：“兵火四焚，天地黯惨，六十余年基业，一旦煨烬。”

城中起火后，刘鋹带着一班妃嫔，踉踉跄跄来到珠江边码头，才发现那些满载财宝的船只，已被捷足先登的太监胁持而去。刘鋹走投无路，只得素车白马，出城北七里迎降宋军。刘鋹被俘后，对赵匡胤乞怜说：“臣在南汉，名为君主，实为臣下，龚澄枢才是真正掌权的君主。”赵匡胤果然不杀刘鋹，把龚澄枢、媚猪一干人等，推出千秋门外斩首示众。

一场繁华春梦，眼看它起高楼，眼看它宴宾客，眼看它楼塌了。南汉凡四朝五十四年，至此覆亡。太平兴国五年（980），刘鋹去世，葬于韶州城北的王山。

岁时伏腊，春去秋来，一个时代就这样过去了。在广州小谷围北亭村有一座名叫青岗的小山头，荒草萋萋，杂木丛生，毫不起眼，当地乡人都叫它“刘王冢”，这里埋着一位南汉的皇帝。

小谷围古名“海曲”，是刘龑狩猎之地，附近有一座“昌华南苑”，以供驻跸之用。如今北亭村的北面，还有一个叫昌华的地名。北亭和南亭是当年为皇帝狩猎而建的风雨亭，现都已成了村庄。2004年，小谷围兴建大学城，在穗石、南亭、北亭等六个行政村，共发掘汉代以来的古墓葬、古遗址超过130座（处），其中以北亭村的南汉德陵与康陵、南亭村的明代石人石马墓和穗石村的清初炮台群遗址，最为珍贵。

传说在这片毫不起眼的山岗上，至少有十个刘王冢，百年来很多人试图盗挖，但一无所获，于是当地有“十个刘王九个空”的说法。刘龑的康陵在北亭洲，明崇祯九年（1636）秋已经被人挖出来了，《羊城古钞》对陵寝内的陈设，有详细描述：“堂宇豁然，珠帘半垂，左右金案玉几备列。有金人十二，举之重各十五六斤。”中间有两座皇帝、皇后的金像，各重五六十斤；旁边还有白银铸成的十八学士；墓室都用“金蚕珠贝”铺地，在旁边的“便室”里，有直径达三尺的宝镜，“光烛如白日”；还有宝砚、碧玉盘等物。在哀册文碑上刻有“康陵”，故判断为刘龑陵。

盗墓者并没有把宝物搜刮一空。2003年挖掘时，还挖出了272件青瓷罐和釉陶罐，这是广州第一次发现如此众多的五代官窑瓷器。其中青瓷胎质坚硬，釉色青中闪灰，晶莹透亮，是五代青瓷中的上品。还有一些木瓜、香蕉、马蹄、茨菇、桃子、柿子的素胎无釉象生陶瓷，当为象生祭品。

与此同时，另一支考古队在人称“瓦碴岗”的小谷围大香山东南坡荔枝林里，又发现一个面积达1.28万平方米的南汉遗址，最初以为是南汉郊坛，但挖下去才发现是皇帝的陵墓。在墓前室靠封门处，竖立着一通保存完好的哀册文碑。首题“高祖天皇大帝哀册文”，38行共1062字，自铭为南汉高祖“康陵”，于大有十五年（942）四月崩，于同年九月“迁神于康陵”。人们恍然大悟，这才是真正的康陵，原先那个所谓“康陵”，其实是刘隐的德陵。真正的康陵也被多次盗挖，所余的随葬品，寥寥无几。

南汉第三代皇帝刘晟的昭陵，在萝岗的石马村，原黄陂果园场后面，早在1954年就被发掘出来了。墓里出土了三十多件青釉瓷罐和一百多件深灰陶罐。墓前还有两只风化的石马和一头石象，凝立于风雨残阳中逾千年，提示着后人挖掘的方位。刘晟生前杀尽兄弟才夺得皇座，享了15年荣华尊贵，然说一切法，不出因缘二字，到头来亦不过一抔黄土，供后人挖了又挖。清初高僧大汕的《素馨田》词，透露出无限欷歔：

当年左纛称尊，遍别院离宫，嫔颜如舜。
霸图何处，流花逝水，代移风尽。
苍茫无限事，叹故国繁华，空半瞬。
谩劳着，怀古多情，对花难忍。

第四章　重建家园

城市也和人体一样奇妙无比，有看得见的筋骨、血脉、五脏、肢体，也有看不见的经络、穴位。

- 死而复生
- 打开门做生意
- 西村窑的火光
- 造一座金汤城池

死而复生

广州人自我疗伤的能力之强，令人不得不佩服。他们不像北方人，每遇到战乱，便大规模往南方逃走，广州也经历过几次毁灭性的兵燹，但从没有出现过向北方的逃亡潮，自古以来，只有北人向南逃，少有南人向北逃。广州人顶多逃到乡下暂避，兵燹一过，马上卷土重来，修复创伤，再建家园。南汉覆亡时，几乎整座城市都被烧毁了，但灰烬还没完全冷却，广州人已经在废墟中，重新开门做生意，努力使生活恢复旧貌。

虽然城墙还是破破烂烂，不时有崩坍的豁口，大风灌入城中，在街上呼呼作响，站在南边的豁口，可以望到日夜奔流的珠江，但城墙边已经搭起了很多新房子。傍晚，又见炊烟袅袅，又见牛车辚辚，又见井台边排队打水的男人与小孩；夜潮涨起时，又闻潮鸡啼鸣之声；太阳底下，各种各样的炒菜声音，劈柴声音，呼鸡唤鸭的声音，喝责顽童的声音，充斥着大街小巷。

很多倒塌的建筑，都在慢慢重建。能征惯战的正规军大部分已调走，驻扎在广州的，多半是厢兵、役兵，被分派到各个建筑工地，从事清理废墟、搬砖运瓦的工作。一辆辆运载木料、砖瓦的车，从街上轧轧地经过。本地的青壮年很多也被招募去盖房子了。这是广州人最拿手的。曾经在几年间把二十八座寺庙建起来的工匠后裔们，又有大展身手的机会了。

端拱二年（989），人们清理了长寿寺的颓垣败瓦，重新建造庙宇和再塑六祖惠能金身。经过一年修葺，寺院焕然如新，命名为净慧寺。六祖的铜像是仿照南华寺的六祖真身塑造，高八尺，重一千余斤，法相庄严，跏趺坐姿，安详涅槃。而千佛塔则要再等到百年以后，才得以重建了。那年的浴佛节，寺院打扫得干干净净，殿堂佛像擦拭得一尘不染，院里幢幡宝盖招展，香花灯烛如林。给太子佛淋香汤的信众，在寺院内排起了长龙。僧人们齐声唱偈："我今灌沐诸如来，净智庄严功德聚，五浊众生今离垢，同证如来净法身。"

就像废墟里的小草，最初顽强地长出一两株，点点青翠，点点生机，然后越长越多，终于连成一片。最明显的复苏迹象，就是珠江上的渡船，一天比一天多了起来。河南庄头的花田，依旧香飘十里；一船一船的素馨花，依旧每天运到河北出售。这些熟悉的小白花，唤起了人们对承平岁月的记忆，他们依旧热衷于买它来装扮自己。

少女们的发头盘起了双鬟，妇女梳起高髻，在乌发间簪以鲜花。北方妇女喜欢牡丹、荷花一类大花，但南方妇女只喜欢素馨、茉莉一类小花；步摇镶上珍珠、玉石，显得更加矜贵；有身份地位的妇女出行，头戴帷帽，用薄纱把脸遮住。每个人手里都有一把小扇子，这是女人一件精致小巧的装饰品，当她们莲步轻移，一颦一笑，从半遮玉颜的扇面后面，透出的是万种风情。

男人也簪花。其实广州男人从汉代就开始簪花，宋代由于朝廷推动，簪花风气大盛。从咸平三年（1000）开始，朝廷每年设春秋大宴，向群臣赐花簪花。新科进士入朝谢恩、祭祀孔圣、拜谢恩师、座主时，都要簪花。活动结束时，有些大胆的贫民、乞丐、娼妓，便在半途哄抢他们头上的花朵，以沾一点喜气。簪花成了一个与科举高中相关的特殊符号。辛弃疾的词写“今夜簪花，他年第一”，正反映了宋代士子的心理。

春天百花盛开，人人头上戴花。到了重阳节，鬓角簪上一朵菊花，整个人好像都清爽了。菊花被认为有延年益寿、祛病辟邪和品德高洁的含义，不仅可以用来装饰，还可以酿酒、泡茶，甚至做成菜肴。

尽管天气炎热，但广州男人大部分一年四季都戴帽子，从幞头上可以分辨出他的身份：在衙门当差的人，戴的是直角幞头；马夫戴的是折翅幞头；平民戴的是竹笠；官员戴的是交脚幞头、顺风脚或朝天脚幞头，而普通人只能戴平脚幞头。士人身穿圆领大袖的白细布襕衫，再套上油袜裤和麻鞋，手持青缣扇，这样才显得斯文。和女人一样，扇子更多是装饰品，用来遮挡太阳，而不是扇风。每人身上有个小布袋，专门放扇子的。

意大利的天主教耶稣会传教士利玛窦（Matteo Ricci）在16世纪到中国时，发现“在这里有一种特殊的行业远比别处普遍，那就是制扇业”。南宋时已经开始出现折扇了。利玛窦写道：“中国扇子的式样和制扇的用料种类繁多。扇子通常用芦秆、木头、象牙或乌檀作骨，上面蒙以纸或棉布，有时甚至是带香味的草秸。有的是圆的，有的是椭圆或方形的。上等人士使用的，一般是用光纸做的，上面装饰着图案，很美丽地描着金色，人们携带时或是打开或是合起。有时候扇上书写着一些格言或甚至整篇诗词。扇子作为友谊和尊敬的一种象征，是最常互相馈赠的礼物。”

街上熙来攘往，男女老幼的衣服，白色、黑色、杏黄、茶褐、墨绿、枣红，五彩缤纷；有穿罗衫、短褐、袍子，也有穿褙子、百褶裙，形形色色，以无穷的花样展示出来。在新商铺盖好之前，人们把货物摆在街边的地上叫卖。商品有扇子，茶叶，鲜花，鹅鸭，八角茴香，布帛，农具，竹笠，皮履，柴薪，竹木，缸瓦，果蔬，还有来自雷州、梧州的铁器，瑶民编织的斑花布，山民捕获的山鸡、蚺蛇、黄猄等，令人目不暇给。

有时，天气闷热得让人喘不上气，突然平地刮起一阵怪风，天色迅速黑暗下来，人们知道要下白撞雨了，一面大声叫嚷提醒别人，一面匆匆把货物收拢起来搬走。一场骤雨果然横扫街头，天际雷声隆隆，雨水汇成一股股激流，但很快就雨过天晴了。人们又把货物搬回原地，街头街尾的叫卖声，重新响起，互相应和。

在琳琅满目的货摊上，有一种商品特别受欢迎，那就是来自海南岛的槟榔。普通的人家，每天也要消费超过百文钱槟榔，富裕人家就更不用说了。官府的库房，光是槟榔税，每年就有数万缗的进账。人们对槟榔的着迷，简直走火入魔，甚至客人来访也不设茶，而以槟榔招待。用银盘装着槟榔奉客，是最隆重的礼待；穷人家没有银盘，也会用锡盘；有的盘子还分为三格，一格放蒌叶，一格放砚灰，一格放槟榔。流行的做法，是把槟榔剖开，用水调制砚灰，洒一点在蒌叶上，包裹在槟榔里，细细咀嚼。蒌叶有辛辣味，嚼之不久，便令人双颊潮红。周去非说："唯广州为甚，不以贫富、长幼、男女，自朝至暮，宁不食饭，唯嗜槟榔。"甚至晚上睡觉时，也要把槟榔放在枕边，以便一醒来就嚼。

槟榔嚼多了，嘴唇发赤，牙齿乌黑，像得了什么怪病，但如果人人都是如此，也就无所谓了。最令人厌恶的是，朋友聚会散后，总会留下一地嚼过的槟榔，狼藉不堪，看上去比肺痨病人吐的血还脏。嚼槟榔也常和男欢女爱搭上关系，因为嚼槟榔会使人脸红心跳，年轻女子脸一红，就让人产生道德的担忧。宋代僧人惠洪在《冷斋夜话》中记述，苏轼在岭南见"有黎女插茉莉，嚼槟榔，戏书姜秀郎几间曰：'暗麝着人簪茉莉，红潮登颊醉槟榔。'其放如此。"连坊间的小孩子都会唱："一口槟榔食嘴芳，二口槟榔食嘴红，三口槟榔去迎嫂，四口槟榔入嫂房。"

嚼槟榔、簪茉莉都很诱人，香料也很诱人。从海外来的名贵香料，朝廷禁止民间出售。街上贩卖的，大都是从海南来的笺香和蓬莱香。广州有不少香料作坊，制作香料的人被称为“合香人”。熟门熟路的人，也能从市场找到少许从蕃坊流出的真腊沉香、大食国蕃香，量少价高，人们趋之若鹜，于是便有假蕃香流入市场，奸商用白胶香制成假的进口香料，几可乱真，但一烧起来，却烟雾腾腾。

以香会友，品茗赏画，啸竹吟花，一向是文人幽情雅趣的活动。雷州出品的茶具，汤瓯、汤匮，都很雅致。那时人们饮茶，是要煮的，不像后人只用开水泡。《五杂俎》说：“古时之茶，曰煮，曰烹，曰煎，须汤如蟹眼，茶味方中。”所以各种煎茶的用具，是殷商富户、文人雅士家中的必备之物。

在人们想象之中，文人的日常生活，就是在绘有缠枝牡丹的瓷熏炉中，点上一炉檀香；用晶亮如雪的瓷杯，斟上一杯热腾腾的香茶；在描画着蕉叶图案的大瓷盆里，让睡莲在氤氲的香气中缓缓开放，然后慢慢地研墨，展纸题诗。其实，南方文人没有那么高雅，他们也喜爱文房四宝，在街市买到心仪的端州砚、徽州墨，或者静江羊毫笔，也会欣喜若狂，而他们炫耀的方式，是把笔、墨、砚悬挂在腰间，玎玲珰琅，招摇过市。

酒是恢复得最快的行业之一。广州人的酒量大得惊人，他们用南海出的大螺杯饮酒，这种杯里面转了几个弯，可以藏酒，一螺能装三盏多，号称“九曲杯”。有的螺杯较为阔浅，像块荷叶，称为“潋滟杯”。老友相聚，烹鲜割肥，把盏持螯，有酒不饮胡为乎！

宋朝的酒业由官府垄断，无论酿造还是售卖，都不准商民染指。但宋开宝四年（971），朝廷免去广东的酒税，广南东、西路可以放开买卖。周去非的《岭外代答》说：“公私皆有美醖。”酒客们有福了。广西有一种瑞露酒，风味特佳，“声震湖广”，不过那是官宦人家的上等酒。平民百姓更喜欢自己的土法酿酒，以五加皮、防风、独活、薏苡仁、牛膝等多种药材，加白酒浸泡成五加皮酒，既有药效，饮亦酣畅。另一种玉冰烧酒，出自佛山石湾，用上佳的米酒，导入陈旧的大酒缸中，浸入一定分量的肥猪肉，经过陈藏，精心勾兑，酒体玉洁冰清，滋味无比醇和。

酒与女人不可分。卖酒的多是老妇人，陪酒的多是年轻女子。江上浮满了疍家艇，疍家妹一声声招人上艇饮酒。男人上了艇，把帘子拉上，就不知在里面捣鼓什么了。在陆上人的印象中，疍家妹整天唱“哥啊妹啊”的情词艳曲。等到那些男人从疍家艇下来时，多半已摇摇晃晃，哼着小曲，醉眼蒙眬。

横街窄巷里，常常飘着一股尿臊味，臭气熏天，令人窒息。很多醉醺醺的男人，一头钻进巷子就往墙角撒尿。白天在街边做生意的人，也跑到巷子里撒尿。但人们好像习惯这股味道了，居然不用掩鼻，也能安然经过。当过广东经略司曹的南宋诗人曾丰，在诗作《广州》里描述这座城市给他的印象：“室女环垂额，蕃儿布缠头。阛门罗姹妇，游艇售娼优。曲巷公渝滥，通衢乱溺溲。”

有酒就有赌。“群季杂沓酒盏擎，园林雅洁张棋枰。”听起来很高雅，但也有可能是为了赌博。唐代风靡一时的樗蒲游戏，已经没人玩了。双陆还很盛行，还演变出很多不同的花样。北方的叫作北双陆，还有大食双陆、南洋双陆、日本双陆等，名目繁多，不同地方有不同玩法。广州人也有自己的玩法，叫广州双陆（也叫番禺双陆），包含了啰赢双陆、不打双陆、佛双陆、下嚽双陆和三堆双陆等多种玩法。

广州双陆是双方各有十五马，在棋盘上分成黑白两边，白马多用黄杨木制成，黑马多用桄榔木制成。然后用骰子二枚，轮流投掷，根据掷出的彩数，决定双方的行走，白马自右归左，黑马自左归右，以马先走完为胜家。几种玩法，大同小异。上流社会不太热衷双陆，但市井赌徒则玩得如痴如醉，没有棋盘和双陆子的，蹲在地上，画几条线，用小石子也可以玩，有骰子就行。有钱的一掷百缗、两百缗、三百缗，没钱的三几镙也押上。不过，北方人赌牛羊、赌奴婢、赌身家的情况，在广州则极少看见。

在市井中，比双陆更受狂热追捧的赌博是斗鸡。街市上经常左一堆人，右一堆人，围着观看斗鸡，人人挥拳跺脚，颈暴青筋，不时爆发出阵阵吆喝声，呐喊声，为鸡助威。蕃坊里的蕃客尤其热衷。斗鸡一定要公鸡，两腿强健，钢爪铁喙，羽毛多是黄赤色的，毛要疏而短，头要竖而小，这样的鸡特别好斗。还要采用特别的饲养方法，并且把鸡冠割掉，以免资敌；把尾毛剪短，方便盘旋走位。一旦下场相斗，便是生死对决，“胜负一分，死生即异”，斗败的鸡即使没死在场上，回家也会被主人宰了吃掉，因为只要败过一次，终身不复能斗。

赌博不仅是单纯的游戏，有时做生意也用赌博方式。市场上流行一种“关扑”赌博，就是由买卖双方约好价格，然后在瓦罐里掷铜钱，根据铜钱落下的正反面，决定输赢，买家赢可以不付钱就把商品拿走，输则要按价格白付钱。南宋人刘克庄的诗写道：“瓜果�拳祝，睺罗扑卖声。粤人重巧夕，灯火到天明。”诗中的“扑卖声”，就是指关扑时的吆喝声。“睺罗”是七夕时最热销的玩具公仔，用布头、珠片等缝制而成，小巧精致，活灵活现，每逢七夕，是很吸引人的扑卖品。但有时也会关扑大件的贵重商品，比如一辆车，或者一条船。

广州人的性格，外冷内热，民国文人林语堂形容为“好斗，好冒险，图进取，脾气急躁”。他们在很多方面是粗线条的，不拘小节，不耐繁礼。善于把握人与人之间的距离尺度，既不会太密，也不会太疏。他们擅长用多种方法灵活化解难题，此路不通，便另辟蹊径，不会一条路走到黑。他们常打官司，一点小事就闹上公堂。有些商人亏了本，怀疑是翻译故意歪曲译错，见官去！有些陆上人与疍家人闹点小纠纷，见官去！市场上买卖，缺斤短两、东诓西骗，见官去！他们不拿生意交换人情，人情归人情，数目要分明，如果数目不分明，对不起，见官去！他们对衙门并不特别敬畏，更没有那种“生不入官门，死不入地狱”的恐惧感。

在闾陌市井的日常生活中，具有这种性格的人，处处可见。代丈夫打官司的女人，公堂之上，立眉竖眼，指手画脚，说话哇啦哇啦，像在自家厅堂一样，以致被官斥为“咆哮公堂”，拉去鞭笞的，无日无之；广州人不太喜欢大家族生活，富裕人家的父子，更乐于分开居住，各过各的，反而减少了很多家庭矛盾；亲戚朋友有困难，他们也乐于相助，但是在自己能力范围之内，不硬充大头鬼，不死要面子活受罪，哪怕是兄弟骨肉有事相求，也要问清原由，不会无条件答应；男婚女嫁，十分开放，即使没有媒妁之言，只要两相情愿，父母也听之任之；广州人对贫富看得很开，三更贫，五更富，无甚所谓，从头再为。他们挥挥手，很洒脱地说："终须有日龙穿凤，唔信成世裤穿窿。"对富人不屑攀附，对穷人也不会看不起。知州章粢形容这些广州人，"朝富暮贫，常甘心焉"。

广州人的种种行径，被初到广州的北方人视为怪诞，但住久了，慢慢也习惯了，甚至觉得可爱了。南宋人曾丰的《广州》诗写道："绕处无非湿，终年不识寒。家饶安乐睡，市卖喜欢团。倡女青芒屦，渔儿白布冠。北人落南者，久亦自相安。"

广州真的开始复苏了。城市也和人体一样奇妙无比，有看得见的筋骨、血脉、五脏、肢体，也有看不见的经络、穴位。按传统的说法，人的额骨隆起入左发际为"日角"，入右发际为"月角"，城市也一样，在中轴线的东边是日角，以内贸市场为主；中轴西边是月角，以外贸市场为主。广州宋城的中轴线在今北京路，西澳处在月角位置，是主要的外贸码头，而东面的德政中路一带为东澳码头，是最重要的内贸码头。

朝廷在全国一千二百多个县、军、监中，设了两千一百多个商税务（税务机构），甚至在一些场、镇也有商税务。对一些连场、镇规模都达不到的市场，则设立“坊场钱”，由当地的豪绅商人承包，税种包括茶税、酒税、盐税、矾税等，其中盐税是最朝廷重要的税收之一。自从汉武帝实行朝廷专卖盐后，历朝历代都萧规曹随。宋代的食盐市场，名目五花八门，诸如身丁盐、折米盐、干食盐、粜本盐、秤提盐、宽剩盐、衣赐盐、赡学盐、上供盐、僧道盐、铺户盐、罪盐、役盐，名称千奇百怪，甚至还有长生盐、还魂盐等，反映出宋代盐法的烦琐复杂，经常因推出一条法规，就衍生出一种特殊用途和名称的盐种。

宋代产盐分为官制与民制两类，成品盐由官府统购，严禁私卖。凡贩卖私盐，都可定“榷货”“犯禁物”的罪名，宋太祖赵匡胤时，私自煎盐三斤，就是死罪；私自把蚕盐（农村实行按户配售的食盐）拿到城里买卖，也是死罪。到宋太宗赵光义时，在严刑之上，再添峻法，规定盗卖池盐、井盐，不计多少，一律处死；盐务人员监守自盗的，不计多少，一律处死。赵匡胤虽然曾禁止在岭南征盐税，但税其实还是有的，只是比别的地方低一点。朝廷还实行盐额制，给岭南各个州分配盐额，必须按照官价，完成销售任务。

广州的东澳码头，就是主要的盐运码头。今仓边路原先是文溪的河道，所谓“仓”，是指这里原来是盐仓。官府“都盐仓”（官职名）长年驻在仓库，负责管理盐的进出。珠江三角洲一带的盐场，主要有东莞的靖康盐场、金斗湾盐场、东莞盐场、大宁盐场和归德盐场等。产出的盐要先运到广州入仓，再分销各地。真宗赵恒在位期间（997—1022），广州产盐2.4万石；仁宗赵祯在位时（1022—1063）东西海场都归广州，每年产盐51.37万石。

大塘街南端是贤思街，原名盐司街，是管理盐政的官署所在地，直到明代的广东盐课提举司，仍设在贤思街内。从东莞、宝安等地来的盐船，在盐运司办妥手续之后，顺着文溪撑到盐仓装卸。已经没有多少人记得，文溪西岸，曾经是南越国的宫署，曾经还耸立着南汉王朝金碧辉煌的宫殿，文溪之水，去而不还。现在，那里是船工、搬运工、小贩、盐司官吏的天下。一艘一艘盐船停泊在岸边，上岸的跳板因搬运工川流不息地走过而轧拉作响，劳动号子在文溪两岸回荡，阳光透过云层洒落下来，空气里弥漫着海盐的咸味。

官府垄断了盐市场，却经常不能按时付清盐本，令灶户陷入困境，不少人被迫铤而走险，加入到“盐子”（民间对私盐贩子的称呼）的队伍。官府对“盐子”的手段，暴戾恣睢，但却杜绝不了私盐。广东惠州、大奚山（今香港大屿山）一带，盐子成群结队，甚至有豪门富户、官场中人参与，盐子武装起来，与官兵周旋。

这造成了官盐滞销，私盐泛滥的局面。雍熙四年（987）时，官卖盐钱大约是15.4万贯至37万贯。但由于盐的产量比唐代还高，销售方式却一成不变，雍熙年间，广南路积压了两百三十余万石的盐，销不出去，还要盖仓库来贮存，劳民伤财。朝廷为了解决过剩问题，下令广南各州的盐场停止生产，“权罢数年”。官府如狼似虎，说停就停，完全不管盐户的生计出路。各处的盐子暴动，此起彼伏，数量激增。

庆历八年（1048），朝廷进行“盐改”，推行“盐钞法”。盐钞是一种支盐贩盐的凭证票据，此法改食盐官运官销为商运商销，不再以粮换盐，而以钞代粮，令商买钞，盐商自己运销，经营成本降低，盐价稳定。熙宁八年（1075），积极支持王安石变法的沈括向朝廷建议，扩大商人销盐范围，减少官卖。这一改革实施后，“盐有常价，钞有定数”。从宋真宗末年至宋神宗初年，许多产盐区一度放开，准盐商进入。后来又创立“盐引制”，“引”即一种用来向商人出售食盐专卖权的有价贩售凭证。绍兴十年（1140），卖盐收入达到97.68万贯；乾道八年（1172）达141.54万贯，比宋太宗时，增幅达到283%。

朝廷虽然允许私人进入盐市场，但盐引掌握在官府手里，想给谁就给谁，这就无法杜绝私盐。大鹏湾大溪山一带，聚集了大批从事私盐买卖的人。宋孝宗赵昚时代，朝廷因大奚山私盐大盛，勒令地方帅臣严加弹压。庆元三年（1197），朝廷派徐安国提举广东茶盐，下决心扫荡大奚山私盐。官兵与盐民在岛上发生武装冲突。盐民人多势众，把官兵全部赶下大海。他们担心官府报复，干脆一不做二不休，集合了几十条渔船，浩浩荡荡，杀向广州。

对大奚山盐民作乱，朝廷大感震惊，匆匆调遣殿前摧锋军，星夜驰援弹压。在盐民逼近广州时，城里可以听到粗犷的叫嚣声，晚上看见珠江水面上的火把，闪闪烁烁，绵延不尽，人人心惊胆战，生怕盐民攻入城里。但盐民只是乌合之众，哪里是摧锋军的对手。双方甫一交绥，盐民大败，被一直追杀到大奚山。疯狂的军人登岸，进行了大规模的搜捕与屠杀，《宋会要辑稿》说，“一岛万人俱遭屠戮，冤无所诉”。

广州以“一岛万人”被杀的代价，避过了一场浩劫。不过，没多久广州又面临着另一场浩劫。这次要攻打广州的，不是盐民，而是摧锋军。

打开门做生意

黄河文化自西周至秦、汉发展到极盛，唐朝安史之乱以后，呈衰落之象。随着士民向南方流离播迁，长江文化顺势勃兴。在世界历史上，许多伟大的文明，皆荟萃于大河两岸。而在五岭之南，中国未来第三个大河文化——珠江文化，亦在悄然生发化育之中。民族的文化命脉、精神生命、自然生命，无不呈现一种蓬勃扩展的趋势。不仅体现于文化学术领域，更反映于民间生活的繁荣活泼，生机盎然。

大宋和西夏之间，冲突不断，迫使朝廷禁止陆路对外互市，生意都转到南方了。一开始赵匡胤并不喜欢广州的奢靡，曾禁止广州官民采珠，以前以采珠为业的人，年轻的充军，年老的回乡务农。朝廷要老百姓明白，耕田种粮，以农为本才是正道。关于五仙骑羊衔谷而降，祝福广州“永无饥荒”的美丽传说，也是入宋以后，才突然热闹起来，无非劝人务农，“积于不涸之仓者，务五谷也”。

朝廷希望由官方垄断海外贸易，拒绝民间参与。赵匡胤平定南汉国后，立即在广州建立了市舶司，下旨所有商民要把手中的进口和土产香药、犀牙等货物，限期卖给官府，不得私自存贮、买卖；更有严厉规定：“敢与蕃客货易，计其值满一百文以上，量科其罪；过十五千以上，黥面配海岛；过此数者，押送赴阙。”这把商人吓了一大跳：生意做大了，竟然要押京问罪。

市舶司是中国最早设立的管理对外贸易机构，其主要职责是：对出口商船，根据商人所申报的货物、船上人员及要去的地点，发给公凭，即出海许可证；派人上船“点检”，检查违禁物品；“阅实”回港船舶，收购进口商品；管理留居通商港口的外国商人。

商品凡由官方垄断经营，必然造成效益低下，走私猖獗，腐败严重。这几成铁律。民间强烈不满，商人纷纷加入走私行列，地方官收了贿赂，睁只眼闭只眼。朝廷的禁令，形同虚设。因此，才实施了几年，便推行不下去了，不得不后退一步，放开了京师和其他各地的禁榷，但广南、漳州、泉州几个沿海州郡，还是继续维持禁令，并且在雍熙二年（985）重申了“禁海贾”的规定。

对这种半掩门的开放，商人不肯收货，各种违禁的海贸，有增无减。知州章粢的《广州府学移学记》描述：“（广州）四方之人，杂居于市井，轻身射利，出没波涛之间，冒不测之险，死且无悔。”到端拱二年（989），朝廷再退一步，同意商人向市舶司申请，在获得官府发出的许可券后，可以从事海外贸易。但流弊也显而易见，除了增加官府的寻租机会外，对刺激贸易，效果不彰。到淳化二年（991），朝廷终于被迫颁布诏令，承认“广州市舶每岁商人舶船，官尽增常价买之，良苦相杂，官益少利”，因此，朝廷允许“自今除禁榷货外，他货择良者止市其半，如时价给之，粗恶者恣其卖勿禁”。实际是放开禁令，允许私商进入市场。

就这样，朝廷一次一次往后退，一旦发现政策行不通就改。这是宋朝的可爱之处。从禁止私人海贸到开放海贸，经历了两朝皇帝二十年，比起明朝海禁两百多年不开放，硬把自己铸成铁板一块，宋朝的灵活与开明，是其他朝代难以比拟的。

海上丝路得以回黄转绿，重现生机。这是广州被烧成瓦砾后，走向重生的第一步。虽然这不是朝廷的赐予，而是民间商人不断铤而走险，冲击朝廷禁令，迫使朝廷不得不对现实作出妥协。但朝廷与民间的妥协，并没有像一些人想象的那样，造成纲纪废弛，引起更多人反抗朝廷，相反，使社会欣欣向荣，充满生机。

宋代对进出口商品，哪些可以经营，哪些禁止经营，都有规定。各色丝织品、精粗陶瓷器、漆器、酒、糖、茶、米等日用品是允许出口的；严禁出口的东西，主要是兵器和可造兵器之物，还有禁书、卜筮、阴阳、历算、术数、兵书、敕令、时务、边机、地理等方面的书籍，也不准出口；有些商品时禁时弛，或禁而不严，如金银、铜器和铜钱等。不准入口的东西，主要是外国货币。正式列入禁止民间经营的商品，包括玳瑁、牙犀、镔铁、鼊皮、珊瑚、玛瑙、乳香等。

朝廷有发展贸易的愿望，但庙堂上想出来的主意，却往往是引足救经，弄巧成拙，不得不在实践中加以调整。比如，禁止民间经营的商品，都是比较贵重的，朝廷抓住不放；其他一般商品，官府“择良者止市其半”，原意是让出一些市场给民间，但官府的收购价，总是比市价要低，出售时又总是比市价要高，还经常打白条，或以其他货物抵充（此举被称为“折支”），那些抵充的货物，多半是滞销货，令商人平白无故蒙受几重损失。官府垄断了香药等贵重商品，其实消化不了，大量积压仓库，变质报废，造成市场价格下跌。商人赚不到钱，对经营便不积极了，来贸易的商舶，逐年减少。

后来朝廷发觉不对劲，立即进行改革，取消了官市，改用抽解方式，即市舶司从一船货物中，抽取十分之一、二、三不等，其他货物就不再官市了。抽解的货物，都是直接运到京师，不在广州出售。这对价格的影响，确实没那么明显，但又引起另一种弊端：官府的抽买，最初并不分贵细、粗重，笼统地从一船货物中抽取一定比例，出于贪心，肯定会只拣贵重的货物，商人们敢怒不敢言，干脆不再运贵重货物来了。《宋会要辑稿》说：“舶户惧抽买数多，所贩止是粗色杂货。”朝廷的收入，也因此减少了，这是一个双败的局面。庆历年间（1041—1048），广南东路转运按察使兼本路安抚、提举市舶司王丝，发现了这个问题，马上改变做法，把货物分为细色、粗色两大类，分别抽买，避免了只抽细色货。商人欢天喜地，把王丝称为“金珠御史”。

由于官方不断纠偏，营商环境逐渐好转。久违的风帆如织、百货汇聚的景象，再次出现在广州。至道末年间（996年前后），全国每年有三千多艘新造的海船、江河舟船下水，数量相当惊人。这时，指南针已经开始用于航海，即使航行在茫无涯际的大海里，也不会迷失方向。航海的人把指南针当成宝贝，船上有专人负责保管，呵护备至。人们还在船上饲养“舶鸽”，万一有什么事，可与广州港口保持联系。

由于从事远洋贸易的商人实在太多，即使一艘深阔各数十丈的大船，分给不同的商人载货，每人也只能分到几尺的空间，陶器、瓷器、青缎、锦彩、缬绢等丝织品以及漆器、金银器、铜器等物，大小相套，层层叠叠，不留丝毫空隙。押运的商人不得不全程蜷缩在货物上睡觉。

中外商船云集广州，运来犀角、象牙、翠羽、玳瑁、龙脑、沉香、丁香、乳香、白豆蔻，换走各种精美瓷器、丝织品、漆器、糖、酒、茶和米，销往菲律宾、马来亚、印尼、新加坡、伊拉克、埃及等地。北宋人郭祥正惊叹广州市场：“斛量珠玑若市米，提束犀象如肩柴。”卖珠玑像卖米一样，整斗整斗地量；卖犀角、象牙像卖柴一样，用扁担挑着满街走。没见过世面的人惊为奇观，但广州人却司空见惯。

南宋有一本题为《袖中锦》的书，其中的“天下第一”条目，罗列中国诸多著名特产，包括“端砚、洛阳花、建州茶、蜀锦、定瓷、浙漆”等物，现在，它们正从天南地北，向广州汇聚。熙宁十年（1077），广州、明州（宁波）、杭州三州市舶贸易总收入，超过两百万贯，为此前历史上最高收入的三倍有余，其中98%以上来自广州。

官府抽解的商品，最初全部运送入京，成了一项沉重的负担。地方官派人肩挑车载，辗转千里，历尽崎岖，从广州到汴京，沿途设两百多个邮铺，一万多挑夫，戴月披星，日夜兼程，奔走在这条南北线上。后来改用内河船，沿赣水北行，由鄱阳湖入长江，再通过大运河进入汴河，到达汴京。但在进入水路之前，仍要翻越大庾岭的重峦叠嶂，沿途押运的驿递军士和使臣，多至六千多人。运到京师的货实在太多，朝廷也没那么多仓库，便改为一部分在本地出售。

宋朝的经济虽然发达，但始终解决不了货币问题，由于白银供应严重不足，只能依赖铜钱，一两白银等于一千文铜钱，交易贵重商品时，如果使用铜钱，让人倍感头痛，铜钱堆积如山，车载斗量，点数也要点半天，使得交易成本非常沉重。宋朝一度出现“钱荒”，原因除了人们习惯把赚到白银和铜钱收藏在地窖里外，还有大量的白银和铜钱流往海外，这都加剧了通货的短缺。

朝廷曾尝试发行铁钱、铅钱和纸钱，以补白银和铜钱的不足。小额交易用铁钱，大额交易用铜钱，贵重交易用银子。但铁钱、铅钱容易生锈或磨蚀，质量都不如铜钱；纸钱因为印得太容易了，必然滥印，结果不断贬值，信用低下。这条路行不通。货币问题解决不了，阻碍了市场的发展，这是中国进入不了资本主义的重要原因。

尽管宋朝比较开明，但朝廷仍然摆脱不了控制一切的欲望，对自己伸手不及之处，就有恐惧感。熙宁、元丰时期（1068—1085），朝廷推行王安石变法，外贸制度也进行了大幅度改革，规定中国所有商船前往“南蕃诸国”，只能从广州出发，也只能回航广州，即除了对日本、高丽的贸易，由杭州、明州市舶司管理外，其他国家、地区的贸易，一律由广州市舶司掌管，这就是为了集权。

朝廷把市舶司的主管权力，从地方官员手中收回，改为朝廷直接委派官员主管；同时规定，各国所有“进贡物品”，统统就地变卖，运银子上京优于运货。熙宁七年（1074）成立市易务，这是一个营利性质的官方机构，以平价收购市上滞销的货物，允许商人贷款或赊货，按规定收取息金。此举名义上，是帮助商人推销，实际上是与民争利。市易务操控市场价格，运用国家权力，排挤私商。朝廷还两度撤废闽、浙市舶司，唯留广州一口通商。这些措施，都是为了方便官府的垄断与管理。

当蒙古国在北方崛起后，南宋为了苟延残喘，不得不更加依赖岭南的市舶贸易，而对外贸商人的盘剥，也日益加剧，导致民间反抗，此起彼伏，越闹越凶。为了逃避市舶司抽解，人们宁犯海禁，不惜与海盗勾结，进行非法走私。

纵观有宋一代，外贸政策并非由一个人制定，也不是一以贯之，它反映出不同皇帝有不同的想法，有时比较宽松，有时比较严厉，官方与民间，始终处于拉锯状态。海上贸易，也踩着官方的节拍，时盛时衰。当锯子拉向朝廷一边时，秋意萧瑟；当锯子拉回民间一边时，春意盎然。

太阳从东方冉冉升起，晨雾消散，天清气爽。蕃坊一带重新热闹起来了，那些在黄巢之祸以后，一度销声匿迹的蕃客，又陆续随着远航的商舶，返回这个代表着财宝的东方大港。街上再次挤满了身裹青花布，两手挂满金串的波斯人；身穿白色长袍，头缠金线挑花帛的大食国人；还有皮肤漆黑，上身赤裸的昆仑奴。大家见面，互相施礼，“一切赞美归于真主”“真主仁慈”的问候声，此起彼落，洋洋盈耳。

每当肉孜节（开斋节）、古尔邦节（宰牲节）和圣纪节，蕃坊都会举行隆重的仪式。这是伊斯兰三大宗教节日。开斋节在伊斯兰教历十月一日前后；宰牲节在伊斯兰教历十二月十日，即开斋节后约七十天；圣纪节是纪念穆罕默德的诞辰和逝世日，都在伊斯兰教历三月十二日。

伊斯兰教有念、拜、课、斋、朝五大基本功课。穆斯林每年要封斋一个月，伊斯兰教历第九个月（莱麦丹月）为斋月。除病人、老人、孕妇、哺乳期妇女、幼童及士兵等，凡成年男女（男11岁，女9岁）穆斯林，在莱麦丹月中，每天从拂晓开始，白天不吃不喝、戒房事或任何嬉狎非礼行为，直到日落后，才能饮食。斋戒者要保持身心洁净，诚心立意，静思默语，不可妄听、妄视、妄思、妄语，举止唯恭唯敬，省察己躬，洗涤罪过。

斋月结束后第一天（伊斯兰教历十月一日）为开斋节，穆斯林们互祝节日吉庆，斋功完满，然后从四面八方赶到怀圣光塔寺和清真先贤古墓，参加“会礼”和庆祝活动，恭贺“斋功”顺利完成，互道节日快乐，馈赠礼品。有的穆斯林会在家里诵读《古兰经》，感恩真主，祈求赐福和佑护全家平安；有的则会游坟诵经悼念亡人。“古尔邦”是阿拉伯语的音译，有“牺牲”“献身”的意思。穆斯林在宰牲节会举行会礼、宰牲待客、访亲探友等庆祝活动。

穆斯林的生活习俗，引起了不少中国人的兴趣。朱彧在《萍洲可谈》中告诉人们，穆斯林“受戒勿食猪肉”，但“若鱼鳖则不问生死皆食”。内地人听了很好奇，但与穆斯林相处几百年的广州人早就见怪不怪了。

穆斯林的肉食，以牛羊为主，宰牛一定要由阿訇亲自操刀。但他们没有自己的屠房，只能请阿訇到汉人的屠房宰牛。穆斯林宰牛有一套规矩的，汉人的屠工都十分尊重，小心翼翼不去触犯。直到清代，广州的穆斯林才开始有自营的屠房和牛栏。

岳珂在《桯史》中，曾记述穆斯林的餐饮习惯，他们“旦辄会食，不置匕箸，用金银为巨槽，合鲑炙粱米为一，洒以蔷露，散以冰脑。坐者皆置右手（应为左手）于褥下不用，曰：‘此为触手，惟以溷而已。’群以左手（应为右手）攫取，饱而涤之。”每次进餐完了，都要马上洗手，进行祈祷。岳珂的观察似乎并不仔细，连他们吃饭用哪只手都搞错了。穆斯林也喝“酒”，但他们的酒，是一种“几与崖蜜无辨”的蜜糖饮料，并不会醉人。

穆斯林的服饰装扮，保持着“辫发弁衣”，没有入乡随俗，一切生活习惯、宗教礼仪，都严谨地遵从自己的传统。他们也很尊重本地人的宗教与习俗，大家相安无事。广州人不仅包容了他们的习俗，有人还模仿起他们的衣着，头戴白巾，脑后垂长带。宋刑法指出：“广东之民多用白巾，习夷风，有伤教化，令州县禁止。”

其实，广州人最想模仿的，不是他们的衣着，而是香料。蕃客使用的香料、香水，极其浓烈，让人印象深刻。走在街上，往往还没看见其人，已先闻到其香。人越走越近，香气也越来越浓，等走到身边时，香得几乎透不过气来。宋人蔡絛撰写的小说《铁围山丛谈》，形容大食国的蔷薇水：“虽贮玻璃缶中，蜡密封其外，然香犹透彻，闻数十步，洒着人衣袂，经十数日不歇也。”广州有商家想仿制这种香水，却没有特别的蔷薇原料，只能改用素馨，香气虽然也很浓郁，“但视大食国真蔷薇水，犹奴尔”。

为了方便交易，人们对蕃香进行了透彻的研究，并定下不同种类和级别的标准。其中乳香就分了十三个等级，一级称为拣香，二级为瓶乳，三级为瓶香（瓶香又分三等），再往下为袋香（也分三等），更次者为乳榻、黑榻、水湿黑榻、斫削等，最差的是缠末，属于香料的粉尘末屑。上等的香料自然是进贡京师，稍差的便在市场出售。

定居广州的蕃商，不乏家财万贯的巨家。他们的家居布置，与广州人的大异其趣。广州的上流社会，讲究规整，喜欢窗明几净，桌椅案几怎么摆，祖宗神龛供哪里，古玩怎么放，书籍怎么摆，何处挂中堂，何处立屏风，哪里是睡觉的，哪里是会客的，井井有条，室内布局与家运风水有关，不敢随意。但穆斯林蕃客则随意得多。岳珂描述："郡以岁事劳宴之，迎导甚设，家人帷观，余亦在，见其挥金如粪土，舆皂无遗，珠玑香贝，狼藉坐上，以示侈。帷人曰：'此其常也。'"他认为这是蕃客向人"示侈"炫富，但也有人觉得未必，可能只是不拘小节。其实两者都不是，他们的习惯就是如此。

根据《宋刑统》的规定，暂时居住蕃坊的外商，不得与中国女子结婚；长期定居的则可以与中国女子（赵姓除外，因为皇帝姓赵）结婚，但不得带出国。这些规定，并没有得到严格的执行。有一位蕃客与赵姓女子结了婚，却没有人想到要为他们打掩护，因为没有人意识到这是违法的。直到这对夫妇去世后，因为没有子女，亲戚们为了遗产闹上公堂，官府才吃惊地发现这个问题。还有多少这类问题没被发觉，难以估计。

总体而言，朝廷与官府对蕃客，是非常宽容与优待的，给予了他们很大的自治权。市舶司在六榕寺西侧（旧南海县街）兴建了一座宝光寺，为海舶蕃客提供祈福之所。明成化朝《广州府志》记载："崇报寺，在郡治西，按旧志为宝光寺，乃市舶司始创启之，以为蕃舶祈福之所。宋大观中，贾胡舍财重修，市舶司请于朝，赐今额。"这是一座什么寺院呢？是清真寺还是佛寺，史书没有详载，但它是为蕃商服务的，直到明初实行禁海的年代才被拆毁。

景德年间（1004—1007），经略使高绅在西澳建了一座桥，名为果桥。这里是六脉渠的总出口，果桥石栏月洞，宛如架海金梁，桥下可以行船。平时停泊了许多歌航酒舫，燕语莺啼，春光无限。桥上建有一座共乐楼，楼高五丈，直薄云表，碧瓦朱檐，飞阁流丹，前眺巨海，下瞰南濠，近处舟泊水隈，远处帆影片片。城中许多文人雅士和行商坐贾，都喜欢在这里流连，楼上传杯弄盏，楼下士女纷杂。他们并不在意邻桌就坐着不同肤色的蕃客。方信孺在《南海百咏》中吟咏："真珠市拥碧扶栏，十万人家着眼看。独恨登临最高处，举头犹不见长安。"

嘉祐四年（1059），官府在城南外江边的唐朝海阳馆旧址，即今北京路东横街附近，兴建了一座宏伟的海山楼。南宋人王象之的《舆地纪胜》说："海山楼在城南，极目千里，为登览之胜。"清人仇巨川的《羊城古钞》说："海山楼在镇南门外，楼下即市舶亭。"六七月间，各国海舶抵达广州后，都是先停泊在市舶亭下，由五洲巡检司差兵监视，称为"编栏"。然后帅漕与市舶监官登船检查货物，进行抽解。

相传在市舶亭前的珠江汲水，可以放很久都不坏，但在相隔一丈开外井里汲的水，却放几天就长虫，不能饮用。所以很多出港的海舶，都会在这个地方汲水贮存，作为航海途中的饮用水。南宋人张端义在《贵耳录》中，困惑地写道："市舶亭水，为番船必取，经年不臭不坏，他水不数日必败。物理不可晓如此。"

在此期间，官府会在海山楼设宴欢迎客商。蕃商们换上鲜艳漂亮的衣服，鱼贯而入，睢盱就座，大觥饮酒，大块吃肉，观看夷歌胡伎的表演，宾主尽欢。十月即将出海之时，也在海山楼设宴饯行。能够成为海山楼座上客的，上至蕃汉纲首，下至作头梢工，不分身份贵贱，不论华夷国籍，一律以美酒肴馔招待。这种场面，有点像唐朝的犒军堂宴。官府每年花在海山楼的酒席费用，多达两三百贯钱。

每年五月五日，经略使、安抚使都会在海山楼上检阅水师。虎翼水军、凌波水军、楼船水军和巡海水军、驾纲水军等，乘坐战舰，从珠江上驶过，接受校阅，旌旗猎猎，刀枪映日，威风凛凛。在春雾弥漫之时，海山楼就像海市蜃楼一样，充满了神秘的美感；当雷电交加之际，它就像茫茫怒海中隐约浮现的蓬莱仙阁。海山楼因此成为宋时的“羊城八景”之一，名为“海山晓霁”。宋人陈去非曾作诗咏海山楼美景：

百尺阑干横海立，一生襟抱与山开。
岸边天影随潮入，楼上春容带雨来。

可惜海山楼在南宋景炎元年（1276）元军攻入广州时，被彻底摧毁了。

在和广州做生意的国家与地区中，除了大食与波斯，印尼群岛算是比较频密的一个。从印尼到广州，如果不遇风暴，也就是三四十天的航程。根据《宋史》中的记载统计，从宋朝开国的建隆元年（960）到宋淳熙五年（1178），三佛齐王国（原称室利佛逝）曾先后二十余次遣使到中国，联络双方感情。他们带来了象牙、乳香、蔷薇水、万岁枣等海外的奇珍异宝。

治平年间（1064—1067），三佛齐国王地华伽罗派遣使者至啰啰到中国入贡。相传使团在途中遭遇一场罕见飓风，狂涛骇浪，海如山立，所乘海舶几乎倾覆，同船人都抱作一团，闭目等死。只有至啰啰不停向天祷告，求神庇佑。据他说，一位老翁飘然出现在天空，瞬间风平浪静。一船人死里逃生，安然抵达广州，暂居蕃坊。

至啰啰在广州期间，曾到蕃坊附近的天庆观参观。天庆观就是原来的开元寺，大中祥符二年（1009），朝廷诏天下建天庆观，祀圣祖赵真君，开元寺便改为天庆观。大中祥符五年（1012）十月，朝廷又下诏增设圣祖殿，于是天庆观又称“圣帝殿”，但因年久失修，门颓瓦败，荆榛遍地。至啰啰不禁睹物兴悲。当他走到一处瓦砾前，忽然看见一尊神像倒在乱草丛中，形象竟酷似他在海上祈祷时所见的天空老翁，大为骇异。回国后，至啰啰向国王禀告此事，地华伽罗慨然提出要出资重修天庆观。

在得到广州地方官府批准之后，地华迦罗派恩离沙文来广州主持天庆观修复工程，耗时十二年，至元丰二年（1079）才全部完工。道士何德顺立《重修天庆观记》碑，以纪其事。这块碑1962年在祝寿巷小学校内被挖了出来。重修后的天庆观，新建了山门、大殿、宣诏堂、保真堂、北极殿、斋厅、三清殿、御书阁等，并塑绘天帝像，铸大钟一口，建钟楼以覆之，规模宏大，焕若洞府。何道士把观中的风景描写十分美妙：“清风时过，铃铎交音，晴日下临，金碧相照。”

地华迦罗亲自派人邀请庐山道士罗盈之住持天庆观，紫衣何德顺为监临。又捐钱十万，置山田于黾塘，以充天庆观日常费用，后来再追加四十万金钱，作置田充广之需。作为回报，朝廷赐封地华伽罗为保顺慕化大将军。地华伽罗死后，剪下自己的头发、指甲，派人送到广州，葬于黾塘，以供祭祀。这一故事，受到人们的广泛传诵。

广州的社会秩序，是以经济贸易维系的。广州人并不在意蕃客是否汉化，官府也不强制推行汉化教育，但大家和平共处。在很多方面，广州已逐渐具有国际城市的雏形。

西村窑的火光

这时，有一种出口商品，开始越来越多地出现在广州的市场，它就是——瓷器。

2003年，在距印尼爪哇岛中部约一百海里外的井里汶岛附近海域，发现一艘晚唐五代的沉船。经过一年多的打捞，起出了近三十万件越窑青瓷碗、盘、注壶等，两千五百余件白釉瓷器，其中包括碗、碟、花瓶、枕、海螺形白瓷法器等不同造型的器物，它们来自浙江、广东、福建、河北等地。

中国是瓷器的故乡，烧制陶器的历史，追溯到新石器时代。人们在陶器烧制之前，在坯胎描绘一些美丽的图案，以几何图形为主，烧成后彩纹不易脱落。这便是早期的彩陶。大约在公元前13世纪的商代中期，随着釉的发现与使用，中国开始有了原始的瓷器。公元前11世纪的商代晚期、西周早期，原始瓷器的出产，已占了陶瓷总量的四成。到东汉时，制瓷工艺出现了质的飞跃，新一代的瓷器诞生了。它以比陶器成本低廉和更坚实耐用、更清洁美观的特点，在人们的日常生活中，迅速普及，取代了陶器。

隋代时，生产瓷器的地区主要有河北、河南、安徽、江西、浙江、湖南、四川七个省十个县；到唐代，扩大到包括广东、山东、江苏、陕西、福建在内的十二个省五十多个县。考古发现的唐代窑址，比隋代多了五倍。据《陶录》称“陶至唐而盛，始有窑名”，瓷器亦然。各地的陶瓷，有了不同的名号，如越窑、长沙窑等。出品以青瓷、白瓷、彩瓷和唐三彩四类为主。瓷器的工艺，亦由施半釉发展到施全釉。

这时，瓷器开始乘着大海的季风，踏上西进之路了。

宋代瓷业进入一个繁花似锦的时期。老牌的越窑和邢窑，已日渐衰落，而河南汝州的汝窑、河南禹州的钧窑、河北曲阳的定窑和属于朝廷官办的官窑、哥窑，并称“五大名窑”，其工艺技术日新月异；还有建窑和柴窑等，亦各有赫赫之名。江西昌江河畔的景德镇，原名昌南镇，东晋已开始生产瓷器，但不怎么出名。景德年间（1004—1007），昌南瓷器进贡朝廷，以体薄釉润，光洁纯净，大获皇帝喜爱，引天下各窑竞相仿制。因昌南贡瓷底部有“景德年制”四字款，“景德名瓷”声名大噪，“昌南镇”之名反而渐渐被人淡忘。

在大宋319年的历史当中，景德年不过短短三四个春秋，一闪而过，但一个在中华文明史上不可磨灭的名字，却在此横空出世。景德瓷器，与六百七十年后在广州兴起的织金彩瓷，有着密切的关系。

埃及从唐、宋年间，就开始源源不断地从中国进口陶瓷，成为中世纪伊斯兰世界和中国陶瓷贸易的重要枢纽。福斯塔特城（开罗）在7至10世纪是埃及的政治、经济和制陶中心，13世纪遭十字军围攻成为废墟。日本的考古人员曾在古城的废墟中，找到了1.27万余片中国陶瓷残片。从晚唐的邢窑白瓷、越窑青瓷，到北宋中期的广东窑系白瓷，再到北宋后期至南宋的景德镇窑白瓷都有，数量甚丰，质量亦优。广东窑系的瓷器，大部分产自11世纪，包括广州西村窑、潮州笔架山窑的产品。日本的古陶瓷学者三上次男，把中国古陶瓷从东南沿海出发远抵中东、非洲的海上商路，称为“陶瓷之路”。

西村古窑，位于广州增埗河东岸，西村自来水厂一带，1952年首次被人们发现，整个遗址南北长达千米，挖掘出大量残破废弃的陶瓷片，其中以皇帝岗出土最为丰富，堆起了一个近七米高的小山。在它的东南角有一座龙窑，发现时残长367米，窑身中部最宽4米，首尾较窄，坡斜13度。窑的前面有圆形坎穴，窑首火门和炉膛部分伸入地下。

这是一处颇具规模、专门烧制外销瓷的民间窑场。其产品几乎涵盖了日常生活用器的方方面面，从碗、茶盏、碟、洗、盆、盂、杯、瓶、执壶，到凤头壶、军持、唾壶、注子、净瓶、熏炉、烛台、枕头等，有二三十种，还有雀食盅、埙、狗、马、碾轮、漏斗等杂器十几种。制作工艺方面，既有手工拉坯（俗称“车面”）的，也有用模具或手工制作的，造型繁复多样，同一种器物，就有多种款式。从器型和工艺上，可以看到耀州窑、景德镇窑、邢窑、定窑、建窑的某些特色，可能是单纯的模仿，也可能有某些瓷工，就是来自这些名窑。

瓷工们每天的工作，就是把陶泥调好，滤掉陶砂，把按不同比例调配的软泥混在一起，搓揉成可以烧制的泥团，做出各种坯体。然后在坯身雕上各种纹样，有精致的菊瓣纹、莲瓣纹，也有优雅的折枝缠花纹、叶纹、云纹，或是几根临风摇曳的小草。有些大盆上的彩绘图案，以粗放的线条，勾勒出栩栩如生的菊花、牡丹等花草，四周再饰以刻画的缠枝花纹，简洁之中透出热烈，显示出工匠颇高的艺术造诣。

工人们用草木灰加入从增埗河挖上来的淤泥，调成酱黄釉、黄褐釉等不同的颜色，有时还会加入一些其他石料粉和金属粉，使色彩更显鲜艳。比例不同，烧出来的瓷器，颜色就有差异，这全凭经验。有一句行话说："入窑一色，出窑万彩。"工人小心翼翼地倒提着器皿的提圈足，把坯身轻轻放入釉料中蘸染。除了浸染，施釉的方法，还可以用毛笔把釉涂在坯体上，或者直接把釉淋在坯体上，效果各有不同。釉色主要有青釉、黑酱釉和绿釉，有釉上彩，也有釉下彩。施釉后，搁上一天晾干，如果坯体够干，可以马上放入窑内煅烧。

烧一窑瓷器，全程需要三四天时间。窑火彻夜不熄，哔剥作响的火焰，忽明忽暗交替着，工人的身影在火光中，来回闪动，交织出一幅奇幻的图景，仿佛囤积着强大的能量。瓷器出窑，是整个过程的最高潮，工人把烧坏的挑出来扔掉，从烧好的里面再挑出精品。兴奋，惊喜，欢乐，开心，失望，恼怒，难过，沮丧，千百种情绪交织在一起，整个窑场充满了不知疲劳的激情。

中国瓷器大约在南宋时，流入欧洲。从那时起，欧洲人一直没有停止过对中国瓷器成分的研究。他们曾经猜想，瓷器是用玻璃和陶土混合制成的，于是一种在不透明的玻璃上涂上珐琅的仿瓷器，在意大利流行起来；也有人以为中国瓷器是用贝壳、蛋壳磨成粉，混合熟石膏制成的，这种谬见也一度十分盛行，并得到许多著名学者的支持。葡萄牙一位学者在16世纪写道：用海贝制成的瓷器如此昂贵，乃至一件的价值就相当于几个奴隶。

西村窑存在时间也就百余年，产品销往菲律宾、马来亚、印尼、新加坡、日本等东亚、东南亚地区。香港中文大学曾赠送过两件古瓷器给广州市的文物管理部门，一件是在菲律宾出土的青釉刻花大盆，一件是在印尼出土的酱釉小瓶，都是西村窑的出品。在柬埔寨的荔枝山也曾出土了一件小口窄颈反唇罐，造型与西村窑的产品，如出一辙。这是一个意味深长的发现，因为在当地的古窑址，还发现不少与西村窑相类似的陶瓷。有人推断：很久以前，曾有一批来自中国的陶工，在这里砌窑烧制陶瓷。从残存的陶瓷片来看，他们很可能是来自广州，或至少师承西村窑。

西村并不产优质瓷土，那么瓷窑所用的瓷土，是从哪里来的？唯一的解释，就是从外地运来的。既然要运货，就得有码头。一千多年前，这里有一个繁忙的码头，每天进出的船只衔尾而至，从船上卸下瓷土，装上烧好的瓷器运走，忙个不停。

那么多人聚在一起，衣食住行，吃喝拉撒，都要解决。于是各路贩夫行商，闻风而来，很快西村便形成了一个商业区。直到21世纪，人们还在猜测，当年这里是否曾存在一个大市镇？那个在史书上屡屡出现，号称“八大镇”之一，但具体地点一直有争议的白田镇，是否就是这里？

宋末，北方又进入了周期性的大动乱，烽鼓不息，流血千里。靖康元年（1126）发生靖康之难，次年金国攻陷开封，北宋灭亡。南宋迁都临安后，大庾岭成入粤的必经之路，粤西的水路几被完全取代。大批中原士民从这条驿道涌入广东，原居住在珠玑巷的移民后裔，也被难民潮裹挟着，凄凄惶惶，沿水路继续逃往南海、番禺、新会、清远、香山等地，骨肉流离于道路。有研究者估算，宋朝时直接由珠玑巷和附近五十八村迁出的人口，便有近十万之多。

广州（包括所属各县）有多少人口呢？据北宋时的《元丰九域志》记载，元丰年间（1078—1085）广州大约有14.32万户，其中有房产、田产和有纳税服役的主户为64796户，而无房产、无田产的客户为78465户。客户比例如此之高，说明有大量外来人口迁入。外来人口居住一年后，便可以编入客户。按一户5口计，广州约有71.6万人。到南宋时期，人口继续增加。据元人陈大震的《南海志》载，南宋淳熙年间（1174—1189），广州中都督府有185713户，255877口，其中主户82090，客户103623，客户占总户数的55.79%，比例高于元丰时的统计。这组数字，和中国史书上的许多数字一样，并不严谨，因为按此计算，平均每户才1.38人，广州不是鳏寡孤独，就是两口之家。

但客户人数大幅增加，则确是事实。广州城容纳不了那么多移民，于是迅速向东西两翼扩展。北宋早期，广州城东五里以外，便是连绵的岗阜，野草林丛，滩涂沼泽，人迹罕见。直到天禧四年（1020），第一批黄姓族人在黄敬斋的率领下，迁徙到这里，被“控云山而环珠海，山川钟秀”的地理环境吸引住了——南面是大片滩涂，东面是火甲涌，西边是沙河涌，北面是起伏的山岗，与白云山相连，地形状如簸箕，藏风聚气，正是开基立业之地。于是他们便扎下根来，疏浚导流，围垦造田，建立起自己的新家园——簸箕里。

嘉祐三年（1057）姚宗卿中第四甲，章衡榜进士，官广东提刑按察。姚宗卿祖籍闽莆福韶溪，祖迁江右（江西）上兰溪（江西吉安地区），父徙南雄珠玑巷，这是姚氏入粤的始祖。姚宗卿在广东当官后，选中在簸箕里安家，致仕后迁居博罗，定居增城。后来姚宗卿的两个儿子达显和达仁，从博罗迁回到簸箕里。南宋时又有一支姚氏族人迁至簸箕里，他们是唐代名相姚崇之后。姚崇曾任武后、睿宗、玄宗三朝宰相兼兵部尚书。他的后人姚君达，因到广东做官，举家南迁。

姚姓开始在簸箕里开枝散叶，很快形成“姚强黄弱”之势。姚姓逼迫黄姓采取“抽签合族”的办法，决定保留哪个姓氏。结果黄氏抽签输了，部分黄姓乡民不得不改姓姚，也有部分迁徙他乡。

宋前中期，有两支李姓族人，先后从中原移到簸箕里西北二约，最先是李氏深海基祖，于宋天禧年间（1017—1021）从中原迁往珠玑巷，后南移广州郊外黄村落户，约到宋哲宗赵煦（1085—1100年在位）时期迁到簸箕里北约，比姚宗卿晚了二十多年。后来，李氏必基祖，大号赖南，是广东始祖李安政世系第五世玄孙，原籍江西吉水县谷村，淳祐元年（1241）迁至簸箕里，在西北约聚居。此支大宗祠叫“耕道堂”，位于西约。这两支李氏族人，俗称两李。咸淳元年（1265），甘肃天水郡一支自称是秦少游后裔的秦氏族人，也辗转迁到簸箕里东约定居，建“万石堂”，成为杨箕村秦氏基祖。

猎德开村于北宋徽宗年间（1100—1126），始祖李铨率领族人，在簸箕里东面定居，垦荒种植，建立家园。咸淳九年（1273），董氏基祖董裔隆从南雄迁徙来此，在猎德村旁边结茅定居，渐成村落，称为董村，也就是后来的石牌村。

广州东边土地较多，有着近乎无限的扩展空间，人们在这里垦荒耕种，养猪牧牛，开辟新的村落。这与广州西边的情况，大不相同。大唐时的西关，仍是半水乡的郊野，在西村皇帝岗发掘出唐代的墓葬，证明唐时这里还人迹稀疏；南汉时在泮塘兴建皇宫苑囿，把最好的土地占用了。宫室以外的地方，人们仍然以耕种为业，最有名的产品是“泮塘五秀”（莲藕、马蹄、菱角、茭笋、茨菇）。农民们将其挑到圩市上售卖，以维持衣食。西村窑的出现，从根本上改变了城西地区，使之商业气息渐渐浓厚起来，种田的人越来越少，经商的人越来越多。

皇祐四年（1052），泮塘乡人兴建仁威庙。据说当年泮塘乡有一对兄弟，兄名仁，弟名威，以捕鱼为业，某日捡到一块奇石，放在家中，从此家道兴旺。泮塘乡人认为奇石有灵，纷纷撮土为香，诚心朝拜，后来干脆集资，兴修庙宇，以这对兄弟的名字命名为“仁威庙”。后来那块石头在一场雷暴中被劈开两半，而阿仁、阿威兄弟也在那天出海不归，从此杳无踪影。乡人就用这两块石头做了庙的门柱。从故事可以看出，南汉覆亡后，这里便逐渐成为人烟稠密的乡村。

南宋以后，大量人口涌入广州。由于受到增埗河的限制，城西就只有这么大一块地方，即使全部用来耕种，也收不了几担米，很难容纳更多的人口了。然而，这里水路交通四通八达，对发展工商业十分有利，因此，它不可避免地开始了城镇化的过程。南宋人陈大震在《南海志》中，列举广州城西，已有丛桂、仙桂、泰亨、德义、由义、和平、泰和、太平、阳春、德星、中和、亲仁、贵德等众多街坊。

这里形成了广州新的航运中心。绍兴年间（1131—1162），官府在江边兴建了一座南海神庙，名为“南海神行祠”，以保佑海不扬波，船只出入平安。南海神庙供奉洪圣王，经过历朝历代的加封，变成“南海广利洪圣昭顺威显王”了。人们乘船出海前，都要到南海神庙上香，拜一拜洪圣王。

由于扶胥镇在隋朝已建了南海神庙，因此，广州人习惯把扶胥镇的称为东庙，把位于西关文昌路的南海神庙称为西庙。清乾隆朝《南海县志》说，西庙建于明代嘉靖十三年（1534），显然是错的，清人阮元《广东通志》指出：“南海西庙，建于宋绍兴。”理由是大量南宋时代的诗文，已经提到西庙，比如南宋人方信孺在《南海百咏》中，便提到“又有西庙在城西五里”。南宋诗人杨万里有诗句：“大海更在小海东，西庙不如东庙雄。南来若不到东庙，西京未睹建章宫。”

西庙规模虽不及东庙，但每年农历二月十三日的南海神诞日，西庙也一样是香火弥天，龙狮齐舞，万众欢腾，热闹程度并不亚于东庙。清人蔡士尧有《竹枝词》咏西庙的南海神诞：

> 万派鱼龙舞绛霄，喧阗箫管杂云韶。
> 爱他洪圣千秋会，赛过波罗第八桥。

造一座金汤城池

广州的城池，自从南汉国覆亡后，一直没有重修。风吹雨打，日渐倾圮，几乎等于没有城池。但朝廷不觉得广州会有什么危险，熙宁三年（1070），南方各路禁军，以驻扎广东的最少，只有1200人，而湖北驻扎了1.2万人，湖南驻扎了8300人。广州城的守备，薄弱得难以置信，东城、西城各有城面厢军150人，造船场厢军75人。比厢军更低级的，就是乡兵了。厢军、乡兵都不是正规军，只接受过一些简单的旗鼓训练。甚至连号称正规军的1200名禁军，也是松松垮垮的，直到嘉祐（1056—1063）之前，都没有进行任何日常军事训练，谈不上什么战斗力。好在这段时间，风平浪静，没有什么动乱。

天禧三年（1019）九月，供备库使侍其旭奏称："广州多蕃汉大商，无城郭。虽有海上巡检，又往复不常，或有剽劫，则全乏御备，请徙广、恩州海上都巡检一员，廨于广州市舶亭南，以便防御。”真宗皇上准奏。按侍其旭所说，广州已到了“无城郭”，遇到攻击“全乏御备”的程度，也只是派一名官员，常驻广州而已，起不了什么实际作用。景祐四年（1037），知州任中师等人上书朝廷，称广州“城壁摧塌，乞差人夫添修”。

终于有人提出要修城了，但朝廷不许征调民夫，只准派当地厢军之类的驻兵，对城墙的重要部位，进行修补。这样又拖了几年，随着海上丝路的复兴，商船日多，海盗也逐年增多，广州一旦有事，就是惊天大事了。朝廷终于在庆历四年（1044）同意广州修筑一座子城，把重要的官署衙门保护起来。

魏瓘时任广南东路经略使，宣称自己在旧城的城角得到一块古砖，刻着“委于鬼工”四字，这是应了他的姓，天将降大任于斯人，于是受命修城。不管这是不是魏瓘自己编出来的，但中国人对河图符箓一类东西，总是特别着迷，《皇朝类苑》《湘山野录》《方舆胜览》《诗话总龟前集》等宋代的书籍，纷纷转载了这一故事。

魏瓘有圣旨在手，马上招集工匠，准备材料，投入筑墙工程。子城基本上是在南汉国的城墙基础上，进行加固，然后在东西澳兴建水闸，每天定时启闭。后人在增城宁西镇斯庄村打水坑，发现了一个宋代的砖窑，窑里还有一些残存的断砖，其中一块上面打有“广州修城砖”五个楷书长条戳印。这就证明砖窑在西福河畔，把烧好的砖，一船船运到广州。为了给广州修城，端、康、广、韶、循、连、南雄、英、封、新、惠等十一州及南海、番禺、增城十八县，都曾为广州烧过城砖，一道城墙，不知养活了多少人家。

子城的南门在今北京路与大南路相交处，名为镇安门，南宋时改为镇南门；东门在今长塘街北端与中山四路相交处西侧，名为行春门；西门在今中山五路和原黄鹂巷相交处东侧，名为朝天门，南宋时先后改为西成门、有年门。为了防止被围困，水源断绝，魏瓘还在城里“凿井蓄水，作大弩为守备”。

事实证明，这一切都没白做。子城修好没多久，便发生了侬智高造反事件。侬智高是广西僮族首领，皇祐四年（1052）举兵反宋，破邕州，改国号为大南国，继而挥兵东进，连破横州、贵州、龚州、封州、康州、端州，直逼广州城下。其实侬智高没有什么明确的政治诉求，只是因为向朝廷要官不成，恼羞成怒，给朝廷一点颜色看看。

六月间，当侬智高顺着西江长驱直入的消息传来，广州四郊的民众，疯狂逃入城里。所有城门都挤得水泄不通，有钱人用金银贿赂城门守卫，求放他们进城。城门口人潮汹涌，互相拥挤，争先恐后，甚至发生人踩人的惨剧，有人被挤倒、踩死，一片哭爹喊娘的呼号，震天动地。进不了城的人，唯有四散逃命，逃不掉的只好投靠侬智高，加入暴民队伍。知州仲简婴率领军民，紧闭子城，据城死守。一场旷日持久的攻防战，揭起帷幕。

新筑的城墙发挥作用了。暴民发起一波一波的进攻，都被高大的城墙挡住了。他们想截断文溪之水，但城里有足够多的水井，并不缺水。他们试图架云梯、筑土山爬墙，都被守军的大弩射退，外商蕃官蒲亚讷亦协助守城，从高处倾下猛火油，焚烧侬智高的攻城器具。暴民举着火把，围绕城墙跑来跑去，愤怒地尖叫，彻夜敲击铜鼓，发出骇人的喧嚣。

城里的难民人山人海，因为没有那么多房子安置，只能搭些临时棚架栖身。他们被这股不断高涨的狂暴声音吓坏了，黄巢破城时的恐怖经历，他们从小就听祖辈说过无数次，一直当茶余饭后的故事，从没想到有一天会降临到自己头上。只要看看城里人山人海的情形，就会明白，一旦城破，结局一定是玉石俱焚，噍类无遗。现在唯一给他们安慰的，就是那道高耸的城墙。

这场战争持续了五十多天，广州城岿然不动。广东各地的官兵、民兵，陆续驰援广州，从外线猛攻侬智高的后方。在暴民攻城期间，刮了一场台风。这个季节的台风，非常可怕，天地咆哮，大树尽拔，屋瓦皆飞。苏轼曾写过一篇《飓风赋》，描写南海台风的破坏力："排户破牖，陨瓦擗屋。礧击巨石，揉拔乔木。势翻渤澥，响振坤轴。"在飓风之下，侬智高队伍的很多船只都被打翻。人们都认为这是洪圣王显灵了，个个望天而拜，虽然他们自己也被台风暴雨害苦。

台风过后的一天清晨，城外忽然安静下来。官兵登上城头一看，闹腾了快两个月的侬智高人马，已撤走一空，广州没事了！居民们潮水似地涌到城外，又跳又笑，欢呼雀跃，尽情呼吸清新的空气，感谢上苍，感谢佛祖，感谢真主，感谢太上老君，感谢洪圣王，感谢列祖列宗。民众恳请官府把洪圣王显灵的事，上奏朝廷。官府真的奏了，结果朝廷赐予"昭顺"之号，原被封为

“洪圣广利王”的南海神，从此成了“洪圣广利昭顺王”。

广州城从来没有这样坚固过，居然五十多天没被攻下来。朝廷认为魏瓘筑城有功，迁升至工部侍郎、集贤院学士，复知广州，兼广东经略安抚使，给禁卒五千，听以便宜从事。蒲亚讷亦被授以银青光禄大夫、国子祭酒。这件事令朝野深受鼓舞，修城！修城！继续修城！侬智高虽然没有攻陷城池，但最繁华的商业区都在城外，损失惨重。参与剿灭侬智高的桂州知州余靖在《大宋平蛮碑》中描述，广州城西“百年生聚，异域珍玩，扫地无遗矣”。人们觉得应该扩大城墙的范围，把城西的商业区也包括进来。

龙图阁直学士吕居简向神宗赵顼建议，在原赵佗城的基础上，扩筑广州东城，神宗马上准奏，诏令“疾速计度功料，如法修筑”。经费的筹措，由朝廷拨给广州五百道空名度牒。度牒是官府发给僧尼的身份凭证，每道收取一百二十贯，五百道即可收取六万贯铜钱。工程由广东经略转运使王靖负责监督指挥，他是一个急性子，做事雷厉风行，当差官向他报告，城砖最快也要到秋天才能烧好时，他果断下令，把城里街衢的石块，统统撬起来，先拿去砌城脚，等秋天砖烧好后再铺回街上去。有人担心这会引起民怨，但王靖一点也不担心，经过了侬智高事件的民众，对筑城全力支持，毫无怨言。

在官民通力合作下，东城的修筑进度，快如星速，熙宁元年（1068）四月下旬动工，同年十二月（1069年1月）即告竣工。子城与东城连成一体。东城南门在今德政路和文明路相交处，名为迎薰门；北门在今豪贤路南面，名为拱辰门；东门在今中山四路与芳草街相交处，名为震东门。宋人�亶撰写《修东城记》记述，东城“为城袤四里，为濠以环其外，为楼橹五十有一，为门二。实旧濠之两端，合子城而为一”。他对这项又快又好的工程，大为赞叹：“夫兴大役而不扰于上下，及其已成，一州之民，得以去危厉之忧而获安全之幸，其为利固岂小哉！”

但东城的修筑，只是扩大了广州城的空间，没有把业已形成的商业区囊括在内。于是，在熙宁四年（1071），经略使程师孟继续大兴土木，修筑西城。当时最大的困难是城西地势低洼，地表以下是很深的淤泥，难以夯实地基。程师孟在征求人们意见时，很多人都摇头摆手：“土疏恶，不可筑。”但程师孟决心既下，再难也要筑。他调集了水军、厢军等大批军士，投入工程，花了一年时间，终于把西城筑起来了。从此，广州有了“三城”之称。

陈大震记述，西城“周十有三里一百八十步，高二丈四尺，为门九”。这九个城门，西边是丰乐门、金肃门，北边是威远门（中和门）、就日门（朝天门、顺天门），南边是阜财门、善利门、朝宗门（归德门）、素波门（盐步门）、航海门。著名的光孝寺、天庆观、六榕寺、崇报寺、怀圣寺都被纳入了城内，蕃坊也在城墙以内了。这对保护商业区，意义重大，“化外人法不当城居”的老规矩，无形打消。蕃商辛押陀罗为了表示感谢与支持，主动提出捐钱相助，但官府没有接受他的捐款。

宋城南至今大德路、文明路，东至今芳草街附近，北至东风中路，西至海珠中路。宋西城的东、南、北墙都是很清楚的，只有西墙让人生疑。很多史书说宋西城的西城墙在人民中路，与明城的西城墙是同一处。最让人困惑的就是，海珠中路的一段（今惠福西路至大德路段）原名叫西濠街。古人对濠、涌、河、渠都有明确的定义，断不会乱用，濠一定是护城河，所以荔枝涌不能叫荔枝濠，沙河涌也不能叫沙河濠。广州有西濠、东濠、南濠，没有北濠，因为北城墙外没有护城河。西濠街会不会曾经是护城河所在呢？如果不是，何以称濠？

在东、西两城建好以后，子城改称“中城”。在很长一段时间内，各路盗贼果然不敢光顾。熙宁六年（1073），程师孟升迁为谏议大夫，再任广州知州。他在广州任职先后六年，地方谷丰民阜，寇盗匿迹，瘴疠不作，百姓为程师孟建了一座生祠。南宋人方信孺有一首诗咏三城：

> 三城不断郁相望，千里长江势渺茫。
> 蛮獠传闻亦胆破，从知岭外有金汤。

但广州的气候，雨水多，台风多，地下淤泥多，土质松散，城墙建好才几十年，又出现多处坍塌了。绍兴元年（1131）朝廷令广南东路转运司拨钱五千贯修城墙，但做得很草率，到绍兴二十三年（1153），经略使方滋描述：“雉堞圮剥，不缒而登。灌木盘根，上侵睥睨。仍遭飓风，闉阇顿仆。重门夕不可闭，越其阈若将压焉。”破烂成这个样子，显然不是一天两天的事了。

方滋再次对中城、东城和西城进行全面修葺。竣工之后，“阖以枚数者五十四井，干烽橹以楹计者二千四百三十有四”。

嘉定三年（1210），经略使陈岘在城东南与西南各修筑雁翅城，以加固南面的城防，形成了中、西、东三城加两翼城的格局。东翅城长约280米，在今文明路与越秀南路交会处，至今万福路，城上建有高楼，额“番禺都会”四字；西翅城长约160米，在今人民路与大德路交会处，至今大新路，城上也有高楼，额“南海胜观”四字。清康熙朝《广州府志》说：“登楼一览，海山之胜，悉入目睫。”东西雁翅城都没有城门，各建有一个大水闸，以调节玉带濠、清水濠的水量，防止干涸或溢泛。

20世纪90年代在越华路与仓边路交会处的建筑工地上发现的城墙遗址，南侧一段呈东西向的，就是宋代东城北墙的遗迹，现存长12米，宽8.9米，残高1.2米。墙体两边包红砂岩或黄白色砂岩，边缘多用条形石，基部有“地牛”结构，中间填塞不规则的石块，还有柱石、石础等，夹杂不少砖块和陶瓷片、瓦片、瓦当等物夯土。这是宋城墙通常的砌法，如果墙体下原来是淤泥层，就先用直径15厘米至20厘米，长2米至4米不等的尖木桩，打入淤泥中，再铺上一层碎砖瓦作基础。然后根据墙体宽度，两边钉上木板，役丁把各种建筑垃圾和挖护城河的泥土，一筐一筐填到夹板之间。另外一批役丁则组成几个人一组，舞动石夯，把土夯实。夯实一层，再铺一层，一层层往上铺。最后拆去夹板，在墙体外砌砖。

在越华路的宋城墙遗址上，还发现了陶球、蒺藜等防御用具。建筑装饰物主要是一些雕阳纹花草砖和捏塑的龙首、兽首等陶饰。建筑材料多为饰莲瓣纹的瓦当。此外还有石柱础、残石柱等。1918年广州拆城墙时，从墙根挖出一块宋代的城砖，上面刻有一首诗：

似从工作到如今，日日挑柴吃苦辛。
一日秤来要五百，两朝定是共千斤。
山高路远难行步，水深泥滑阻工程。
传语诸公除减少，莫教思苦众军人。

宋代墙砖，留下很多铭文，有“番禺修城大条砖”“广州修城砖”“南海修城砖”“番禺修城大条砖”“水军广州修城砖”“水军合番禺砖”“水军记”“使府城砖水军造”“端平三年摧锋军广州修城”“景定元年造御备砖　勇敢黎”诸款。端平是南宋理宗赵昀的年号，三年即1236年；景定也是赵昀的年号，元年即1260年；“摧锋军”是朝廷的正规军，“勇敢黎”是勇敢军中一个姓黎的军士，勇敢军是非正规军的兵种。由此可知，直到南宋覆亡前夕，广州还在孜孜不倦地修城，承担这个艰苦工程的，大部分是军人。南北两宋，前后凡319年，广州城历经大大小小十几次扩建和修缮，是有史以来最频密的。

一座固若金汤的城池，除了有坚实的城墙，还必须有完善的排水系统。以前广州主要是靠文溪的东支、西支以及菊湖、仙湖和芝兰湖三大湖，承担防洪排涝的功能。直到大中祥符年间（1008—1016），邵晔任广南东路经略使，“凿濠为池，以通舟楫”，广州才真正开始有规划地建设城市的排水系统。

所谓“城池”，是指城墙与城濠（护城河）。随着城墙不断修筑，城濠也在不断延长。广州的南濠、清水濠、玉带濠、西濠，都是宋代开凿的。著名的六脉渠，也是宋代最伟大的水利工程渠。宋代对水利的重视，历朝历代，无可匹比。南汉国的城建规模，不可谓不大，但只是一味兴建宫苑、寺庙，与宋朝相比，简直判若云泥。

六脉渠最初是利用天然溪水沟堑开凿而成，其后不断加以修缮，在干渠之外，又开辟了许多支渠，形成一个以覆盖中城与西城为主的排水网络。虽然大部分沟渠河涌，今已湮灭，有的被填平了，有的成了暗渠，但从古书和旧地图上，仍可以找出它们的遗迹。细细揣摸，不禁令人惊叹，每条渠道的起止、位置、走向，目的明确，脉络清晰，各司其职，构成了绕抱回环、交流如织的水网。

第一脉从今六榕路出，经惠福西路，至南濠街出城，入玉带濠；第二脉从今净慧路出，经海珠北路、擢甲里、朝天路、光塔路，至南濠街出城，入玉带濠；第三脉从今光孝路出，经诗书路，至大德路口出城，入玉带濠；第四脉从今越华路出，经起义路惠福巷、解放南路、起义路素波巷出城，入玉带濠；第五脉从今人民公园出，经华宁里，由仙湖街出城，入玉带濠；第六脉从今文德路市一宫出，入清水濠。

南宋时期，西澳的淤塞速度加快，已不复为“澳”，而成为城濠。淳熙二年（1175）、嘉定二年（1209）、绍定三年（1230）、宝祐元年（1253）、德祐元年（1275）分别进行过疏浚工程，但屡浚屡塞。南宋末年，南濠水不再直接南流出珠江，而是汇入玉带濠。古西澳已完全淤塞成陆，成为六脉渠出海的总出口。《广东通志》说：“六脉通而城中无水患，盖城渠之水达于闸，闸之水达于濠，濠之水入于海，此城内水利所由通也。”

在古人看来，六脉渠的布局，不仅有防洪、防火的作用，更关乎广州的风水，不能任意改道，或胡乱开凿。清人樊封在《南海百咏续编》中说：“盖六渠大势，自抚署（今人民公园）视之，大北一脉乾位，小北一脉艮位，小南一脉巽位，大南一脉坤位。四大水口，合乎堪舆。外两渠迂回交汇于明堂前，天然位置，不可附会者也。”明成化年间（1472年前后），官府开展疏浚濠渠工程。当时，广州已有东濠、西濠、南濠，唯独没有北濠。总督韩雍提议开凿北濠，与东濠打通，但遭到一位叫阳瑄的太监反对，他指出广州的地脉在城北，凿渠必然伤及地脉，“地脉一断，则数千里神气不相贯”。结果韩雍被吓住了，没敢开凿。

1997年，在吉祥路东侧的七块石巷，发现一段石渠遗迹，当为宋六脉之第五脉。渠身上宽4.03米，下宽3.6米，深5.14米。渠壁用红砂岩和灰白砂岩石条砌筑，相当坚固。据考古记录，渠壁曾砌过两次，第一次的水渠是用灰白砂石条砌筑，渠壁两边用木桩加固。第二次是在原渠壁上加砌了一层，以碎石、石块夯实作渠底。从渠内的堆积层中，发现历代遗存的残物，时间最早的是宋代的碎砖、瓦片、瓷片和铜钱。

六脉渠建成后，城内水患大减，但经历了元、明、清三朝，广州人口急遽增加，城内日益逼仄，六脉渠两岸成了穷人聚居的地方。他们不断在渠边乱搭乱建，简陋、肮脏、破破烂烂的棚屋，几乎把渠道埋起来了。这一现象被称为“压渠”。大量生活垃圾和排泄物被直接丢到渠内，污水横流，恶臭逼人。加上官府疏于维护，六脉渠不断变窄，甚至湮没。清同治朝《南海县志》痛心地写道：“夫渠之湮灭，固庐室压垮所致，而官司不以时浚，咎亦半焉。”由于湮灭情况严重，官府每次疏浚之前，都不得不耗时费事地重新勘探六脉渠的位置、走向。

清代乾隆五十六年（1791），两广总督福康安计划重新修葺城内的渠道，但勘察半天，只找到五条水渠。而清代嘉庆十五年（1810）布政使曾燠也进行过勘察，竟发现有十脉之多。可见六脉渠并不是一个很严格的概念，少的时候只有五脉，多的时候可多至十脉。清代咸丰七年（1857），英法联军攻入广州。经此一役，广州城内大量房屋毁于兵燹，砖瓦淤塞河涌。清同治九年（1870），布政使王凯泰主持了清代最大规模的修治六脉渠工程，他的原则是，有故道的循故道，找不到故道就辟新沟，重开六条大渠。他事后撰写《重浚六脉渠记》，对六脉渠的走向，有详细的标注。

他对第一脉是这样写道：“一督署前渠：北流者由洛城街至莲塘街，合抚标箭道横渠流入五福巷，出铜关。其南流者，行华宁里、卫边街民房中，过七块石，上抵清风桥，径流水井，至南朝街，由义隐书院中入学署后院，贯九曜池，出九曜庙桥，直至仙湖街仙童桥下，出城入玉带河。”同治年的督署在今越华路，义隐书院在朝观街。这一脉基本上是南汉时代文溪西支的故道，从吉祥路入仙湖，从仙湖街出城入玉带濠。

第二脉是抚署右渠，抚署在今人民公园。“北流者人连新街径莲花井街，至九眼井转西，西流九龙街，过大北直街西华一巷，过财神庙出北水关外濠。其南流者，由雨帽街下桂香街、贤藏街，至孚通街三圣宫下，出城入玉带河。”

第三脉是百灵街尾明渠，“西北流由城根出北水关入濠。其南流者，阴渠由官塘街、窦富巷、擢甲里、杏花巷、西濠街过石桥出大水关，入玉带河。”官塘街即海珠北路。

第四脉是旧仓巷渠，“北流者，由梯云里北行，至司后街，入谭家祠，转高家口，东流入豪贤街天官里民屋后，合万安里明渠，出铜关入濠。其南流者，从惠竺寺过仓边街，南流行黄家巷、毓秀坊出文溪桥下，径长塘街至贤思街土地庙下，出城入玉带河。”司后街即越华路，铜关在越秀桥附近，通入东濠涌。

第五脉是越秀山下渠，“由龙王庙左东流过菊坡精舍，入将军鱼塘，由塘东出贯容家园中。合高社十八洞南流之渠，又合十九洞南流之渠，同出黉桥下，东流过刘家园，又过小北直街，至飞来寺合状元桥下之渠，出铜关入濠。”龙王庙在越秀山上，菊坡精舍在广州市第二中学附近，将军鱼塘在越秀山脚，黉桥即洪桥，小北直街即小北路。

第六脉是龙王庙右渠，“南入粤秀街，穿东墙入和康里，出抚标箭道，东过莲塘街中约，汇督署前北流之渠，东入五福巷双槐洞、崔家巷、理事厅照墙、狮子桥、三多里、九如坊、丹桂里，抵状元桥下，出铜关入濠。”抚标箭道在今中山纪念堂处，状元桥在小北路与法政路交会处。

清代的六脉，有些是宋代六脉的旧渠，有些是后来新开的。清代光绪十四年（1888），候补知府陈坤负责疏渠工程，完工后还制作了详细的六脉渠图加以说明，以防它们再次湮灭，后人找不到踪影。这是清代最后一次疏浚六脉渠。这时的六脉渠，总长为48.9千米。

第五章　厓山之后

宋代以降，广东文风大开，在岭南自然与人文熏陶之下，诞生了不少殿堂级的人物，以文采风流与刚正清廉著称。大部分人到最后，或选择脱离官场，归隐故里；或选择砥节守公，亡身殉义。

净慧寺自端拱二年（989）重修后，香火越来越旺。元代祐元年（1086），住持德超和尚从湖北请来高僧道琮说法，听众热烈非常，很多人专程远道赶来听法，其中一位是曾任凤翔郡宝鸡县（今属河南）主簿官的南海人林修居士，他是净慧寺的常客，听法之余，和寺僧倾谈寺院往事，大家说起当年舍利塔毁于兵燹，颇为咨嗟。林修感慨地说，没有宝塔，“何以极佛土之庄严，以尽吾邦归向之诚，而为邦人植福之地邪”。于是倡议重建宝塔，并慷慨地捐出万金。他的善举，得到本地绅商积极响应，纷纷解囊。

人们打算在宋初烧毁的千佛塔原址上，兴建新塔，但时隔百年，竟无法确认原址了。直到有人自称得到报梦，要把塔基的面积再扩大一点。大家遵从他梦中指点，扩大塔基，结果挖出了九口古井，位置刚好就在塔基四周，很可能就是五百多年前昙裕禅师挖的那九口井，这才确定了千佛塔的原址。在挖地基时还挖出一口巨鼎，里面藏有三剑一镜，熠熠生辉，如同新的一样。这件事轰动全城，人们蜂拥前来观看。

这时，大文学家苏轼到了广州。他是嘉祐二年（1057）的进士，曾在凤翔、杭州、密州、徐州、湖州等地任职。熙宁四年（1071），朝廷推行新法，苏轼上书分析新法的弊病，令新法倡导者王安石极感愤怒，两人因此产生矛盾，苏轼乃请求出京任职，被授为杭州通判。元丰二年（1079），因“乌台诗案”被贬为黄州团练副使，下狱一百零三日，险遭杀身之祸。元丰八年（1085），神宗赵顼驾崩，哲宗赵煦即位，苏轼得以重新起用，但才过了九年，再次受到打压，被贬往惠州。

苏轼路过广州时，净慧寺宝塔正在施工。他下榻在不远的天庆观。逗留广州时间虽然很短，但他游览了白云山蒲涧，还去了扶胥镇的南海神庙参观，一路上兴致勃勃，完全不像被贬谪的人。他在天庆观休息时，和观中的道士谈古论今，或者邀约几个斗酒学士把盏欢谈，更唱迭和。苏轼酒意一上头，还在天庆观墙壁上，挥毫题写：“东坡饮酒此室，进士许毅甫自五羊来，邂逅一杯而别。”

苏轼在《广州女仙》一文中，讲了一件奇事：他在崇道大师何德顺知观的室中，见有神仙骑箕箒降临，自称女仙，赋诗立成，有超逸绝尘语。有人见她骑箕箒而至，以为是民间传说的紫姑神之类，但她作的诗句清新俊逸，又绝非紫姑神之辈可比。

苏轼戏言："崇道好事喜客，多与贤士大夫游，其必有以致之也欤？"

朝廷再把苏轼贬往儋州。苏轼去后，天庆观东庑新筑一座供奉道祖老子的"众妙堂"，何德顺知观寄书海南，请苏轼为新堂作文。苏轼欣然命笔，写下《众妙堂记》一文。这一篇文章，辗转经年，不知走了多少道路，才从儋州转到广州何德顺手中。何德顺勒石为碑，立于天庆观内。

元符三年（1100），赵煦驾崩，徽宗赵佶继位，次年改年号建中靖国。朝局虎变，许多前朝谪臣都获得赦还，朝廷三下赦令，苏轼从儋州北返。凉秋九月，他一身笠屐拄杖的装束，仆仆风尘，到达广州，仍下榻在天庆观。这次他因感染风寒，在广州逗留了约一个月。

净慧寺的千佛宝塔已经建好了。塔身高57米，高耸入云，是当时罕有的高层建筑。《重修广州净慧寺塔记》描述："以为八觚九层，度高二百七十尺，龛藏贤劫千佛泊旃檀五百应真像，下瘗佛牙舍利，殉以珍宝，绀宇翚飞，丹槛离立，轮奂之盛，金碧照空。对严献殿，缭以回廊，玮丽称是。"蕃坊以南，大江横陈，千帆相继。南宋人方信孺有一首诗《净慧寺千佛塔》，诗中写道："客船江上东西路，常识嶙峋云外浮。"可见到南宋时，千佛塔还是珠江客船入港的航标。

环绕着宝塔的六株大榕树，虽是残秋时节，依然枝繁叶茂，浓翠欲滴。苏轼每天在榕树下散步，调养病体，当住持请苏轼留下墨宝时，他题写了"六榕"二字，后来净慧寺就改称六榕寺了。坊间猜测，“六榕”二字，到底有什么特别意义？据说，苏轼的爱妾在惠州去世，葬于西湖栖禅寺的松林中，寺僧建了一座亭，苏轼书榜“六如”，取《金刚经》中“如梦幻泡影，如露亦如电”之意。他在净慧寺题“六榕”，是否与“六如”相对，表达了跳出“六尘”的皈佛之心？

其实，苏轼性格开朗，被贬儋州，虽然身处逆境，亦从容面对，自得其乐。他自号“东坡居士”，与许多高僧大德都是知交。后世的一些研究者说，苏轼在儋州已表达出“心似已枯之木”的悲凉心境，但他有一首诗写道：

五日一见花猪肉，十日一遇黄鸡粥。
土人顿顿食藷芋，荐以薰鼠烧蝙蝠。
旧闻蜜唧尝呕吐，稍近虾蟆缘习俗。
十年京国厌肥羜，日日烝花压红玉。
从来此腹负将军，今者固宜安脱粟。
人言天下无正味，蝍蛆未遽贤麋鹿。
海康别驾复何为，帽宽带落惊僮仆。
相看会作两臞仙，还乡定可骑黄鹄。

却无半点“心如枯木”的样子。苏轼和净慧寺的和尚混得很熟，和天庆观的道士也称兄道弟。他给净慧寺题字，又给天庆观题诗。道可佛，佛亦可道。在他身上，更多体现的是儒、释、道三家的融合。

以《滕王阁序》名动天下的王勃，25岁那年途经广州，游览宝庄严寺，瞻仰宝塔，写下了《广州宝庄严寺舍利塔记》。在这篇文章中，他记述了一个故事：某年宝塔忽现瑞象，放出斑斓的光芒。“玉林照灼，金山具足。倏来忽往，类奔电之舍云；吐焰流精，若繁星之转汉”。宝塔放光，惊动城内居民纷纷涌去观看，“倾都共仰，溢郭周窥，士女几乎数里，光景动乎七重”。

宝庄严寺宝塔的放光现象，在历史上出现过多次。明代正统五年（1440），陈琏的《重修净慧寺千佛塔碑》记载：“塔现神光，观者万余。”明代嘉靖二十九年（1550）黄衷的《重修净慧寺千佛宝塔颂》也记载，他亲眼所见，立秋以后某日，“有赤光满庭，烨烨如昼，比出四望，光自塔来，星彩顿掩”。两个月后，宝塔再次放光。《番禺县志》也记载了，在明代万历甲寅（1614）和天启辛酉（1621），宝塔都曾放光，一次五色，一次白色，“蒸腾璀璨，烁入重霄”。其后，在清康熙、咸丰年间都有放光的记录。

仅民国时期就有六次。1925年11月17日，有人把白喇嘛普仁所传的六字大明咒、白伞盖咒、黄度母咒，分别用镜框镶起，悬挂在塔的顶层内膛八门上端，十天后，这八门同时放射出青金色光芒。街上值班的警察看见了，大为惊诧，沿街拍门叫居民出来观看。

第二年的7月16日傍晚，塔顶层西南塔门右上角又忽然发出白光，就像一盏圆形的大光灯，光芒四射，历时一小时才熄灭。

还有一次一连几晚，白光笼罩塔身，通体熠熠发光，再次惊动全城民众，纷纷涌来观看，一时造成万人空巷的热闹景象。

1931年6月8日傍晚，六榕寺主持铁禅和尚和朋友在友石堂前的太湖石侧露天而坐，谈论宝塔放光的逸事，有人说：塔屡放光，我们发愿修塔，为什么不能放给我们看呢？在座即有人念起光明咒，两三人亦跟着念起来。塔的西南面忽然射出黄光一道，从六层闪到七层，往返回六层，再上七层，如此反复了三次。

几天后，这几位友人再到寺中相聚，各自又邀了一些亲友来，共有几十人，齐集园内补榕亭北面。到了晚上9点，众人一齐对塔行礼念咒，不会念咒的就念佛号。持续念了20分钟，在塔身五层以上各层，略发光影，色白如月映。众人不胜欢喜，发力念咒不断，又过了约5分钟，殊光骤放，五、六、七层塔门被光芒所罩，红墙绿瓦，都变成一片乳白色，八、九两层尤为夺目，有如半空中悬缀两重琉璃宝盖，内中点燃强光的炭精灯，通体透明，塔门都看不见了，色如珠光，不能复辨墙瓦，但感受到强光激射，入眼清凉。坐着的众人都起立作礼，念咒的继续使劲念咒。

这一发光的情况持续了一小时之久，城内街邻住户，空巷来观，由于时间持久，甚至有人开车来观看。寺内人满为患，街上也挤满了围观者。只见此塔八面的光状无异，不时有黄光如电闪般，由五层上闪至七层而灭，或由七层下闪至五层而灭。一小时内，如是上下闪光约十次。然后八、九两层的光芒渐渐收敛，塔门重新显现，但仍看不清红墙绿瓦，再过一会，各层白光同时收敛，绿瓦红墙亦可以看到了。又过了3分钟，白光尽敛，塔影隐约，月沉天黑，回复如初。至此，念佛咒者作结束语，大家都感到大欢喜，赞不绝口。

这几次千佛塔发光，持续时间都很长，亲临目睹的人极多，其中不乏社会名流，报纸做了大篇幅报道。至于放光原因，有各种解释，有说是塔尖放电现象，也有怀疑是和尚做了手脚，在塔里放置放光物，但都是猜测，谁也拿不出确证，最后不了了之。

在苏轼离开广州后一百多年，宝祐（1253—1258）初期，六榕寺忽然发生火灾，迅速延烧了几间殿堂。在熊熊的火光中，惊恐万状的信众，环跪在寺院外，合十祈祷，诵经念佛，很多人忍不住哭了起来。幸好大火没有烧及千佛塔，苏轼的题榜也安然无恙。火灾后，寺内不少建筑坍塌，部分和尚不得不带着六祖的铜像，转移到龟峰的西禅寺栖身。直到1913年，六祖铜像才回归六榕寺。

天庆观在苏轼走后，也发生了一些故事。清人樊封《南海百咏续编》记述，乾隆初年，住持道人黄三纯在井旁隙地开垦菜畦，挖了三四尺深，竟挖出一艘古洋舶，在船舱里找到大量古钱币。他由此推断，“汉魏时此处尚属汪洋耳”。南宋末年，天庆观改为玄妙观。元军攻陷广州时，玄妙观被焚毁，元代大德年间（1297—1307），宣慰使答剌海进行了重修。

元末明初道士萧虚集，居琪林观，以诗文名世，惯以琪林代称玄妙观。仿光孝寺山门背面有“诃林”匾额，玄妙观山门背面亦有“琪林”匾额，所以玄妙观又称“琪林观”。明代羊城八景之一“琪林苏井”，即指苏轼在天庆观所浚之井。

开元寺能够轻易地改为天庆观，说明道观与佛寺的形制、结构相似，互换角色，并没有太多障碍。道教的天庆观与佛教的光孝寺、六榕寺紧紧相邻，与伊斯兰教的光塔寺衡宇相望，构成了一幅奇特的宗教文化图景。

这样的现象，在广州并不罕见。越秀山南麓的三元宫，就是从最早的道观越岗院，变成佛教悟性寺，再变回道教的三元宫。道教虽然从晋代开始就建有道观，但大部分道士，仍是火居道士，也就是平时在家修行，衣食住行与一般人无异，只有遇到丧葬、禳鬼、治病等事时，应主人家邀请，才会换上道袍，去做法事。广州人把这些道士叫作“喃呒佬”，但凡有赞星、脱褐、礼斗、旺土、禳灾、打斋、作七等功德法事，便请他们出场。南宋以后，道教开始效法佛教，有了出家修行、住居宫观的规定。

越秀山上长满了高大挺拔的凤凰木、马尾松、木麻黄和木棉树，掺杂着许多山芝麻、土沉香等黑森森的灌木丛，奇形怪状，千姿百态，有时晚上还能听见野兽的嗥叫声，令人惊恐不安。三元宫隐藏在这片茂密的林木之中。明代诗人描写越秀山之夜：“月色长空满，凄清引猿啸。”附近甚至有老虎出没。清乾隆朝《南海县志》记载：“明崇祯十四年秋八月，虎至城北濠，居民环捕，竟逸去。”虽然这类大型动物并不常见，但当年这里的环境，仍然十分幽深，适合道家修炼。

三元宫是广州最有名的全真派十方丛林道观，所谓“三元”，是指道教所说的天官、地官、水官。天官赐福，地官赦罪，水官解厄。天官为上元，地官为中元，水官为下元，传统以农历正月、七月、十月的十五日为上元节、中元节和下元节。每逢这三大节日，全城的善男信女都会涌到三元宫上香致祭。1933年出版的《新年风俗志》记载：“元宵，观音山（越秀山）的三元宫最热闹了，市内的女人们，都上三元宫去；还有那疍妇、妓女，也都很高兴地去参拜，从朝到暮，路上满挤着人群。”

三元宫始建于东晋时代，当时的南海太守鲍靓信奉道教，在越秀山麓建造了越岗院，相传他年轻时曾拜仙人阴长生为师，学得炼丹和尸解之法，人们都称他为“神仙太守”。后来，有“小仙翁”之称的葛洪，拜鲍靓为师，钻研道术，并娶其女鲍姑为妻，在罗浮山养生修炼，成为有名的炼丹家、医药学家。

在坊间流传的故事中，鲍靓白天在衙门处理公务，晚上就乘着由两只鞋变成的燕子，飞到罗浮山与女婿一起研究仙术。葛洪以丹鼎生涯终老，而鲍靓活到一百多岁也死了，葬在丹阳石子岗上，后来有人盗挖他的墓，但棺材里只有一把大刀。

唐朝时，越岗院改为悟性寺，它是什么时候改为三元宫，众说不一，有说是明代，万历、崇祯两朝都有修葺重建，但明朝的广东方志，并不见有“三元宫”的观名。史料中最早出现三元宫之名，是清顺治十三年（1656）《修建三元殿记》碑；此碑由广东钦差巡抚李栖凤在平南王尚可喜及靖南王耿继茂攻下广州城之后所建，碑云李栖凤于广州“城北观音山之阳，集建太上三元宝殿……皈奉三元大帝”。

三元宫山门前有一副石刻楹联：“三元古观，百粤名山。”

笔法雄健。在通往山门的石阶旁，盖有一座重檐山亭，悬挂着“幽林胜境”的匾额，两边刻楹联：“三元胜境留仙影，古观幽林觅鹤踪。”背面的匾额为“岭南福地”，楹联为：“身居闹市红尘外，宫在名山福地中。”山门内依次为王灵官殿、三元宝殿、老君宝殿，两侧有鲍姑宝殿、吕祖宝殿、关帝宝殿、天后宝殿、观音宝殿等配殿。一年四季，香火不绝。由三元宫道士造作的斛食炼度科仪本《济炼全科》，广泛流传于南海、香港和澳门等地道堂，直到20世纪后，仍被广东、香港、澳门等地的道教奉为最经典的施食炼度幽科仪。

广州人热衷于拜神，具有比北方人更强烈的敬神心理，这与广东是一个移民省份有关。历朝历代，从五湖四海来的移民，把自己家乡的神灵都带来了，佛祖、观音、北帝、城隍、洪圣、财神、风神、雷神、妈祖、黄大仙、三山国王、康公主帅、关帝、金花娘娘、土地公公、床头婆婆，各路神灵，数之不尽，灶有灶神，床有床神，厕所有厕所神，水井有水井神，广州成了万神之都。广州人生病了，不喜欢看医生，宁愿求神拜佛。南宋的《舆地纪胜》记载，广州“土人遇疾，唯祭鬼以祈福”。家住双槐洞的明人黄瑜在《双槐岁抄》中也写道：“南人凡病，皆谓之瘴。率不服药，唯事祭鬼。”

“草望春生，人望神扶”的心理，源于移民的不安全感、不稳定感和对命运的无力感，这种心理往往会延续几代人。广东人祭祖先、拜鬼神的风气，一向很盛，他们是多神的崇拜者，只要是神灵，都要虔诚礼拜，哪怕是一棵冒烟的老树、一块出汗的怪石、一截自燃的木头、一堆雨水冲不走的碎瓦泥胎，都可能会引来四乡八镇的民众，焚香跪叩。女人比男人更坚定地相信，“拜得神多自有神庇佑”。对她们来说，观音菩萨、元始天尊、天后娘娘，或者其他各路神灵，基本没什么分别，无论拜哪个神，求的都是同一样事情：家宅平安，福禄寿全；连拜神的动作也都是一样的，统统是合十磕头，念念有词。

因为神灵多，佛诞、神诞也特别多。光是佛教，弥勒菩萨、观世音菩萨、释迦牟尼佛、药王菩萨、药师佛、阿弥陀佛、龙树菩萨、大势至菩萨等，都有自己的诞日。道教的北帝、车公、路头神、清水祖师、九天玄女、谷王、玉皇大帝等，甚至连五殿阎罗王、门官土地，都有诞日，难以细数。各种民间神诞，更多如牛毛，民国时番禺钟村镇，一年之中就有一百多个神诞，不仅有公共的神，各村还有自己的神。一个沙湾镇，就有5座佛寺和14所民间祭祀的祠庙，包括青龙庙、巡抚庙、华佗庙、玄坛庙、天后娘娘庙、观音堂、华光庙、康公主帅庙、三元庙、福善庙、关帝庙、窦母娘娘庙、义士祠、望海观音庙。广州城里的风神庙、龙王庙、真武庙、药王庙、天后宫、斗姥宫、关帝庙、金花庙等，也是布满了三街六巷，走到哪里，都会遇见。

以前荔湾、芳村都属水乡，常有水患，人们除了拜北帝、洪圣，还拜妈祖。民间传说，妈祖是福建莆田望族九牧林氏的后裔，精通医术，治病救人，又会观测气象，预知阴晴风雨。商船和渔船在海上遇险时，她会“乘席渡海”去打救。民间建庙祭祀，称她为天后、天妃、天上圣母、娘妈，是船工、海上商旅和渔民信奉的海上神灵。人们出海前都要拜祭，祈求妈祖护航；平安回航之后，则要进香答谢妈祖福佑。因此，北帝庙和天后宫，在水乡地区，星罗棋布，广州的第十甫、十三甫、怀远驿、新基街及新爵、坑口、南塘等地都有。

不同宗教的神灵同处一室的情形怪象，比比皆是。明代万历二十七年（1599），李凤到广州掌管市舶，他是著名的贪官，在大北门直街建了一座北帝庙，供奉北帝，但庙内却立了一块《观音大士像赞》碑，赞美观世音是“西方圣人，洵美且都。华发鬘结，玉骨琼肤。青莲妙相，金缕珠趺”。在21世纪的杨箕村北帝庙里，正殿供奉北帝，两侧还有观音殿、太岁殿和文武殿、财神殿。芳村黄大仙祠，除了供奉道教的黄大仙、吕洞宾，还有佛教的如来、弥勒、文殊、观音大士和韦驮，甚至有凡间的唐朝丞相魏徵。广州人信神，就是如此不拘小节，但求拜得方便，一次可多拜几家。

每逢神诞，民间都要举行隆重的庆祝活动。清人张渠的《粤东闻见录》说：“粤俗最喜迎神赛会，凡神诞，举国若狂。”人们搭起戏台，邀请僧侣打醮，菊部梨园天天演戏酬神，一连演好几天，管弦丝竹，大锣大鼓，通宵达旦。城厢各处，火树银花，红烛照夜。最热闹的是燃花炮、抢炮头活动。炮仗连连爆响，烟焰弥天，声势惊人。包裹在炮仗外的彩色纸，被炸得四纷五裂，有如花飞蝶舞。炮仗爆响前，围观者个个塞耳闭目，侧身低头以避；爆响后，无不凫趋雀跃，欢呼若狂，争相抢夺炮头。抢到炮头的人，便得到神灵庇佑，全年顺景、发财兼平安。第二年要酬还炮头。张渠感叹，这类酬神活动，通常“历数昼夜而后已。计一会之费，可抵中人数家之产。此亦粤之陋习”。

狂欢过后，一切归于平静。人们继续各自的营生，该开铺做生意的开铺，该下田耕种的下田，该去读书的，也负笈出门读书去了。

读圣贤书

宋朝庆历年间（1041—1048），儒林发生了一件大事：朝廷诏州县立学，选部属官或布衣宿学之士为教授，并立听讲日限，规定士须在学校习业三百日，方许应举。广州郡守奉诏，在蕃市附近，将一座孔庙改建为州官学，是州一级的最高学府，亦称“广州学宫”。

宋代的地方行政区分为路、州、县三级，广南东路辖广州，广州辖南海、番禺、清远、东莞诸县。地方的官办学校只有州县两级，路无学校，只负责督促州、县置学。《宋会要辑稿》说，宋代“州县不置学者鲜矣”。县学生优秀者，可升入州学；州学生优秀者，可升入中央一级的太学；太学毕业，就可以一步踏入官场了。

很多人有一种近乎固化的偏见，认为广州远离中原，庠黌不兴，声教不及，虽然是财富汇聚之地，但因为这个地方赚钱太容易了，人们热衷于“斗争射利，未尝知学”。宋人郑獬在《知广州制》中写道：“交广之地，距京师几万里，其民俗与山獠杂居，固未尝见天子旗旄之美，东舆之音，则其声教之所偃薄，德泽之所渐渍，由上国而施四方，盖亦有近者详而远者略矣。”这完全是基于中原文化一元中心的立场而言，认为岭南交通不便，客观上加大了接受全国性主流文化的难度。其实，恰恰相反，由于历朝历代大量移民的涌入，广州长期处在文化交流的漩涡中心，广州与中原文化、湘楚文化、闽浙文化、海外文化交流的广泛程度与活跃程度，远远大于中国其他地方。

广州的文教，起步并不算晚。早在南越国时代，广州已开始兴办学校，黄佐在《广东通志》里说，广东“入汉以后，学校渐弘”；三国时虞翻在广州聚徒讲学，门徒有数百人；唐代韩愈被贬到广东，亦尝致力于创办学校；南汉国更是开贡举，设铨选，庠序大振。熙宁九年（1076）黄几复任广州教授，据黄庭坚的《黄几复墓志铭》说，当他给广州士人逐字逐句讲授儒家经典时，听课的人竟觉得“闻所未闻”。这只是一种近乎无知的狂妄，士人听不懂这位老师讲儒学，只有两个可能：一是老师讲外地方言，把大家听懵了；二是他收的学生都是猪倌牛侩。

广州学宫开办后，经过几次搬迁，绍圣三年（1096），章楶任广州知府，把州学迁到番山之下，即今天的广州市第一工人文化宫处。学宫大门对着城墙，一些人认为风水不好，因为城墙属土，“土星高大厚而端，牛背屏风总一般”，气脉壅窒，不利科进。于是，绍兴二十七年（1157），经略苏简在城墙上开了一个门，名为步云门，后来改名为冲霄门，清代改为文明门，含有“平步青云”与“文教昌明”之意。尽管城门也方便了盐商出入，但毕竟与教育和科举，有更大的关系。

州学之后，县学踵兴。嘉定二年（1209），城西崇报寺侧，创办南海县学；淳祐元年（1241），创办番禺县学，最初附设在州学内，后来官府与乡绅同共集资，在城东兴建学宫，前列棂星、戟门，后则云章之阁，厚栋大梁，重轩三阶，庄严壮丽。春秋礼乐，冬夏诗书，四术四教，士气蒸蒸然。无论是州学，还是县学，都有大成殿，供奉至圣先师文宣王孔子像，象征着儒学的正统地位，至高无上。

理学是宋代的学术主流，源起周敦颐、邵雍、张载诸人，传至程颢、程颐，境界愈加深邃开阔，复经南宋朱熹发扬光大，再有陆九渊之异军突起，陶镕鼓铸，乃成一庞大的思想体系，主导中国思想界几百年，把传统儒家学说，从道德信条上升到哲学高度。周敦颐曾两度在广东任职，第一次是广东南路转运判官，第二次是提点广南东路刑狱。他在广州的学术界，留下巨大的影响。与全国各地一样，理学成为广州官学最重要的内容。

宋代文教的最大特色，是大批私立书院，蓬勃兴起。自古以来，教育都是“立学官，取仕家子弟”，但书院的出现，打破了官家对教育的垄断。广州第一所留下了名字的书院——禺山书院，诞生于嘉定十七年（1224）。

禺山书院创办者梁百揆，字宗盛，广东番禺人，出身书香世家，父亲梁仲钦有“纯儒”清誉。梁百揆嘉泰四年（1204）乡试第一，13年后中进士，历任从事郎、太学录、符玺郎、奉议大夫，在朝中以直谏敢言著称。嘉定十七年（1224），宁宗赵扩驾崩，丞相史弥远发动宫廷政变，矫诏废皇储，立赵昀为帝。梁百揆熟知历朝掌故，废立之争，从来是乱政的祸胎，他不愿立危墙之下，遂向朝廷称疾乞休，返回广州，在禺山创办书院，聚徒讲学，教人舍采豆俎之礼，执经问难之事。明代名臣海瑞称赞梁百揆：“当南渡时，不因官爵而变学守，唯以道德而范乡邦，世皆以‘先生’称之。”

在梁百揆创办禺山书院前后，一批赫赫有名的大儒，到了广州。名气最大的是崔与之，他是广东增城人，童年在萝岗读书，绍熙四年（1193），殿试考中进士，成为岭南由太学取士的第一人。崔与之在很多地方做过官，几乎每到一处，都留下良好的口碑。他主政两淮及四川多年，告老还乡后，川民还在成都仙游阁立像纪念。

朝天路的崔府街，因崔与之故居得名。他在嘉定十七年（1224）辞去吏部尚书，回到广州，不为纷华所动，选择在蕃坊内兴建“晚节堂”。读书人或会感到奇怪，崔与之在人们的印象中，是一位学养深厚，操履端谨的大儒，怎么会混迹于市井，与贾贩为邻？

其实，崔与之到广州时，宋代的海上丝路，已开始走入低谷。嘉定十二年（1219）地方官府的报告，承认“泉广舶司日来蕃商寖少”。崔与之南返前两年的嘉定十五年（1222），由于商船越来越少，税收锐减，官府甚至不得不强迫商人出海。官府报告说：“拘于岁课，每冬津遣富商，请验以往。其有不愿者，照籍点发。”可以想象，崔与之卜居此地时，蕃坊已不复昔日的繁华。

崔与之的晚节堂，是一个别致的小庭园。园深八十多米，宽二十多米，三进大厅，东、西偏房各三间，还有两个大天井。西偏房有“菊坡”题匾，门柱上镌有“老圃秋容淡，黄花晚节香”的楹联，雕梁画栋，建构宏丽。有个富商重金聘请建崔府的匠人，照样建了一座。房子盖好后，请崔与之去参观。崔与之看过后，对那个富人说：“你盖这房子固然很漂亮，但少了两根梁。”富人诧异地说：“我是完全按照相府规模建造的呀，怎么会少了梁？”崔与之说：“一根‘没思量’，一根是‘没酌量’。”坊间一时传为趣谈。

端平二年（1235），广东发生惠州摧锋军暴动。摧锋军是朝廷的正规军，由殿前司遥为节制，其中一支以广东人为主的摧锋军，驻守南京，本已到了换防时间，要调回广东，但因为江西发生匪患，途中被调去参加剿匪。任务完成后，这支摧锋军不仅没有得到奖赏，还被要求长期驻守江西，于是引起归家心切的官兵不满，最终激成叛乱，杀回惠州，继而攻打广州。

广州城外，又见阵马风樯。78岁高龄的崔与之临危受命，出任广东经略安抚使兼知广州，领导平乱。当时有谣言说，广州城内的摧锋军，蠢蠢欲动，意图与叛军里应外合。崔与之先派人严守北门，防止城内外的摧锋军互通消息，同时迅速处理了城内几个不稳的将领，安抚好一般将士。崔与之亲自乘坐肩舆登城，劝导叛军投诚。李昴英、杨汪中是他的门生，奉命缒城而下，深入虎穴，与叛军首领谈判，晓以大义，说服了部分军士释甲降服，残部遁去，解了广州之围。

叛乱平息后，崔与之自行辞去官职，回到崔府街，继续过他的平静生活。这让广州人对他产生由衷的敬爱，在白云山为他立了一座生祠，俗称“菊坡祠”。虽然朝廷升任崔与之为参知政事、右丞相，但他连续13次上疏力辞不就。皇帝知他志不可回，只好同意他在家条上时政，“以观文殿大学士提举洞霄宫，自领乡郡，不受廪禄之入”。

崔与之酷爱菊花，处世也是人澹如菊，一生不养妓，不增置私产，不受馈赠，以“无以财货杀子孙，无以政事杀民，无以学术杀天下后世”作为座右铭。他的词章被认为是“开岭南宋词之始”，后人把唐相张九龄奉为“粤诗之祖”，崔与之为“粤词之祖”，他所开创以“雅健”为宗旨的岭南词风，对岭南词坛影响很大，清人梁善长辑《广东诗粹》称崔与之的诗词，“高华壮亮，犹有唐人遗音”。

崔与之的门生李昴英，字俊明，号文溪，番禺人。童年曾居住于广州的龙头市（今惠福西路五仙观附近），在海珠石慈度寺读书。嘉定十五年（1222），李昴英乡试中举。宝庆二年（1226）参加临安（杭州）春试，中第三名，成为广东历史上第一个探花。端平三年（1236）后，曾任太学博士、直秘阁知赣州等职。在平定摧锋军叛乱一役中，李昴英展现了非凡的勇气，用绳子把自己吊下城，与叛军谈判。广州人从此记住了他。

李昴英居住在文溪边，后来长塘街有一条李家巷，就是因他而名。他对文溪一往情深，自号文溪，写的书也取名为《文溪存稿》。他为人端凝庄重，凛不可犯。后人以敬畏的语气描述他："严气正性，其人与文皆峭岸，令人有不可干之意。"

淳祐元年（1241），李昴英出任吏部郎官，碰上轰动一时的"三贤暴卒"案，死了三位有清誉的朝臣，舆论普遍认为是权臣史嵩之指使谋杀，李昴英三次上奏，请求严惩史嵩之。其后他又上疏弹劾京兆尹贪残，理宗赵昀听得心烦，拂袖而走。李昴英竟跑上去拉扯着皇帝的衣袍，继续滔滔陈说。赵昀甩开他走了，他还要把疏封留在皇帝的御座上，被斥为"大失人臣之礼"，受解职外放处分。李昴英以父亲年老为由，返回广东。赵昀虽然受不了李昴英的固执性格，但也承认，"昴英，南人无党，中外颇畏惮之"。有人更赋诗称赞他："庾岭梅花清似玉，一番香要一番寒。"

广东经略安抚使方大琮与李昴英差不多同时到广州。方大琮，字德润，号壶山，福建莆田人，开禧元年（1205）进士第三名，他和李昴英曾同朝为官五个月，但惺惺相惜，一见如故。方大琮盛赞李昴英是"有美羊城一钜儒，菊坡气脉最关渠"；李昴英则形容他们的友谊是"十年缔交兮，相照肝胆"。

方大琮利用州学的部分建筑，改建为番山书院，把州学御书阁的图书迁至书院，旁边建文、行、忠、信四斋，具备了讲学、藏书和祭孔的功能。他又在书院侧建一莲花池，取周敦颐《爱莲说》之意，陶冶士子“浴乎沂，风乎舞雩，咏而归”的情操。

周敦颐在广州期间，曾住在药洲，其办公衙门在清风桥北（今起义路附近）。后来人们为了纪念他，在清风桥北建了一座景濂堂，又在越秀山修建周元公祠。方大琮把景濂堂改建为濂溪书院，并请李昴英推荐一位本地的硕学通儒，出任首席教座。李昴英推荐了八旬布衣田知白。他在荐书中写道：“是邦老成人，无如田知白者。闻其壮即厌科举，专志理学，使领袖书生为宜。”“厌科举”成为推荐理由之一，可见当时在广州读书人中，科举并非唯一鹄的，学理的研究同样重要。方大琮对田知白恭而有礼，顾庐诚邀，但田知白一听，却谨辞不敏，自称“贫而好酒”，只是一“醉乡遗老”，不足以设教育人。当方大琮二顾茅庐时，此老已鸿飞冥冥，不知去向了。

民间书院对推广文教的作用，甚至大过官办的州学、县学。宋末元初人马端临在回顾宋代书院教育时，感慨地追述：“盖州县之学，有司奉诏旨所建也，故或作与否，不免具文。乡党之学，贤士大夫留意斯文所建也，故前规后随，皆务兴起，后来所至，书院尤多，而其田土之赐，教养之规，往往过于州县学。”后人刘伯骥在《广东书院制度》一书中，认为广州除禺山、番山书院外，其他书院“或为私人读书讲学之所，或为先贤纪念祠，或为课士官舍，规制未备，极难考据”，显然是偏颇的。方大琮创办濂溪书院，既聘请首席讲座，说明有聚徒学讲，不仅仅是纪念先贤，或私人交流学问之所。既然文献阙如，“极难考据”，“规制未备”的结论，则无由得出。

淳祐六年（1246），李昴英被朝廷重新起用，任太宗正卿兼国史馆编修，后升任龙图阁侍制、吏部左侍郎，并封以番禺开国男爵位。方大琮为他送行，依依惜别，留下了感人至深的诗句：“握手不堪离思满，愿公自爱庙堂身。”

就在这一年，梁百揆去世。广州遽失两位大儒，方大琮不胜欷歔惋惜。“四时常花，三冬不雪”的广州，居然在这年冬天飘起了鹅毛大雪，一连下了三天，积雪深达尺余。很多人一辈子没见过下雪，惊叹不已。小孩子们最兴奋了，在街上跑来跑去。方大琮踏着厚厚的积雪，到各地慰问贫民，派发救济金，心里却总是记挂着远在帝阙的李昴英。

李昴英的耿直性格，丝毫没有改变，因此他在京师又闯祸了。有一名御史因为弹劾佞臣而遭解职时，李昴英上奏声援那个御史，皇帝不理会，他便毅然挂冠，登上客船回广州。岭南儒林，俨然奉他为师儒之首，他亦不避辛劳，奔走于广州、东莞、顺德等地讲学，传播老师崔与之“菊坡学派”的学说，壇坫之盛，一时称最。在他的门人中，后来名显儒林的，就有陈大震、张镇孙、李春叟、何文季诸人。

方大琮为恢复古代尊贤敬老的风俗，在广州举办乡饮酒礼。《礼记》说：“乡饮酒之礼者，所以明长幼之序也。”这是一种古老的礼仪，整个过程非常复杂，耗时八个小时。《乡饮酒义》记载：“乡饮酒之礼，六十者坐，五十者立侍，以听政役，所以明尊长也；六十者三豆，七十者四豆，八十者五豆，九十者六豆，所以明养老也。民知尊长养老，而后乃能入孝弟。民，入孝弟，出尊长养老，而后成教，成教而后国可安也。”

乡饮礼上的菜肴十分丰富，上等桌有猪肉八斤、羊肉八斤、牛肉八斤、大鹅一只、鲜鱼一条、糖饼三盘、糖果两盘、荔枝一盘、龙眼一盘、栗子一盘、核桃一盘、大冬枣一盘、上等老黄酒一坛。中等桌有猪肉五斤、羊肉五斤、牛肉五斤、烧鸡一只、鲜鱼一条、糖饼三盘、糖果两盘、荔枝一小盘、龙眼一小盘、栗子一小盘、核桃一小盘、大冬枣一小盘、中等老黄酒一坛。下等桌也有猪肉三斤、羊肉三斤、牛肉三斤、烤鸭一只、腌鱼一条、糖饼两盘、糖果一盘、荔枝一小盘、龙眼一小盘、栗子一小盘、核桃一小盘、大冬枣一小盘、普通黄酒一坛。按照规定，菜肴最多的上等桌，只坐一人，以表示尊重。

参加乡饮的人，分为主人、大宾、僎宾、介宾、众宾等不同的级别。李昴英辞官回乡后，方大琮聘他为“遵”，也就是在乡人中仕至大夫，行为端正，值得大家效法的人，出席乡饮酒礼。主人与宾客遵循古制行礼，一丝不苟。

方大琮在广州建了一座“二献祠”，祀岭南大儒张九龄和崔与之；又建“四先生祠”，以祀贤士古成之、温若春、郭阊并生祀李昴英，让广州人永远记住这些对岭南文化有过贡献的贤哲；为番禺县学兴建了“浴沂亭”，让士子有憩息之所；捐钱给南海县修葺县学；又捐钱给天庆观修葺众妙堂。他还主持重修了《南海志》，补史之缺，参史之错，详史之略，续史之无；又把自己任内的公事批文，汇编成册，为后任者提供了大量广府教育、兵防、财政、习俗方面的参考资料。

淳祐七年（1247）冬天，方大琮在广州去世，李昴英伤心欲绝，撰《祭广帅右使方铁庵大琮公文》，泣祭老友："厥今人望，若晨星稀。公老远播，天复夺之。岂复广人之悲，海内善类盖莫不歔欷也。"为了纪念方大琮，广州人在天庆观对面，建了一座方公祠。

不久，朝廷打算起用李昴英为端明殿大学士、佥枢密院事，但他却跑到白云山上，筑了一所"文溪小隐轩"和"玉虹饮涧亭"，愿山栖谷隐，不愿复出为官。宝祐五年（1257），李昴英在广州病逝。这时距崔与之去世已经18年，距方大琮去世也已10年。广州人把他在海珠石读书处称为"探花台"，又在慈度寺旁建文溪祠，岁时奉祀不绝。

李昴英童年时，曾与几位同学结成"龙头会"，互相勉励，以期大魁天下之日，登科记上并龙头。广州坊间常有孩子传唱："河南人见面，广州状元见。"官府为此在江边筑了一座"见面亭"，以待状元出现。

相传，有同学做梦，梦见弯长弓射大江，江水为之干涸。李昴英说："这梦应在一个姓张的人身上。"

李昴英辞官后，在广州日与诸生讲学。弟子中，有一位年幼的学童，名叫张镇孙，番禺人，出生官宦世家，祖父是朝奉郎，父亲是朝散大夫，自小聪悟好学，有"神童"之誉。他知道李昴英的解梦后，对同窗学友笑言："安知不是鄙人！"咸淳七年

（1271），张镇孙果然擢第状元，成为广州第一位状元。据说当年珠江水真的涸竭见底，人能步行过江，往来相见。张镇孙中状元后，他住过的通泰里亦改名为状元坊。在南宋最后的日子里，张镇孙上演了一幕可歌可泣可哀可叹的悲剧。

宋代以降，广东文风大开，在岭南自然与人文熏陶之下，诞生了不少殿堂级的人物，以文采风流与刚正清廉著称。大部分人到最后，或选择脱离官场，归隐故里；或选择砥节守公，亡身殉义。在文化史上，他们展示着岭南文人胸襟高旷、学养纯厚和意趣洒脱的一面。

被夷平的城市

广州的浩劫来临了。

就在李昴英去世那年一月，北方大雪纷飞，忽然雷声大作，这是从来没有发生过的怪事，皇上甚至为此下诏，以雷发非时，减徒流以下罪。七月流火，太白昼见，二日相触，引起坊间许多不祥的传言。但最令人不安的是，大蒙古国突然以雷霆万钧之势，向长江沿线推进，南宋的半壁江山，岌岌可危，只是因为大汗蒙哥病逝，蒙古军暂时收兵，南宋才得以苟延残喘。但南宋的国势，已“如江河之决，日趋日下而不可挽”。

咸淳七年（1271），忽必烈改国号为大元，再次发起南征。咸淳十年（1274），度宗赵禥驾崩，恭宗赵㬎继位，年仅四岁。德祐二年（1276），元军攻陷南宋都城临安（今杭州），俘获赵㬎。洪流般的逃难人潮，再次出现在梅关驿道上。当元军杀入江西后，广东经略安抚使徐直谅派人到隆兴（今江西南昌）向元军投降。蒙古铁骑浩浩荡荡，开赴广州，准备接收这座南中国最繁华的滨海城市。

这时，南宋残余力量在福州拥立赵昰即位，改元景炎。徐直谅接到消息后，马上反正，领兵在石门抵抗元军，可惜一战而败，被杀得七零八落，徐直谅弃城逃走。元军的旗帜第一次插上广州城头。

这年九月，南宋派江西制置使赵溍、副使方兴率兵进入广东，东莞人熊飞、新会县令曾逢龙也起兵配合，三路人马围攻广州，把元军逐走。十二月，赵昰在群臣百官的簇拥下，恓恓惶惶逃亡到广州，设立行宫。往年的“小年”是很热闹的日子，家家户户用鲜花果酒拜神，第二天要迎玉皇大帝降临，视察人间。但这年玉皇大帝没来，来了个小皇帝。赵昰在广州过了一个死气沉沉的新年，龙椅还没坐暖，元军已卷土重来。赵昰仓皇出逃，广州再次竖起了元军的旗帜。

在大庾岭上，难民潮日夜不息。李昴英的学生、广州状元张镇孙，在临安失陷前，任浙江婺州通判，是一个无足轻重的闲职，他也裹夹在逃难人流中，返回广东。喘息未定，便被人弹劾“闻兵逃遁”，遭到罢免。赵昰即位后，起用张镇孙为龙图阁待制、广东制置使兼经略按抚。张镇孙也积极招兵买马，为恢复南宋朝廷，竭尽绵薄。

景炎二年（1277），四月维夏，细雨霏霏。张镇孙率军一举收复广州，元军的旗帜被扔到城濠里，大宋的旗帜在城头高高飘扬。人们奔走相告，欢天喜地。但这种欢乐情绪并没有维持多久，大家都清楚，形势危如累卵，元军就像崩了大围的洪水，滔滔泛滥，已经把广州与外界联系的一切道路、桥梁都冲垮了，广州形同一幢被洪水围困、摇摇欲坠的老房子，随时会倒塌。在弥漫全城的不安气氛中，夏天过去了，秋天也过去了。十一月，元军在福建的战事结束，大军勒转马头，开始挺进广州，旬日之间，兵临城下。那个人人都埋在心里不愿提起的时刻，终于到了。

张镇孙登城四望，漫山遍野都是元军，剑戟森罗，旌旗掩映，好像海浪一般，一层压着一层，滚滚而来。孤军守城，粮尽援绝，没有任何胜算。张镇孙为免生灵涂炭，派人出城与元军谈判，在得到元军不屠城的保证后，开城投降。张镇孙被押往北方，途经大庾岭时，自裁殉难，遗下《见面亭集》等著述。这时如果还有人记起那个“河南人见面，广州状元见”的故事，难免觉得恍若隔世。他的遗体后来被人寻回，安葬于广州永泰里（今三元里）。

大局似乎已定，广州是囊中物，没有什么可担忧的了。但元军没想到，翌年三月，南宋都统凌震、转运判官王道夫竟再次举兵，趁元军主帅离城北上之际，间道出击，第三次夺回广州。元军被彻底激怒了。同年四月，赵昰在硇洲岛病逝，八岁的广王赵昺继位，改元祥兴。十一月，蒙古大军水陆并进，杀气腾腾，直扑广州。凌震、王道夫等人自知不敌，丢下广州，率部退向新会崖山，与少帝会合。南宋祥兴二年（1279），南宋残余军队与元军在新会厓山海面展开最后决战，宋军大败，陆秀夫背着少帝赵昺投海自尽，十万军民同日死。南宋至此彻底覆亡。

凌震、王道夫走后，狂怒的蒙古铁骑，瞬间把广州吞噬了。为了报复南宋军民三度夺回广州，元军统帅下令毁灭这座城市。城里的老百姓几经易帜，能逃的已四散逃去了，无处可逃的，只能眼睁睁看着这些来自蒙古高原的大军，对他们辛勤经营了几辈子的家园，进行疯狂摧残。宋末元初人陈大震的《南海志》形容："天兵南下，平夷城壁，楼橹雉堞，一切荡除。"

宋代修筑的东城与西城，城墙被完全捣烂，壕沟填平，只留下中城与东西雁翅城，大致完整，保护官署衙门。原经略安抚司衙门，除了州门、仪门、设厅、经略安抚厅，其他建筑全部夷平；提举常平司只剩下澄清楼、观风堂，提举市舶司只剩下胜已斋；市舶亭和海山楼全部倒塌，当年这里曾是笙歌鼎沸的地方，如今成了狐凭鼠伏之所，所谓"海山晓霁"的美景，从此消失。

最可悲的是煌煌广州学宫，被拆得只剩一间大成殿。元大德《南海志》说："至元丙子，天兵下广，重屯于学，毁拆殆尽，所存唯一大成殿，学士寻亦解散。"贡院成了元军营房，南海学宫、番禺学宫都莽为丘墟。南海县学迁到高桂坊的菊坡祠，而番禺县学的处境更糟，连上课的地方也没有，只能借南海县学一半的院舍，临时栖身，院舍东属南海，西属番禺。广州的文教，经此破坏，元气久久难以恢复。

元军夷平东西两城，纯属一种泄愤行为，很快就开始后悔了，因为各地的骚乱，此起彼伏，不断威胁广州。《南海志》记述，至元十七年（1280），广州城拆了才两年，朝廷的招讨使马应麟竟被“广州海港贼”杀死，令朝廷震惊。拆城第三年，吕恕任广东道宣慰副使，来到广州，“下车之初，寇盗为梗，啸山腥海”，官府不得不急调兵力，四处弹压。至元十九年（1282），南海人李梓起兵，称宋年号，随后被镇压。至元二十年（1283），新会人林桂芳聚众万余，建罗平国，称“延康”年号，旋被官兵讨平。但硝烟未散，清远又爆发了声势浩大的欧南喜暴动，竖起大旗，竟有十万余人追随，直到第二年才被剿灭。

民变规模一次比一次大。因此，拆城工程还没全部完成，修复工程已提上议程。至元二十年（1283），拆城后第五年，开始启动重建。由于局势仍然动荡，进展十分缓慢，前后拖了十年光阴，以至于人们都搞不清，到底几时才算完工。宋末元初人陈大震甚至宣称，广州城根本没有修复过，他在《南海志》里直截了当说广州“不复修治”；而明人郭棐的《广东通志》说是至元“三十年修复”；明末清初人顾炎武《肇域志》则说是至元“二十年修复始完”。

显见这次修城是很不彻底的，远远达不到宋城的完善与坚固，但毕竟做了一些修补，至元二十八年（1291），广东道宣慰使阿里主持疏浚了南濠，对在拆城时被填埋的玉带濠，也进行了疏浚。宋亡元兴，把一座好端端的广州城，拆了又建，填了又挖，改朝换代的折腾，真个没完没了。元代的广州城，格局与宋城基本相同，中城北部为官衙区，南部为商业区，西城南濠一带是外贸码头区，东西两雁翅城是商业区。

在重修城池的同时，一些城里被拆掉的建筑，也在陆续复建。位于中城南部的原清海军楼（在今北京路与文明路相交处），元军攻入广州时毁掉了，现在又重新盖了一座高楼，悬挂“广东道”的大匾，名为“清海楼”。楼上有一件让广州人自豪了几百年的物件，那就是铜壶滴漏。

这组铜壶滴漏是中国现存最大的古代计时器，造于延祐三年（1316）。难得的是，上面留有冼运行等制造工匠的名字。铜壶滴漏的工作原理，是让水由上面日天壶（日壶）依次滴至夜天壶（月壶）、平水壶（星壶）、受水壶，浮箭逐渐升起，指示铜尺上的时辰刻度。四壶依次安放于阶梯式座架之上，通高2.64米。

铜壶结构精巧无比，经过了上百年还分秒不差，全城官民计时都以它为准。明代意大利的耶稣会传教士利玛窦到了广州，他是一个制造精密仪器的高手，曾自己制作天体仪、地球仪和计时用的日晷等物品，送给中国人，他对这个漏壶兴趣盎然，很想仿造一个，但绞尽脑汁也无从入手。

清海楼在明代屡经修葺，改称为“拱北楼”。清咸丰七年（1857），英法联军炮击广州城，拱北楼失火，漏壶移置其他地方。咸丰十年（1860），两广总督劳崇光悬赏购得，其中月壶略有损坏，于是重铸月壶，暂置于抚署退思轩。清代同治三年（1864）重修拱北楼，把铜壶滴漏放回原处。1919年，广州拆城墙筑马路，拱北楼被夷平，漏壶移置于长堤海珠公园；后来因为市政府要炸海珠石填新地，公园建筑物全部拆除，所以在永汉公园建了一座四方仿古亭，以安置铜壶滴漏。1932年，市政府又拨款收购原拱北楼旁一座废弃的先锋庙，暂时安放铜壶滴漏；1935年将铜壶滴漏移置于越秀山上的广州市立博物院。20世纪50年代，铜壶滴漏被调往北京，由中国历史博物馆（今中国国家博物馆）收藏，广州博物馆陈列其复制品。

另一座重建的宏伟建筑，是南濠边的共乐楼。这座号称“南洲冠冕”的高楼，在元初时已被毁，大德六年（1302）又重建，改名为远华楼。在南濠上再建了一座太平桥。广州人显露了他们惊人的再生能力——只要没有战乱，几年间，这里开始恢复繁华了。元人吕诚有《越楼观灯》诗，勾画此地的红尘景况：

> 午夜冰轮烂不收，又看春色满南州。
> 沉香火底鳌山柱，翠幕星前羯鼓楼。
> 小队天魔花作阵，初筵云醴玉为舟。
> 要知此景非人世，何必罗公作幻游。

但远华楼在元季又被毁了，究竟是因何而毁，史书语焉不详，其后再也没有重建了。

在各种建筑工程中，学府与书院是备受关注的一项。元代的地方行政体系，采用行省制度，全国划分为中书省和十个行中书省。行省以下，与宋朝大致相同，分路、州、县三级，有的地方加了府一级。广州归江西行省和广东道宣慰司管辖，下辖录事司和南海、番禺、东莞、增城、香山、新会、清远七县。

根据这个体系，学校也分为路学、县学和书院三种。广州的路学即原来的州学。学宫被毁后，宣慰使完颜正叔到广州巡视时，认为“教养之地，不可不葺”，于是提由地方官鸠工庀材，修葺了明伦堂。至元二十八年（1291），朝廷觉得天下大定，应该恢复各级教育，令各路学及各县学内，都要设立小学，选老成之士任教；各地都要兴办书院。至元三十一年（1294）在路学内修建了养贤堂、养蒙堂和仓廪、祭器库；元贞元年（1295）对路学再次大规模修葺；延祐五年（1318）改建了庙学和东西斋；泰定元年（1324）再建云章阁。经过多年的扩建与修葺，广州路学慢慢恢复了昔日的规模。

宋朝之亡，标志着长江文化由盛而衰，被迫再度南迁。珠江流域担起了承传中华文明薪火的重任。当时南宋抗元的残余势力，集中在岭南地区，泉州则因为大食商人蒲寿庚与元军里应外合，献城归降，没有遭受战火摧残。朝廷在泉州设立市舶司，就是要绕开广州，另起炉灶，把泉州开辟为主要的通商口岸，取代广州。

元代曾先后五次禁商下海，千方百计把私商挤出市场，非官本船不能从事海外贸易，反映出统治者控制外贸的欲望，比宋朝还要强烈。所谓官本船，就是由官府造船，官府出资，选派商人出海贸易；贸易所得，官占七成，商占三成。商人的三成，不用再缴付税项；官方的七成，包括了本金、利息和进口税。未经许可，任何人不得私自出海贸易。这样的体制，必然成为官商勾结的温床，造成个别权豪把持海上贸易的结果。

广州人天生就是做生意的，能抑制得了吗？泉州确实出了几个豪门巨族，以海外贸易起家，“父子致位宰相，弟侄甥婿皆大官，田园宅馆遍天下，库藏仓庾相望，巨艘大舶帆交番夷中”，但朝局一变，都被冠以恶名，夷戮殆尽，家产全部抄没。与官府勾结太紧的，下场大抵如此。广州没有江浙、福建那样的权豪，活跃于市场的，大部分是单纯的民间商人。

元军入城时毁掉了宋朝的市舶亭，至元十九年（1282）又在朝宗门外重建起来了；至元二十三年（1286）前后，广州设立了广东转运市舶提举司，主管外贸事宜，其实就是一个官商勾结的机构。市舶司建了一座仓库，专门存放进口货物，还有一座来远楼，安顿蕃商，位置大约在今天的北京路。

由朝廷垄断海外贸易，是一条已被前朝证明走不通的路，现在再走，还是不通。尽管朝廷刻意降低广州港口的地位，但按《南海志》的记载，当时与广州有贸迁的国家和地区达141个，超过唐、宋时期，说明官府虽然管制了中国商人出海，但海外商人还是认广州，愿意到广州交易。因为大部分南洋国家和地区到广州的航线最短，他们可以在广州有更多的休息与保养船只的时间。广州港口的地位，是无可替代的。

不让私商参与的唯一结果，就是刺激走私大增。每艘到埗的商船，总有一些私藏的货物，卖给私商，赚取外快。市舶提举司的官员像饿狼一样守在码头上，鹰瞵虎视，紧盯着每一艘靠岸的商船。当船上喊起“抛锚喽——收帆喽——”，官员便大摇大摆上船。在他的亲自监督下，货物全部入库封存，然后仔细检查船舱每个角落，甚至搜查船员的身体，以免他们夹带私货，最后才对舶货进行抽分，舶货精者十抽其一，粗者十五抽一。后来加了一倍，精者十抽其二，粗者十五抽二，还要在已经抽解的货物中，再征三十分之一的税。

朝廷仍然觉得不够严密：万一商船在靠岸前就把货物转移走呢？万一他们以风水不便把船停到其他码头呢？万一他们让送食物的小船帮他们带私货呢？于是元贞元年（1295），官府修改了条例，派官员出海，在靠近港口的海面上，上船检查。

这种船不漏针的检查制度，看似连苍蝇都飞不进来，但破解的方法，却简单得很，就是塞钱给上船检查的官员，“有钱能使鬼推磨”。另一个容易作弊的就是牙人。他们专门从事买卖中介，在广州十分活跃，这些人门路极广，再多私货都有去处。后来官府也觉察到了，至元二十三年（1286），朝廷以葡萄牙人“刮削市利，侵渔不便”为由，下令“除大都羊牙及随路买卖人口、头匹、庄宅牙行依前存设，验价取要牙钱，每十两不过二钱，其余各色牙人，并行革去”。朝廷鼓励人们举报走私，最初规定，告发者的赏钱是罚没货物的三分之一，后来提高到二分之一。

入冬以后，北风日渐强盛，满载货物的商舶开始出海了。商人要事先向市舶司报告，领取总司衙门的公验和公凭。舶商招募的纲首、直库、杂事、部领、梢工、碇手等人，都要向市舶司申请文凭，每五个人结成一保，一人违禁，五人连坐。公验上要写明船上有多少人，船有多大，由谁担保，如有携带违禁品下海，保人要一体坐罪；还要填写出海货物名称、重量；公凭上要写明随船的柴水小船详细情况。公验、公凭，缺一不可。

一切手续办妥，海帆终于可以升起了。舶商可以从官府领取规定数量的兵器、铜锣，以防在途中遇到海盗。市舶司再派官员上船检查一遍，确认没有私带违禁品了，就可以解缆出航。回航后，再把兵器、铜锣和公验、公凭等物，交回给官府，以便下次出海时再用。

摩洛哥旅行家伊本·白图泰（Ibn Batūtah）在至正六年（1346）到中国游历，参观了广州、泉州、杭州、大都（今北京）等城市。他描述广州制造的巨大商船，一艘可乘载千人。船上有十张帆，分四层甲板，设有房舱、官舱和商舱。官舱里面有厕所，并有门锁，客人可以带妇女、婢女同船，关起门来，谁也不会打扰。同坐一船，官舱客人可能不知道隔壁是谁，直到下船时才会相见。官舱乘客不一定是官员，一般人有钱也可以坐。伊本就曾经租坐过官舱。水手可以携带家眷，并在船上种植蔬菜。船长简直像个朝廷命官，上岸时有黑奴执刀枪前导，并演奏鼓乐，排场十分之大。摩洛哥旅行家听说，“中国人中有拥有船只多艘者，则委派船总管分赴各国。”他不禁感叹：“世界上没有比中国人更富有的了。”

这时，中国人已经懂得用海洋来划分世界地理了，“东洋”“西洋”概念，就是在元代出现的，并被后人一直沿用。在当时人们的认知中，以婆罗洲为界，东面称东洋，西面称西洋；亦有以苏门答腊为东西洋的分界。事实上，随着中华文明走向西方，人们的眼界日益开阔，东西概念所指的范围，也在不断变化。

元代的外贸制度与政策，大致上萧规曹随，照抄宋朝。金银、铜钱、铁货、男子妇女人口、丝绵缎匹、销金绫罗、米粮军器，一概不准出海贩卖。自古以来，丝绸锦缎就是中国出口的重要商品，朝廷竟然禁了，但民间私自出口，却源源不绝，以致朝廷三申五令，甚至因为怪罪市舶司查禁不严，一度撤销了市舶司，但只要能赚大钱，“杀头的生意有人做”。

中国流向西方的物品，主要有青白花碗、瓷盘、水坛、大瓮壶、瓶、木箱、皮箱、漆器、雨伞、帘子、纸笔、乐器等。从海外输入的物品，主要有象牙、犀角、真珠、珊瑚、玳瑁、帆布、沉香、速香、檀香、龙脑香、胡椒、丁香、肉豆蔻、鲨鱼皮、黄蜡、风油子等。大元航海家汪大渊所著《岛夷志略》一书，忠实地记录了当时中国的青缎、红色烧珠、苏杭色缎、青白花器、瓷瓶等物，通过印度与欧洲人交易的情节。

无论是市舶司贸易，还是民间私下的贸易，瓷器始终是大宗商品。南宋以后，北方各名窑的瓷工为避战乱，仓皇南逃，在景德镇附近落脚，渐渐成了汇聚天下名匠的制瓷中心。元代天下虽然动荡不安，但景德镇的瓷器，却如苍头特起，绽放异彩。枢府瓷的精品，北上“汗八里”（北京），作为御品进贡朝廷；其他民窑产品，或流通于民间，或作为出口商品，通过泉州和广州，销往海外。

广州并不是制瓷的中心，但有庞大的瓷器市场，以致白图泰误以为这些瓷器都是在广州生产的。他说：“至于中国瓷器，则只在刺桐（泉州）和隋尼克兰城（广州）制造。”其实这两个只是出口的城市。他进一步描述，广州“是一大城市，街市美观，最大的街市是瓷器市。由此运往中国各省和印度、也门”，甚至远赴欧洲。

伊斯坦布尔与欧洲隔着博斯普鲁斯海峡，是亚、欧两大洲的分界线，相距不过两千多米，向远处眺望，便是水天一色的马尔马拉海。在中国与欧洲直接通商之前，这里是中国瓷器进入欧洲的重要桥头堡。土耳其伊斯坦布尔托普卡比博物馆收藏了大量中国瓷器，日本学者三上次男在游览后，这样形容：“我们在这里到处浏览，陈列室里无处不是中国陶瓷，满满的橱窗里，使人应接不暇。墙壁上也挂得琳琅满目，几与屋顶相接。眼目所及，全是陶瓷，倒不免使人杞忧，假使这里发生地震，则挂在墙上的许多珍品，将会遭到如何的结果？”

这些诞生于几个世纪以前的瓷器，图案纹饰之丰富繁丽，即使今天看来，亦为之眼花缭乱。牡丹、荷莲、葡萄、松竹梅、竹石荷叶、如意云头、云龙、云凤、鱼藻、草虫、麒麟、孔雀、鸳鸯、海水、波浪、莲瓣、菱形纹、回纹、水草纹、卷草纹等二十余种纹饰，画工精细，纤毫毕现，在柔和的光线照射下，恍如罩上了一层晶莹透亮的奇彩，让人联想起马尔马拉海湛蓝的波涛。

到元代最后一个皇帝惠宗时期，朝廷在泉州全力推动的官本官船政策，已难以为继。泉州的倭患越来越严重，吓走了很多商人。元朝末年，福建群雄并起，各自占山为王，大者占州县，小者占乡里，色目人占据泉州，局势更加飘摇。这一时期，广州尚算安稳，于是商人都往这边转移。

陈大震对广州外贸的繁盛，有令人咋舌的描述："山海为天地宝藏，珍货从出，有中国之所无。风化既通，梯航交集，以此之有易彼之无，古人贸通之良法也。广为蕃舶凑集之所，宝货丛聚，实为外府。"曾在礼部任职的学者吴莱，到广州一看，也不禁为之震撼："海外大蛮夷岁时蕃舶金珠、犀象、香药、杂产之富，充溢耳目。抽赋帑藏，盖不下巨万计。"广州重返中国海贸第一大港的地位，乃成瓜熟蒂落之事。

至治二年（1322）到天历元年（1328）期间，意大利旅行家鄂多立克（Friar Odoric）在中国旅游，他在《鄂多立克东游录》一书中，描述自己的亲眼所见：在广州这个比威尼斯大三倍的城市里，"有数量极其庞大的船舶，以致有人视为不足信。确实，整个意大利都没有这一个城的船只多"。在广州城外宽阔的珠江上，千舻汇聚，万帆相继，这是海上贸易欣欣向荣的标志。广州的海外贸易，主要是由民间商人支撑。尽管受到各种打压、限制，海路时断时续，但最终仍可达到宋时的外贸规模，不能不说是一个奇迹。

四等子民

这是广州人第一次被汉族以外的人统治。元代对官员的选任，有一套等级制度，第一等是蒙古人，次等是色目人（即西域人、西夏人），三等是汉人，四等是南人（即江南人）。《元史》说："自世祖以后，省台之职，南人斥不用。"不过，广州人被人歧视，也不是一天两天的事了，以前北方汉人也歧视广州人，现在北方汉人被更北方的人歧视了。

有人说元代的开始，意味着中国文明历史的中断。其实，文明有没有中断，主要看文化有没有中断。广州人的生活，没有受到改朝换代的太多影响，语言、礼乐、衣冠、饮食、居住、风俗，基本上保持着既有的传统。他们还是照样讲粤语，照样拜观音，拜北帝，照样读四书五经，做买卖照样使用银子、铜钱和纸币。

饮食也没有太大改变，广州人还是一如既往地喜欢吃。许多市井的俗语，都是教人怎么吃的，比如“鹅头鸭颈鸡翼尖”（最好吃的部位）；“朝鱼晚肉，唔似饭初熟”；“猛火炙肉，慢火煎鱼”；“滚粥三碗，周身都暖”；“厨师有五秘，色香味形器”，等等。在广州住上一年半载，人人都成厨师了。

吕诚是元末诗人，曾被贬到广州，写了六首《南海口号》，其中四首都是与吃有关的。他在诗里写道：“船来争市龙鱼鲊，客至先需荔子盘”；“留客不将茶当酒，铜盘蒌叶进槟榔。”广州人不管蒙古人是否喜爱槟榔，反正他们嚼槟榔的热情，几百年也不衰退。

广州人对生果的执念，堪称天下无匹，他们不满足于已有的品种，还要从外地引进新的品种，比如西瓜，在广州首次种植成功了，成为夏季解暑最受欢迎的生果。还有波罗蜜、桃子、柿子、石榴、香蕉、柑子、冬桃、橙子和杨梅等。广州出产的宜母子，是专供朝廷的贡品。宜母子也叫黎檬，果实可以制作蜜饯，榨汁可调味、入药，据说有安胎功效，所以叫宜母子。广州在城东的莲塘和城西的荔枝湾，都辟有御果园，种了八百多株宜母子，果实年年送上“汗八里”，直到大德七年（1303）才停止进贡。

这时的广州人，已习惯一日三餐了，黄汤淡水，乐在其中。蒙古人的到来，并没有让人们爱上羊肉，尽管居住的城市被称作“羊城”，但他们还是对鸡、鸭、鹅、鱼、猪痴心不改。蒙古人不太喜欢猪肉，宰杀牛与马，又受到严格的限制，所以水产和

“三鸟”（鸡鸭鹅）便成了餐桌的主角。

对于滨水城市来说，鱼是最常见的食物。元人李存的诗描写广州“海鱼如屋酒如河”，并不是完全的夸张。在南海神庙对开海面，就经常有一种“暨鱼”出没，大的身体两丈多长；另一种“寻龙鱼”，也有一丈多长。鲟鱼肉质鲜美，其卵也是非常珍贵的食品。西江盛产的卷口鱼，脂肪丰厚，煎时不用放油，油膏溶解，香气四溢，最可觞客。广州人喜欢肥大的鱼，一条鱼可以有几十种吃法，他们也喜欢螺、蚬、蚝、虾这类在水中生活的小动物，蒸煮炒焗，各有风味。

鄂多立克在他的游记里写道，在广州“你用不着花上一个银币就能买到三百磅的鲜姜！鹅比世界上任何地方的都要大、要好、要贱。其一只大如我们的两只”，尤其令人垂涎的是，“这些鹅要多肥就有多肥，而花不到一个银币你就能在那里买到一只宰好和烹调好的。和鹅的情况相同，鸡鸭也一样。它们是那样大，你会认为它们极不可思议”。

鄂多立克进一步强调，鹅还不算肥大，鸡才大得惊人，他第一次看见时以为是鸵鸟，“连鸡蛋也比我国的鹅蛋大”。为了证明这一点，他说在广州有一次买到一只鸡，大到一只锅装不下，要分两锅来烹调。但广州人嘴刁，“鸡要有鸡味”，不是越大越好，所以鹅取代不了鸡。北方人怎么也搞不清，“鸡味”是一种什么味。

另一项令鄂多立克印象深刻的美食是蛇。从北方人第一次踏入岭南开始，就觉得广东人吃蛇，非常可怕，难以接受。晋代的《搜神后记》杜撰了一个故事，说广州有三人共入山中伐木，忽见石窠中有二卵大如升，取来烹煮。汤才开始热，便听到林中如风雨声。有一蛇大十围，长四五丈，窜到锅前，从汤中衔卵去，不久，三个贪吃的广州人都死了。但广州人不信邪，继续把蛇视为上等佳肴。鄂多立克说："这里也有比世上任何其他地方更大的蛇，很多蛇被捉来当作美味食用。这些蛇（很有香味并且）作为如此时髦的盘肴，以致如请人赴宴而桌上无蛇，那客人会认为一无所得。"最后，这位意大利食客像见到礼物的孩子那样夸张地嚷起来："总之，此城有大量尽可能多的种种食物！"

在广州人生活中，"吃"永远是至关重要的事项。他们孜孜不倦地开发新的食材，琢磨新的烹饪方式。炒、煎、滚、汆、焗、炆、炸、煲、炖、扣、煸、溜，花样百出，几乎穷尽了人们的想象力。广州人喜爱的"打边炉"，据说战国时就有了，但比较确实的记载，是在南宋时代。吕诚有一首诗写道：

炎方物色异东吴，桂蠹椰浆代酪奴。
十月暖寒开小阁，张灯团坐打边炉。

"打边炉"是典型的广州叫法，北方叫火锅。有人说因为一桌人围在炉边吃，所以叫打边炉，其实正确的写法应该是"打甂炉"。广州人喜欢用鱼骨、虾头熬汤底，增加汤味的鲜美。汤沸后，取肉类与蔬菜生料涮熟，蘸味汁而食。数九寒冬之时，新醅泛绿，炉火正红，大家围在火炉前，欢声笑语，每张脸庞被水蒸汽、炭火气和烧酒弄得红通通；双双筷子，透过升腾的雾气，伸向汤锅，各自寻找“猎物”。打边炉似乎比普通的吃饭，更能营造融洽、欢快的气氛。

美食当前，餐具也不能马虎。广州人钟情于象牙筷子，但象牙筷子不能打边炉，因为一入沸汤，就容易爆裂变形。象牙筷子很矜贵，每次使用之前，都要先用清水浸泡，再以布小心拭干，这样用很久也不会发黄。这是经验之谈。如果筷子是干燥的，一遇肴馔油汤，就会渗入变色。筷子经过浸泡后，油汤就渗不进去了。象牙筷子不可日晒，不可用热水洗，不可靠近炉灶热暖处，这都会造成弯裂。如果已经出现弯曲，可以用净水浸两三天，将弯的筷子插在直的筷子中间，上下扎紧，就可以重新变直。每个家庭主妇都有一些小秘诀，闲时互相交流。比如，篾丝银镶酒杯用过后，要马上用洁净湿布拭净阴干，不可放过夜，不可日晒，也不可水浸。

广州人的性格是腊肉放碗底，财不露眼。如果在街边的小酒铺里，看见一个布衣韦带的汉子，一壶玉冰烧，一碟炒豆子，脱了鞋子蹲在凳子上，唾沫横飞，和卖猪肉的贩子聊天，千万不要小觑他，说不定他是一位万贯家财的富商，家里有个你一辈子没见过的满满的钱窖。坊间流传着一本《居家必用事类全集》的书，教人们怎么收藏家里的财宝：“收藏金宝密室，须屋上铺板以防天洞，地下地板以防地洞，壁内装板或装木栅，以防壁洞；门用铁裹，以防斧劈、火烧；窗用石枋，凿孔、安铁条、加栅，以防斧劈、火烧；天井中用横木密架、两头活转，以防贼下天井；墙头、天井地下走路各处，多铺铁菱角，使贼难走。”如果嫌这太复杂的话，还有一个较简单的办法，就是在床旁放一面大铜锣，“一闻贼人入室，即连声敲击，一则邻人惊闻，俱起共逐：一则贼人心虚，惊走远遁。此极妙良法。若房多人多之家，可多备大锣，各各应接，更妙。”

其实，广州富人并不都是抱着钱罂睡觉的守财奴，在拔图塔的游记里，记载了在广州城中央有一座“九门大庙”，专门安置疲癃残疾、茕独鳏寡人士。每个大门里都有桌椅板凳，给居住者休憩。还有很多“供盲人、残废者居住”的房间，大庙不仅为他们提供生活费和衣服，而且还有医生和厨师为他们服务。人们告诉拔图塔，“凡无力谋生的老人皆可向庙里申请生活费和衣物，一无所有的孤儿寡妇亦可申请”。但在中国的史籍中，当时广州城中央并没有这样一座寺庙，因此它更可能是一家专业的慈善机构。广州城里还有惠民药局，也是为穷人提供医疗药物的。

表面上看，住在广州的蕃客，没有唐、宋时那么奢华、张扬了，他们过着较为低调的生活。当穆斯林来到广州时，往往会选择住在穆斯林家里。他需要把所有随身财物交给这位屋主，代为保管，生活由屋主安排。如果他选择住旅馆，也要把财物交给店主保管，走时才取回，如有丢失，店主负责赔偿。这样，来客就算很有钱，也没办法随意挥霍了。本地的穆斯林说：“我们不希望别处的穆斯林以为我们很奢侈。”

官吏每天晚上到旅店查看，登记住客名字，登记完毕后，旅店就要关门谢客；直到翌日天亮以后，官吏再来核对住客，登记谁要离开，下一站到哪里。然后把名单送到下一站的旅店，让他们准备接待。这是为了保护旅客的安全。

然而，在一些蕃长、长老和富豪家，大门以内的生活，还是那么铺张奢侈。拔图塔在广州一位穆斯林富商家里住了半个月，亲眼所见，蕃坊的法官和其他穆斯林络绎不绝地送来珍奇礼品，每天举行宴会，请来歌手助兴。财富似乎一直在神秘的增长着。

吕诚写《南海口号》时，大元已日薄西山了，但广州人对外部世界的动乱，似乎不太在意。只要火没烧到眉毛，他们就不愿意改变自己的生活。广州人有一种心理：我从来没去招惹别人，为什么就不能让我好好过自己的日子呢？顺德诗人孙蕡写了一首《广州歌》赞美大元末年，还未被战火燃及的广州："广州富庶天下闻，四时风气长如春。长城百雉白云里，城下一带春江水。"他以陶醉的笔触写道：

朱楼十里映杨柳，帘栊上下开户牖。
闽姬越女颜如花，蛮歌野曲声咿哑。
阿峨大舶映云日，贾客千家万家室。
春风列屋艳神仙，夜月满江闻管弦。
良辰吉日天气好，翡翠明珠照烟岛。
乱鸣鼍鼓竞龙舟，争赌金钗斗百草。
游冶留连望所归，千门灯火烂相辉。
游人过处锦成阵，公子醉时花满堤。
扶留叶青蚬灰白，盘饤槟榔邀上客。

丹荔枇杷火齐山，素馨茉莉天香国。

孙蕡的生平，跨越了元、明两朝，有人认为，这首诗是写明代的广州景况。但诗的最后两句是“别来风物不堪论，寥落秋花对酒樽。回首旧游歌舞地，西风斜日淡黄昏。”显然是说经历了元末明初的动乱后，广州的繁华一落千丈，令人不堪回首。

动乱已经在蔓延了。蒙古人统治广州才几十年，天下又重陷纷扰。至正十二年（1352），朱元璋在北方参加反抗元廷的红巾军，纵横于淮河流域。广东很快受到了感染。至正二十一年（1361）二月，广东道原廉访使八撒剌不花抗拒朝廷命令，杀了新任廉访使完者笃等，占据广州城。这一起蒙古人杀蒙古人的事件，对人心造成极大的冲击，火终于烧到眉毛了。正如《新元史》所说，从此“广东大乱”。

历史发展有其内在逻辑，到了要乱的时候，五岭山脉也挡不住。至正二十二年（1362）十月，南海人邵宗愚聚众起兵，打着讨伐八撒剌不花的旗号，攻陷广州城，诛杀八撒剌不花。本来广州人是支持他起义的，但没料到他占领广州后，忽然翻脸，进行疯狂的纵火杀掠，许多人被满门砍杀，富商的家被挖地三尺，钱窖抢掠一空。民众猝不及防，想逃也来不及，人命与财产损失，极其惨重。

这时，东莞人何真又打起了讨伐邵宗愚的旗号，杀奔广州。《明史》说何真“少英伟，好书剑。元至正初，为河源县务副使，转淡水场管勾，弃官归”。他的辞官，是因为天下大乱，豪强纷起，盗贼横行，做个芝麻绿豆官，对桑梓没用处。大丈夫处乱世，不能平天下，亦当保家乡。

至正二十三年（1363），何真赶走了邵宗愚，收复广州城。他严令部属，不得屠掠，因此颇得广州人的拥戴。元廷合并江西、福建为一省，委任何真为资德大夫，江西、福建行中书省左丞，敕赐南台银印，以广州为省治。邵宗愚纠合人马，再次包围广州。何真守城一个多月，他的部将马丑寒暗中通敌，在博罗反水，切断了何真的粮道。何真被迫弃城突围，广州第二度被邵宗愚占领。

至正二十七年（1367），何真统率部众反攻，把邵宗愚赶走，再次夺回广州。民众夹道欢迎这位东莞人。有人劝何真，不如效法赵佗，自立为王。何真勃然大怒，喝令把劝进的人推出斩首。屈大均在《广东新语》称赞他：“独东莞何真，灼知天命有归，不敢妄为一州之主以祸生民，诚为识时俊杰也者。”

城头的大王旗，日夕变幻。时中原战乱，岭表隔绝，何真坐镇广州，练兵开署，广求贤士。文士孙蕡、王佐、赵介、李德、黄哲等，纷纷投奔何真麾下。这五人在南园抗风轩结成文社，人称“南园五先生”。“一时名流，如蔡养晦、黄希贞、希文、黄楚金、蒲忆文、黄原善、赵安中、赵澄、赵讷，皆预焉。”近人罗香林在《广州名迹记》中写道，在改朝换代的重大关头，这班狷介之士，相聚于清水濠畔，“诗酒酬唱，逸兴横飞，粤中风雅，泱泱与江表颉颃矣”。南园抗风轩在今文德路与文明路交会处。

至正二十八年（1368）八月，朱元璋大军攻入元大都，元朝灭亡。朱元璋建立大明，改元洪武，派廖永忠为征南将军，朱亮祖副之，由海道直取广东。何真命孙蕡起草降表，率众向明军输诚，并协助平定两广各路豪强，明廷誉其为“开国元勋”，一度派他出任四川布政使。后来因为岭南地方不靖，何真奉旨回乡收编民军，路过粤北张九龄祠时，留下了“一天云气千山雨，万壑松声十里风。谒罢相祠复回首，蓬莱宫阙五云中”的诗句。当时何真已年届半百，犹有一股壮士豪情，澎湃激荡。

明代洪武二十年（1387），太祖朱元璋敕封年迈的何真为“东莞伯”，封禄一千五百石，赐第京师，并授予金书铁券：“兹与尔誓：若谋逆不宥，其余死罪，尔免二死，子免一死，以报推诚之心。”何真死后，“子免一死”的誓词，竟然用上了。就在何真死后第五年，即洪武二十六年（1393），开国功臣、凉国公蓝玉案发，株连一万五千多人被杀。

孙蕡曾为蓝玉题画，亦被朝廷处死，临刑时仰天长叹：“鼍鼓三声急，西山日已斜。黄泉无客店，今夜宿谁家？”何真长子何荣被卷入案中，处以死刑。噩耗传来，何真的弟弟何迪悲愤欲狂，当下聚合乡勇，杀出围村造反，与官军相抗十个月，才被镇压下去。

昨日功臣，今日罪徒，何真的八个儿子，只有一人逃脱，大约就是因为有“子免一死”的铁券，朝廷对他网开一面。其余七子皆受戮身之刑，一门老少，抄斩净尽，东莞伯的何公祠也被夷为平地。逃脱的这一房人，从此潜伏山野，隐姓埋名，直至朱元璋驾崩，惠宗朱允炆登基，大赦天下，他们才返回家园。后来，何真的四世孙在修葺围村时，额“元勋旧址”四字于寨门。在经历了这样一场浩劫之后，何氏族人仍然以先祖助朱元璋打天下为荣。

第六章　鸢飞鱼跃

南宋以后，中国文化的重心，开始向长江以南转移，迨至元亡明兴，南移的足步，已及于珠江流域。广东不仅诞生了一批陈献章、湛若水这样的学问大家，而且民间的书院，亦突然呈喷发状，遍地开花，便是其至为明显的表征。

- 心学大师们
- 十八世书香门第
- 武夫从文
- 先生的背影

朱元璋是中国有文字记录以来，出身最卑微的皇帝。一个乞丐和头陀，暴得大位，却无法消除浓厚的自卑心理。大凡皇帝有自卑心，必然会打压学术文化。在高压之下，许多读书人把做学问视作射猎功名的工具，士风大坏，道德败沮。理学发展到明朝，心学大盛，恰恰反映出部分士人对现实感到无力，唯有转向对内心的探索，希望通过静坐澄心，恢复人们的道德良知。终明一代，主流学术都是走内省路子的，走到极致之处，便与释家合流。

陈献章于宣德三年（1428年）诞于广东新会白沙里，字公甫，别号石斋，世称白沙先生。正统十二年（1447），陈献章乡试中试，正统十三年（1448）会试礼部，中副榜，进入国子监读书，景泰二年（1451），会试落第。这时陈献章对科考的兴趣，已渐渐淡化。其后到江西临川，拜理学大儒吴与弼为师。吴与弼对陈献章督导甚严，陈献章每天黎明即起读书，古圣贤垂训之书，无所不读。没课上的时候，陈献章帮老师种菜编篱；老师写字，他在旁磨墨；老师会客，他煮茶、奉茶，如是者半年而归，思想上没有太大的突破。成化五年（1469）继续参加会试，又再落第。他这才完全死心，转而推崇心性之学，主张藏而后发，虚明静一，把“自得”放在第一位。

他在《龙岗书院记》中，追忆自己的心路历程：“予少无师友，学不得其方，汩没于声利，支离于粃糠者，盖久之。年几三十，始尽弃举子业，从吴聘君游。然后益叹迷途其未远，觉今是而昨非。取向所汩没而支离者，洗之以长风，荡之以大波，惴惴焉唯恐其苗之复长也。”从临川回家后，陈献章筑春阳台，闭门读书与静思，完全与城市的繁华隔绝，整整十年，“穷尽天下古今典籍，旁及释老稗官小说”。

从春阳台出来那一天，仿佛有一丝温暖而眩晕的光芒，带着氤氲在天空流动。陈献章的一生，仿佛都是为了等待这一刻的到来。他决定设坛授业，在新会开了一间“小庐山书室”做教馆，四方士子纷纷前来拜师。著名的白鹿书院也想聘他为山长，但他拒绝了，继续留在江门讲学。

陈献章认为，天理无处不在，人欲亦无时不在，唯去其人欲，而充盈其天理，“学以自然为宗，以忘己为大，以无欲为至”，才可真正进入虚灵明觉之境，无论富贵、功利、得失、生死，都不足以动其心。这个世界上，谁都可以成为圣人，“其可望以至圣人者，亦在乎修之而已。苟能修之，无远不至。”今天修，明天修，年年修，把背离圣人之道的东西，一点点去掉；把接近圣人之道的东西，一点点留下。终有一天，“见夫子之门，廓然洞开”。他为弟子作了一首有如佛偈的《随笔》诗：

断除嗜欲想，永撤天机障。
身居万物中，心在万物上。

有悟性的人听了，恍如桶箍脱落，水一泻而下，从肺腑发出赞叹：“吾师乃真儒复出。”把他称为“活孟子”“陈道统”。但也有人牛皮灯笼点不亮，整天嗡嗡争论，何为“天地我立，万化我出”，何为“静坐中养出端倪”。陈献章当头棒喝：“舞雩三三两两，正在勿忘勿助之间，曾点些儿活计，被孟子打并出来，便都是鸢飞鱼跃。”但这些人听不懂，更加不满，喋喋不休地批评陈献章，把儒学变成佛学，把读经变成参禅。在他们看来，学问应该像《昔时贤文》一样简单明了才好。

陈献章十分景仰南宋先贤崔与之和李昴英，他们遇见冥顽不灵的人，会怎么做呢？有一晚陈献章做了一个怪梦，梦见崔与之坐在床上，李昴英坐在床下，两人都身穿破旧的村野平民服装，与他一起谈论崔与之那首为文坛传唱的《水调歌头》，词中有“人苦百年涂炭，鬼泣三边锋镝，天道久应还”句，又有“烽火平安夜，归梦到家山”句。一觉醒来后，陈献章追思梦境，不由得大起感慨，赋诗道：“清献堂堂四百春，梦中眉宇识天人。”

他尤其赞赏崔与之“万里归心长短赋，九天辞表十三陈”的洒脱意趣；又盛赞李昴英：“宋史记中堪列传，菊坡门下岂无人？弹文惊世频登阁，散发从师懒着巾。”陈献章与古圣先贤们，在精神上，有着云龙风虎的感应。

成化十五年（1479），广东的官员向皇上推荐陈献章，宪宗朱见深下诏请陈献章入京。成化十九年（1483）陈献章上京途经广州时，官府按照古礼制，请他乘坐“公车”，从城北往城南巡行，接受百姓瞻仰。尽管时值隆冬，但就像云开雾散的天空，一轮暖日冉冉升起，全城为之疯狂，民众扶老携幼，夹道相迎，上百名画师冒着寒风，追随车后，为他绘像。这种场面，只有当年迎接高僧大德时才会出现。

如果不是官府给予这么高的礼遇，一般蚁民哪里知道世上有个陈献章？他们之所以如此狂热，并非崇拜陈献章的学问，而是因为他是受皇上眷待的人。连皇上都想见的人，模样一定异于常人，应该是丰姿清秀，相貌稀奇，有飘然出世之表。陈献章的弟子张诩就吹嘘，尊师脸上有七颗北斗状的黑痣，这是朱熹投胎再世的记号。这番言论，引起了争议，一位弟子认真地质问：“‘右脸有七黑子如北斗’。这是朱子相也，如果说尊师也有，怎么我们没见过？”张诩把头一扬，不屑回答。

那天想见陈献章的人太多了，挤满街道两边，后面的人想往前挤一寸都难。陈献章凝神定气，端坐车上，一晃就过去了。很多人没看清楚他的眉毛鼻子，更无法确认他脸上有没有七颗北斗状的黑痣。热闹过后，人们各散东西，回家舂米劈柴，烧火做饭，喂鸡喂鸭，一切恢复原状，和陈献章来此之前，没有任何区别。唯一的变化是，茶余饭后，人们多了个话题，就是互相夸耀，我见过皇上也要见的人。

陈献章赴京后，朝廷要他参加吏部考试，他称病拒考。朝廷授予他翰林院检讨，他坚辞不就，飘然返回广东。当他再次经过广州时，没了欢呼瞻仰的人潮，却别有悠然自得的感受。陈献章恢复了学者的身份，曾卜居拱北门内，至今留下一个“白沙居”的地名。他还在扶胥镇南海神庙附近的西台精舍讲过学。

陈献章发明了茅龙笔。这是一种天下独一无二的笔，用茅草制作而成。对一位名震天下的大儒来说，毛笔并不是什么珍稀物品，为什么要别出心裁，用茅草做笔呢？有人说，陈献章在圭峰山筑茅舍讲学，一位客人慕名请他写字，他身边没有大毛笔，便就地取材，束茅为笔，蘸墨挥洒，竟有意想不到的艺术效果。另一个版本是：有一天陈献章在圭峰山玉台寺前看书，信手折断一株白茅，只见茅心露出一束柔软而富有弹力的白毛，与毛笔相似，心中大喜，立即采拔了一把白茅回家，制作茅笔。还有一种说法是：陈献章在煲中药后，发现药渣中的茅根纤维柔顺，于是用茅草制笔。其实，陈献章用茅龙笔写字，同样蕴含了一种“浑然天成，鸢飞鱼跃”的哲学思想，既然道可以在屎溺，茅为什么不能成笔呢？但没有一个人往这方面体悟他的用心。

此后，朝廷多次想起用陈献章，都被他婉拒，在家乡江门讲学，终其一生。陈献章是唯一可以在孔庙配享从祀的广东人，这种崇高待遇，让一向被人讥为只知“斗争射利，未尝知学”的

“南蛮”们，觉得与有荣焉。

陈献章有许多杰出的门生，其中声望最高的是湛若水。他是广州增城人，字元明，号甘泉。据说他出生时相貌奇异，两耳旁有黑痣，左边七颗像北斗，右边六颗像南斗，这和陈献章的传说差不多——人们总是喜欢把杰出人物神化。湛若水晚年讲学时，学生们形容他的相貌：“身长九尺六寸，体貌丰硕。隆头、广颡、高准，龙形、虎颈、鹤肩、龟咽、骝齿；秀眉圆目，方面重颊；美须髯微连于颊间”，双眼能直视太阳，探视深渊，“坐如虎踞，行如龙腾，立如凤峙，望之如神，就之如威，接之如喜”。

其实童年的湛若水，木讷寡言，甚至有点寿头寿脑的样子。他是家中独子，11岁那年父亲去世，随母亲住在外祖父家，过着农家子的生活，14岁才入学启蒙，和那些七八岁的小孩一起读“人之初”。母亲因家族中有不少人在广州读书，也下决心送湛若水到广州。成化十七年（1481）春天，湛若水由母亲带到了广州，入读五仙观中的学塾。这时的湛若水，好像忽然开了窍，读书得间，进步神速，成化二十三年（1487），入读广州府学。

弘治六年（1493），湛若水参加会试落第。第二年，他听说白沙先生在江门讲学，油然生出神往之心，乃投到陈献章门下，行四拜大礼，袪衣受业。为了表示恭敬诚心，斋戒三天，才开口向师尊求教。两人交谈投契，倾露肺腑，娓娓不倦。说起落第的事，陈献章对他说：“此学非全放下，终难凑泊。”湛若水马上把会试部檄当场焚毁，以示决心。

湛若水从学三年，思想豁然开朗。弘治十年（1497），他首次提出“随时体认天理”的为学宗旨，认为“千圣千贤大头脑处，尧舜以来至于孔孟，说‘中’、说‘极’、说‘仁义礼智’，千言万语，都已该括在内。”随心、随意、随家、随国、随天下，无处不可以认知天理。陈献章对他的感悟，非常高兴，勉励他说：“日用间随处体认天理，著此一鞭，何患不到古人佳处。”陈献章在逝世前一年，把自己治学、讲学的“江门钓台”，作为衣钵，传给了湛若水。

虽然烧掉了部檄，但湛若水并未放下科考之心。弘治十八年（1505），湛若水终于春闱步蟾，高中进士，选庶吉士，授翰林院编修，在几十年的官场生涯中，官至南京礼、吏、兵三部尚书。他在京师时已广收门生，讲授心学。姚江学派的创始人王阳明在吏部任职，也设坛讲学，对湛若水的文章学问，深为叹服，兴奋地表示：“予求友于天下，三十年来，未见此人。”两人磨砻隽切，同倡“圣人之学”。嘉靖六年（1527），王阳明出任两广总督，驻节广州，公务之余，在濂溪书院讲学。

晚年的湛若水，决心退隐，专心教育。他年年上疏乞归，年年被朝廷驳回。嘉靖十九年（1540）湛若水以74岁高龄，终于获准致仕，收拾笏袍，告老还乡。他在广州城东购下几十亩菜地、菰塘，建了一座“湛家园”。御史洪垣是湛若水在京师讲学时的弟子，这时适到广东巡按，热心为他张罗办书院的事情，在湛家园南面，找了一块地兴建天关精舍，恭请湛若水主持讲学。

湛若水活了95岁，最难得的是直到最后一年，还保持着龙马精神，四处走动。他的养老秘诀，就是办书院和讲学。为了兴学养贤，他把俸余之资，全部用来买下数十处馆田，以赡四方学者。一年四季，大部分时间，都是奔走在各个书院之间，不是在这个书院讲课，就是在那个书院讲课，再不然就是跋山涉水，踏破铁鞋，为创办新书院寻找合适的地方。

嘉靖十年（1531），湛若水委托巡按御使吴允祥利用广州崇报寺废址（今中山六路），开办白沙书院。湛若水为白沙书院撰写题记，对创办这所书院的宗旨、选址、规模，以及经费来源，都有清楚的交代。院舍包括五间祠堂，东轩三间，西轩三间，拜亭三间，在祠亭之间左右有号房十四间，左右两个莲池。高大的牌坊立于前，外有三道大门，门左右有号房十三间，在号房南面还有东西厅各三间，地方宽敞，规模宏大，又拨废寺膏腴之田一顷四十四亩以供祠事。湛若水在《白沙书院记》中，盛赞吴允祥创办这所书院，“有祠有室以妥灵，有堂以敷教，有庑以处学子。学子之来，可以居业，可以游，可以息，可以优游涵泳以究学问”，“一举而辟异端，扶正学，以化训乎乡里，以风动乎天下，而垂诸来世，亦观风者之首务也”。

有一年，湛若水为创办白云书院，不顾年迈，亲自登上白云山勘察，在九龙泉旁的白云寺旧址，找到了一块理想之地，不禁掀髯赞叹：“高矣！美哉！”并亲撰《祭奠告白云书院土地》文：“弘开书院，朗耀人文。昔邪今正，重造乾坤。神与有光，五岳同尊。维神终佑，昭此昏昏。”

白云书院有道门、尊师祠、观泉堂、观生堂和修讲堂五间、坐堂五间，修讲堂上立碑，立孔圣四配像，以供诸生瞻仰。按刘伯骥《广东书院制度》所说，白云书院建在山林间，“因地势所限，廊阶曲叠，堂舍较普通书院为多。而且擅林泉之胜，环境清幽，极宜于澄心治学。”湛若水在广州还开办了上禺、上塘、蒲涧等馆谷，大门永远朝读书人敞开。

这一年，湛若水虽八十有五，但依然精神奕奕，精力充沛得像个年轻人。由他主办和捐助的书院，遍布江南，多达四十多间，门生弟子三千九百多人。在天关精舍的学生中，不仅有年轻人，有官员，还有不少耄耋之年的长者。77岁的吴藤川就是学生之一，湛若水尊称他为“藤川丈人”，送给他一支南岳四方竹拐杖，上面刻有铭文：“不知日之将暮，步高一步，久矣高蹈。”后来，又有两位老人前来拜师，一位是82岁的黎养真，一位是81岁的黄慎斋，人称“天关三皓”。湛若水写了一首《三皓》诗称赞他们：“养真慎斋与藤川，三皓同时及我门。八十头颅事事真，老来赤子心还存。”

但这还不是最年长的学生，后来精舍还来了一位102岁的简姓老翁。每次来听课，湛若水都毕恭毕敬请他上忠爱堂，南面而坐，自己东向坐以示尊敬。湛若水把《三皓》改成《四皓歌》：“简延老翁超百岁，忠爱堂上貌凝然。养真慎斋与藤川，四皓同时及我门。”湛若水自己也是八十多岁，凑成“天关五皓”，年龄加起来有四百多岁！嘉靖三十二年（1553）吴藤川去世；嘉靖三十三年（1554）黎养真去世，湛若水都亲自为他们撰写祭文。

天关精舍的实际主持人，是湛若水的入室弟子庞嵩。庞嵩，字振卿，南海张槎弼唐村人，曾任应天通判和云南曲靖知府，以克己奉公、敬天爱民著称。有一年，地方闹饥荒，他亲自开仓赈灾，直到官仓空匮，又向巨室富家买米，接济灾民，救活了六万七千多人。灾后采取免除欠税、缓征徭役的政策，招徕流民回归，复业者十万余人。平时庞嵩到各县办公，都是自带干粮，从不扰民，百姓都把他叫作"庞青天"，应天、曲靖都建有祠堂祭祀。庞嵩早年是王阳明的弟子，后转投到湛若水门下，成为湛若水最得意的门生，湛若水对庞嵩说："吾尝谓公为岭南第一流人，不虚矣！"最后湛若水把蒲葵笠传授给庞嵩，确认庞嵩为甘泉学派的衣钵传人。

湛若水在90岁那年，主持重修禺山书院。这所由梁百揆手创于南宋嘉定十七年（1224）的书院，历三百余年风推雨薄，屡修屡圮，已鞠为茂草。湛若水不忍让这一悠久的文脉中断，开工之日，以三牲果酒之仪，亲自昭告禺山土地神："峨峨禺山，番山维邻。维番降灵，以作多贤。独此禺山，汩于人寰。未有受气，几千百年。天作地藏，以遗其人。神启我衷，独识其真。负阴抱阳，粤应嶙嶙。拜兹神贶，感激何言。"两个月后，书院上梁，湛若水又亲撰《禺山书院上梁告神文》，禀告神灵："禺山之下，祠宇亭亭。既拜神贶，载相我成。阴阳维和，栋宇聿兴。天道常清，地道常宁。日东月西，往来常明。庇我后人，赫赫斯声。佑启无疆，维平之祯。"禺山书院规模宏备，有景云堂、晓春轩、魁星楼、书斋、莲池、花园等。广州从此又多了一个青青子衿鼓箧而游、朝夕诵读的地方。

湛若水曾七上衡山讲学，九十高龄还出游南京，91岁那年在衡山修筑甘泉书院。嘉靖三十七年（1558），湛若水93岁，虽然已不能远足，但仍坚持在天关精舍讲学。嘉靖三十九年（1560）三月，95岁的湛若水不顾弟子劝告，坚持到增城龙门的龙潭书院讲学。四月，他回到广州，在禺山书院继续给弟子讲颜子克己复礼章，申《四勿总箴》之义。四月六日，他再次来到书院，和弟子们一起澄心默坐，久而退之。四月二十二日，湛若水在禺山书院沐浴更衣，就息不语。弟子们环侍床前。湛若水用手指在怀中画“正”字，然后闭上眼睛，安然而去。《湛甘泉先生墓志铭》写道：“是夕一鼓，有大星陨于西北，其光亘地，顷，长逝矣。”

巨星虽陨，但天关精舍却是儒林一座不灭的灯塔。庞嵩主持天关精舍二十余年，湛若水去世后，他每天都在湛若水的牌位前，瞻敬行礼，至死也不改变。人们说，王阳明把陈献章经始开山、湛若水日臻完善的心学，集大成为“阳明心学”，在思想文化界，有“再造乾坤”之誉；而庞嵩则把王阳明、湛若水的学术，融为一家，成就“弼唐之学”。直到清代道光年间，张维屏、黄培芳、谭莹、陈澧等一批声名显赫的大儒，依然定期在天关精舍聚会，他们都把在湛若水的鳣座前交流学问，视作一种精神的洗礼。

然而，吴宫花草，晋代衣冠，终有云飞泥沉之日。清代咸丰七年（1857），湛家园毁于鸦片战争，天关精舍也荡为寒烟。湛家园即后来的法政路的湛家大街，包括湛家一巷、二巷、法政右巷一带，马庄巷是湛家园的马厩。20世纪，在东风中路仍有天官里地名，便是天关精舍的遗址所在，具体位置大约在正骨医院附近。后因开辟马路，天官里并入东风路，乃至完全湮没。

陈献章的另一位高足张诩，字廷实，号东所，广东南海人，人称“岭南孤凤”。他进士出身，授户部主事，但他和业师一样，性情淡逸，对做官了无兴趣，以乞养母病为由返回广州，购下护国仁王禅寺废址的西圃，建造园林，手植千竹，名为“竹坞”，并立了一块“咏竹诗碑”。他在竹林里筑“看竹亭”，朝夕啸吟其中，其地在今诗书路与大德路相交处。

有人考证，“诗书”原作“狮子”，因该地有很多斯里兰卡商人，斯里兰卡古称狮子国，其后衍变为“诗书”。但更多的说法是，张诩每天在看竹亭吟诵诗书，路人经过，常闻吟诵之声，诗书街因此得名。清人樊封《南海百咏续篇》称：“西门内诗书街……因诩得名。”

陈献章生前著述不多，死后弟子们争相对师说作不同的诠释注疏，都想证明自己才是正宗嫡传。因此，竟出现了张诩、湛若水、李承箕、林光四位陈门高弟各自撰写陈献章墓志铭的情形。张诩自称，陈献章临终时，曾握着他的手说：“出宇宙者，子也。”又对其他弟子说：“吾道吾付吾某矣。”某就是指张诩。言下之意，他才是陈献章衣钵的真正继承者。

陈献章称赞张诩“以自然为宗，以忘己为大，以无欲为至”，但其他弟子却不以为然，湛若水便认为张诩“往来白沙之门二三十年，未尝问学”。张诩也不满湛若水不能如陈献章般洒脱，混迹官场几十年，他作诗说：“约向沧溟共濯缨，当时决意谢浮名。功名自会寻温峤，婚嫁何曾累向平。”还语带嘲讽地说：“邯郸我了人间梦，声誉君归使者旌。”

虽然两人的关系，有点或明或暗的龃龉，不过表面上还是很敬重对方的。湛若水与张诩，对陈献章的处世哲学，其实各承一脉。湛若水继承了热衷办学的入世一面，以振衰善俗为职志，传道授业，不避与官僚缙绅周旋酬酢；而张诩继承了不屑做官的出世一面，潜辉养性，恬静清修，以作世范之风。

成化年间至正德年间，不断有人在皇上面前称赞和举荐张诩，说他“学优良、行高慎”，又说他“践履纯笃，可大用”，朝廷屡屡要起用他，都被他一一婉拒。张诩的看竹亭，离“饮食之盛，歌舞之多，过于秦淮数倍”的濠畔街，不过一箭之地。朝歌夜弦，清晰可闻，酒色财气，触手可及，要做到清心寡欲，也不是容易的事，尤其像张诩这样喜欢美食与美酒的人。他对岭南佳果，尤其独情。只要把荔枝、龙眼、香蕉、蜜瓜等果蓏，往他面前一摆时，他就忍不住和苏轼一样，馋涎欲垂，诗兴大发。他写过不少关于岭南生果的诗作。

在讲述吃波罗蜜时的感觉时张诩写道：“金刀剖之索蜜渍，一片入口沉痾离。”他把荔枝形容为：“色如十八学士醉后颜，味比细柳将军烈不酸。”美人用纤纤素手，剥开粉团般的荔枝，就像从蚌胎中取出一颗圆润的珍珠，又如“水晶落金盘”，其珍羞至味，令人有“卢橘杨梅三舍避，妖桃郁李翻见弃”之叹。他的《龙眼》诗，描写吃龙眼的妙处和采摘龙眼的情景：“益颜无限补，止渴有余甜。女伴携篮摘，儿童斩竹拈。三朝留火焙，四海作珍瞻。”当满城的素馨花、茉莉花、榴花、菊花盛开，果树上硕果累累，千竿新篁舞动清风之际，张诩这位羲皇上人，也忍不住高声吟哦：“爱杀岭南风土好，满城蕉荔绿阴浓。”

他就在鲜果与美食之间，领悟着“虽凡夫俗子，皆可为圣贤”的道理。

陈献章去世十年以后，何维柏在三水南岸堡出生了。他从小在三水崑都山结庐读书，在一间仅可容膝的小茅屋里，终日默坐澄心，体认天理学问。功夫不负有心人，他最终成为“江门学派”的重要传人之一。嘉靖十年（1531），何维柏乡试中举；嘉靖十四年（1535）会试中进士，授翰林院庶吉士。

明朝共传十六帝，虽然其间出过一两个想有所作为的皇帝，但总体而言，从朱元璋开始形成的自卑、猜忌、刻薄的病态心理，贯穿始终。一方面高度集权，一方面却昏头搭脑，宦官弄权乱政，以锦衣卫、东厂、西厂、内行厂特务治国，靠制造恐惧维持统治。近代学者冼玉清在《何维柏与天山草堂》中形容明朝：“法纪废弛，工作繁兴，民力既耗，国力日竭，奸佞日亲，铮臣日远，小人乘之，阴伺喜怒，以排除异己。”嘉靖年间（1522—1566年），大学士严嵩怂恿世宗朱厚熜，在河北大修行宫，兴建金山功德寺，何维柏劝谏无效，上表辞禄，倒冠落佩而去。

几年后，何维柏被朝廷重新起用，巡按福建。当时福州、兴州、漳州、泉州发生洪灾，广袤百里，汪肆浩渺，数十万人断炊，遍地饿殍，惨不忍言。何维柏条陈救荒十余策，并开仓赈灾，协助农民救灾复产。当年晚造，受灾四州均获丰收，民众得以死里逃生。这件事令他在福建获得极高的民望。

嘉靖二十四年（1545）秋，何维柏在福建上本参奏严嵩，力斥严嵩推荐方士为皇上炼丹是“邪路邀宠”。当时严嵩权势熏天，跺跺脚，金銮殿上的瓦都会哗哗响。坊间相传，何维柏起草劾章时，有一群乌鸦聚集在他房子外，“哇哇”叫个不停，有两只竟然飞入室内，一只啄他的墨砚，一只啄他的座位，何维柏拍案怒喝：“吾志已定，且告神明，安敢有负！纵啄吾目，当亦不止！”群鸦知他心志已决，这才散去。

何维柏疏入，结果可知，朝廷下令把他押上京治罪。福州士民遮道痛哭，当地传唱着一首歌谣：“三水凤，参天柏！穷谷深山被恩泽，官谷重重赈灾，奸弊时时痛革。今日去，民心恻！报答无由怨句天，但愿天心眷忠良。”传说何维柏上路时，有大群绿色小蝇，群集于囚车，如泣如诉，不肯离去，后来又飞集于押解差人的衣裳上，赶也赶不走。直至何维柏离城十余里之后，蝇群始散。

何维柏被递解至京后，先受一百廷杖，再入诏狱。这时蝇群又飞集于押解差人衣裳上，驱之不散。人们都说这是天人感应的现象。大明的诏狱，比地狱还黑，何维柏自以为必死无疑。好在他于锦衣卫中，遇见一位同乡，暗中保护，才幸免于难，削籍居家。

何维柏比湛若水小44岁，湛若水在京时，何维柏已是他的学生，结下了忘年交。嘉靖二十六年（1547），没想到“孤臣尚有生还日”的何维柏，披着一身风尘回到岭南，行装甫卸，便上西樵山拜访湛若水。他有一首《游西樵山》诗写道：“回看世界真如幻，每到林泉似有缘。”这是他经历了宦海生死风波后的一种感悟。湛、何师生二人，在山上互诉衷肠，交谈甚欢。何维柏下山后，湛若水还题诗送别：“犹疑颜色在，晓月照松关。浩叹草黄落，王孙游未还。”

何维柏参奏严嵩的事情，震动天下士林，人们对他非常景仰。他在光孝寺举行大聚会，宣讲白沙之学，四乡八镇的学子，坐船的坐船，步行的步行，披星戴月，兼程而来，只为一睹他的风采。是日诃林之下，人满为患，何维柏说得酣畅淋漓，而听者如堵，仰视他如凝望天空的一轮朗月，他说了什么倒在其次。

何维柏寄迹河南云桂村，结庐名“天山草堂”，不时与广州的士绅大夫，借法性寺的禅房聚会，谈道义悟天理，坛坫壶觞，济济师师；有时得到朋友馈赠美食，更是兴致勃发，邀请乡间最德高望重的九位耆老绅士分享。客人年纪最大的92岁，最小的也有71岁。何维柏见到他们，必定俯首弯腰，双手圆拱而下，从口一直过膝，恭恭敬敬行肃揖礼。他赋诗纪其事：“五仙旧在三城里，九老会同一里间。春日蔬盆真率会，风流长得似香山”，自比唐代白居易的“香山九老”。

久而久之，天山草堂周围，形成了一个学术的圈子，人们自发地聚拢在这里，希望听何维柏讲心学。于是，何维柏在小港创办天山书院，收了六十多位生徒，正式执鞭讲学，阐发陈献章绪论。冼玉清考天山草堂故址：“从岭南大学（今中山大学）西行，经云桂桥，度蜿蜒数十丈之水松基，约五里抵小港乡，明直臣何维柏天山草堂遗址在焉。”

何维柏为天山书院手订教学宗旨：“学子之于学也，犹农夫之于田也。修礼以耕之，陈义以种之，讲学以耨之，本仁以聚之，播乐以安之。有事而匪懈，优游以俟成。”为了方便生徒出入，何维柏出资把云桂涌上的小木桥改建为石桥，名为“云桂桥”，但广州人都把它叫作“尚书桥”。在何维柏的门生中，有三十多人中举人，十多人第进士，乡人感到无尚荣耀，在桥头立了一座“云桂发祥”牌坊，以资纪念。

后来，何维柏再次被朝廷起用，但不久因得罪了当朝宰辅张居正，又被外放陪都南京礼部尚书闲职，他坚决请辞。在前往南京的途中，忽然掉转船头，鼓帆向南，重返云桂村。当时他66岁，虽然未到悬车之年，但毅然断绝仕途，一心一意在乡授业，直到去世。

清代康熙年间，天山草堂改建为是岸寺，人们在寺旁建尚书祠，纪念这位心学名儒。现存的云桂桥是清宣统三年（1911）重建的，桥长二十余米，用花岗岩砌成，桥墩用条石垒砌而成，桥侧面刻有“云桂”二字。

十八世书香门第

天顺初年（1458年前后），发生了一件震动朝野的事情：广东举人黄瑜应诏上书英宗朱祁镇，提出六事：一曰正身则天下治；二曰正家则天下定；三曰正礼则天下化；四曰正乐则天下和；五曰正赋税则天下富；六曰正军则天下安。疏上，触怒朝中权贵，认为区区一个举人，竟敢妄议朝政国纲，欲治他的重罪。好在黄瑜得到一些大臣出手相救，险死还生。他冒死直言的事迹，在京中广为流传，人所敬仰。

黄瑜，字廷美，广东香山人，景泰七年（1456）举人，会试时名列乙榜，入国子监，但接连几次参加会试均名落孙山。在京中闲居八年，都得不到一官半职。有一年，他中御史选铨部，已经奉名，却被人偷偷改掉姓名，盗占了他的任命。直到成化五年（1469）才获授广东惠州府长乐县知县。

黄瑜在任内崇礼兴学，惠政于民，当地民众在县学前立生祠，追思铭念。黄瑜南归后，卜居于广州双门底泰泉里（今北京路青年文化宫处），在屋前种了两株槐树，筑“双槐亭”，自称“双槐老人”。他经常邀请一些意气相尚的诗朋酒侣，到双槐亭聚会，迭相唱和，琴棋书画，在士林传为美谈。人们都尊称他为“双槐先生”。身后遗有《应诏六事疏》《七诱》《书传旁通》《双槐文集》《双槐岁抄》等著作。

黄瑜的儿子黄畿，字宗大，七岁能吟诗作对，鼓琴弦歌，被誉为神童。他从小除了读书，没有其他兴趣。别的小孩在玩纸鹞、捶丸、踢毽子、捉迷藏，他却一个人捧着《春秋》苦读，不屑于与其他顽童为伍。16岁进入郡学，有调皮捣蛋的同学，到城外偷了一只鸡回来煮了吃，请他一起吃，他竟认为此处学风不正，马上退学，转到邑庠读书。

黄畿是个大孝子，相传他的父亲去世后，他在父亲坟前通宵哀哭，黎明时忽然有饿虎前来觅食，但见到黄畿后，不但不攻击，反而转身俯伏而去。有乡人远远看见，大为骇异，作《孝子感虎歌》，在乡间传诵。成化二十一年（1485），黄畿在越秀山下筑“粤洲草堂”（位于今小北大石街附近），作为读书之所。时人尊称他为“粤洲先生”。他的著作有《三五玄书》二十五卷、《皇极经世书传》八卷、《粤洲集》六卷及《删正黄庭经》等。屈大均称赞：“粤人书之精者，以畿为最。”

后来，黄畿陪儿子黄佐赴京应试，不幸染疾，在途中去世，年仅49岁。粤洲草堂因兴建明道书院被拆除了。黄畿逝世15

年后，黄佐把书院的地皮买下来，复建粤洲草堂，重振父亲的遗业。

黄氏家族的第三位代表人物出场了。黄佐，字才伯，号希斋，晚号泰泉，出生在双门底的泰泉里祖屋。正德十五年（1521）中进士，廷试选庶吉士，嘉靖初授翰林院编修。历官江西佥事、广西督学、左春坊经筵讲官，迁侍读，掌南京翰林院事，再迁南京国子监祭酒，进宫詹学士。明嘉靖初年，因为上疏请举新政，与一些朝臣发生意见冲突，挂冠南返，依旧住在泰泉里，家里建宝书楼，作藏书之处。不少士子慕名而来，听他讲学。

在学术上，黄佐与宋明理学同出一源，却自成一派。欧大任、梁有誉、黎民表、吴旦、李时行五位岭南诗人，结诗社于南园抗风轩，称“南园后五子”，五人均出于黄佐门下。黄佐精通儒家典籍，对古乐也很有造诣，曾撰写《乐典》，对古乐义理，微显阐幽，独步一时。他还亲自制作琴、瑟、钟、磬、管、篴、笙、箫等乐器，教门人演奏古乐。有一回，黄佐和门人合奏一曲，忽然有两雉从云端翩翩而降，起舞和鸣，大家无不惊叹为“文明的瑞应”。

嘉靖十四年（1535），巡按戴璟把粤洲草堂改建为书院，命名为泰泉书院，黄佐经常在书院讲学。戴璟是浙江奉化人，对岭南文化贡献良多，广东现存最早的通志《广东通志初稿》，就是他在开办泰泉书院的同一年主持编修的。后来黄佐也编过一本《广东通志》，补“戴志”的不足，这是第一本由广东人自己编修的《广东通志》。历代修志，收集资料都是一项最艰巨的工作，清代阮元编《广东通志》时，把“黄志”作为最重要的参考文献之一。他在《重修广东通志序》中表示：“各书多就残佚，唯黄志为泰泉弟子所分撰者，体裁渊雅，仅有存本，今求得之，备加采录。”

黄佐的宝书楼，藏书丰富，有如南面百城，在文人学士中，简直当成一方圣地。近代藏书家徐绍棨曾介绍：“（黄佐）生平著述二百六十余卷，言礼有《泰泉乡礼》，乐有《乐典》，义理有《庸言》，文章有《六艺流别》，诗有《唐音类选》《明音类选》，掌故有《革除遗事》《南雍志》《翰林记》《广州人物传》，所修之《广东通志》，史例瞻详，尤负盛名。至《泰泉全集》文章衔华配实，足以雄视一时。其《春夜大醉言志》诗有‘长空赠我以明月’句。然其学部之浩瀚渊博，胥由于藏书。泰泉有宝书楼，搜皮秘籍，为一时冠。”

黄佐去世后，人们把黄氏的泰泉里故居，改为黄氏宗庙，立有一座大司成牌坊。黄氏家族的诗书世业，历十数世而不坠。在黄佐之后两百年，黄氏家族又出了一位赫赫有名的代表人物——黄培芳。他是黄佐的八世孙，字子实，又字香石，自号粤岳山人，嘉庆九年（1804）中式副榜，入太学肄业。嘉庆十一年（1806），黄培芳在广州借应元道院的场地，授徒讲学。嘉庆十三年（1808），应广州知府之聘，主讲广州羊石书院。

黄培芳善诗词，工书画，蜚声坛坫，督学翁方纲把他与张维屏、谭敬昭并称“粤东三子”。黄培芳在广州时，一直住在泰泉里的“粤岳草堂”，门前高悬一副对联：“三百年里第，十八世书香”。儒林士子都称他为“粤岳先生”。黄培芳又在先祖黄佐的宝书楼原址建“岭海楼”，搜罗天下图史坟籍，并编纂有《岭海楼书目》。

几年后，黄培芳到京师充补武英殿校录官，道光十八年（1838），返回广州，补为学海堂学长，咸丰七年（1857），以八十高龄，仍坚持到书院讲学，咸丰九年（1859）溘然去世，享年82岁。其生平著述甚丰，有《香山志》《重修肇庆府志》《重修新会县志》《易宗》《春秋左传翼》《浮山小志》《云泉随记》《岭海楼诗钞》《香石诗话》等五十余种。

岭海楼藏书，民国时大部散佚。原来在泰泉里有黄文裕公祠和大司成牌坊，以纪念这个显赫的学术世家，公祠在抗日战争时期被日本侵略军的轰炸所毁，牌坊则直到20世纪50年代尚存，1963年前迁建到越秀公园南门前，后被毁。

在越秀山的蟠青丛翠之间，坐落着多所书院，其中一所迂冈书院，是山西道监察御史伦以谅、翰林编修伦以训兄弟为纪念他们的父亲、经筵讲学官及右春坊右谕德、翰林院侍讲伦文叙而建的。

伦文叙，字伯畴，号迂冈，广东南海人，出身贫寒，家中靠租种中山小榄镇大财主何月溪的田地为生。相传伦文叙十岁那年，随父亲撑船运谷到小榄交租。当晚船泊梅花涧河边过夜。何月溪闲来无事，登楼四望，忽然看见河边的谷船上熠熠生光。他下楼蹑足寻至河边，光芒倏忽不见了，船上睡着一个头大如斗的男孩。等他回到楼上再望，船上又有光芒直冲斗牛。如此三度，何月溪断定这男孩必是非常之人。第二天，他把伦文叙留下，免费教他读书，还把女儿许配给他。后来，伦文叙果然大魁天下，衣锦荣归。

伦文叙才思敏捷，善写通俗易懂的白话对联，出口成章，下笔成文。广州人也许没听说过陈献章、湛若水、张诩，但一定听说过伦文叙，关于他的趣闻逸事，被编成无数的话本、戏曲，在坊间十分火热。它们有一个共同点，就是把伦文叙塑造成一个混迹市井的伶俐鬼、怪才、鬼才。其实很多故事都是杜撰的，但广州人偏偏喜欢这样一种平民化的状元公形象。

其中一个故事说，伦文叙读书时，先生出诗考他："天上下雪不下雨，雪到地上变成雨。变成雨来多麻烦，不如当初就下雨。"自以为构思巧妙，不料伦文叙应对如流："先生吃饭不吃屎，饭到肚里变成屎。变成屎来多麻烦，不如当初就吃屎。"广州人听了，乐不可支。

伦文叙13岁那年，到一乡绅家中送菜。乡绅知道他有鬼才，请他为珍藏的苏东坡真迹"百鸟归巢图"题诗。伦文叙不假思索，挥毫写了一句"天生一只又一只，三四五六七八只"。围观的人觉得诗句平淡，味如嚼蜡，发出嘲笑的嘘声。伦文叙不慌不忙，继续写道："凤凰何少鸟何多，啄尽人间千万石。"他解释说，诗的后一句，是讽刺人间圣贤何太少，贪官污吏何太多。而前面一句，一只又一只，即二只；三四五六七八只，即三四十二，五六三十，七八五十六；二加上十二，再加三十，再加五十六，不多不少，正好一百只，与“百鸟归巢”相吻合。

伦文叙似乎特别喜欢玩数字游戏。有一回他给西禅寺送蔬菜，和尚嫌菜不新鲜，要他挑走。伦文叙苦苦哀求，和尚有意刁难他说：“百贤殿上的柱子还差一副对联，你能够说出一副切当的联来，菜就如数买下。”伦文叙不假思索，应声而作：“杏坛七十二贤，贤贤希圣；云台二十八将，将将封侯。”七十二加二十八，正好一百，和“百贤殿”的名称堪称璧合，和尚也为之叹服。

在这些故事中，伦文叙吟诗作对，从来不会运用深奥、艰涩的冷僻典故，相反，每次都是以最简单、浅白的文词，制造最出人意表的效果。这很符合广州人那种源于草根的审美趣味，也符合他们的性格。

弘治二年（1489），伦文叙以儒士身份到省就试，中高等肄业入太学。十年后在京参加考试中会元，殿试又中状元。据说江南才子唐伯虎和伦文叙同一年参加会试，他在前一年应乡试时，被录为南京第一，入京会试时，人人盛传状元非他莫属，他自己也太过得意，结果惹来忌恨，陷入科场案被黜，状元桂冠被伦文叙摘取。唐伯虎从此一蹶不振，靠卖画为生。不过，伦文叙的际遇，最初也好不了多少，还没做官就被人陷害下狱，好在后得平反昭雪，官复翰林院修撰之职。

正德五年（1510），伦文叙充经筵讲官及右谕德、翰林院侍讲，每次为皇帝讲解经义，都是聚精会神，尽量详细阐发理奥，以启发皇帝。他仪度雍容，音吐洪亮，亦令皇帝肃然凝注。正德八年（1513）秋，伦文叙出任顺天乡试主考，选取者多为名士，堪称得人。后因病死于任上，年仅47岁。著有《迂岗集》《白沙集》。

伦文叙登第后，在今海珠中路福地巷筑状元第。福地巷原有一座觉苑尼寺，始建于元代，但后来毁圮了。洪武三十年（1397）重建，永乐十二年（1414）又毁圮了。建好才17年就没了，估计又是火灾惹的祸。伦文叙在福地巷定居后，平时在家里，除了读书、写字，也没什么消遣。他最推崇韩愈、杨雄的文章。在他的教导下，三个儿子均考中进士，长子伦以谅，正德丙子科以解元登第；次子伦以训，正德丁丑科会元，殿试第二；少子伦以诜，亦登进士。一家之中，父子兄弟并以魁元策名，故天下称之为“一门四进士，父子魁三元”。皇帝御书“中原第一家”，在伦文叙家乡黎涌村头，立了一座牌坊；在福地巷口也立了一座“父子鼎甲坊”牌坊。

伦文叙卒于正德八年（1513），和黄畿同年登仙。当黄佐开始筹划重建父亲的粤洲草堂时，伦家兄弟也在为创办迂冈书院而奔走。嘉靖四年（1525），他们终于在越秀山麓找到了一块地方，离粤洲草堂不远。建构工程，历时三年完成。书院外有几亩田地，以租银充作书院掌教薪水和生徒膏火经费。

迂冈书院落成之日，伦氏兄弟邀请父亲的好友湛若水为书院题记，湛若水写了《迂冈书院记》一文，在阐扬心学义理的同时，亦为书院制规作训。他写道：“道无往而不在也，载而为六经，形而为天地万物，无非我心也。”他引用了伦以训的一段话：“六经发于圣人之心也，则吾心之与天地万物为六经之大全也。请记诸石，永以为书院之规。”能被湛若水视为好友，伦文叙大概也不会是满口“不如当初就吃屎”的痞子文人。

护国仁王禅寺在明初被大火烧毁，洪武十三年（1380），广州右卫暂借来造办军器，寺庙废址成了兵工厂。成化三年（1467）冬，住持僧明达重建寺庙。但半个世纪以后，仁王寺再度变得破落，官府把它改建为晦翁书院（又称紫阳书院），广招生徒，课以举业，亦给尝业，奉祀朱熹。但还有大片寺地丢荒，沦为蚁城鼠穴。张诩、方献夫各自购买了一部分，兴建自己的寓所。

方献夫，初名献科，字叔贤，号西樵，广东南海人。自幼失怙，然勤奋自力于学，弘治十八年（1505）登进士，选翰林庶吉士，乞求归乡赡养母亲，不久母亲去世，在家居丧。明正德年间，起用授礼部主事，后调吏部验封司，历文选员外郎。

和明代许多士大夫一样，方献夫热衷词章，亦有志于圣人之道。在吏部任职时，经常与王阳明一起交流学问。当时王阳明任主事，方献夫的官职高于王阳明，但却自认学问不及王阳明，后来还投在王阳明门下，恭恭敬敬，执弟子礼。

方献夫在广西时，正好孝宗朱祐樘的长子朱厚照被封王镇守广西，某夜梦自己头戴白巾，以为是不祥之兆，终日闷闷不乐。方献夫开解道：“大王头戴白布，是当皇帝的征兆，王字头上加个白字，不正是皇帝吗？”朱厚照听了转忧为喜。不久，朱祐樘驾崩，朱厚燳果然入承大统，做了皇帝，建号正德。登基后，召方献夫进京，委以辅佐朝政的大任。

正德十二年（1517），方献夫告病退隐，回到西樵山，在石泉洞东建石泉精舍讲学。不久，石泉精舍获得皇上赐书，扩充为石泉书院，与湛若水创办的云谷书院、大科书院及詹事府詹事霍韬创办的四峰书院，并称西樵四大书院，上山求学问道的士人，络绎于途。西樵山俨然被儒林奉为理学名山。

正德十六年（1521），武宗朱厚照驾崩，因为无嗣，以遗诏迎堂弟朱厚熜继帝位。按照程朱理学的礼制，堂弟入继，应改叫朱厚照的父亲为父亲，叫自己的父亲为叔父，但后来朱厚熜欲尊生父兴献王为“皇考”，引起大礼议，上百名大臣伏阙恸哭劝谏。但方献夫、霍韬等几位大臣则持“继统不继嗣”之说，支持朱厚熜。最终反对者纷纷锒铛下狱，或离职待罪，而方献夫则因支持朱厚熜，封为武英殿大学士，入阁辅政。为了从道德上自圆其说，朱厚熜下旨编订《明伦大典》，刊布天下，以证明“兄终弟及”，合乎人伦。方献夫被召入京，参与编纂。后来，他在城西筑赐书楼和阁老府，“敬藏”《明伦大典》，以示隆重。

由于在大礼议一案中，方献夫得罪了许多大臣，经常成为众矢之的，弹章盈箧。广东按察司佥事龚大稔上奏弹劾方献夫和霍韬，历数他们有贩卖私盐、霸占市场、捣毁官衙、抢占和迁移寺院财产等大罪，又说方献夫强占紫阳书院，扩建自己的宅第。方献夫上奏为自己辩护，称早在仁王寺改为紫阳书院之前，自己已经住在那里，他是如数支付地价，购买了仁王寺部分地产，兴建宅第，同时还买下了属于仁王寺的田地，这些买卖都是合法的。

另一件侵夺寺产的案子，有人弹劾方献夫把西禅寺的田产，据为己有。西禅寺在广州西门外龟峰，即今康王北路第四中学处，又称龟峰寺，香火很盛，冠于一时，殿东有六祖铜像，慈范庄严。方献夫原来在西樵山办了一家石泉书院，后来迁到西禅寺，又兴建方公祠。被人指控他以扶圣教为名，毁坏禅寺佛像，夺其田地，占为己有。甚至方献夫任吏部尚书那年，天空出现彗星，也有人奏称，方献夫一掌吏部，就见彗星，证明此人是个扫帚星。尽管皇帝对方献夫眷宠不衰，驳回劾章，并把写劾章的大臣罢官与投狱，但方献夫对官场争斗，却已深感厌倦与畏惧。《明史》写道：“献夫饰恬退名，连被劾，中恧。虽执大政，气厌厌不振。”三次上疏引疾求去，嘉靖十三年（1534）终于获准致仕。

方献夫在西樵山隐居了十年，时而与名士宿儒、绩学之人相聚，从容杯酌，切磋学问；时而到广州阁老府校勘藏书，弦诗读画，风雅不减。嘉靖二十三年（1544）三月，方献夫和湛若水一起到甘泉都，登上沙堤新筑的“江门钓台”。江山万里，人海沉浮，世事如烟，能无感慨？他口占一诗，以表达内心的悟觉：“一台筑石江心起，风月先生钓且吟。此是江门旧衣钵，当时分付意何深。”六月初七，方献夫卒，葬在南海金瓯堡大岗。湛若水撰《祭告西樵方公文》，以最华丽的辞藻称赞他：“取相位如拾芥，谢荣禄如脱屣。净大狱如救焚，保大同如护子。而公之阴德，足庇于十世。”

方献夫除了留下一部没几个广州人读过的《西樵遗稿》外，还留下了广州人非常熟悉的西樵大饼。他任吏部尚书时，每天四更起床，赶上早朝。某日厨子来不及做早点，他就自己动手，把鸡蛋和糖糅进发酵好的面团里，烤成大饼。拿到朝房吃时，香气扑鼻，同僚们都来问是什么点心。方献夫一边分给大家品尝，一边随口回答：“是西樵大饼。”广东的饮食界，从此又多了一项驰名饼点。

赐书楼与阁老府的故地，原名官禄巷。清初，广州被清军攻陷，赐书楼和阁老府均毁于兵燹。《恭岩札记》一书说：“楼毁于火，府今亦荒废。有人得其遗砖，篆书‘阁老府砖，富寿万年’八字。”但才过了一百二十年，已楼塌府毁，化为瓦砾了。官禄巷后改名为官禄路，再改为观绿路。

武夫从文

自从蕃坊式微后，蕃客陆续星散，他们的房子，被明朝的新贵们占用了。在今天的解放中路以西，人民中路以东这片地区，出现了不少新住户，出入纡青佩紫，乘轺建节，十分气派。但在新建的高墙大宅周围，依旧住着许多身份卑微的人家。他们除了上街市买肉打酒时，和店东吹上一两句“隔篱屋的尚书老爷昨天又请客了”，“街尾的状元公明天嫁女了”之外，生活也没太多的变化。

广州同知陶鲁是最早入住城西的官员之一，比伦文叙早了三十多年。陶鲁字自强，广西郁林人。父亲陶成，永乐十二年（1414）广西乡试，以第四名中举，在交阯凤山担任一个不入品阶的小官，后来得到举荐，命署谅江府教授。任期满后，迁山东按察司检校，再得到举荐擢大理评事，总算有了七品官秩。正统年间（1436—1449），复以举荐超擢浙江佥事，官至四品。

但陶成最后是以打仗成名的，他曾率众击退倭寇从海上的入侵。后来处州、武义发生农民暴动，陶成领兵平乱，在武义先胜一局，斩首数百，生擒百余人，又劝降三千余人，声威大震。后来对方伪装成避乱乡民，混进城内，四处放火，内外夹攻，以致全城大乱，军民溃散，陶成死于乱军之中。朝廷追赠陶成为左参政，录其子陶鲁为八品官，授广东新会县丞，后任知县、广州府同知等职。

陶鲁以荫官授新会县丞时，年仅弱冠，知县王重劝他年纪轻轻，不要荒废学业。陶鲁便拜王重为师，执弟子礼，每天早晨，听王重讲授经史后才处理公事。后来王重卒于任上，陶鲁服丧如父丧之礼，且资助王重两个儿子。其时两广地区盗贼，多如牛毛，各占山寨，打家劫舍。天顺七年（1463），陶鲁升任新会知县，尽兴新会、阳江、阳春、泷水、新兴各县官兵，大张旗鼓，扫荡两广各路绿林，大者会剿，小者专征，每战皆捷，所向披靡，乃以战功升广州同知，仍兼知县事务。

成化二年成化元年（1465），陶鲁跟从总督韩雍征讨大藤峡。韩雍治军以严厉持重称，但只服陶鲁一人，每次用陶鲁的计策，都能克敌制胜。陶鲁所统领的三百精兵，有“陶家军”之称，绿林提起“陶家军”的大名，又恨又怕，不敢与之接战，竟跑到陶鲁的郁林老家，大肆蹂躏，把他的族人，不论大小尽行诛杀，焚烧所得诰命，又掘陶家祖坟以泄愤。这次宗族的浩劫，令陶鲁悲痛欲绝，从此移居广州，远离家乡的伤心地。宪宗朱见深下诏改陶鲁籍为广东，补发诰敕，加以慰劳。

陶鲁为官四十五年，身经大小百余战，杀敌两万有余，最后得到了一个教训：“治寇贼，化之为先，不得已始杀之耳。”征战与杀戮，尤其是家族夷残，令陶鲁对生命，有了更多的感悟。从此他每到一地，便兴办学校，推广教化，对老师宿儒，敬如上宾。陶鲁殁后，湛若水为他撰墓志铭，称赞他：“故公平后山贼，即请置从化县并学；平阳江贼，即修阳江县学；平恩平贼，即请置恩平县学；他如电白、新宁、白水建学皆如之。”

陶鲁曾上书韩雍，请求为战死的将士建祠，以供祭祀纪念。经奏准朝廷，在广州城西兴建勇敢祠，纪念死于战事的六十五名将士。弘治四年（1491），陶鲁授湖广布政使兼广东按察副使，并治广西兵备，人称“三广公”。陈献章评论他：“公之治民如其治兵，因应随机，初无定体；其治兵也，如文士作文，奇生笔端，无事蹈袭，故能使人畏之，而率以取胜。此皆公精神心术之奥之运。”

陶鲁是文人出身的武夫，文章写得很漂亮，也工于绘画。陈献章曾为他的“范蠡图”题诗：“诗中之画画中诗，晴雪孤舟荡晚晖。同在五湖烟水内，是鸱夷不是鸱夷。”当时儒林中人认为陈献章的学问近乎禅学，颇有微词，但陶鲁却经常到江门向陈献章请教。霍韬的《三广公传》说：“陈献章世訾焉曰禅也，鲁独时造其庐，咨政理。”陈献章对他也敬重有加。很多人请陈献章撰写序文碑铭之类，他并不是随便答应，但对陶鲁却几乎有求必应。陈献章自己承认：“一二十年来，仆与人为记序等文，多不过十数碑而已，为陶公者半之。”

弘治十一年（1498），陶鲁去世，封世袭副千户。陈献章亲自撰写祭文称：“公在岭表，长城是依。”评价非常之高。嘉靖初年，朝廷下令在广州和新会两地建祠专祀陶鲁。广州在陶鲁故居处建忠勋祠，其地在今陶街，祠陶成、陶鲁父子。陶氏后人也在此居住。

忠勋祠旁边还有一座祀毛吉的忠襄祠。毛吉是浙江余姚县人，景泰五年（1454）登甲戌科进士，授刑部广东司主事。因故下锦衣卫狱，惨遭杖刑，打至“肉溃见骨”；后来升为广东佥事，分巡惠、潮二府。成化元年（1465），毛吉率陶鲁左右，清剿绿林，在云岫山战死，谥忠襄。到了清代，忠勋祠被官府占据，忠襄祠成了尼姑庵，逐渐湮灭，但陶街与忠襄里的地名，却一直保存至今。

陶鲁去世两年后，陈献章去世；陈献章去世十五年后，张诩去世；张诩去世七年后，广州来了一位不速之客——魏校。这位曾任兵部郎中的昆山人，没有真正带兵打过仗，但他的到来，却有如带来十万大军，掀起了一股飓风，令广州走石飞沙，播土扬尘。

魏校，字子才，号庄渠，弘治十八年（1505）中进士，授南京刑部主事，改兵部郎中。史书上说他“私淑胡居仁主敬之学”，所谓“敬”，乃指一种贯彻始终，内外如一，庄严畏谨的存养省察工夫。胡居仁的思想，仰承陈献章的老师吴与弼，但把吴氏学说中的“敬”字，推到了极致，主张“笃敬是孔门第一等工夫”。魏校秉承“主敬”的思想，不仅自己做事常持整齐严肃的态度，而且希望整个世界都是湛然纯一的状态，对儒、释、道合一，断然不能接受：儒就是儒，释就是释，正如鲳鱼就是鲳鱼，鲈鱼就是鲈鱼，岂可混淆？因此，他与陈献章虽然同出吴门，但对白沙之学与禅学太近，极不以为然。

嘉靖元年（1522）魏校任广东提学副使，来到广州。他对广州的认识，仍然停留在秦、汉时代，认为这是民杂华夷，教化未及的地方，“闾阎有便安之习，教化无切实之功，相染为风，遂成弊俗”，广州人邪奸好讼，浇风薄俗。因此，他坚信自己负有向这片蛮夷之地推广圣教的责任，进行移风易俗的大改造。

朱厚熜崇道贬佛，自封为“九天弘教普济生灵掌阴阳功过大道思仁紫极仙翁一阳真人元虚圆应开化伏魔忠孝帝君”。广州的民间信仰，从来就是“满天神佛”的，五花八门的神祠、神庙，遍布城厢每个角落，观音娘娘、金花娘娘、天后娘娘、急脚先锋、田公元帅、司命帝君、三界之神，各有地盘，享受三牲五鼎的祭祀。

这些杂七杂八的民间信仰，都不是正宗的佛教或道教，魏校对此深恶痛绝，断定这是广州人“淫移耗财，放纵败家”的重要原因。下车伊始，他即张贴布告，严禁“师巫邪术”，把火居道士、师公师婆、无牒僧道，统统归入邪丑之列，痛斥他们：“大开坛场，假画地狱，私造科书，伪传佛曲，摇惑四民，交通妇女，或焚香而施茶，或降神而跳鬼，修斋则动费银钱，设醮必喧腾间巷。暗损民财，明违国法。甚至妖言怪术，蛊毒采生，兴鬼道，以乱皇风，夺民心以妨正教。”魏校一看见人们在金花庙上香，在华光庙磕头，就火冒三丈，恨不能挥动大扫帚，横扫一切牛鬼蛇神。

魏校下令，凡是朝廷没有赏赐敕额的神祠、佛寺，都属“淫祠”，概行捣毁。民众必须按朝廷规定，以110户为单位建立里，实施乡约，里社统一供奉五土五谷神。于是，一场捣毁神像、荡涤旧俗的旋风，平地骤起，席卷城厢、四乡八镇，甚至连六祖惠能留下的“曹溪之钵”，也被砸个稀烂。被指为淫祠的，一律改为书院、社学、公署。官府的告令称：“广城淫祠所在布列，扇惑民俗，耗蠹民财，莫斯为盛。社学教化首务也，久废不修，无以培养人才，表正风俗。当职怵然于衷，拟合就行，仰广州府抄案委官，亲诣坊巷。凡神祠佛宇不载于祀典，不关风教、及原无敕额者尽数拆除，择其宽厂者改建东西南北中东南西南社学七区，复旧武社学一区。”

官府勒令所有火居道士、师公师婆、圣子、尼姑、无牒僧道各类“邪术人等”，各赴县府自首，各归原籍，另谋生路。民间只准奉祀祖宗神主，如有私自奉祀外神、隐藏邪术者，一经查出，严惩不贷。一时间，豕窜狼逋，那些平日以算命起课、扶鸾祷圣、书符咒水为业的江湖人士，漏夜收拾细软，仓皇四散躲避，就像立冬过后的蟾蜍，恨不得钻到水底泥潭深处过冬。百姓家家户户忙着把供奉的神像收藏起来，也有一些人公开把神像投入火中焚毁，以示响应官府的号召。

魏校作出斩钉截铁的规定：除贱民外，不论富贵贫穷，所有人家都必须把六七岁到二十岁的子弟，送到社学就读，学习如何“做好人，干好事，孝顺父母，尊敬上长，和睦乡里，守本分业，为太平民”。开学前一个月，提调官就要聘请老师，通知各里开学时间，登记学生的姓名、住址、年龄、父兄籍贯、读书经历等。魏校还亲自制定社学的教堂内容。

魏校把广州镇远街（明显巷）的定林寺改为中隅社学，番禺县衙门西（今豪贤路）的真武庙改为东隅社学，城西大市街（今惠福西路）的五显庙改为西隅社学，归德门外大新街（今大新路）的西来堂改为南隅社学，顺天门街（今朝天路）的大云寺和小府君庙改为北隅社学，小南门外直街（今德政南路）的观音堂改为东南隅社学，西城外蚬子步的小天妃宫改为西南隅社学，还在二牌楼（今小北路）兴建武社学。仅广州府就兴办了207所社学。

在办社学的同时，魏校还把一些寺观改为书院，比如越秀山观音阁改为濂溪书院，迎真观改为明道书院，悟性寺改为伊川书院，仁王寺改为晦翁书院。朝天街的崇正书院迁到越秀山迎真观旁边，奉祀周敦颐（濂溪先生）、程颐（伊川先生）、程颢（明道先生）、朱熹（晦庵先生）四先生。崇正书院在广州的文化史上，值得留下一笔，它首开刊刻版书的事业，以刻史书为主，旁及经学百家，唐代文献大典《通典》，便是崇正书院刊刻的。直到清代、民国，坊间仍有不少崇正书院的刻本流传。

魏校也尽力为广州的书院，物色优秀的教师人才，其中最突出的是张天赋和李士文。张天赋，字汝德，号爱梅道人，广东兴宁人，师从湛若水，对历代掌故、地方文献，烂熟于胸，是一位才华出众的修志专家，参与过《兴宁县志》《广东通志》的编修，还为志书制订了一套完整的体例法则，对方志学深有影响。魏校邀请他担任崇正书院的山长。李士文，字在中，福建连江人，曾任高明教谕，被官府推崇为“岭南师范第一”，著有《易明心》《学庸正义》等书。魏校对他十分器重，聘他为濂溪书院讲学。李士文不收入学礼金、不收私人送礼，为人清正，授徒没有私心，体现了一种澹泊致远的境界。

在戴璟编修的《广东通志初稿》里，对此赞美不置：“至副使魏校始毁淫祠，大行改建。其规制有堂，有寝，有书舍、门屏，轩豁弘敞。每岁各举有学行者为教读，与童生正句读，习礼节，端容仪，暇则教之射。其教法俱有条款刊行。童生能进修者，则进之学”，所以当时的小孩子，都懂得揖让之礼，闾巷之间，一派祥和斯文之风。

魏校移风易俗的内容，还包括禁止民间实行火葬，认为“火化乃炮烙之刑”，他的文章《禁火化以厚人伦》，以恐吓性语言诅咒道：火化父母遗体，就是以仇报德，“既煎熬其骨肉，必飘散其神魂，日后虽有思亲之时，祭之不享，哀之无益，禽兽同归，天人共怒，家道凶亡，子孙衰替，皆本于此”。由于佛教盛行，很多人选择死后火葬，相信灵魂可以上西天极乐世界，魏校大加怒斥：“以西天为极乐，火化为归仙。不知西天是夷鬼之地，父母何居！”他要求民众实行儒家所推崇的土葬，让逝者入土为安。

魏校当过刑部主事，也当过兵部郎中，在他身上，混合着武夫与刑曹的气质，具有权威人格，迷信制度暴力，迷信铁腕万能。他留在世上的绘像，长着一张国字脸，线条显得十分刚毅。他不仅在广州大规模洗削更革，而且要把这场台风，刮向全省，远至雷州、廉州、南雄等地，都接到了毁淫祠的指令。魏校甚至把矛头指向陈献章的江门学派，斥其为“西方之学”，背离儒学正统，要潮州地区把陈献章在乡贤祠的牌位移到城西郊外。但当地士人强烈反对，并拒绝执行。

这种靠官府威权支撑的革新，短期内，可以形成大轰大嗡、风向草偃的声势，但难以持久。魏校在广州待了一年，离开后不久，大部分社学便陆续关闭了。除溪濂书院维持时间较长外，其余明道、伊川、晦翁、崇正四所书院，由于没有名儒担任主讲，嘉靖四十年（1561）前后，全部关张。而传承了千百年的民间信仰活动，就像春雨后的野草，忽忽地又长了出来。金花娘娘、华光大帝、黄大仙、赤松子之流，纷纷重上神坛；天后宫、观音阁、龙王庙，又再弥漫着呛人的香烟，信众川流不息，叩拜如仪。凿龟数策的，扶乩问米的，批阴阳断五行的，测风水勘六合的，无不从冰冻的泥潭里，重新冒了出来。

魏校要人们以祀祖先取代拜邪魔外道，其本意是推广儒家伦理，但最直接的结果，就是各地兴起了一股建宗祠的热潮。方献夫、霍韬、黄佐这些本地名儒，成为这股宗祠热的有力推手。由于大礼议成，皇上允准天下大姓联宗建祠，祀其始祖。于是，各地一时出现了许多合族宗祠。《岭南冼氏宗谱》声称，明代“宗祠遍天下，其用意虽非出于至公，而所以收天下之族使之有所统摄，而不至散慢，而藉以济宗法之穷者，实隆古所未有”。城乡到处都是祠堂庙宇，凡聚族而居之处，必有祠堂。珠江三角洲有句俗话：“顺德祠堂南海庙”，可见魏校一年来除旧布新，移风易俗，结果神庙没有减少，反而多了遍地的宗祠。

祭祀陶鲁的忠勋祠西面，有一条南北向的小街，宋代叫纸行头。入明以后，有不少顺德、南海和番禺人到这里开造纸作坊，街上出现了大大小小的土纸行、色纸行，各地的商人汇聚在这里，从事纸头买卖，于是人们就叫这条街做“纸行街”。在城内生活的人，往往会被大街小巷的商业气息所吸引，甚至对此深深着迷，许多达官贵人的府邸，也不避市曹。曾任云南巡抚的黄衷，致仕后便在纸行街购地建宅。

黄衷，字子和，号矩洲，别号铁桥、铁桥病叟，广东南海人，出身于书香世家，其父黄琏以学行称誉乡里。黄衷从小聪颖过人，三岁读《孝经》时，向父亲提出一个问题：孝是人的天性，平民的孝与天子、诸侯的孝有什么不同？父亲被他问得张口结舌。弘治九年（1496），黄衷中进士，授南京户部主事，旋奉派检查江北诸仓历年侵吞的盈余，查出公粟十余万石。又到扬州督催缴税赋，不久因丁内艰离任，在这短短的四十天中，催缴银两九千三百余两，相当于此前一年扬州上缴税收的八成。正德初年（1506），服满复职到户部，晋员外郎。后来历任南京兵部员外郎、礼部郎中、湖州知府、福建都转运使。

黄衷颇获福建巡抚胡世宁青睐，向朝廷推荐，委任其为广西参政督粮。到任以后，他严厉打击贪官污吏、奸商猾贾，整顿粮食市场。广西向来匪患严重，威胁粮路。黄衷率师出征古田（今广西永福县），在洛容县（今广西鹿寨县）围剿绿林草寇，斩首二千余级，晋俸一阶，兼赐银币；正德十六年（1521）晋云南右布政使，以征讨芒市有功受举荐；嘉靖二年（1523）擢右副御史，巡抚云南，在任上荐贤黜贪，安民御盗，清理里役，节省财力。

不久，黄衷移镇湖广，兼理军务。到任之后，雷厉风行，首先弹劾分巡、守备两人，贪官奸吏望风解印；接着，兴修水利，修固沔阳州（治今湖北沔阳县）的龙渊、沧浪等堤，士民为他立碑以纪功德。移镇湖广数月，积粟八十余万石，银四万余两。户部向皇帝上疏，朱厚熜降敕嘉奖，赏以金帛。

从来树大招风，黄衷风头太劲，朝中称呼人少，得罪人多。嘉靖五年（1526），当朝廷任命他为兵部右侍郎时，他知道该急流勇退了，于是以脚疾乞休，赖在广州不上京，四次上疏推辞。朝中忽然有流言传播，说黄衷潜至京师，甚至有鼻子有眼地描述，他如何乘轿子上山。大臣没有奉旨而潜入京师，当为大罪。虽然查实乘轿子上山的是另有其人，但三夫成市虎，朱厚熜也动了疑心，派校尉南下密查，证实黄衷的确在广州。有朋友劝他上疏自辩，黄衷淡然说："事久当白，何必辩也。"

他在广州有三处住所，一在纸行街，一在西关，一在白云山月溪寺。纸行街有一座“参卿坊”牌坊，又称为“贰部参卿坊”，是黄衷题写坊额的。人们一看就知道这里居住着一位朝廷重臣。黄宅后有一株数百年树龄的巨榕，树荫广达一亩，每到春季，街坊一看榕树冒出新叶，便知道天气真正回暖，不会再有寒潮了，回家便把冬衣收入笼。

樊封在《南海百咏续编》中称：“（黄衷）卜宅纸行街，颇饶隐趣，有谭天馆、绿荫坪诸构。著述甚多，今惟《海语》行世。”《海语》是黄衷最重要的著作，也是他唯一传世之作。这本书的写成，与广州西关有很大的关系。

黄衷致仕后，在西关晚景园办矩洲书院。晚景园原是荷溪边的一条小村，黄衷在带河基内筑园，作为讲学和写作之所，命名为“晚景园”。黄佐也是书院的常客，他在《矩洲书院记》一文中，描写书院的环境：“入高闳由丹荔载道，平畴弥望，云萝烟水，远混天苍，是为矩洲书院，吾宗铁桥公之所以栖迟也。”园中有石虹湖，湖水与荷溪相通，水道上建石桥。周迴碧波，列苍柏、翠篁于湖岸，在绿树掩映之间，有浩然堂、天全所、青泛轩、素华轩、鸥席堂等建筑。黄衷与弟弟在这里讲学，与酒朋诗侣聚会，作十日之饮。黄衷有诗纪这段生活：“为战酣春止酒难，云林悬愧竹皮冠。鸠缘报雨动相聒，风欲开花澹不寒。”

不过，他在西关有一项更重要的事情要做。明朝在西关设怀远驿，招待海外贡商，与矩洲书院相距不远。黄衷讲学之余，喜欢与行商坐贾、市井之徒厮混，结识了一大批海客、番僧、舟师舵卒，从他们口中，打听海外的山川风物，凭着零零星星的口述故事，想象着那些他一辈子也不会踏足的地方，有着怎样的绮丽景物和奇风异俗。

嘉靖十五年（1536），他把收集到的资料，汇编成《海语》一书。该书共三卷，按风俗、物产、畏途、物怪分为四类。卷一记述暹罗（今泰国）和满剌加（今马六甲）两地风情，举凡刑政、婚姻、农工、商贾，无不涉及，其中详述暹罗人信佛重僧，及火葬、鸟葬等习俗；卷二介绍东南亚的苏木、胡椒、象牙、犀角、伽南香等物产；卷三记述旅途的险山恶水和物怪。这本书为中国了解海外世界，提供了非常珍贵的参考资料。

黄衷在白云山的月溪寺，亦辟有一室，作为避尘之所。其时而厕迹于市廛尘气之地，时而高蹈于山野林泉，入世出世，来去自如。湛若水之所以在白云寺建白云书院，其中一个原因，就是看中黄衷在月溪寺居住。他在《新创白云书院记》中写道："因知右景泰，泰泉黄公（黄佐）得之，左月溪，铁桥黄公（黄衷）得之，皆毁寺之初也。于时为易，而此寺独若鬼隐神秘，而无有取之者。夫三寺者，白云之山之三胜也。左右既先主于二黄公，而此地独留之二十八年以待予，岂人谋所能及哉？"

黄衷去世后，西关逐渐成为嚣华之地，晚景园周围，开辟了晚景大街、晚景东街、晚景西街、晚景新街等街道。荷溪在晚景大街南端，当年溪上有一条著名的小桥叫"顺母桥"，连接着晚景园与长寿里，约在今康王中路与长寿西路交会处。广东巡按御史沈正隆万历三十四年（1606）在广州得了一场大病，几乎没命，士民为他日诵《观音救苦经》，病愈后他在荷溪边建了一座慈度阁，答谢神恩。后来慈度阁改建为长寿寺。

相传有一个家庭，父亲在一次洪水中被冲走，母亲带着儿子迁居到带河基晚景园附近。儿子稍长，听到巷间间有些很难听的飞短流长，说他母亲与长寿寺和尚私通。他暗中打探，得知长寿寺的净因和尚正是自己的父亲，当年落水获救后，以为母子已丧生，便削发出家。父母相认后，相约每天都在长寿寺见一面。母亲便天天蹚过荷溪到寺里，寒冬腊月也不例外。儿子十分感动，请人修了一座跨越河涌到长寿寺的小桥，方便母亲去探望父亲。后来，人们就把这座桥称为“顺母桥”。

广州人把顺母桥的故事，编成《广州顺母桥》《西关顺母桥》《雷劈顺母桥》等戏曲和电影，在舞台上演出了几十年。但黄衷的故事，却已被人逐渐淡忘。

先生的背影

南宋以后，中国文化的重心，开始向长江以南转移，迨至元亡明兴，南移的足步，已及于珠江流域。广东不仅诞生了一批陈献章、湛若水这样的学问大家，而且民间的书院，亦突然呈喷发状，遍地开花，便是其至为明显的表征。

广州在明朝最早开办的书院，见于史载的，是正统二年（1437）创立的崇正书院和濂溪书院。后者创办于南宋，元代一度衰败，明代又重新开门招生了。嘉靖年间，魏校在广州大规模的毁淫祠运动，为书院复兴奠定了基础。在他离开广州17年后，湛若水回到广州，创办多所书院，把广州的书院，带入了一个黄金时代。正德、嘉靖年间，仅仅在越秀山南麓城墙以内，就聚集了迂岗、泰泉、清泉、镇海、慎德、白山、明道、崇正等多间书院和星罗棋布的名宦名贤祠。

清泉书院是从化人黎贯所建。他是正德十二年（1517）的进士，选为翰林院庶吉士，后转任陕西道监察御史。他是从化建县后第一位进士，从化人都以他为傲。一提起从化，人们往往会想起那句经典的从化话："水缸有水蛇！"其实"蛇"是从化话常有的尾音，没什么特别意思。黎贯当官后，做第一件最轰动的事情，就是在安徽禁止民间溺毙女婴；第二件是抨击火甲制度，这种制度之荒唐，竟有"一户被盗，一甲偿之"的规定，令百姓不胜其苦。他在官场以作风硬朗著称，但对父母却非常温柔孝顺，父亲去世后，他痛哭不已，竟把眼睛哭坏，四十岁就不能阅细字了。

致仕归田后，黎贯在越秀山西麓、越王台下筑山房，开办清泉书院。他的儿子黎民表是岭南诗坛的大诗人，嘉靖十三年（1534）中举人，黄佐门下弟子，累官河南布政参议，曾参与纂修广东、从化、罗浮诸志。万历七年（1579）致仕。黎民表是"南园后五子"之一，经常在清泉书院与好友聚会，谈古论今，肆笔赋诗，颇有古君子风。顺德名士佘世亨住在越秀山脚，他有一首《元日过黎氏清泉书院》诗，描写清泉书院的景致："冉冉春云覆短墙，洞门天远自风光。红桃碧柳山初暖，翠竹黄鹂昼自长。南国阳和生瑞霭，西风浩荡送幽香。小车莫厌频来往，几度寻芳恣老狂。"

镇海书院是湛若水的门生王渐逵所创办。王渐逵，字用仪，广州番禺人，世居沙湾青萝山下，号青萝子，人称"青萝先生"。正德十二年（1517）中进士，任刑部主事，但因为太想念家乡的山水，在京师才待了两年，便急不可待地辞官归里。嘉靖四年（1525）从沙湾搬到广州洛城街（今吉祥路北段）居住，但繁华都市，软红香玉，令他有很多忧虑，唯恐诗书道废，淳懿之俗会沉溺于“纷华波荡之中”。这是促使他兴办学校原因之一。

他在广州居住了十年，嘉靖十四年（1535），礼科给事中董进第向朝廷举荐了三十多名人才，皇帝从中钦定了十几人，王渐逵是其中之一。他奉诏入京，不过由于他过于直率好言，两个月内便上疏数千言，锋芒毕露，搞得人人对他不满。王渐逵的性格又很高傲，高官生日请他赴宴，他一翻白眼，佯佯不睬，但对一些寒微老友，则倒屣迎宾，长夜倾谈不倦。这种不合时宜的魏晋做派，在世人眼中，是狂妄与矫情的表现，以致他在同僚中十分孤立，谗言繁兴。朝廷趁他回乡养病之际，革职永不叙用。他也不以为意，在广州筑“小云谷精舍”，专心著述，也在镇海书院讲学。

王渐逵和伦以谅、伦以训、何维柏等人，都是过从甚密的朋友，结成“越山诗社”，经常在越秀山上，啸竹吟花，题襟抒怀。越秀山平时冷冷清清，一年之中，有几个特定的日子，如春天的清明，夏天的中元节，秋天的中秋与重阳，山上都很热闹。王渐逵喜欢混迹于人群中，看小孩在越王台上放纸鹞，看善男信女到三元宫上香，与何维柏一起煮白云山茶，与伦氏兄弟一起饮菊花酒，还得意地歌吟笑呼：“但言欢契谊，酒到不复辞。宁惜今辰醉，为君尽深卮。”迂冈书院前面有个池塘，王渐逵有时蹲在那看人捕鱼，也能兴致勃勃看上半天。他有一首吟越山诗社的诗："越山诗社未曾榛，野老萧萧扫翳云。赢得春来风景好，满林花鸟候词人。"越王台、观音阁、五层楼，每一处草径石磴，没少留下他的脚印。

慎德书院是太子少保、礼部尚书霍韬所创办。霍韬，字渭先，始号兀厓，后更号渭厓，人称"渭厓先生"，广东南海人。少时在光孝寺读书，性极敏悟，过目成诵。正德九年（1514）会元。在大礼议中，他引经据典，援用古礼支持朱厚熜，认为天伦不可颠倒，因此得到朱厚熜宠信，要给他加官晋爵，但他怕别人误会他支持朱厚熜是为了邀宠，三次坚辞不受，以示自己完全是出于一片公心："公议所在，系国家元气，系天下治乱。"《明儒学案》也称他"举动光明"，"其所论列，动关安危大计"。

霍韬虽然得到皇帝宠信，但却被自己偏执的性格所累。在同僚眼里，他是个小肚鸡肠的人，睚眦必报，与许多人都关系紧张，好几次卷入了政争的暗潮之中。他的手腕又很笨拙，每次交锋，都是搬起石头砸自己的脚，甚至闹到锒铛下狱，要捐输资财赎罪，皇帝的宠信也丧失殆尽。《明史》批评他："韬学博才高，量褊隘，所至与人竞。"嘉靖十九年（1540）死在礼部尚书任上。

学术上，霍韬是公认博古通今、学富五车的大家。他的思想与陈献章的白沙之学，一脉相承，认为所谓"道"，无所不在，实实在在，就在自己的身边。他经常向学生引用程颢对道的解释：仁义礼智信就是道，君臣、父子、夫妇、兄弟、朋友的伦理关系准则也是道，道就是养至大至刚的浩然之气。但他自己处理这些伦理关系，却并不怎么成功。

霍韬去世同年，伦以训因为丁内忧，伤心过度，也撒手而去。五年后，巡按陈储秀为纪念伦以训（别号白山），创办了白山书院，书院前耸立着一座“四海儒宗”牌坊。县志载其院址“在北城内”，依越秀山而建。

着迷于越秀山的，还有“南园后五子”之一的李时行。李时行祖籍河南，宋室南渡时到广州，家族落籍番禺，少时读书于罗浮山青霞谷，自号青霞子。嘉靖二十年（1541）第进士，嘉靖二十四年（1545）官至南京兵部车驾司主事，因受到同僚排挤，愤而辞职，游历大江南北，三年后归里，在越秀山东麓（今继园以西）修建了小云林，以闭门读书为乐。清代同治时期《番禺县志》说他“归而杜门读书，凡六籍百家，逍遥渔猎，广购法书名画，暇则披图长吟以自遣”。小云林中还养了两只很有灵性的仙鹤，每当客至，招之即来，翩然起舞，令人有飘然若仙之感。

李时行与俗世几乎隔绝，唯与湛若水、黄佐等名儒有交往，切磋学问；亦不时命俦啸侣，在园中雅歌投壶，放吟山水。读书之暇，最喜欢登越秀山游览，观看朝晖夕阴，万千气象；在五层楼上留宿，感受斗转星移，岁序更新，留下了“春风送暖入春杯，越客相携上越台”、“夜半闻笙鹤，翻疑霄汉游”等诗句。

有人认为，小云林是万历年间进士李待问修建的，主要的依据，是一篇记述园中景物的散文《小云林记》。清代乾隆时期《番禺县志》说这篇文章是李待问写的，到同治时期的《番禺县志》，还是依样画葫芦写道：“小云林，在城内。明嘉靖中，李待问所筑，有湛碧亭、月波桥、招鹤亭、驭凤亭、影山楼、青霞精舍、钓月台诸构。”

其实，《小云林记》开篇即说：“余归自嘉靖戊申初冬，为退休计，越明年春，卜于会城之内，获地一区。”嘉靖戊申年，李待问还没降生呢，他是万历初年生人。况且园中有“青霞精舍”，而“青霞”是李时行的号，很明显是李时行以自己的号命名。因此《小云林记》的作者，肯定不是李待问，而是李时行。

在同一本《番禺县志》的“李时行”条目中，又说李时行“于郡西郊筑浮丘草堂，北城开别业，题曰‘小云林’，仍扁曰‘青霞洞天’”。同一本书，对小云林的主人，竟有两个说法，除非后来李待问买下了小云林，否则便自相矛盾了。但这样的可能性，几乎为零。

为了纪念这些有功于地方文化教育事业的先贤，官府依越秀山各名儒书院，分别建起了白沙祠（祀陈献章）、迂冈祠（祀伦文叙）、王青萝祠（祀王渐逵）、霍文敏祠（祀霍韬）、白山祠（祀伦以训）、黄文裕祠（祀黄佐）。但到清末，大部分已残毁不存。

正德、嘉靖、万历三朝，广州俨然成为全国的学术中心。除府学、县学之外，官立书院计有九所：崇正、白沙、濂溪、正学、晦翁、龙德、营道、五羊，还有一所泰泉书院，是由私人草堂改建为官立书院。这些学府大部分设在街冲辐辏之处，这是因为官办书院，利用城内的旧官署建筑作为校舍，场地较为正规、宽敞，也方便官员公务之余来讲学。嘉靖元年（1522），魏校把崇正和濂溪也迁到了越秀山，以示远离尘嚣。

私人书院则多选择闹市以外的山林幽静之地，一来闹市的房子所费不赀，二来也为了避嚣习静。名气较大的私立书院，除矩洲书院在西关，较接近市井外，其余白山、天山、白云、天关、镇海、迂岗、慎德、赤山、云淙九所，全部在白云山、越秀山、城东北角一带，或珠江南岸乡村，可见他们都刻意避开城市中心的繁华地。

围绕着越秀山，还有一些名气不那么大的书院，比如顺德人韦宪文在小北门内兴圣街创办石渠洞书院，规模也不算小，清雍正朝《古今图书集成》记载，在书院里建有李见罗先生祠和正学堂，“春秋二仲祀之，复置祠田，命子孙世祀”。李见罗即李材，嘉靖四十一年（1562）进士，授刑部主事，历迁广东佥事。他最大的特点是热心办学，韦宪文是他的弟子。在越秀山上下，还有无数籍籍无名的精舍、草堂、书舍、书斋等，是私人读书之所。越秀山简直成了读书人的山。

读书人喜欢越秀山，还有一个原因，这里离贡院很近。读书人寒窗十年，吃尽悬头刺股之苦，都是为了有一天能走进贡院，一圆鱼跃龙门的梦。明初，贡院一度临时设在光孝寺，宣德元年（1426）迁到越秀山下小北门内。士人即使不是为了考试，也愿意卜居贡院附近，似乎空气中都多一点书卷气。时人李义壮的《广东试院辟路》，详细记载了贡院位置：“设在会城东北，去粤秀山不数武，而近重门靓深，外界以石桥。石桥之南东，号小石街；又南为大石街。”也就是今天的洪桥街。洪桥原作“黉桥”，“黉”乃学校之意，因字形太过复杂难写，后人改为“洪”字。

每当大比之年，十郡士子都来这里应试。正德年间（1506—1521），贡院可容纳一千三百名考生。他们提着考篮，紧张兮兮走过那道石桥时，襕衫上的皂绦软巾垂带，都在索索地抖，头上的唐巾也几乎抖了下来。“每当唱名之夕，前跋后疐，蹩躠靡聘”，拥挤得好像押解囚犯一样，有些清高的士子深以为耻。大学者、画家李孔修是顺德人，字子长，陈献章的得意弟子，曾二十年不入城市，埋头读书，尤精《周易》，擅诗画，工书法。他很有个性，参加贡院考试，入考场时被搜身，以防夹带，他觉得有辱斯文，勃然大怒，当场把砚台用力掷到地上，拂袖而去，从此不参加考试了。

李孔修的画名气很大，屈大均《广东新语》说：“白沙字、李子长画猫……皆粤东之所贵也。”李孔修平时一有空就画猫，画得活灵活现，栩栩如生，据说有人买了他画的猫，挂在家里，连老鼠都逃得干干净净。坊间哄传李孔修的画笔是神仙浮丘公送的，也有人说是铁拐李送的，画海会起浪，画犁可耕田，画母鸡会下蛋，画韭菜会生长，甚至画个太阳也会发光发热，说得神乎其神。

对于士子来说，参加科考，金榜题名，是晋身仕途的唯一途径。嘉靖以后，许多官立书院也课以举业。书院生可以参加乡试考举人，待遇与社学、儒学（包括卫、州、府、县学）基本一样，只不过儒学的生徒多一条出路：成绩优异的，升入国子监，可以不用乡试而直接参加会试，而书院生则没有入国子监的资格，只能通过乡试，再参加会试。

嘉靖四十三年（1564），官府对贡院进行了一次大修葺，把原来狭窄的道路，扩宽为“横计四丈又五尺有奇，深六十八丈有奇”的康庄大道，其平如砥，其直如矢。贡院前有一条河涌，自今应元路汩汩而来，经法政路入东濠涌。扩建贡院时，在河涌上修了一条石桥，名为“万里桥”；贡院内两旁为廊庑，东西相对，各有六十楹。经过修葺后，贡院可容纳三千余人，考试时的盛况，可想而知。

广州给人的印象，一向是高度物质化的商业之城，灯红酒绿，铜臭熏天，明代何以突然成为全国的心学重镇，汇聚众多星光熠熠的文化巨匠？如果再上溯八百余年，同样让人疑惑，广州何以成为禅宗的发源地？这座城市的每个细节，仿佛时刻都在提醒人们，来这里就是为了赚钱，钱就是衡量这座城市文化的标尺。但从惠能、崔与之、李昴英，到陈献章、湛若水、张诩、伦文叙，却有一条清晰的思想脉络，条贯部分，叙而有章，证明总有一些潜神默思的哲人，寄居在市廛之中，不管外界如何翻风滚雨，城市如何繁华热闹，都不能改变他们的生活节奏和思想节奏。他们就在那里，一直在那里，只是人们常常忽略了而已。

万历朝是明代走向衰亡的转折点。神宗朱翊钧到底有多少年不上朝，为什么不上朝，成了千古之谜，有说他26年不上朝，有说28年，甚至有说30年。不过朱翊钧有个强悍能干的内阁首辅——张居正，在皇帝登基的头十年，推行“一条鞭法”，居然营造出所谓的“万历新政”。

张居正对书院深恶痛绝，认为士人终日耽于清谈，不务实事，是造成国力不振的原因。《明通鉴》说：“是时士大夫竞讲学，张居正特恶之。”其实，张居正真正厌恶的，不是士人的清谈，而是议政。张居正在《答南司成屠平石论为学》信中，字挟风霜地指责士人讲学：“其徒侣众盛，异趋为事，大者摇撼朝廷，爽乱名实，小者匿蔽丑秽，趋利逃名。嘉隆之间，深被其祸，今犹未殄，此主持世教者所深忧也。”

明朝确实有一股风气，臣子以“文死谏，武死战”为标榜，动辄上疏大放厥词，批评皇上，“摇撼朝廷”，皇上惩罚他，他更高兴，赢得不怕死的清誉。这让皇帝很头痛。万历年间，以士人为主的东林党兴起，打着“天下公理”的旗号，形成一股社会清议的潮流，针砭时政，臧否人物。张居正在“夺情事件”中，备受天下士人攻讦，也令他对士人恨之入骨。

当时的书院，普遍衍生出一种新功能，就是议论时政，形成社会舆论压力。读书人把书院当成自己的地盘，肆意指点江山，讽议朝政，令张居正忍无可忍。五十年前，魏校大刀阔斧兴办庠校，而五十年后，张居正大刀阔斧砍杀庠校。万历三年（1575），他下令把原定府学四十人、州学三十人、县学二十人，压缩到大府不超过二十人，大州、县不超过十五人，如地方实在没什么人才，宁可减至四五名也不滥收，以致有些地方为了避免被指“滥收”，干脆整个州县只录一名童生。

限制自由思想的第一步，就是要限制自由讲学，私人书院成为第一箭靶。万历七年（1579），张居正上《请申旧章饬学政以振兴人才疏》，痛斥士人群聚徒党，空谈废业，造成地方官员“宁抗朝廷之明诏，而不敢挂流俗之谤议；宁坏公家之法纪，而不敢违私门之请托”。他强烈主张停办大部分私人书院，也“不许别创书院”。当时朱翊钧才十几岁，张居正说什么就是什么，于是全国刮起了一股砍书院之风。《明通鉴》记载：“凡先后毁应天府等处书院六十四处”。

广州湛若水、庞嵩、何维柏、黄佐等一代大儒，都已相继辞世，万历初年的岭南儒林，缺少足以与张居正政策抗衡的领袖人物，因此书院几乎遭到灭顶之灾。明人郭棐《岭海名胜记》记载：

> 万历中，宰忌讲学，毁及院舍，有司奉行，急若风火，西樵独流祸烈，一时儒绅飒然丧焉。若大科、若铁泉、玉泉、天阶诸舍，皆被毁折。独云谷以白沙祠存，四峰以西庄祠存。石泉恭贮赐书，有司不敢毁，而名贤寤寐之地，遂为烟蔓之场！

对张居正主政的成绩，时人陈子龙评价：“江陵（张居正）辅政十年，国帑余千余万”，“是时九边晏然，内库充积，后来五十年太平，此基之矣。”张居正甚至被史家奉为中国历史上伟大的政治家之一。然而，他扼杀自由讲学，打击民间思想自由这一点，则毫无疑问，为人诟病。万历十年（1582）张居正去世后，朱翊钧终于媳妇熬成婆，立即下旨剥夺了他的所有功名、诰命、赐谥，昭告天下，历数其罪，并下令查抄张家。

张居正虽然倒了，但虎死如羊，人死如虎，他的余威，在死后八年，才渐渐成为过去。万历十八年（1590），广州出现了两所新的官办书院——龙德书院和营道书院。这是冰河解冻的征兆。

龙德书院由知县冯渠所建。冯渠是万历十一年（1583）的进士，翌年出任番禺知县。他在知县任上，创办龙德书院于承恩里（今越秀中路）。冯伯骥的《广东书院制度》说，龙德书院创于万历八年（1580），似乎是依据清同治年的《番禺县志》，但显然有误。万历八年正是张居正毁书院的高潮，地方官焉敢开办新的书院？况且当时冯渠还没出任番禺知县。

营道书院由巡按徐用检创办，设于豪贤街。豪贤街在东门内，与湛家园相邻，天关精舍遗址近在咫尺，这里曾经是岭南儒林的精神家园。徐用检师从王阳明门下高足钱德洪，曾任陕西提学副使。他不仅创办了营道书院，还亲自到书院讲学。

禺山书院在儒林中，依然有很高的地位，曾任右佥都御史的名臣海瑞，曾在禺山书院就读。海瑞，字汝贤，号刚峰，也是番禺人，隶籍海南。他幼年丧父，由母亲独力抚养长大。童年乃至青年时代，一直在海南岛读书，嘉靖二十八年（1549）才中举人。花了那么多时间才中举，显然他不是一个很善于科考的人。按近人李鸿然《海瑞年谱》记载，到嘉靖三十二年（1553）海瑞第二次会试落第之前，除了因会试要上京之外，他没有离开过海南岛。那么，他是什么时候在禺山书院读书的呢？

海瑞曾为梁百揆撰写墓志铭，他写道："后（瑞）与先生裔孙建、柱臣辈，同学省城禺山书院，其院乃先生讲学旧址，祀先生其中，瞻仰德徽，亲依灵爽，非一日矣。"他是禺山书院生徒，乃确凿无疑了。梁柱臣是嘉靖二十五年（1546）举人，他在禺山书院就读，当在此之前。海瑞逝世后，郡人在禺山书院并祀梁百揆、海瑞，也证明人们把海瑞视为禺山书院的光荣。

张居正大砍书院时，禺山书院得以幸免于难。有"岭南夫子"之称的杨起元，曾担任禺山书院的山长。杨起元，字贞复，号复所，广东博罗人。隆庆元年（1567）乡试中解元。万历四年（1576），杨起元在南京邂逅大儒罗汝芳的入室弟子黎允儒，"一语豁然"，并"与黎联榻者半年，不忍别"。万历五年（1577），杨起元进士及第，入翰林院，拜罗汝芳为师。他在《近溪子集序》中自称："时履常满户外，起惟注耳目于先生，而不敢有所问焉。"

万历八年（1580），杨起元称疾归粤。万历十五年（1587）春夏之际，杨起元北上进京途中，道访罗汝芳，正式成为入室弟子，承传泰州学派一脉，其思想近于"狂禅"，主张以禅证儒，以儒入禅。罗汝芳把衣钵传给杨起元时说："今一手付与吾子，吾子笃信弗疑，安享受用，即是讨便宜了。虽然，创业者固艰，守成者不易，若不兢兢业业，物我共成，虽得之，必失之。古之守成业者致盛治，端有望于吾子矣。”嘉靖朝的崇道贬佛，已成过去，佛教浸浸有复兴之势，罗汝芳收这个弟子，俨然五祖传衣钵给六祖。

明人李贽《续藏书》称，杨起元治学，“以明德、亲民、止至善为宗，而要归于孝弟慈”。人们疯狂地搜罗他的著作收藏，家里没一两本他的著作，简直不好意思说自己是读书人。杨起元开坛讲学，人们蜂拥而至，其狂热程度，就像听惠能大师开示坐禅法则一样，把讲坛内外挤得水泄不通。读书人见面时，这个说听过杨起元讲课，那个说藏有杨起元的书，成了互相吹嘘和攀比的材料。崇祯初年，惠州知府周以典的《文懿复所杨先生传》反映了这种儒林风尚：“受业者得片言只字，咸曰‘岭南杨夫子之书’。天下士家不藏先生书，识者以为未尝学。”再没有人敢说岭南是蛮荒之地了。

杨起元卒于万历二十七年（1599）。在他之后，大明国运已秋意萧瑟，书院逐渐式微，禺山书院虽然还继续讲学，但规模已缩小，划出了部分空置的馆舍，给当地乡绅做开会公宴的场所。禺山书院这个名字，最后一次出现在明代的史籍中，是崇祯十年（1637），礼部右侍郎陈子壮曾到禺山书院讲学。

神宗朱翊钧驾崩后，光宗朱常洛继位，但不及一个月，又因“红丸案”驾崩。熹宗朱由校继位，改年号天启。他也是一位生活在童年阴影中的皇帝，对朝政没什么兴趣，宁愿做个小木匠，以致朝廷宦官势力大炽，与东林党的政争，日趋激烈。天启元年

（1621）三月，后金努尔哈赤率军攻陷沈阳。内忧外患，加速了大明的衰败。

国运之衰，在广州也逐渐显现。仅以书院而论，嘉靖朝全省新创办78所官私书院，平均每年近1.8所；万历朝新创办的只有43所，平均每年0.9所，呈现走下坡路的趋势。天启五年（1625），宦官魏忠贤大杀东林党，禁毁天下书院。天启朝的七年间，整个广东，只创立一家官立书院（嘉应州的锦江书院），而且是在魏忠贤禁毁书院前成立的；而唯一的私立书院，就是李待问的赤山书院，具体时间，是在禁毁书院之前还是之后，则有待考证。崇祯时期虽然略有恢复，但也只创立了13家官立书院和3家私立书院。

赤山书院在珠江南岸的赤岗。李待问是南海人，万历三十二年（1604）的三甲同进士，初授连城令，后来官至户部尚书。他家住佛山，当时广佛之间，河涌纵横，处处要靠横水渡，十分不便。万历四十年（1612），李待问出资，在芳村秀水河上修筑“通福桥”，乡民出行称便。因为有五个桥洞，此桥又称“五眼桥”，不过人们都惯称为“李公桥”。这座桥经清嘉庆年间重修，至今还屹立在秀水河上。崇祯七年（1634），李待问又与同乡人士捐资修建联结广州与佛山的两百里羊城古道，号称“省佛通衢”。

《广东书院制度》载，赤山书院创办于嘉靖年间，当为误记。赤山书院坐落在赤岗塔下，赤岗塔是万历四十七年（1619）兴建的，因资金短缺而烂尾，天启年间（1621—1627）李待问慷慨解囊，捐资助工费，鸠工募材，重构宝塔。为什么他会在这个时候忽然修塔呢？最大的可能，是因为他在这里修建赤山书院，把两项工程合并为一。

赤岗塔是一座楼阁式青砖塔，外观九级，平面呈八角形，内分十七层，高五十余米，底层塔墙厚达近四米，塔基八角镶有中世纪晚期西方人形象的托塔力士，形象逼真生动。抗日战争期间，日本军队曾炮轰赤岗，赤岗塔底层中弹，造成部分坍塌，但整体结构没有损坏，依然岿然不动。赤岗塔与琶洲塔、莲花塔，并称“三塔”，是广州著名的风水宝塔，民间认为，省城扶摇之气，荣旺之根，端赖于此。

李待问有没有在赤山书院讲过课，已难稽考。他大部分时间都在朝廷供职，回乡时也以居佛山为主。崇祯十一年（1638）李待问升任户部尚书，当时他已患痿症，不良于行。虽然皇帝对他格外垂照，召对时特许他坐着回答，但李待问的病却日渐严重，几乎不能行走，告病辞职28次，才获准致仕。崇祯十四年（1641）李待问回乡，不及一年就去世了。他在广州的时间并不多，但人们在看到赤岗塔时，总不免想起他。

为你钻取
智慧之火
Get the fire of wisdom for you

广州传（下册）

叶曙明　著

SPM

南方出版传媒

广东人民出版社

·广州·

第七章　镇海楼下

洋船争出是官商，十字门开向二洋。
五丝八丝广缎好，银钱堆满十三行。

- 三城合一
- 大航海时代
- 冲破海禁
- 胜过秦淮数倍
- 沉沦于血海

三城合一

元朝末年，广州经历了邵宗愚的焚烧抢掠，遭到严重破坏。嘉靖朝《广东通志》感叹："先是，广州城繁庶甲诸郡，历兵火几二十年，公私十不存一。"一切又要从头再来。所幸明军不战而下广州，城池大致完好，这要归功于何真。但记得他的人似乎不多，在清代的忠贤坊上，何真的名字，夹杂在五十个忠贤之士名字中，往往被人忽视。

洪武二年（1369），广东置行省。对于首任广东行省参知政事周祯，清雍正朝《广东通志》说他致力于"开设城池，或招复流民，或抚绥新集"。自南宋程师孟修筑西城，至今已近三百年，其间迭经兴衰，北宋元丰元年（1078），广州的人口户数约为14.3万户，而据明代洪武二十四年（1391）的统计，广州府的人口有约21万户。原有的广州城区格局，难以适应越来越高的人居密度。因此，洪武初年便有了“三城合一”的工程。

“三城合一”，就是把宋代的中城与东、西两城之间的城墙打通，连成一片。万历朝《广东通志》记载：“洪武三年，永嘉侯朱亮祖上疏，请连三城为一城，因旧浚濠。”后来的史书，基本上照搬此说。清康熙朝《广州府志》《南海县志》、清雍正朝《广东通志》、清道光朝《广东通志》和《大清一统志》，都说是洪武三年（1370）朱亮祖把三城合一。

然而，那一年朱亮祖并不在广州。他在招降何真，收服广州后，被封为永嘉侯，挥戈西指，转战广西去了。洪武四年（1371）他又出任征虏右副将军，入川作战。洪武十年（1377）冬，广州都指挥使许良向朝廷奏称，广州旧城过于低隘，三城宜合为一。同年，朱元璋派遣十八位公侯分祀岳镇海渎，朱亮祖负责祭祀南海。在他逗留广州期间，许良也许向他请示过，甚至获得了他的支持。洪武十一年（1378），计划在获得朝廷批准后正式动工，由布政司参政韩祯主持工程。朱亮祖是在工程开始后第二年，才出镇广东。

这是一项非常浩大的工程。城墙东起今天的文明路、大德路，西至人民中路，从广州市第一人民医院的市一大道穿过，经盘福路上越秀山，再经小北、越秀北路、越秀中路至文明路。宋城的多个城门都被封闭了，新辟了正西门（今中山六路与人民路交会处），西门大街与布政司前街、正东门大街相连接，贯通全城。

这是违反常规的。中国城市的规划设计，都是“门不相对，路不直通”，东门不能直通西门，南门也不能直通北门，中间一定要有隔断，设丁字路，或“裤裆”路，如广州的天街（今北京路），从南门行至都司署（今北京路与中山路相交处北面），便是一个丁字路口。这既是为了军事防御的需要，战时可以延缓敌人推进速度，以便从两边夹击，也是出于藏风聚气的考虑。但广州这条东西大街，却似乎坦荡荡畅通无阻，可能在街道的某个地段，有建筑物伸出了路面，把街道截断，亦未可知，但如今已无从考证了。

明城不仅拆掉三城之间的城墙，还扩大了北城，跨越越秀山，把半座越秀山圈在城里了。这是因为如果城墙建在山下，防御功能将大大减弱，敌人可以居高临下，俯瞰城里的一切，并从山上往下攻击。按康熙朝《广州府志》的记载，重建后的广州“城周三千七百九十六丈，计一十五万一百九十二步，高二丈八尺。上广二丈，下广三丈五尺。为门七：曰正北，稍东曰小北，曰正东，曰正西，曰正南，稍东曰定海，西曰归德。城门楼七，敌楼七，警铺九十七。雉堞一万七百”。在蓝天白云的烘托下，这座雄伟的城池，后倚白云诸山，前临万顷涵泓，互相映带，山川灵秀，无比壮丽。

在这次筑城工程中，最伟大的建筑，莫过于雄踞在越秀山上的“望海楼”。建楼的初衷，通常认为是基于海防需要，但从其名字推断，更像一个观赏风景的地方，而非军事要塞。它的正面，是对着城里和珠江的，登楼远眺，“水面云山，山上楼台。山水相连，楼台相对，天与安排”，景观雄奇秀丽。永乐元年

（1403），在望海楼旁边，新建一座观音阁。这两座建筑，便成为广州人春天踏青和秋天登高的新景点。越秀山从此也被叫作观音山。

除了海防与观景之外，关于修建望海楼的用意，还有多种的说法。有人说它是为了在山上添一道风景，以壮观瞻；有人说它是一座风水楼；还有一种说法，是为了镇压广州的“王气”。屈大均在《广东新语》中说，朱亮祖建望海楼“以压紫云黄气之异者也”。北方的统治者，总是担心广州会有“王气”，会出王者抢天下。

朱元璋乃和尚出身，笃信佛家与道家，认为佛、道二教“暗助王纲，益世无穷”。坊间相传，皇宫里有个叫张中的道人，人称铁冠子，精通舆术，善占阴阳吉凶。他对朱元璋说，南海有一股王气冲天而起，似有异人出世，如果不及早镇压，恐怕会起猖獗之端，不利于明朝。朱元璋立即传旨，在越秀山上盖了一座五层崇楼，并安放罗刹像，以镇压南方的王气。

但楼建成了，却未能消除统治者的忧虑，而且忧虑的范围，还进一步扩大，连瘦狗岭也被人传说有“王气”了。从弘治年间（1488—1505）开始，官府在每年的霜降日，都要架起大炮，朝瘦狗岭猛轰，以驱散“王气”。有明一代，广东确实没出过乱臣贼子。

朱元璋虽然信奉佛教，但以他的性格，必须把一切控制在自己手中，他很担心佛教会在他的视线范围外，自由发展，最终变成威胁。于是，为佛教设立条条框框，加以限制，成为当务之急。洪武六年（1373），官府把净慧寺南边一大半的面积，割去做了永丰仓，只剩下千佛塔和观音殿。这是压抑佛教的一个表示。两年后，寺院新筑了觉皇殿和山门。从此，净慧寺的山门，从向南开改为向东开。

洪武二十四年（1391），朱元璋诏令各州府只准保留一所大寺观，和尚要集中居住；同时规定各府和尚不得超过四十人，州三十人，县二十人；男子40岁以下，女子50岁以下，不准出家。净慧寺与西禅寺合并，和尚全部搬到西禅寺栖身。明代广州的大小寺庙有一百多座，但城里的大寺庙，只保留光孝寺一家。这是朝廷整治佛教的举措之一。

正统六年（1441），北京正式被定为大明京师。在这一年前后，广州也对全城街道进行了全面修葺。广州自宋朝建三城以后，几乎没进行过大的整治，城里官衙如林，四方商贾麇集，人烟稠密，车水马龙，马路的损坏，日益严重，晴天满天灰尘，雨天一地泥泞。乡试之年，十郡士子到省城参加考试，看见破破烂烂的马路，也难免感到失望。

明人王莹的《重修羊城街记》写道："然近世以来，街衢残缺，砖石龃龉，每风雨连绵则沮洳艰行。国家承平七十余年，未有能修治之者，岂非缺政欤？"一条烂马路不加修整，很容易就变成十条烂马路，十条烂马路再不修整，城市就会弥漫起衰败的气息。于是，在参布政使司事王扬与城中各位方伯缙绅、文官官属、郡邑义士商议，得到大家支持，踊跃捐输，募工伐石，重新铺砌主要的街道。经过整治的马路，"广二丈五尺，延袤约数十里，平衍坚完。非惟利于行者，而城池为之增观，省府为之增胜，居民第宇为之增丽，厥功伟哉”。

成化年间（1465—1487），广州发生了一件惊人事件：望海楼被一场熊熊大火烧毁了。起火之时，从城里任何位置，都可以看到山上火势冲天，宛如燃起了一堆巨大的篝火，散射出的深红与金黄火光，交相辉映，充满了梦幻的色彩。大街小巷弥漫着烟燎火气。人们纷纷跑到街道上，眺望越秀山，呆若木鸡，惊恐战栗。火灾永远是广州人的梦魇和诅咒，几乎所有灾难的记忆，都与火有关。

由于重建望海楼的费用过于巨大，无人承担得起。这是很可悲的，要放在“琛赆充溢，宝物委积”的唐、宋时代，这费用不过小菜一碟，但现在竟然英雄金尽，壮士无颜，可见由于实行禁海，市场萧条至极。广州人每年九九重阳上越秀山，只能欣赏到一堆断垣残壁、碎瓦烂砖。拖了几十年，直到嘉靖二十四年（1545），才筹到足够的资金，照原样重建，楼前加建一座“仰高亭”，左右耸立华表，左称“驾鳌”，右称“飞蜃”，比旧楼更显雄壮。竣工后改称“镇海楼”，也比旧名更响亮。屈大均描述这座新楼，“巍然五重，下视朝台，高临雁翅，实可以壮三城之观瞻而奠五岭之堂奥者也”。

但广州人对文雅的名字，历来都没有特别感觉。望海也罢，镇海也罢，还不如叫“五层楼”，更简单好记。广州人就是喜欢把文人绞尽脑汁想出来的优雅名字，改一个通俗粗鄙的“别名”，比如把菖蒲涧、甘溪叫作髯髯水，因为溪水“髯髯”作响；越王井的井盖上有九个窟窿，就叫九眼井；芝兰湖面积够大，所以叫大坑。广州人见到芝兰湖时，兴奋地嚷道：“好大一个坑，里面的鱼十年都吃不完啊！”广州人起名字，就是这么无趣。在市井里，“五层楼”的知名度，远大于“镇海楼”。

后来清军攻陷广州，平南王尚可喜根据风水先生的意见，修复了镇海楼，把越秀山圈起来做养鹿院，变成了他的私家园林。平南王有蓄养信鸽的嗜好，每逢春秋佳日，就在镇海楼前放鸽传书，从越秀山至清远飞来峡，一天数次往返。平藩以后，广东巡抚李士桢重新修建镇海楼，并加筑了几座炮台，使之成为一个真正的军事要塞。

民国初年，历尽风尘之变的镇海楼，又再次倾圮，沦为废墟。1928年，林云陔任广州市长，废旧立新，重建镇海楼，在旧基上盖起了一座新楼，把木楼变成了钢筋水泥楼。镇海楼重建后，不再具有要塞功能了，改做广州博物院，1950年改名为广州博物馆至今。

经过先后五次大修和重建，五层楼除了还保留着红墙绿瓦、复檐五层这个特点外，外形与最初的望海楼，已不尽相同了，但砌墙壁的砖石，则大多仍属明代旧物。雄踞在五层楼前的一对石狮，是民国初年开筑马路时，从双门底移来的。楼西侧存有嘉靖年间的《镇海楼记》碑和1928年的《重修镇海楼记》碑，记录了这个“岭南第一胜概”六百年来的废兴成毁，记录着这个城市的朝来寒雨晚来风。

在镇海楼的顶层，有一副对联，是清末李棣华所撰（一说为彭玉麟所撰），令多少东西南北客，瞻望咨嗟，拍遍阑干：

万千劫危楼尚存，问谁摘斗摩霄，目空今古；

五百年故侯安在？使我倚栏看剑，泪洒英雄。

嘉靖四十四年（1565），总督吴桂芳主持在广州南城外加筑外城，因为外城临江，故没有再开凿壕沟。工程一年完竣。这次扩筑南城，主要是因为正南门、归德门外，已发展为一个繁盛的商业区，需加以保护。吴桂芳在《议筑广东省会外城疏》中写道："广东省城正南、归德等门外，濠畔、高第、卖麻等街，商民绸缪，财货积聚，乃为两广所恃以为利府，奸宄垂涎以为奇货之地也。"由于没有城墙保护，一旦发生盗警，商民惊慌奔走，如陷水火，所以"必须建筑外城，以图宁固"。

广州最后一次筑城，是在清顺治四年（1647），总督佟养甲筑东西二鸡翼城。这次筑城完工后，广州城墙全长约9700米，高约7.6米，宽约6米。其后除维修倒塌的城墙外，再没有筑新城墙了。广州的城墙修筑史，至此告一段落。

经过几百年星霜变迁，民国时几乎把全部城墙都铲平了，幸存下来的残迹，已经不多。在越秀公园的镇海路上，还有一段长1137米，最高不超过10米的明代城墙，以红砂岩条石作墙基，上砌青灰色大型城墙砖。崇祯十三年（1640）曾修葺过北城墙，增高了七尺，加厚了墙基，内砌女墙，加雉堞五尺，增筑敌台两座，城上每隔二十丈置台阶，方便上落城墙。越秀山上这一段，大概就是这次修葺后的城墙。

在东门、西门和南门外，都有瓮城。瓮城是在城门外再建一座小城，形成一个像陶器“瓮”的空间，人们出入城池，都要从瓮城经过，这是为了军事防御。因为敌人攻城时，经常会采用放火烧城门的办法，瓮城可以从两边夹击企图靠近城门的敌人。

广州东门的瓮城是矩形的，西门瓮城是梯形的，内城南面的归德门、大南门和小南门的，都是半圆形的。民国时拆城墙，大部分的瓮城都被拆毁了，但正西门的瓮城还有部分残基，被压在马路与房屋下面。1996年和1998年两次发掘，清理出残存的基址东西长18.45米，南北宽18.15米，高3.7米。墙体以红砂岩条石包边，横竖错缝叠砌，灰浆粘接，墙芯以泥土夯实，墙体宽四五米，可以看出进行过多次修葺。南墙壁有一处用白色花岗岩条石砌筑拱形门阙，年代较晚。在明代七个城门中，这是唯一保存至今且较为完整的瓮城基址。

洪武初年，广州的很多建设，都被说成与朱亮祖有关。其实朱亮祖在广州只待了一年，《明史》说他为人骄矜，“勇悍善战而不知学，所为多不法”。由于他的诬告，广州的一位官员，被朝廷治罪而死，真相揭露后，朱元璋龙颜大怒，召朱亮祖父子到帝都金陵，以鞭子抽死。朱亮祖以侯礼下葬，其子则被剥皮，悬于闹市，以儆效尤。

望海楼的火灾，无法从广州人的梦中抹去。城里人口越密集，火灾危险性越大，危害也越大。为了对付火灾，历年来除了不断疏浚六脉渠和护城壕，使其保持较高的水位，可以提供救火之用外，每条街还必须挖一口太平井，平时用石板盖住井口，不准随便汲水，遇火警时移开石板，汲水灭火。家家户户都要准备大水桶，确保蓄有足够的水。一旦发现失火，人们就会冲到街上狂呼："火烛啦！火烛啦！走火啊！"沿街拼命敲打铜锣，传递警报。青壮年拎起水桶去救火，老弱妇孺则赶紧收拾细软逃命。

比望海楼失火更早的时候，在洪武元年（1368），也有一场火灾，震动了全城，那就是五仙观的失火。这座位于城中心的宫观，在烈火之中，瞬间化为焦土，让人们再次领略到火的恐怖。洪武六年（1373），位于蕃坊西侧的护国仁王禅寺，也被一场大火烧毁。这两处都是人居密集的闹市，火势蔓延，后果难以想象。为了让火警以最快速度，传达全城民众，洪武七年（1374），行省参知政事汪广洋在仁王寺废墟的东面、坡山古渡山坡上，修筑了一座禁钟楼。

在这座专为报火警而建的崇楼内，悬挂一口青铜巨钟，钟体高3.04米，径2.1米，重约5000公斤，为广东现存最大的古代铜钟。钟体上铸有"大明国洪武十一年岁次戊午孟春十八日辛卯广东等处承宣布政使司铸造"等篆文。钟底下以方形竖井直通门洞，形成巨大的共鸣器，令钟声更加洪亮，扣之"声闻十里"。当城中发生火烛时，就会有人鸣钟报警，呼唤扑救。清康熙朝《广州府志》记载："铸钟体制洪大，高一丈，遇火警，按四方击之。"

久而久之，钟声每响，民众便知有灾情发生，乃至闻钟色变，坊间甚至口耳相传，钟声会引发灾难。《广东新语》载：“五仙观有大禁钟，洪武初永嘉侯朱亮祖所铸，然不敢击。岁乙酉，有司命击之，城中婴儿女死者千余。于是婴儿女皆着绛衣，系小银钟以厌之。”清人黄芝撰《粤小记》亦记载：“坡山五仙观大钟，相传不可击，击则疫大作。乾隆丙午重建钟楼，是岁附近居人疫死甚夥。又传钟有二，其雌飞入白鹅潭，击雄则雌应，海水为之激扬。”人皆畏惧不敢敲击，故称“禁钟”。

广州民间，流传着不少关于禁钟的故事。其中一则说：朱亮祖在广州监造禁钟，但万斤巨钟铸好，却因为太重，无法把它挂到钟楼上。官府四处张榜，悬赏五百两银，招募能够把巨钟挂上钟楼的人。时东郊有贫户冯柱，因交不起田租，被田主逼着要拿女儿去抵债。某日，神仙降临冯家，嘱冯女去揭榜，并交给她一条细藤说，用这条藤系住大钟，暗呼请大仙帮手，大钟自会稳稳地挂上去。冯女去揭了榜，这事轰动全城，围观者人山人海。冯女按照神仙所说，把藤穿过钟耳，搭过横梁，然后暗叫一声“请大仙帮手！”把藤轻轻一扯，巨钟果然被扯起，悬挂到钟楼之上。围观者无不称奇。冯家领到赏银，从此过上好日子。

另一则故事说：清朝光绪年间，有一个外国商人闻说此事，大感惊奇，认为那条钟藤是宝物，于是出高价向官府买下，换了一条铁链去挂钟。当外国商人乘船回国时，想把钟藤放到水中清洗，不料钟藤甫一沾水，顿时狂风骤起，白浪滔天，钟藤化作金龙，跃入海中，翻波戏浪，冲天而去。许多广州人都相信这口钟是有灵性的。

禁钟楼坐北朝南，外观是一座城楼式建筑。初建时为木结构，后渐颓坏，万历年间（1573—1620）进行了重建。新禁钟楼通高17.45米，分作两层，下层是用红砂岩砌筑的城门式基台，外壁漆以绛红色，台宽14米，深12米，高7米，中间为拱券洞门，前后贯通。清代顺治十二年（1655），靖南王又曾大修此楼，并在楼前立碑纪之。清代乾隆五十一年（1786）与五十三年（1788），两次修葺。1986年再次进行了修葺。

禁钟楼现存上层为木构架檐梁式结构，呈长方形，面宽11.83米，进深9.73米，重檐歇山顶，正脊饰宝珠鳌鱼，十三架梁四柱，除脊桁为圆桁外，其余为方桁，金柱及础石柱简洁雄浑，古拙朴素。正檩底部书“时大清乾隆岁次戊申季冬吉旦”及“募化重建立”字样，檐下悬“岭南第一楼”匾。楼四面开敞无壁，设置木栏杆，可供凭栏远眺。楼基是一座高大的方台，占地面积50多平方米，用明代时的红砂岩砌筑，为明代遗构，宽13.9米，深11.9米，高6.8米。中间开一拱形甬道，高5.7米，宽3.8米，贯通南北，外观状似城门。上层木构架连楼基总高17.45米。整个结构具明代遗风。

屈大均把禁钟楼与观海楼、镇海楼、拱北楼合称为“四大崇楼”。除禁钟楼外，其余三楼都先后被回禄光顾过。观海楼在西城外，元末毁于兵火。拱北楼即宋代的清海军楼，元代改为广东道楼，洪武七年（1374），进行过大规模修葺，又称为双门鼓楼，或称谯楼，为广州城中心的标志。但清代乾隆四十九年

（1784），紧挨着拱北楼的六纛神庙失火，二者均化作瓦砾堆。州人重新建造拱北楼，但清代嘉庆十三年（1808）又被烧毁。其后再次修复，但清代咸丰七年（1857）英法联军进攻广州，拱北楼再次遭兵火损坏。时人梁熙南写诗记其事："夷祸接踵起，轰天火万团。垒垒十三行，一望颓瓦砖。妖雾敷城内，兹楼亦倾颠。"广州人对火灾，有着深刻的记忆与恐惧。

禁钟楼建好后，官府在它前面重建五仙观。两者原本并无关系，因"火"而走到一起，人们也就把它们视为一体了。

坡山古渡以前是最繁华的码头商业区，但到明代，珠江岸线已向南推移，西澳不再是码头了，蕃坊的商业区，逐渐向更南的方向转移，移到濠畔街和西关一带。昔日人烟稠密的蕃坊，日渐冷清，竟有大片的闲地，用于兴建钟楼与宫观。

重建后的五仙观，初名通明阁，或名玉皇阁，坐北朝南，依坡山而建，占地甚广，有十多处殿堂，包括玉皇阁、五仙祠、三元殿、老君堂、慈悲堂、真武殿、文昌阁、洪圣殿、金花庙、孙圣殿、关帝殿、御风亭、仙人迹、穗石亭、丹井、祖师坛、照壁、牌坊、山门等。宫观前后，古树成林，盘郁森翠，水木之气，平地生风。这座宏大的道观建筑，与伊斯兰的光塔寺近在咫尺，望衡对宇，五仙观举行祭祀和清真寺举行祈祷的声音，互相都能听到，人们也不以为奇，相待各尽礼仪。

民国以后，五仙观被民居逐渐蚕食，面积越缩越小。20世纪80年代，五仙观仅存嘉靖十六年（1537）的后殿、清代乾隆五十三年（1788）的钟楼、清代同治十年（1871）的仪门及清代的东斋、西斋和岭南第一楼等部分建筑。从2000年开始，广州市对五仙观进行修复工程，清拆了周边的民居和商铺，对古观头门外的东、西廊、牌坊及玉皇阁、穗石亭等，也进行了重修。牌坊面阔三间，进深二间，用12柱，梁柱与斗栱等木构件均为黑色，屋脊为龙舟脊，饰卷草纹，正面嵌有“五羊仙迹”匾，背面为“穗石洞天”匾。仪门为花岗石檐柱青砖石脚，面阔三间12.65米，进深两间7.2米共11架，绿琉璃瓦硬山顶，前设四架轩廊。仪门上方有“五仙古观”石额，是同治十年（1871）大学士、两广总督瑞麟所书写的。东廊有“药王殿”石额。后殿面阔12.4米，进深10米，高8米，绿琉璃瓦重檐歇山顶，脊饰琉璃龙纹、宝珠、鳌鱼，外檐施乳栿出两跳插拱承托挑檐桁，富有明代早期建筑风格。正桁上刻有“大明嘉靖十六年十一月拾贰”等字。内檐施三杪六铺作斗栱，四壁作间隔用，原为方格门窗，灵巧通透，极富岭南特色，是广州现存最完整的明代建筑。后殿放置一座现代创作的五仙塑像。修葺后的五仙观，保留了浓郁的岭南园林意境和明代建筑风格。其现存文物近二十件，包括明代红米石麒麟2尊、红米石棋杆架2座、青石华表（柱）两根及宋至清有关五仙观古碑刻13块。

明朝立国，天下归一。一些人以为，汉人重新坐上龙椅，一切将恢复旧观，再续宋朝的繁华梦。但朝廷立即实行海禁，除市舶司垄断的“朝贡贸易”外，民间一切正常的海市，都在禁绝之列，甚至禁止民众出海。举凡马、牛、军需、铁货、铜钱、段匹、绸、绢、绵等，都是禁止出境的；凡下海者，杖一百，货物入官，其中两成奖给举报者；民间不仅禁与洋人贸易，甚至禁止使用和囤积洋货，包括祭祀也不准烧洋香，必须用土产的松柏枫桃诸香代替。违者以犯罪论之。

从市舶司的存废，可以看出，朝廷对海外贸易，举棋不定。洪武初年在太仓黄渡设市舶提举司，洪武三年（1370）撤销；不久又在广州、宁波、泉州设市舶司，洪武七年（1374）又撤销；永乐元年（1403）恢复广州、宁波、泉州市舶司；嘉靖元年

（1522）又撤销宁波、泉州两个市舶司，但第二年又恢复市舶司；嘉靖二十七年（1548）又裁撤，嘉靖三十九年（1560）又恢复。如此反反复复，反映出大明朝廷对海洋的恐惧感，始终未能释然。

不过，大明也并非完全封闭，多少还表现出想与世界交往的愿望。《明史》记载，欧洲商人捏古伦（据推测，可能是英文名字Nicholas的译音）因战乱滞留在中国，无法返回家乡。朱元璋得知后，让官员想办法把他送走，并写了一封诏书，命其带回欧洲，交给“拂菻”（东罗马帝国）国王。诏书大意说，他推翻大元，建立大明，已经四年了，当初“凡四夷诸邦，皆遣官告谕，惟尔拂菻，隔越西海，未及报知”，中国既改朝换代，“不可不使天下知朕平定四海之意”，所以由捏古伦赍诏往谕。

朱元璋还是有基本的国际关系概念，政权更迭，不忘照会通商各国。他还不断派人出访，与安南、日本、占城、爪哇、西洋诸国建立关系。朱棣登基后，也多次派使节出访安南、暹罗、爪哇、琉球、日本、苏门答腊、占城诸国。

既然明代的统治者愿意与海外交往，那么，是什么阻碍了它，使它成为有史以来海禁时间最长的朝代呢？朝廷给出的理由是为了守护海防，明代倭寇海贼的猖獗，剽劫行旅，攻击官军，对沿海安全，构成重大威胁。所谓“守者一点，攻者千里”，海盗神出鬼没，防不胜防，朝廷只好采取“斩脚趾避沙虫”的办法，实行全面海禁，二桅以上的船只，禁止出海，凡私下与海外互市、贩卖番货者，一律施以重罚。

14、15世纪，对中国来说，本是千载难逢的机会。英国与法国打响了百年战争；美洲的玛雅文明开始衰落；东罗马帝国被奥斯曼土耳其帝国消灭，中世纪结束，欧洲内部纷争四起，战乱频仍，整个西方世界，处于重新洗牌、分化整合的时期。中国这时的经济实力与技术实力，足以执世界航海业的牛耳，若能乘时而起，何愁不能雄视天下？但这时朝廷却颁布了一项愚蠢的规定：所有民船一律改为平头船，使之不能航行远洋。

直到永乐元年（1403），朝廷小心翼翼地恢复了广州、泉州和宁波三个市舶司，管理“四夷朝贡”的海外贸易。三省市舶各有分工，广州市舶司主要管理来自暹罗、占城和西洋的“贡船”。市舶司虽然归地方官府官辖，但朝廷不放心，另外又委派市舶太监，设立“市舶中官公馆”，提督市舶。广州市舶司设在归德门外，市舶公馆设在城南江边，后迁到仙湖街。这种双重管辖的体制，造成互相扯皮、掣肘。市舶太监有皇帝授予“专敕行事”的权力，等同钦差大臣，谁也制约不了他，于是各种无法无天的事都做出来了。

永乐三年（1405），朝廷做了两件与海洋有关的事情：首次派郑和下西洋和在广州设立怀远驿。郑和是内官监太监，从永乐三年（1405）至宣德八年（1433），先后七次，率领庞大的船队下西洋。内官监是宫中十二监之一，地位相当高，仅次于司礼监，掌木作、石作、瓦作、搭材作、土作、东作、西作、油漆作、婚礼作、火药作（即宫中“十作”）及米盐库、营造库、皇坛库等，连营造宫殿皇陵，都归内官监管。

郑和下西洋，是朝廷第一次越出东洋范围，对未知海域进行官方“探险”，动用海船数量之多，航海技术之先进，开拓航线之广远，在世界上几可独占鳌头。明代的造船技术，值得留下不朽的一笔。郑和下西洋的船队中，有五桅战船、六桅座船、七桅粮船、八桅马船、九桅宝船，船体巨大，既稳且快。几十年后的哥伦布船队，乃至一百多年后的麦哲伦船队，与郑和船队相比，亦属小巫见大巫。

郑和首度出航时，带了大量的瓷器、丝绸、金银、铜铁、布匹等宝物，代表皇帝“赏赉”西洋各国。但这不是开辟贸易之旅，而是朝廷宣示国威。后世有人反对此说，认为郑和下西洋根本目的，还是为了开辟贸易。但这种不计成本、极尽铺张的“贸易”，最终也只能是赔尽老本，把原来就不丰厚的国库，消耗得见了底。结果，七下西洋之后，便难以为继了。官僚们为了阻止这种死要面子活受罪的工程，在郑和死后，立即解散船队，烧掉了他留下的航海资料。

当时，广州已开辟了经菲律宾到美洲和经印度西海岸到欧洲的航线。官府兴建怀远驿，是为了接待各国贡使，类似宋朝的海山楼，由市舶司管理。其接待对象只限贡使和随行人员，不像海山楼连国内的船商、水手都接待。仅从这一细节，宋、明两朝的襟怀，已立见高下。驿馆的选址，既不能离城太近，也不能太远。太近怕洋人窥探城内，太远又不利缴税通关；附近不能太热闹，怕中国人与洋人接触太多，也不能太荒凉，还要照顾到洋人日常生活。明代广州的珠江岸线，已南移至大观河、桨栏路、冼基一带，西关人口越来越多，介乎城乡之间，生活还算方便，基本符合所有要求。最后，选中了在蚬子埗（今十八甫怀远驿街）兴建怀远驿。

这年清明前后，蚬子埗的码头热闹起来了，一船船的石料、木料，排着队等候卸货。大批从事建筑业的木匠、石匠、泥瓦匠和劳工，从四面八方集合到蚬子埗。有些匠人的祖先参与过宋代建三城的工程，因为工匠的职业是世袭的，一代为工匠，代代为工匠。他们的社会地位虽然不高，但谁也不敢得罪他们，因为怕他们盖房子时，做点什么手脚，害得房主后患无穷。

官府督其工役，择黄道吉日，以三牲果酒之仪，拜过土地，各项匠人，不下数百，纷纷起造。工程持续了一年多，从春天到秋天，从冬天到夏天，工地上热火朝天，挑砖担泥，夯土平基，定磉扇架，砌墙竖柱，打夯的号子声，凿木的叮当声，工匠的吆喝声，从早到晚，喧哗嘈杂。每次的上梁拜神仪式，都吸引众多民众围观，只见明香五炷，祭酒三奠，三跪九叩，祈求三界四府、十方贤圣、诸天星斗、十二宫神、五方地主等各路神仙，大布恩光，永灭灾殃。在震耳欲聋的炮仗声中，锣鸣鼓响，大梁徐徐升起安放。看热闹的人群，兴奋得好像自家盖房一样。

到第二年八月，一百二十间房子，便停停当当，排列在河边了，牌坊楼阙，参差错落，规模宏整壮观。这是一组标志性建筑，唤醒了人们对昔日繁华的记忆。当怀远驿迎来第一批客人时，人们喜笑颜开，深信只要朝廷不再禁锢民间，放开市场让广州人去经营，宋朝时西澳码头商贾云集、货如轮转的场面，很快就会重现。

然而，让人掉下巴的是，明朝的海禁，比蒙古人统治时还要严厉，时间也要长得多。有明一代，倭寇海盗的困扰，始终未能彻底解决。嘉靖元年（1522），由于发生日本两批贡使团互相厮杀的“争贡之役”，朝廷关闭了福建、浙江两个市舶司，留下广州市舶司，作为中国海上丝路的唯一通道，只许那些交往已久，互相熟悉的朝贡国前来贸易，对非朝贡国则拒之门外。即使对朝贡贸易，也有严格限制，必须领有凭证的贡船，才准入港。这种凭证叫“勘合”，由礼部发出，每个朝贡国只限两百道。勘合之外，还有号簿的限制，每国限四扇号簿，分配给这个国家的不同地区。第一批领得勘合的有暹罗、占城、爪哇、真腊、满剌加、苏门答腊等国。

勘合上详细列明朝贡国的国主、使臣姓名、年月、方物等，入港时交市舶司严格核对；对贡期也有限制，如暹罗一年一贡，或一年两贡，占城一年一贡；对于贡使人数、贡船数目、船上携带的兵器各类与数量，乃至从哪条水道进广州，都有严格规定：朝贡使团通常在一百人到一百五十人左右；所有贡船到广州前，必须以琼州为第一站，官府派人上船“辅护”，然后再进入珠江口。违反这些规定的，可视作寇盗。朝廷购买舶货，不叫“买卖”，而叫“赏赍”，比如暹罗进贡了象牙、犀角，朝廷就赏赍丝绸、瓷器等。黄佐的《广东通志》记载：与东洋贸易，多用丝织品作为赏赍，“西洋交易，多用广货，回易胡椒”。朝廷就是不肯摆出平等交易的姿态，一定要让外商觉得，允许朝贡贸易，是朝廷的旷古隆恩。

然而，在日益兴盛的合法与非法贸易压力下，无论朝廷乐意与否，朝贡贸易最终还是要被打破的。正德初年，广州城下的外国商船越来越多，许多普通商船也打着贡船的旗号，数量大大超出规定，舳舻相属，风帆蔽日，排着队要入港。更重要的是，本地的官员，大多不想禁得太严，采取只眼开只眼闭的态度。

在这一片喧哗声中，最具划时代意义的事件，就是葡萄牙人出现了。

15世纪末至16世纪初，西方世界迎来了一个觉醒与扩张的“大航海时代”。以葡萄牙、西班牙为代表的海洋强国，在欧洲迅速崛起，并向东方展开凶猛的殖民扩张；而英国、法国等后起之秀，亦已蓄势待发。葡萄牙与西班牙在1494年签订条约，规定在西经41°～45° 之间划一分界线，凡在分界线东侧发现的土地，归葡萄牙所有，在西侧发现的土地，则归西班牙所有。这条分界线由教皇亚历山大六世仲裁，史称“教皇子午线”。据此，广州、澳门，甚至远至宁波，都在葡萄牙的殖民范围之内。

葡萄牙人在攻占香料主要的市场满剌加（马六甲）后，遇上了几艘来自广州的商船，初次打探到中国的真实情形。他们得到的印象是：一个东方的伟大、富饶、豪华、庄严的国家；广州是南中国沿海最大的商业中心，全国水陆两路的大量货物都在广州装卸。葡萄牙人欣喜若狂，仿佛一个巨大的宝藏，已近在眼前，只要念动“芝麻开门”的咒语，无穷的物华天宝，将取之不尽。

第一艘抵达中国的葡萄牙船，正德八年（1513）在上川岛抛锚泊岸。由于实行海禁，岛上居民大部分内迁，已沦为荒岛。葡萄牙人登岸后，竖立了一块刻有葡萄牙国徽的“发现碑”，作为纪念。这次初航中国，属探路性质，没有与官方正式接触，也没有进行大规模的贸易。正德十一年（1516），葡萄牙商船再次来临，借口遇风浪打湿了货物，要在屯门澳登陆晒货，上了岸便赖着不走了，要求与中国通商，扬言在他们后面，还有更多的欧洲商船正乘风破浪而来。

正德十二年（1517），葡萄牙首次派使团访问中国，试图与大明建立贸易关系。他们以进贡为名，直闯广州，广州守军大为紧张，马上关闭城门，竖起刀枪剑戟，布阵严防。葡萄牙人鸣炮升旗，要求拜访明朝皇帝，闹得满城风雨。堂堂天朝，礼仪之邦，从未见过如此无礼的客人，竟硬要主人接待。

中国人把这些“长身高鼻、猫睛鹰嘴、卷发赤须”的家伙，称为“狒狼机”，以禽兽视之。后来客气了一点，改叫“佛郎机”。为了赶走他们，广东官府搞了很多小动作，在民众中散布谣言，说这些红毛番鬼会“掠十岁以下小儿烹食之”，又派蛙人潜入水下，凿穿葡萄牙人的船底。葡萄牙人无奈，转往福建、浙江等地，寻找机会，但都碰了钉子，和明军打了几仗，又以失败告终。只得掉头折返广东。朝廷对这个使团爱理不理，把他们撂在广州，坐了两年多冷板凳。

最后葡萄牙人通过贿赂，才得到准许入京的诏书。不过，葡萄牙人在广州期间，也没闲着，他们托人在景德镇订购了一批青花瓷器，由葡萄牙的船队带回了欧洲。这是中国瓷器，通过贸易，直接进入欧洲之始。后来，这批瓷器散落在欧美各地的博物馆、基金会和私人藏家手中，有部分曾出现在拍卖市场上。其中有三只酒壶，分别绘有埃曼尔奴一世盾牌和有浑天仪图案的徽章等图案，显然是中国瓷工根据葡萄牙人的要求，专门烧制的。

嘉靖年间，葡萄牙人在澳门经商日多，三亲六眷，纷至沓来，登岸建屋，安营扎寨，几年之间，竟逾万人。他们每年以五百两银，行贿广东官员，换取在澳门的居留权和港口经营权。五百两银虽然不多，但对于床头金尽的官府来说，也可聊补无米之炊。后来官场易人，这笔贿金公开化，成为葡萄牙人缴给广东布政司的地租，名为水米椒银。葡萄牙人在澳门定居，反映出在这场博弈中，双方态势，发生逆转。

中国官府曾在民众中大肆宣传，把“红毛番鬼”形容为烹食小孩的“狒狼机”，现在忽然改弦易调，允许他们登陆居住了，这个弯怎么转呢？怎么向朝廷解释？官府用了一个最孩子气、最简单的方法，就是把原来的“佛郎机”名称改了，从此叫“葡萄牙”。这就两不相干了。佛郎机人不能上岸，但葡萄牙人可以。

葡萄牙人在澳门站稳脚跟后，便从里斯本运来毛织物、玻璃精制品、钟表、葡萄酒等货物，到各地港口进行交易，在爱琴换取香料和宝石，在马六甲换取香料与白檀，然后用这些物品在澳门与广州商人换取丝织品、黄金，转往日本再换取小麦、漆器、船材等。葡萄牙人如此来回倒腾，每年从澳门收得重二十盎司的金条三千两百条；精制丝织物五万三千箱，每箱有两百五十匹各色丝绸；转运到日本的中国丝织品，可获银两百三十五万两，还有不计其数的瓷器、漆器、壁画等工艺品。据清初两广总督佟养甲记述，当年“广省内外货物流通，番舶巨商富贾争相贸易，民获资生，商获倍利，岁额饷二万二千两，每年不缺”。澳门遂成为葡萄牙对华贸易的重要桥头堡。

官府不准葡萄牙人进入广州城，但有些葡萄牙人收买本地船家，把番货拉到广州城下交易。这种交易是非法的，但广州人不在乎，每当运货的疍家艇靠岸，码头上便有如雀喧鸠聚，大批人围上前去，七嘴八舌，这个争着看货色，那个抢着问价码。一旦价钱合适，马上一手交钱，一手交货，迅速完成交易，然后四散而去。

很多葡萄牙人与商人勾结，贡船一抵埗，就有专人接引，先把贵重物品私下交易，然后才把卖剩的货物，由葡萄牙人报官，这时往往只剩下一半，甚至只有三四成。时人严从简在《殊域周咨录》书中感叹：“则其所存以为官市者，又几何哉！”

大量从内地来的商人，聚集在广州城里，都想分一杯羹。他们人生地不熟，往往要假手本地人。于是广州人用本地的特产，与浙江人交易丝绵、水银、生铜、药材等，再与牙人交易番货。这种私人市舶活动，愈演愈烈，最后，官府只好准番商来广入市，点其名数，税其货物，离广州城三十里，泊舟海面，在通事（翻译）的协助下，与广州人做买卖。

葡萄牙成了中国工艺品在欧洲的总代理商。但是，西班牙人在万历三年（1575）也首次来到广东，要求通商，广州的官员照例严词拒绝。西班牙人在马尼拉建立了与中国间接贸易的据点，由葡萄牙人把中国货运到马尼拉，再由西班牙人转运到美洲。1580年，西班牙兼并了葡萄牙，从而一跃而为西方对华贸易的巨头。

尽管朝廷不喜欢欧洲人的到来，但事实上，西班牙成了明朝的救星，通过与西班牙的贸易，大量白银流入中国。曾经有日本学者估计，在万历二十八年（1600）以前的四十年间，仅从日本流入中国的白银，平均每年就有一万一千多公斤，大大舒缓了中国白银严重短缺的困境，为张居正推行一条鞭法，提供了财政支援，从而使田赋、徭役和其他杂征总为一条，合并征收银两，成为可能。本来到嘉靖时已“穷到烣”的大明，喂下这碗续命汤，又延长了几十年的阳寿。

冲破海禁

防止倭寇海盗，是堂而皇之的海禁理由，但事实上，不少强盗海贼，是被朝廷禁令逼出来的。朝廷这也禁，那也禁，民间没活路，焉得不反？正统十四年（1449）爆发的黄萧养之乱，就是缘起走私，几乎把广州毁于一旦。黄萧养是南海人，因走私盐被官府下狱，他率一百七十余位重囚逃狱出来，抢了军械局，聚众万余，船数百艘，以“拜佛削羊”（攻取佛山、广州之意）为号召，大举围攻广州。

官军仓促应战，在戙船澳被杀得大败，退往广州城西，在柳波涌再次大败。当时广州还没修筑南关，黄萧养的大军，如入无人之境，直逼城下，市舶司被火烧毁了，连西城状元坊张镇孙的牌坊祠宇，也被烧得片瓦不存。好在城池还算坚固，黄萧养攻不下来，但民众也出不了城。城中暴发疫症，不少死者曝尸街头，官府下令运到城北郊丛葬。那段日子，充满恐惧，度日如年。

黄萧养屯兵河南，在清水濠畔的五羊驿登帝位，自号顺民天王，给部下封了公、侯、伯、太傅、都督等官爵。广州被围长达数月，后来，官军大队援兵杀到，黄萧养亲率船队从白蚬壳进攻洲头咀。激战中，黄萧养被流矢射中，落水而死。但民间余悸未消，纷纷传说，黄萧养没死，逃到了东塱乡，土地山神召来六丁六甲，为他连夜开出一条水滘，通到江边，当地人把这条水滘叫做“大王滘”。黄萧养逃到江边，但无船可渡，忽然有两只白鹅从水中飞出，背负着他逃之夭夭。从此人们就把这地方叫作“白鹅潭”。坊间还流传着一句神秘的谶言：“九牛浮水面，萧养转回头。”

值得庆幸的是，这场大乱，没有导致朝廷撤销广州的市舶司。景泰六年（1455），市舶司在海山楼故址重建，海舶也依期而至。事实上，自永乐十七年（1419）明军在辽东望海埚歼灭入侵倭寇之后，海防趋于平静，黄萧养之乱，与倭寇无关。成化、弘治年间，海禁稍为松弛，海盗并不比明初更严重，相反，嘉靖年间罢革市舶中官，压缩海贸规模，倭寇侵扰次数反而增加。

朝廷海禁的真正目的，是想把万事万物都管起来。但朝廷一向恃以彰显上国中心的朝贡贸易，在现实之中，不过是个幻觉。从全球范围来看，贸易的网络，纵横交错，中国只是网络中的一个节点。无论朝廷把篱笆筑得多么严实，都堵塞不了民间的贸易渠道。各地的货品，挟百川朝海之势，涌向广州，俗称“走广”。《东西洋考》一书记载：“成、弘之际（成化、弘治年间，即1465—1505年），豪门巨室间有乘巨舰贸易海外者。”其实不是“间有”，而是络绎不绝。蔚蓝色的大海上，各种装满瓷器、绸缎、布匹、茶叶的商船，扯帆摇橹，鼓浪前行。这是一个让人提心吊胆又激动不已的历史场面。

广州聚集来自三山五岳的商人，就像一群群急切觅食的生物，在城厢徘徊，各自寻找发财机会。江西商人方敏、方祥、方洪兄弟，凑了六百两银，从景德镇买了两千八百件白花碗、碟、盆等瓷器，运到广州，正寻找买家，在街上偶然碰到相熟的广东揭阳商人陈佑、陈荣和海阳商人吴孟，带了一批青白苎、麻等布料，也正四处转悠找买家。

他们在客店里一合计，与其这样瞎转，不如出海“通番”。他们本来就抱着这样的目的来的，只碍于头寸不足，雇不起海船。现在几个人合伙，各出一份，雇得一条盐舡，把货运到海上一趟，全部脱手，换回了胡椒一百多包、黄蜡一包、乌木六条、沉香一百箱，锡二十块。再运回家乡一倒手，狠狠地发了一笔小财，大家欢天喜地。这样的故事，每天都在广州上演。

成化十一年（1475），广西人韦眷以“总镇两广内官监太监”身份，到广州掌管市舶。第二年冬十月，他在城东外姚家岗营建佛寺，占地约三千平方米，历时五载，于成化十六年（1480）夏六月竣工。全寺坐东向西，前有山门，金刚像站在两旁；进山门是天王殿，塑四大天王像，左右建角门。穿过天王殿是正殿（大雄宝殿），殿中供奉三宝佛，佛祖左右立阿难、迦叶及护法诸神。殿北有藏普庵，塑十八罗汉像，左悬钟，右置鼓。

正殿后是三大士殿，供奉文殊菩萨、普贤菩萨、观音菩萨。殿后还塑有达摩像、六祖像、二十诸天像。正殿东面建伽蓝堂，西面建西归堂，两侧又建有十六幢僧舍。后殿左右各有甘露亭和碑记亭。佛寺其他器物设施，一应俱备。佛寺位置在今署前路越秀区图书馆处。

寺的四周丘峦起伏，清澈的溪水，从寺前流过，向南流入珠江。寺里寺外树木葱茏，溪流清澈，远离尘嚣，一派园林风光。在建寺的同时，韦眷陆续置买田园、房屋、地塘若干亩，全部归属本寺。因为担心寺地日后被人侵占，韦眷请朱见深皇帝以“玺书护持之”。皇帝于是赐额“永泰寺”，严禁侵占寺之田土池塘，否则论以重法，同时还赐玺书一道，置田五顷九十亩。

史书把韦眷描画为一个贪贿无艺、专横跋扈的人物。但他亲临广州，通过近距离的观察，比较了解现实情况，无论是出于公心，还是私欲，对民间的市舶贸易，恒抱网开一面、甚至鼓励的态度。在他管理市舶期间，豪商巨贾、华宗望族组织船队，成群结队出海，与番商贸易的情况，近乎肆无忌惮，而韦眷自己，也从中获取巨利。《明宣宗实录》称，韦眷“与海外诸番相贸易，金缯宝玉犀象珍玩之积，郿坞如也”。民间有一首风谣，讽刺内官太监坐镇广州，只知搜刮：“压倒生民，入于贝戎。民死不顾，虚镇广东。”所谓“贝戎”，就是一个“贼”字。

韦眷后来死在北京，尸体运回广州，安葬在姚家岗的永泰寺后，可见他还是比较喜欢广州这块地方。1964年，韦眷的墓被发掘出来了。在此之前，他的墓被人盗挖过多次，早已空空荡荡，但考古人员还是找到几枚盗墓者遗漏的钱币，包括一枚威尼斯银币、两枚孟加拉银币，以及宋代的祥符通宝、天圣通宝、元符通宝和南汉国的乾亨重宝铅钱各一枚。这位太监果然有收藏钱币的癖好，连前朝旧钱也不放过。

要维持朝贡体系，朝廷面临许多现实的困难。明朝从一开始就受金融的困扰，朱元璋想学宋朝，发行大明宝钞，用来补充银子的不足。但这种纸币的命运，更加不堪。因为明朝比宋朝穷多了，大明宝钞实际上是一种无锚纸币，一味滥发，结果不断贬值，赔上了朝廷的信用。为了推行纸币，永乐二十年（1422）朝廷规定不用钞一贯者罚钞千贯；破坏宝钞流通要法办，犯人处死，全家罚款并充军。但严刑峻法，也阻止不了宝钞的贬值，从最初一贯宝钞等于铜钱一千文或白银一两，可以买到一石米，到宣德七年（1432）时，一贯宝钞跌到只值铜钱五文；再后来，正统九年（1444）的米价，涨至一百贯宝钞才买一石。最后宝钞沦为废纸，丢在大街上都没人捡。

嘉靖朝适逢小冰河期，气候恶劣，农业连年失收，朝廷本来已是收入锐减，还要实行海禁，贸易停滞，国库空虚，连很多官员的俸禄也发不出，海瑞有一句批评嘉靖朝名言：“嘉者，家也；靖者，尽也。”嘉靖就是家家净尽，大家都成了穷光蛋。明军对后金作战，屡屡功败垂成，都是因为军队缺饷。

嘉靖四十三年（1564），驻潮州饶平县柘林澳的军队，也因缺粮而哗变，从水路直扑广州城，在归德门外珠江面乱放枪，吓得居民争相逃入城里，在小市街（今解放南路）上挤成一团，互相践踏，造成死伤无数的惨剧。清人赖振寰在《朱子碑楼辑存》中描述这场兵祸：“（乱兵）会合海贼，共船三千余艘，于是年三月二十日进省，至洲前海，铳声如雷。居民尽走入城，壅塞小市街，践死无算。廿一日，洲前海兵船尽被毁。数日后叛兵登岸，抢掠河南、沙角尾（柳波涌北段）等处。”暴乱最终被总督吴桂芳平定，并促使他第二年在南城外再修筑一个外城，以防海贼从水路入侵。建筑费全是广州各家各户凑集的。

朝贡贸易自正德三年（1508）改为抽分制以后，其实就是一个虚名。官府规定，朝贡的物品，不用运上京城的，都在广州本地抽分，交由葡萄牙商行招商发卖。明初是禁止葡萄牙人经营的，认为葡萄牙人做的是无本生意，缺乏职业操守与道德底线。在官方文件中，时常可见“商棍”“奸商揽棍”“市舶豪棍”一类称呼，就是指这些从事交易中介的葡萄牙人。

后来朝廷出于要把一切管起来的心理，干脆设官牙，又称为客纲、客纪，前者是葡萄牙商行的头头，后者是普通葡萄牙人，由有抵业的富商充当，官府发给葡萄牙商行印信文簿，代理市舶司管理贡舶贸易。官府和葡萄牙的职责包括：番舶抵岸后，验货并代为报官；市舶司对番货征税后，评价货物，介绍买卖；管理番货市场的各种事务。

万历二十七年（1599），朝廷派内官太监李凤为广东税使，掌管广东的市舶、珠池、税务、盐法等一切经济大权。他要求广东每年向朝廷征解二十万税银。据万历朝的《广东通志》说，李凤在广州五年，仅以其个人名义进贡的市舶税、舡税、福舡番税等，就超过三十七万两。钱来得太容易了。由于私人外贸越来越兴旺，各类庞杂，走私挟带的花式，层出不穷，市舶司十个罌，九个盖，实在管不过来，只好收缩功能，只管征税，不管交易。交易全由葡萄牙商行经纪，形成了垄断外贸的“三十六行”。

崇祯四年（1631）广东巡按御史的一份题报，经兵部尚书上奏朝廷，便有如此描写：

> 省会（指广州）密迩澳地（指澳门），夷之实逼，此处非粤之利也。其初，不过以互市来我镜濠，中国利其岁输涓滴，可以充饷，暂许栖息，彼亦无能祸福于我。乃奸商揽棍，饵其重利，代其交易，凭托有年，交结日固，甚且争相奔走，唯恐不得其当。渐至从中挑拨，藐视官司，而此幺麽丑类，隐然为粤腹心之疾矣。

文中所说“饵其重利，代其交易，凭托有年，交结日固”，正是明代三十六行，亦即清代十三行前身的一个真实写照。

葡萄牙人在澳门站住脚跟后，不断往广州进发。万历八年（1580），官府不得不同意每年在广州举办两次进出口商品集市，通常是在一月与六月，每次集市为期两三个月。一月的“春季交易会”，主要是从南洋、印度洋、欧洲来的客商，六月的“夏季交易会”，则主要是从日本来的客商。曾在瑞典东印度公司工作，晚年生活在澳门的瑞典商人龙思泰（Anders Ljungstedt）记录："开始时市场每年开放一次，但从1580年起，根据两次不同的季候风，每年开放两次。贸易的经理人，从一月份起采购运往印度和其他地方的货物；从六月份起采购运往日本的货物。每年两个月，三个月，有时是四个月。"

每年这两届集市，成了广州的狂欢节，行商坐贾，个个都像急脚大神，赶来抢货，从洋商那里购买胡椒、薰衣香、沉香、檀香、肉豆蔻、印度琥珀、乌木、玳瑁、玛瑙、番纱、红印花布、欧洲毛织物、银块等，而洋商则从广州人那里采购丝绸、瓷器、麝香、珍珠、砂糖等物。一些上不了档次的大路货，如椒木、铜鼓、戒指、宝石之类，在仓库堆积成山。手头有几枚小平钱的街市仔，也有了承令博买的机会，在集市上钻来钻去，探头探脑，指望淘到什么便宜的舶来货，一转手赚它一笔。街道上大大小小的茶坊酒楼，坐着的尽是这些要价还钱、催讨货物的买卖人。

白银源源不绝地流入中国。来自欧洲的天主教，也趁着这股通商的浪潮，开始向中国内地传播。与当年佛教和伊斯兰教首先从岭南向北方传播一样，天主教也走着相同的路径。来到中国的著名教士有利玛窦（Matteo Ricci）、汤若望（Johann Adam Schall von Bell）等人。利玛窦在《中国札记》中写道："记述这种每半年一次的市集的原因之一是，它们为福音的信使们深入中国内地提供了最早的、唯一的通道。"

这些传教士的活动范围，比一般外国商人大得多，上至皇宫禁地，下至市井坊间，都有他们的身影。传教士们撰写了大量有关中国的书籍和通信，成为欧洲了解中国的主要渠道。他们认为，即使在非基督教地区的民族，同样会有客观普遍的福德存在；那里的人们，也必定会同样追求美好的道德修养，必定会有大量奉行神旨的美德懿行，流播于世。这种信念，驱使耶稣会教士们在中国只挖掘美好的事物，按自己的信念，诠释中国人的日常生活与思想观念。他们在中国所起的作用，与其说是让中国认识天主教，毋宁说是让欧洲认识中国，更为恰当。

早在16世纪前期，欧洲就出版了不少介绍中国的书籍，诸如葡萄牙人写的《东方诸国记》《中国之路》《远游记》等等。航海家和地理学家罗德里格斯（Francisco Rodrigueds）的《东方地理志》约写于1513年，书中收集了不少中国沿海的航海资料和地图。在这些书籍中，中国被描绘成一个富饶、美丽、与世无争的世外桃源。1519年前后，罗德里格斯在撰写《中国之路》时，首次使用了China一词。1587年前后，第一部中国、西方语言词典——葡中词典问世。

这时英国商人在皇室全力支持下，探险的罗盘，也瞄准了亚洲，英国人与葡萄牙人、荷兰、西班牙人争夺香料市场的大战，一触即发。1600年的最后一天，“伦敦商人东印度贸易公司”成立，这是一个里程碑。在西方的历史观中，这是世界现代史的第一年。英国商人的胃口很大，印度、孟加拉国湾、马六甲、爪哇、暹罗以及一些生产香料的岛屿，统统被纳入“东印度”的范围。

两年后，“荷兰东印度公司”成立，加入了对东方贸易的竞争之列。它进军亚洲的势头，非常凶猛，把葡萄牙的商业据点，逐一拔除，取而代之。万历三十二年（1604），荷兰首次派船到广州，试图与中国直接贸易。它是继葡萄牙之后，中国艺术品进入欧洲的主要“批发商”。包括法国在内的许多欧洲国家，纷纷通过荷兰进口中国的奢侈品与艺术品。荷兰商人在这股中国热潮中，赚得盆满钵满，出现了大批暴发户。

荷兰人的暴富，招致英国人的涎睨。伦敦东印度公司的商船一直在广州门外徘徊，直到崇祯八年（1635），他们的“伦敦号”商船，才实现首航澳门，真正踏上中国土地，与中国人直接交易。但他们运气不好，英国人遭到最激烈的阻挠——不是来自中国人，而是葡萄牙人，他们害怕英国人一旦染指澳门，最终会吞掉这块蛋糕。因此不用中国官府出面，葡萄牙人已千方百计破坏“伦敦号”的好事了。

“伦敦号”虽然没做成什么生意，但更庞大的英国船队，携带着大炮，衔尾而来。葡萄牙人情急之下，恫吓中国官员说，这些英国人都是“流氓、小偷、乞丐”，让他们进入广州，后患无穷。这引起了中国官府的警觉。崇祯十年（1637），明军在虎门与企图硬闯广州的英国船队首度发生冲突，英国人用火炮向沿岸村庄轰击，派遣一百多名水兵登陆，强占炮台，升起英国米字旗，一面掳走几条民船，一面声称“非寻衅，惟欲通商”。广州的官府则扣押了对方的货物和几个偷偷与英国人做生意的广州商人。此亦非寻衅，惟不欲通商而已。经过中、葡联手交涉，英国人被迫答应和平离开，不伤害任何人，并永不再来。大明释放了被扣的商人，允许英国人带着他们购买的蔗糖、生姜和药材离去。

但朝廷未意识到，在茫茫海洋上，称雄一时的葡萄牙船队，已被西班牙人、荷兰人取代，而西班牙人、荷兰人又开始受到英国人的挑战。中国就是从明代开始，由一个居世界前列的航海大国，逐渐被欧洲国家迎头赶上。这些变化，对中国未来的命运，有非常深远的影响，而广州不得不在严厉的禁海令下，艰难地寻找着自己在这些历史变化中的位置。

由于海上丝路一枝独秀，带动广东全省的丝织业、陶瓷业、冶铁业，以及蚕桑、甘蔗、茶叶、莞香、果木等农业生产，一派蒸蒸日上的景象，人口急剧增加，新城镇不断崛起。刑部尚书郑晓到广东巡视，对“人逐山海矿冶番舶之利，不务农田”，留下了深刻的印象。广州人拍着胸脯说：“广州之货，天下未必有之；天下之货，广州尽有之。”商人的势力之大，从昔日“士农工商”四民之末，反超前居于四民之首，甚至有人提出商人是“四民之纲”。各种商业团体，亦水到渠成，纷纷涌现。具有银行公会性质的“忠信堂”，三百年前即已存在；嘉靖年间，会馆形式的商人团体，已成为时髦的组织。

隆庆元年（1567）至隆庆六年（1572）间，海禁大弛，广州几乎垄断了南海的所有航线，西洋海舶云聚广州。屈大均描写当时的广州：“番舶衔尾而至，其大笼江，望之如蜃楼屃赑，殊蛮穷岛之珍异，浪运风督，以凑郁江之步者，岁不下十余舶。豪商大贾，各以其土所宜，相贸得利不赀，故曰‘金山珠海，天子南库’。”最后这八个字，让广州人自豪了几百年。

胜过秦淮数倍

明代对学术文化的钳制，极为严厉，士人常因表达思想而横遭诏狱、廷杖摧戕，多数人溺于利禄之学，奔走竞逐，追求纸醉金迷、夸多斗靡的生活；而少数不肯降志屈从的人，只好端坐澄心，指望于静中养出端倪。政治上与文化学术上的压抑，使士大夫寄情玩物，成为社会风尚，反而刺激民间工艺美术的繁荣，瓷器、漆器、家具、刺绣、景泰蓝、宣德炉等，千模万样，皆一时之盛。

在历史学家眼中，16世纪的中国，处在一个压抑的年代，就文化学术而言，已失去了唐、宋时代那种浑然的气派。心学盛行，反映了士人对现实的退缩心态。但岭南民间表现出来的蓬勃活力，却如东风吹柳，为沉甸甸的历史，抹上了一道耀眼的亮色，使之变得鲜繁缤纷、生机盎然。

从嘉靖三十二年（1553）到崇祯十四年（1641）这几十年间，澳门凭借着广州的市舶贸易，从一个荒凉渔村，摇身变成世界瞩目的繁盛商港。一船一船的绣品、丝绸、金银、麝香、珍珠、象牙精制品、细工小器、漆器、瓷器，从澳门起航，经好望角和巽他海峡航线，源源运回欧洲。在欧洲人心目中，黄金、刺绣、象牙一类的艺术品，都属于奢华品，应得到特别的尊敬，因为它们的材料相当珍贵，常用来装饰祭坛、圣人遗物或贵重书籍的封套。即便到了16世纪，这种心理依然存在。广州是欧洲人寻找这些奢华品的最大市场。屈大均的《广州竹枝词》，被后人无数次引用：

洋船争出是官商，十字门开向二洋。
五丝八丝广缎好，银钱堆满十三行。

词中的十字门指澳门，二洋指东洋与西洋。所谓“十三行”，是指十三家牙行。有人认为，屈大均这首竹枝词，是描写清初十三行的繁荣景象，因为明代是以三十六行著称。其实，明代就有十三行的叫法，法国神父裴化行（Henri Bernard）在《天主教十六世纪在华传教志》中写道：“商业的利源，是被原籍属广州、徽州、泉州三处的十三家商号垄断着。”清代的十三行叫法，也是沿用明代的。无论十三行，还是三十六行，都是泛指所有行商，并非确数。十三也可能是指十个三，即三十。坊间俚俗口语，常有这种用法，如二八佳人，指十六岁的少女；广州人习惯把七十二行叫作九八行，也属此俗。

屈大均所生活的康熙时代，朝廷实行海禁，寸板片帆不准下海，人们无法出海贸易，海外商人虽然有来，亦寥寥可数。《夷难始末》一书记载，康熙十九年（1680），朝廷从广东的夷商外贸征税，全年才区区六十余万两，不值一提。屈大均这首诗约写于康熙二十三年（1684），那时朝廷还没有开海禁，第二年才正式设粤海关，与海外通商。所以可以肯定，屈大均笔下的繁华景象，是明代末年的广州。

经过正统六年（1441）的整治，广州城面貌一新。城市整洁了，人的精神仿佛也清爽了。每天辰时一过，沿街的店铺陆续开门营业，一夜无声的城市，像河渠开闸放水般喧闹起来。城门一开，第一批涌进来的，总是那些运花入城贩卖的花农。

几百年过去，历尽朝代更替与战火摧残，河南庄田仍然繁花如海。花农半夜即起，踏着月色下田采花，至五更鸡唱过后，便运到珠江边装船，在晓色与波光相映之间，一艘艘摆渡过江。这时，五仙门码头泊满花船，芬芳飘满一江。《广东新语》记述："广州有花渡头，在五羊门南岸。广州花贩，每日分载素馨至城，从此上舟，故名花渡头。花谓素馨也。花田亦止以素馨名也。"花农们"吱吱呀呀"挑着一担担素馨花，把馥馥香风也带进城里。大南门、归德门、小南门、正东门、正西门、大北门、小北门等大大小小的城门，都做了花市，仅素馨花每天就卖出不下数百担。屈大均说："花客涉江买（花）以归，列于九门。"家住豪贤街的举人黎遂球则形容："望通衢之凝雪，列七门而成市。”

广州到底有多少人，一天可以消费几百担素馨花？根据嘉靖朝《广东通志初稿》、嘉靖朝《广东通志》及万历朝《广东通志》等书的数据，明代的广州府的人口，一直保持在六十万上下，但这是总括下辖16个县的总人口。至于作为省会的广州府城，从来没有人单独统计过，只能用“张袂成阴，挥汗成雨”来形容。

广州人口，可以从猪肉的销售量，推测一二。嘉靖三十五年（1556）在广州生活过的传教士费尔南·门德斯·平托（Fernao Mendes Pinto）在《葡萄牙人在华见闻录》中写道：“（广州）城里的统治官员命令调查每日的食品消耗量，结论是光是猪就要五六千头，要不是有很多人吃黄牛肉、水牛肉、鸡及大量的鱼，猪的消耗量将达一万或一万头以上。”这个消耗量与数百担素馨花同样惊人。

可以想象，广州城厢，人山人海，川流不息的场景。

广州最热闹的地方不在城里，而在南关。

嘉靖四十四年（1565）修筑新南城以后，高第街被纳入城墙范围之内，称作南关。濠畔街在高第街以西，以玉带濠为界。吴桂芳总督形容这里“生民之凑集如云，财货之积聚满市，真一省丰阜之最，两广通利之源也”。霍韬的儿子、进士出身的霍与瑕也写道：“城南门外，东西亘六七里，人烟辐辏，货贿山积，盖会城繁华之所都也。”沿濠两岸，千庑万室，人烟凑集。各种各样的店铺，一望无尽。

广州虽然是千年商都，但民风依然淳朴。外地顾客在店铺里买了货品，几天后发现有瑕疵，拿来更换，店主一般都会准允，并不刁难。钱塘人叶权万历年间游览广州后，在《游岭南记》中大发感慨："广城货物市与外江人，有弊恶者，五七日持来皆易与之，非若苏杭间转身即不认矣。"他还发现，广州人待人态度柔和，彬彬有礼，做生意很讲信用，追求薄利多销，只要有赚就行，不在乎赚多赚少。叶权写道："广城人家大小俱有生意，人柔和，物价平，不但地产如铜锡俱去自外江，制为器，若吴中非倍利不鬻者，广城人得一二分息成市矣。以故商贾聚集，兼有夷市，货物堆积，行人肩相击，虽小巷亦喧阗，固不减吴阊门、杭清河一带也。"

高第街就是一条"货物堆积，行人肩相击"的街道。人们喜欢到高第街选购布料和缝制衣服。那里的店铺，陈列着广州的白细棉布和斜纹棉布，顺德的蕉布、葛布，东莞的苎布、丝编经布、麻编经布、家机布、黄丝布，还有舶来的西洋机织布，各色各样，应有尽有。屈大均写道："广州有麻经、丝经、兼丝布，或棉纬丝，有双丕布甚厚实，有榜被，絮絁所织。"他又说："广之线纱与牛郎绸、五丝、八丝、云缎、光缎，皆为岭外、京华、东西二洋所贵。"

裁缝不仅要手艺好，还要熟悉朝廷的各种清规戒律。明朝皇帝的心理，有时偏执到荒诞程度，一切都规定得死死的，连一亩地要种多少棵桑树，谁的房子能盖三开间，谁的房子可以盖五开间，谁的房子不准用斗栱，谁的房子不准画龙凤，甚至连什么人家的酒壶、酒杯用什么材料，都逐一规定好；不同阶层的男女衣服，颜色、款式，更是不容马虎，尺码严格到寸的范围，亟疾苛察，违者治罪。

按照朝廷的规定，耆民的衣服，袖长过手，复回不及肘三寸；庶人的衣长离地五寸，袖长过手六寸，袖桩广一尺，袖口五寸，分毫不能改动；什么人穿靴子，什么人穿靸鞋，什么人戴什么帽子，都得按章执行。农民入城可以戴斗笠，其他人都不准戴；公差出外可以戴帽子，入城不许戴；妇女不准用销金衣服、帐幔，宝石首饰；农民衣服可以用䌷、纱、绢、布，商贾只能用绢、布，而且规定颜色只准黑青，不准过于鲜艳。有一年，仁宗朱高炽看见有人穿蓝色衣服，问左右是什么人，回答说是监生，朱高炽说："穿青衣较好。"于是，监生统统改为青衣。光是为了这些，裁缝就有干不完的活。

诸如此类的规定，烦琐无比，无非为了把人分为三六九等，不得随意僭越。有些颜色是为了羞辱人的，比如规定乐工与娼妓穿绿色衣服，裹绿色头巾。能够记得齐这些规定的人，绝无仅有。离京师越远，执行得越宽松。到了成化年间，人们几乎忘掉还有这些规定了。万历朝的吏部尚书张瀚感叹："国朝士女服饰，皆有定制，洪武时律令严明，人遵画一之法。代变风移，人皆志于尊崇富侈，不复知有明禁，群相蹈之。"

广州街头，身穿各色纻丝绫罗纱衣的妇人，穿梭往来，香雾成阵，春色满城。朝廷不准民妇穿的大红衣裙，一样有人穿，还有人穿沉香色、元色、酱色、玉色等五彩斑斓的衣服；不准戴镯钏，一样有人戴，有的妇女还用金链子把耳挖子、牙签、镊子、小刀串起来挂在胸前，作为装饰。2004年，番禺南村发掘出一座嘉靖年间的坟墓，女墓主头戴金质如意形牡丹、凤鸟束发冠，耳朵上有葫芦形耳坠，饰品做工精致绝伦。

1956年底，象栏岗的一个工地上发现一座明代的夫妇合葬墓。象栏岗是一座高不过五米的小山岗，墓在距离今中山一路西向东方向路面约三十米处。墓主戴缙，字子容，号云巢居士，南海人，进士出身，成化十九年（1483）官至南京工部尚书，也是个正二品的大员，成化十九年（1483）因故革职为民，逐回家乡，居家训诲子孙，读书业儒，死后与夫人周氏合葬于簸箕村象栏岗。

戴缙死时，已恢复平民身二十八年了。虽然皇帝有恩诏许复冠带，但毕竟无官一身轻。夫妻两人的尸身都用各种被服重重包裹。戴缙裹了十五重，成圆柱状。头戴绸帽兜一件，覆盖至肩部；缎制软帽一件；上身外穿绢袍，内穿绸袍、织花缎衫、织花缎面夹袍、织花缎袍、白布袍、织花缎面绢底夹袍，在第二层的胸、背各有一方金线绣麒麟补子，以显示他曾经拥有的官位；下身穿绸裙、白布裙各一条，白布夹裤一条，布鞋、布袜一双。随葬品有木簪一件，木梳两件，金、银耳挖各一支（可见耳挖确实是有闲人家的重要饰物），口内含有如半边黄豆大小的黄金一粒。

周氏则包裹六重，面部用缎面夹棉巾覆盖，头戴黑色小布帽，身穿金线织花锦袍一件，袍长至足；内穿绸衫两件，白布夹衫、布织雷纹夹衫各一件，贴身白布底衫一件；下身穿金线绣花裙、白布裙各一条，白布裤一条，白布弓鞋一对，白布袜一双。随葬物有鎏金银簪两件、木簪两件、银耳挖一支、玉坠金银耳环一对、木梳两只。衣服的质料有棉、麻、丝三种，棉质的布、巾、被、衫、袍、裤、袜、鞋等，虽然埋藏了四百余年，仍然完好，用水和碱漂洗后，大部分还像新的一样。

女人们喜欢逛南关，这里不仅有鳞次栉比的布店、裁衣店、首饰店，还有各种鲜花档、糖果档，初一、十五拜神，都要来这里采购一番。珠江三角洲盛产甘蔗，制糖业十分发达，糖果品种繁多，有用麦芽糖制成窠丝糖；有做成玲珑条状的糖通；吹制成空心的吹糖；实心糖，小的叫糖粒，大的叫糖瓜；还有制成番塔、人物、鸟兽形状的饷糖。红白喜事和招待客人都少不了糖果，而祭灶拜神则用糖砖。屈大均说，广州人以“芝麻糖、牛皮糖、秀糖、葱糖、乌糖等以为杂食”。嘉靖年间（1522—1566年），市面上开始有白糖出售了，这种晶莹如雪、速溶味甜的调味品，很快进入千家万户和酒楼食肆，并成为抢手的外销商品。崇祯十年（1637）从广州开出的英国“凯瑟琳”号商船上，便运载着一万二千多担广州白糖和五百担冰糖。

与宋时相比，广州人对茶的热衷，渐渐超过酒。街上的茶坊、茶行、茶寮，骈门连室，成行成市，四乡茶农也挑着担子进城贩卖茶叶。本地的西樵山茶、白云山茶和苦艼，因为价钱比较便宜，受普通茶客欢迎。河南地除了出产素馨花，也出产茶叶，屈大均记述：“春深时，大妇提篚，少妇持筐，于阳崖阴林之间，凌露细摘，绿芽紫笋，熏以珠兰，其芳馨绝胜松萝之荚。每晨茶估涉珠江以鬻于城，是曰河南茶。”

本地茶虽然不及岭北的蒙顶石花、白露鹤岭、鸠坑、兽目、雀舌等茶名贵，但更适合广州的水土气候，因此购买者不乏其人，屈大均甚至声称，西樵山茶“甲天下”。而“香色殊绝，气味深远”的鼎湖山茶饼和“芳香勃发”的罗浮茶，都是佳妙之品。文人儒士到刻书坊搜罗《茶经》《茶谱》《茶疏》《泉品》《茗笈》一类书籍，作为附庸风雅的谈资。

从高第街沿着玉带濠往西走，真个是花团锦簇、步步繁华。水面泊着无数的花艇，船头坐着头戴绿巾，腰缠红褡膊的男人，这是娼家的标志；艇女向岸上男子娇声召唤，有些则在舱里弹唱侑酒。两岸的酒楼排列成阵，宴席齐开，处处杯斝笙歌。濠畔街在宋时便是花街柳巷之地，公子哥儿吃风月酒的地方，如今仍是豪门巨族、官宦子弟、富商大贾酒食征逐之所。

太平时世，在红尘中打滚的士大夫，无所用心，又学不了陈献章、湛若水这些大儒，终日端坐“养端倪”，于是流连于酒楼食肆之间，今日张三设宴，明日李四请酒。大家往桌前一坐，先上一壶靓茶。饮过茶以后，再上餐前小食。参加过这类宴席的克罗兹传教士描述，小食有“炒过去皮的栗子、敲碎和剥好的核桃、清洁和切成片的甘蔗，以及荔枝干脯”。新鲜果品是餐前上的，堆成塔状，插上牙签，方便客人享用。吃完果脯再上小菜，最后是正菜。这些习惯，大部分到21世纪仍然保留着。克罗兹形容：“各种菜肴都盛在精美的瓷盘内，烹调精细，剁切整齐，样样都摆得整整齐齐。”他看到有“很多烧煮的鹅、鸡、鸭，以及大量做好的肉和鱼”，蒸咸煮淡，滋味各有千秋。

一些饭馆门口挂着一整只烧猪，任客人挑选切哪部分。克罗兹像写《天方夜谭》一样写道：广州人是用“涂金的棍子”（筷子）吃饭，用“涂金的瓷杯”喝酒的。不管洋酒、土酒、茅柴酒，就像玉带濠的流水，有去无回。克罗兹还观察到，广州人见面互相致意，都是问“吃了没有”，如果对方没吃，马上拉着上饭馆。

广州市场上出售的肉类，以猪肉和鱼为主。广州人的购买习惯很独特，猪要整只买，鱼却切开买。万历年间的两广总督张瀚见了，大呼奇怪：“市肆惟列豚鱼，豚仅十斤，既全体售；鱼盈数十斤，乃剖析而售，惟广州为然。”他说的十斤豚，可能是乳猪；而鱼切开出售，不同部位可以卖不同价钱。屈大均品评：“鲩之美在头，鲤在尾，鲢在腹。”这是美食家的经验之谈。

广州人特别喜欢吃鱼生，有句俗话：“冬至鱼生夏至狗。”鱼生用草鱼、鲩鱼或是鲈鱼的肉制作，把鱼在山泉水中养数天，不给饲料，让鱼耗掉体内脂肪，吐净肠中污物，然后将鱼开刀放净血，鱼肉切成薄片，以呈现雪白质感为佳，不能有一丝血迹，拌以腌姜丝、葱丝、酸萝卜丝、香芝麻、柠檬叶丝、椒丝、蒜丝等调料，食之爽口美味。在戴缙墓中发现的尸体，肠中都有鞭虫、姜片虫、华支睾（中华分支睾吸虫）等多种虫卵，显示戴缙夫妇生前，也是鱼生的爱好者。

濠畔街入夜张灯结彩，更是热闹十倍，一条玉带濠从东到西，红光闪闪，把半个天空都照亮了。各家酒楼都有自己的镇店之酒。本地烧酒，以龙江烧最为出名，又有细饼烧、大饼烧之类。广州盛产鲜花，免不了用花酿制各种美酒，龙眼花、蒲桃壳、桂花、荔枝花，都可以酿成美酒。有酿酒师把鲜花放到龙江烧里，加入少许沉香，封缸两月，一打开异香扑鼻，名为“百花酒”；用角香、沉香、黄香、熟香等香料酿制的七香酒，芬芳馥郁，从街头香到街尾；又有用荼蘼露制成的秋露酒，隆冬之夜，一盏御寒，也是人生的快乐时光。屈大均说：“大抵粤中花木，多禀阳明之德，色多大红，气多香。红以补血，香以和中，故无不以为酒者。”平民百姓大多在新出甑的“酒头”中兑水来饮。

还有许多从海外来的洋酒，其中一种叫“蒲菊酒”，酒力非常之劲，呷一口，从喉咙烧到心肺胃肠；呷两口，酒意直涌上头脑。嘉靖朝的《广东通志》说，“蒲菊酒则自番舶来者，盛以大瓿，其色稍黄，云中国烧酒是其遗法，多饮则能杀人”，但越能杀人越想饮。在内地人眼中，广州街头洋酒泛滥，是一大奇观。有些酒商“以灰和杂”土酒，仿制洋酒，却令酒客腹泻不止。叶权的《游岭南记》告诉人们，真正的洋酒，应该是“味淳浓，注玻璃杯中，色若琥珀”。

酒过数巡，半醉的客人就要摆开马吊，大杀三方了。无酒不能尽欢，无马吊不能尽兴。马吊一出，酒楼上立即像鹅鸭出栏一般，嘈闹起来。马吊是明代兴起的一种四人纸牌赌博游戏，取代了以前的打双陆。从文人雅士到胥吏隶役、屠侩脚夫，无不沉溺其中。黎遂球甚至不惜自贬举子身份，写了一本专门教人玩马吊的《运掌经》。连不便抛头露面的宦家女子，深居香闺绣阁之内，也把马吊、斗虎，作为度过炎炎夏日的消遣。斗虎游戏与马吊相类似，后来又演变出扯张，有扯三张的，有扯五张的，玩法比马吊还简单，也不限于四人玩，更是风靡一时。

经历了黄萧养之祸和柘林兵变等几次变乱，广州一次次浴火重生，每次都比原来更加繁盛。万历末年，因海禁逐渐松弛，濠畔街的兴旺，造极登峰。屈大均描写："朱楼画榭，连属不断，皆优伶小唱所居，女旦美者，鳞次而家，其地名西角楼。隔岸有百货之肆。五都之市，天下商贾聚焉。屋后多有飞桥，跨水可达曲中，宴客者皆以此为奢丽地。当盛平时，香珠犀象如山，花鸟如海，番夷辐辏，日费数千万金。饮食之盛，歌舞之多，过于秦淮数倍。"江苏人王临亨在街上转了几圈，便被广州人的饮食奢费吓着了，惊叹："穗城人富而俗侈，设席宴客，日费二三十金。"

这种繁华景象，还能维持多久？没有人知道，也没有多少人去想。在遥远的北方，后金胡马长驱，连陷沈阳、辽阳，明军在广宁之战中大败。北方难民，杖履相从，开始向南逃亡。这一场景，让天性敏感的读书人，蓦然想起残唐五代、南宋末年那些兵荒马乱的岁月，内心充满不祥之感。

沉沦于血海

城东有两条清澈的小溪，一自南来，一自西来，在芳草街相汇，经铜关流入东濠涌。小溪的北面，是湛若水的湛家园，自从园主去后，日渐荒凉。两溪相夹处是豪贤街，万历年间，黎密住在这里，在住宅的东隅有一口井，不时沸涌，他特地请风水先生勘察，风水先生说是吉祥的征兆。后来黎遂球降生，黎密认为是应了这个吉兆。崇祯四年（1631），他在溪畔修建了两座楼房，一为晴眉阁，一为莲须阁，供儿子读书。黎遂球每天听着窗外潺潺水声，读孔孟，读二程。《白云粤秀二山合志》描写两阁的景致："阁之后窗，北望朝台，娟翠鲜姣，相对如笑。阁下多水草空地，虽人家鳞次，然屋宇皆古木所蔽，恍若画阁。"

黎遂球，字美周，番禺县板桥乡人，生得唇红面白，凤眉秀眼，人们都说像女子一般美貌。他很不服气，给自己的肖像题诗：“状貌若妇人，力能挽强弓。岂是木兰女，无劳问雌雄。”他曾拜陈子壮为师，中过举人，但后来会试，屡试不第，于是，经常和陈子壮、陈子升、欧主遇、欧必元、区怀瑞、区怀年、黎邦瑊、黄圣年、黄季恒、徐棻、僧通岸等人，相聚于清水濠畔，肆笔赋诗，吟咏不绝。处风雨飘摇之世，兴酣挥毫，往往烟云满纸。风骚之士称他们为“翩翩十二子”。黎遂球的诗名，逐渐为诗坛所知。崇祯十年（1637），由陈子壮发起，踵武南园五子和南园后五子先贤，这12个人再结南园诗社。

崇祯十三年（1640），黎遂球到扬州游玩，适逢江淮名士举行雅集，以牡丹为题赛诗，黎遂球展现了七步八叉之才，一气题咏十首。在场士子无不叹服，一致推他为“牡丹状元”。他在扬州城披红戴花，骑马巡游三天，接受士民欢呼瞻仰，返回广州时，乡人蜂拥到江边码头迎接，几十条画船游弋江面，敲锣打鼓，载歌载舞。

南园诗社结社那年，陈子壮在白云山创办云淙书院。陈子壮，字集生，号秋涛，南海人。坊间相传，他的母亲梦见神人以丹桂枝拂其腹说：“俾尔生儿流芳百世。”陈子壮降生时满室异香。万历四十七年（1619），陈子壮中进士，授翰林院编修，后因为得罪魏忠贤，被削籍为民。崇祯时期复出，累迁礼部右侍郎，又因忤旨被下诏狱。幸得皇太后说情和一些大臣的积极营救，陈子壮才侥幸免死，被逐出京城。

云淙书院的门首，高悬着一副集杜甫诗句的门联：“天下何曾有山水，老夫不出长蓬蒿。”一派翛然清介之气。云淙书院借用月溪寺的地方，也是当年黄衷卜居之地。“旦出城北门，至月溪禅寺望之，寺后峰峦巇如屏，绵亘数里；左右两翼如门，俨然一狮一象对峙。中为月溪，溪水自山而下，回合环绕，一碧泓澄，可快心目”——时人陈堂《重修月溪禅寺记》对云山月溪，有这样的描画。书院内有邀瀑亭、澄法堂、海曙楼、余啸阁、镜机堂等建筑，每处都有陈子壮自题的楹帖。其中镜机堂上的对联，真切地道出了陈子壮此时此地的心境：“几人能到此，一榻对高眠。”

然而，大地即将血浪翻涌，再无文人避世高眠之地。北方流寇横行，八旗入关，九州赤县，尽成虎狼之窟。崇祯十六年（1643），也是清（后金）崇德八年，深秋某日，许多广州人都亲临目睹，黄昏时候，有流星拖着长长的发光尾巴，在天空掠过。这一年，清军从山东杀入直隶，蹂躏八十八城，俘大明军民三十六万九千余人。翌年，李自成杀入北京，明朝最后一个皇帝朱由检在煤山自杀，而广东发生了地震，震坍了不少房屋。几个月后，大清八旗又把李自成逐出北京，爱新觉罗·福临迁都北京，年号顺治，宣告明亡清兴，天下易姓换代。随后几年，整个南中国，都深陷在水深火热的战乱之中。

顺治二年（1645）唐王朱聿键在福建称帝，改元隆武。翌年八月，清军进攻福州，朱聿键打算逃往赣州，他委任黎遂球为兵部职方司主事，提督两广水陆义师，驰援赣州。黎遂球在乡间招募了一批乡勇，星夜北上。到了赣州外围，只见清军兵马盔甲，滚滚层层，就像潮水铺天盖地一般。黎遂球自知壮士殉国，就在今日，乃拔剑杀入敌阵，左冲右突，指东杀西，身中三箭，血染征袍，最后与弟弟同时殉难。他有一首拟古诗，写出了自己面对国破家亡时的悲凉与痛苦：“壮士血如漆，气热烧九边。大地吹黄沙，白骨为尘烟。鬼伯舐复厌，心苦肉不甜。”

和当年南宋亡于广东一样，广东也成了南明最后葬身之地。朱聿键在汀州被掳，绝食而亡。朱由检的堂弟桂王朱由榔在赣州失守后，从肇庆逃往广西梧州。隆武朝大学士苏观生联同大学士何吾驺、广东布政使顾元镜，侍郎王应华、曾道唯等一众臣僚，保护朱聿键的弟弟朱聿䥅，从海路逃到广州。顺治三年（1646）十一月初五，朱聿䥅在广州称帝，年号绍武，在广东都指挥使司（今人民公园）设立行宫。一切供御之物，都是仓促草创。新帝临朝，文武百官朝见，分班站立，广州本地人占了大半，朝服甚至是从戏班借来的。

朱由榔听说朱聿䥅称帝，勃然大怒，十一月十八日也在肇庆登极称帝，改元永历，并派遣兵科给事中彭耀、兵部主事陈嘉谟到广州，劝朱聿䥅取消帝号。苏观生位居新朝首辅，不容彭、陈二人饶舌，下令推出斩首，再遣大军攻打肇庆。朱由榔也发兵迎战。清军还没杀到，南明已自相残杀起来，打得难解难分了。不久，前线捷报传来，绍武朝的大军把永历朝打得大败而逃。广州城内一片喧腾，处处挂灯结彩，人欢马叫，好像光复了大明江山一般。

就在这一片欢乐声中，同年十二月十五日，清军在降将李成栋的带引下，以十四骑伪称援兵，骗开东城门，大队鼓噪直入，四面纵火，大肆焚杀。才做了41天帝都的广州，顿时陷入刀山火海之中。广州承平已久，百姓几辈子没见过兵革了，一时惊惶无措。南明军队大部分都开往三水，与自己人作战去了，城中军民不多，苦战一夜，星散四逃。

苏观生知道大势已去，与吏科都给事中梁鍙商量办法。梁鍙慨然说："死尔，复何言！"两人相约各入一房，闭门自缢。苏观生听见梁鍙房中传出案几倒下的声音，又听见喉咙咽气的咯咯声，以为他已自尽，于是挥毫写下"大明忠臣，义固当死"八字，以白绢环颈，踢开椅子，霎时气绝。谁知梁鍙却没有自尽，他房中的声音，是故意弄出来骗苏观生的。第二天，梁鍙开门投降，向清军献出了苏观生的遗体。

城陷当晚，朱聿鐭换了衣服，打算爬城墙逃走，却在洛城里（今吉祥路）被清军俘获，囚禁于东察院（今北京路东侧）。李成栋派人送来饮食，朱聿鐭说："我若饮汝一勺水，何以见先人地下！"趁看守不备，亦自缢殉国。广州城内的二十多个藩王全数被杀。

南明太仆卿霍子衡在豪贤街寓所，见街上民众携男抱女，狼奔鼠窜，纷纷乱走，铜关内外，遍地哭声，知道以死报国的时候到了，他把全家人召到跟前，问道："《礼》'临难毋苟免'，若辈知之乎？"三个儿子应兰、应荃、应芷都跪下答："惟大人命！"霍子衡挥笔写下"忠孝节烈之家"六个大字，悬挂在中堂。

李成栋派人到豪贤街招降，只要霍子衡肯执笏大清，可放全家生路。霍子衡漠然置之，徐徐换上朝服，领全家北向跪拜，再换上红色官袍，拜过家庙，然后步入门前池塘之中自沉，爱妾紧随其后，三个儿子各偕其妻，也一同投水，最后连同家里的婢女，都全部自溺而死，以致池塘水满溢出来。连佟养甲也为之感叹：“忠孝乃出一门耶！”下令厚殓，并为其宅邸题写：“阖门死节之家。”

士君子读圣贤之书，置身衰乱之世，受命而出，为国救难，既不能救，唯有一死。番禺举人梁朝钟，朱聿鐭登基广州时，被封为翰林院检讨。许多人上门道贺，他浩叹说：“事至此，还做梦？朝钟求速死，你们可来吊丧，没什么可贺的。”城陷时，他换上整齐的官服，北面成礼，再拜辞家庙，从容投入池塘。谁知水太浅，只淹到脖子。邻居跳过院墙救他，他大叫：“你若爱我，就把我拉沉！”一直挣扎至昏迷。家仆把他背回家，清兵破门而入，梁朝钟醒转过来，厉声痛骂，被清兵连砍三刀，血流一床而死。

南海举人梁万爵，绍武朝授行人。城陷时他登高一望，只见四面起火，长叹一声说：“此志士尽节之秋也！”然后整冠束带，赴水殉节。郡庠生郭景相殁于乱军之中，他的妻子带着女儿投井死。龙眼洞举人樊于震和他的两个孙子玉堙、玉球、龙门举人廖翰标、樊良佐、黎士奇、李应春、樊廷槐等大批节义之士，亦于同年同月同日死。

朱聿鐭和苏观生等15人，合葬于象岗，四面都是菜地。清乾隆后，修葺立碑以奠，碑上镌“明绍武君臣冢”数字。《南海百咏续编》称："荒垅数尺，卓立于菜畦间，百年来耕人无敢犯之者。"1954年，"君臣冢"因基建迁葬于越秀公园木壳岗，1981年再迁至越秀公园南秀湖畔。清代在榨粉街还有一座黎忠愍祠，纪念黎遂球这位"牡丹状元"，但最终也毁于战乱，荡然无迹。

顺治四年（1647）二月，清署两广总督事佟养甲与署提督李成栋使人招降在兴宁的南明赵王朱由棪。朱由棪自知无路可逃，只得薙发披缁为僧，六月入广州降清，被囚禁在光孝寺西禅房内。

朱由榔在肇庆称帝后，封陈子壮为东阁大学士兼兵部尚书，督福建、江西、两湖及广东军务。当时道路遮断，陈子壮滞留在南海九江。广州失陷后，陈子壮和长子陈上庸、弟弟陈子升，捐出全副身家，募集乡人，在九江揭竿起兵，会同顺德陈邦彦、东莞张家玉的义兵，并联络城里的原南明广州卫指挥使杨可观、杨景晔为内应，又收花山盗三千人诈降清军，约定七月七日三鼓内外起事，夺回广州。不料事泄，佟养甲将杨可观、杨景晔和花山盗统统拿下，悉数斩杀，又把朱由棪押到元妙观，勒令自缢，子慈奢亦从死。

陈子壮只好率军转战四乡。可惜这支临时凑合的民军，只有一腔热血，不谙战阵，枵腹而守，虽奋不顾身，终究不是清军的对手。陈上庸生性忠烈，直冲入敌阵，死于刀山剑丛之中。陈子壮在高明兵败被俘。

陈子壮被押解到广州，佟养甲劝他归降，却被陈子壮一顿臭骂。佟养甲恼羞成怒，下令以锯刑处死。陈子壮被押到今解放中路纪纲街，当众受刑。他为陈氏子弟留下遗嘱："田可耕，不可置；书可读，不可仕。"施刑时，因筋肉牵连，血沥沥而下，却锯不断身体，刽子手紧张得面色如土，慄慄股战，陈子壮忍痛大声呵斥："蠢奴！锯人需用板也！"刽子手赶紧找来木板，夹住他的身体再锯，筋脉肝肠尽断。陈子壮至死神色如常。其母亲亦自缢身亡。朱由榔追赠陈子壮为"南海忠烈侯"。

陈子壮死节一事，感动了大佛寺的和尚，以佛堂名义，收殓遗骸火化，骨灰藏在寺内。族人在大坑山上筑衣冠冢。民国初年，政府在先烈路青菜岗择地兴建史坚如祠时，发现一个保存大佛寺历代僧人骨灰的秘室，有僧人指称，其中一埕是陈子壮的骨灰，可惜后来再次失落。

顺治五年（1648），李成栋忽然宣布倒戈反清，归顺南明。他以越秀山五层楼为行辕，指挥部下杀尽城中辽东籍汉八旗千余人，佟养甲因事起仓猝，被迫顺从。朱由榔封李成栋为广昌侯，封佟养甲为襄平伯。但不久李成栋以佟养甲暗通清朝为名，把他诛杀。历史上翻云覆雨的事情，多不胜数，不过像李成栋这种朝三暮四，但每次对新主子又尽智竭力，甘于先驱蝼蚁的，却是罕见奇葩。

归明后，李成栋料到清朝一定会严厉报复，便在广州东西两翼城外修筑两座炮台，加强防御。清嘉庆《羊城古钞》载："广州城三面临水，成栋在时复筑两翼附于城外为炮台，水环其下。"果然，顺治六年（1649），平南王尚可喜、靖南王耿继茂，受命南征。八旗大军横扫江南，直薄五岭，史称“两王入粤”。李成栋在信丰抵御清军，兵败落水身亡。

两王进逼广州城下。南明军民据城死守。八旗大军集结在西城外，日夜猛攻。时人戴耘野《行在阳秋》记载：“城中人亦撄城自守，男子上城，妇女馈饷。清兵环围城外。”炮石矢箭，如雨而下，清军久攻不下。尚可喜在景泰坑铸造六七门红衣大炮，架在西山（今广州医学院处）上，往城里轰击，把光孝寺后面的城墙轰塌了一大截，但还是攻不进城里。

广州围城九个月后，城内出了叛徒，偷开城门。清军趁珠江退潮，西濠水浅，用柴薪铺垫濠底，使水仅及马腹，清兵的骑兵可以顺利跨过护城河，于是一时万众鼓噪，从城墙缺口蜂拥入城。城内再次陷入巨大的混乱和恐慌之中，民众披发跣足，四处乱逃，哀声盈野。尚可喜为了报复广州守城九个月，下令屠城七日。

黄佛颐《广州城坊志》写道：“城前后左右四十里，尽行屠戮，死者六七十余万人。相传城中人士窜伏六脉渠约六七千人，适天雨，渎溺几尽，其所存仅二人。”同治时期的《番禺县志》记载：“尚可喜、耿继茂破广州，屠戮甚惨，城内居民几无噍类，其奔走者急不得渡，挤溺以死，复不可胜计。”番禺举人方恒泰悲愤地问苍天：“居民有避入六脉渠者，复值大雨淹毙。殆明末广州奢侈已极，故降之罚无所逃欤？”广州人的颈血，染得六脉渠水尽赤，越秀山草木皆红。大小河涌沟渠之中，堆尸贮积，层层叠叠，手足相枕，有些人还没断气，手脚犹动，喘息可闻。城中落井投河、服毒自缢者，盈千累万。

坊间相传，广州城陷时，清军到处奸淫杀戮，越秀山下，有一位妇人不肯受辱，抱着襁褓中的幼儿，投入鱼塘自尽。从此，这个鱼塘无论种什么莲，开的都是红莲花，而不远处的另一个池塘，则年年开白莲花，人们就把它们叫作红莲塘和白莲塘。清代诗人樊封之写诗纪念这位烈妇："披发沉潭面若霞，孤儿在背妾无家。绕塘莫问同心草，看此惊天血性花。"在今解放北路有白莲塘、红莲塘等小巷。

南明四卫指挥使羽凤麟率部守广州西城，城破时，羽凤麟明知独力难成，急忙返回家中，嘱咐家人要临难守节，然后登上双门底拱北楼，自缢殉城。清军血洗广州，守将马承祖、撒之浮率创病残军，驰骋抵抗，直到流尽最后一滴血。羽、马、撒三人都是回族，后人敬慕其忠烈，称"回教三忠"，在兰湖畔建衣冠冢以资纪念。三墓并列，坐北向南，按伊斯兰传统石棺形式建筑，墓的北侧有一座三忠亭，用来表彰他们的忠义节烈。罗浮布衣陈恭尹当年亦有诗吊之："血流大地终成碧，骨化飞尘久亦香。世禄几家能矢报，为君歌此问苍苍。"

邝露是南海人，字湛若，号海雪，永历朝中书舍人，专掌诏诰呈奏之事。李成栋陷广州后，邝露的儿子邝鸿率北山义军千余人，在东郊与清兵激战，最后势穷力竭，亡于阵中。邝露有一首诗，写出乱世的悲凉："炊骨无坚攻，杀身诚祸瘴。尸僵横路衢，我行旦复旦。"两王入粤，围攻广州时，邝露因到广州办公事，困在城内不得出。他抱定必死之心，手捧着心爱的绿绮台琴，顶着漫天的风雨，穿过尸积如山的街道，一步一步，返回位于今广卫路的邝家祠海雪堂。

他在途中遇到清兵拦截，把刀架在他的脖子上，他冷笑说：“此何物，可相戏耶？”回到邝家祠后，邝露把家藏的书籍器物，环列四周，然后沐浴更衣，焚香抚琴，长啸悲歌。绿绮台琴与天蠁、春雷、秋波并称“岭南四大名琴”，制于唐代武德年间，曾经是明武宗的御琴，后流出民间，为邝露所拥有。邝露在海雪堂中，绝食不出，抱琴而亡。屈大均有诗哭邝露和绿绮台琴：

自从朔骑围三城，中书奉使归筹兵。
日与元戎亲矢石，时将彩笔作戈旌。
双阙恨屯回纥马，六龙愁在亚夫营。
城陷中书义不辱，抱琴西向苍梧哭。
嵇康既绝太平引，伯喈亦断清溪曲。
一缕肠萦寡女丝，三年血变钟山玉。
可怜此琴遂流落，龙唇凤嗉归沙漠。

广州坊间有一句熟语：“杀人十八铺，填尸六脉渠。”相传清军奉令从西门起连杀十八铺路。军中有一幕僚于心不忍，连夜派人从第一津起，每隔十几丈立一个木牌，标明铺数，一直立到十八铺。次日清兵按铺数杀下去，至十八甫封刀，大大缩小了屠城范围。这种说法并不可信，清代十里为一铺，十八铺路就是一百八十里路。第一津至十八甫，不过约五里路，清兵再白痴，也不会把五里路当成一百八十里路。而且当时主要是屠杀城里的居民，西关一带被清军占领了十个月，是大营所在，要屠早就屠了，不会等占领了九个多月以后才屠。

其实，“甫”的意思就是“埗”，即河边的小码头。第一津至第九甫（今上下九路）是西濠上的小码头；其他各甫，也都是西关涌、大观河上的小码头。城陷时，居民从各个城门奔出逃命，被清兵砍瓜刹菜般屠杀，逃出南门的居民，被逼到珠江边，前无去路，唯有哭喊着投江而死。有七个人躲进了大南门瓮城关帝庙神像的腹中，才躲过诛戮，成了这场惨祸的见证者。从西门逃出的居民，也大多在第一津至十八甫之间被杀。适逢大雨，满街满巷流的都是血水。

这场奇灾巨祸，历史上称为“庚寅之劫”。到底有多少广州人被杀？《番禺县志》说，死者达七十万人。有人质疑，广州没有那么多人口。按亲历其事的李一奇在《世变小纪》中说，“人民死至几万。”官史《清史稿》则称，广州军民被“斩六千余级，逐余众迫海滨，溺死者甚众”。

屠城之后，尸体被抬到城东外，堆叠成山，用火焚化。清初人钮琇的《觚賸》记载：“再破广州，屠戮甚惨，居民几无噍类。浮屠真修曾受紫衣之赐，号紫衣僧者，募役购薪聚胔于东门外焚之，累骸烬成阜，行人于二三里外望如积雪。因筑大坎瘗焉，表曰共冢。”时人王鸣雷撰《祭共冢文》，描写屠城后的惨况：“甲申更姓，七年讨殛。何辜生民，再遭六极。血溅天街，蝼蚁聚食。饥乌啄肠，飞上城北。北风牛溲，堆积髑髅。或如宝塔，或如山邱。五行共尽，无智无愚。无贵无贱，同为一区。”

传说邝露死后，邝家祠时常出现灵异之事，晚上有抛砖掷瓦的声音，但里面又空无一人。于是，邝露化为厉鬼的传言，在坊间传得沸沸扬扬，竟致无人敢在邝家祠过夜。后来人们在旁建了一座舍人坊，纪念邝露。乾隆初年，朝廷追叙胜国忠贞，予以通谥，并在邝家祠设祭，那些怪响才逐渐消失。

大批不肯向清朝屈膝的士人，纷纷削发出家。番禺人方国骅是一位儒师，世称学守先生，明亡后隐居在草泽之间。他曾经教过的数百名学子，也都学他的样子，不向清朝屈服。康熙十一年（1672），方国骅怀着一腔桑梓之恸，亡国之恨，黯然逝世。他的儿子安葬父亲后，削发出家，法号光鹫，投身到抗清活动之中。屈大均也在番禺县雷峰海云寺削发为僧，法名今种，名其所居为“死庵”，以示誓不为清廷所用之意，并奔走于大江南北，联络各地的反清复明力量。

他们表现出士人的气节风骨，当患难之来，无论是做严将军头、嵇侍中血、张睢阳齿、颜常山舌，还是效法伯夷、叔齐，登彼西山，采其薇矣，宁饿死不食周粟，都是为了不负平生所读圣贤之书，不负国家文化雨露之恩，足以代表一种道德理想与人格精神。

第八章 一场春梦

五口通商和十三行瓦解，导致大量广州外贸商人流往香港、上海。由于各口岸洋行数量，都以几何级数激增，需要大批熟手的买办，许多广州买办便挟着算盘、账簿，风尘仆仆，转战于上海、厦门、福州、宁波各地了。

- 海禁与迁界
- 平南亲王在广州
- 一口通商
- 世界级的富豪
- 十三行灰飞烟灭

海禁与迁界

经过屠城之后，广州城中人口凋零，居住三代以上的人家，已甚鲜见，商业更是衰败不堪。佟养甲作为清朝第一任两广总督，上任伊始，就向朝廷建议对海外实行通商，“通商固以裕国，而通番国之商，尤所以裕广省之饷，益中国之赋，合应仍复古例，每岁许濠镜澳人上省，商人出洋往来”。佟养甲的先祖就是满洲的大商贾，他深知通商的好处。但他还没未及实行，就已人头落地。

在此之前，英国东印度公司的“欣德号”商船，曾再次抵达澳门。朝廷对这些像苍蝇一样赶不走的洋人，极为讨厌。不过，这回蓝眼高鼻的“番鬼”，来得却不是时候，因政局风雨飘摇，澳门市场人气涣散，英国人想购买生丝或熟丝，却一无所获，只买了些瓷器，便失望地扯帆回航了。

澳门的葡萄牙人十分聪明，见大清得势，马上向朝廷表示归顺。朝廷同意他们继续留在澳门经商。但澳门的繁荣一向依托广州，如今的广州，居民统统被赶走，整座城市变成一个大军营和大马厩，上万匹战马豢养于城厢，六祖惠能剃度的光孝寺、宋代大儒崔与之故居，甚至连读书人心目中的圣地——贡院，都做了八旗兵的马房。

清人梁佩兰的《养马行》诗序写道："耿、尚两王入粤，广州城居民流离窜徙于乡，城内外三十里所有庐舍坟墓，悉令官军筑厩养马。"他写诗讽刺："王乐养马忘苦辛，供给王马王之民。马日龁水草百斤，大麦小麦十斗匀。小豆大豆驿递频，马夜龁豆仍数巡。马肥王喜王不嗔，马瘦王怒王扑人。东山教场地广阔，筑厩养马几千群。"清人孙静庵《栖霞阁野乘》记载："耿尚藩之镇粤也，广州城内外三十里，民间所有庐舍坟墓，悉令夷为平地，俾藩兵筑厩养马。其中居民窜徙流离，为之一空。"凄凉景象，令人心酸。这时广州除买卖马草外，亦无甚生意可做。

随着局势逐渐平静，民间的抗清运动，虽然余音未尽，但都是疮疥之疾，不再构成威胁了。朝廷下令官署和八旗移驻城内。布政使司署设在卖麻街，后来两广总督行台（总督行署）也从肇庆被迁到卖麻街东段，即今旧部前北侧石室的位置。东西城外的农田村舍，悉数被辟为牧马场。平南王府的军马在东山竹丝岗、马棚岗一带放牧，而靖南王府的在城西第一津附近放牧。至今西华路一带，还保留着骏马坊（原名驷马坊）、驷马通津、马王坊、马王通津、马王后街、司马坊等地名，这些便是昔日牧马场的遗痕。

顺治十五年（1658），又有两艘英国商船“国王费迪南号”和“理查德—马撒号”驶抵广州探路。这时的广州，仍未从那场大屠杀中恢复过来，举目山河，朝市已改，横流方剧。两艘英国商船在澳门停了几天，什么货也没有办到。因为没做成生意，连该交的税也不交，就偷偷溜走了。广州官府发现后，指责澳门的葡萄牙人疏忽，勒令葡萄牙人要为英国人的逃税埋单。

自从明朝实行海禁之后，不断有英国、葡萄牙、荷兰等外国商船，叩响中国的大门。这表明在中国人的视野范围之外，世界正发生着一系列意义深远的变化，而中国已经站在了全球化的门槛前，一个波澜壮阔的世界即将在他们面前徐徐展开，并且邀请他们在其中扮演重要角色。但在中国，无论朝廷还是民间，都没有意识到一点。勒马海滨的游牧民族，面对浩瀚大海，还没有明白历史给他们提供了什么样的可能性，他们更关心的是胯下那些辽东战马不习惯南方水土的问题，士兵们忙着在广州四郊种植从东北带来的马草。广州人把这种草叫作马鞭草。

皇帝用战马征服南方，然后用南方的茶叶到西北换取战马，再用战马征服更南的南方。由官府垄断的茶马贸易，在黄土高原上开展得如火如荼。同一时间，英国通过了第一部保护英国本土航海贸易垄断的法案《航海法案》，意味着世界海洋贸易的竞争将更趋激烈。尚可喜攻陷广州两年之后，荷兰与英国、法国相继发生海上战争。战争的结果，是荷兰落败式微，而英国人从荷兰人那儿缴获了近一千七百多条商船，一跃而为海洋第一霸主。

对长年在原野上“乘骐骥以驰骋兮”的八旗子弟来说，万里沸海，罡风猝起，巨浪横飞，马不能前，简直是一个不可思议的世界。何况国姓爷郑成功仍踞台湾，随时有反攻可能，清廷又暂时无力渡海攻台，为防止沿海民众资助台湾，乃沿袭明朝的禁海政策，于顺治十二年（1655）、十三年（1656）、康熙元年（1662）、四年（1665）、十七年（1678），先后五次颁布禁海令，勒令寸板片帆不准下海，并于顺治十七年（1660）、康熙元年（1662）和康熙十七年（1678），三次迫令沿海人民内迁，界外所有村庄房屋，一律放火烧光，树木也砍伐一空，在沿海地区制造“无人区”。

迁界范围，以广东最大，内迁五十里——山东沿海倭盗最多，仅内迁四十里；福建离台湾最近，亦只内迁三十里。后来清廷以“迁民窃出鱼盐，恐惧仍通海舶”为由，再令内迁三十里，似乎防民通商，更重于防海盗与郑成功。广州城西北外第一津，成了安置上万名疍民的“移民市”（后改称“宜民市”），由荒草萋萋的牧马场，变成了贫民窟。

贫民窟南面不远处，就是明代的怀远驿，由于海禁，怀远驿已经废置，不再有洋商和葡萄牙人出入，变成了民居坊里。但谁也不会想到，再过百年，在距离拥挤、混乱、肮脏的“移民市”不过两千多米的这个地方，竟然崛起了一个全世界瞩目的财富中心——十三行。

康熙初年，别说出洋往来，通商互市，哪怕驾条小舢板出海捕鱼，也是死罪。当时“划界”非常严厉，时人蔡华衮的《蔡皇覲手记》记述："定界之后，五里一墩，十里一台，开界沟，别内外。又起民夫一二百人，将界外民屋垣墙夷为平地……虽深山高远之人，亦无计得避征徭，此亘古未有之事，挞民作台苦况，可媲美长城矣。"敢越界咫尺者，即捕即杀。老百姓叫天不应，叫地不灵。

界外由于无人居住，渐成野兽出没横行之地，不少人偷偷越界捕鱼，结果不是被官兵杀死，就是成了虎狼的晚餐。即使有人侥幸捕了几篓鱼虾，活着回来，也不敢公开出售，只能藏在腰间，偷偷入屋卖给熟客。人人生活在恐惧之中。

这是一个很可悲的对比：正当欧洲各国商人拼命争夺海洋，不断向外扩张的时候，清朝却废除了主管外贸的市舶司，并规定凡未经批准，擅造二桅以上违式大船，或带违禁货物下海，前往外国买卖，即等同谋叛，除当事者要枭首示众外，全家还要发边卫充军；私自与外国通商，亦等同私卖军火、泄露军情，同样要处斩、充军，货物入官。朝廷还规定查获者可获没收货物的一半，作为奖励。

清朝对海外贸易的态度，让人费解。如此抗拒通商，它究竟怕什么？是儒家重农轻商的思想作怪吗？是对洋人的恐惧心理吗？还是清朝的夜郎自大？似乎都不完全是。若论开放程度，唐、宋比后来各个朝代都大得多。唐、宋没有儒家思想吗？唐、宋没有"天朝"心态吗？为什么唐、宋可以大大方方与众多国家通商，后来的朝代，对世界应有更多认识，反而却裹足不前呢？

就表面来看，满人是一个扩张型、进取型的族群，区区十几万人就敢挥戈入关，攻城略地，横扫大江南北，但到了海边却戛然而止，这是一个很奇怪的现象。他们的野心以海边为界，似乎从无兴趣去了解，在大海的另一边，是否还有一个更精彩的世界。世宗爱新觉罗·胤禛登基时，大清入关已八十年，他对两广总督说过一段话，表示他仍无法理解海洋。胤禛说：“朕实不达海洋情形，所以总无主见，有人条奏，朕观之皆似有理，所以摇惑不定。全在你代朕博访广询，详慎斟酌。”这种对海洋的恐惧，是清朝历代皇帝的通病，有清一代，始终未能痊愈。

禁海与迁界的理由，名曰防海盗，但盗寇岂止海上有，九州大地何处不是萑苻遍地？如果有盗寇就不准贸易、不准种田，甚至不准居住，那么十八行省的中国人都无处容身了。对沿海地区来说，禁海与迁界，不啻一场世纪浩劫。广东巡抚王来任向朝廷抱怨：“粤负山面海，疆土原不甚广，今概于滨海之地，一迁再迁，流离数十万之民，每年抛弃地丁钱粮三十余万两。地迁矣，又在设重兵以守其界内，立界之所筑墩台、树桩栅，每年每月又用人工土木修整，动用之资不赀。”

朝廷每年的海防维护费达到两百五十万两，羊毛出在羊身上，唯有加重广东民间负担。王来任巡抚奏言，迁界与禁海，原是为了防范海盗，但据他在广东两年的观察，并无什么海盗，有海盗也是因迁界逃入海中为盗的“迁民”。防海盗之举，恰恰是制造海盗的温床。

康熙时期给后人的印象，经过鼓词演义的渲染，成了前无古人的“太平盛世”。其实，在圣祖玄烨登极后二十几年间，不仅毫无盛世气象，而且整个国家陷入严重的经济萧条，令朝野都感觉焦头烂额。

首先是气候连续多年反常，尤其是顺治七年（1650）至康熙八年（1769）这段时间，出现冬天严寒，夏天大旱的恶劣自然灾害。康熙九年（1670）以后略见好转，康熙十九年（1680）以后，又再度恶化，达到顶点。据统计，1650年至1664年，有十三个潮湿年份，两个干旱年份；但1665年至1699年，只有十一个潮湿年份，而干旱年份则达到二十四个。后来的科学家把这称为“小冰期”，也有人归咎于“厄尔尼诺现象”。

不管它叫什么，都不会减少人们的痛苦。史书所载顺治年间的广州，是一幅悲惨图画：顺治五年（1648）广东大饥荒，人相食，许多乡村整村的人都饿死了；顺治七年（1650）广州城陷，清兵屠城七日，死伤数十万人，城邑衰败，无复旧观；顺治八年（1651）广州受到罕见的台风和洪水猛烈袭击，损失惨重，遍地哀鸿；顺治九年（1652）珠江三角洲又遭遇到严重的干旱，鱼塘水干，禾苗枯萎。民间残破已极，持续不断的天灾人祸，层层加码，把人们折磨得死去活来。

天气对农业收成的影响固然很大，但更可怕的是，由于战争、迁界、海禁等原因，商业流通几乎全面死火，以致人们歉收时买不到粮食，丰收时又卖不出去粮食。顺治十八年（1661）前后，气候恶劣，粮食减产，米价高企，谷贵伤民。到康熙初年，天公作美，连续七年粮食大获丰收，人们以为可以松口气，不必易子而食，讵料沿海无船通商，人人望洋兴叹，粮食无法流出产区，导致价格一泻千里。农民种田，连本都赚不回来，只好卖牛卖犁，任由田里长草。人们还没从“谷贵伤民”中回过神来，一下子又被“谷贱伤农”弄得七痨八伤。

作为改朝换代的代价，广东人口下降了17%～22%；三成以上的耕地丢荒了。一项针对广州府的数据表明，两王入粤前，广州府的人口有38.56万人，而康熙十一年（1672），仅有22.42万人，降幅达41.9%之巨。这中间既有迁界与禁海的原因，也有谷价大跌的原因。总之百货皆滞，丰年如凶，人也死了、逃了，田也荒了、芜了。

时人魏际瑞在《四此堂稿》中描述惨淡的市场：“天下货物之多而美，莫不共推苏杭、江宁、广东、福建等处，昔年贩卖者多，故地方富盛亦甲天下。今则昔值一两之货，只要五钱三钱亦无人买。江浙闽广之人，无论大家小户，个个诉穷，则他处可知矣。”更有人形容当时是“农空，工空，市空，仕空”，四大皆空。不过，当时清朝的国势气运，正处于兴盛阶段，无论什么天灾人祸，暂时都不足以阻挡其上升的趋势。

吴三桂作乱，朝廷兴兵征讨，需要大量钱粮，遂在广东开设捐纳监生之例，即用谷、豆、草，就可以换取监生功名。消息传开，连湖南、浙江人也纷纷骑驴骑马，日夜赶路，跑来广州捐纳。有一人刚捐了个监生，拜见县官，县官问他：“你是谷是豆是草？”监生回答：“晚生是草。”县官喷饭，一时传为笑话。

朝廷不准广州人出洋经商，但广州“四民之中，商贾居其半”，不让经商，就要“砂煲吊起”。商业停顿，城市立即生机灭绝。因此，虽然禁令像利剑悬于头顶，但“杀头的生意有人做”，广州商人还是钻穴逾隙，甚至甘触刑辟，亦想方设法，与海外保持通商。

生活在广州的官员，其实心里也都有本账，不许做海外贸易，等于端着金饭碗讨饭，不仅影响国库，更影响他们的私库。这世上无人会嫌钱腥，在这一点上，官府与商人有共同的利益关系。于是，凡有外商船只入港，往往不说是专程来通商的，而说是遇风“漂”来，但求补充淡水粮食，把货卖掉换些路费而已。地方官纵容商人出海贸易，从中收贿，私下向商人征税。既然朝廷实行禁海，这笔钱就不必上缴，缴了反而成为违旨的罪证。据官方统计，禁海之后，每年损失税银数万两，其实相当一部分，肥了私囊。

广州有一个大名鼎鼎的人，名叫沈上达，野史说他是“江西优童”（即娈童）出身，得到尚可喜世子尚之信的宠信，当了平南王府中的参将，亦官亦商。参将是个三四品的官，或管河工，或管漕运，或管巡捕治安。沈上达大约是主管漕运的参将，颇有呼风唤雨的能量，但《清史稿》只称他为“商人沈上达”，而在《康熙起居注》中，更称他为“交通海贼商人”，似乎有意不提他的官职身份。不过他确实是个有官职的商人，准确称呼应为“官商”。

早在顺治十年（1653），一艘暹罗国的商船开到广州，就是这个“交通海贼商人”，凭三寸不烂之舌，说服尚可喜，派广州巡海道以全体地方官员名义，大张旗鼓，对暹罗商人表示欢迎和热情接待。其后又有荷兰商舶来粤，恰好朝廷颁布禁海令，正是风头火势时，沈上达却再次说服尚可喜上奏朝廷，称外海入贡，“实兴朝之盛事”。朝廷忘忌惮于尚可喜在岭南的势力，亦莫可如何，乃网开一面，允许荷兰八年一贡，在广州进行朝贡贸易。

顺治十八年（1661），世祖福临驾崩，圣祖玄烨入承大宝，年号康熙。这时，大清已经坐稳了江山。但玄烨不仅没有开放海禁，反而禁得更加严厉，所有海船都须毁坏焚烧，斩草除根。康熙十七年（1678）秋，尚之信以剿海贼需要船只为名，向皇上建议，“请暂开海禁，许商民造船，由广州至琼州贸易自便”，被玄烨驳回。

但是，要彻底实行禁海与迁界，也不容易。澳门就是一个难题。因为澳门居住着数万葡萄牙人，已令朝廷有痈患之忧，若将葡萄牙人迁到内地，岂非引狼入室？但放他们在澳门，不让贸易也不行，他们的衣食无从解决，难免铤而走险，激起暴乱。

最后朝廷不得不留下澳门作为唯一的“化外教门”，居民不必内迁。后世学者称赞这是玄烨高瞻远瞩，具有世界眼光，其实此则暴露了朝廷左右为难的困窘。朝廷开放广州经香山到澳门的陆路运输，允许广州的商品用肩挑步行的方式，运往澳门，再转卖到东南亚和欧洲。允许澳门的葡萄牙人和本地人保留25艘商船，从事远洋贸易。

不封澳门，说明玄烨的内心，还缺乏完全闭关锁国的自信。如果这个“前迎镜海，后枕莲峰”的地方，不是居住着这么多葡萄牙人，他早就一封了之了。禁海之后，从省城到澳门这条羊肠小道，似断似续，但却是一条名副其实的“黄金路”，商人们蜂趋蚁附，攘攘熙熙，千军万马争过独木桥。人们嫌步行太慢，效率太低，纷纷打破肩挑步行的规定，雇用无数小船，把货运往十字门一带，那里港湾复杂，正是走私者的天堂。

所谓“走私”，大部分是官商勾结的，商人组织货物，运送出海，官府则设立关卡，私抽税银，甚至武装护航。而走私的进口货物，则由虎门偷运入广州，或由上横头、秋风口、朗头，偷运回栅下、佛山等地。但实际上出口的货多，进口的货少。

官府对这种情形，了如指掌，不过视其为雁过拔毛的机会。广东巡抚李士桢奏报，广州府有三百八十多处官渡，平南王府以助饷为名，勒令船家凭官府发给的硃牌经营，商人摆渡货物，每担货物收银数钱，藩府一年可以私抽银二三万两。后来玄烨在查抄藩府的上谕中说：“闻藩下所属私市私税，每岁所获银两不下数百万。”虽然为了抄没更多银两，难免夸大数额，但藩府从“私市私税”的得益，无疑相当惊人，从侧面反映了广东的走私贸易，十分活跃，并未因海禁而消失。

沈上达俨然成了王府的“商业总管”，一方面承包广东盐税，获利较朝廷核定的盐课高出数倍，并且蚕食盐田，在各津口设立“总店”，垄断盐业产销；另一方面又公开造船，出海贸易，一次就能获得四五万两白银。一年之中，千舡往回，坐收利银四五十万两，江湖称之为“藩商”“王商”。

沈上达恃着藩府的撑腰，成为垄断“朝贡贸易”的豪门大族，珠江三角洲一带，衣食仰给于沈氏者，不知凡几，门下食客，甚至有精通葡语、善与洋商打交道的专才，内外通吃，黑白通杀，其势日益繁滋。用李士桢的话说，广州“藩商遍地，虐焰弥天”，形成了一个大金字塔，上者为少数水大舟高、屙金溺银的豪商巨贾，下者为营营逐逐的民间小商人，争求荫附，以谋一点残羹。

平南亲王在广州

两王占据广州后，第一件事，就是兴筑藩王府。靖南王耿继茂把城西的永丰仓改建为藩王府。这里紧挨着六榕寺，高耸的千佛塔近在眼前，驻守王府的旗兵见它色彩斑斓，都把它叫作“花塔”，把六榕寺叫作“花塔寺”。耿继茂在广州没待多久，顺治十七年（1660）便奉旨移镇福建。他的藩王府做了平南王尚可喜次子尚之孝的府第。广州实际上归了尚可喜一家独占，藩王府建在明代的都指挥使司署旧址上，这里曾做过绍武朝的皇宫，地势高隆，背倚越秀山，两边有六脉渠水相绕。

尚可喜打算按贝勒规格兴建他的藩府，琉璃砖瓦，台门鹿顶。但朝廷认为，皇上虽然赐给尚可喜金册、金印，但他只是由民身立爵，民爵与宗藩制异，不宜用绿色砖瓦，驳回了他的请求。但尚可喜在广东已把琉璃砖瓦烧好了，既不能用来盖藩府，只好捐给了佛寺，海幢寺、大佛寺、武帝庙和越秀山观音阁都是受惠者。

藩府建成后，范围南起今中山五路，北至后楼房，西至连新路，东至吉祥路，画栋飞甍，丹楹刻桷，高堂广厦，宏敞壮丽。尚可喜一生戎马，极嗜杀戮，除了打仗，就是喜欢狩猎，每年冬天都要躬领将卒，到萝岗围猎。王府里还建有四所备办处，一为“虫蚁房”，养蟋蟀、蝈蝈、秋蝉、蜜蜂；一称“雀鸟房”，养鹌鹑、画眉、白鸽、斗鸡；一称“鹰鹞房”，养海东青及苍鹞、麻鹰；一称“狗房”，养关东猎犬及哈巴细狗，四处皆由长史管理，各有二十余人专责豢养。尚可喜的儿子尚之信后来袭平南王爵位，更是个猫痴狗迷，养了一大群猫狗，各有名号，或称“小姐”“妞妞”，或称“相公”“小哥”。每天让宫监身穿锦衫，抱着猫狗招摇过市，民无敢触犯之者。

尚可喜是一个奇特的人，当清军在广州屠城时，很多人逃到河南。尚可喜扬言还要屠净河南三十三村。但当他来到海幢寺后，一位慈眉善目的老和尚出来见他，劝他放下屠刀。尚可喜忽然被寺院的悠悠钟声所触动，觉得自己还有“立地成佛”的机会，于是把杀心收了起来，改为诚心向佛。不久，他的女儿与妹妹都剃度香林，与古佛青灯为伴，女儿在大北门的檀度庵出家，妹妹在小北门的药师庵（又名飞来大士庵）出家。

海幢寺坐落在珠江南岸，后有千顷花田，花开如茫茫雪原；前有大江横陈，烟水浩荡，“毗卢阁绕万松风，入望鱼龙百变中。东下海涛天漠漠，北来山雨昼濛濛。”从这首诗可以想象海幢寺外的景象。南汉时在河南建有千秋寺，是二十八寺的南七寺之一，南汉覆亡时已被焚毁，后化为民居。在宋、元、明的几百年间，陆续有僧人在这里修建佛堂。尚可喜皈佛后，海幢寺用他捐出的琉璃砖瓦，兴建了天王殿和其他楼台殿阁，连香积厨和大斋灶，都用螭砖砌成，这些砖块后来成了古玩家搜罗的对象，被人偷偷用普通砖石替换殆尽。

经过大规模的扩建与修葺，海幢寺面积达十几万平方米，号称“不独甲于粤东，抑且雄视宇内”，与光孝寺、华林寺、六榕寺并称广州四大丛林。但自从用了尚可喜的砖瓦，那七十万冤魂，仿佛就依附在这里了。清人张琳的诗《游海幢寺》便写道：“缅昔增修初，屠城尚藩虐。七十万冤魂，膏血涂丹雘。忏蠻仰佛慈，低眉惨不乐。”

康熙五年（1666），海幢寺大殿修建竣工。广东提刑按察使司关中令撰写《鼎建海幢寺碑记》记述：“适阿公承心印受衣钵，主海幢院事，遂于丙午之夏首建大殿，广七楹，高三寻有咫。右角则地藏之阁，耸峙巍峨；八角钟台，声彻云表。逾年丁未，就大殿前二百余武建四大天王殿，左右肃立为韦驮、伽蓝两殿，稍近里者为丛现堂，栋宇相连，上下各五楹，上则香积厨，其下则斋堂。由斋堂而右，则大悲阁与药师佛母堂参差并盖，鼎足而三焉。”

海幢寺有几个奇特之处。第一是寺院没有钟楼，却以钟声闻名。相传尚可喜铸了两口幽冥大钟，一在大佛寺，一在海幢寺。每天清晨，寺院敲钟，隔江和应，镗镗悠扬。顺德儒士潘凤升，明亡后弃儒冠，与僧侣游。他在海幢寺的墙壁上题诗：“珠海钟声日夜流，红棉绿瓦几经秋。钱王已去山僧在，更与谁吟十四州。”百年来因海幢寺钟声留下的诗篇，多不胜数，比如“地从虞苑坼，门对白云遥。蜃气迷花雨，钟声接海潮。”（岑徵《海幢寺》）“野寺正当逢上巳，疏钟频得共登台。”（僧古易《春日集海幢丈室呈乐和尚》）“上方忽报晓钟声，屋角林梢月正明。”（程可则《寄海幢阿字首座》）“门落江潮大，钟飞海气澄。南宗一勺水，谁此证三乘。”（陈寿祺《海幢寺》）禅院钟声，有一种让人远离尘俗的感觉。

尚可喜铸造的铁钟，不止这一对，还有小北下塘的太平庵（又名白云庵）的一口五百公斤的大铁钟。铁钟通高1.24米，口径0.92米，双蒲牢兽形钮，钮高约0.31米。钟体上有铭文，记载了尚可喜攻陷广州的事迹：

> 今上龙飞之七年，平南王奉命恢粤。二月初六，师抵五羊城北白云山，结营山阿。凡九阅月，将士奋腾，兵马无恙。其间铸炮制药，随手而应，阴有神助。是年十一月初二日恢省。追溯不忘，乃捐赀建造太平庵，内塑佛像，爰勒之钟鼎，以志佛力于不朽，仍镌以铭。铭曰：鸣錞肃旅，以事南征。缘岩列帐，依岫分营。百举汇应，乃克坚城。爰溯佛力，铸钟鼎铭，用以永播其芳声。顺治壬辰岁三月吉日平南王建，广州府督捕通判周宪章监造。

这口钟于1982年在太平庵遗址被发现，移交到广州博物馆收藏。

海幢寺的第二个奇特之处，是寺中只有十六尊罗汉像，而不是像一般佛寺有十八尊或五百尊。民间传说，海幢寺原来是有十八罗汉的，某年济公和尚化身为一个乞丐到海幢寺，受到住持的轻侮。济公把两个又脏又烂的布袋放在大殿上，请住持派人帮他挑到韶关的南华寺去。住持故意戏弄他说：“有本事你让寺里的罗汉帮你挑吧。”济公跑到大殿，冲着十八罗汉喊了声：“听见没有，老和尚叫你们帮我挑行李。”竟然真有两位罗汉从堂上跳了下来，挑起烂布袋，随着济公飘然北去，把海幢寺的和尚们都吓呆了。从此海幢寺便只剩下十六罗汉，而南华寺却有五百零二尊罗汉像。

海幢寺第三个奇特之处，寺里有一株种植于明万历年间的鹰爪兰。广州人说：“未有海幢，先有鹰爪。”清人王士祯的《广州游览小志》中写道：“海幢寺有鹰爪兰一株，藤本，大两围，千枝相纠，花五出，初作绿色，久之渐黄，香与鱼子兰酷似。寺故郭氏园；兰，园中故物也。”关于这株植物，民间也有很多流传的故事。

海幢寺的原址，是一个叫郭龙岳的富人园林，家中婢女因主人丢失翡翠玉扣被怀疑，愤而投井自尽，以证清白。郭家事后填埋了水井，但废井里却长出了一株鹰爪兰，相传是这个婢女的魂魄。从此这个园子怪事连连，经常听见女子悲泣之声。后来郭氏家道中落，僧人把地买下来改建佛堂。明末清初人程可则，有一首吟海幢寺鹰爪兰的诗：“鹿苑多灵异，凡花总不同。兰开鹰爪绿，丹结马缨红。”坊间哄传有鹰爪兰花神，人若冒犯，必受祸殃，于是纷纷到鹰爪兰前焚香跪拜，以求神佑，民国时的报纸说：“香火之盛，几与大雄殿之三宝等，只羡煞头门守卫山门之四金刚。”直到21世纪，这棵鹰爪兰犹枝繁叶茂，郁郁葱葱。

海幢寺还有一个奇特之处，就是寺里的僧侣个个满腹珠玑，吟诗赋词，出口成章，下笔锦绣，竟然博得了“诗窝”的雅称，其诗甚至形成了独树一帜的“海幢派”风格，留下了《海云禅藻集》《虚堂诗话》《慧海小草》《片云行草》等一大批诗集。晚清时，两广总督张之洞、学政汪鸣銮曾慕海幢寺僧宝筏的诗名，登门拜访，但宝筏却淡淡回了一句：“二公是爱和尚诗，不是爱和尚。”拒不见面。

获得尚可喜捐献砖瓦的还有大佛寺。大佛寺在拱北楼西侧，今惠福东路惠新中街，明代叫龙藏寺，身世可以追溯到一千多年前的南汉国。关于大佛寺是否属于南汉二十八寺之一，长期有争议。有人说它在南汉时叫地藏寺，也有人说叫新藏寺，这两种说法，都认为它属南汉二十八之一。但也有人说它不在二十八寺之内，理由是在二十八寺有记载的寺名中并无新藏寺，而且二十八寺都建在城外，此寺在城内，紧挨着属于皇家御苑范围的西湖，可能是皇家专用的佛寺。

无论如何，到宋代时，随着南汉宫苑建筑大部分被荡平，这座身世不明的佛寺，也告荒废。直到元代重新建造，四方檀施，共襄其事，名为福田庵。至明代再大兴土木，进行扩建，改名为龙藏寺。杰构庄严，香灯煌荧。但经过百年风雨蠹蚀，到明代末年，寺庙再次衰落，竟至被官府没收，改为巡按御史公署。顺治六年（1649），寺庙毁于一场大火。

康熙二年（1663），尚可喜为了迎接自己的儿媳妇——世祖的女儿和硕公主，自捐王俸，依照京师官庙的形制，重修大殿，再塑金身，于翌年建成大佛寺。三尊三世佛坐像，以黄铜精铸，每尊高六米，重十吨。中间为释迦牟尼佛，左手掌心向上，平放在盘膝之间，右手结说法手印，代表现在；左为阿弥陀佛，左掌心向上，平放盘膝中间，右手放在右膝盖上，结垂手接引印，代表过去；右为弥勒佛，双手平放腿上，一掌置于另一掌之上，掌心仰放盘膝中间结禅定印，代表未来。另外还有一尊四米高、五吨重的观音像。竣工后，尚可喜撰《鼎建大佛寺记》，勒碑以纪其事：

> 迩者丰亨有象，念欲祝禧佑国，考访旧迹，因从军旅之暇，庀材鸠工，董修其事。是役也，始于癸卯之春，于甲辰仲冬告竣。中置梵释诸相，范金为身，东西两翼为方丈，庄严宏壮，观者耸焉。

尚可喜在广州开府后，把自己六个儿子送入京师，名为“宿卫”，实做人质。其后他的第七子尚之隆与和硕公主成婚，成为驸马。康熙六年（1667）八月，尚之隆夫妇来到广州省亲，尚府在大佛寺设为天子祝禧的净坛。尚之隆在京都聘请班禅大喇嘛四十人同至广州，在寺内修四十九日无遮胜会，斋醮之盛，世上难得一见。

大雄宝殿供奉三世佛像，建筑面积达955平方米，居岭南众刹首位，坐北朝南，高约30米，面阔七间（36.32米），进深五间（25.36米）。抬梁式梁架，上施檩枋承托檩子，驼峰、斗栱造型简朴古拙，有明代遗风。十九檩前后用六柱、两山墙承重。回廊周匝。重檐歇山顶，檐下施七踩三翘斗栱，上施彩绘，色泽鲜明，纹式简练。上盖素胎陶瓦，瓦当滴水。正脊饰以云龙、西番莲灰塑，龙身围绕着正脊两侧穿插，栩栩如生。正中有一鎏金葫芦形宝珠，垂脊、戗脊塑狮兽，两侧山墙饰以缠枝西番莲纹。复盆式雕花花岗岩柱础，古拙朴实，至今尚存。殿中的巨型楠木柱子，都是安南王上北京朝贡，路经广州时送给平南王的，柱粗两米，高十余米，重十吨，为岭南大寺殿柱之冠。

雍正十三年（1735），广州知府刘庶重修大佛寺，把面积扩大至3万平方米。殿前增建了宣谕亭，作为宣讲皇帝谕旨的地方；又在殿侧建造了韦驮殿、伽蓝殿，辟“佛境”“禅林”东西二门。晨钟带雨，暮鼓和风，疏磬添静，梵音清凉，虽然身在闹市，却俨然超出凡尘。乾隆年间（1736—1795），大佛寺再次扩建，踵事增华。又有人把大佛寺、光孝寺、长寿寺、海幢寺、华林寺并称为广州“五大丛林”。

大佛寺在近百年经历了兴衰相寻的命运。林则徐在广州禁烟时，在大佛寺设“收缴烟土烟枪总局”，负责收缴广东各乡烟膏和烟具，并配制戒烟药物。20世纪20年代，广东政府为筹措军费，频频拍卖公产，大佛寺亦在拍卖之列，价值60万元的寺产以30万元贱卖。大佛寺的面积因而不断缩小，四面被民居所占。

康熙十四年（1675），尚可喜又要求六榕寺住持慈忍和尚兼任西禅寺住持，大规模修葺两座寺庙。尚可喜虽然杀人如麻，但对释道二教，却乐此不疲，不仅大修佛寺，广结善缘，而且认为自己平定广东，全凭道教中的摩利支天尊庇佑。他还于顺治十二年（1655），重修和扩建了三元宫。《南海百咏续编》便记载了这一工程："三元宫，在越井岗，即唐之悟性寺故址。寺久废。顺治十二年，平南王建为道院。"四年后，又在今应元宫道一带，建造道观，奉祀天尊，取名"应元宫"。今应元路、应元宫道均因此得名。

康熙十五年（1676），发生了一件惊天大事，就是尚可喜在广州病殁了。他是三藩（平西王吴三桂、平南王尚可喜、靖南王耿精忠）之中，对朝廷最忠诚的一个。他在，玄烨对他还礼让三分；他一死，形势便急转直下了。玄烨对第二代亲王尚之信既不信任，也无好感。尚可喜死后四年，朝廷派刑部侍郎宜昌阿赴粤勘问。尚之信率领大军还在广西征战，闻诏即解印还广州候拘，被重兵羁押于五仙门提督行台。

尚之信出事，藩府顿时乱作一团。尚家昆季之节、之璜、之杰与亲信李天植等人，都认定是旧属都统王国栋心怀怨望，卖主求荣，于是以尚之信母亲舒氏名义，召王国栋入藩府议事。藩府内埋伏好刀斧手，及王国栋至，以掷杯为号，一拥而出，将其缚下。尚之信的儿子亲手把王国栋两眼剜去，再由之节、之璜、之杰及李天植等人把王国栋寸磔割肉喂狗。

王国栋家人闻讯，慌忙向将军赉塔求救。赉塔早有收拾尚府的打算，立即借题发挥，调兵遣将，在一个月黑风高之夜，全城戒严，包围藩府，把李天植及自副都统参领以下共一百零八人，悉数拘捕。当年八月，圣旨马递广州，尚之信依谋反律，母、母弟凡同谋者，俱弃市，家产籍没。那年的中秋，广州气氛如临大敌，城头只有巡逻士兵的灯笼，映照着森严的刀戟，没有一个敢出来赏月的民众。

八月十六日夜，凉风有信，秋月无边。赉塔骑着高头大马，领兵巡城，巡抚金儁严兵以待。次日清晨，尚之信被押到府学名宦祠前，由宜昌阿读圣旨赐死。李天植、尚之璜、之杰等一百零八人，环跪拱北楼前，刽子手手起刀落，一路排砍过去，一百零八颗脑袋相继滚落尘埃，血汩汩而成渠。名宦祠故址，即今日广州市第一工人文化宫西侧消防队一带。

在一片刀光血影之下，更有令人悚然的天象出现。“八月彗星出东方，直扫天中紫微垣，大约有小丈，其色紫红，闪烁有光，望之令人可畏，至十二月乃灭。”每逢国家遭遇大事，这类天呈异象的记录，便在史书上出现，引起民间的惶恐不安。

凭借着藩府势力发财的沈上达，对自己的结局是否有预感，已无人知晓，但在这次政变中，他的命运也很悲惨。他和藩府是一根绳上的蚱蜢，一荣俱荣，一损俱损，如今藩府已成覆巢，沈氏安有完卵？金儁查抄藩府时，顺手把这个富商的家也抄了。抄没的家产，有近百万两之巨，在广州堪称仅次于藩府的第二大富豪。负责查抄“逆产”的侍郎宜昌阿和金儁，都发了一笔横财。

康熙二十年（1681）朝廷下旨撤藩，选派精锐的汉军禁旅镶黄旗、正黄旗、正白旗官兵1210人进驻广州。康熙二十二年（1683），再派正红旗、镶红旗、镶白旗、正蓝旗、镶蓝旗等官兵1875人进驻广州。朝廷下令原迁到南城的广州官署衙门迁回老城。自归德门至大北门（今解放中路、解放北路），东面建院、司、道、府、厅、县各署，西面建驻镇将军、都统等武职衙门，平南王的藩府改作广东巡抚署，但总督行署没有搬回老城里，仍在卖麻街，尚之孝利用靖王府建的府第，则改为广东将军署，至今仍留下将军东、将军西等街名。咸丰十一年（1861），将军署的北边一部分被割出来，做了英国的领事馆。

巡抚署的后花园，在乾隆二年（1737）辟建成民居街巷，称后楼房上街、后楼房下街。原来的鹰犬房改为军器局。巡抚王轼认为原藩府后花园至越秀山脚这片地方太过寥廓，易藏狐鼠，便把后楼房至越秀山脚的六十余亩地，划归官府，建为抚标较场，供抚标两营作为练习射箭的地方。

玄烨对顺利解决了平南王，松了口气：三藩次第削平，南方从此可以安枕矣。他下令革除藩府设立的各种渡税、盐埠，“广东所有大市小市之利，经藩下诸人霸占者无算，可会同巡抚详察，应归百姓者，题明仍归百姓，则广东人民得沾无穷之惠矣。”而对于那些大大小小的藩商、王商，则毫不留情：“各省商贩人等，欲藉藩下行势，投入者甚多，皆须查明，应断出者即行断出，其不应断出者应尽行遣发来京，勿致逃亡隐漏。”

沈上达是王商之首，与广东官场的关系，盘根错节、牵丝挂藤，玄烨希望从他口中，挖出更多官场蛀虫，趁机把南方的“割据势力”连根拔起。但也正因为沈上达掌握了太多官员贪赃枉法的罪证，他一天不死，许多人就如坐针毡，夜不安寝。

沈上达在狱中面壁思过，自然很清楚，狱墙之外，多少人天天烧香拜佛，咒他快死，其中包括吞没了他大笔家产的金儁。因此他从不指望能够活着走出狱门。有一天，他发现狱官莫名其妙解开他身上的锁链，又一声不吭地走了。开始还有点摸不着头脑，但很快明白这是给他一个自行了断的机会。正所谓“食得咸鱼抵得渴”，与人无尤，多少人间富贵奢华都享受过了，还有何遗憾？于是沈上达在狱中投缳自尽，一了百了。

玄烨大为震怒，对前来面奏请旨的大学士、学士说：“沈上达系尚之信所属富商，朕闻广东大小官员，无不用伊银两，因此杀死以灭其口，亦未可定，其死显有情弊。”他决心一追到底，调江西巡抚李士桢任广东巡抚，并派刑部侍郎禅塔海等人南下调查，他警告负责调查的官员：“务须从公核审。此事颠末，朕皆洞悉，勿以干涉大臣势要，妄徇情面，株累无辜。”

在严刑峻法之下，大批贪官污吏，纷纷落网，剃人头者人亦剃其头，当初查抄藩府、沈府“逆产”的官员，后来大部分成了阶下囚，抄回来的“逆产”，揣在怀里还没捂暖，又被别人当“逆产”抄走了。

玄烨没有忘记沈上达一案，一再追问，但禅塔海坚称，沈上达在狱中自缢是实，绝无其他内情，他愿以人头担保。这更令玄烨怀疑了，堂堂刑部侍郎，犯得着为一个商人赌脑袋吗？所以禅塔海愈是信誓旦旦说没内情，玄烨愈是觉得大有内情。

李士桢到广东后，口含天宪，奉旨行事，施展雷霆手段，把“抄没尚府家产案”的重重黑幕，一路揭将下去，同时积极着手废除藩府当政时的种种苛政，包括把持行市、私抽货税、重敛渔课等。各渡口立起禁约牌，严禁汛防营弁纵容兵丁向渡夫勒抽渡钱，并要求官员不时明察暗访，务必彻底扫除积弊，保证商路畅通。

这宗大案的余波，历时四年，还未平息。康熙二十三年（1684）正月，玄烨下令拘押禅塔海，与宜昌阿、金儁并案处理。吏部、兵部、刑部联合会审判决：“广东查看尚之信家产侍郎宜昌阿，同巡抚金儁侵蚀兵饷及入官财物，又乾没尚之信商人沈上达财贿，恐后告发，将沈上达谋害灭口，应立斩。道员王永祚等，分取财物，又同金儁谋死沈上达，应立斩。郎中宋俄托、员外郎卓尔图等应拟斩，秋后处决。伊等共侵银八十九万两，并财帛等物，应追入官。差审金儁、刑部侍郎禅塔海，将沈上达事不行审出，及皇上问时，又奏称沈上达缢死是实，应拟绞，秋后处决。”最后皇上裁决，宜昌阿、金儁、宋俄托、卓尔图、尚之璋等一干人俱应斩首，秋后处决。其余有关官员，或革职，或降级，或罚俸，各领处分。

关于沈上达的生平行状，官史甚少记载，大都出现在尚之信倒台后，李士桢清算“藩党异棍”的奏折中。那时藩府已倒，天下之恶皆归焉，沈上达难免有替罪羊的味道。无论怎么说，他毕竟保住了广州海外贸易的最后一条渠道，就此而言，似亦不应一笔抹杀。

一个商人的死，竟牵扯出这么一大批高级官员，整个广东官场几乎倒了一大半，实属骇人听闻。真实的历史，永远比演义更加精彩。至此，三藩荡平，标志着改朝换代的动乱，告一段落了。

乾隆二十一年（1756）朝廷把驻粤汉军八旗人数裁减一半，另派满洲八旗官兵1500人替补。从此满汉八旗和绿营合驻广州城。原定驻粤八旗三年换防一次，可以返回北方，但后来变成了世代长期驻扎。满旗八旗官兵与眷属居住在广州城西，以今光塔路为中心，东至解放中路，西至人民中路（西城墙），南至大德路（南城墙），北至盘福路（北城墙）为“旗界”。光塔路以北属汉军八旗居地，以南属满洲八旗居地，不得混居。具体划分如下：

满州镶黄旗的地界，由大德街起，沿尚果里、拐角楼、铁炉巷至诗书街（今诗书路）南段止。满洲正白旗由象牙街起，沿梳篦街、麻行街南段、西濠街（今海珠中路）南段至诗书街南段止。满洲正黄旗由绒线街起，沿白薇街至毕公巷止。满洲正红旗由大市街（今惠福西路）以南起，沿绒线北、走木街、竹篙巷、扁担巷、温良里、南濠街北段、七株榕至晚红园（今观绿路）止。满洲镶白旗由大市街（今惠福西路）以北起，沿玉华坊、米市街（今米市路）南端、甜水巷南段、仙邻巷南段至大市街左都统署（今省人民医院门诊部地）东边止。满洲正蓝旗由大市街左都统署以西起，沿进士里南段、仙羊街（今海珠中路）南段、牛头巷、诗书街北段、安义街（今惠福西路）至大利巷止。满洲镶红旗由云台里起，沿学宫街、米市街北段、光塔街以南一带至仙羊街口止，再由甜水巷北段起，沿仙邻巷北段、进士里（今进步里）北段至杏花巷止。满洲镶蓝旗由光塔街以南仙羊街北段、纸行街（今纸行路）南段、莲花巷、红沙巷至白沙巷止。

汉军镶黄旗的地界，由光塔街东头路北一带，绕玛瑙巷路东，至朝天街北头止，又自西门直街（今中山六路）至花塔街（今六榕路）南头止，界内有朝天街、崔府街、陶街、忠襄里、回龙里。汉军正白旗由玛瑙巷路西起，绕西门直街路南一带，转蓬莱巷北折，出蓬莱巷，穿过光塔街，直至玛瑙巷尾止，界内有擢甲里、福地巷、纸行街北半段。汉军正黄旗由西门大街路北自光孝街口起，至花塔街口止，界内有窦富巷、书同巷、净慧街、云路街、福泉街、花塔街。汉军正红旗由光孝街南口起，西至城墙脚，向北至光孝街北止，界内有祝寿巷、陶家巷、西营巷。汉军镶白旗由蛋花巷起，向东至净慧街路北转至官塘街（今海珠北路），又西至盘福里双社止。汉军正蓝旗由仓前街起，至花塔街北大、小茶树巷，复北至百灵街、石马槽、牛巷、大坑，至添濠街尾止。汉军镶红旗由添濠街东头至大北门直街路（今解放北路）西一带，周家巷、西华一巷、二巷，至北水关止。汉军镶蓝旗由莲花井起，至机巷、德宣街、榕树巷、徐家巷、清泉街、大北门直街路东一带止。

人们习惯把汉军八旗称为“旗下人”，他们居住的地方称为“旗下街”，住宅则称为“旗下大屋”，他们所讲的北方话也被称为“旗下话”。八旗子弟给人的印象，一向是游手好闲，托着个鸟笼，在茶楼里一边饮茶，一边比试谁的鸟叫得好听，便能消磨一个上午。广州人饮茶有个习俗，要续水时，茶客需自己把茶壶盖揭开，据说是因为当初有个八旗二世祖，斗雀赌博输了，心中有气，到茶楼后把一只麻雀放到茶壶内，然后叫唤要续水，当侍应揭开壶盖时，壶中的小鸟飞走了，这位恶少就要挟说那是金丝雀，要茶楼赔偿巨额损失。此事给了茶楼一个教训，规定以后凡是续茶水里，壶盖得由茶客自己揭开，渐渐地也就形成了只要是续水，茶客不必叫唤，只要揭开壶盖即可的规矩。

无赖恶少，就是八旗子弟的标签，想洗白也不容易了。其实，旗人并不都是二世祖式的酒囊饭袋，藏龙卧虎，不乏其人。

崔君培就是其中一位佼佼者，他是汉军镶白旗人，生卒年月不详。父亲崔东岭是乾隆年间（1736—1795）的名医。有一次两广总督患怔忡症，百医束手，请崔东岭去诊治。崔东岭凭脉问诊后称：这个病须缓治，非一季不能好，如果要快好，用药三剂可立见效，但两年后将不复可救。总督说：时方多事，哪里能等缓治，朝愈夕死可也。于是，崔东岭给他开了三服药，再让他躺在火炕上，盖上厚厚的棉被，直至大汗淋漓。如此，总智沉疴涣若冰消，精神奕奕，但两年后果然病发身亡。乾隆五十一年（1786）广东暴发瘟疫，崔东岭不仅四处奔走救人，还公开药方，助人自救，无数人因此得活。

崔君培在家中排行第七，人以“崔七”相称。他从小有继承父亲衣钵，悬壶济世之志，曾到北京从名医侍诊，博览古今医书，研习名家医案，钻研经方时方，为之废寝忘餐，甚至十天八天不洗脸、不梳头。

由于他天性聪颖，既得父亲真传，又博采众家之长，临床诊症，好研精究微，作深湛之思，加以融会贯通，因此内科、外科、针灸皆精，尤擅长治疗伤寒，以善辨生死著称。有的人已病入膏肓，不可救疗，但表面上看还是行动、饮食如常，崔君培也不会给他开方；有的人表面上看已奄奄一息，命在旦夕，别的医生都不敢收治，崔君培却果断施药，往往霍然而愈。对症下药，不拘常品，却能巧发奇中，其效如神。

崔君培设医馆于崔府街，出诊习惯步行而不乘轿。相传某次出诊途经小北门，见有人家抬棺出殡，而棺底有血水滴出。崔君培当即拦住出殡队伍，询问丧家死者是什么人。丧家答称是产妇难产不治。崔君培认为孕妇可能还活着，力劝家属开棺。人们听从了他的劝说，把棺材抬到下塘，开棺检视。崔君培在产妇肚脐之下一寸穴位针灸，妇人果然苏醒过来。大家非常惊奇，问崔君培何以知道棺中人没死？崔君培回答：人死血凝，而棺下有滴血，说明人还活着，才有鲜血流出，其理甚明，该产妇只因横生逆产，气力不继，一时休克，仍可救也。崔七开棺救人，起死回生的故事，在省城传开，轰动街坊，成为美谈。从此往崔府街求医者，朝夕如市，户限为穿。

广州著名的致美斋酱园，也是由八旗子弟刘守庵创办的。乾隆（1736—1795）年间是广州饮食业的黄金时期，许多著名食府问世，也带动了酱料业运旺时盛。八旗子弟凭借着满族身份，在购买粮、豆、盐等时较为便利，于是纷纷创办酱园，如余氏的森森斋酱园、张氏的安盛隆酱园、黄氏的六和栈酱园和刘守庵的致美斋酱园。致美斋这个名号，源自其“用水致纯，选粮致精，工艺致正，酱品致香，待客致诚，味道致美”的经营宗旨。

负责筹办广州第一所外国语学校——广州同文馆的，是蒙古正黄旗人库克吉泰。学校为中国培养了大批外语、外交专业人才。在首届毕业生中，那三是广州镶蓝旗人，后担任驻新加坡总领事；左秉隆是广州正黄旗人，毕业后任驻新加坡总领事。满洲正黄旗人博勒洪武、汉军正白旗人韩常泰、满洲镶红旗人坤扬，都以优异成绩，送入京师同文馆深造。

满汉八旗的进驻，改变了广州的人口结构，所带来的北方文化，在语言、饮食、服饰、建筑、音乐、工艺各方面，都对岭南的本土文化，产生了深刻的影响。

一口通商

对广州来说，康熙二十三年（1684）是一个重要的节点。

这此前一年的春天，一艘英国东印度公司的轮船，装载着六百余贯银额的货物，正朝着中国的方向破浪航行。这批货物虽然微不足道，但投石问路的用意，彰彰明甚，显示英国人誓要叩开这个古老大国门户的决心。

清军水师攻陷台湾，终于解决了玄烨的心头大患。南明有组织的抵抗基本结束了，前明遗民都潜入草泽；三藩势力亦已烟消云散。继续实行“禁海迁界”的理由，似乎已经不存在，但朝廷对民众的海外贸易，仍然十分忌讳，下令商人不得到南洋经商，已在南洋的中国商人，也必须在三年内归国，否则不得复归故土。这道命令，暴露了朝廷禁海迁界的真实动机：名为防范海盗，实则防范商人。这就可以解释，广东的迁界范围，为何比福建还大了。

随着清朝江山渐臻稳固，军政亦必须向民政转变，马上取天下者，不可能永远披甲策骑，在马上治天下。朝廷在广东开科取士。明代的贡院做了清军马厩，被广州人称为“烂马房”，故只得临时借用光孝寺做贡院试场，考场后迁到旧总兵府。各地生员挂卷袋、提试篮，赴省应考的热闹场面，又复重现。南方士庶虽然还没有从三十多年前南明覆灭的惨痛往事中恢复过来，但也接受了清朝统治这个现实。

同时，“解除海禁”也不得不提到议事日程上来了。

第一步，是先停止迁界。其实在广东、福建等地，地方政府早就偷偷弛禁了，对越界民众，往往睁一只眼闭一只眼，抓到也只象征性地打几板就放掉。台湾之役，朝廷接收了大批投降的郑氏军队，审问之下，发现其中不乏迁界政策的受害者，因家园被毁，生计断绝，被迫渡海投军。现在养着他们没饷银，遣散又没处安置，除了让他们返回家园、恢复生产之外，别无他法。

两广总督吴兴祚建议，广州七府沿海地亩，不如开界招民耕种，上可以增国赋，下可以利民生。吴兴祚，字伯成，汉军正红旗人，原籍浙江山阴，史书说他“为政持大体，除烦苛”。玄烨对他的建议很快做了御批：“前因海寇未靖，故令迁界。今若展界，令民耕种采捕，甚有益于沿海之民。”并派工部尚书杜臻、内阁学士石柱为钦差大臣，前往广东、福建两省沿海地区实地勘察，对何处起止、何地设兵防守，制定详细方案，“勿误来春耕种之期”。据杜臻说，他们的任务重点，是考察如何解决海禁与迁界的问题，包括把濒海之地归还民居；放宽海壖之民捕鲜煮盐等业的限制；还有开放行贾外洋的限制等。

动身之前，杜、石两位大臣向皇上请训。玄烨问他们：“打算先勘视哪里？”他们回答：“先去广东。”玄烨问：“为何不先去福建？”杜臻说：“臣等先到广东，让当地百姓及时承垦，庶不误春耕之时。”玄烨又问：“就不怕福建误了春耕吗？”杜臻解释：“福建督抚正忙于安置降军，无暇顾及开垦的事。臣等利用这段期间，先完成广东事情，再到福建，届时闽省督抚便有会商之暇了。”玄烨吩咐：“汝二人朕所亲简，当善体朕意。”其不胜迫切之情，溢于言表。两人诚惶诚恐，再拜辞出，带着司员，驰驿前赴广东勘察。

十月以后，北方已是碧云天，黄叶地，秋意渐浓。钦差大臣的官船，昼行夜宿，水陆兼程，经历万水千山，途中甚至遇到老虎的袭击，在康熙二十三年（1684）正月，终于行抵广东三水。这时，新年的鞭炮声，已是此起彼伏，声声在耳了。

两广总督衙门自明嘉靖年间即驻肇庆办公，不在省城。清初沿明旧例，仍驻肇庆。杜臻、石柱在三水与前来迎驾的总督吴兴祚、巡抚李士桢等官员会面，在接官亭中拜过香案，请过圣安后，传达皇上旨意“迁移百姓，事关紧要，当察明原产，给还原主，务使兵民得所”，然后略事休息，便辞别了肇庆的青山绿水，沿着广东海岸，由西往东一路考察。

广东的海岸线，西起广西北仑河口，东迄闽、粤交界的大埕湾，弯曲绵延，长达六千多公里，还有海南岛等岛屿，以当时的交通工具，走上一趟，实在是一件大大的苦差。杜、石二人分头行动，巡视了肇庆、高州、廉州、雷州、琼州、广州、惠州、潮州等府，还视察了澳门，再从潮州入福建考察。

此行最大的功劳就是开界，让内迁的老百姓回家，共察还民田二万八千一百九十二顷，复业丁口三万一千三百。石柱向皇上奏报："臣奉命往开海界，闽、粤两省沿海居民纷纷群集，焚香跪迎，皆云：'我等离去旧土二十余年，毫无归故乡之望矣，幸皇上神灵威德，削平寇盗，海不扬波，我等众民得还故土，保有室家，各安耕获，乐其生业。不特此生仰戴皇仁，我等子孙亦世世沐皇上洪恩无尽矣。'皆拥聚马前稽首欢呼，沿途陆续不绝。"

民间对开界的诉求，非常强烈。然而，开界是一回事，开海又是另一回事。当杜臻、石柱五月返回北京复命时，朝野上下议论纷纭，开海贸易似呈瓜熟蒂落之势。一位给事中上条奏，请令海洋贸易宜设专官收税。这已不是开不开海的问题，而是如何管理的问题了。六月初五，玄烨作出谕令："令海洋贸易，实有益于生民，但创收税课，若不定例，恐为商贾累。当照关差例，差部院贤能司官前往酌定则例，此事著写与大学士商酌。"

这等于同意开海贸易了，但仍有大臣反对，包括刚从南方回来的石柱。玄烨在古北口外拜察行宫召开的御前会议，出现了君臣舌战一幕，颇具戏剧性。玄烨质问石柱："百姓乐于沿海居住者，原因可以海上贸易、捕鱼之故，你们明知其故，海上贸易何以不议准行？"石柱说："海上贸易自明季以来原未曾开，故议不准行。”这个理由显然站不住脚，玄烨说：“先因海盗，故海禁未开为是。今海寇既已投诚，更何所恃？”石柱辩解：“据彼处总督、巡抚、提督说，台湾、金门、厦门等处虽设官兵防守，但系新得之地，应俟一二年后相其机宜，然后再开。”

玄烨厉声驳斥，地方官员反对开海，并非为了防盗，而是为了谋私利：“边疆大臣当以国计民生为念，今虽禁海，但私自贸易者却禁而不绝，今议海上贸易不行者，都是因为总督、巡抚自图便利故也！”年仅三十的皇上，能一针见血指出症结所在，足见简在帝心，吓得石柱慌忙认错：“皇上所谕甚是，地方官员或有此等存心，亦未可定。”

御前会议的模式都是如此，众大臣可以各抒己见，最后还是皇帝金口，一锤定音。开海贸易之事，经玄烨圣意裁决，便这样定下来了。

平定台湾，多少消除了玄烨对海洋的恐惧，令他信心大增，不再觉得“海洋险远，风涛莫测”了。他对大臣们说，粤、闽两省开海贸易，对于边海民生有益，若此二省民用充阜，财货流通，各省俱有裨益。把中国与世界隔绝两百七十年的海禁，终于要被废除了。

康熙二十三年（1684），朝廷正式宣布：“今海内一统，寰宇宁谧，满汉人民相同一体，令出洋贸易，以彰富庶之治，得旨开海贸易。”翌年，设立广东、福建、浙江、江苏四个海关。御前会议之后，部院各衙门便紧锣密鼓地开始筹备了。君臣讨论最多的，就是如何抽分（征税）的问题。

玄烨主张减轻税负，一是因国家正处于复苏期，需要与民休息；二是他怀疑抽分再多，也是落入地方官员的私囊。他对广东的藩商、王商和沈上达的故事，记忆犹新。因此，在开海贸易一事上，虽说是涉及国家对外关系，但在内政层面，更多却反映了中央政府与地方政府的斗法。当官员建议在所有桥道渡口设立征税关卡时，玄烨一口否决，声称有能力从事进出口贸易的，都是富商大贾，非一般贫民可为，对海市薄征其税，尚不致累民，但如果所有桥道渡口都设卡收税，无异于在原无课税之地，反增设一关科敛，加重民众负担，充肥私橐。

根据皇上的旨意，九卿詹事科道会议决定，粤、闽两省只对海上出入船载贸易货物征税，海口内桥津地方贸易车船等货，一律停止抽分。福建总督建议对外国贡船也实行征税，也被康熙否决，他声称对进贡船只抽税，殊失大体，且非朝廷柔远之意，所以一律免征。

种种措施，听起来很惠民，但康熙朝贪风之盛，在历史上，恶名昭著。一个新王朝这么快就腐败成这个样子，确属罕见。玄烨怀疑地方官员弃公营私，并非凭空幻想，他迭获奏报，海关为了多敛财，连出海捕鱼捞虾的渔船，也当作商船征税；有些地方则把桥梁也封了，不交税不让过桥，小商小贩，莫能幸免。总之手段花样百出，朝廷禁了一样，又有另一样冒出来，防不胜防。

按照官方规定的税则，中国的关税，初时只有两种，一为船钞，二为货税。船钞又称船料，按商船的大小尺寸征税，船长七十五尺、宽二十四尺者为一等船，税额一千四百两；长七十尺、宽二十二尺者为二等船，税额一千一百两；长六十尺、宽二十尺者为三等船，税额六百两。这种粗疏的计税方法，可以看出中国官员的懒惰与粗暴。当初因为商人报关，对货物价值往往随口胡编，高值低报，中国官员亦懒得逐一确认，所以干脆以无法验证为由，按船的尺寸征税。一船黄金与一船禾草，征同样的税。这种方法还有另一个副作用，就是令商船夹带违禁物品的走私活动，变得肆无忌惮。

如此敝陋的制度，竟从明代沿用至今，毫无改进。官商叫苦不迭：解除海禁前，洋船货物多为奇珍异宝，如今海禁解除，来的反而多为粗布衣物、日用杂货，今日十船不抵昔日一船。其实这也是过甚之词，洋船还不至于如此不堪。查当年的货物清单，进口货多为哔叽、玻璃、异香珍宝等物，亦有直接运银钱来；而采购之货，则多为茶叶、湖丝、陶器、蔗糖、铅、锡、亚铜、药草、大黄等。

朝廷意识到征税方法的不合理，同意在原税额基础上，减去二成，按八成收税。虽说天子无私覆载，但非人人可以受惠，只有南洋商船可享受这一待遇，因南洋国家多属历史悠久的朝贡国，被天朝一厢情愿地视为藩属，西洋要“同沾德泽”，则须等到康熙三十七年（1698）以后。结果，原来存在的问题，依然存在，还制造了新的问题。

货税则按货物量收税，分为衣物、食物、用物、杂物四类，按件征收，不管体积大小，所课都是一样的，这同样反映了天朝官员粗疏和傲慢的心态。开海四年后的海关征收则例，明确规定进口税率为4%，出口税率为1.6%，除此之外，每船征银二千两。后来又陆续出现船规、分头、担头等五花八门的杂税，比正税还高出许多，税负更加沉重。

与前相比，外贸制度最大的改革，就是以海关取代市舶司。这是值得称许的进步。以前的市舶司，打的是“朝贡贸易”招牌，各国商人名义上都是向中国皇帝朝贡，因此没有常设的交易市场，贡使愿意把货物运到京师买卖也行，得自己掏钱运输；愿意在广州买卖也行，由督抚委官监督，市舶司临时招商发卖。事实上，路途风险太大，没几个贡使愿意把货千里迢迢运到北京，他们更信赖广州商人，认为他们较讲诚信，所以大部分货物都在广州出手。这就给广州的市场带来源源不断的新刺激，这是广州商业保持繁盛的一大关键。

市舶司时代的招商发卖政策，培养了一大批牙商。随着市舶制度解体，朝贡贸易也逐渐名存实亡，“八年一贡”“舟为二只”之类的规定，都被打破，而牙行的作用，则越来越大，外贸管理机构与交易机构的脱钩，乃水到渠成。到康熙设立海关时，两者正式剥离，管理由海关负责，买卖由洋行（牙行）负责。

福建的海关由将军兼管，浙江、江苏则由巡抚兼管，唯粤海关地位重要，专设监督一人，筹建期间关务由制台大人兼掌，正式成立后由吏部郎中宜尔格图、户部员外郎成克大为首任满汉监督，满正汉副。因地位举足轻重，与督抚平起平坐，不受督抚节制，直接对皇帝与户部负责，故正监督之位后来多由旗人担任。

一旦开海贸易，海关监督将是一个肥缺，从南海之滨到北京紫禁城内，不知有多少人盯着那颗“钦命督理广东沿海等处贸易税务户部分司”的关防，准备靠它吃香喝辣。一位曾在中国海关任职、对海关制度深有研究的日本学者指出：“凡有愿得此缺之人，须对宫中善于运动，并须有巨万贿赂然后可。既得此缺之后，若更欲连任，又不得不分肥于各方面，通例任期三年，任期中极易积蓄赀财，一生受用有余。”

粤海关下辖省城大关、澳门总口、乌坝总口、庵埠总口、梅菉总口、海安总口、海口总口七个总关口，每个总关口下面又有若干小关口，其中以省城大关和澳门总口，地位最为紧要，乃中枢命门所在。省城大关设在广州五仙门内原盐院旧署（今起义路与素波巷之间），而最具战略位置的虎门口和黄埔口，均隶属省城大关。

黄埔口设在广州城东，今黄埔村处，距离省城大关三十里。虎门口设在东莞虎门，距省城大关一百六十里。每个关口都设有税官、夷务所、买办馆、永靖营等机构。税官负责征收商船的船钞、规礼等税项；夷务所办理商船进出手续；买办馆为外商提供后勤服务；永靖营则负责港口的安全。

官府指定若干家牙行，专替外商处理货物交易事宜，代为支出收纳进出口税。这些牙行称为“官行”，或“官牙”。昔日托庇于藩府的“藩商”，仍习惯被称为“王商”，受总督任命的则称“总督商人”，受将军任命的则称“将军商人”，受巡抚任命的则称“抚院商人”。这“四大官商”把持全部对外贸易。最初是一行处理一国贸易，来广东的外舶有十三个国家，就有十三行对应接洽，某行专做荷兰生意，某行专做法国生意，某行专做英国生意，各有自己的范围。

海禁虽已废止，后遗症却未马上消除，由于关税太重，吓怕了外商，入港的商船寥寥无几，税饷收入大大低于预期，牙行也只有几家，没有十三家那么多，名义上有分工，但因为生意清淡，很多时候听凭商船自行投牙。为了招徕生意，行商也在想方设法改善营商环境。当时珠江的北岸线，较明代向南推移了不少，原怀远驿离“海皮”已渐远，于是官府斥资在其南面重新兴建重楼台榭，牙行统统集中在这里，沿用明代的叫法，称为十三行。清人梁廷枏的《粤海关志》写道：“国朝设关之初，蕃舶入市者，仅二十余柁，至则劳以牛酒，令牙行主之，沿明之习，命曰十三行。”

外国商舶来时，先在澳门停泊，由海关派人丈量后，由引水人把船带入黄埔，船上的火炮等武器，必须卸下来，等交易完成后，再把船和火炮交回给外商。交易期间，大班（船长）、二班（副船长）可以登岸，到十三行与牙行商议买卖货价，行商以酒肉招待，其他船员则在船上等候。近代学者梁嘉彬在《广东十三行考》中记述，“有时限定只能与就中行商一二人交易，有时则任其自行‘投牙’；有时行商故作傲态，或竟辞以事，俟数日而接见；有时行商则招待殷勤。”

商人除了要交纳正规的船钞和货税之外，还有五花八门的杂费，进口时有规礼、火足、开舱、押船、丈量、贴写、小包等三十处地方要交钱；出口时验舱、放关、领牌、押船、贴写、小包等三十八处，也要交钱。从海关官员，到书吏、通事、头役等，统统要打点到，少一个环节都寸步难行。这笔费用算下来，十分庞大。

据乾隆时期的海关监督尤拔世所订《粤海关改正归公规例册》记录，每条船要交官礼银六百两；通事礼银一百两；管事家人丈量开舱礼银四十八两，小包四两；库房规礼银一百二十两，贴写十两，小包四两；稿房规礼银一百一十二两，掌按贴写四两，小包二两八钱；单房规礼银二十四两，贴写二两，小包一两；船房丈量规礼银二十四两，小包一两；总巡馆丈量楼梯银六钱，又规银一两。如此等等，不一而足，加起来有一千九百五十两白银。但根据一些外商的记录，收费远远不止此数，就像雪填不满的井，且大部分进了私人腰包。后来改了名目，一律称为“归公银”，好听了很多，但并没有减轻商人的负担。

这种官商勾结的体制，大大加重了交易成本。许多外商望而却步，纷纷转往厦门、宁波等地。乾隆时代，国富兵强，雄视四海，高宗爱新觉罗·弘历征讨天山南北、大小金川，六下江南，可谓履盈蹈满，不可一世。他对海外通商，满不在乎，认为“天朝物产丰盈，原不借外夷货物一通有无”，而天朝所产的茶叶、瓷器、丝巾（蚕丝），则是西洋各国的必需品。允许通商，是对听话洋人“加恩体恤”；不许通商，是给那些不听话洋人“蒲鞭之罚”，略示薄惩。乾隆十六年（1751），有一艘荷兰商船到了广州，船上有三位妇女上了岸，朝廷知悉后，赫然震怒，勒令洋妇人只能留在澳门，不得到省城，若敢再犯，“夷人船货一并驱回”。朝廷还规定，洋人不准坐轿，不准雇人传递消息，不准乘船游珠江内河，有事不准直接向大府申诉，只能通过行商转达等。

乾隆二十二年（1757）十一月，朝廷干脆关闭福建、浙江、江苏三个海关，只留下广州一口贸易。其理由是广州地窄人稠，沿海居民都靠洋船为生，并不仅仅是行商得益；虎门、黄埔都有官兵驻扎，海防较闽浙严密；而闽浙沿海一向不是洋船聚集的地方，亟须肃清；还有一个理由，就是洋船在广州交易，连江西、粤北都可得益。这就是历史著名的乾隆朝“一口通商”。

丝绸等丝织品，一向是出口的大宗商品。英国东印度公司的记载，仅雍正六年（1728），就从广州买进大批缎、绸缎、高哥纶、花缎床单、宝丝、薄绸、丝帕等丝织品，规格不一，每匹价值从三两四钱至八两银不等，价格之昂贵，足见其受欢迎程度。但乾隆二十五年（1760），朝廷毫无预兆地突然宣布禁止蚕丝和绸缎出口。

在四夷宾服、诸国来朝的傲慢心态之下，不管四口通商，还是一口通商，都是皇恩浩荡，在哪里交易，怎么交易，交易什么，全轮不到洋人置喙。江浙口岸离北方太近，万一被洋人入侵，难免有萧墙之祸，所以不能开放。广州是边远之地，闹出事端，一时半刻也不至于祸延京邑。

但广州人不管朝廷是出于什么动机，他们迅速抓住了这个机遇，开辟自己的天地。这时从黄埔港开往世界各地的航线，已远达欧洲、拉丁美洲、北美洲、东南亚、日本、俄罗斯和大洋洲。全中国的对外贸易，几乎都流向了广州。

海上丝路把Canton（广州）这名字，传遍欧洲各国。几乎所有人都知道，Canton是一座繁华美丽的东方大都，是世界贸易的中心城市之一，是中国联系世界的主要通道（且在很长时间内还是唯一通道），很多人即使没听说过广州，也听说过Canton，甚至误以为Canton就是中国。洋商写信给十三行的商人伍秉鉴时，抬头都恭恭敬敬地写“Houqua，Esq，Canton”（广州的任启官先生）；比别人多跑了几趟广州的洋商，在名字前也常会加上“Canton”，变成“Canton的某某先生”。

在世界各国的商人眼里，Canton这个名字，就是“财富”的同义词。每一艘商船驶入黄埔港时，船上的人都会延颈眺望，喃喃地说上一声：“芝麻开门。”仿佛只要敲开Canton的大门，万千财富便滚滚而来。从广州到黄埔这段河道，完全可以称之为“黄金河道”。无数外国人，以最优美的辞藻，描写过这段河道。

嘉庆十七年（1812）到广州的詹姆斯·华森（James Wathen）写道：“视线尽头是形状奇特的高山，从河岸到山脚是一片平原，绵延数里，其间沟渠纵横交错，各种中国船只穿行其中，稻田间，村宅间无一不有，构成了一幅独特的风景。”美国商人亨特（William C. Hunter）在《广州番鬼录》描写道光二十四年（1844）的珠江：“在世界上没有哪个地方，比公司船队集结在黄埔的那种景象更好看的了。各船的进口货已起卸完毕，每艘船排列成优美的行列，等待装运茶叶。”他形容那些巨大的船只，“船上各物整洁，秩序井然，显示出纪律与力量”。英国的詹姆斯·约翰逊（James Johnson）极其傲慢地写道：“看着在各国商船上飘扬的各国旗帜，让英国人感到心满意足，因为英国旗帜比其他各国加起来的还要多；而每一艘英国船也像巨大的英国商业象征物般，轻蔑地低头看着如侏儒般围绕在侧的其他各国的船只。”

但众多的旗帜中，有一面旗帜是英国人不敢蔑视的，那就是乾隆四十九年（1784）首次出现在这条黄金河道上的星条旗，广州人把它叫作“花旗”，来自一个叫“美利坚”的新国家，它刚刚打败英国，与英签订“巴黎条约”的墨迹还没干，便急匆匆把一艘海军帆船改造成“中国皇后号”商船，选择在美国首任总统华盛顿诞辰那天，从纽约港起航，满载着人参、皮革、羽纱、胡椒、棉花、铅等商品，经过188天的航行，驶抵广州，开辟与中国的贸易。

“中国皇后号”进入广州的内河，由引水人带往黄埔港。船员也同样被繁忙的珠江河道所吸引，在航海日志上写道：“这段珠江的两岸风景很美丽。宝塔、寺院或者庙宇数量很多，而且惹人注目……江面上挤满了各种大大小小的船只，形状和装备都很奇特，其中很多船被漆成鲜艳而古怪的颜色……”当“中国皇后号”进入黄埔港口时，礼炮鸣13响（代表美国13个州），停泊于港内的各国商船也鸣炮回礼。船长在航海日志中写道：“‘中国皇后号’荣幸地升起了在这海域从未有人升起或看见过的第一面美国国旗！这一天是1784年8月28日。”

四个月后，“中国皇后号”的货物，在广州全部售罄。商人们就像进入了宝洞的阿里巴巴，疯狂扫货，瓷器、丝绸、绸缎、丝织品、茶具、餐具、缎子汗衫、绣花棉布、茶桌、咖啡桌、茶叶、漆器、象牙雕刻、绣金像、雨伞、扇子……几乎见什么要什么，在市场上刮了一场台风。一位船员欣喜若狂地在日志上记录自己的收获：“我们在广州买了600件妇女丝绸刺绣的衣物。船舱很快被962担瓷器、864匹南京布和490匹丝织品堆得满满的。”

“中国皇后号”返抵纽约后，引起了巨大轰动。琳琅满目的中国商品，让人大开眼界，在纽约和费城出售时，各大报纸连篇累牍刊登广告，简直成了中国商品博览会。自从“中国皇后号”首航圆满成功后，“到中国去”，就是美国商人的最大梦想。到达中国的美国商船，逐年增多，乾隆四十九年（1784）只有1艘，到乾隆五十五年（1790）已有14艘。

世界级的富豪

在鹅潭北岸约五万平方米的范围内，汇集着各大商馆和夷馆，计有东（小）溪馆、义和行、集文行、隆顺行、保和行、孖鹰行、丰泰行、瑞行、帝国馆、宝顺馆、章官行、中和行、黄旗行、法兰西馆、美利坚馆、荷兰馆、西班牙馆、丹麦馆等，井然有序，错落有致。夷馆外飘扬着不同国家的国旗，江面上停泊着来自五洲四海的船只。有一首竹枝词写道："十三行外水西头，粉壁犀帘鬼子楼。风荡彩旗飘五色，辨他日本与琉球。"广州俨然有世界商贸中心和航运中心的气象。

开海贸易后，商人的社会地位，迅速提升，开始组织各种行会，奉行"商各有行，行各有规；自为保护，自为推拓"的方针，制定同行规约，包括规范度量衡、货币和经营模式，约束同业间的竞争，处理投诉、制裁、祭祀等事务。当会员不幸破产或遇上其他天灾人祸时，行会将施以援手。只要朝廷不打压，民间社会自会蓬勃成长。

康熙二十五年（1686），官府发出文告，把广州商人分为金丝行和洋货行两大类，金丝行从事沿海地区的对内贸易，缴纳住税；洋货行也称公行，即大名鼎鼎的十三行，专门从事外贸，缴纳的是行税。这是官方第一次把外贸作为一个独立行业，从普通商业中划分出来。开海贸易并非放任民间自由贸易，而是实行“以官制商，以商制洋”的策略，凡外商来华做生意或办理其他事务，都须经过朝廷特许的洋货行进行。洋货行总揽对外贸易，代理外商报关缴税，并负责转达、承办官府与外商的一切交涉，实际上是兼有商务和外交双重性质的半官方组织。

为了刺激贸易，从康熙三十八年（1699）起，广东海关停罢各关正额外加增盈余银两，对西洋商船也一律照减二成的比例征收，以示普天之下，德泽均沾。随着外国商船逐渐增多，为了防止互相抢客，搞乱市场，洋货行商决定订立自己的行规。

康熙五十九年（1720）十一月二十六日，16家洋货行商齐集一堂，在神灵面前，杀鸡啜血，缔结十三条公行行规，要求中外商民一视同仁，“倘夷商得买贱卖贵，则行商必致亏折，且恐发生鱼目混珠之弊，故各行商应与夷商相聚一堂，共同议价，其有单独行为者应受处罚”；禁止行商自定货价或暗中购货；禁止以劣货欺瞒外商。没参与盟誓的商人，不得染指对外贸易，只能经营扇子、漆器、刺绣、图画之类的大路货。那些被排斥在公行之外的散商，愤愤不平。

直到乾隆四十七年（1782），行商们先后五次组织公行。乾隆十九年（1754）、九年（1744）和十年（1745），朝廷多次上谕，厉行保商制度，由十三行总揽一切海外贸易，禁止非行商团体参与海外贸易，以确立行商对外贸的垄断地位，不容动摇。

从事对外贸易的商行，不止十三家，全盛时多达四五十家。从成立洋货公行的康熙五十九年（1720）至十三行消亡的一百多年间，行商数目并不固定，时多时少，刚好是十三家的，只有嘉庆十八年（1813）和道光十七年（1837）两年。道光十七年的十三家行商是：

怡和行伍秉鉴，商名浩官；

广利行卢继光，商名茂官；

同孚行潘绍光，商名正炜；

东兴行谢有仁，商名鳌官；

天宝行梁丞禧，商名经官；

兴泰行严启昌，商名孙青；

中和行潘文涛，商名明官；

顺泰行马佐良，商名秀官；

仁和行潘文海，商名海官；

同顺行吴天垣，商名爽官；

孚泰行易元昌，商名昆官；

东昌行罗福泰，商名林官；

安昌行容有光，商名达官；

这份名单，并没有把十三行时代最富有的行商，全部囊括在内。坊间有一首谣谚："潘卢伍叶，谭左徐杨，虎豹龙凤，江淮河汉。"前面八个字，代表了十三行八位著名行商，后面八个字，形容他们财雄势大。歌谣中的卢（上林）、谭（世经）、徐、杨，都不在上面这份名单之内。

若论财富，排第一的，当属怡和行商人伍秉鉴。他原籍福建泉州府晋江县安海乡，父亲伍国莹在福建茶行打工，自朝廷开海贸易后，举家迁入广东，隶籍南海。伍国莹在广州谋生，最初并不顺利，做账房一度因欠债而逃匿，转做盐商又赔了本。后来他在城西（今仁济路附近）开了间从事外贸的元顺行（后改名为怡和行），慢慢爬升到二十家行商中的第六位，但又因为拖欠关饷，不得不东躲西藏了几年。嘉庆六年（1801），伍秉鉴子承父业，入主怡和行，外国人都叫他"浩官"。从表面看，伍秉鉴的性格，似乎不太适合做生意，沉默寡言，没有幽默感，洋人觉得他"天生有懦弱的性格"，甚至有人说他"一辈子只讲过一句笑话"。

伍秉鉴不会说笑话，却很会做生意。怡和行在他手里，第二年便跃居行商第三位，五年后已坐二望一。嘉庆十八年（1813），官府决定从行商中挑选两个人，充任总商，一切评订货价和对外通商事宜，统由总商负责，其他商人不得过问。伍秉鉴众望所归，成为两位总商之一，口含官宪，手握议价权，处尊居显，如日中天。

伍秉鉴在生意场中，之所以能获得如此巨大的成功，除了凭借着官府所给予的垄断地位外，他个人的性格品行，也是重要原因。洋人都公认他“诚实、亲切、细心、慷慨”，也许这就是他做生意的另一种本钱，是他独有的成功之道。

有一位美国商人和伍秉鉴合伙做生意亏了本，欠了伍秉鉴七万二千银元，无力偿还。他也很信守合约，因债务在身，便老老实实待在广州，不敢脚底抹油。伍秉鉴知道后，心生怜悯，当着这位商人的面，把债据取出，撕成碎片，对美国人说：“你是我最好的朋友，你是一个最诚实的人，只是运气不好而已。现在我们之间的账目已结清，你可以随时离开广州回国了。”七万二千银元，相当于五万多两白银，是一个巨大的数额，很多知府大人一年的俸禄加养廉银收入，还不到一千两，这是他们五十年的“工资收入”，却被伍秉鉴随手一撕，化作废纸。

还有一位美国商人替伍秉鉴承销生丝，伍秉鉴要求他把赚到的钱兑换成英国东印度公司的期票。这位商人急于赚快钱，自作主张，用这笔钱买了一批英国毛织品，以为是“皇帝女，不愁嫁”，结果却是“秋后扇，没人要”，亏了几千元。这位美国商人愧疚不已，主动向伍秉鉴认错，表示愿意赔偿。但伍秉鉴只淡淡说了一句：“以后要多加小心。”并不要他赔钱，而是自己承担了这批没销路的毛织品。《旧中国杂记》的作者亨特说：“伍浩官（伍秉鉴）究竟有多少钱，是大家常常讨论的题目。”

阮元任两广总督时，对行商以严厉著称。有美国水手在广州打死民妇，阮元连十三行的保商黎光远也一并收监，最后判了黎光远流放伊犁。黎光远其实很冤枉，还因此破了产，伍秉鉴和几个洋商一起筹款，送给黎光远作流放伊犁的生活费。

这些有着浓浓人情味的逸闻，显示伍秉鉴并不是一个“孤寒财主”，他做生意颇能为别人着想，过得了自己，也过得了别人，令中外商人对他都赞誉有加，虽然怡和行的收费比其他行高，但洋商仍然乐于与他做生意。到19世纪中期，伍秉鉴不但在国内拥有数量惊人的地产、房产、茶山、店铺和千万家财，还在美国投资铁路、证券交易和保险业务，同时还是英国东印度公司的最大债权人。

有人估计，伍秉鉴在其巅峰时，拥资超过二千六百万银元，相当于朝廷年收入的一半，创造了一个惊世骇俗的金钱神话，为天下所艳羡。仅看他的别墅庭园，已让人叹为观止。伍家花园在海幢寺以西一带，又称南海伍氏别墅。园中青松成林，故又有“万松园”之名。其南面一带为山岗，称万松岗，又称万松山、万松岭，即今乌龙岗。伍秉鉴的长兄伍秉镛曾有诗《癸未秋小筑万松园》写道：“家傍青山树几重，参差垣宇绿阴浓。海天到夏多风雨，寺院长年送鼓钟。疏处阑干须补竹，闲来渔钓不扶筇。幽栖颇得衡门乐，更喜书声彻夜逢。”

伍家花园约始建于嘉庆八年（1803），规模之大，“袤延数里”，达13.3万平方米。其东与海幢寺为邻，南及庄巷，西临溪峡（今溪峡街）、龙溪（今龙溪首约、二约），园中湖水园中有一个大湖，面积达数千平方米，西通龙溪，北至漱珠涌。每年端午，都在湖中举办龙舟竞赛。湖的北面是伍家祠。花园规模可与《红楼梦》的大观园相媲美，中央大厅摆得下数十桌筵席，能容上千名和尚诵经礼佛。据上他家做过客的洋人描述，登上他家的高台，“广州全城景色及城外江河舟楫俱在眼前”。如今的伍家花园，只剩下一条“伍家祠道”以及一小段红砂墙基，供人凭吊。

垄断企业往往是腐败的渊薮，垄断程度越高，腐败越烈。垄断的权力是官府赐给的，官府要得到回报，于是便导致官商勾结。在嘉庆六年（1801）至道光二十三年（1843）期间，伍秉鉴向官府行贿、捐输、报效的钱，多达一千六百余万两，换回了一堆金光闪闪的官衔、封荫和官职。按清朝规定，商人最高只能授三品职衔，但伍秉鉴给自己捐了个从二品顶戴（相当于布政使），上至伍秉鉴的曾祖父，下至其子伍崇曜，五代俱晋一品荣禄大夫，成了广东首屈一指的红顶商人，连皇帝都知道广州有个叫伍秉鉴的富翁，钱多得不得了。

十三行因为有官府的支持，才获得外贸的垄断地位，因此行商与官府之间，多少都有金钱关系。但阮元为官清廉，他对商人的监督也格外严格。当时行商实行联名具保的制度，一家行商倒闭，其欠债要由联保的其他几家行商偿还，经常出现一家破产，便连累几家倒闭的情形。坊间流传着一个故事，说阮元当两广总督时，因为有行商倒闭拖累了怡和行，伍秉鉴去见阮元。阮元问他欠饷的情况，他说：“不是我有意欠饷，实在是因为市道疲软，官府催饷又急，我吃不消了。这样下去，官商两败俱伤。”阮元挥挥衣袖说：“既然如此，我免你家数年饷，好自为之。”

这个故事的真实性，很值得怀疑。阮元当两广总督时，正是伍家生意的鼎盛时期，何至于上门求官府免饷？阮元也不是一个如此不负责的官员，随便就免一个行商几年的饷。事实上，阮元铁面无私，对伍秉鉴一视同仁，道光元年（1821），因为伍秉鉴对外船夹带鸦片一事，知情不报，阮元便奏准摘去他的议叙顶戴，以示惩戒。

在早期行商之中，则有颜时瑛的名气颇大。他是南海人，父亲颜亮洲在雍正年间就是十三行商之一，经营泰和行十几年，除做买卖中介之外，亦做茶叶生意，成为巨富，被十三行商公推为领袖。他在绣衣坊南海西庙附近有一所巨宅。颜亮洲死后，泰和行由两个儿子继承。到乾隆年间，在次子颜时瑛经营下，泰和行已雄踞十三行的第三位。颜时瑛斥巨资，把父亲留下的邸宅，大肆扩建修葺为一座豪华的庭园——磊园。

据到磊园参观过的人描述，登门入前厅为“四箴堂”，堂东为“辉山草堂”，沿小径北行数十步便是“遥集楼”，与北面“静观楼”相对。在园北的池塘上，荷翻翠盖，碧波照影，簇拥着一只假画舫，名“自在航”，悬一副楹联：“不作风波于世上，别有天下非人间。”侧有“跃如亭”，曲槛水榭，雅丽幽邃，是文士酬酢唱和之所。西行至“临沂书屋”，是主人家的藏书阁，炎夏时节，卷帘推窗，满目清凉，正是品茗读书的好时光。

藏书阁前是“海棠居”，每当海棠花开，主人便邀请朋友在这里聚会，吟诗作画，观摩雅什。海棠居南有“留春亭”，往东有“静观堂”，是全园最高建筑，登高俯瞰，园内楼阁亭榭十八景，尽收眼底。时人称磊园“甲于全城”。南海人陈撷芳曾撰写

《磊园》诗百韵，对园中的建筑，描述十分详细。

颜时瑛十分好客，磊园里几乎天天鸣钟列鼎，就像举办流水宴一般，省城达官显宦、富商巨贾，川流不息。据其后人颜嵩年在《越台杂记》中描述，“宴客之日，西关冠盖辉煌，导从络绎，观者塞途”。宾客步入大门后，由八人骑骏马开道，从桃花小筑一路直达大堂，庭园规模之大，可想而知。主人鞠躬款接宾客，大吏握手垂青。宴时架棚堂前，请来戏班大锣大鼓演戏娱客，有时又会请来江湖艺人，变弄戏法，呈巧献技，曼衍鱼龙，离奇诡异。“堂中琉璃缨络，锦缎纱厨，徽徽溢目，檐前管籥之音，曲拍之声，洋洋盈耳。”

但颜时瑛最后的收场，却很凄凉。当时外商把货物运到广州，因为不能久留，所以经常会把货物赊给十三行的行商，加算利息，第二年才回来收钱。行商把货销出后，往往不会压着一大笔现金，而是把货款先作别的投资。但万一周转不灵，等到洋船到时，交不出钱，便会惹上官司。颜时瑛生活挥霍无度，欠下外商一百多万两银，被控诓骗罪，革去职衔，充军伊犁，泰和行的房产被没收拍卖。

同文行的潘振承，是十三行的行商领袖之一，几乎垄断与英国的生丝贸易，乾隆二十五年（1760），潘振承联合了九家行商，呈请设立外洋行，专门经营中西贸易。当伦敦汇票刚出现在广州时，惯于一手交钱一手交货的商人，满腹狐疑，不敢使用。但潘振承在认真了解它的运作原理后，立即明白其优越之处，大胆采用，成为第一个接受以欧洲汇票支付生丝合同货款的中国商人。

乾隆五十三年（1788）潘振承去世，其子潘有度接管同文行，成为总商，与卢观恒、伍秉鉴、叶上林号称“广州四大富豪”。嘉庆十二年（1807），发生英国东印度公司商船“海王星号”水手在广州与人冲突，把一名广州人打死的事件。官府要求英国人交出凶手偿命，遭到英方拒绝。于是，当局禁止“海王星号”商船卸货交易，并将这艘船的担保商、广利行商卢观恒以及“海王星号”的翻译逮捕入狱。该案由前后两任广州知府、澳门海防军民同知和番禺知县会审。被告人是52名“海王星”号船员，因为还没有找出凶手，所以全体船员要一齐受审。《广东十三行考》一书说，十三行派出四大行商出席陪审，其中就有一度被捕的卢观恒，还有潘有度、伍秉鉴、潘长耀，而潘有度“位占四商之首席，其当时地位之重要可知”。

潘有度面对官府没完没了的娄索聚敛，深感厌倦，曾以十万银两贿赂海关，获准退商。他有一句名言：“宁为一只狗，不为洋商首。”但嘉庆十九年（1814），在外商与官府的压力下，潘有度不得不重作冯妇，再次出任十三行总商，同文行更名为同孚行。所有到广州的外商，都会去拜访他。外商对他赞不绝口：“这位商人，在过去数年中与公司从事非常庞大的交易，而其做法也最具信用，最令人满意。”两广总督蒋攸铦对他的评价也很高：“潘有度其身家素称殷实，洋务最为熟练，为夷人及内地商民所信服。”但潘有度却始终郁郁不乐，几年后便去世了。

潘有度似乎更愿意做一个文人。诗人张维屏说：“容谷（有度）丈理洋务数十年，暇日喜观史，尤喜哦诗。”他曾写过二十首《西洋杂诗》，内容涉及海外种种生活习惯、商业习惯、婚丧礼俗、科技与战争等风土人情，妙趣横生。他还有一个爱好，就是喜欢在音乐的伴奏下，用抑扬顿挫的粤语朗诵诗篇。张维屏说：“容谷善哦诗，土音哦诗，善吹笛者倚笛和之。”这种雍容逸雅的场面，令人心驰神往。

潘有度的哥哥潘有为，没有走家族经商的道路，而是走科考仕进之途。乾隆三十五年（1770）考中举人，越两年考取进士，授职内阁中书，参与编纂《四库全书》。他在芳村花埭有一座东园。芳村以种植鲜花闻名，花埭有三十多座园林，主人都是广州的富绅名流，除了潘有为的东园，还有张维屏的听松园、邓大林的杏林庄、康有为的康园等；还有号称“八大名园”的留芳园、纫香园、醉观园、群芳园、新长春园、翠林园、余香圃和合记园。这些园林遍种奇花异草，是岭南盆栽的一个重要基地。

十三行时代，许多商馆、洋行，都向芳村的花农订购鲜花。《旧中国杂记》上提到有一个叫“阿清”的著名种花人兼园林匠人。作者用诗的形式写道：“阿清，‘卖鲜花和种子’的人（他的招牌，悬挂在一根柱子上，将他的情况告知，是必要的）。”十三行的商馆和商人，每天向他采购大量鲜花，一船船运过江来，用来装饰走廊、房间和餐桌。行商们花在鲜花上的费用，不知凡几。

在广州也有一些财大气粗的商人，横跨金丝、洋货两行，内外通吃。潘仕成就是一位身兼盐茶商与洋商的巨富。关于他到底是不是十三行行商，争议颇多。《广东十三行考》的作者梁嘉彬曾向潘氏后人打听，“知潘仕成为盐茶商，与同文、同孚行无关”，但“粤人多有谓潘仕成亦十三行行商者”。

鸦片战争时期，潘仕成出资仿造了四艘铜底战船，又从国外买回大炮，并且资助朝廷造炮，准备在“船坚炮利”上，与英国人一较高下。道光二十二年（1842）朝廷降旨，潘仕成受命督办七省海防战船、火炮和自制水雷等军工生产。翌年又因为他成功研制攻船水雷，被破格赏加布政使衔，从二品顶戴，一时备极荣宠。

潘仕成虽然富可敌国，但难得的是，他也热心文化事业，做生意之余，花了很多时间精力，搜集坊间的故书杂记、孤本善本、前贤遗编，刊刻成书，计有《海山仙馆丛书》（一百一十八卷），《佩文韵府》（一百四十卷），又《佩文韵府拾遗》（二十卷），《石刻海山仙馆集古帖》（十卷），《兰亭集帖》（四卷），《尺牍遗芬》（二卷），《选刻经验良方》（十卷），收藏在私人园林“海山仙馆”内。馆内还筑有回廊三百间，以嵌石刻，称“海山仙馆丛帖刻石”，总数一千余方。

海山仙馆在荔湾涌畔，它的宏伟华丽，是市井小民想象不到的。光是在园里走一圈，就足以把人累得半死，亨特参观过后惊叹：“这一处的房产比一个国王的领地还大。”他在《旧中国杂记》一书中形容，海山仙馆“可以容得下一个军的人”。

园内有山有水，山岗上松林苍苍郁郁，树影带云；山岗下是一个大湖，霞气逼水，万点波光。从小码头登船，可直放珠江。

湖面有一座大舞台，可表演戏曲歌舞。又有一宽敞明亮的大堂，临水而立，左右廊庑围绕，碧瓦朱甍，丹楹刻桷，恍如皇家宫苑。堂西以小桥通往一凉榭，轩窗四开，一望碧空。园中有一副楹联："荷花世界，荔子光阴。"自名家手笔。另外还有两副意境清妙的楹联："海上有三山，风景依然，玉箫何处？岭南第一景，黄梅时节，红荔湾头。""荷花深处，扁舟抵绿水楼台；荔子阴中，曲径走红尘车马。"

时人孙樗在《余墨偶谈》中记述："粤东荔枝湾，有盐商潘氏别墅。落成之日，以'海上神山，仙人旧馆'八字成联，因额其园曰'海山仙馆'。一草一木，备尽华夷所有，主人享清福者数十年。""海山仙馆"四个字是钦差大臣兼两广总督耆英题写的。

潘仕成不仅长袖善舞，而且乐善好施，广州小北门外至白云山的崎岖山路，就是由他出钱铺成平坦大道；他还捐银万余两，把破烂不堪的贡院修葺一新，浚井疏渠，种植花木，新建室舍五百六十余间。

十三行是一个制造神话的地方。在这里混迹的人，几乎每天都会听到一些匪夷所思的故事。鸡贩子出身的香山人吴天恒，就是这类匪夷所思的故事主角之一。他早年靠卖鸡维生，绰号"卖鸡爽"，后来进了洋行打工，从仆役做起，慢慢爬到负责货物入仓的职位。为了躲避官府苛索，吴天恒让货船在入港前，先把货物卸下，藏到某个地方，然后用蚂蚁搬家的办法，悄悄运入仓库。

有一回，一批贵重的货物抵岸，吴天恒照例先把货卸到码头附近的空屋里，不料这时洋行仓库失火，大班以为货已入仓，追着吴天恒询问损失情况，碰上他正在小解，手扶墙壁，表情痛苦。大班一看，顿时面若死灰，以为货物全烧光了，返回洋行后服药自杀。其实，吴天恒只是患了尿道结石，小便不畅而已。大班死后，洋行结业，那批价值两百多万两白银的货物，便入了吴天恒囊中。这种似乎只会出现在《拍案惊奇》中的情节，现实中竟真有其事。吴天恒凭着这笔横财，开了同顺行，跻身十三行商之列，甚至当上了苏松太兵备道兼江海关（上海海关）监督。这就是坊间哄传“一尿之功，立成巨富”的神话故事。

十三行不少行商是从福建移居来的。在自己的家乡，他们不过是些平庸无奇之辈，但一到广州，便如飞龙在天，鱼跃大海，成就了轰轰烈烈的事业。十三行形成了一个以外贸商人为主的利益集团。这不仅仅是一群身份相同、价值标准相似、利益相关的人聚合在一起，进行经济活动；更重要的是，他们会通过各种方式，向朝廷和官府提出利益要求，向社会宣示自身的价值观，从而对朝廷的公共政策施加影响。

十三行灰飞烟灭

雍正十年（1732），一艘属于瑞典东印度公司的商船“腓特烈国王号”，船上携带着28门火炮，从哥德堡起航，驶往一个完全陌生的东方大港——广州。它穿越了大西洋，绕过好望角，于初秋时节，抵达珠江口伶仃岛。因为担心广州海关不让它进港，“腓特烈国王号”升起了英国旗，在海关的引领下，顺利进入了黄埔港。

这是瑞典商船首次到达中国口岸。在西方商人中，瑞典商人是最温和、最友好的。他们获准进入广州贸易后，便在十三行地区开设商馆，采购货物。整个冬天，他们都待在广州。这里比北欧温暖得多，寒冬腊月还有鲜花盛开。而且广州商人诚实、大方，也让外商觉得踏实，在这里做生意，比在世界上其他地方，都要容易。

四个月后，瑞典人采购了151箱及1801捆瓷器，共计49906件；丝织品23355件，棉织品633件；此外，还有大批茶叶、清漆家具、白铜、壁纸、桌布等，于当年的腊月，乘着冬季季候风正盛，起锚挂席，返航瑞典。第一批来自中国的货物，在瑞典拍卖收入高达90万旧克朗。有人惊呼，瑞典东印度公司的商船跑一趟中国，赚取的利润相当于瑞典当时一年的国内生产总值。听起来，简直是天方夜谭。

从此，瑞典东印度公司每年都派商船到中国，多则三四艘，少则一两艘。在公司的历史上，共有132次亚洲航行，其中129次是以广州为目的港。瑞典东印度公司规定，每次商船从中国回来以后，货物一旦拍卖完，马上把所有账本统统烧毁，一张纸片也不留下，以免惹起海盗注意。

直到鸦片战争爆发前夕，广州的人口，已达百万以上，居世界十大城市之首。所谓“乾隆盛世”的乾隆十三年（1748），来广州互市的外国商船，只有18艘，至道光十七年（1837）已达到213艘，二者相较，简直天壤之别。这一年，广州的出口总值达到3607.526万元，进口总额（不含鸦片）为1853.9377万元，出进口总值折合3932万余两白银，比起七十余年前的“乾隆盛世”，增长达六倍之巨。可见关起门来自我陶醉的盛世，远不及打开国门做生意，钱来得更多、更快。

描写当年十三行繁华盛景的诗文，充栋盈车，充满了“天子南库”“金山珠海”“五市之都”一类溢美之词。担任过怡亲王府教席的乐钧，在《岭南乐府·十三行》中写道：“粤东十三家洋行，家家金珠论斗量。楼阑粉白旗竿长，楼窗悬镜望重洋。”而另一位汉军正红旗的文人鲍珍，也有竹枝词咏歌：“海珠寺前江水奔，诸洋估舶如云屯。十三行里居奇货，刺绣何如倚市门。”

然而，乐极生悲。人们常会遇到这样的情况：怕什么就来什么的。广州人最怕火灾，于是火灾就来了。道光二年（1822）十一月一日晚，刚敲过二更，太平门外一家饼店失火，火逐风飞，瞬间漫天通红。

彼时广州还没有专职的消防机构，扑救火灾的任务，除了驻防营勇，主要由街坊自行组织的水车公所承担，经费亦由街坊筹集，以购置水车、水桶等工具，还有一些救火人员，平时各有营生，一旦发生火警，听见警钟敲响，出动扑救。按照约定，警钟设在上九甫和下九甫，以此为界，北面火警连敲五响，南面火警连敲六响，但这天钟声却持续不断。越秀山上也响起隆隆炮声，震动全城，这是山上守兵发现火警鸣炮。一场浩劫降临了。

全体官员不分官职，不分文武，通通奔赴西关救火。洋人也出动全部水车，从西濠抽水扑救，但水源不足，水管被高温烤得纷纷爆裂。到了半夜，风向突然改变，大火向十三行扑去。到第二天上午，不列颠馆已有五六处起火，迅速蔓延到小溪巷和旧中国街，连片的夷馆和堆放毛织品的仓库，顷刻变成火海。到中午，所有商馆都起火了，无一幸免。入夜以后，火势更烈。人们泼向火场的那点水，根本控制不了火势，水火相撞，发出骇人的隆隆巨响，烟焰涨天，忽黑忽白，地狱的景象，亦不外如是。

两广总督阮元在城头奔上奔下，焦急万分。隔濠眺望，只见整个西关四下火烟布合，白昼如夜，民众突烟冒火，寻路奔逃。有的人本能地往火场外逃，有的人却往火场中心跑去，已经精神错乱，分辨不出东南西北了。阮元不禁失声痛哭，把自己的衣冠投到火中，祈求上天只惩罚他一人，放过西关万千黎庶。当火还未烧到十三行时，有洋商向他建议，把一些未烧着的房子拆去，开辟一条防火带，以阻止火势蔓延，阮元却没有采纳。

大火足足烧了三昼夜。灾后点数，十一家洋行烧掉了六家；所有行商的房屋货栈，亦付之一炬。烈火焚烧八十余条街巷、一万七千六百余户，烧死百余人，把洋行和夷馆计值四千余万两白银的仓储货物，统统烧成焦炭。那些熔入水沟的洋银，冷却后结成一条长达一二里的银锭，敲起来当当作响，坚不可破。顺德龙江不少儿童都会唱一首歌谣："火烧十三行，里海毅兰堂，一夜冇清光。"歌谣唱的，就是龙江里海的行商谭康泰，他的毅兰堂以经营瓷器为主，在这场火中，亦化为灰烬。

但火灾中也有奇怪的事情发生。十三行原有一条灯笼街，在这次大火之前，人们已觉得街名不吉利，"灯笼"二字，有火、竹部首，都是招惹祝融之物，于是将其改名为登龙街，却还是逃不过火灾。但奇怪的是，登龙街有一座小小的光华庙，平时香火冷清，在这场大火中，邻近的房屋，统统被烧得乌焦巴弓，只有它安然无恙，连门口的两只灯笼，都完好如初。灾后清理废墟，街坊无不啧啧称奇。

在这场浩劫之后，人们迅速投入重建。仅用了几个月时间，西关就基本恢复了。在今仁济西路附近，曾经有一个专门为洋行制作家具的木匠广场，店铺多达七十多家。家具是耐用品，居然让七十多家店铺长做长有，可见十三行洋行之多、排场之大。温训写道："粤人不惕，数月而复之，奢甚于昔。"他感叹这场火没有把广州人从浮华世界里唤醒，灾难注定还会来的。

这时的世界形势，与康熙、乾隆时比，正发生着天翻地覆的变化，朝廷却毫无觉察，或许虽有所觉察，却不知如何应付。于是，鸦片战争爆发，十三行便寿终正寝了。

由于朝廷的对外贸易，一向厚往薄来，对外国货的进口，设立种种限制，所以存在巨大的贸易顺差。为了解决这个问题，英国竟向中国倾销鸦片，每年多达两三万箱。虽然中国的官员与商人，很清楚这种商品的危害，但因为国内吸食者越来越多，需求量越来越大，这钱赚得太容易了，所以道德的约束最终被金钱所击穿。

鸦片贸易导致中国大量白银外流，财政枯竭，国库空虚。国民体质及精神，亦受鸦片荼毒，日益沉沦，到处是"膊头高过耳，膝头大过髀"的鸦片烟鬼。广州作为唯一的中国通商口岸，鸦片更是泛滥成灾，朝野禁烟的呼声日益高涨，但从道光元年（1821）至道光十四年（1834），朝廷多次颁令禁止鸦片贸易，都禁而不止。宣宗爱新觉罗·旻宁派林则徐为钦差大臣，到广州查禁鸦片。

林则徐在道光十九年（1839）正月抵达广州，以越华书院

（在今越华路）为行辕，亲题楹联：“海纳百川，有容乃大；壁立千仞，无欲则刚。”为了调查广州鸦片贸易及受鸦片荼毒的情形，他请越华书院监院梁廷枏召集越华、粤秀、羊城三所书院645人，进行了一次“观风试”。按朝廷规定，地方督抚到任，可命题考士子，名为“观风试”，以了解当地民情。林则徐在每份试卷中都夹入一张纸条，要求学生回答所知道的一切关于广州鸦片烟馆开设地点及开设人姓名、鸦片贩子姓名、官府包庇鸦片走私的情况，并提出禁绝之法。试卷严格保密，直接送到林则徐手上。

梁廷枏，字章冉，号藤花亭主人，广东顺德伦教人。出身于书香世家，幼年随父亲入西樵山静习，把父亲的藏书全部读遍。14岁那年，父亲去世，他迁居省城，寄居在光孝寺读书，可惜屡试不第，转而潜心通古训，考制度，辨名物，对戏曲、金石尤有心得。道光十四年（1834），梁廷枏中副榜贡生。但这时他的学术成就，已远超一个副榜贡生的水平。两广总督卢坤在越华书院设立海防书局，延聘梁廷枏为参修，编纂《广东海防汇览》四十二卷。这套书本来是由卢坤主编，但他还没开始动笔便病逝了，梁廷枏在巡抚邓廷桢的支持下，把这一工作全部承担下来。他全家迁入越华书院，经过两年时间，查阅了无数的文献资料，几乎是以一人之力，完成了这项意义非凡的工程。此书记录了自顺治十二年（1656）至道光年间，中外交往的重要事件，提出加强东南沿海防务，把广东老万山作为南海第一重要门户的主张。

道光十七年（1837），梁廷枏被聘为越华书院监院。第二年，海关监督豫坤聘他为粤海关志局总纂。他把官署档案都搬到越华书院的红云明镜亭，仔细批阅，考证梳理，编纂《粤海关志》，历时三年完成。其书所载史事，始于乾隆十四年（1750），迄于道光十九年（1839），全书共三十卷，叙述广东海关沿革、通商情况及行政制度，分列前代事实、口岸、设官、税则、禁令、兵卫、贡舶、市舶、行商、夷商等十四门，为研究鸦片战争前夕中外关系最有价值的著作之一。

林则徐早就听过梁廷枏的名字，所以到广州后先去越华书院。他根据观风试得到的线索，对各个烟馆和买卖鸦片的商馆进行大扫荡，抓获不少鸦片贩子，并把包庇纵容鸦片走私、从中渔利的广东督标副将韩肇庆逮捕抄家。

林则徐的“下马威”，令人心大振。紧接着，林则徐会同两广总督邓廷桢，传讯十三行洋商伍崇曜，对行商滥保夹带鸦片的洋船，严加痛斥：“本大臣奉旨来粤，首办汉奸，该商等未必非其人也”，勒令他们父子改邪归正，并责令转交谕帖，又命外国鸦片贩子限期缴烟，并具结保证今后永不夹带鸦片。他严正警告：“若鸦片一日未绝，本大臣一日不回，誓与此事相终始，断无中止之理。”

伍秉鉴说服洋商，向官府缴出了一批鸦片，但林则徐认为这只是九牛一毛，做做样子想蒙混过关，便勃然大怒，下令革去伍崇曜职衔，将其投入大牢。七十高龄的伍秉鉴，被摘去顶戴，套上枷锁，游街示众，从衙门游到十三行，沿途民众围观。对一个世界首富来说，被戴枷游街，亦算得上是奇耻大辱了。直到英国人缴出两万箱鸦片，林则徐才把伍崇曜放了。这批鸦片的钱，最后由行商公所的行佣基金偿还给英商。所谓行佣基金，最初是由每个行商把自己的贸易利润10%交给基金，后来从进口货交易中抽取3%的规礼，作为基金款项，专门用来打点朝廷和官府上下关系的。

英国商人一开始以为中国官场都可疏通转圜，拒不交出鸦片，林则徐下令禁止洋人离开广州，发兵包围商馆，查拿英国鸦片贩子。经过与英国驻华商务监督义律（C.Elliot）的激烈较量，坚定不移地和鸦片贩子斗勇斗狠，林则徐共收缴鸦片两万余箱，两百余万斤，于四月二十二日在虎门海滩当众销毁。是为历史上著名的“虎门销烟”。

为了扫清流入民间的鸦片，林则徐在长寿寺三贤祠设禁烟官局，收缴民间烟膏、烟具；广州绅民积极响应，在大佛寺设立了民间的“收缴烟土烟枪总局”，往各乡收缴烟膏和吸烟工具，配制戒烟药物。很多人对官立禁烟局有畏惧心理，不敢随便进入，宁愿缴给民办禁烟局，再上缴官府。收缴回来的鸦片，运到大沙头附近东炮台前，用铁镬煮化销毁。民局和官局桴鼓相应，相辅相成。

林则徐在广州禁烟，雷厉风行，有声有色，得到宣宗旻宁的赞赏，认为“所办可嘉之至”，降旨将林则徐、邓廷桢交部从优议叙，各赏加二级。林则徐55岁生日时，旻宁还亲笔题写“福”“寿”二字大楷横匾，差人送往广州，以示嘉奖。

道光二十年（1840）初，邓廷桢调任两江总督（后改调闽浙总督），林则徐出任两广总督。上任当天，林则徐便宣布正式封港，永远断绝和英国贸易。英方随即宣布自1月15日起封锁广州海口。两国走到了战争边缘。

林则徐下令招募疍家水勇，只要英军入侵内河，则“许以人人持刀痛杀”，又督造战船，购置外国船只，组织兵勇操练，增建炮台，积极准备与英国开战。这年夏天，广东水师兵勇火攻英船于磨刀外洋。英国远征军开抵澳门海口，封锁珠江口，鸦片战争正式爆发。林则徐离开广州，赴狮子洋检阅水师兵勇联合演习，颁发《剿夷兵勇约法七章》，组织水师出洋迎战英军。

英军掉头沿海北上，转攻闽、浙，所到之处，战火纷飞。旻宁大惊失色，立即改变调门，降旨痛责林则徐：“外而断绝通商，并未断绝；内而查拏犯法，亦不能净。无非空言搪塞，不但终无实济，反而生出许多波澜，思之曷胜愤懑！看汝以何词对朕也？”英军抵天津大沽口外，直隶总督琦善奉旨与英人谈判，答应惩治林则徐、邓廷桢等人，换取英军撤兵南返。

于是，英舰起碇南下。旻宁旋派琦善为钦差大臣，赴广东查办。林则徐被革职，交部严加议处，来京听候部议。但随后林则徐又接到吏部文书，着他暂留广州，以备查问原委。林则徐从总督署迁出，移居高第街连阳盐务公所。琦善接任两广总督。林则徐多次向总督和巡抚献策，建议铸炮造船，维持广东抗敌局面，均被拒绝。事实上，广州的防御力量，不足以应付一场与英国的战争。林则徐寄寓高第街期间，日坐愁城，英雄无用武之地。

琦善与英方私下签订《穿鼻草约》，割让香港，赔款六百万元，并撤除海防工事，解散壮勇，向英方议和。旻宁得知琦善擅自割让香港的消息后，赫然震怒，令锁拿解京问罪，查抄家产，发军台效力；另派奕山、隆文、杨芳三人赴广州抗敌，不打算履行《穿鼻草约》。虽然奕山与隆文是主战的，但他们也没有什么实质的备战，只是下令准备一些火木排和把解散的乡勇重新招募回来。

坊间相传，局势紧张之际，奕山仍在越秀山上放纸鹞。隆文则忙于收购字画古董，各路商人出入行辕，贸易如市。杨芳上奏朝廷，列举八条理由，说明广州绝难固守，其中一条是“城墙甚为单薄”。他的御敌妙计，是用“妇女溺器”来抵挡英国人的炮火。这些听起来很不堪的故事，很多是战败后，人们出于对这三人的愤恨而编造的。

英方认为清廷拒绝履约，必须教训一下。道光二十一年（1841）2月，英军攻陷虎门、横档各炮台，清军和民众死伤无数。5月，奕山等人发动了一次对英军的反攻之战，用点燃的木排，向英国军舰冲去，但遭到英人一轮炮火猛轰，清军71艘战船被击垮。英军随后大举进攻，连陷广州城外琶洲、猎德、大黄滘口、二沙尾、凤凰岗、西炮台、永靖、海珠各炮台。

奕山等人被迫与英军缔结城下之盟，赔款六百万元，其中两百万元由行商先付，其余四百万由官府垫支，行商分年摊赔归补。广州有民谣唱：“四方炮台打烂，伍紫垣（崇曜）顶上，六百万讲和，七钱二兑足。”似乎赔钱讲和，都是行商的错。其实，伍氏父子不过是代官府受过，出了钱还落个骂名。广州民众对英人极为愤怒，三元里村民更组织“平英团”，发起抗英之战。

林则徐奉旨降为四品卿衔，速赴浙江镇海听候谕旨。林则徐从高第街起程，黯然离开广州，前往镇海。旻宁再下旨，革去林则徐四品卿衔，从重发往新疆伊犁，效力赎罪。官府对十三行商，没事时都当他们是摇钱树，任意敲诈勒索；一旦与洋人有交涉，就拿他们杀威，吓唬洋人，再不然就要行商出面斡旋做挡箭牌；如果斡旋不成打起来，商人的命运更糟糕。当时的大清十之八九是吃败仗的，商馆店铺被毁不说，败了以后官府要赔钱，钱还得从商人腰包里掏。

道光二十三年（1843），清廷与英国签订《五口通商章程》，广州、厦门、上海开埠。翌年，大清再与美国、法国分别签订《五口通商章程》，宁波、福州开埠。广州民众放火焚毁了数家商馆泄愤。英人却趁机与十三行怡和、广利、同孚、义堂、天宝、东兴、顺泰等行商签订租地草案，把东起西濠口，西至新豆栏，北起十三行街，南抵珠江边的土地，以年租金六千元洋银，租借25年。这是英国在中国的第一块租借地。紧接着，英人又把石围塘的一块地租了下来，再把十三行英美夷馆之间的新豆栏小巷租下，使两国夷馆连成一片，并且修筑围墙，限制中国人进入十三行。

五口通商后，十三行的垄断地位不复存在，朝廷勒令旧行商偿还《南京条约》规定的外商债务三百万银元，伍秉鉴家独领一百万，一时未能交清，官府天天派人上门催缴。伍秉鉴再也受不了，一病不起。伍家花园也走向衰败，晚清时做了儿童戏班的训练场地。1925年，画家高剑父、高奇峰、陈树人等人在伍家花园故址开办彩瓷焗窑。政府也在伍家花园设立军火库，其后军火库失火，全园荡为烟尘。

英国人在道光二十九年（1849）向两广总督提出，要求准其进入广州城。官府既不想答应，又不敢拒绝，便希望借民间力量拒绝，令粤秀、越华、羊城三书院监院，劝民自卫，但三个书院都没有办法。梁廷枏登高一呼，联合谭莹、许祥光等地方大绅，印刷布告，联络社学，号召民众起来抵抗英人入城，几天内组成数万团勇，列队于珠江岸边。梁廷枏又到英国领事馆，当面表达广州官民誓死拒英入城的决心，最终英人知难而退。咸丰元年（1851），朝廷赏梁廷枏内阁中书加侍读衔。

十三行这种公行制度，短期内让朝廷捞足油水，制造了一批超级富豪，但长远来说，中外贸易却难以健康发展。在鸦片战争前，十三行商人们沉溺于挥霍无度的奢侈生活，而官府以报效、捐输、摊派等各种名义，扼吭夺食，又令他们疲于应付，陷于道尽途穷。结果，有些行商开始与洋人勾结，从事鸦片走私；有些行商受到官府勒索，转头又去勒索外商，以转嫁损失，形成恶性循环。

在这种体制下，那些巨商们，不管顶子有没有染红，下场都很凄惨。潘仕成晚年因经营失败，赔累甚巨，海山仙馆被官府查抄拍卖，抵偿债务。但这个庭园太过庞大豪华，没有人出得起巨资把它全部买下。坊间相传，“海山仙馆”四字拆开来看，

“海”边三点水作“三元”解，“仙”的一半作“人”解，另一半与“山”字合为“出”，“馆”分开就是“官”与“食”。整句就成了“每人出三元官食”。结果官府真的印了三万张彩票，以每张三元出售。三水县一位穷塾师中奖获得了此园，然后又分拆出售。这种惊人巧合，不可思议。一座天上人间的神仙洞窟，最后变得支离破碎，做了无数的民居。

外患未解除，内忧又暴起。咸丰四年（1854），在太平天国运动的刺激下，广东各地会党纷纷起事。天地会首领陈开在佛山揭竿扯旗，粤剧艺人李文茂在江村、陈显良在新造起兵，所有人头裹红巾或腰缠红带，称“洪兵”或称“红巾”。七月初，当陈显良率兵进抵三宝圩时，冼村卢昌聚众响应，簸箕、猎德各村乡民纷纷投奔，队伍骤增至万余人，声势浩大。

天地会众在数月之间连克府州县城四十余座，七月中旬，李文茂、陈显良、卢昌等部，准备从东、南、西、北四面会攻广州。东路由陈显良、卢昌率领冼、猎、簸等东郊各村洪兵两万余人，从燕塘出发，进逼至广州城东门外五里，也就是今梅花村一带。

闰七月初六，一声炮响，十万洪兵分四路围攻广州城，西路李文茂，东路陈显良、卢昌，北路甘先，南路林光隆。全城炮声震天，烟焰弥漫。东路洪兵分两路前进，一攻北较场，一攻竹丝岗。猎德炮台清兵开炮阻击，但洪兵冒死向前，一举攻占竹丝岗。闰七月初八，两军展开决战。两广总督叶名琛在城中指挥守城，清军参将卫佐邦所部守卫城东，在东较场与陈显良、卢昌所部激战三昼夜，洪兵未能取胜，伤亡惨重而退。

十三日，清军开始反攻，为了防止洪兵利用村庄作为营寨，采取焦土政策，每攻占一地，即焚烧一地。清军先在城东鲤鱼头岗（今五山一带）修筑土台，作为大营，然后展开四面兜剿，派兵焚烧簸箕村，洪兵在村内坚守数日，十五日卒被攻陷。清军“尽焚簸箕村贼巢，复攻燕塘圩贼营”，参将卫佐邦率绿营及部分团练出东门，直攻燕塘，沿途纵火，焚毁数百间村舍；十八日，城东团练乘船至东涌（今大沙头）登岸，从右侧进攻燕塘；东莞、潮州团练则从左侧进攻燕塘。卫佐邦督兵勇往簸箕村搜捕残余洪兵，“焚毁从逆祠堂、屋宇，斩伐树木”。这条千年古村一时浓烟蔽日，烈焰冲天。

清军攻占冼村后，同样采取纵火烧村的做法，焚毁卢昌的家和村舍、祠堂，再乘势猛攻燕塘、三宝圩。洪兵抵挡不住，节节后退，陈显良撤退回城南新造，卢昌撤退到城北佛岭市，投靠李文茂部，燕塘和三宝圩先后失陷。此次战斗，洪兵战死一千余人，被俘54名。

八月下旬，卢昌率领洪兵反攻，再度攻陷燕塘和三宝圩，重建军营。九月初三，清军卷土重来，再次攻破燕塘、三宝圩，烧毁洪兵七处军营。十月十五日，洪兵二度收复三宝圩。但卫佐邦率领各路官军团勇从冼村、岑村、长湴村等处进攻三宝圩，沿途烧毁房屋数百间，洪兵苦战失利，败退至龙眼洞，卢昌和大部分将士战死，被俘者甚众。

叶名琛在击退洪兵围城后，复大举清乡，“各县乡局缚解余贼至省城伏法，日不下一二百人，尽是月乃已”。学者容闳在《西学东渐记》一书中，描述清乡屠杀情形：官军几乎见人就抓，“不讯口供，捕得即杀，有如牛羊之入屠肆”。在广州城的法场，“但见场中流血成渠，道旁无首之尸，纵横遍地……刑场四周二千码以内，空气恶劣如毒雾。地上之土，吸血既饱，皆作赭色，余血盈科而进，汇为污池”。天字码头附近，有一个地名叫“法场地”，广州人都叫它“杀人地”，便是当年的刑场。据城中父老说，法场地从早到晚不停地杀，一口气杀了七万多人，而全省被杀者，则高达四十多万人。

广州已成乱邦，别说做生意，就是正常的生活，都难以维持。咸丰六年（1856），清廷与英国、法国再起兵端。英法联军从广州小北门附近越墙入城，先后占领了越秀山和城外炮台，并占大北门、小东门以及城中各衙署。两广总督署被炮火击毁。英军闯到两广总督署，搜捕两广总督叶名琛，将督署抢掠一空，放火焚烧，一德社和附近靖海、五仙两城门，均被焚毁。以“不战不和不守，不死不降不走”而闻名的叶名琛，被英法联军押往印度，最终绝食而死，也算践行了宋明理学“饿死事小，失节事大”的理念。

十一月十八日，被激怒的广州人终于按捺不住，冲到十三行，四面纵火。这场大火直烧得头无片瓦，地有残灰，《触藩始末》一书描写：“夜中遥望火光，都作五色煜耀，或谓珠宝毁裂所致。于是数千年所谓十三洋行者，皆成瓦砾场。”偌大的十三行，只烧剩一幢房子，从此结束了它长达一百多年垄断中国对外贸易的显赫历史。

两广总督署被毁后，新任两广总督劳崇光把督署搬到今越华路，修葺扩建原抚标参将署。改建后，其规制与卖麻街旧总督署相仿，但面积缩小了许多，他开玩笑说是“缩水兰亭地”。而卖麻街的总督署旧址，则永远租给法国兴建圣心天主教堂，租银六万三千余文。土地交与法国天主教普行劝善会。

教堂的格局与形制，由法国工程师仿照科隆大教堂的哥特式风格设计，其艺术和技术更显成熟。其同治二年（1863）奠基，光绪十四年（1888）建成，历时25年，耗资40万金法郎。这座雄伟的圣心大教堂，采用巨型花岗石砌筑，所以广州人称教堂为“石室”，这些巨石都是在香港九龙开采，用船运至广州。连同颐铎园、主教府及附属的中小学、医院、育婴院、神学院、门前店铺，这座教堂共占地六十多亩。

圣心堂建成时，其南部地超过现在的旧部前街，到清后期光绪时，今旧部前街以南的地域已不属圣心堂地，所以它的实际面积为五十六七亩（西界玉子巷，北界大新街，东界白米巷，南界旧部前）。同治元年（1862），法国人再租教堂东南两面之中镇府署、马房、轿班房、督标箭道，合共租借土地六十亩三分五厘，每亩年租钱一千五百文，前后两项租钱合共制钱九万余文，每年由法国驻广州领事送给中国地方官收存。

英、法两国要重建商馆洋行，但嫌原十三行的地方过于浅窄，与民居太接近，担心洋行成为攻击目标，于是咸丰九年（1859）英国人在沙面北面挖了一条宽40米，长1200多米的河涌（即今沙基涌），使沙面变成一孤悬江面的小岛，把沙面沿岸的炮台全部拆除，防城炮及炮台基石投入江中，加填沙砾土石，修筑堤岸。咸丰十一年（1861），英、法两国与清廷签订《沙面租借条约》，沙面西边五分之四的地划为英租界，东面五分之一为法租界。

沙面被划为租界后，陆续兴建起一百五十多座欧洲风格建筑，作领事馆、教堂、银行、邮局、电报局、商行、医院、酒店、酒吧、住宅及俱乐部之用。先后有九家银行、四十多家洋行和企业，在这里设立区行、分行、支行、办事处等，如亚细亚石油公司、美孚石油公司、德士古公司、怡和洋行、太古洋行、屈臣氏药房及汽水厂、英美烟草公司、瑞记洋行、高枝洋行、吻啫氏洋行、些喇士洋行、汇丰银行、东方汇理银行、渣打银行、万国银行、台湾银行等。洋商们也有各自的组织，如美国商人的扶轮会、英国商人的群英会，还有代表全体洋商的西商会，不一而足。

回望十三行百年路程，它标志着以城市而不是农村为中心的一种新型经济模式，已逐渐形成。流入城市的是人口与资源，流出城市的是商品与观念。城市绅商阶层逐渐以独立的姿态登上舞台，成为社会的精英领导阶层，与世界有千丝万缕的联系，举手投足，都对社会产生巨大影响。广东商人郑观应直率地说，兵战不如商战，“习兵战不如习商战”。商战者，在贸易上与世界各国竞争也。因此，商人可以说是新价值观的创造者，是新制度的催生婆；他们是推动中国进入现代化社会的最重要的动力。

公行的贸易模式，造就了大批与官府和洋人利益血肉相连的富商和买办。咸丰、同治年间（1851—1874），美商琼记洋行所雇用的24名买办，清一色是广东人；怡和洋行在咸丰至宣统年间（1851—1912）雇用过32名买办，其中18名广东人，超过总数一半；宝顺洋行于道光至同治年间（1821—1874）雇用过21名买办，有14名是广东人。他们大都是从广州十三行中历练出来的。这个统计还尚未计及在香港和东南亚各地的广东买办。

五口通商和十三行瓦解，导致大量广州外贸商人流往香港、上海。由于各口岸洋行数量，都以几何级数激增，需要大批熟手的买办，许多广州买办便挟着算盘、账簿，风尘仆仆，转战于上海、厦门、福州、宁波各地了。鸦片战争前后，在上海从事外贸的掮客、买办、通事，乃至跟班、仆役等人，至少有一半甚至三分之二来自广东。李鸿章创办的上海招商局，也几乎全是珠江三角洲（以香山县为主）的买办商人在主持大局。传教士晏玛太（Matthew Tyson Yates）在《太平军纪事》中说，咸丰年间有八万广东人在上海谋生。数字是否准确姑且勿论，但上海开埠之初，是广东人手把手教会上海人怎么做海外贸易的，则大抵符合事实。

第九章　城坊岁月

1838年，在伦敦举办了一场很轰动的展览，展出巨幅的广州风景画，在展览画册上注明："此作品源于广州画家通呱之原创作品，其作品以高度写实而闻名。"

- 最完美无瑕的顶峰
- 大城昼与夜
- 水上城市
- 读书人的小天地
- 愤怒的商人
- 皇朝最后一夜

最完美无瑕的顶峰

18世纪，初到广州的外国人，以好奇、惊讶的目光看待一切，什么都新奇，什么都饶有趣味，满街的店铺堆满了佛山纸伞、大良木屐、揭阳竹编、新会葵扇、阳江漆器、东莞草席，到处缤纷繁丽，目不暇给。当一位英国人找到了他认为“看来似乎最优美、最完美无瑕的顶峰”的东西——象牙雕刻之后，他在旅游笔记中写道：“著名的英国伯明翰雕刻匠试图仿照优雅的牙雕折扇扇骨，虽然他们的技巧也是非常灵巧和精致，但始终没有取得成功，而且根本无法和中国的产品竞争。”

早在明代万历年间，“象牙精制品”就出现在葡萄牙从澳门贩运的货物清单里。曾经有一艘葡萄牙商船，被英国人劫持到英格兰德文郡的达特茅斯港，船上满载的东方物品，把所有人都惊呆了。英国人做了详细记录，他们的战利品包括丝绸、棉布、地毯、皮草、香料、染料和种种手工艺品，还有数量庞大的檀木、家具、瓷器与象牙。

牙雕工艺在广州，可以追溯到盛唐。当年的诗人王建游览广州城，亲见“戍头龙脑铺，关口象牙堆”的壮观场景，码头关口堆满了从船上卸下的象牙，印证了牙雕业的兴盛。到宋代的时候，工艺水平已出神入化，匠人采用镂空通雕的技法，镂出两层都可以转动的象牙球，时人惊为鬼斧神工，名之曰“鬼功球”。及至明代，象牙雕刻的工艺，更上层楼，坊间有“苏州样，广州匠”之谚。明代的《广州志》认为：“（广州）香犀、象、蜃、玳瑁以及竹、木、藤、漆诸器，俱甲于天下。”

有“仙工”之誉的广州牙雕，亦称南派牙雕，分雕刻、镶嵌和编织三大类，以雕刻之中的镂雕最具特色，精致玲珑，巧夺天工。题材多为花木、山石、龙舟、宝塔、蟹笼等岭南山水景物。精致的象牙印章、文具、梳具、餐具等成为中国的仕宦人家的必备之物，良工巧匠甚至制作出极为精细的象牙席。广州的象牙席，甚至惊动了朝廷。

雍正六年（1728），胤禛要造办处依宫中原有的一张象牙席的尺寸，制作一张黑漆床。消息传到广州，巡抚杨永斌揣摩圣意，以为皇上喜欢象牙席，立即调集广州城内最优秀的象牙匠师，赶制了两床象牙席，送入内廷。谁知这年粤海关监督的贡品，也是两床象牙席，广东竟同时进贡四张象牙席。胤禛认为奢侈太甚，立即下旨：“朕于一切器具，但取朴素适用，不尚华丽工巧，屡降谕旨甚明。从前广东曾进象牙席，朕甚不取，以为不过偶然之进献，未降谕旨教导。今则进献者日多，大非朕意。夫以象牙编织为器，或如团扇之类，其体尚小，若制为座席，则取材甚多而人工大费，开无用奢靡之端矣。此等物件既已进献，不便发还，而留在宫中又实无可铺设之处。”他告诫广东督抚：“若广东工匠为此，则禁其勿得再制；若从海洋而来，则从此摒弃勿买。制造之风自然止息。”

这回拍马屁拍到马腿上了。两广总督鄂弥达、广东巡抚杨永斌等，赶紧把象牙匠师遣散，不敢再进贡象牙席了。现北京故宫还收藏着两床象牙席，其中一床长216厘米，宽139厘米，长期陈设于“珍宝馆”中。

清代有多少人在广州从事牙雕行业，没有准确的数字。象牙雕刻业分为贡品行和洋行两个行业组织。贡品行经营艺术性较高的象牙制品，以朝廷贡品为主，行址在三府前。洋行以制作民间用品为主，多数内销。行会之外，又有些自立门户的艺人成立了大牙行，会址在小新街，人称“象牙会馆”。四牌楼西侧的象牙街，包括柴把巷、马巷、走木巷一带，相传是宋代蕃坊出售象牙货品的专业街。柴把巷和马巷现称象牙二巷、象牙三巷。明代很多象牙和玉器的加工作坊，都聚集在这里。

象牙球、象牙折扇骨、项链、象牙梳、鼻烟壶等，是海外客商一下船就四处搜罗的物品。据《东印度公司对华贸易编年史》记述，当时来广州的欧洲商船，对货舱上的装货位置都有限制，但船员们的卧房和床位却不在检查范围之内，这里便成了夹带私货的仓库。虽然公司一再禁止船员的私人投机贸易，但“他们仍然投机购买一些珍贵物品，如扇、象牙雕刻、刺绣及其他体积小而价值大的珍品。屡次对船长及职员的私人投机的限制，不能长久保持”，因为利润实在太过诱人。进货价一两的象牙雕刻、绘扇、刺绣，在伦敦可以卖到一镑，这意味着高达200%的利润。《东印度公司对华贸易编年史》中举了雍正七年（1729）的英国“林恩号”为例，船上夹带的私货价值，便达到1244镑。

当船离开广州港口之后，船员们开始拿出他们的“私货”互相炫耀，刺绣几乎是必不可少的。广州刺绣在欧洲的热度，并不亚于象牙雕刻，甚至直追其上。明代的澳门，是葡萄牙采购中国商品的中转基地，真正的货源，集中在广州。广州城内很多人的营生，都是为出口服务的。葡萄牙传教士克罗兹（Gaspar de Cruz），在广州逗留了几个星期，走街串巷，眼界大开，对遍布城厢的工艺品作坊，叹为观止。他的《中国志》一书写道：“（在广州）很多手工业工人都为出口贸易而工作。出口的产品也是丰富多彩的。有用彩色丝线盘曲地绣在鞋面上的绣花鞋、彩漆绘画盒、硬木家具、镀金的铜盘、瓷器等，都是绝妙的艺术品”。

有人粗略统计，仅广州附近，就有两千五百多家纺织作坊，分布在带河基、晚景园、龙津桥、金沙滩一带，雇用了五万多名机房仔。西关有许多地方都是机房的晒布场。市井中流传着的机房仔故事，为人津津乐道，其中胡惠乾大战“机房仔”，更是家喻户晓。故事说胡父因小事被机房仔打死，胡惠乾从少林寺逃下山为父报仇，引起少林、武当两派在广州大火并。另一个广为人知的故事，就是鸦片战争时，三元里乡民抗英，曾发红帖柬请机房仔支援，由锦纶堂出钱，机房仔出力，参加抗英作战。有一个叫陈棠的机房仔，率领一千多机房弟兄在西村阻击英军。

绵纶堂是广州丝织行业的总机关，分工十分细致，下面有放机行、朝蟒行、金彩行、宫纻线平行、牛郎行、杂色行、洋货三行、十一行、十八行、丝纱行、线纱行、广纱行、绍纱行、三纱行、八丝行。其中洋货三行又分为安南货行、新加坡行、孟买货行；机房行又分东家行、西家行。各行有各自的经营范围，严禁搀行夺市。

与丝织行业相关的，还有匹头行、土布行等，经营匹头、土布、扣布、格布最集中的地方，就是西关的杨巷。后来洋布大举输入，迅速占领市场，土布招架不住，杨巷也不得不向洋布敞开门户，货品以上海棉布、纱绸莨布、土织棉布和呢绒居多。全街卖布匹的店铺，门连户接，店员们都站到门外招揽生意，一见妇女经过便扬手高叫：“大姑，买布啦！”广州人都把杨巷叫作“大姑街”。

行内立有各种严格的规定，详细到货式大小、工人酬劳高低，都不可任意违反，否则会受到全行鸣鼓而攻。光绪三十四年（1908），由于新茧供应太多，市场丝价暴跌，车丝行成员便一致决定停工一个月，停缫新茧。在这一个月内，有谁敢私缫新茧，罚款一千两银，五百两归举报者，五百两归公箱。业内以此维持丝业的市场价格。

绵纶行的祖师爷是“汉博望张侯”，即出使西域、开辟丝绸之路的张骞。每年八月十三“师傅诞”，绵纶行业的人都会大肆庆祝。东家（雇主）在绵纶堂聚会，而西家（工人）则在西门口外（今中山七路）的先师庙聚会。

实行一口通商以后，从广州出口到欧洲的绣花衫，每件可以卖到八两白银，绣缎、绣丝纱每匹卖八两白银，绣牛郎每匹七两，绣茧绸衫每件六两，绣点绢、绣绢、绣线绸每匹六两。欧洲人追求广州绣品，几乎到了不计成本的狂热程度。英国人把剪裁好的服饰和设计好的图案，通过英国东印度公司，送到广州加工绣制。有些欧洲贵族连名片也要拿到广州刺绣，才显得矜贵。后来发展到圣母像、耶稣像和国王、大臣肖像，都要雇请广州的绣工，以特殊针法和绒线来绣制。

当巴洛克艺术风席卷欧洲时，广绣构图的繁复热闹，色彩的金碧辉煌，表达情绪炽烈张扬，特别符合欧洲人的审美要求。在状元坊出品的珠绣云额、珠绣拖鞋、钉珠围裙、荷包、扇套等，花纹丛繁，色彩浓艳，极富装饰性；而珠绣粤剧戏服，也是一派豪华气象，采用钉珠方法，在戏服花纹图案的边缘，钉上玻璃珠串，造成珠光宝气、华丽夺目的视觉效果。

乾隆五十八年（1793），广州第一家刺绣行业的行会——“锦绣行”成立，入会的有三千多人；同时设立刺绣业的会馆“绮兰堂”。广绣行业有一个奇特之处，就是绣工都是男人，称为“花佬”。乾隆（1736—1795年）年间，绣坊、绣庄多达五十多家，三千多名花佬每天埋头在绷架前，飞针走线。他们多数是广州人和潮州人。李调元《南海竹枝词》描写了这段锦绣岁月：

希珍大半出西洋，番舶归时亦置装。
新到牛郎云光缎，边钱堆满十三行。

与岭南人的性格一样，广绣具有天生的开放性，用材和技法，博采众家所长。有人总结出中国的四大名绣——苏绣、湘绣、粤绣（包括广绣和潮绣）、蜀绣的特点是：苏绣雅致，湘绣奔放，粤绣华艳，蜀绣明丽。而广绣因地处海洋贸易前沿，得天时地利之便，吸收海外各种新型材料和绘画技法，工艺不断推陈出新。屈大均描述广绣："有以孔雀毛绩为线缕，以绣谱子及云肩袖口，金翠夺目，亦可爱，其毛多买于番舶。"孔雀尾、孔雀羽，大多来自苏门答腊、暹罗、佛朗哥、安南等地，这是材料上的大胆创新。

广绣特有的金银线绣，又叫盘金绣，多用于绣制裙褂、戏服和画幅；丝绒线通常用于绣装饰画，扪针细若毫芒，丝线密不透风，光线明丽，色彩缤纷，极受海外欢迎。充满喜气的中国图案，如龙凤、鸟兽、花卉、瓜果、山水、博古、福禄寿三星、八仙等，随着一件件精美绣品，远渡重洋，进入了欧洲的富绅人家。在广州还有一种"孟买绸"，是在白色或黑色、红色的缎子上绣满各种花鸟龙凤图案，大雅大俗，亦饶有民间情趣，专供印度孟买市场，然后再转口各地。

欧洲客商不仅带来了刺绣的图样，还有大量瓷器的图样。康熙（1662—1722）年间，欧洲的珐琅表、珐琅铜画片及珐琅彩料等，开始传入广州。本地匠师吸收了这些技法与彩料后，很快发展出“广东珐琅”。从时间上看，珐琅用于陶器的技术，在欧洲诞生才两年，广州工匠已成功应用在瓷器上了。

当时全国拥有烧制瓷胎珐琅彩技术的，只有宫廷造办处和广州的工匠，别无第三家。就手艺而言，两者很难分出高下。广州的瓷胎珐琅有胎薄件小的特点，这是作为民间工匠出于节省材料的考虑，无法与宫廷造办处相比；而纹饰则别具一格，对绿、紫、红、蓝、金等不同颜色的运用，较造办处更加大胆、开放，营造出镂金铺翠的视觉效果，亦更加强烈。描金画珐琅的装饰中，经常出现巴洛克式的大卷叶，以奔放热烈的构图，释放着来自欧洲的风采流韵。广州珐琅工匠制作的点心盒、花瓶、小盘、茶碗、座钟面的瓷盘、寺庙的香炉、花瓣，甚至小至衣服上的纽扣，件件精巧玲珑，穷工极态。

广州工匠严格按照欧洲客商提供的版画和图样绘制图案，烧制瓷器，这类产品称为“订烧瓷”，其中一个很特别的种类叫“纹章瓷”，因为瓷器上绘有欧洲一些显赫家族、都市、公司、军团、团体的特殊标志，对研究欧洲历史，有独特的价值。国外研究者戴维德·霍华德（David S.Howard）在其著作《广州、上海及香港三城记》中认为，制作于康熙时期的珐琅彩乔治·沃雷纹章瓷盘和珐琅彩托马斯·特雷弗爵士纹章瓷盘，是最早的广彩瓷器。

广彩是广州地区釉上彩瓷艺术的简称，又称“织金彩瓷”“洋彩”“广东彩”。客家人刘子芬的《竹园陶说》写道：“清代中叶，海舶云集，商务繁盛，欧土重华瓷，我国商人投其所好，乃于景德镇烧造白器，运往粤埠另雇工匠，仿照西洋画法加以彩绘。于珠江南岸之河南，开炉烘染，制成粉瓷，然后售之西商。盖其器购自景德镇，彩绘则粤之河南厂所加者也，故有河南彩及广彩等名称。”

这段文字，简略地记载了广彩的来龙去脉。当年的工匠们，从景德镇购回素胎瓷，绘上金色花纹图案，然后用低温焙烧而成。广彩的特点是构图紧密、色彩浓艳、金碧辉煌，犹如万缕金丝织白玉。这种工艺始于明代的广州三彩，清代发展为五彩，并在乾隆年间逐步形成独特的艺术风格。世界各地的博物馆，都收藏有大量广彩精品，仅英国大不列颠博物馆就收藏了1717件。

广彩行业也有自己的行会，名为灵思堂，成立于乾隆四十三年（1778），由揽首（东家）与彩绘工人共同组成，最初设在西关文昌路毓桂三巷，后来搬到河南。同治、光绪年间（1862—1908），灵思堂的成员达三千多人。凡从事这个行业，都要加入行会，否则不仅无法立足，甚至还可能会被灵思堂的专业打手找上门来，狠揍一顿，踢出广州。那些打手都是“食过夜粥”的，个个五大三粗，舞枪弄棒，专职维护行内秩序。

揽首和瓷庄负责向洋行接订单，瓷工从揽首那里接活，按照图样在素胎上描绘，完成后交回瓷庄烧制。瓷庄各有各的经营领域，金山庄是经营美洲的庄口，洋庄是经营远东和欧洲的庄口，南洋庄是经营东南亚的庄口。但由于从业者太多，即使在灵思堂内部，也难免发生各作坊主互相压价竞争的情况，所以作坊主们又成立了比灵思堂低一级的组织——承彩堂，统一制定工价，规定加彩工艺的等级和质量，严格按工艺的等级和质量制定收货价，以避免行内恶性竞争。

每个到中国的欧洲人，总想把他们目睹的一切记录下来，那时没有照相机，只能靠绘图留下视觉资料。传教士和水手中的业余画家们，便纷纷拿起画笔，用速写和素描，把沿途的风土景物画下来。带回国内后，人们争相传看，无不啧啧称奇。但这些人毕竟在中国逗留时间不长，见闻亦有限，于是他们找到了一个更好的办法，就是委托广州的画师，把中国人的日常生活，描绘成一幅幅画作。

一个新的艺术品种——外销画诞生了。

现存最早的外销画师，是一位叫作史贝霖（Spoilum）的画师，他最早的绘画记录，是乾隆三十九年（1774）所画的肖像画。他给人画像，两个小时就可以画好，收费只要10美元，生意十分兴隆。一位美国顾客端详着史贝霖画的肖像惊叹：“他是多么擅长肖像画艺术啊！”

前来找史贝霖绘像的外国人，络绎不绝，包括美国波士顿地区1799年成立的东印度海事学会的首任会长，他希望史贝霖给他和夫人绘一幅像，但他的夫人却没有到场。史贝霖只好在现场给会长绘像，再照着会长提供他夫人的肖像画临摹，合成一幅。会长回国后，把肖像画捐给了东印度海事学会，而学会的藏品库后来发展成一家以收藏东方外销物品为主的博物馆，同时也是美国历史最久的一间美术馆。

有行家评论，史贝霖是广州最出色的肖像画家，他笔下的人像，眼睛炯炯有神，嘴角带着微笑，但稍缺乏立体感。这可能是因为中国人绘画，一向不太重视阴影。在许多中国人的观念中，“阴阳脸”不美观、不吉利。包括被画的对象，也不希望自己被画成“阴阳脸”。乾隆皇帝就很讨厌西洋油画，觉得它“阴色过重，则视同污染”，也就是明暗对比太强烈，令人不能适应，所以“宁取淡描，而使阴色轻淡”。

在广州这个通商口岸，外销画作为一个特殊的工艺品种，受西方趣味影响，至为明显。有些画师本身就师从西洋画家，英国人乔治·钱纳利（George Chinnery），道光（1821—1850）年间居留澳门27年，去世后安葬于澳门。他的绘画在澳门、香港、广州等地，传播甚广，很多外销画师都仿效他的风格，如著名的关乔昌（啉呱），便是钱纳利的高足。

关乔昌的画《老人头像》，入选英国皇家美术学院展，使其成为最早跻身欧洲一流画展的中国画家。1841年他的油画《茶商毛升肖像》在美国纽约展览；1851年他的油画《伍浩官肖像》《耆英像》及《林则徐像》在波士顿的文艺协会参展，《林则徐像》又在英国伦敦参展，被誉为中国的托马斯·劳伦斯（Thomas Lawrence，英国摄政时期最出名的肖像画家，英国皇家艺术学院院长）。他的画风是典型的英国学院派，他画店门口的招牌，也自我标榜："啉呱，英国和中国的画家。"当代画家刘海粟认为，关乔昌的油画极为出色，倘若他生活在除中国以外的任何国度，都会成为一个新画派的奠基人。

关乔昌的弟弟关联昌（庭呱），担任过钱纳利的助手，以画水粉画、水彩画著称。他的作品《插秧》，被美国皮博特-伊赛克斯博物馆收藏。香港艺术馆也藏有"庭呱画册套封"，正面题款为："洋装各样油、牙、纸通（通草）、山水人物、翎毛花卉墨画稿。关联昌庭呱承办。"由于关联昌的绘画水平直逼钱纳利，而价钱却便宜很多，影响了钱纳利作品的销售，两人最后竟至交恶。

有的广州画师，还负笈海外，到欧美各地学习绘画。在《南海县志》里便记载了南海画家关作霖，有人说他就是史贝霖，18世纪末附搭洋轮出国，游历欧美，专攻油画。学成归国后，在广州开设画室，为人绘画肖像，栩栩欲生，见者无不赏叹。他们的画作，是外销画中的精品，不可与一般行货同日而论。

嘉庆五年（1800），英国人梅森（George Henry Mason）出版了一本《中国服饰》，书中收录了60幅各行各业的服装图，据梅森自己说，是根据广州画师蒲呱的外销画绘制的。蒲呱画过大量有关广州市井行业的图画，包括卖花、补鑊、补鞋、倒屎、刺绣、弹花等，三教九流，无不入画。嘉庆十五年（1810），61岁的英国著名风景画家托马斯·丹尼尔（Thomas Daniell）和侄子威廉（William）到访广州，就是被外销画所吸引，他们借鉴其风格、技巧与题材，画出了《中国旅途的如画风景》一画。这些事例，均可视为外销画对西方文化的影响。

然而，关于外销画的血脉承传，探讨起来却往往极为复杂，因为它既不是中国传统绘画的改进，也是不是对西洋油画的简单模仿，而是在特定时期，针对特定人群的一种特殊的艺术品种，在此之前没有过，在此之后也不会再有。就像一场流星雨，在工艺美术史上，密集地划过，留下一天璀璨的光痕，然后归于寂灭。

美国首任驻中国领事山茂召（Samuel Shaw）初到广州时，听到别人议论，说广州有很多画家，但他们没有什么设计天分。他跑到十三行那些中国画店，仔细观察后，也认同这一说法："中国人虽然在临摹艺术品方面做得很好，可是却没有太多的原创天分。"事实上，外销画只是一种旅游纪念品，其生产方式是根据市场的需要形成的。许多画师的作品，其实只是他雇用的工匠代画，署上他的名字而已。西方游客并不要求外销画达到很高的艺术水平，他们感兴趣的是异域风情，生动有趣，至于画作想表达什么，他们并不在乎。从事绘制外销画的画师，文化程度可能很低，也可能没经过美术训练，但很清楚洋人喜欢什么。

外销画的材料有很多种，最常见的是用进口的矿物颜料，在宣纸、进口的画纸、绢、布上作画，也有画于瓷板和玻璃上的。绢本、纸本画，纸与颜料互相渗透，融摄合一，固然可体现虚实相涵的美学之蕴，但因为外销画数量很大，进口画纸的成本太高，于是，在嘉庆二十五年（1820）左右，画师们发明了用通草纸作画。

通草又叫通脱木、木通树、天麻子等，是一种常绿灌木，易于采集。用茎内的衬皮制造通草纸，成本较低。西洋人搞不清这是什么材料，见它质轻雪白，以为是用稻米做的，所以又叫它米纸。在通草纸上绘画，色彩鲜艳，肌理细腻，画面清素而别致，富于立体感。但通草纸质脆，通常要裱在数层宣纸之上，再以丝带固定边沿。

另一种常见的外销画是玻璃画。玻璃最早是从国外进口，但广州很早就能生产了。当时人们把进口玻璃叫作“洋玻璃”，自产的叫“土玻璃”。玻璃画的工艺，17、18世纪流行于意大利、德国等欧洲国家，由耶稣会的传教士带入中国。

画师用石蜡溶液涂于玻璃面上，然后用针尖刮出图案，再用氢氟酸进行腐蚀，最后清除石蜡，图案便清晰地出现在玻璃上。广州人称之为“蚀花玻璃”。或者是用油彩、水粉、国画等颜料，在玻璃的背面绘画。题材有风景、人物、花鸟、吉祥图案等，极具装饰性。由于玻璃表面光滑，不易着色，所以玻璃画的技巧很难掌握，而且是在玻璃背面按镜像绘画，难度更大。在宫廷造办处，就有来自广东的工匠从事玻璃画制作，早期用于建筑装饰，后来发展为用以制作挂屏、插屏、围屏、宫灯等工艺品。这种工艺于乾隆年间（1736—1795）流入民间，成为外销画的一个热销品种。但由于优质的玻璃要依赖于进口，成本昂贵，加上运输不易，19世纪以后逐渐式微。

外销画的题材，多为珠江三角洲的街市、衙门、港口、桥梁、茶楼、庙宇、庭园、作坊等民间生活场所和官员、商人、妇女等肖像。不同的画店有不同的特色，有专画花卉植物的，有专画广州街头各行各业的，有专画珠江上各式各样船只的。还有一种很特别的题材，就是把茶叶、瓷器、丝绸等物品的生产工序，以连环画的形式，完整地描绘下来，以满足欧洲人对这些行业工艺的浓厚兴趣。

有一幅《广州港和广州府城画》长卷，堪称外销画中的极品。原画长920厘米，高74厘米，为绢裱本卷轴水粉画，创作时间约在乾隆二十五年（1760），是英国人雇用中国画师为纪念其在广州商贸经历而作，后来被英王乔治三世收藏。这幅巨作，西起广州城西的黄沙、柳波涌西炮台，东至广州城东的大沙头、东水炮台，广州港口、广州府城和珠江沿岸风景，尽收笔底。大小码头和各类官私、宗教、中西建筑两百多处，参差错落，鳞次栉比；泊在岸边或行于江中的船只四五百艘，岸上和船上人物六七百余，画工精细入微，物象形态生动，再现了当年广州贸易口岸的繁荣景象，令人惊为神作。

每个画店都有一位主持的画师，全部以“呱”字作为名号，他们掌握整个制作过程，全程流水作业，起稿、上色、勾线，各有专人负责，有人专画树木或人物，有人专画房子，甚至有专画人物的手和脚的；图样的木版雕好后，把通草纸覆盖其上，拓出画面轮廓，再按样板上色。一幅画的完成，是许多人合作的成果。

洋人在十三行逛街，只要远远看见店铺门口的招牌有“呱”字，就知道是卖画的。庭呱的门前，便悬挂一块写着“Tingqua”

的匾额。有人猜测，“Qua”是葡萄牙语Quadro，意思是油画。但当时行商名字中流行的“官”字，也是“Qua”，如伍秉鉴为“伍浩官”（Howqua），潘振承为“潘启官”（Puankhequa），显然与绘画无关。Qua是否仅表明此人是一家商号的主人？就像人们叫“伍老板”“潘老板”一样？为什么用在画家身上时译作“呱”，用在商人身上时译作“官”？这还有待考证。

鸦片战争前夕，外销画最为兴旺。有人盘点了一下，道光十五年（1835），在广州十三行靖远街、同文街一带，就有三十多家外销画的店铺，从事这一行业的画工多达两三千人。琳琅满目的广州风情画和复制的欧洲油画、水粉画、瓷板画、玻璃画，堆满店面。这里几乎是欧洲人必去的观光景点。

在欧洲游客眼里，几乎所有画店的布置，都差不多，一位游客描述：“第一层楼（即二楼）是工作室，通过这草纸和其他画在此被绘制；地下层（即一楼）则为店面。这是广州城外所有艺术家住处的安排。”走进画店里，“你会经过店内陈列的、已完成的、在拍卖的作品。其中最值钱的是通草纸绘画，它们被放在玻璃柜里，摆在房子四周，依照价钱成行地排列着”，顾客可以意选购画作。相比中国的铜元或银两，广州人更喜欢用番银交易，西班牙的佛头银元、荷兰的马剑、葡萄牙的十字钱、墨西哥的鹰洋，都无任欢迎。

画师的名气，就是作品的质量保证。嘉庆二十四年（1819）秋，美国费城旅行家小罗伯特·沃恩（Robert WalnJr）在广州旅游，他对外销画特别感兴趣，几乎跑遍所有画店，逐一品鉴，还编制了一张十三行“行外人”（画店主人）名单，为广州画师排座次，琛呱名列第一，啉呱排名第二，此外还有通呱、小通呱和福呱等画师，都上了这份榜单。

道光十五年（1835），英文报纸《广州邮报》刊登了一则幽默的广告：“可以向读者保证：如果他们希望在下次彗星访问地球之前的有限时期内永生，毫无疑问，最好是为母亲、姐妹、情人、知己、妻子留下一幅比在她们心目中更英俊漂亮的肖像——蓝阁画的，只要15块钱，罕见地传神！”蓝阁就是啉呱关乔昌。1838年，在伦敦举办了一场很轰动的展览，展出巨幅的广州风景画，在展览画册上注明：“此作品源于广州画家通呱之原创作品，其作品以高度写实而闻名。”

近代史上，有两个决定性的因素，导致外销画式微，一是道光二十年（1840）鸦片战争的爆发，中国与西方关系急转直下，田园牧歌的时代结束；二是道光三十年（1850）前后照相技术的传入，取代了外销画的纪实功能。

舞台的灯遽然暗灭，再亮时，已换了布景。如今，在那些已经发黄的通草纸上，挑着担子的小贩，依然在走街串巷，云吞面档“笃得、笃得”的敲竹板声，麦芽糖档“得得当、得得当”的敲铁板声，还像往日一样，带着缕缕清香，从麻石雨巷的深处飘出；珠江上的片片帆影，渐行渐远，隐于烟水之间；那些缫丝的工人，码头的苦力，谈生意的商人，还在为口奔驰，忙忙碌碌。这一切都洋溢着俗世市尘的风情，若连缀起来观看，就像一幅珠江三角洲的“清明上河图”，温馨而充满活力。

时光清浅，流年远逝，昔日的香脂，转眼已成琥珀。外销画在历史上的寿命，虽不及丝绸、瓷器久远，但它记录了18、19世纪广州市井生活的真实图像，生动地折射出一个时代的人文风貌，作为一种文化交流的媒介，它的使命，业已达成。

大城昼与夜

自从顺治七年（1650）清军占领广州以后，人们的生活出现了明显的变化。所有男人都被强制剃头，梳起了辫子，并废弃了传统宽袍大袖的汉服，改穿旗人的长袍马褂。这在很长时间内受到汉人的抗拒，为此丢掉脑袋的人，不知凡几。但在刀刃架颈的威逼下，人们最后不得不接受现实。

开海贸易再次为广州带来了机遇。尽管朝市改，衣冠易，但人们对好日子的追求，始终不变。逃到乡下的工匠陆续返回城里了，打铁的炉火再次熊熊燃起；大沙头又泊满了从河源、新丰、龙门、惠州来的杉排；烧毁的房子重新建造起来；因垃圾淤塞和民众“压渠”而变得日益狭窄、污臭的濠渠，也得到了疏浚。行商坐贾把招牌擦亮，重新挂起，店铺一家家开张了。山陕、湖广、浙绍、徽州与金陵等地的商帮，云集在濠畔街，纷纷成立自己的会馆和银号。苏杭顾绣、绫罗绸缎、药材、皮草、绍酒、火腿，堆满了仓库，为十三行提供货源。《南海县志》写道："归德门外濠畔街，富贵巨商列肆栉居，舟楫运货由西水关入，至临蒸桥络绎不绝。"这条在明代最繁华的街道，再次繁华起来了。

濠畔街是观察广州的一个重要窗口。这里不仅汇聚了全国各地的商帮，而且广东四邑（新会、台山、开平和恩平）商人也建立起他们的地盘，以经营酸枝、花梨、紫檀等高档广式家具为主。广式家具被称为"广州作"，与"苏州作"和"北京作"并列为"三大作"。著名店号英泰祥、德昌泰的红木家具，品种有罗汉床、贵妃床、八仙桌等，都被朝廷列为贡品，派有官员驻店督造。

四邑匠人不仅做家私一流，造乐器也是一把好手。明末有一位黄姓艺人在濠畔街创办金声馆乐器作坊，因为产品质量好，声名鹊起。此后乐器作坊越开越多，到道光末年（1850），已有正声馆、悠扬阁、金城等八间名气最大的乐器作坊。广东音乐经典的乐器组合是二弦、提琴、三弦、月琴、横箫"五架头"，而"省城豪畔街""金声馆造"的二弦、秦琴、竹提琴和高音三弦等乐器，都是乐师们的心水之选。民国初年，濠畔街又多了全声、德声、文声、扬高声等乐器作坊，在街口就能听见四邑人"死袋包""弊家伙"的嘈嚷声。

濠畔街的西端是归德门，万历十年（1582），归德门曾毁于大火。康熙十一年（1672）重修。归德门外是小市街（今解放南路），同治年间（1862—1874），归德门设有小市、大市（今惠福西路）和归德门三个墟。每逢墟期，街上摆满一筐筐的海鲜、河鲜、蔬果、山货，叫卖声此起彼落，喧闹不息。

归德门内是归德门直街，因立有惠爱坊、忠贤坊、孝友坊和贞烈坊四座牌坊，故又称为四牌楼、忠贤坊、忠贤街等，以花市、鹑市和灯市最为出名，城里无人不知。花市是四季常设的，随着季节的更替，素馨、茉莉、水仙、百合、朱槿、九里香等鲜花，每天从河南、芳村运来，堆满城厢，争妍斗艳。有一首清代的竹枝词写道：

茉莉花宜衬晚妆，沿江都是卖花郎。
花篮千样齐围住，不买满船花也香。

喜欢玩鹌鹑的人，从早到晚，像苍蝇一样聚集在魁巷。这里有一个很大的鹌鹑集市，不仅买卖鹌鹑，也是最有名的斗鹌鹑赌博场，赌徒之众多，足以把街道堵死。不少八旗子弟凭祖宗福荫，靠朝廷月钱过活，长年游手好闲，沉溺于斗鹌鹑、斗雀鸟的赌博中。同治朝的《番禺县志》描述："午市巷满，至不可过车马。新鹑佳者值数金，其老鹑善斗者则恒值数百金，谓把而熟之也。斗场分棚，集者如市，一日间胜负计数千金。"

灯市则不是常设的，每年只在元宵节前后最热闹。制作与销售各类花灯的，多为旗界居住的旗人。每逢过年、元宵，归德门灯市便人山人海，万灯放彩；沿街店铺几乎全是卖灯的，还有许多挑着担子，走街串巷卖灯的，整条街闪闪烁烁，如同银河一般。鱼灯以大良出品最佳，透明薄纱扎成红鱼、鲈鱼、狮子鱼、火鲤、石斑等形状，点亮后通体发光，五颜六色，栩栩如生。大三星灯、和合二仙灯、百花莲藕灯、树头灯、小三星灯等，也是元宵节最受欢迎的花灯。

但凡逛过归德灯市的文人，没有哪个不讴吟歌诵一番的。有一首竹枝词写道："元宵箫鼓韵和谐，火树银花遍六街。更有鱼灯终夜出，官清民乐举头牌。"另一首竹枝词，透过描写一位少妇的心事，反映出人们对幸福生活的憧憬："节近元宵乐未休，买灯花到四牌楼。愿郎买得灯花后，照妾青春到白头。"两广总督阮元虽是封疆大员、著名学者，也不甘后人，留下了赞美归德门灯市的诗作：

海鳌云凤巧珑玲，归德门前列彩屏。
市火蛮宾余物力，丰年羊穗复仙灵。
（原注：前年火灾，洋市甚损；今年复盛，年谷亦丰）
月能彻夜春光满，人似探花马未停。
见说瀛洲双客到，书窗更有万灯青。
（原注：时状元林召棠、探花罗文俊皆归里）

"前年火灾"指道光二年（1822）十三行那场大火灾。广州人"疗伤"能力之强，也令阮元深为惊叹，才两年时间，已繁荣如昔了。

广州是一座不夜城。在清代的笔记中，有大量广州夜生活的记录。时人陈徽言《南越游记》对咸丰年间双门底举办酬神活动的描写，展现了一种入夜更华丽的景象："雄镇街通衢建篾棚，棚高数丈，轩豁宏敞，涂以五色，皆花鸟人鱼之状。下复承以布幔，张灯施彩，中多琉璃洋物。市门各悬傀儡，造制奇巧，锦绣炫目。两旁栏内罗列名花珍果、珠玉古玩，错杂繁朊，靡不工致。间数武则有彩轩，中奏八音，歌声达旦，往来者流连观听。自藩署直至南门，灯火辉煌，金鼓喧震，男女耳目，势不暇给。凡三昼夜，复演剧以终其事，合计所费不下万金。"

中秋佳节，八月十五、十六两晚，越秀山下歌声如沸，通宵达旦。客家人多居住在莲塘街、三眼井、十八九洞一带，月圆之夜，结伴登上越秀山，引吭高唱山歌；即使不登山的，也在家门口大展歌喉。客家人对山歌时，先由一人出面挑战：

你唱歌不似唱歌声，
好似田鸡蛤蟖声。
不好被哥捉呀到，
菜刀斩来无放轻！

然后对方就出来应战。你唱一歌，他唱一歌，互相舌战，有时一人与一人战，有时一人与数人战，有时男人与女人战，往往由最初一个人出战，最后变成十几人对战。莲塘街一位街坊描述越秀山下对山歌的有趣场面"有如两军对垒，互相增援，驳而胜者，昂首而歌；驳而败者，钦声而去。其有善歌者，虽数人合驳之，亦勿能屈也”。

明末清初，广东兴起了粤剧，广州人叫作“锣鼓大戏”。其渊源错综复杂，以皮黄为本，融入了昆、弋、汉、徽、秦、湘等剧种的唱腔，也吸收了南音、粤讴、木鱼、龙舟、板眼等广东民间说唱元素。粤剧原来并不用粤语，而是说北方官话的，即所谓“戏棚官话”。

最初还没有戏院，戏班通常乘坐着红船，在珠江三角洲漂泊，哪里有迎神赛会、喜庆宴席，就去哪里搭戏棚演出。所谓红船，是一种绘有龙鳞菊花图案的红色木船，戏班专用，人们一看红船，就知道有好戏看了。有人说，红船的名字，与反清复明的活动有关。“红”与“洪门”的“洪”字同音，是梨园弟子一个反清暗号。

道光二十年（1840）前后，广东有一个姓史的人，向官府申请在卫边街（今广卫路）开设庆春园戏院并获准。那时戏院在京师和直隶一带已很盛行，但南方却没有。庆春园是广州第一家，不过还不是真正的戏院，而是一座可以演大戏的园林式茶园。每当有戏班开锣，城里的达官显宦、名流富商，便乘轻驱肥而来。戏院不收门票，只计茶资。戏台前摆放桌凳，男左女右。入夜以后，张起灯笼，光耀如昼。台上金翠迷离，锣鼓板钹，一唱三叹。台下观众一边品着香茗、点心、果品，一边观赏大戏，关目好的，做手好的，唱喉好的，便大声喝采，把赏封抛掷到台上去。

戏院门外聚拢着人群，他们聚精会神聆听着从里面传出的丝竹筦弦声、若断若续的演唱声和阵阵叫好声，虽然无缘入场观看，但想象着舞台上的精彩之处，也是一种满足。名儒李文田为庆春园题了八个字的楹联：“东山丝竹，南海衣冠。”张维屏也有诗咏庆春园：“身似在皇州，笙箫助劝酬。岭南为创举，燕北想前游。富庶乃有此，去来皆自由。康衢传击壤，从古重歌讴。”在张维屏眼中，广州的热闹，竟可与帝都相比。戏院的出现，对戏剧而言，是一个里程碑。不久，怡园、锦园、庆丰园、听春园等戏院，纷纷出现，遍布西关、南关等地。

咸丰初年，不少粤剧艺人参加了反朝廷的洪兵之役和太平天国，因此粤剧长期被官府禁演，梨园弟子备受打压。光绪十五年（1889），粤剧同业在广州建立八和会馆（和合八方之意），召集同人，重整旗鼓，粤剧才从谷底慢慢爬出，重现复兴生机。

戏院兴起后，粤剧开始全部采用粤语，戏棚官话逐渐被淘汰了。广州第一家售票公演的戏院是西关的广庆戏院，建于光绪十五年（1889）。第一家专演粤剧的同庆戏院，13年后在长堤开张，有五六百个座位，后来改名叫海珠大戏院。从咸丰初年的凤凰仪班（广府班），到清末的省港大班，许多班子轮番粉墨登场。戏班开演头台第一晚，都是先演《六国大封相》，全班演员齐齐亮相，然后再演其他剧目，往往一开锣就演足三昼四夜。晚清活跃在广州舞台上的广府大班，有三十六班之多。

粤剧界不乏热心革命的人。在珠江三角洲一带，就有自称“志士班”的戏班，专演针砭时弊，抨击官府的戏剧，不仅演粤剧，也演文明戏（话剧）。为了标榜与传统粤剧不同，旧戏班坐红船，他们便把船涂成绿色，自称“绿船班”；别的戏班都到八和会馆拜田元帅，他们却刻意回避，被同行戏称为“九和班”。

光绪三十年（1904），天演公司在河南成立采南歌班，专门排演新戏，其实就是“志士班”的对外旗号。第二年腊月在长乐戏院试演，发票千张，观众反应非常热烈。《时事画报》光绪三十二年（1906）第一期刊登了《欢迎新剧》的图文。图画描绘了演出舞台上，演员身穿制服，其中一名蓄八字胡的男子，挥动帽子，正在发表演讲。在他身后，排着两队学生，正在听演讲。舞台深处有三位奏乐者，一操月琴，一敲铜锣，一持唢呐。舞台上方悬挂横幅：“优界万岁。”采南团上演的剧目，包括《地府闹革命》《文天祥殉国》等新戏和一些宣传民族主义的文明戏，受到舆论追捧，称之为“开粤省剧界革命之新声”，一扫旧戏卿卿我我、幽咽含怨之风。

有些年轻艺人痛感“吾粤剧界腐败已极”，立志改革戏剧，另辟天地。他们把反映社会变化的题材，谱成讴歌，编成剧本，登台演出，“以动人感情，开人智识，为进化之大助力”。光绪三十二年（1906），一位从日本留学回来的青年，联合报界、学界志同道合的人，在惠爱七约创办“影响说法社”，专门排演新戏，把世界时事融入剧中，以迎合清末大兴改革、咸与维新的社会风气。

清末的文人墨客，越来越热衷于描写西关的繁华，因为它给人的印象太强烈了。准确地说，广州并无西关，因为关城是指由于老城人口过于稠密，在城墙外再建的一座小城，有自己的城门与街道，南城外的小城叫南关，西城外的就叫西关。而广州的西关，并没有城墙，但习惯仍称为西关。西山、龟岗，今陈家祠、西华路一带，因地势较高，称为“上西关”；今光复中路以西至华贵路一带，曾经遍布莲塘、河涌，称为“下西关”。到清代末年，西关已形成了1750多条街巷，是广州最稠密的居民区和商业区。客家才子温训在《登云山房文稿》中感叹：“西关尤财货之地，肉林酒海，无寒暑亦无昼夜。”

有个叫伊凡（Yvan）的法国人，鸦片战争后到广州，住在潮音街，经常出入十三行，他对打铜街的印象特别深。打铜街在西濠西侧，聚集了众多的银号、参茸庄、绸缎庄、药材铺。西关人最怕火烛，人们觉得“打铜”二字，犯了火星，很不吉利，一度改其名为太平街。伊凡在《广州城内》一书中写道：“打铜街被英国人称为药街，因为那里有很多药材铺，但是那儿的药店数量并不比卖灯笼的、玩具的、原材料的商铺多。药街穿过整个郊区（其实就是西关地区），从东到西，由于范围大，故它就成为广州最繁忙的交通要道之一了。”

西关店铺的华丽装饰，琳琅满目的招牌，让人过目不忘。沿街的熟药铺，从宋代开始，就有所谓“医药合流”的经营方式，即后面是自制丸、散、膏、丹、酒、水、茶、油的工场，前面是卖药的店铺，还有郎中坐堂，药厂、药店、医馆三位一体，望闻问切，君臣佐使，有痛止痛，有肿消肿。很多药铺也以参茸补品为招徕。

商店门口都经过精心布置，古朴的挂匾上雕刻着店号，大门楹联有的写“制药无人见，存心有天知”；有的写“架上丹丸能济世，壶中日月可回春”。伊凡觉得，“无论招牌是药材商的还是珠宝商的，卖玻璃的还是卖瓷器的，纺织工的还是裁缝的——唯一的区别是他们的货物不同”。他还观察到，在商店的墙上，通常都会张贴着一些介绍文字，“介绍文字是商业用语，相当于‘信誉是生命’，或者非常有创造性的宣传广告”，诸如“祖传秘方”“古法炮制”“虔诚炼制”，或者“如有假冒，灭祖灭宗，五世子女为妓为奴”之类的誓戒。

广告无处不在。美国商人亨特抄录了一段：“万应午时茶，气味纯正芳香；性质温和，不寒不热。健脾开胃，止渴生津，祛寒去湿。总之内疾外感，本茶一概适用，岂不神奇？万应午时茶系按本堂主人历代家传之秘方配制而成。所用各药，均精心挑选，品质超群，不惜工本，饮者无不称便。”还有人把广告挂在身上，走街串巷。卖脚气丸的药铺，雇人扛着纸扎大脚，巡游各街，吹嘘功效。亨特曾经描写过一位身上挂招纸，在街头兜售药物的小贩，他身上的广告牌写着：“道士将仙丹放在我手中，我便辞别而去，自此我遵照他嘱咐，远游四方，救死扶伤。如今来到贵处，远离家乡，盘缠用尽，只好将此药出卖。药为药膏，每帖售价六个铜钱。”每逢北帝诞、南海神诞、观音诞等民间庆祝活动时，药材铺的店员便倾巢而出，到祠庙唱龙舟、奏八音，出尽法宝，推销药品。

清末民初，真正的“药街”，还包括了仁济路、桨栏街、宝华路、杉木栏一带。广州成为华南地区的南北药材集散地，东南亚的药材经香港进入广州，再运往内地；内地的药材也通过广州销往港、澳和海外，药材行业分成南北药行、西土药行、参茸行、生药行、药片行、生草药行、熟药丸散行和樽头店等著名的“药业八行”，每一行又按经营方式、规模和性质的不同，分为行、店、铺三类。

南北药材行以出售南北药材（长江以南的川、滇、浙、赣和长江以北诸省所产的药材）为主；西土药材行主营广东、广西的土药材和湖南、江西一带所出产的同类药材，大商号有张泰昌、唐钜昌、卫兆隆、广悦来、生和药材行等；参茸行经营人参、鹿茸和一些贵重药如珍珠、琥珀、牛黄、犀角等为主，大商号有忠信行、宝安隆、同安泰、同顺泰、裕泰祥、利丰行等。这三大药行，大都集中在仁济路、仁济西路、回栏街、潮兴街、潮音街、水月宫、晏公街、一德西路一带。

药行的交易方式，五花八门，行家坐在一起，指手画脚，唾沫横飞，议价、开盘、清盘、静盘、响盘、上盘、映盘、复盘、收盘，行外人听得云里雾里，不知所云。佣金是药行的主要收入之一，南北、西土、药材行按货款额加收4%；参茸行、幼药（专售牛黄、麝香、熊胆等名贵细药）、生药、药片行业按贷款总额加收8%；熟药店按货款总额加收10%。有些财力雄厚的行家，除收佣金外，还低价吃盘购进客户存货，待价而沽，牟取更高的利润。

陈李济、梁财信、敬修堂、保滋堂、集兰堂、王老吉、马百良、唐拾义、橘香斋、李众胜、潘高寿、鹿芝林、元生堂、兆民安、大金堂、广生堂、宝华堂、天好堂这些响当当的字号，都是广州人十分熟悉的。

陈李济创建于明万历二十八年（1600），创办人是广东南海九江人陈体全和西樵人李升佐。陈体全的母亲体弱多病，无钱医治，他便自己钻研医书，搜罗古方，上西樵山采药，亲尝百草，因而精通各种药理，也到广州卖药。李升佐在广州大南门已未牌坊旁开设医馆。某年岁晚，李升佐在船上捡到一袋银元，他不顾天寒地冻，一整天站在码头上等待失主。遗落银元的人正是陈体全，他收回卖货的钱准备回乡度岁，一时疏忽失落。他回到码头寻找，被李升佐的诚实深深感动，便提出从失而复得的银元中取出一半，投资到李升佐的药店中，一起实现行医济世的愿望。两人志同道合，一见如故，立约“本钱各出，利益均沾，同心济世，长发其祥”，共同创办陈李济药店。

药店继续设在大南门已未牌坊旁，即今北京路陈李济旧厂址，四百余年没有搬迁，一直忠实地守护着双门底，守护着广州城。陈李济总店虽然不在西关，但咸丰六年（1856）就在十三行设立了批发所，一直维持到1954年。坊间有一种说法：“北有同仁堂，南有陈李济”，其实“南陈”的历史，比“北同”还要长近七十年。陈李济开张后，陈体全负责在前店坐堂问诊，李升佐在后厂研制药丸，他广泛收集古代的各种验方、成方，研究炮制方法。

陈李济经常向贫苦大众赠医赠药，夏天还在店门口外设茶缸，向过路的挑夫、车夫免费提供茶水。双门底商铺密集，街道狭窄，容易着火，官方的消防设备严重不足，陈李济便出资成立义务消防队，购置三辆消防车，备有手压水枪、火钩、水桶、绳索、斧头、梯子等，并有专门救急药箱随行。消防队的旗子为黑底白字，绣“陈李济”三字。这一善举深受街坊好评。

每年四月廿八是药王诞，城内大小药材商，家家絜酒炙鸡，焚香顶礼，拜祭药王孙思邈，然后把拜祭所用的烧猪分送各同业，还会用彩轿抬药王神像游街过市，东家与伙计一起加菜庆贺。初一、十五，所有药铺都煲及第粥，全店的人一起吃；初二、十六拜祭土地，拜过神的膰肉，又可以凭神做福打牙祭了。

几乎每条街都会有一两家药铺，墙壁摆放着百子柜，密密层层的抽屉，存放各种药材，行内称之为“龙”。生意要想好，店里就得有点动静才行。掌柜坐在龙头位置，拨动算盘，噼啪作响；店员在龙尾位置用铜药臼杵药，发出“咚咚”的声响，与算盘声互相和应，金木齐鸣，谓之“旺龙”，象征生意兴隆。常有顽皮的街童，哄骗邻家小孩到药材铺买“执药龟”，自己躲在一边看热闹。“执药龟”是对药店店员的嘲笑。谁真跑去买“执药龟”，店员一定暴跳如雷，追出柜台做打人状，把倒霉的孩子吓得抱头鼠窜。

光绪二十年（1894），广州曾暴发了一场大鼠疫，这种病最初的症状是发高烧，而后神志昏乱，舌头焦黄或发黑，剧烈头晕不能坐立，过不了多久便会死亡，被人视为不治之症。染疫而死的人太多了，如同打了一场战争。《申报》的追踪报导，充满了令人恐惧的描述，诸如“城西冼基地方医生某甲，于初五日早尚能出门诊视，迨午后即觉神志昏迷，不省人事，延至翌日，溘然长逝……其弟……来办丧事，入门未久，亦染病暴亡……中有回教人某甲……初五日挑水十余担，顿觉口干，归而啖粥，且与家人言笑，粥未啖毕，甲已仆地而逝……讵意入门未几，子即染疫身亡，亲属闻之，无敢过问……有某乡户口寥落，不满百家，旬日之间，竟毙百余人，其中幼孩居多……死亡之多，实从来所罕见……棺木店日夜作工，仍觉应接不暇……”

南海、番禺县令到南海神庙，恭请铜鼓回城，到处巡游，希望倚仗神威，驱疫免灾。惊恐万状的老百姓，更是各出奇招，有的抬神像巡游，有的烧香拜佛，有的主张释放囚犯以消弭怨气而迓天和，有的燃放炮仗，敲锣打鼓想吓走瘟神。但鼠疫继续肆虐，于是愤怒的人把大粪浇在神像上。

在小北启云楼有一位姓欧阳的老人，患上鼠疫，早上发病，到午后已不能起床，瞑目闭气，状如僵死。两个小女儿以为他死了，便点上香烛，哭泣拜祭。长女回到家后，发现父亲还有一丝游气，赶紧请医生诊治。一位年仅15岁的少年郎中赶来，开了一剂药，设法徐徐灌下。服后片时，老人竟能坐起，连呼肚子饿，吃饭后神志泰然，遂获痊愈。这位少年郎中名叫郭梅峰，出身于中医世家，后来成为广州的一代名医。

药业只是这座大城的一个侧影。它还有许多不同的侧影，比如饮食业。广州最早的平民食肆，被称为二厘馆，因茶价收费二厘（清代一银毫等于七十二厘）而得名，多开在长堤、西濠口的码头附近，还有一些星布于城厢、村头路尾的粉面馆、茶寮。二厘馆大多卖蛋散、煎堆、芋头糕、油炸鬼、豆沙包、大肉包、炒米饼之类的廉价糕点，而粉面馆则供应粥粉面和各种小炒。茶果铺也是街头巷尾最常见的一种食品店铺。茶果是婚娶、节日、拜神、庙祭等场合使用的饼饵，无论平民百姓还是富贵人家，都会有光顾茶果铺的时候。

到清代中期以后，茶居逐渐兴起，大多兼营饼饵，把茶果铺的名点，直接移植过来，加以改良，迎合广州人的口味变化，销路马上大增，比如用莲蓉、豆蓉，取代潮州粉、糖粉作饼馅；用马拉糕取代发糕。小小的变化，为食客带来全新感受，引得人们纷纷弃旧捧新。咸丰、同治年间（1851—1874），广州茶居已是雄踞饮食业的半壁河山。第二甫的第珍居、第三甫的永安居、第五甫的五柳居，让茶客们流连忘返。每天早晨，带着鸟笼上茶居，水滚茶靓，一盅两件，边饮茶边逗鸟，是许多闲人的消遣方式；生意佬也在茶楼内，斟斟生意经，打听一下行情。“饮茶”成了一种生活方式，“饮咗茶未啊？”是广州人见面问候的习惯语。

不少有生意头脑的佛山人，纷纷到广州开茶居，行业竞争日益激烈，人人都想“以大取胜”，茶居规模越做越大，从一层平房变成两三层的高楼。首层通常用来卖饼饵茶果等廉价食品，楼上开设雅座，茶来水到，服务殷勤。人们常说“有钱楼上楼，冇钱地下踎”，把去茶居饮茶，叫作“上高楼”，后来“茶居”这一叫法，也被“茶楼”取代了。

上下九的莲香楼，前身是经营糕点的茶果铺，以大发糕、婚嫁酥饼、寿辰红包等节庆神诞与红白二事的食品为主，其莲子馅料点心最有名。后来，佛山七堡乡人谭新义联合谭晴波等人，收购了糕酥馆，更名为“连香楼”，光绪十五年（1889）在第十甫开张。为了确保莲蓉质量，谭新义只用最负盛名的湖南湘莲，还要去皮挑心，精心研磨煮制，清香无比，口感细腻幼滑。宣统二年（1910），翰林院编修陈如岳在品尝连香楼的莲蓉点心后，赞不绝口，建议把店名改为莲香楼。谭新义喜出望外——得到翰林垂青，就是最好的活广告。他当即请陈如岳题书“莲香楼”三个大字，制成簪花挂红的大牌匾，一挂便挂了上百年。莲香楼号称“莲香第一家”，以中秋月饼与龙凤礼饼闻名省港澳。谭新义被誉为广州的“茶楼王”。

另一间誉满羊城的老字号茶楼陶陶居，与莲香楼望衡对宇，原名葡萄居，创办于光绪六年（1880）。陶陶居所在地，原为十一甫，后来合并为第十甫。陶陶居之所以闻名，全在于制作精益求精。就以其用水来说，每天派人上白云山汲取九龙泉水，山路崎岖难行，全凭人力，把水挑到三元里，再用大板车拉到西关，雇几十人以红色扁担挑着大红木桶，桶上漆着“陶陶居”“九龙泉水”字样，列队招摇过市，成为他们的招牌广告。他们家不仅用水讲究，所用茶具也很讲究，以宜兴茶煲、潮州炭炉做烹茶工具，自夸“陶陶烹茶，瓦鼎陶炉，文火红炭，别饶风味”。细微之处，可见用心，这就是好口碑的来源。

西关在乾隆、嘉庆年间（1736—1820）达至了繁荣的高峰。同治朝《续修南海县志》写道：“十三行互市，天下大利也，而全粤赖之。中外之货坌集，天下四大镇殆未如也。蛮楼矗起干云，油窗粉壁，青锁碧栏。竞街兼巷，无诈无虞，文螺翠羽，留犁（琉璃）挠酒，炮羔擘豚。乾嘉之间，其极盛者乎！”

富人的生活，朝头晏昼，晚头更后，到了夜晚，珠江船上的酒席，比白天更加热闹。时人何仁镜在《城西泛春词》写道：“珠江花月之盛，至嘉庆末年极矣。酒楼之敞，有宽至六十筵者。”这种景象让人感到奇怪，广州人的钱有没有花完的一天？

咸丰六年（1856），谷埠一条紫洞花艇失火，周围的船过于拥挤，无处可逃，以致火烧连营，殃及沙面。事后两广总督勒令花艇统统迁走，远离洋人租界。一部分迁往大沙头，一部分上岸去了陈塘。那时大沙头人迹稀少，海印石外，水流湍急，花艇摇来晃去，连酒杯都放不稳，怎么做生意？西关的熟客，大多转到陈塘去了。光绪三十四年（1908），一场飓风袭击广州，大沙头的花艇被吹得七歪八倒。更倒霉的是，宣统元年（1909）正月初九晚，又遭回禄，数百只花艇烧得精光。大沙头被花界视为头号凶地，纷纷弃船登陆，埋街食井水。

八旗二马路有一户姓孔的豪门大户，家道衰落后，大院变成停放灵柩的棺材庄。妓女们无奈之下，唯有与鬼为邻，暂借作栖身之地。刚好东堤有一些新盖起的鬼楼（洋楼），正在招租，妓女们便在鬼楼安家。长安大寨、挹翠大寨等香艳招牌，很快便挂起来了。不过几年间，墙花路柳，越开越多，较当年谷埠有过之而无不及，也带起了周围酒楼、茶居的生意。

宣统元年（1909），有一千多个座位的东关戏院，在东堤开张。宣统二年（1910），大茶楼襟江楼也在东堤开业。邓亚善、李世桂等人投资的大型戏院广舞台，开始动工兴建了，外形如同上海天蟾大舞台，重楼复阁，富丽堂皇，座位多达两千多个，于1913年建成开幕，以往入夜就黑沉沉的东堤，变得灯火辉煌，笙歌如沸了。

1912年，番禺人黄佐贤买下了孔家大院，改建为南园酒家。酒家内开设“四局”：雀局（麻将）、花局（召妓陪饮）、响局（乐队演奏）、烟局（抽鸦片）。改朝换代，并没有影响人们吃喝玩乐的兴致，因为所有人都深信，不出几年，东堤的繁荣，将直追西堤。不料，广舞台开张仅一年，又发生了火灾，整个戏院烧成废墟。许多人在惋叹之余，都不禁悚然自问：火灾真是广州人挥之不去的噩梦吗？

水上城市

当人们站在六百多米宽的珠江岸边时，会惊讶地发现，在谷埠（长堤对开江面）、沙面一带江面上，似乎存在着另一座“广州城”，成千上万的船只，密密麻麻，几乎铺满江面，构成了一个迷宫般的水上城寨，外国人管它叫“Floating City”（水上城市）。

亨特在《广州番鬼录》中，细致地描述了这个水上的壮观场景。他写道：“河面上挤满了本地船只，包括那些现在差不多完全绝迹的沿海航行的中国帆船。当时它们航行于中国南北各口岸、西里伯斯岛、婆罗洲、爪哇、新加坡，以及马尼拉等。一长列盐船排在河南岛岸边，这些船从电白和澳门的西南海岸把盐运到这里。”他说，从内地来的货船、客船、疍家艇和官府的巡逻船及花艇等，数量十分惊人。“此外，还有舢板，以及来往河南的渡船，还有一些剃头艇和出售各种食物、衣服、玩具及岸上店铺所出售的日用品的艇等；另外还有算命和耍把戏的艇——总而言之，这简直是一座水上浮城。这条江给人一种极好的感觉——毫不停息的活动，低微的噪音，生机勃发和愉快欢畅。”这是站在一个旅游者角度的观感。乾隆年间随马戛尔尼使团来过广州的安德森（Anderson），以敬畏的语气总结：“在这条宽阔的河流航行所带来震撼让人无法形容。”

那仿佛是一个王法管不到的水上独立王国，有着自己的生存法则和运作模式。陆上人家与水上人家，从来都很隔膜，一想到在这种“冇王管”的地方，有多少阴暗的角落，隐藏着多少贫穷、堕落、污秽、狰狞、罪恶的事情，就让人不寒而栗。

但其实这里并非法外之地。水师的船只在珠江水面巡逻，维持治安。光绪二十九年（1903）广东巡警总局成立，局址设在城北飞来庙，其后迁到南朝街。广州从此有了警察，他们大多是从绿营中挑选出来的，头戴草帽，身穿蓝布衫裤，打黑布绑腿，脚蹬草鞋，胸前佩一枚椭圆形的黄铜胸章，刻着“广东省城某某分局某某号”字样，腰间配一把五响手枪，还有警棍和警笛，在街道上和水上巡逻。

警察的饷银是每月广东银毫八元。这些钱部分来自妓女们交的营业税。光绪三十四年（1908），巡警总局改组为广东巡警道，专管全省警务，诸如巡警、消防、户籍、营缮、卫生等，包括疍民的相关事务。水上警察部设在海珠岛上。但面对数量庞大的“水上城市”，警察数目简直少得可怜，作用十分有限。

疍家的身世，蒙着某种神秘色彩。最悲壮的传说是，秦始皇平定岭南后，一些不愿臣服的越人逃到海上，从此不践秦土，过着浮家泛宅的生活。比较浪漫的说法是，疍家起源于周秦，是范蠡和西施漂泊江湖繁衍出来的后人。比较怪力乱神的说法是，秦始皇发童男童女入海，求蓬莱神仙及仙药，结果仙药没求到，这帮童男童女却在海上开枝散叶了。还有人说，疍家和秦始皇没关系，他们是"五斗米道"卢循的遗种，另外一些人反驳说，疍家和"五斗米道"没关系，是元代留下的色目人子孙。总之，在陆上人眼里，疍家是一个"异类"。

高度密集而狭窄的船上，居住着数以万计的"河疍"（以区别于海边的"海疍"）。疍家主要分布在广东、广西、海南、香港各地，广州的疍民数量，居全国各大城市前列。20世纪三十年代的一份调查报告说，"差不多一百年前，有些外国人以为他们（在广州）约有十万人。十余年前，又有些外国教士在广州河上传教者，以为他们约有三十万人。别有一位在海关当职的西人，以为他们约有五十万人，也不算多，可是这种估量，和政府方面的统计，相差未免太远。据广州水上警察局的报告，从民国十七年（1928）至二十一年（1932）疍民的数目，约有七万人，但是这个数目，完全是根据着疍民之亲身到局报告者而言。"

以官方的统计方式，结果与事实，往往有较大出入。老百姓素有"生不入官门，死不入地狱"的观念，不会主动向官府报告自己的家庭情况，害怕按人头征税，能瞒就瞒。因此，近代学者陈序经估计，20世纪40年代中期，珠江流域及广东沿海的疍民，不少于一百万人。1949年中华人民共和国成立时，仅广州一地，就还有六万多疍民。

疍民与广州人的渊源，在史籍中，可以找到一些蛛丝马迹。有关疍民的最早记载，见之于《晋书》："广州南岸，周旋六千余里，不宾属者乃五万余户。"如果按每户四人计算，就有二十万人。明人顾炎武后来注释，所谓"不宾属者"，乃指"蛮蜑杂居"者。而"蜑户"一词，最早见于宋代《太平寰宇记》："蜑户，县所管，生在江海，居于舟船，随潮往来，捕鱼为业。"载于该书卷一五七《岭南·广州新会县》内，可见疍家在史书上一出现，就与广州有不解之缘。屈大均在《广东新语》中也说："（疍人）以其入水辄绣面文身，以象蛟龙之子。"让人更联想到南越人"断发文身"的习俗，两者关系，呼之欲出。

对广州疍民有深入研究的近代学者伍锐麟在他的调查报告中，对这个水上王国，描述得非常细致，他形容这是一个"很特别的世界"。疍民的船和陆上人的房子一样，排列成行；经营的职业，也和陆上人一样，应有尽有。陆上人的寓所与商店是分开的，他们也一样。伍锐麟写道，陆上的商业分成不同区域，物以类聚，而成为十三行、打铜街、故衣街等，水上城市也一样物以类聚，"比方柴船是和柴船聚在一处，货船是和货船聚于一处，娱乐艇又和娱乐艇聚于一处。此外小贩艇、过渡艇，以至神道艇，形形式式，举不胜举。而且他们一切的起居、饮食、婚姻、丧祭，无一不在水上"。除非他们自己喜欢，否则他们不必跑到陆上，就可以解决生活的一切所需。总而言之，伍锐麟最后得出一个结论：“他们是自成一个世界，别有一个天地。”

历朝历代，都把疍民视作贱民。坊间一直有所谓“下九流”之说，即一优（戏子）、二娼、三皂（差役）、四卒、五批（修脚甲）、六捶（捶骨）、七奴（包括门房）、八疍、九剃（理发）。疍民被人挖苦是“疍家獭”“水流柴”，不得与岸上的人通婚，不准读书考取功名，甚至不能穿鞋着屐上岸。他们在珠江摇着一只小艇，卖艇仔粥的，卖河鲜、生果、饼食、鲜花的，开妓艇卖唱卖身的，摆渡过江的，终日漂来荡去，吆喝兜客。

雍正七年（1729），胤禛皇帝颁旨准许疍民上岸定居：“如有力能建造房屋及搭棚栖身者，许其在于近水村庄居住……开垦荒地，播种力田，共为务本之人。”这是破天荒第一回，于是有能力的疍家纷纷弃船登陆。上岸以后，他们便迅速融入熙熙攘攘的人群之中，一切与身世有关的印记，都竭力抹得一干二净，甚至不惜改名换姓，依附于当地大族，因为疍家身份留给他们的记忆，实在太过凄凉了。

大部分疍民在陆上无田无地，也缺乏其他谋生技能，往往还是离不开船艇，只能聚居于珠江两岸和增埗河边，在城西第一津、黄沙、如意坊和城东大沙头、二沙头、猎德、冼村，以及河南、芳村的河涌岸边，搭建水棚栖身，生活颇为艰难。有手艺的男人，就去做斗木佬、泥水佬；没手艺的，只能靠膊头搵食，在码头、栏口做苦力，担担抬抬，或运私盐、捞鱼虾，女人去棹艇、削竹、编织、缝纫，或以晒咸鱼为业。连这些也做不了的年轻女子，很多便沦为公娼私娼。清代禁止“淫业”，但由于从业人数太多，仅广州一地就有七八万娼妓，禁不胜禁，官府索性以税代罚，向妓寨抽取“花捐”，纳税的妓女，就成了公娼。

道光年间（1821—1850），谷埠汇聚了无数脂粉寮，也就是伍锐麟说的“娱乐艇”。低级的自称推拿艇、酒菜艇，乌篷船头挂着一盏荧荧小灯，随波漂荡。穿着大襟衫的艇妹，一边摇橹一边唱：“买花哩，买花哩，买到桥头一朵花。”穷鬼男人趁夜色爬到艇上，一壶比水鬼尿还淡的酒，一碟南乳花生，和艇妹打情骂俏一番，听一两段《叹五更》，说些胡编乱造的故事，就消磨了一个晚上。广州人把这叫作“蟛蜞局”。

高级的“娱乐艇”叫紫洞花艇，错彩镂金，灯彩辉煌，极尽纷华靡丽。出身官宦家庭的公子哥儿张心泰，在《粤游小志》这本书中，描写紫洞花艇：“艇有两层，谓之横楼，下层窗嵌玻璃，舱中陈设灯洋镜，入夜张灯，远望如万点明星照耀江面。纨绔子弟，选色征歌，不啻身到广寒，无复知有人间事。”当过番禺县教谕的刘世馨在《粤屑》中，也有类似的摹述：“裙屐少年，冶游公子，日集于楼船寮馆之间，庖厨精美，珍错毕备，喧闹达旦。当夫明月初升，晚潮乍起，小艇如梭，游人若市。卖花声过，素馨、茉莉之香，阵阵扑鼻，莫不往来穿插于曲港之间。十里繁灯，朗争星斗，而亭台箫鼓，画舫笙歌，锽聒杂沓之声不绝，真消金之窝，迷魂之阵。”

中国传统，并不特别歧视妓女，士大夫甚至视携妓冶游为名士做派。懂得琴棋书画的妓女，尤其受到追捧，在小说、戏曲中，往往成为可歌可泣的主角。明末广州就有一位名叫张乔的妓女，与陈子壮、黎遂球、陈子升等诗人来往密切，经常在他们的文期酒会中，侍奉笔砚，互相唱和。她死后葬在白云山梅花坳，出殡之日，超过百名骚人墨客前来扶柩，每人一花，环植其冢，并赋诗一首，以寄哀思。张乔墓被称为“百花冢”，是后世文人凭吊的一个景点。但紫洞花艇似乎没有留下什么高人逸士的足迹，也没有出过张乔这样的名妓，充其量就是一个纨绔子弟的销金窝，对粤菜和粤乐的提升，也许还有点贡献，其余皆不必论。

一年中有一个日子，陆上人家与水上人家共同狂欢的，那就是端午扒龙舟。端午节在夏历五月初五，又称端阳节、重午节、龙舟节、龙日节、正阳节、天中节等。这一天，人们纷纷在门前插艾，挂葛藤、菖蒲，用雄黄、艾绒、苍术熏烟驱除瘟疫，打午时水，包粽子，还有扒龙舟。清同治朝《番禺县志》载：“五月，自朔至五日，以粽心草系黍，卷以柊叶，以象阴阳包裹。浴女兰汤，饮菖蒲、雄黄醴，以辟不祥。士女乘舫观竞渡海珠，买花果于蛋（疍）家女艇中。”

珠江三角洲各处都有端午扒龙舟的活动，广州以车陂、猎德、石牌、杨箕、棠下、官洲和泮塘各村最为热闹。俗谚云：“四月八，龙船随海滑。”每年夏历四月初八“起龙舟”（亦称“龙出水”）。清同治朝《番禺县志》又载：“四月八日‘浴佛’，采面莶榔，捣百花叶为饼。是日江上陈龙舟，曰‘出水龙’。”这天各村都会举行拜祭仪式，燃放炮仗，把平日埋在河涌淤泥中的龙舟挖出来，清洗、舀水，然后搬到岸上，再用船灰执漏、上桐油，放在岸边晾晒。龙舟有用坤甸木做的，也有用樟木做的。坤甸木结构细匀，材质硬重，不太适合龙舟竞赛，但强韧耐腐，抗蛀力强，置于潮湿处也不会朽烂，在水中越浸越坚实。

夏历四月廿五前后，人们会择一个好日子，进行“推水采青”。“推水”也称“进水”，即是采青。是日人们张旗鼓，备仪采，以烧猪、元宝、香蜡拜祭北帝，禀告神明即将扒龙船，祈求神明保佑龙船活动一切顺利、平平安安，然后为龙舟安装上龙头和龙尾，重新上彩、点睛。桡手们举着罗伞，敲着铜锣，把禾青分别放在龙头和龙尾，在龙船中间的神庵请上供奉的神灵，用意是让“神龙”吃饱，精神焕发，保佑今年诸事顺利、生生猛猛、五谷丰登、扒龙活动平安。

按传统习俗，家有白事的村民和怀有身孕的妇女不宜围观采青；围观者不能说不吉利的话；女士不能触碰龙船上的禾青。完成“推水”仪式以后，端午“扒龙船”活动便正式开始了，身强力壮的桡手（俗称“扒仔”）登上龙舟。每条龙舟视其大小不同，平均需要五六十名桡手。在一片喧天锣鼓的助威声中，桡手们动作整齐划一，齐声发出“嗬呦，嗬呦”的吆喝；船头有一位旗手，观察前方，挥舞小旗，校正航向，艄公随旗手所指，掌舵前进；龙舟中的大鼓是总司令，头桡、二桡跟随着鼓声的节奏，全船桡手则跟随着头桡、二桡的节奏，一起一落划桨，所谓“以旗为眼，以鼓为节”。龙舟在河涌上来回游弋，不时燃放炮仗助威。

扒龙舟有“趁景”与“斗标”之分。前者是龙舟到表村访问，联络感情。每年夏历五月初一到初五，是各村互相进行龙船探亲趁景的日子，各村在岸边设景，准备若干红绫、白绫龙船饼等，给桡手补充体力和招待其他表村（兄弟村之间常以“表亲”相称）来“趁景”的龙舟。端午前由一村向表村发出邀请，谓之“招景”；表村接受邀请，谓之“应景”。龙船景当日，如约派龙舟前往主办龙船景的村落探访，就叫“趁景”。按照传统习俗，来趁景的龙船会在招景处来回划几趟，然后上岸给河神上香礼拜，递上“龙船柬”给主人方，主人方招待他们休息吃饼，并回一封“谢帖”，对他们来趁景表示感谢。趁景的龙船在离开前，还要再划两三个来回，以表谢意，叫“回龙”。

后者是放标比赛，也就是“赛龙夺锦”活动。传统的斗标，都是选在比较宽阔和没有弯道的河涌或江面进行，中间设浮标或立竿划界，使两支船队不能越界。比赛时鸣锣擂鼓，夹岸呐喊震耳，龙舟有如一条条出水蛟龙，在水上腾飞，势若排山倒海。头尾旗手在折返点和冲刺点必须各夺一旗（青），而且在冲刺点夺旗（青）后，头旗手必须在船上停留数秒不落水才为胜。比赛途中越出赛道，阻碍别的船前进，或有人落水都算输。经过几轮比赛，获胜者即为“状头”（冠军）。获主办者授予“状头”锦标，簪花挂红于该龙舟之上，并大排宴席庆祝，以示荣耀。

扒龙舟活动结束后，还要举行“送龙”“藏龙”仪式，把龙舟重新埋到河涌泥底，等待明年再挖出来。全村一起吃“龙船饭”，庆祝活动圆满结束。菜式通常有九个或十个，九个菜寓意“九子登科”“长长久久”，十个菜寓意十全十美。席间欢声笑语不绝于耳，大家互诉亲情、友情、兄弟情。

广州人什么节庆活动，都免不了要大吃一顿。在端午节上常出现的龙船饼，其实是多种广式糕点的总称，包括红绫饼、白绫饼、黄绫饼、合桃酥、鸡蛋糕等。由于是端午节扒龙船时必备的食品，故称“龙船饼”。其实相同的糕饼出现在婚嫁时，也可称作“嫁女饼”，名称不同，品种都是大同小异。

酥饼的做法是把水、油、面粉和成饼皮，再用猪油和面搓成酥芯，加上馅料，烘烤而成。白绫饼的馅料，由白糖、椰丝、芝麻、花生、南北杏做成，味道相对香甜可口，五种馅料寓意五子登科、五谷丰登，经过猪油和面搓成的酥芯，经烘烤后，油而不腻。红绫饼的馅料，主料为莲蓉，除白糖、椰丝、芝麻、花生、南北杏食材外，还加入糖冬瓜等，莲蓉馅寓意连年有余、荣华富贵，口感偏柔滑香甜。还有一种黄绫饼，皮呈淡黄色，和白凌饼红凌饼外表近似，只是颜色不同而已，主要的馅料是冰肉（用糖酒腌过的肥猪肉，现在多改用叉烧），再用香麻油调和，口感较为肥腻。龙船饼多种多样，除了上述品种外，还有合桃酥、皮蛋酥、莲蓉酥、豆沙酥、冬蓉酥、爽糖酥等。

端午扒龙舟还有一个重要的传统，就是吃龙船饭。有一种龙船饭是招待龙船手的，通常是六个菜，有时会加上鸡肉、烧鹅等家常肉菜，变成“九菜一汤”，一方面是出于节约，另一方面也是怕菜式太丰富、肥腻会影响龙舟手的体能。六个菜中必有一道冬瓜、薏米、木棉花煲猪骨，主要为了祛除暑气。还有就是把豆角粒、辣椒圈、咸萝卜、花生米混在一起炒当作下饭菜。豆角粒去水气，辣椒圈刺激胃口，咸萝卜补充盐分，花生米补充体能。活动最后那餐称为“散标饭”，吃过散标饭，意味着一年一度的龙舟活动结束了。

吃大盆菜也是岭南地区龙船饭常有的形式。传统大盆菜用料有萝卜、支竹、鱿鱼、猪皮、冬菇、炆鸡、鱼球和猪肉；现代的大盆菜用料更加丰富，包括猪、鸡、鸭、鹅、鱼、虾、蟹、冬菇、鱼球等，配料则有鱿鱼、虾干、猪皮、支竹、萝卜等。材料一层一层有序地叠进大盆之中，烹饪时汁液往下渗，因此吃的时候一层一层往下吃，故一层比一层更有滋味。用大盆菜招待村民与宾客，显得更加亲热，也更加热闹。总之，在广州，“吃”是所有节日的永恒主题之一。

读书人的小天地

很多人一说起广州，想到的就是做生意，就是“讲饮讲食”，仿佛是一个除了钱什么都没有的消费城市。其实，广州是一个复杂的多面体，每个人都可以在这里找到自己的位置，包括那些肩不担担、手不提篮的儒生们。

康熙二十二年（1683），朝廷铲除了尚之信，天下渐趋太平，但经历了改朝换代的动荡之后，整个儒林十分消沉，明朝留下的书院，凋零不堪，士人学子，星飞云散。为了提振文运衰颓之势，番禺知县李文浩在清水濠畔复办番山书院。这个头一开，就像挖井时挖开了泉眼，水便源源不绝涌出来了。其后，陆续有官员创办了一些教育机构：广东督粮道蒋伊以办岭南义学的名义，在龙藏街恢复晦翁书院和开办穗城书院；知府刘茂榕在城南木牌头（今泰康路木排头）创办珠江义学；巡抚李士桢复办濂溪书院。

这些书院、义学的规模都不大，但有垂范意义。康熙四十六年（1707），内阁学士满丕来粤主考乡试，接任广东巡抚，与原巡抚范时崇交接之际，两广总督赵宏灿提议，在广州办一所大书院。于是三人共同捐资，在药洲东侧（今越秀书院街），利用双门底旧盐司署作院址，创办粤秀书院。有官方做招牌钩，它的起点很高，后来在雍正、嘉庆、同治三朝，又做过大规模修葺，更加宽敞整齐。

梁廷枏曾撰《粤秀书院志》一书，描绘了书院的布局和景致。书院前有旷地，为考课甲乙观录、启馆时官员列队、诸生迎送的场所，左右有两座隔栅，左额题为“成德”，右额题为“达材”。经过嘉庆二十五年（1820）重修后，书院东西宽约30米，南北长约125米，由中、东、西三部分建筑组成，中路为四进院舍，前为大门，二座大堂，三座讲堂，后座为御书楼。大门与大堂之间，为一庭园，植满梧桐、柳树。庭中有一木坊，额书“撷秀育英庭”。穿过庭园就是大堂，檐匾额书“敦诗说礼”。书院西斋有五贤祠，祀周、二程、朱、张五子，以张九龄、崔与之、李昴英、陈献章、湛若水、方献夫、霍韬、黄佐、海瑞、庞嵩、何维柏等人配祀。这些熠熠耀眼的名字，都是广东儒林之光。

讲堂前两翼为排舍，上堂阶正中横匾题“明体达用”，这是诸生听讲和考试的场所，立屏上书白鹿书院学规十八条，其主要内容是：一、严朔望之仪；二、谨晨昏之令；三、居处必恭；四、步立必正；五、视听必端；六、言语必谨；七、容貌必庄；

八、衣冠必整；九、饮食必节；十、出入必告；十一、读书必专一；十二、写字必楷敬；十三、几案必整齐；十四、堂室必洁净；十五、相呼必以齿；十六、接见必有定；十七、修业有余功，游艺有适性；十八、使人庄以恕而必专所听。

书院每月的初三为官课，总督、巡抚及各司、道大吏轮流到书院坐课、命题和批卷；十三和廿三两日为馆课，由山长主持。生徒每月考课三次，以制艺帖诗为主，要求“以清真雅正为宗，绝去肤庸之习”，试题和形式完全模仿科考。三次考课成绩都在后五名的，正课生降为外课生，附课、外课生除名；三次皆优秀者，外课升正课，附课升外课。书院设有膏火和考课奖赏，作为养士之制。

入书院读书的目标是科考，生徒能否合格肄业，以科考成绩为准，虽然学制定为三年肄业，但实际上每逢大比年即举行甄别，相沿日久，又变成一年一甄别。对生徒的年龄，倒没有什么限制，有一位叫梁锦的生员，八十多岁在粤秀书院肄业，官府还特意送给他米一石、肉十斤，以旌其耄而好学。

书院的一院之长，宋、明称为山长，清代乾隆时改称院长，但习惯上仍叫山长。赵宏灿聘请梁无技担任粤秀书院的首任山长。梁无技，字王顾，号南樵，广州番禺人，贡生出身，从来没有中过举，倒和一些前明遗民交往密切，与大儒陈恭尹、陶窳、何衡、何绛并称“北田五子”，其中陈恭尹的父亲就是明末抗清志士陈邦彦。赵宏灿似乎只看中他的才学，并不在意其他。张维屏《国朝诗人征略》一书评价梁无技：“禀性敦笃，狷介自持，杜门著书，粤大帅延掌粤秀书院，士望归焉。”

粤秀书院历任山长中，有一位奇人何梦瑶，字报之，号西池，广东南海人。雍正八年（1730）第进士，做过知县和知州。俗话说“读书不成三大害，相卜、风水、行医”，但他学富五车，对官场却了无兴趣，更喜欢行医，整天研习名家医案，钻研经方时方，梦想做个悬壶济世之人。乾隆十五年（1750），他辞官归里，应聘粤秀书院主讲，讲课之余，常给人把脉看病。他自称：“文以载道，医虽小道，亦道也，则医书亦载道之车也。”坊间有口皆碑，都说他“其方无不百发百中，服其剂无不奏效如神”，有如华佗再世，是“粤东医界古今第一国手”。他所写的《医编》一书，两百年间，被翻刻无数次，如今在越秀山五层楼上，还陈列着何梦瑶的肖像及《医编》刻本，供后人瞻览。

在何梦瑶之后，杭州儒士杭世骏出任山长。他也是一位奇人，字大宗，号堇浦，别号智光居士，小时读书手不释卷，连睡觉也躺在书堆中。雍正二年（1724），杭世骏中举人，乾隆元年（1736）举鸿博，授编修，官御史。

民间传说，把杭世骏塑造为一位恃才狂放的名士，他曾上疏质问弘历：“天下巡抚常满汉参半，总督则汉人无一也。何内满而外汉也？”弘历大怒，差点要砍他的脑袋，幸得朝臣求情。弘历骂道：“这种狂士，只能去收卖废铜烂铁！”杭世骏被逐回乡后，摆了一个地摊，竖起“奉旨收卖废铜烂铁”的布招，轰动全城，官府也奈他不何。相传弘历下江南时，杭世骏在杭州迎驾，皇上问他：“你以什么为生计？”杭世骏回答：“开旧货摊。”

皇上不解："什么叫开旧货摊？"杭世骏说："就是把买来的破铜烂铁摆在地上卖掉。"逗得弘历大乐，亲题"买卖破铜烂铁"六个大字给他。

杭世骏在乾隆十六年（1751）官复原职。翌年在粤秀书院出任山长。在广州期间，他写过不少咏羊城风物的诗，其中《越秀山怀古》云："峨峨越秀山，千古阅兴替。台隍夷夏交，月表秦楚际。缅维老夫佗，荆棘此剪薙。"并感叹："日落树盘鸦，潮来城上蛎。江天雨苍茫，俯仰供流涕。"

粤秀书院的历任山长，可以稽考姓名的有39位，大都是一些清真雅正的儒士，他们以自身的实践，为后辈士子树立了"处则为正士，出则为良臣"的榜样。

作为一口通商的口岸，广州汇聚海内外商贾。商贾子弟要不要读书？秦始皇时代，商人与罪人的地位相等，等待他们的是流放戍边。但时代变了，商贾子弟也需要藏修游息，也要有参加科考的资格。康熙六十年（1721），朝廷特准地方官学开广东商籍学额。但府学、县学收生毕竟有限，乾隆二十年（1755），盐运司范时纪和广东的盐商协商，开办一所专门供盐商子弟读书的书院。大家踊跃解囊，范时纪自己也捐出俸银，官商合捐银四千六百两（次年又再筹得银四千两），在布政司后街（今越华路）买下一座旧园林，建起规模宏大的越华书院。范时纪撰《越华书院记》称："工既竣，宪制颜其额曰越华书院，躬莅课艺而奖励。众商感激，复捐项生息以充膏火，用垂永久。"

越华书院坐北向南，四进式，大门开在越华路上，正对旧仓巷口。二座为大堂，三座为讲堂，后座为先贤祠，两旁为学舍。西侧有“红云明镜”亭，启馆时供官员作歇息之处，后面是一片庭园，有司禄楼，下供文昌帝君神位，上为书楼；南侧有芭蕉园、监院居室；西侧为山长居室。《越华纪略》描述：“时当始创，人少地荒，水色天光中，净绿满庭，微凉四匝，檐前铁马，风过铿然……囊琴伫月，瀹茗烹烟于此间，少获佳趣，长斯院者，亦每衍幽胜惬心，咸喜就聘。”

做过粤秀书院的何梦瑶，又被越华书院聘为首任山长。第二任山长冯成修，也做过粤秀书院山长，字达夫，号潜斋，广东南海人，乾隆四年（1739）进士。冯成修掌教越华时，并不因生徒都是商人子弟，而有所怠慢，反而设定了高标准，要求越华书院向粤秀书院看齐。越华书院授业，以立品敦行为重，读书作文，须以程、朱为依归；论八股制艺，则以先正为标准。

经过冯成修悉心经营，越华书院名气越来越大，最初只设生童正外课生三十名，后来增加至五十余名，还是供不应求，冯成修便向督抚大吏要求增设学额。后来在刘彬华执掌越华书院时，学额增加至一百五十余名。时人把越华书院与粤秀、端溪并称为广东三大书院。

冯成修在民间的形象，与鬼才伦文叙有点相似，都以出口成章，妙趣横生见称。乾隆六十年（1795），冯成修以94岁高龄，赴京出席皇帝御赐的“鹿鸣宴”。相传弘历在席间出了一个上联：“玉帝行兵，雷鼓云旗，雨箭风刀天作阵”，让冯成修对下联，他不假思索，脱口而出："龙王夜宴，星灯月烛，山肴海酒地为盘"，博得满堂喝彩。

翌年，冯成修在广州家中去世，葬于城北。在今恒福路附近，有一座古老的坟墓，依山而筑，祭台两侧竖立着一对高达四米的圆柱形花岗岩华表，上饰浮雕云龙纹，直指苍天，气势不凡。附近居民都说墓主是洪秀全的老师，直到2004年前后，考古人员才证实，那是冯成修的墓。

嘉庆二十二年（1817），徽派朴学的一代宗师阮元出任两广总督。他在广州九年，创办了最负盛名的学海堂，还主持编修了《广东通志》。这部《广东通志》，是公认质量最好的广东志书，四位总纂中，有三位当过广州各大书院的山长：陈昌齐曾任粤秀书院山长，谢兰生曾任粤秀、越华两书院山长，刘彬华曾任越华书院山长。在分纂中，吴兰修当过粤秀书院监课，曾钊、吴应逵后来担任过学海堂学长。

陈昌齐，字宾臣，号观楼，广东海康县人，乾隆三十五年（1770）乡试中举，次年进士及第，选庶吉士。乾隆三十七年（1772），陈昌齐任翰林院编修，曾在三通馆参与《永乐大典》勘校，独任地理一门。《清史稿》载，大贪官和珅曾想罗致他，"昌齐以非掌院，无晋谒礼，不往"。乾隆三十九年（1774）主持湖北乡试，第二年参与礼部主办会试，为国选才。

嘉庆二年（1797），陈昌齐因父亲去世，归里守制。嘉庆九年（1804）调任浙江温处兵备道，嘉庆十四年（1809）以年迈致仕归里。阮元到雷州巡察时，亲自登门，聘请他去广州主持粤秀书院，兼修《广东通志》。当时陈昌齐已是“病足，不利于行；病肺，不利于思”的老人，但碍于阮元盛情，毅然再上教坛。直到嘉庆二十四年（1819）通志编成，陈昌齐才离穗南归故里，翌年与世长辞，临终前对亲友和弟子们说：“我以清白留给你们，我的心愿就满足了。”

谢兰生，字佩士，号澧浦，广东南海人，嘉庆七年（1802）进士，选庶吉士后进学于常庶馆。和很多广东人一样，他对做京官没兴趣，未满三年，便借口父老无人奉侍，辞馆返粤，一心一意主持粤秀、越华、端溪三书院讲席。他从小写诗就学苏轼，还刻了一枚“师事大苏”的小印；书法是学颜真卿、褚遂良和李邕等人；绘画是学吴仲桂和董香光。他住在离粤秀书院不远的素波巷，名其居为“常惺惺斋”。这出自佛家语，朱熹作过解释：“惺惺乃心不昏昧之谓。”

谢兰生有写日记的习惯，他的日记生动地呈现了清代广州文人的生活情景。比如嘉庆二十五年（1820）十二月廿七日，谢兰生记下了，他派人到花埭“折得玉芯梅”，布置家居，准备过年。第二年的岁末，他收到了朋友送来的菊花、玉蜡梅，十分开心。每逢挨年近晚，广州知府、广东粮台、番禺县、南海县的官员和亲朋好友，便纷纷送来礼品，祝贺新岁，有爆竹、白粲、鹿脯、腌鸭、羊腿、冬菜、夷茶、洋巾之类。有时他还会收到东明寺、海幢寺、大佛寺、长寿寺等佛寺送来的各种小菜、斋素、香榄、柚子、醃菜、佛手等。日记还记载了，道光四年（1824）腊月廿日，谢兰生到花埭，路遇担花者，一下子买了四盆小山茶。

另一则日记，记录了道光七年（1827）岁末，谢兰生到是岸寺赏花，寺里桂花极佳，山茶未尽放，蜡梅甚多，于是“折数枝而还”。大年初一，谢兰生起床后首先是拜神和祖先，然后到各衙门和亲友家拜年，给他拜年的人也甚多。年初七或元宵前，他常会邀朋友一起游花埭。道光九年（1829）正月十三的日记，记下他收到朋友送来玉蝶梅两大束，花头繁盛，插在瓶里，香满一室，此梅花出自唐荔园，谢兰生高兴地写道：“荔园以荔著名，不意梅花一盛至此，快事也。”他记录的“花事”很多，简直就是一位“花痴”。

刘彬华，字藻林，一字朴石，广州番禺人，乾隆五十一年（1786）中举。嘉庆六年（1801），刘彬华第进士，选庶吉士。散馆授翰林院编修，但他却绝意仕进，宁愿回家乡执教，嘉庆九年（1804）出任越华书院山长，并先后主讲越华、端溪、羊城诸书院凡二十余年。按朝廷规定，担任教席有成效者，可奏请议叙，给予加级、记录等奖励，但刘彬华淡然一笑说：“授徒儒生分内事。”婉谢了议叙。所以时人咸称他为“粹然儒者”。他在去世前几年就吩咐家人，自己死后不鼓乐，不买水，不做佛事，家祭不杀生，出殡人夫不得过百，不刻行状，不撰墓志，不刻诗文集，但求来去一丝无挂。

从阮元选中的这些人，也可以看出他本人的品致与学识。学海堂最初设在西关的文澜书院。文澜书院并不是书院，而是一个商人或举人聚会的场所。在文澜书院附近的十一甫至十三甫之间，居住着几十家翰林进士、上百个举人，他们经常在文澜书院以文会友，而商人则在这里讨论清濠与助学等慈善公益事务。

后来学海堂的生徒渐多，文澜书院容不下了，便迁到了越秀山，在龙王庙旁边兴建校舍，后墙可望越王台，东北为镇海楼。清人林伯桐撰、陈澧补编的《学海堂志》，描绘学海堂的自然环境和校舍建筑，十分详尽："学海堂在广州城北粤秀山中，山脉自白云山蜿蜒入城，至此耸拔三十余丈，为省会之镇。辟堂于此，缭以周垣，广若干丈，堂中远眺，海门可见。堂阶南出，循西下行，折而东有石磴，迆南至于外垣，其中百竿一碧，三伏时不知暑也。自堂皇南望，则见竹杪。堂后为启秀山房，居山之前，故名堂东。石磴坡陀，梅花夹道，西达于山房。其东最高处，有亭曰至山。山颠与亭相接矣。"

道光六年（1826），阮元调任云贵总督，临行前制订《学海堂章程》，一改书院由山长掌教的旧例，亲自选定吴兰修、赵均、林伯桐、曾钊、徐荣、熊景星、马福安、吴应逵八人为学长，同司课事，各以所长，协办启导生徒经史、小学、诗文等课程。如果其中有人出仕或离去，由七人公举补额；永不设立山长，亦不允荐山长。这样既确保不会因为一人离去而影响书院运作，也保证了课程内容更加全面。

阮元又规定，学海堂膏火，由总督衙门给发，沙坦的田租一百十八两，全部归入学海堂作为经费。另外，原有三百两银存在文澜书院生息，阮元再加拨三千七百两，合计四千两，仍由文澜书院生息，从确保书院经费充足。

专课肄业生要求志在实学，不骛声气，心地淳良，品行端正。他们要在《十三经注疏》《史记》《汉书》《后汉书》《三国志》《文选》《杜诗》《昌黎先生集》《朱子大全集》中，自选一书肄业，按日作课，填写日程簿。生徒可以从八名学长中，择师而从，谒见请业。到季课之日，交给学长，考核甲乙，评出超等若干名。

咸丰七年（1857），英法联军攻陷广州，占领越秀山，学海堂遭到严重破坏，文澜阁被炮火击中，塌了一半。文澜阁是刘彬华、谢兰生奉阮元之命创建，供奉文昌帝君及魁星神位，贮藏阮元编辑的《皇清经解》板片及学海堂购置的书籍。城陷后，学海堂大量的图书书板，无法运出。书院曾悬赏雇人上山抢救，但最后运出来的，已损失大半，不得不重新雇人刻板。直到学海堂停办时，一共刊刻图书3334卷、1254册。这些图书，全部移交两广学务处，收藏入图书馆。

在学海堂周围，还有菊坡精舍和应元书院，声名皆卓著。菊坡精舍山长陈澧，字兰甫，号东塾，出生于广州木排头，道光十一年（1831），举优行贡生，在粤秀书院肄业，从张维屏习诗，从侯康习经学，十二年（1832）中举人。但他在其后六应会试，均名落孙山，从此与科举决绝。英法联军攻陷广州后，他与一班同人冒险犯难，从学海堂抢救出少量书板，运往泌冲收藏，他全家也随之迁往横沙村。当时附近十五乡乡民正策划成立浔峰书社，组织团练，保卫家园，陈澧也参与其事。

陈澧执掌菊坡精舍，秉承阮元经世致用的学术宗旨，不把举业看得很重。他所著的《汉儒通义》，奠定了他在岭南学术的崇高地位。他认为汉儒、宋儒都是讲义理的，没有本质区别，宋儒不应轻蔑汉儒，今儒亦不应轻蔑宋儒；学术不应有门户之争，“争则有胜负，有胜负则必偏废，偏废则天下受其害矣”。他打比方说：如果天下学术是百家争鸣，百流并进的，那么即使有一两个腐儒，整天拱手而谈理学，埋头而治章句，也没什么不好，看似没用，但没用即有用；相反，如果只准一家独鸣，而万马齐喑，那么不但无用且有大害。

光绪八年（1882），陈澧逝世。因为他名气太大，无人可以接班，菊坡精舍从此改为学长制，从历年学成行修、具有师法的生徒中，公举出学长六人，分任评校，一人分管两月，凡课题发题分卷会卷和一切精舍的公务，都由管课学长会同监院办理。菊坡精舍从陈澧逝世至光绪二十九年（1903）停办，历时21年，历任学长姓名可考者有10位，肄业生姓名可考者有93人（不包括10名学长），其中不少人在学术上都有很高的成就，其中最为儒林称道的有文廷式、梁鼎芬与于式枚三人。

应元书院创办于同治八年（1869），在学海堂东侧，与菊坡精舍仅一墙之隔。这是一所专供举人肄业的书院，只收举人，恩、拔、副、岁、优贡生等，一律不收。书院依山而筑，由书院创办人、广东布政使王凯泰亲题大门匾额“应元书院”。沿大门内磴道拾级而上，进入书院大堂，门有三楹，匾额“正谊明道”，为两广总督瑞麟所题。堂正中设师座，两旁设长案数十张，是讲学和考课的地方。乐育堂西面是红杏山房，东面为仰山轩，仰山轩东侧是奎文阁，在乐育堂东侧有董事所和监院，再往东是十三本梅花书屋。

书院刚落成，王凯泰就上应元宫求签，求了一支“柳汁染衣”的上上签，此签有“择善固执”之意，王凯泰大喜，预言明年广东必定会出状元。第二年刚好是会试之年，一下子出了九位进士，其中五人入了翰林。最令书院骄傲的是顺德人梁耀枢以进士廷对第一，成为广东清代继庄有恭、林召棠之后第三个状元。“应元”二字果然灵验。

梁耀枢，字冠祺，号斗南。他本来无意参加殿试，只是被川资所吸引，因为书院规定，如果在院生徒要赴京参加会试，川资由书院提供，内课生每人可得公车盘费五十两，外课生每人有四十两，附课生每人有三十两。这笔钱一律先汇到京师的南番会馆，举人到京后向值年京官支领。但梁耀枢在香港就把盘缠花光了，几乎沦落到要在街头乞食，好在遇上一位热心亲戚，极力劝他北上，还资助了他路费。梁耀枢拿了人家的钱，没办法再支吾了，只好动身北上，谁知竟一试而大魁天下。

梁耀枢的名字，与奎文阁楹联“三台奎耀临南极，八座文星拱北辰”中的“奎耀”与“北辰”暗合；而仰山轩楹联“岳峙层霄，海内斯文尊北斗；雷鸣昨夜，天公有意属南州”，直接嵌入了梁耀枢号中的“斗”“南”二字。这还不是天意吗？王凯泰欢天喜地，赶紧为乐育堂上题写了一副新联：“瑞兆岂无因，不负隔年弹柳汁；科名原有定，适逢佳会种梅花。”同治十三年

（1874），也是一个会试年，应元书院又出了12位进士，其中四人入了翰林。

光绪十年（1884），张之洞任两广总督兼署广东巡抚。他因倡导“以工为体，以商为用”，在广东开办枪弹厂、铁厂、枪炮厂、铸钱厂、缫丝局、机器织布局、矿务局等，被人视为洋务派。他在黄华乡（今黄华路）兴建银元局（后改称广东钱局），模仿香港铜仙，铸造铜币，以救钱荒。这是中国货币史上的“机器币”之始。而在文化学术方面，张之洞主张“中学为体，西学为用”，把“体”与“用”分开，无论“用”怎么变，“体”不能变。这是面对西风东渐时，最后的心理防线，影响了几代中国人。

张之洞在广州创办了广雅书局和广雅书院。广雅书局设在南园，即南园五子结诗社的故地。近代学者罗香林《广州名迹记》记述：“昔南皮张文襄公（之洞）总制两粤，设广雅书局于南园旧址，而更置藏书楼，与东西校书楼于园内濠北。延武进屠寄、江阴缪荃孙、遵义郑知同等，校刻《广雅丛书》，及其他珍籍，选择慎审，校勘精勤，一时海内秘籍与名家稿本，多汇萃粤中，校刊既良，流播亦广，世称‘广版’，引为美谈。”

创办广雅书院主要靠梁鼎芬。梁鼎芬，字星海，又字伯烈，号节庵，广州番禺人，家住在榨粉街，光绪六年（1880）中进士，授翰林院庶吉士，光绪九年（1883）授编修，因得罪了慈禧，被连降五级。回到广州，被张之洞延入幕。张之洞委托他负责创办广雅书院，聘其为第一任山长。

两人为书院选址绞尽脑汁，踏遍城厢，曾考虑过海山仙馆、漱珠岗、小蓬仙馆、大东门外某庭园、大北门外山地、泮塘北之南岸村等地，但都不理想。后来，张之洞来到西村，一下被这里的山川形势深深吸引，“就是这里了！”他赶紧写信给梁鼎芬，描述西村环境：“东北侧白云山逶迤而来，注于粤秀，连山盘行环其东，北江抱其西，后枕增步以北诸远山，前带彩虹桥下河，自东北而东南、而正南、而西南、而西回绕如带；再近，侧一路经其前，亦回抱有情；南面平畴数百亩，平畴之外则南岸林木葱郁，高山大河，左回右抱，雄秀宽博，似兼有之；距北门六七里，距增步里许，距城距河均不甚远，而非嚣尘所到，颇于书院相宜。”梁鼎芬踏勘以后，也深以为然，最后确定在西村建校。

光绪十三年（1887），书院建成，命名为“广雅”，取“广者大也，雅者正也”的意思。张之洞上奏皇帝，请为广雅书院颁匾额。他在奏折中陈述书院宗旨：“窃欲鼓舞士类，维持世风。上者阐明圣道，砥砺名节，博古通今，明习时务，期于体用兼备，储为国家桢干之才，次者亦能圭璧饬躬，恂恂乡党，不染浮嚣近利习气，是以淑身化俗。”

广雅书院地面积达12万平方米，四面有围墙环绕，内分斋、巷二十，东廊十巷，西廊十巷。书院中轴五进，一进大门，二进山长楼，三进礼堂，四进经正无邪堂，五进冠冕楼。冠冕楼是图书馆，藏有经、史、子、集图书三万余册，为广东书院之冠；又筑亭台池沼、林木山石以为游息之所，及院长住斋。院内还有清佳堂、经书堂、莲韬馆、一篑亭等建筑，杨柳依依，绿烟深邃，颇有花木亭榭之胜；外引小北江水环绕左右，直通院内。院中还建有濂溪祠祀周敦颐；又建岭学祠祀历代名贤有功于两广文教及历年院长品学优足式者。

张之洞亲订学规，诸生每日必须早起，入夜不得外出，不得容人留宿，禁止赌博、醉酒、吸食洋烟，不得干预词讼、造言诋讪，不得恃才傲物、诋毁先儒、轻慢官师、忌嫉同学、党同伐异、嬉荒惰废等。生徒的肄业期，以三年为小成，九年为最后期限。广府正课生的膏火银有五两，肇庆、惠州府六两，其他各属七两。如果虚应故事而不住院、告假逾三个月或官师考课不告假而旷课的，要扣除膏火银。

广雅书院的课程，分为经、史、理、文四科，兼习舆地、历算等实学。经学以能通大义为主，不取琐细；史学以贯通古今为主，不取空泛；性理之学以践履笃实为主，不取矫伪；经济之学以知今切用为主，不取泛滥；词章要求翔实尔雅为主，不取浮靡。士习以廉谨厚重为主，不取嚣张，其大旨以博约兼资，文行并美为要。无论从学校管理，还是从课程设置看，广雅书院都已具有现代学堂的雏形。

广州自清初两王入粤屠城之后，城中已很少有五世以上的家族，无法建宗祠，只能由同姓族人建合族祠。但雍正十三年（1735），朝廷严禁民间聚众结盟，凡寺、观、神、祠，俱禁止兴建。乾隆三十七年（1772），官府以“城内合族祠类多把持讼事，挟众抗官，奏请一律禁毁”。民间的合族祠不得不改为书院、试馆。咸丰二年（1852），又再以合族祠多建于市井，“不特有碍居民，抑亦街邻所共恶”，“一二好事者，籍端敛赀、希图渔利”为由，下令即使改为书院、义学名义的合族祠，亦一律禁止。光绪元年（1875）、八年（1882）朝廷两次下令“各姓不得纠众添建祠宇，致碍民居”。

官府严禁合族祠，不仅仅是为了治安，礼制也是原因之一：同姓不宗，素昧平生，只要出钱就可以联为一家，一起供奉牌位，于礼不合。但当时合族祠遍地都是，强行扫荡容易激起民怒，官府也不敢轻易为之，因此，书院、书屋、书舍、试馆一类名义，虽然官府不公开认可，但事实上听之任之。

宗祠书院主要是为应试族人服务，所以院址大多在贡院与学政衙门周边，在德政街、大塘街、旧仓巷、双门底、西湖街、大小马站、马鞍街、四牌楼一带，汇聚了大量宗祠书院，其密度与数量，堪称全国之冠。

西湖路流水井有考亭书院，又称朱家祠。考亭位于福建建阳，是朱熹晚年居住和讲学的地方，考亭书院是他一生兴办的最后一所书院。朱熹逝世后，他的第七代孙迁居到广东新宁，在广州流水井筑朱家祠，除纪念朱熹业绩外，又为便于朱家举子赴省或京师参加会试、殿试及学习、住宿而设考亭书院。凡中了举人、进士者，还可以得到考亭书院的奖赏，并参加书院举行的祭祀仪式。

离考亭书院不远处是庐江书院，又称何家祠，清嘉庆十八年（1813）建成，道光、光绪两朝均有重修。门楼坐西向东，门额“何家祠道”四字。门楼后有照壁和庭园，主体建筑正祠坐北朝南，为三进式。前座头门，面宽三间。大门上有石额，刻“庐江书院”。中墙有“必得其寿”彩绘。头门后是一个很大的天井，两侧皆廊庑。正祠两侧为东、西书舍，以青云巷与天井廊庑连接。书舍门石额分别刻有各县、乡名称，如“新会房”“恩平房”“龙塘房”等，计有43间。东侧书舍内有高三层的魁星楼，亦称“登云楼”。

大马站有三益书室，建成于光绪十九年（1893），亦属于保存较为完整的宗祠书院，由新宁（今台山）东陵乡大墩村江姓与邻村何姓、黎姓三姓族人合办，作为资助同乡三姓士子到省城参加科考时，进修课业、等待放榜的居所。书室为三进式，硬山顶风火墙，灰塑瓦背。进前座头门后，两侧为耳房；过天井至中座大堂，堂匾曰“怀谦堂”。大堂两侧为书房；后座为祖堂，安置三姓先祖牌位神龛。

大马站还有平所书院，是宋太宗第十一世孙、上柱国大夫赵必次后裔兴建的宗祠，又称赵家祠。赵必次殉国于崖山海战，临终时将二子托孤于琼州太守林玄辅。为躲避元人追杀，其后人一直改姓林，至明代才恢复赵姓。赵必次四世孙赵宗远举族移居宁阳浮石乡。嘉庆年间，赵宗远的第十世孙赵恒伯（字平所），在广州修建了这座宗祠。

据不完全统计，在西湖路大小马站、流水井、仙湖街、越秀书院街周边，曾分布着东平书院（阮家祠）、汾阳书院、赖氏书院（赖家祠）、谢氏书院（谢家祠）、江都书院、谭氏书院（谭家祠）、曾氏书院（曾家祠）、周氏书院（周家祠）、冠英家塾（马家祠）、太邱书院（陈家祠）、六桂书院（方家祠）、日丽书院（甄家祠）、武溪书院、镜湖试馆、瑞柳书屋、光复书院等数十家宗祠书院。

越华路附近，有六鳌书院、鳌山书院、富民书院、光大书院、仇氏书院、千乘书院等十几家宗祠书院；在广卫街附近，亦有许氏书院、麦氏书院、龙溪书院、侣宋书院、焕然书院、何氏书院、曾氏书院、璧山书院、林家书塾、龙关书院等十几家宗祠书院。

广州起义路坐落着清代赫赫有名的梁氏宗祠（梁千乘侯祠）。梁氏是岭南望族，其宗祠是当时广州府、肇庆府梁姓宗族合资建造的合族祠，始建于康熙三十八年（1699），为梁姓宗族子弟到广州城参加科考、诉讼、缴纳赋税等事务时提供居所，后来改建为青云书院。

1918年，广东政府开辟维新路（今起义路），按规划马路要穿过青云书院，广东名流梁士诒（曾任北洋政府国务总理）、梁启超等人，分别致函广东军政府，呼吁保护。最后政府听从了他们的意见，马路在书院前拐了一个弯，使青云书院得以保存。可惜在1920年，书院仍然被市政局占用并拆去包括西斋昌后堂三大座在内近一半面积。由于建造年久，又疏于管理，青云书院日渐破败。

由宗祠改成的书院中，以陈氏书院的名气最大。陈姓是广东第一大姓，自古有“广东陈，天下李”之说。陈家祠位于西关连元街（今中山七路），据风水先生声称，这里得五星聚奎之象，洵胜地也。光绪十四年（1888），陈氏以陈颍川堂和陈世昌堂名义，购下西门口外连元街、荔枝湾福水塘、恩龙里口等总面积约3.66万平方米地块，作为兴建陈氏书院的建筑用地及提供书院掌教薪水和生徒膏火经费的田地。光绪十八年（1892），陈家祠刚修了一半，广东就出了个陈伯陶，壬辰科殿试高中第一甲第三名（探花），赐进士及第，陈氏族人欢欣鼓舞，认为祖宗有灵了。

光绪二十年（1894），陈氏书院落成，创建伊始，就显出与众不同的志向——创建陈氏书院的绅董们，并不打算用“书院”二字糊弄官府，以书院为名，宗祠为实，而是为书院定下一个高层次的目标：办成真正的一流庠校。在《陈氏宗谱》中有一份《陈氏书院记》，开宗明义说：“书院之设，由来尚矣。古者，国学而外，党有庠，家有塾，诚以诗书之泽，无地不当振作，无人不可推行。大固足以教育英才，小亦足以周寒口、培子弟，命名虽别，其实殊途而同通。”

书院刚落成时，经费不足，不能立膏火，购书籍。四年后，社会环境丕变，朝廷要求所有书院改为学堂，陈氏书院一度改称陈氏实业学堂，但它毕竟是广东七十二县陈姓合族宗祠，里面供奉着全省陈氏先人12510个牌位，靠陈氏族人把它变成一所现代化的学校，心有余而力不足。

陈家祠未能圆一流书院之梦，但它美轮美奂的建筑，却赫赫有名，恒被视为世界代表性建筑之一。整座宗祠采用“三进三路九堂两厢杪”的布局，以六院八廊互相穿插，各单体建筑之间以青云巷相隔，厅堂雄伟壮观，廊庑清秀别致，布局严谨对称，空间宽敞，层次丰富，主次分明。

陈家祠内的陶塑、灰塑、石雕、砖雕、木雕、壁画、铜铁铸工艺，更是精美绝世，璀璨夺目。灰塑题材包括各种历史故事、神话传说、渔樵耕读的日常图景、戏曲小说场面，分布在屋顶正脊、垂脊、廊门、连廊、屋檐、山墙、墀头、窗檐和墙壁等处。砖雕用凿和锤在砖上雕刻虫鱼鳞甲、飞禽走兽、男女老少人物，玲珑浮凸，栩栩如生。木雕也是一绝，在首进大厅、中进东厅、中进西厅各有4扇雕工极其精美的木屏风，在聚贤堂有12扇屏风，题材包括郭子仪祝寿、太白退番书、长坂坡救阿斗、三英战吕布、血染鸳鸯楼、三打祝家庄等小说、演义、话本、戏曲故事。除屏风之外，还有11座神龛花罩，也属清代岭南建筑中的木雕巨制。各处无一不是巧夺天工的经典之作，代表了岭南民间工艺的最高水平。

光绪三十一年（1905）秋，朝廷正式宣布：从明年开始，所有乡会试一律停止。各省岁科试亦即停止。行之千年的科举制度，至此寿终正寝。所有书院都要改为现代学堂。越华书院改为府立中学堂；广雅书院改为两广高等学堂；禺山书院改为番禺初级师范学堂；粤秀书院改为两广学务处，后来几经变迁，改为两广方言学堂；应元书院与菊坡书院合并，改为存古学堂；西湖书院改为南海初级师范简易科馆，后改为南海中学堂。而学海堂的命运最为惨淡，完全停办，校舍荒废，至民国初年，已荡然无存。

愤怒的商人

清末民初，广州到底有多少人在做生意？历朝历代对人口的统计，都是把番禺、南海作为统计单位，而没有对广州府城作单独统计。直到宣统二年（1910），广东省咨议局做的统计，总算把广州作为一个统计的区域了。

广州警界区域总人口为517596人，西关地区人口最稠密，达233144人，占广州人口四成以上。那么，有多少人在经商呢？这份统计显示，广州有27524万家商业店铺，假设一家店铺养活六口人（东家与店员的家庭加起来，往往不止六口），那么，商业便养活了近17万人，约全城人口的三分之一，这还没把在洋行做进出口贸易的商人、走街串巷的流动商贩和穿州过省的行商算进去。这是一股不容小觑的力量。

大部分商人都集中在南关与西关地区，他们有自己的组织

“七十二行”，俗称“九八行”。尽管这是一个松散的组织，没有固定办公地点，没有章程，要讨论什么大事时，各行代表便到文澜书院开会，但这个组织是行商内部联络感情、启发见闻、调解纠纷、调查实业、研究商学的机构，不加入七十二行，很难在广州商界立足。

七十二行囊括了主要的工商业行会，它们是：土丝行、洋庄丝行、花纱行、土布行、绒线行、绸绫绣巾行、颜料行、南海布行、纱绸行、上海绸布帮行、匹头行、故衣行、顾绣班靴行、靴鞋行、牛皮行、洋杂货行、金行、玉器行、玉石行、南番押行、典押行、米埠行、酒米行、糠米行、澄面行、鲜鱼行、屠牛行、西猪栏行、菜栏行、油竹豆行、白糖行、酱料行、花生芝麻行、鲜果行、海味行、茶叶行、酒行、烟叶行、烟丝行、酒楼茶室行、烟丝行、生药行、熟药行、参茸行、丸散行、薄荷如意油行、磁器行、潮碗行、洋煤行、红砖瓦行、青砖窑行、杉行、杂木行、铜铁行、青竹行、电器行、客栈行、燕梳行（保险业）、轮渡行、书籍行、香粉行、银业行、银业公会、矿商公会、报税行、北江转运行、北江栈行、南北行、天津公帮行、上海帮行、四川帮行、金山庄行。光绪三十三年（1907）日本人在广州进行过调查，他们所开列的七十二行，上述并不完全一致，比如他们说有牌匾行、仪仗行、洋灯行、象牙行、烧料行（琉璃器具）等。宣统二年（1910）香港报纸在报道广州商界拒赌时，标题为《省城一百二十行西家行拒赌传单》，显示当时的工商行业，至少有一百二十行之多。

七十二行的形成，可溯至鸦片战争，因南方沿海形势紧张，朝廷拿不出钱巩固海防，故把炮台经费转嫁到广州商人头上。那时广州商人是一盘散沙，无人敢违抗圣旨，只好由几个大商人出面和各行商协商，把四百万两的炮台经费，分摊给七十二个大行商，小行商可免。这七十二行商虽然破了财，却换来了与官府讨价还价的筹码，逐渐形成自己的团体，掌握了广州商界的话语权。

在广州，还有另外一种机构，与七十二行商平起平坐，同具商界领袖地位，那就是善堂。这是由士绅、邑人主持的慈善机构，功能包括平粜、赈恤和向穷人施医赠药、施棺殓葬等。善堂以富商为靠山，商人在善堂中充当董事、值理、总协理一类职务。比如爱育善堂的总理，便是十大行递年轮值，以公举方式产生；而方便医院则由七十二行商递年推举两行为总理，两行为协理，轮流主政。广州最著名善堂有九家：方便医院、广仁善堂、爱育善堂、广济医院、惠行善堂、崇正善堂、润身社善堂、述善善堂和明德善堂。

绅商不仅建立组织，而且开始在读书人中，寻找同路人。光绪十年（1884），广东第一份中国人自办的报纸《述报》，在多宝大街海墨楼书局创刊，这是中国最早的石印报纸。两年后，《广报》在广州创办，内容以论著、本省新闻、中外新闻为主，也附有宫门钞、辕门钞和货价行情。这是中国最早的日报之一，与汉口的《昭文新报》、上海的《汇报》同为最具影响力的近代日报。后来，因“辩言论政，法所不容”，《广报》被当局查封，改名为《中西日报》出版后，又被第二次查封。

绅商很快就明白报纸的重要性了。以前民间的诉求，缺乏表达的渠道，只能通过官员的奏章，上达天听。官员是否愿意代奏，在代奏时有没有歪曲、隐瞒，完全取决于官员的良知，民间既无从得知，更无从干预。现在，民间不依靠官员，可以利用报纸直接发出自己的声音了。绅商毫不吝啬地把钱投入到这个新兴行业。

广州报纸越办越多，背后的金主，大部分是本地绅商。围绕着文澜书院，形成了广州最大的图书报刊出版中心。在第七甫有群英阁、通艺局、丹桂堂，第八甫有载经堂、藏经阁、经纬堂，在十七甫有五经楼、明经阁、穗雅印刷局、东雅印刷局，在十八甫有允经楼、时雅书局、维新书局；《羊城日报》《时事画报》《中西日报》《博文报》《时敏报》《国事报》等报纸，都在文澜书院周围。光绪三十四年（1908）成立的“广州报界公会”，会址设在十八甫的《国民报》旧址，也一贯是绅商的地盘。后来人们习惯地把第五甫至第八甫一带叫作“报纸街”。

光绪三十二年（1906），元宵节刚过，由广东总商会主办的《广州总商会报》就在十七甫创刊了，发起人是左宗藩、郑观应等官绅商人。其内容包括上谕、商务、论说、本省商务要闻、京外商务要闻、译外国商务要闻、时事、本省要闻、铁路纪事等。

铁路对朝廷来说，一直是个烫手的山芋。广东的商人出于自身利益，最关注粤汉铁路。这条铁路最早由英国提出修筑方案，鄂、湘、粤三省官绅集资兴建，但后来因为筹款困难，经官府提议，以三省名义，联合举借外债，由三省分摊偿还。粤汉铁路的筑路权，转到了一家美国公司手上。但这家美国公司却把部分股权卖给比利时。

消息传开，人们的民族情绪被瞬间点燃，要求赎回路权的抗议风暴，迅即在湖南、广东掀起。当时日俄战争正打得如火如荼，朝廷对任何涉外问题，谨小慎微，如果直言废约，恐引起列强反感，故只敢提商民备款赎路，希望把外交问题淡化为商务问题。

经驻美使臣梁诚再三交涉，最终与美国公司签订合同，以高于原价近一倍的价钱赎路。但所谓商民备款，不过是官府打着商民旗号行事而已，赎金是以鄂、湘、粤三省烟土税作抵，向香港英国殖民地政府筹借。粤商哗然，这是前门拒虎，后门进狼。广东民间并不缺钱，为什么不能自筹资金兴建粤汉铁路？

广州七十二行商、九大善堂，公开倡议招股把粤汉铁路广东段改为商办。绅商代表黎国廉、梁庆桂挺身而出，致电湖广总督张之洞，表明铁路商办立场：如不废约，“三省商民另筑一路以图抵制，粤民万众一心，有进无退”。广东、湖南两省绅商各派代表到武昌谒见张之洞，建议三省铁路分开办理。最后张之洞同意三省各筹各款，分段修筑，湖北段官办，湖南段官商合办，广东段完全商办。商人们欢天喜地，回广州后开始着手筹备成立铁路总公司，推举梁诚为总办，梁庆桂为副总办。

铁路商办与朝廷的官办政策不符，两广总督岑春煊不同意把铁路交由商办，他再派番禺知县柴维桐召集七十二行商和九大善堂的绅商，在广济医院开会，商议筹款筑路办法。办法有两个，一是举借外债，二是加抽各项经费。

商人们大哗，指责官府出尔反尔，张之洞与岑春煊互扯猫尾。借款筑路，不啻饮鸩止渴。岁还本金，月付利息，输出之额愈大，流通之资愈少。一旦周转不灵，不得不在借款之外，复加借款。外人以利息所入变为本金，再借给我。不出几年，路权就非我所有了，利又从何而来？柴维桐声称，不借外债，就只有加征粮税、盐捐、炮台捐等，为赎路之款。商人们一听“加征”二字，更加反对。

对商人的声音，岑春煊一向不当回事，睇得白云山一担泥——眼阔肚窄，竟下令拘捕“闹事”的梁庆桂、黎国廉等人，企图把说三道四的绅商吓退。梁庆桂收到风声，连夜逃往香港，黎国廉则被关进了陈塘九区警察分所。另外一名绅商代表李肇沅也同时被捕。岑春煊禀明朝廷，以“鼓荡风潮，藉端破坏”为由，革去梁庆桂、黎国廉、李肇沅的功名。

第二天，黎、李被官府拘押的消息，在广州传开，全城震动，“人发俱上指”。广州总商会召开紧急会议，鸣锣通知全市所有商号，一律罢市抗议，朝廷一日不严惩岑春煊，商店一日不复业。锣声一响，三街六市的店铺，全部上板落闩，停止营业。数千地方绅民在明伦堂开大会。前闽浙总督许应骙、粤秀书院山长吴道镕、越华书院山长易学清等人，联袂出席。大家一致赞成请在北京的同乡京官代奏，撤革岑春煊，以平民气。家在西关的前贵州巡抚邓华熙也在电报上签了名。

疏电连夜送到香港拍发，很快得到北京的广东籍京官复电，全力支持，请求朝廷派员到粤查办。一位御史奏称岑春煊“受病已深，代为吁恩饬令开缺”。在北京甚至有谣传，由于岑春煊加捐税，造成广州“民情暴动，致有洋兵登岸保护之事”，令朝廷大为震恐。广东全省士绅、同乡京官、外埠侨商，纷纷吁请朝廷“去岑安粤”。商人和学生组织代表团，到大牢探望黎、李二人，表示慰问。

在总商会的大会上，黄景棠号召大家购买商办铁路公司的股票，并带头认捐10 万股，当天广州的行商便认了180 万股。为了吸引普通民众认购股票，商人们特意制作了一个火车模型，陈列在善堂，供人参观认股。股票面值定得很低，每股5元，首期先收1元，二期收1.5元，三期收2.5元。当时坊间盛传铁路股票可有千倍的收益，人们争相购买，全城沸反盈天。许多小店员、小商贩、学生、工人，甚至老弱妇孺，亦把仅有的几个小洋、斗零用来购买“爱国股票”。旬日认股44087810 元，实收第一期（二成）股银共8817562 元，满足了铁路开工的需要。

迫于无奈，岑春煊只好下令释放黎国廉、李肇沅二人。黎国廉自入狱后，绝食抗议，身体虚弱，躺在床上说：“朝廷一天不处罚岑春煊，我宁愿死在狱中，绝不出去。”最后，朝廷不得不出面摆平，德宗载湉派两江总督周馥到广东按问，番禺县知县柴维桐即行撤任察看，不久岑春煊也调离广东。当黎国廉、李肇沅出狱时，警察所外，成千上万的民众夹道欢迎，鞭炮声经日不息，好像过年一样。

三月十二日，“商办广东粤汉铁路有限总公司”宣告成立，郑观应、黄景棠当选为总办和副办。公司接收一切有关粤汉铁路事宜，并占有广三路七分之三的权利。夏天，沉寂多时的粤汉铁路，终于开始动工了。

受到粤汉铁路广东段商办的鼓舞，沪宁铁路、苏甬杭铁路、广九铁路都相继爆发了赎路风潮。到宣统二年（1910），全国各省成立了近二十家铁路公司，全部都有商股，或完全商办，或官督商办，或官商合办。粤汉铁路之争，实际上，为后来成为辛亥革命导火索的四川铁路问题，埋下了伏笔。

粤汉铁路风潮后，商人的自觉意识，迅速提升。光绪三十三年（1907），是广州商界一个具有里程碑意义的年份。这一年，有不少精彩事件，值得载入史册。广州第一家以公司形式经营的百货商店——光商公司开业；《七十二行商报》创刊，主办人黄景棠，这是继《广州总商会报》后，又一份为商人发声的重要报纸；粤商自治会和广东地方自治研究会相继成立，这两个组织，都以保护商人本身权利为宗旨。自治会还成立了自己的学堂，设在华林寺戒烟总会，聘请毕业于广东法政学堂的同盟会员邹鲁为教员。

当时广东西江匪患严重，威胁过往商船，英国以保护英国货船为由，自行设立缉捕人员，公然侵害中国主权。银号商人陈惠普联合了一批有头有面的广州商人，包括铁路公司股东李戒欺、铁路公司副办黄景棠、珠宝商人郭仙洲、烟丝叶商人朱伯乾、药商陈竹君、药商兼医生唐拾义、航运业商人黄焕庭、百货业商人谭民三等，发起组织粤商自治会，以集体名义，要求两广总督收回西江捕权。

十月十六日，粤商自治会假座华林寺戒烟总会，召开大会，集议力争西江捕权，莅会者人如山海，几无隙地。大会制订出自治会章程。次日继续举行大会，推举出陈惠普等八名代表到督署呈递公禀。这份自治会章程，反映了粤商参政的强烈诉求，其章程之荦荦大端有：

一、议事会得受人民关于地方利弊、整顿盗贼、维持风化之条陈，酌量批准议行或批驳之；二、议事会得代人民申述其困苦不能上达之事于地方官；三、议事会得调处民事两造之争议；四、议事会得随时派员调查地方盗贼、地方利弊及各处风俗，上条陈于地方官；五、议事会对于地方官所办之事，得随时上书质问，地方官应即解答之；六、议事会得应地方官之咨询访问申述其意见；七、议事会得将地方巡警之创设改良事，商请该管官署酌办，该管官署委任地方自办，则由议事会议决交董事（会）按办；八、议事会则随时议设下级各城镇乡村之自治团体。

另一个自治组织是自治研究会，由梁庆桂发起。他开宗明义指出："天下大势，有宪法之国国恒强，无宪法之国国恒弱。"把广东的自治运动，与全国风起云涌的立宪运动，正式挂上了钩。他陈述研究会的宗旨是："以研究宪法为体，以编辑地方之政治、调查地方之政俗为用，立社省会定总汇也，联合各府州县期普及也，外达于京省仕宦，远布于五洲华侨，则又广智识资切磋也。"

自治会以商人为主，自治研究会以士绅为主。若论在商界的影响力，研究会不及自治会；若论与政界的关系，自治会不及研究会，二者并驾齐驱，各有胜场。在这场改变中国命运的大风暴中，商界、政界，缺一不可。

商人已经登上历史舞台。据一项抽样调查，19世纪末至20世纪初，在中国商场上叱咤风云的商人，八成是19世纪70年代至19世纪90年代出生的，正处于三四十岁的黄金时代。新生代的商人，眼界比老辈商人开阔得多，关心国事，热心政治，蔚然成风。

人们以为，铁路改为商办，一天都光亮了，不料"袈裟未著愁多事，著了袈裟事更多"。内部争权夺利，乱象环生。该路的大股东，多数是广州、香港、上海三埠的绅商，大家都希望在自己那个城市的银号储存资款，导致互相排挤。小股东声称受到大股东压迫，利益无从保障。外地股东则指责公司负责人选举不合法、账目不清、总办郑观应专断独行等，把郑观应逼下台去，黄景棠也借口"前往东西各国考察铁路建筑管理诸法"，辞职他去。后来改选梁诚为总理，不久他又被揭发贪污，掩面下台。宣统二年（1910），换了詹天佑担任总理兼总工程师。他虽洁身自守，肯干实事，但板凳没坐热便遇上了铁路干线国有化。

据官方报告，粤汉铁路广东段，自从商办以后，修筑进度极不如人意，从广州黄沙至粤北坪石，不过600里，开工六年，才筑成了145里，却花了602.5万余元，平均每里4.12万余元，大大超出铁路总公司预算的每里2万余元，中间难保没有弊端。官府痛斥粤路“糜费作弊，工程草率，股东概不与闻”。铁路没造多少，耗资如此之巨，一拖再拖，恐怕新路未成，旧路的枕木都烂掉了。朝廷派员调查，结论更加骇人，路工及材料支款，居然高达1470余万，摊算下来，每里费用超过5.7万余元，“虚糜已达极点”。

宣统三年（1911），朝廷突然宣布铁路国有，商人们大惊失色。度支部、邮传部电令粤、鄂、川、湘四省的督抚，要求迅速遴派大员，分头到各商办铁路公司，盘查账目，清仓查库，准备接管。新任两广总督张鸣岐连日召见广州的绅商代表和各大报馆主笔，费尽唇舌，解释干线国有的好处。张鸣岐警告商界，请鼎力支持，万勿反对。

广州商人并不笼统地反对国有，然而官府宣布，湘、鄂两省的股票，如果不愿换取国家股票的，可照原价全额退还，但广东只能按原价六成退还，其余四成，列入“亏耗”，只能在铁路赢利后，分年摊还，这是朝廷“格外体恤”，利息分毫没有。对此广州商人就接受不了了，“凭什么？公理何在？”不能因为广东人有钱，就专割他们的肉。

广东最初为了集资发行的股票，面值定得很低，每股5元，首期先收1元，二期收1.5元，三期收2.5元。此时铁路公司正在收第二期的钱，由于工程进展缓慢，股价一度跌到只剩下0.2元，现在略有上涨，涨至四五角的水平。如果按六成发还，即每2.5元只能先发还现银1.5元。很多人都质问：既然铁路国有了，这第二期的股票款还收不收？官府很想继续收，但却找不出理由。

国有方案公布后，全国舆论沸腾，湖南、湖北、四川各省都相继爆发了抗议风潮，四川的保路运动，更是愈演愈烈，濒临暴乱边缘。广东的铁路股东，虽然反应没有四川那么激烈，但他们不少是南洋和美洲华侨，他们的反对声音，越洋而来，日益高涨。

朝廷认为广东、湖南、湖北、四川绅商互相勾结，如不断然压制，势必病毒蔓延，波及全国，于是下令上海、武昌、长沙、宜昌、成都各地的电报局，禁止收发反对收路的电报，似乎只要各地无法联系，天下就会太平了。张鸣岐也打算惩办一两个领头“滋事”的商人，以杀其气焰。黄景棠被纳入了打击的名单之中。殊不料，压力愈大，反弹愈猛。

商人的意见无非是：二期股本决不再缴；股本全数归还，不打折扣；公司历年应派官息，照数发给；股本应退还现银，至少也要一半给银，一半给票。本来粤路奉皇上谕旨许为永归商办，开办情形十分艰苦，才接近完成，明明为民有之物，朝廷要收归国有，不是不可以，国为民之国，民为国之民，国有民有，又何异焉。但必须国家财力有余，然后可言收路；又必须与原所有权者商量，得双方同意，方能着手，万不能凭官威大石迮死蟹（指采用高压手段）。

为了抵制官府收路，有人忽然想出妙计，发起抵制官发纸币运动。以前中国的纸币纷乱如麻，外国银行、私人票号、钱庄都可以自行发行。直到甲午中日战争后，才成立中国通商银行，发行官方纸币银元票和银两票。光绪三十一年（1905）成立户部银行（后改名为大清银行），发行的纸币，主要有银元票、银两票和钱票三种。

光绪三十三年（1907），大清银行在广州三府前街设立分行，业务主要是办理广东应行解京、沪各处的公款和办理所有本省一切寄存公款，发行有1元、5元、10元的纸币。后来因为10元纸币有伪币，收回不用，市面流通的纸币，只有1元、5元、50元、100元四种。广东官钱局开办于光绪三十年（1904），属于半银行半钱庄的过渡性金融机构，总局设于濠畔街，上海、香港、汕头设有分局，广东境内各海关官银号，都归它管，主要业务是代造币厂购买生银和办理官铸银毫的发行。到光绪三十四年（1908），广东官银钱局印行的银元票，达1530万元。按照度支部规定，银行必须照发行纸币数目，常储有五成现银以备兑换，其余的也须有确实的有价证券作为准备。

挤兑风潮一起，广州各官银钱局和银行门前，人群成千上万，挨肩擦背，手持银票要求兑银。更多的围观者在旁不断敲锣撵兔子（起哄）。一天就有几十万两银子被兑走，张鸣岐向度支部告急，又向大清银行总行和交通银行请求接济。广东造币厂加班加点，赶铸双毫，以应对困局。朝廷也意识到兹事体大，紧急颁令："唯此次粤省因收回路事，突然倡议不用官发纸币，纷纷持票取银，显系不逞之徒，从中构煽，藉端滋扰。着张鸣岐严饬地方文武，随时防范，认真弹压。或有不法行为，立予拿办，倘敢纠众作乱，准如该督所请，格杀勿论。"同时报纸不准登反对的声音，电报不准传递铁路消息。

民间的反对声音越大，朝廷态度越僵化，非要把绅商压下去不可，竟把"格杀勿论"这种狠话都说出来了。广州陷入更大的恐慌之中，商界的头面人物纷纷逃往香港，黄景棠也跳上轮船，远赴南洋避难。绅权与政权的对抗，全面升级扩散。九大善堂、自治研究社、七十二行商和各绅、商、报等界，在总商会开大会，公议维持商场大局事宜，决议"将粤省乱后商民交困受害实情公布中外"，发表《告同乡书》。

七月十一日，广东省咨议局议员和全省各民间团体的代表上万人，在香港集会，宣布成立广东保路同志会。大会公推代表上京请愿，有人沉痛地提议："代表们为救亡起见，任大责重，深入虎穴，与路贼相抗争，万一遭到格杀，等于杀我们全体！应在代表起程时，开哀送会，大家穿上白色衣服送行。"说到这里，全场都痛哭起来，哀声动地，震人心扉。

商人本来是官府有力的支持者，但官府的傲慢、颟顸和蛮不讲理，把商人赶到了自己的对立面。失去商界的支持，官府的管治，便岌岌可危了。

皇朝最后一夜

孙中山开始出现在历史上了。

孙中山，名文，字载之，号日新，又号逸仙，幼名帝象，化名中山樵，广东香山翠亨村人。孙中山童年在乡间私塾启蒙，光绪五年（1879），随母赴檀香山，在长兄孙眉资助下，先后在檀香山、广州、香港等地接受西方式的近代教育，光绪十八年（1892）毕业于香港丽雅氏西医学院，随后在澳门、广州等地行医。

光绪十九年（1893），孙中山在广州冼基设东西药局，并在双门底圣教书楼（今北京路白沙巷口）开设东西药局分诊所。圣教书楼是基督教人士所开办，凡属上海广学会出版之西方书籍译本，如《泰西新史揽要》《西学启蒙》《万国公报》等，这里都有寄售，圣教书楼是广州最著名的新学书店。

孙中山在双门底行医期间，常与一班志士在圣教书楼后座的礼拜堂和广雅书局抗风轩讨论时局，酝酿成立秘密组织，实行革命。光绪二十年（1894），孙中山在檀香山成立中国最早的反清革命团体——兴中会，以“驱除鞑虏，恢复中国，创立合众政府”为宗旨。翌年春天，孙中山偕陆皓东、郑士良等人在广州建立兴中会分会，会址在双门底王家巷王氏书舍（又称王家祠云岗别墅，今北京路青年文化宫地），以“农学会”招牌为掩护，联系会党、绿林、游勇、防营、水师等。由于加入者颇为踊跃，孙中山乃以王氏书舍为总机关，另在双门底圣教书楼、东门外咸虾栏张公馆等处设分支机关数十处，以容纳往来同志和贮藏秘密文件。

光绪二十一年（1895）春天，孙中山与同志陈少白、陆皓东、郑士良等人，在香港成立兴中会总部，对外称乾亨行。兴中会动员了三合会、三点会、添弟会、天地会等绿林会众，并策反了广州水师营、巡防营的一部分士兵官佐，准备趁重阳节之机发难，攻陷两广总督衙门和巡抚衙门，成立临时政府。陆皓东设计了一面青天白日旗，作为起义旗帜。这是由兴中会领导的第一次起义，史称“乙未广州之役”。

当时广州城内官衙，防卫十分松懈，孙中山深信，组织一百人的敢死队，以二十余人携带武器，攻入府署的官眷住所，杀其长官，就足以使全城群龙无首；以二三十同志预伏在城中各要道，亦足可以阻挡城外官兵入城增援；如果官兵较多，就在横街窄巷炸毁几间店铺，援军就无法通行了。再以二三十人进攻旗界。完成了任务的各队则四处放火，造成声势，必可一举获胜。

这是一个非常冒险的计划，参加人数这么少，几乎是不可能成功的，不少人主张从顺德、香山、北江三路多调一些会党到广州，借重阳节期间，有登高、拜山之俗，各乡到省城的民众很多，方便党人混入，同时举事。于是，孙中山派人联络东、西、北三江的绿林团练，都很顺利，无不踊跃听命。

清代大儒朱次琦的侄子朱淇负责起草《奉天讨满檄文》，并将安民告示先期印好，收藏在王氏书舍的墙壁中，准备起义后四处张贴。另外还有一份英文的对外宣言，只待起义成功，即分送各国，要求承认义军为交战团体，享受各国一切中立权利。

九月初八，各路人马陆续潜入广州，聚集在起义总机关附近，定起义口号为“除暴安良”，以臂缠红布为标志，只等香港一路同志由杨云衢率领，乘当晚夜轮到达，即可发动。不料当晚香港同志并没有上船，孙中山接到杨云衢电报，称香港队员须改迟二日才能启程。广州总机关的同志认为，推迟起义，消息势必泄露，况且两天后香港同志能否行动，尚未可知，不如暂时中止计划，遣散广州的同志，以免遭受损失。

于是，广州总机关致电香港同志暂勿来省。孙中山一面下令部众尽快撤离，以免被官府一网打尽，一面督饬少数留省同志分头收藏武器、烧毁文件。但电报到达香港时，香港同志准备的七箱军火，已交付船运，无法取回，两百多人的队伍亦已整装待发了，杨云衢乃复电孙中山：“接电太迟，货已下船，请接。”

这时消息已经外泄，朱淇的兄长朱湘生是广州大绅，主持西关清平局事，他知道弟弟参与起义，担心受连累，遂向官府自首告密。官府缇骑四出，大肆搜捕。王氏书舍和咸虾栏等机关均被破获。陆皓东本来已安全撤离，但他担心藏在王氏书舍里的党人名册被官府搜获，按图索骥，遂又不顾友人劝阻，潜返王氏书舍，把名册取出全部烧毁。当最后一本名册化为灰烬时，官兵破门而入，陆皓东等五人被捕。

第二天，香港轮船抵达广州，官府已派重兵在码头守候，船甫泊岸，即上船大捕党人。船上四十多名党人及其首领朱贵全、邱四被捕，七箱军火亦全部被官兵缴获。孙中山逃回香山，转赴澳门、香港，从此流亡海外。

陆皓东在狱中受尽酷刑，但表现出视死如归的勇气。审讯时陆皓东奋笔疾书，痛斥清廷腐败无能，直陈革命意义，写下了一篇慷慨淋漓的“供词”，有“公羊既殁，九世含冤，异人归楚，吾说自验。吾言尽矣，请速行刑”的悲壮之语。陆皓东、朱贵全、邱四三人被官府杀害，党人程奎光在营务处受军棍六百之刑而死，还有几名党人死于狱中。孙中山称陆皓东为“中国有史以来，为共和革命而牺牲第一人”。广东按察使兼管全省驿传事务衙门发布告示，悬赏缉拿“逸犯”，孙中山名列榜首，悬花红银一千元。

乙未起义虽然失败，但孙中山和革命党的名字，第一次震动天下。据孙中山自述，这次失败后，“举国舆论莫不目予辈为乱臣贼子，大逆不道，咒诅谩骂之声，不绝于耳，吾人足迹所到，凡认识者几视为毒蛇猛兽，而莫敢与吾人交游也”。孙中山、陈少白等人流亡到日本，杨云衢则流亡到印度、南非洲。光绪三十一年（1905），孙中山与黄兴等人，在日本成立中国同盟会，跋履所至，结交华侨，宣传革命，风气为开，同情和支持革命者，日益增多。

自从乙未起义失败以后，孙中山再接再厉，在两广地区发动了多次起义，尽管都以失败告终，但革命党的名字，开始频频出现在人们视野之中。宣统元年（1909）春天，文澜书院里，不时有人耳语，孙中山得力助手胡汉民从南洋回到香港了，筹组同盟会南方支部，准备在广州大干一场。这个消息，让一些人很震惊，也让一些人很担忧，甚至有一些“聪明人”悄悄地把钱财转到香港。

种种传言，到年关时更甚嚣尘上。天官里有一座青砖大瓦房，每逢假日，就有不少新军士兵出入，在房子里高谈阔论，左邻右里不时听到“革命”“鞑虏”“黄帝子孙”一类词句，从屋里断断续续传出。等他们散去后，常会留下一些书刊，诸如《革命先锋》《外交问题》《立宪问题》等，大家虽然看不懂，也知道是危险书籍，但从来没有人向官府举报。

新军第一标驻在燕塘，第二、三标驻在北较场，很多官兵都秘密加入了同盟会。胆小的人问：“你们就不敢砍头吗？”士兵大笑着说：“就算判我个斩立决，公文往返，也要三四个月，他们来不及杀人了！”很多心急的士兵跑到双门底刻私章，店主很诧异：“最近怎么来这么多刻章的兵爷？”旁边的人撇撇嘴回答："等坐天下以后升官用呗。"有个士兵买西樵大饼嫌贵，傲慢地指着小贩说："再过几个月，你送给我我也不一定要呢！"

腊月最后几天，士兵们接到了通知，宣统二年（1910）正月初三是起事日，由炮兵营开炮为号，各标营同时响应。预先集结在河南的会党和民军，立即渡江候命；城内的巡防新军在听到炮声以后，也一齐动手；驻扎城外的巡防新军，则在原地相机行动。起义以赵声为总指挥，倪映典为副指挥。占领广州以后，由省咨议局选举临时民政长官。倪映典在城里的官纸局后街、雅荷塘、清水濠、小东门，设立了以女眷为掩护的办事处；府学东街廖家祠、惠爱街占家祠、秉政街拾桂坊、木排头宜安里，都设立了革命党的秘密机关。咨议局议员陈炯明也是同盟会员，在大东门租了一间房子，收藏军火。

不料，起义前夕，再次发生冷灶冒烟的意外。有人遗落了一张空白的同盟会盟单在军营，被一名军官发现，呈交到督练公所。虽然盟单上无名无姓，不能据此拘人，但督练公所为防万一，以新年将届，营地潮湿为由，把新军营中所有子弹、炮弹和枪械、火炮的撞针，一律收缴城内存放，等开操后再发回。没了子弹，士兵们手里的枪，就成了拨火棍，大家都焦躁不安，不知如何是好。

年三十中午，二标三营一名士兵到双门底的绣文斋书店印名片，一言不合，竟张开蕉蕾般的五指，给了店主一记耳光，结果被当更警察带回禺山关帝庙警察局。新军士兵闻讯，趁机鼓噪起来，把禺山警察局团团围住，喊打喊杀。警察吓得赶紧把那个士兵释放了，但新军士兵不肯善罢甘休，三五成群在街上游荡，一看见警察，就围上去痛殴。警察不得不脱掉号衣，换成民装巡街。

为了防止再生事端，新军协统下令初一、初二、初三均取消放假，除了伙头军，其他士兵不准出营。新军士兵在营房里吵嚷着，叫骂着。军官们躲进自己的房间，装聋作哑。第二天是大年初一，第一标十几名外出买菜的伙头军，在双门底又和警察狭路相逢，始而对骂，继而互殴。消息传回燕塘军营，士兵们不管禁令，挥舞刺刀棍棒，呼啸而出，赶到城里，再次包围禺山关帝庙警察局，把紧闭的门板打得砰砰乱响。大队宪兵赶来，好不容易才把新军士兵劝回营里。

这个新年过得很紧张，所有旗兵奉命在大小东门至大小北门严密戒备。城门紧闭，交通断绝。新军士兵的情绪，也开始失控了，他们在营里找出三箱子弹，每个士兵领到七发子弹，只有少量枪支有撞针，这也够干一仗了。大年初二，倪映典从香港返回燕塘，他本想等过完年，士兵们取回子弹后再行动，但大家急不可耐，纷纷叫嚷：等什么等，等得清明肚又屙，要干就马上干。于是，起义在每个士兵只有七颗子弹的情况下，骤然爆发了。

倪映典率领着新军，从燕塘出发，沿着沙河涌前进，向城内进军。但清军已有准备，水师提督李准在牛王庙（在今先烈路与永福路交界处）设下埋伏，两军相交，枪炮齐下，倪映典中弹身亡。清军又从杨箕村包抄过来，截断新军退路。群龙无首、缺乏武器的新军，退往沙河，又遭到猛烈阻击，死伤枕藉。更多的提标防营赶到沙河、瘦狗岭、东圃、石牌一带，包围圈越缩越小。起义遂告失败，百余新军官兵阵亡。有十几名士兵逃到簸箕村、猎德村等地，热心的村民把他们藏匿起来。这些士兵宁可忍饥挨饿，不私取任何物件，令村民十分感动，争相送给他们衣物和金钱，掩护他们逃生。

两广总督袁树勋札饬藩、学、臬三司及督练公所，办理遣散骚乱新军事宜，与此同时，广东自治会、九大善堂、七十二行商会，会同全省绅、商、学、报、慈善各界，却分途前往各乡，安抚逃兵，并上书总督，援协从罔治之例，请为从宽办理。对这些来自民间的声音，官府的反应，最初是充耳不闻。但抗议和指责声浪，竟成滔滔之势，迫使官府不得不表示服从舆论，对参与骚乱士兵分别资遣，交保管束三年，由三司给予护照，仍作为“高等人格”看待，不准地方官为难。

各界人士在自治会召开大会，继续施压。各行商纷纷登坛演讲，称赞新军士兵，都是良家子弟，对于商场，从无骚扰；这次失败，宁饿死不忍扰民，足见志节。而官府竟全行遣散，交保管束，蒙此大辱，恐天下军人，闻而灰冷，殊非朝廷速练成镇的本意。有人说到新军士兵逃难时的惨况时，声泪俱下，场中饮泣之声四起。在绅商们的活动下，一些粤籍京官，先后上书弹劾，指责袁树勋措置不善，甚至称本案“恐有冤滥情事”，请朝廷派员查办。朝廷遂派两江总督张人骏赴粤，彻底查究。而查究结果，袁树勋以措置失当，得了个革职留任的处分。新军死难官兵瘗葬于牛王庙山头。辛亥革命后，在牛王庙处立“广东陆军庚戌首义诸烈士墓”石碑。

广州绅商对新军起义的态度，显示他们和革命党越走越近了，这与乙未起义后，人们视革命党为“毒蛇猛兽”的情况，不啻天壤之别。才过去15年，时代已跨过了一道鸿沟。

时间不知不觉到了宣统三年（1911），干支纪年为辛亥年。同盟会黄兴、赵声等人在香港跑马地成立广州起义统筹部，黄兴任部长，赵声任副部长。下设调度、交通、储备、编制、秘书、出纳、调查、总务八个课，由姚雨平、赵声、胡毅生、陈炯明、胡汉民、李海云、罗炽扬、洪承点分任课长。在广州城内尽量多设秘密机关，用来安置同志和收藏军火。正月过后，八百多名选锋队员，陆续从各地赶到香港和省城附近集结。

三月初十，燕塘举行飞机飞行表演。这是轰动全城的新鲜事。报纸上说，恩平人冯如把在美国和一批华侨创办的广东飞行器公司迁回燕塘了。人们无法想象人怎么能像鸟一样飞翔，都想去开开眼界。署理广州将军的副都统孚琦正好到燕塘勘测旗地，便带同全家一齐前去观看。在经过漫长的梅雨天，天空透出一线难得的阳光。满城文武，像踏青一样来到燕塘机场。不料，飞机刚刚起飞，就碰上机场旁边的竹子，“轰”一声栽到地上，机毁人亡。孚琦连声大叫“扫兴，扫兴！我要即刻回衙门”，坐上绿呢大轿，匆匆回城。

孚琦的轿子经过东门外咨议局附近时，路边突然跳出一名大汉，朝他连开数枪，致他当场毙命。刺客是从南洋来的独行侠温生才，得手后逃走不及，被捕遇害。他这次行动没有与同盟会香港支部联系，也不知道同盟会正在组织一次大起义，自己买了支枪就去暗杀政府大员，原想杀水师提督李准，为新军烈士报仇，却错杀了孚琦。

温生才事件，令两广总督张鸣岐大惊，认为这是革命党发难的先声。李准把同情革命党的防营一营调走了，另调可靠的防营二营进城，并计划在四月初解散新军二标；在此之前，所有新军士兵不准请假外出，子弹、刺刀一律收缴。张鸣岐下令全城戒严，清查户口。统筹部原在旗界租了九处地点准备届时纵火，此番已有四处被迫迁出。

这时，来自广西、南洋的选锋队员大部到位了，分别潜藏在双门底、旧仓巷等处。旧仓巷与司后街相通，与小东营隔街相对。东江的同志藏在司后街（今越华路）陈炯明寓所，另有一部分同志藏在九眼井、小南门、长堤、谢恩里各处。起义总指挥部设在司后街小东营，离制台衙门和水师提署，只一箭之地。赵声担任起义总司令，未到广州时，由黄兴代理。而统筹部则仍留在香港。

黄兴到广州后，各种消息纷至沓来，一会说武器不能按时运到；一会说官府已有所准备，巡防二营占领了越秀山；一会又说张鸣岐已密令城内军警，预备开战，一旦城内火警，不准开城赴救；一会又传四月初五前将挨家搜查，大索党人。因此，起义日期几经更改，最后决定在三月廿九日发动。

那天下午4时许，天空浓云密布，飘着筛糠雨。司后街的居民从窗口看见，一大群短衣男人从小东营出来，直奔西边的总督署而去，目测有一两百人。其中一胖子坐在肩舆上，其他人像是他的侍从，前呼后拥。后来才知道，那个坐肩舆的就是黄兴。人们正惊疑不定之际，听见从总督署方向，传来一个嘶哑的声音，仿佛在喊："我们是为中国人吐气，你们也是中国人，赞成的请举手！"随即响起了"乒乒乓乓"的枪声。有大胆的人爬到禺山高坡上张望，看见总督署冒出了浓烈的黑烟。四周的枪声也越来越密了。

坊间盛传，革命党攻入了督署，但张鸣岐从图籍所的楼顶钻出瓦面，逃到天平街水师公所去了。黄兴想纵火以号召各方，却找不到引火材料，只好把火种扔到张鸣岐寝室的床上，这就是督署起火的原因。选锋队冲出督署大门时，迎面撞上李准的亲兵大队，一名队员上前高呼："我们都是汉人，同心戮力，共除异族，恢复汉疆。不用打，不用打！"话音未落，被对方一枪击中脑门，当场丧命。另外五名队员也中弹倒地，黄兴的右手断了两指，血满袍襟，且战且退。

天黑以后，广州城里到处都是枪声，居民紧闭大门，不敢外出。有几十个外县来的党人不认得路，在横街窄巷乱转，不知怎么出城。他们遇上一名更夫，恳求他带路去小北门。老更夫一声不吭，在前引路，却把他们带去了仓边街。这些不幸的党人又转回了小东营，与大队防营撞上，一轮驳火后，有十几人退入状元桥附近高阳里（今小北路与法政路交界处）的源盛米铺，堆起米袋作垒抵抗。双方对峙一夜，官兵索性放火烧街，米铺也陷入火海之中。店内的党人纷纷跳后墙逃走，来不及逃走的党人，在店里引爆炸弹自杀。但逃出的人许多因为不认得路，乱冲乱撞，被官兵捕获。另有一批党人躲进了邱家祠，这是咨议局副议长邱逢甲的寓所，他在门前挂起钦赐工部主事的木牌，令官兵不敢冒犯，躲在祠内的党人得以脱险。黄兴从五仙门出城，雇小艇逃过河南，再辗转逃往香港。

第二天，全城一片死寂，城门关闭，所有商店都不开门，街上除了兵警，行人绝迹，只有那些静静躺在湿漉漉的地上的尸体。在这次惨烈的起义中，死难党人不计其数。除两名妇女和一名年纪太小的党人外，其他人一律处死。不少被捕党人，被官兵用七寸铁钉从脑门钉入，一钉致命，尸体抛入珠江。而混战中死难的党人和一部分被枪决的党人，尸体丢弃在咨议局前的池塘里，无人收殓。连日阴雨，尸体很快便肿胀发臭。

河南“守真阁”裱画店的老板潘达微，是一位侠义肝肠的同盟会员，不避风险，东奔西走，恳求广仁、爱育、方便、广济各善堂，出面和官府交涉代为安葬。经过一番据理力争，官府勉强同意把所有遗骸葬在平时掩埋处死犯人和无主尸的臭岗上。

潘达微于心不忍，又请广州豪绅、时任清乡督办的江孔殷出面，向官府疏通，允为烈士另觅墓地，后得广仁善堂慨然让出红花岗空地一块，用以安葬死难义士。红花岗位于沙河马路旁，空旷通达。善堂雇工，连夜赶挖墓坑，在一片凄风苦雨之中，棺殓遗骸。当时有一班乞丐自告奋勇，前来协助掩埋烈士，完工后分文不收，掉头而去，令潘达微无限感慨。

掩埋烈士后，潘达微写了《咨议局前录新鬼，红花岗上党人碑》一文，以作纪念，又画秋菊图，题“碧血黄花”四字。他觉得傲霜菊花（黄花），恰似烈士的侠义精神，“本性能耐寒，风霜其奈何！”于是，大笔一挥，把文章中的红花岗，统统改称黄花岗。事后查得烈士姓名七十二，实际上死者远不止此数。

这次起义史称“三·二九起义”，或称“黄花岗起义”。同盟会南方支部精英损失殆尽，元气大伤。民国成立以后，孙中山撰文纪念：

> 满清末造，革命党人历艰难险巇，以坚毅不挠之精神，与民贼相搏，踬踣者屡，死事之惨，以辛亥三月二十九日围攻两广总督署之役为最，吾党菁华，付之一炬，其损失可谓大矣。然是役也，碧血横飞，浩气四塞，草木为之含悲，风云因而变色，全国久蛰之人心乃大兴奋，怨愤所积，如怒涛排壑，不可遏抑，不半载而武昌之大革命以成，则斯役之价值，直可惊天地，泣鬼神，与武昌革命之役并寿。

压垮清政府这匹骆驼的最后一根稻草，在武汉三镇落下来了。八月十九日，中秋节后第四天，湖北新军第八镇工程八营的革命党人在武昌聚众发难，其他各营汉籍官兵群起响应，迅速占领全城，成立军政府，推举第二十一混成协协统黎元洪，就任湖北军政府都督；即日通电全国，宣告武汉光复；请黄兴速到湖北，共商国是，又请黄兴转电孙中山回国主持大计。

广州仍笼罩着死寂的空气，还没从新军起义与三·二九之役两次失败的痛楚中，恢复过来。直到九月初四，一声霹雳，终于把这个半死不活的闷局，骤然打破。新任广州将军凤山，抵达广州，刚上岸不久，就在仓前街中了同盟会的炸弹埋伏，当场炸毙。翌日，广州各大报纸都出版了号外，刊登凤山被杀的消息，并配上凤山血肉模糊的尸体照片。美国总领事也到爆炸现场察看，他给国务卿的报告写道："当场炸毙凤山，卫兵三十人，和市民十余人。凤山焚毁的尸首，只能由一小片丝缎认辨，我下午到场观察，尚有十余尸首狼藉街上，烧毁至无可认辨。"有酒楼立即推出了应景的炸鸡蛋菜式，取"炸蛋"与"炸弹"的谐音，命名为"凤山入城"，大受食客欢迎。从这个细节，可以清楚看到人心向背，大清气数已尽了。

凤山被炸，对广州的八旗人，产生了巨大的心理冲击力。人们担心一旦革命，汉人会屠杀旗人，报当年两藩入粤屠城之仇。极度恐惧的旗人扬言，宁可拼个鱼死网破。《神州日报》一篇文章说："满人曾拟议，革党如向彼仇视，彼必先发制人，将城内外汉人杀绝。"这又引起了汉人的惊恐。在这种互相猜疑的心理下，只要有一点火头，就会酿成巨祸。

人们不约而同地聚集在西关文澜书院，似乎这里比两广总督署更有权威。广州各大民间团体都到这里开会，讨论维持省城公安的问题。大会由八十多岁的太子少保邓华熙任主席，梁鼎芬任副主席。梁鼎芬首先发言。他说："保全广东，非个人可以保全，当合千万人之力以保之，并合千万人之心为一心以保之。广东者，广东人的广东，官代治之而已；对好官我们支持，不好的官我们把他赶走，官力所不能逮的我们协助之。今革命党所持主义，在改良政治耳，政治如果是良的，革命自然兴不起风浪。"清乡督办江孔殷振臂一呼："无论满人、汉人、本省人、外省人、中国人、外国人，凡在我广东者，皆可享受共和平等之福，何乐不为。"会场上欢声雷动。

满汉八旗承诺会共同维持治安，并推举代表到文澜书院，向绅商们表达诚意，但内里却乱成一锅粥。汉满冲突的谣言，不仅没有平息，反而传得更加离奇可怕。有的说旗人已在旗界架起大炮，准备向汉人轰击；有的说汉人将攻入旗界，大开杀戒；也有的说四乡民军即将破城，不分满汉一起揽住死。街头说今晚将出大事，巷尾说明天会有血光之灾，闹得人人心惊胆寒。

有钱人家纷纷收拾细软，逃离这座危城，大南门每天都有成群结队的男女，挑着箱栊行李，仓皇出城。四牌楼的店铺，因接近旗界，全部关门上闩。"乒乒乓乓"的关门声，响遍惠爱街、双门底一带，昔日最繁华的路段，如今形同鬼城。巡警逐家逐户拍门，劝说大家开门做生意，不要被谣言所惑。人们勉强打开一条门缝，但巡警一走马上又把门关上。即使营业的店铺，也只开半天门，或只有顾客叫门才开。巡警道和南海知县微服巡街，到四牌楼一带，逐家逐户劝人"各宜安居营业，自然共享和平"。

九月初八早上，九大善堂、七十二行总商会各团体的代表，再次齐集在爱育善堂，讨论广东的前途问题。人们听说开大会，都跑来旁听，会场内外人潮涌动，声如鼎沸，就像崩了大围一样。从爱育善堂到十七甫的街上，挤满了千千万万的榄豉小帽，一望没有尽头。

大会第一个议题就是：广东当此危急存亡之秋，绝不能再模棱两可，现共和政府势力已成，与旧日专制政府立于极端反对的地位，专制政府现万不可恃。就广东人心趋向，应承认专制政府，抑承认共和政府，以图永久之保存，请大家表决。代表们齐声呼应："旧日专制政府政治势力已失，共和政府势力已成，友邦公认。为保存永久治安起见，应即承认共和政府。"欢呼声直上云霄。

人们浩浩荡荡从爱育善堂往文澜书院走去。上下九、德兴桥（十八甫北河旁街附近）的店铺，没人做生意了，都涌到街上，到处密匝匝，插身不下。适逢全省学界也在开大会，他们成立学界维持公安部，并派代表到文澜书院，向绅商们表达学界的忧虑。三方面的人走到了一起，再邀请满族代表到文澜书院，共商前途大计。

满族派了几名代表来表态：满汉两族两百余年共同生活在广东，已成为同语言，共嗜欲，通庆节，联婚姻的亲近同乡，生命以之，财产以之，即家中老老少少、男男女女，亦无不以之者。万望同乡各界团体，勿为谣言所惑，致生惊扰。大家开诚布公，同心协力，共维地方的治安，保存粤人的利益。九大善堂、七十二行商也承诺，极力保护满汉八旗生命财产，即使将来新政府的军队来到广东，也一定代为要求，与汉人一律看待。

各团体包括满汉八旗各举派代表，联合商议，组成广东满汉民团独立会，其宗旨是：维持满汉及三千万广东同胞生命财产，以创造将来的永远幸福，并派代表到总督署见张鸣岐，要求正式亮出广东满汉民团独立会的旗帜。满汉八旗把他们的军械全部交出，从此处于被保护的地位，与一般汉人相同。

人们情绪激昂，在市内举行巡游。所到之处，不断有民众加入，就像一股洪流滚滚向前，沿途不断有山洪汇入，变成滔天巨流。城厢各地，震耳欲聋的鞭炮声连成一片，从傍晚响到深夜，全城烟雾弥漫，除夕的鞭炮也没这么热闹。有些店铺门前悬挂的龙旗也被扯下来，如同破布一样丢弃了。

人们都以为大局已定，不料深夜汉口战报传来，民军失利，退守六渡桥一线。张鸣岐的腰杆立即硬起来，连夜出公告，严禁主张革命，还声称要剿办作乱的“匪徒”。这个公告一出，第二天，几乎所有商店都不开门了，当铺也停止典当普通物品。全城只开大南门，其他各门都关闭。人们万分恐慌，一股逃难潮平地而起，西堤码头开往香港的轮船，全部爆满，一票难求；平时没什么人坐的广九火车，也顿时成了“难民专列”，挤满了逃往香港的人；去佛山的汽车、去四乡的船只，无不人满为患；甚至在通往石牌、东圃、棠下的路上，也满是拖儿带女，徒步走难的人群。

南海县令到十八甫、下九甫一带，劝谕商店开门营业，但无人理睬。长堤一带的戏院乌灯黑火，同庆戏院甚至被军队占据。

海珠石前垒起了沙包，由防营和桂军把守。天字码头一带，水师行台架起大炮，停泊在江上的兵轮，也褪去了炮衣。总督署外华宁里路口，用石块砌起了掩体，仅留可供一人通过的缺口。在一些交通要道，官军把街上的青石块都撬起来做成街垒，筑成炮台。官府下令禁止集会，晚上12点以后全城戒严。

在这种危疑震惧的气氛下，总商会江孔殷、梁鼎芬等人，邀集自治研究社、九大善堂、七十二行商的绅商代表，凑在一起商讨应对办法。大家都无甚主意，只能请各绅董出面，劝导商民毋自惊扰。但大家都清楚，空口白话，不会有什么效果。

梁鼎芬请人做了几块高脚牌，写上他个人的“安民告示”。第一块牌写着：“民贫米贵可虑，今与官与绅商，合办平粜，特传知。”第二块牌写着：“谣传广东初九有事，今已过矣，同为大清国百姓，切勿轻听谣言，各宜安居乐业。”第三块牌写着：“我家住榨粉街，我家大小无一搬迁，书籍字画，并无移动，如若不信，请即来查，任众处罚。”第四块牌写着：“初四、初八连日在文澜书院议决，经函请制台，联络满汉，共保公安。现下省城地面，满汉已经融和，城上并无架炮，革党亦无来攻之事，可保公安。初八晚，有人倡议竖旗，系出误会，现已解散，官场亦不深究。各商场居民，可以无庸惊慌，速宜一律开铺，照常贸易，是为至祷。”

每块高脚牌都署上梁鼎芬的大名，雇了几个人扛着，在冷冷清清街上巡行，引来一些人围观，但反应却如泥牛入水。总商会、巡警道、劝业道都出了告示，但不仅居民举家外逃，连商铺、作坊也纷纷外逃。广府前的洋货店、番禺前的故衣铺、大新街的玉器铺，全都将货物打包入箱，挑运出城。大小店铺的门窗，不是用铁链锁住，就是用木板钉住。市面情形，比“三·二九”之役后，更加惨淡、恐怖。

九月十八日早上，九大善堂、七十二行商不顾官府禁令，在总商会召开大会。会后各界代表再到咨议局开会议事。咨议局内，已聚集了上千人，群情汹涌澎湃，不可名状。局势危如累卵，官府权威已经扫地，民众不能坐以待毙。大会决议立即成立新政府。当晚，双手沾满革命党人鲜血的李准，也见风转舵，宣布拥护革命。张鸣岐连夜逃入沙面租界，请求庇护，在英国人的保护下逃往香港。

九月十九日，立冬。太阳和往常一样冉冉升起。这一天将永垂青史。人们走出家门时，惊讶地发现，街上的军警一个都没了；所有官府衙门，都空空荡荡了，各司道和一府两县的官吏，在前一晚都鼠窜一空了。大清垮了！两百年的江山，说垮就垮！全城一片沸腾，千万面旗帜，在湛蓝无云的晴空下，猎猎飞舞。人们涌到大街上，奔走相告，笑逐颜开。民国了！没有皇帝了！李准下令各炮台一律升民国军旗，宣布反正。广州的大街小巷张贴出“军政府南部都督”的布告，宣告广东独立。

那一夜，真的很长很长，但天终于亮了。

第十章　十字路口

经过充满喧嚣、忙乱、尘土飞扬的1919年，永汉、万福、惠爱、文德等马路，陆续开通。双十节那天，由军政府总裁伍廷芳、督军莫荣新主持，在永汉路举行开车与开路典礼。

生活开始改变

革命党振臂疾呼：帝制已死，民权当立！但民权究竟是什么东西，大家并不很清楚。最初的理解，就是剪掉作为异族臣民象征的辫子。胡汉民当选为广东都督，马上发出改元剪发的通告："我国旧俗，皆总发为髻；惟吴越之间，有蓄发者，有剪发者，未闻辫发者也。辫发非我国之礼。迄自今始，宜一律剪辫发以芟荑国耻。"发布通告的日期为"黄帝纪元四千六百零九年九月二十日"。

辛亥革命前，很多留学生、华侨和革命党人都剪掉辫子了，广州人走在全国前面，倡导剪辫运动。商人何乐琴登高一呼，发起华服剪发会，宣布宣统三年（1911）12月31日实行全体会员剪辫，得到大家响应。但这天还没到，革命就爆发了。年轻人拿着剪子，到处帮人剪辫。那些不肯剪的人，被追得满街乱跑，哭爷喊娘。但也有人把剪辮看成一件庄严神圣的事情，要择好吉日，在家中准备只鸡絮酒，焚香拜过祖先，然后才举行“剪辮仪式”。有人在剪去辫子后，燃放炮仗，或上茶楼大摆酒席，庆祝“斩断天然锁链”。

剪短发、穿西装和结社团，似乎是三胞胎。经过清末十年新政的启蒙，人们对结社有着异乎寻常的热情。很多人对结社的目的并不清楚，只是出于“年晚煎堆，人有我有”的心理——没有煎堆怎么叫过年？军政府成立后，广州几天之内，便冒出了一百多个社团，这里开会，那里演讲，连和尚也有了自己的“广东佛教总会”。

每个团体都有不同的襟章，以资识别。襟章的质地，再穷也得用缎绸或者洋布做，才可以见人；有钱的弄个铜质或银质襟章，就更是神采飞扬，走路都恨不得要甩水袖、亮靴底了。有的人身兼十几个社团的职务，头上刚剪去辫子，还残留着绺绺辮根，像一蓬烧过的禾秆草，随风飞舞，身上已挂上了十几条五颜六色的襟章；有的家爷仔乸关起门来结个社，阿爷做会长，阿爸做会董，孙仔做干事，一人挂一条襟章，没事上街兜几圈，好不得意。街上随便掉块招牌下来，砸到的不是会长、社长，就一定是理事、董事。

民权还有一个重要的特征，就是可以批评官员。一位老报人在《民权报》上指责说，胡汉民这个都督不合法，应该由民意机关选举产生，才是正当手续。文章发表后，老人端坐家中，等军警来抓，却没人理他，甚为失落。

报纸流行嬉笑怒骂，挖苦嘲讽的文风，写新闻和写小说《二十年目睹之怪现状》一样。廖仲恺是军政府财政部副部长，经常到都督府和胡汉民商议财政问题，至深夜才出，记者便挖苦他："有新官儿仰卧籐兜，口喃喃犹呓经济术语。"胡汉民大怒，斥责这些报纸"专好反对民国军政府而已"。他在给同志的一封信中，愤怒地说："至于报纸，则以能与政府反对为雄。报律未施，警察无力，无法禁止。掩美扬失，其真相未易明。弟以在位之故，不屑与辩。"

胡汉民离任后，陈炯明代理广东都督。1912年1月10日，广州的报纸刊登了燕塘新军即将解散的消息，这是一条假新闻。陈炯明以"事关军政，不容捏造事实，扰乱军心"为由，扣留了两名发布假消息的记者。虽然旋即释放，但广州报界公会不肯善罢甘休，17家报馆连署，发表《告同胞书》，尖刻地说："今日之广东军政府，为广东三千万同胞之军政府，敝同业任监督之责，只知竭力维持，无论何人有违共和政体不规则之行为，必起而纠正之。"面对舆论的激烈批评，陈炯明唯有派警察厅长陈景华到报界公会，听取意见和解释政府立场，取得了报界的谅解，事件最后"和平了结"。

最令广州人痛恨的，是那些打着革命旗号，在广州为非作歹的所谓"民军"。民军队伍混入了大批市井无赖、地痞流氓、绿林土匪。广东革命后，这些人纷纷涌入广州"捞世界"。据报纸的统计，四千人以上规模的民军有五路：澳字军六千七百人；兰字军五千五百人；康字军四千五百人；建字军四千人；惠字军四千人。以上共两万四千多人。四千人以下规模的民军，还有二十五路，共计两万五千人。人数未详者，有十四路，加起来有十万之众。报纸批评民军“号召党羽，雄据各方，有自称军政分府者，有自称县长者，其时大局未定，军政府亦不得不曲为迁就而承认之”。

胡汉民也承认：“民军分子，以赤贫农民与其失业流为土匪为基本队，更裹挟乡团及防营之遣散者以成其众。”昨天还是乡间的泼皮牛二，今天就成了耀武扬威的司令、管带，打着“惠军”“顺军”“石字营”“黎字营”等五花八门的旗号，身上穿一件不合尺码的旧西装，就成新式人物了，背后却插着从戏班抢来的令旗，手上拎一支打不响的“猪仔脚”，肩上扛一支生了锈的火绳长管鸟枪，腰间挂几个用烂布包起的牛奶罐，冒充炸弹，便在广州占街为王，横行霸道，包烟庇赌，嫖赌饮吹，甚至在光天白日之下，抢劫商店，当街斗殴杀人，无恶不作，搅得居民鸡犬不宁，神憎鬼厌。

广州商民为了自保，用杉木在所有大街架起街闸，天一黑就关上闸门，断绝行人。夜里街上没有一盏路灯，漆黑如墨，死寂无声，就像进了鬼城。陈景华肩承治安之责，他是一位铁腕的同盟会员，认为这不是一个革命政府治下城市该有的样子，乃下令所有街闸，必须限期拆除，每个路口都必须安装路灯。商人担心街闸拆除后，治安更难保障，派代表向警察厅请愿，希望保留街闸。陈景华断然回答：你们这是不信任警察，防盗捉贼是警察的事，不是你们的事。他保证“警察将加强巡逻，确保治安”。

为了恢复广州秩序，陈炯明以雷霆手段，把为非作歹的“民军”扫荡一空，有些敢于抵抗的，就用武力消灭，有些遣散回乡，有些改编成工兵，准备派去拆城墙、筑马路。这些举措尽管后来被人说是“鸟尽弓藏”，但至少还给了广州人一个相对太平的环境。

1912年1月1日，中华民国成立，孙中山任临时大总统，宣布改元，民国纪年与西历纪年并用。亚洲第一个共和国宣告诞生，四万万国民，对开万世太平，充满热烈的期待。但仅一个多月，孙中山便辞去临时大总统，袁世凯接任大总统，二次革命、讨袁护国、护法战争、南北分裂，接踵而来，乃至国无宁日，民难将息。

对小民来说，无论皇帝坐龙床，还是民国大开张，日子总是要过的。广州兵不血刃，和平过渡到民国，是万民之幸。既然不打仗，那就继续做生意吧。民国的天光墟，与大清的天光墟，没什么区别。那些摆摊的人，仿佛三百年前就在这里了，连卖的东西也没多少变化，还是那些破旧的衣服、靴子，来路不明的玉镯、铜镜、佛珠，从官宦人家偷来的顶戴、朝珠，油腻腻的鸦片烟具，空的佛兰地酒瓶，磨损严重的麻雀牌，用了一半的雪花膏，半支鬼佬香水，玻璃发黄模糊的镜子，镜片裂开的眼镜，形形色色。偶尔也能遇上一些比较珍贵的书籍、字画，是家道中落的八旗人家，不好意思拿去当押，偷偷在天光墟出售。

1918年，政府为了筹措资金，把位于城西的将军府部分地方，改建为市场，出租做商业摊档，打算坐收租金，但推出后，商人嫌租金太高，竟没人愿意承租。最后市场荒废在那里，被小摊小贩据为己有，又成了一个“老鼠货”泛滥的天光墟。1929年，政府曾一度禁止天光墟，但不久那些小贩又冒出来了。

城里的叫卖声，一天也没有停止过。广州人习惯把商品集散地称作“栏口”，货运主要依赖水路，栏口也大部分设在珠江边。竹木柴炭业有柴栏、杉木栏、桨栏、竹栏；米业有糙米栏、沙基米行；油业有油栏、豆栏；水产品类有咸鱼栏、塘鱼栏；猪有猪栏；牛有牛栏；鸡有鸡栏；蛋有蛋栏；菜有菜栏；果有果栏。行栏的主要收益，是向买卖双方收取成交金额2%~5%的服务费。

菜栏在五仙门附近，开始是卖韭菜的，亦称“韭菜栏”，至清末民初，已发展起连丰、乐成、乐平、泰来、新大兴、新成记等18家大栏。还有一些专卖蔬菜种子的店铺，黄三兴、范元合、蔡兴利、邓志合是实力雄厚的大店，派人到四乡采购种子回来，四乡的菜种流动小贩，反而要入城购买菜种，再返回四乡的集市墟期摆卖。这些菜种从乡下到城里，再从城里到乡下，转这一圈，带挈很多人发了财。海味、干果食杂的批发市场，都集中在南城墙之外（今一德路），谷栏在一德路西端（仁济路口）。广州最大的果栏、菜栏、咸鱼栏，都在一德路，所以广州人所说的“去三栏”，就是去一德路。

每天清晨，天刚蒙蒙亮，珠江上还是黑沉沉，各个栏口已灯火通明，落栏买货的零售商、食肆采购商，早早云集码头，栏口卖手站在趸船上，扯大喉咙“喊冷”（喊价），岸上的买手七嘴八舌还价。码头上人头攒动，到处都在装货、卸货，嘈杂的点数声，此呼彼应：“包一有个七，三七突个一，回一剩个六，一共二千七！”在一片闹闹哄哄声中，珠江渐渐泛起晨光。

天亮以后，栏口收市，商人和卖手们便三三两两，到一德路的源源楼、沧海楼、一德楼饮早茶，泡一壶靓寿眉，点两笼叉烧包，聊一下近日的新闻。那些跑惯江湖的人，往椅子上一蹲，唾沫横飞地纵论天下事，一会是“革命党和袁大头打仗了”，一会是“陈景华被龙济光枪毙了”，过了几天，“龙济光被赶跑了”，再过几天，“袁大头要做皇帝了”，可再过几天，又变成“袁皇帝死了”。等茶泡过几泡，包子吃完两个，结账离开时，顺便把找回的零钱，换一张山铺票的根，“今天试试手气啊，包管你横财就手。”大家一笑而别。就这样，时间不知不觉地流逝了。

每天早上，阳光总是先照亮越秀山顶，然后向城里延展，把黑夜的阴影驱散。都城隍庙外一百多档医卜星相，依时开档了，求神问卜的市民，络绎不绝。不计其数的补鞋档、生果档、云吞面档、旧书摊、飞发铺、古董玩具店、饼食店和卖鱼生粥、汤圆、河粉的流动小贩，卖治蚊符、止血符的道士，都开始做生意了。卖鱼佬把劏好的鱼一条条摆在路边，不时用竹扫往上面洒水，过路人猝不及防，衣裤也沾上点点污水。从四乡入城揾食的妇人，挑着箩筐，三五成群地在人丛中穿行，嘻嘻哈哈，大呼小叫。笠记牛记满街走，叫卖声也更加嘈杂，如鹅鸭出栏，蛙鸣蝉噪一般，这边喊“仁棯王，仁棯王，砂屎嘅仁棯王，买番个仁棯王，一粒嗒真下”，那边喊“大塘石榴靓夹香，胭脂石榴又够平”；还有肩披红布，左手握一条木雕小龙舟，右手拿根木棍和小锣，胸前还挂面小鼓的盲公，每天依然在那里敲着小锣小鼓唱龙舟：“天生朱红主为尊，要结桃园四海同……”

“讲古寮”里的讲古佬，每天下午在那里说书，听众也还是那些贩夫走卒、屠儿咕哩，为口奔驰了一天，筋疲力尽，就等着讲古佬把茶壶往桌上一放，把香点燃，再把惊堂木一拍，说一句“闲文少叙，书接上回……”一天的疲劳就忘记了。在“讲古寮”外面，围了一圈“打古钉”（听说书不付钱）的人，个个伸长耳朵，听得津津有味。叫卖各种零食的小贩，在听众中钻来钻去，“花生肉，南乳肉，仲好食过焗腊肉！”“良乡风栗，新鲜炒熟，剥壳九里香，食落百日味，嚟啦，食过都会返寻味！”卖云吞的得得声，卖豆腐花的当当声，人力车仔的叮叮声，每天像雾一样弥漫在街头巷尾。

辛亥革命，广州是全国唯一和平易帜的省会城市，老百姓的生活没有受到太大冲击。孙中山回国时，人们兴奋了一阵子；宣统皇帝宣布退位时，人们又兴奋了一阵子，但兴奋过后，还是照旧买包南乳花生，到“讲古寮”听古。他们的太爷小时候就听《薛仁贵征东》，现在他们还在听《薛仁贵征东》。

每到七月廿四城隍诞的凌晨，民众便聚集都城隍庙外席地露宿，名为“打地气”，据说这一日城隍会报梦预告一年祸福。《粤游小志》记载了这一风俗：“七月二十四日为东省城隍诞，司香火者造符箓以是时售之。城隍诞前一夕，男女杂沓在神庙坐卧通宵，谓之打地气。”从忠佑大街到府学东街、府学西街，密密麻麻，挤满了来拜神祈福的人。最虔诚的上香者，从大东门、西门口就开始一步一拜，一直跪拜到都城隍庙前。

城隍诞当天，庆祝与祈福活动达到高潮。“番禺进香会”的大队人马，高举着长二丈宽三尺的巨型神幡和无数彩旗，打着红底黄字大纛，由醒狮开路，从东面前遮后拥而来；“南海进香会”的队伍也同样高举巨型神幡，打着黄底红字大纛，以佛山飘色前导，从西面浩浩荡荡而至。两支队伍在城隍庙前会合，道路两旁万众欢腾，爆竹声声震耳欲聋。庙中道士造符箓，卖给上香的信众。

每年的观音诞生日、观音成道日、观音出家日，越秀山观音殿、聚龙大街水月宫、西关蓬莱桥水月观音殿、十一甫大巷观音庙等供奉观音的庙宇，乃至大小寺院，照样香火弥天。受到信众顶礼的，不仅有各个菩萨，还有童目天女、虚空神、江海神、泉源神、河沼神、药草树林神、舍宅神、水神、火神、风神、土神、山神、地神、宫殿神等一切神明。中秋之夜，西关的小贩依然满街叫卖“撞卦木鱼赢”（木鱼书，讳“输”而称“赢”），妇人争着购买，等月亮升起后，翻开书册，根据翻到那一页的内容，判定事情的吉凶。

大户人家照样争着请瞽姬到家里唱木鱼《观音出世》，一唱两三天，摆神供，演酬神戏，做法事；普通人家也凑钱请盲公到街头巷尾唱《观音现世》《观音化银》《观音十劝》，三弦一响，“第一劝人要食斋，无灾无病无疮癞；第二劝人要诵经，诵经拜佛志虔诚”。唱的人很投入，抑扬顿挫，七情上面，听的人也很投入，摇头晃脑，击节叹赏。这些唱本唱了上百年了，有皇帝时唱，没皇帝时也唱。一切仿佛都没有变化，也不会有变化。

但变化在不知不觉中，已经来临了。

清末以降，广州的工商业，像开足马力的火车，飞速前进。旧事物纷纷消亡，新事物纷纷诞生，舞台变幻之快，让人目不暇给。光绪三十三年（1907），在西关商人的推动下，广州商业揭开了历史的新一页。第一家以公司形式经营的百货商店——光商公司，在十八甫开业，首创分柜式明码实价售货。人们到了百货公司，可以方便地买到各类日用商品，而且款式新颖，传统杂货铺相形见绌。宣统二年（1910），真光公司也在十八甫开业，标志着广州的商业，迈进了现代化的门槛。

真光公司是广东中山籍旅澳华侨黄在扬、黄在朝兄弟创办。他们最先在香港办百货公司，后来移师广州，以经营名贵日用华洋百货为主，坊间称之为“省港真光公司”。有一首竹枝词写出西关人的生活：“大洋货铺好铺场，拆白联群猎粉香。毕竟西关人尚侈，食完午饭去真光。”竹枝词还特别加以说明：“十八甫真光公司百物俱备，又以地点热闹，生意大佳，但洋货比国货销路较多，可慨耳！”

吃完午饭的来逛真光的西关男女，嘻嘻哈哈，络绎不绝。一个人们不太留意的细节是，顾客中穿长袍的男人，越来越少；

穿西装的男人，越来越多；穿宽袖大襟衣服的妇女，越来越少，穿窄身旗袍、白衣黑裙的女子，越来越多。生活中点点滴滴的变化，就是这样不经意地，慢慢进入了人们的衣食住行。

在真光公司不仅能欣赏到最潮流的洋货，还可以欣赏最古老的“师娘”（亦称“瞽姬”）表演。真光公司在天台办了一个游乐场，经常邀请“师娘”来演出。这些女艺人双目失明，平日游走于社会最底层，一张小桌，一把木椅，抱着琵琶，自弹自唱：“对住皇天，我要问佢一声，做乜佢风中弱絮飞无定？做乜我水上残花又洗唔清？”情凄意切，打动了许多听众。现在真光为她们提供一个高级的固定演出场地，每有演出，总是座无虚席。师娘的地位提升了，演出的形式从自弹自唱，变成了有乐队伴奏；演出的规模，也从师娘一人演唱，变成可以上演整出粤剧。

真光公司的天台游乐场，让喜欢粤曲的人乐而忘返，也是众多粤剧名旦出身之地。有一位叫潘步云的粤剧爱好者，本来是地方法院的法官，但对粤剧的热爱，驱使他去经营真光天台的舞台，扶掖过不少女优伶出道，著名粤剧女文武生任剑辉就是其中之一，她的搭档是大名鼎鼎的小瑶仙。师娘咿咿哑哑的演唱，被赋予了浓郁的广州市井风味。很多茶楼酒楼争相仿效真光公司，邀请师娘演出。当师娘唱道：

花易落，花又易开。
咁好花颜问你看得几回。
好花慌久开唔耐，

想到花残，我都愿佢莫开。

不少人的心事被触动了。确实，好花能开多久呢？在广州人内心深处，始终有一种隐隐的危机感，也许是因为一种新的文明来得太过迅猛，人们虽然努力装出与它同步的样子，但其实并没有真的做好准备。政治上一点点风吹草动，都会触发人们的大恐慌。1913年陈炯明在广东加入反对袁世凯的“二次革命”，广州商人便吓得鸡飞狗跳。《华字日报》反映了这种战战兢兢的心态：“我商界得此信息，又群起恐慌，有停止付货者，有停止办货者，目前既已受此影响，则将来货物之滞销，市面之凋零，银根之紧绌，资本之折阅，更不待言矣。”人们的安全感，就像筷子夹水豆腐一样，随时摔一地。

然而，灾难会以各种形式出现。当人们为政治舞台的变幻而担惊受怕时，却没有料到，第一场灾难，突然从另一个方向，偷袭了广州。1915年，大祸临头了。入夏以后，各江潦水暴涨，遇上连日豪雨，高要、南海、顺德、新会、三水、鹤山、四会等县，一连崩了六七十处堤围，水势凶猛，最后冲垮了清远石角围，滔天洪水，挟着风雨雷电，直撼广州。

水火兵虫，都是西关的天敌。多宝和逢源各街低处，标高在106.4米上下，而珠江高潮面在107米上下，水浸街是家常便饭，在明、清时，人们筑了四条防洪大围，分别是高基、带河基、西乐围和永安围。高基在光复中路，现在还有高基大街的路名；带河基在康王路（以前叫带河路）；西乐围在东风西路至上下九一带，围内原有水乡浮田二十六村；永安围的基堤是南北走向的，从东风西路少年宫附近至太保直街第四中学。但这些大围，只可防一般的珠江大潮，遇上1915年这样的洪水，便像玩具一样被冲垮了。

一位西关老人后来回忆："当时是日晨起洪水骤至，初时几寸，继而一尺二尺直浸至门楣，事起仓卒，手足无措，只有楼阁天台可以暂避，预防房屋倒塌，于是租只大沙艇栖息，全家做了水上居民，待到水退回家，已过了半个多月。"从桂路、兴隆街、水月宫街一带，水深达三米以上，很多房子只露出半截瓦面，但往往没过多久，随着一声巨响，半截瓦面也没了，只有一些折断的屋梁与望板，触目惊心地戳向乌云飞驰的天空。房屋倒塌的隆隆声，彻夜不止。水面上漂浮着各种衣物、门板、箩筐、桶盆之类的东西，还有人与动物的浮尸。人们仓皇爬到树上躲避，用绳子把小孩绑在树枝上，生怕他掉下去。泮塘的房屋倒了一大半，死了几百人。多宝、逢源一带，俗称西关角，有很多富裕人家盖的大屋，全成了"水底龙宫"，受灾最为惨烈。

更可怕的是，十三行同兴街有人在逃命时，不慎失火，这条街的店铺堆放了大量煤油、火柴，顿时燃烧起来，引起油罐连连爆炸，煤油浮在水面，流到哪烧到哪，一发不可收拾。上面大火，下面大水，两千多间房屋全部烧成废墟，同兴街扫地俱尽，灾后发掘出尸体千余具。当时十三行九如茶楼，有六十余人在楼上避水，突然全楼垮塌，无一幸免。真光公司也受到大水淹浸，员工们拼命用床板、黄泥阻挡洪水，但水势涨得太快，瞬间冲进店内，商品悉数被淹。这场灾难，与道光二年（1822）的十三行大火，不相上下，凡经历过的人，恐怖记忆，终生难消。

但大水一旦退去，广州人便迅速清理废墟，重建家园。1916年，惠爱街上已废弃的广州府衙建筑被拆除了，一座五层高西式大厦拔地而起，人们忽然惊觉，似乎有一些东西，正在发生着。这座足以改变整个街道尺度与风格的大厦，是澳洲归侨蔡兴、蔡昌兄弟兴建的“大新公司支店”。

蔡氏兄弟原籍广东香山，蔡兴毕业于上海英华书院，能说一口流利的英语，随舅父到澳洲谋生，从经营一个小小的水果档起步，光绪二十五年（1899），带着积蓄归国，与同乡马应彪等集资，于翌年在香港开创先施公司。不久，蔡昌也回国发展，在先施公司任职。1912年，蔡氏兄弟筹得港币400万元的资金，在香港创办大新百货公司，英文取名“The Sun”，有旭日东升之意。

蔡兴不仅是商界巨子，在实业方面，亦建树殊多，他独力开办或与别人合作开办过马玉山饼干公司、兴华制面厂、华洋织造厂、中华糖厂、中国邮船公司、中澳航业公司等，还担任广东银行、国民银行、香安燕梳公司及永生公司的董事或主席，是香港多家大公司和银行的董事会主席，也是先施公司大股东，曾先后被港府委为保良局绅、团防局绅，并多次当选为华商总会干事值理、中山侨商会所主席等，1923年被广东省长礼聘为顾问。

蔡昌也是长袖善舞的巨商，人称“大班昌”，先后担任香港慈善机构保良局局长、东华三院董事长、香港中山海外同乡济难总会委员等职。蔡氏兄弟不仅是中国近代百货业的奠基人，而且热心公益，曾捐资家乡创办学校和医院，在慈善方面，堪称表率。

香港大新百货公司经营得有声有色，于是进军内地，购下惠爱街这片土地，兴建第一家分店，实行“不二价”明码标价、专人收款、固定经营时间等制度，并且还引用了优惠礼券、特价商品、抽奖、销售本公司品牌的特制商品等营销手段，改变了广州人千百年来的消费习惯和消费观念。

除了经营百货外，大新公司还设有酒业部、饮冰室、浴室和天台游艺场。游艺场经常表演粤剧、魔术和歌舞，是广州唯一上演京剧的剧场，而且还能放电影。早期粤剧没有女艺人，花旦、小生，都由男艺人扮演，后来人们的观念改变了，女艺人也登上舞台。城内大新天台老板沈大姑的戏班，就是全女班，不设班牌，统称“大新公司班”，戏行人称“沈大姑班”，重金礼聘谭兰卿、宋竹卿、大口何三大台柱，其《盲妹雪恨》《仕林祭塔》《黛玉葬花》等招牌戏，戏迷们百听不厌。剧场设有包厢和头等、二等、三等座位，观众对号入座，日场从中午12时至下午4时，夜场由晚上8时至半夜12时，票价比电影院便宜，由两毫至四五毫不等，后来升到六毫至三元。

城内大新建成后，蔡氏兄弟又利用大厦旁的空地，开辟了一条内街，以两人的名字命名为昌兴街，后来发展成远近驰名的洋服街，洋服店、车衣铺，成行成市。附近也有一些字号更老的洋服店，比如高第街的元发店，开张于光绪二十六年（1900），有两名从日本学习回来的裁缝坐店，手工一流，博得了“洋服状元”的美誉。民国以后，西服成为时髦，永汉路、惠爱路、新民路、广卫路一带，形成了一个专门制作新款洋装，包括西装、礼服和各式时装、制服的市场。

西关的洪水痕迹，还没完全消退，蔡兴、蔡昌兄弟便在西堤兴建起第二家大新支店（今南方大厦）。广州人习惯把它叫作“城外大新”，把惠爱中支店称为“城内大新”，以示区别。对商人来说，水比火的意头好，水代表着财，猪笼入水，财源滚滚。

城外大新是一座12层的钢筋混凝土大厦，不仅是广州，亦是全国第一摩天大楼，比当时天津最高建筑劝业场和上海最高建筑沙逊大厦，还要早几年。大楼的1至7层是百货公司，顶层称为“九重天”，是亚洲酒店的餐厅，以铁子扒鸡和烟仓鱼闻名。8楼至12楼的天台花园，场地开阔，布置了园林亭阁，环境优雅舒适。游艺节目以粤剧最吸引观众，菱花艳影全女班出演《无情夫》《一个女学生》等剧，又有女子白话剧《白茶薇》《哀鸿泪》等。深受戏迷喜爱的女文武生刘彩雄、花旦梁丽姝，都曾在此担纲主演；后来还开设了魔术、电影、歌舞和新派戏剧，都很卖座。

楼顶有一副气魄雄伟的对联，嵌入“大新”二字：“大好河山四百兆众；新开世界十二层楼。”站在天台，放眼四望，宽阔的珠江变成了一条小溪，密密麻麻的小船，就像浮萍一样。大楼自置供水、发电设备，还安装了四台升降机接载客人，最特别的是有一条螺旋形斜坡车道，直达四楼。开张之日，百货公司组织大批人力车仔，拉着顾客从旋转车道上楼，有如洪水到来前的蚁群搬家，感觉十分魔幻。

1919年初，广州如庐诗钟社以《羊城竹枝词》命题征集作品，各地作者踊跃投稿。诗社邀请前清举人、大学者汪兆镛审稿，评定出前一百名。夺魁作者叫易石公，他有两首竹枝词是写城外大新的："第一公园筑未成，清风桥外晚烟生。送郎直向东门去，郎出城时妾入城。""大新高楼十二层，巍峨俯瞰五羊城。西堤东堤好风景，夜来携手与郎行。"另一首竹枝词写道："先施景致胜真光，直上天台望八荒。最是大新新样好，楼梯九曲似回肠。"

先施公司环球货品粤行也是一家建在江边的大型百货公司，1913年由澳大利亚华侨马应彪在长堤创办，与大新、真光、光商并称广州"四大公司"。先施率先引入"环球百货"概念，首创"不二价"的营销方式，经销各种舶来品和附带推销国内土特产品，兼营旅馆、酒楼、游艺场、保险业、银业等附属企业，融餐饮、购物、娱乐、住宿于一体。

先施公司天台演出的女班，以文武生黄侣侠、花旦西丽霞、丑生郑恢恢、武生沈小沛、小生铁英雄等，最受追捧。黄侣侠文武皆能，唱做念打，追得上粤剧红伶马师曾，戏迷都叫她做"女马师曾"。那些终日在戏场"打趸"的纨绔子弟吹嘘："各游戏场戏园，不可一日不光顾"，"每天午后晨兴，天明就寝"，"糖果公司绸缎铺大餐厅等，每结账款至少数百元，方算交易”。

广州的师奶、小姐们，闲来无事，也喜欢到四大百货公司逛逛，看有什么新潮的货品。在广州人口语里，“逛公司”专指逛大百货公司。人们把大百货公司称为“文档”，中小百货店为“武档”。广州的“文档”，以四大百货公司为首，就像根深叶茂的大树，树下的小草，生存不易。有一首竹枝词描写小店铺的困境：“货物铺排任品题，偶经杨巷铺东西。匹头生意真难做，门口拉人似野鸡。”还附了一段说明：“西关杨巷为洋货匹头聚处，年来生意半为先施、大新、真光各公司吸引，杨巷各匹头店均用少年三五人，遇过客即招之入店求照顾，生意艰难，此其一斑。”

城市的面貌在变，人的精神面貌也在变。

自古以来，广州人都以好赌出名，被人讥为“陈村码头，逢渡（赌）都啱”。清人徐珂《清稗类钞》写道：“粤人好赌，出于天性。始则闱姓、白鸽票，继则番摊、山票。几于终日沈酣，不知世事。而下流社会中人，嗜之尤甚。此外又有诗票、铺票者。”晚清多次禁赌，但成效不著。1912年，军政府也宣布过禁赌，军法十分严峻，庇赌收规及出财开赌者枪毙；因赌抗捕者，格杀勿论。违者追究县长和地方军事长官的责任。在禁赌几个月后，美国驻广州领事发现，“广州所有的赌馆和妓馆，都已一律封闭了。违反禁赌者，可得到死刑。警察在积极搜查无牌照吸鸦片烟者，罚款为不过一百（墨西哥银）元。但政府已出告示，今年年底，鸦片烟将一律禁绝。”

赌仔们被革命政府风风火火的手段吓住了，纷纷斩手指戒赌。但1914年龙济光接任广东都督后，借口救济水灾，招商承饷开办山票、铺票，还美其名为“水灾有奖义会”。赌仔们这才恍然大悟：“原来都是和尚仔念经，有口无心！”于是赌风大开，白鸽票、字花、牌九、鱼虾蟹、骰子的档口，卷土重来，满城开花。

上海《民国日报》一篇文章说：“广东的赌捐，一年是八百万。官吏的中饱，至少有两倍，就是一千六百万，合算就是二千四百万，赌馆的收入，至少以五倍计，就是一亿二千万；合算就是一亿四千四百万，这一亿四千四百万，就是人民所受的有形的损失。至于无形的损失，如因此荒废的事业，紊乱的秩序，破坏的道德，总要比有形的损失加到十倍。所以开赌一件事，广东人民的损失，可以说是在十亿以上。”

广州最流行的赌博形式，就有15种之多，包括番摊、山票、铺票、白鸽票、花会（字花）、彩票、麻雀、牌九、牛牌、扑克、骰子等。邹鲁在1919年写《赌祸》一文指出，在这些赌博中，番摊、山票、铺票、彩票是“地方官特准之赌”；白鸽票、花会、牛牌、扑克、牌九、十二位是“地方军官、劣绅私收规费、包庇公开之赌”；麻雀（麻将）、扑克、纸牌等是“私人自由之赌”。连街倒巷的赌档，不管是滇系军阀来了，还是桂系军阀来了，永远是热气腾腾，呼卢喝雉之声，从朝到晚，不绝于耳。

1920年，陈炯明率领粤军从福建漳州回师广东，驱逐桂系军阀，迎接孙中山回粤。11月2日，广州各界在广九车站和天字码头，各搭起一座宏伟的大牌楼，悬旗结彩，迎接粤军归来。当粤军入城时，人民延颈举踵，夹道欢呼，家家燃放鞭炮，从东堤至双门底一带，气氛非常热烈。高第街一家商店挂起“欢迎粤军凯旋，还我广东自治”的大旗。

陈炯明出任广东省长。他的理想是把广东建设成全国模范省，当务之急是要扫灭赌博、娼妓等恶业，重建国民道德。11月23日，广东基督教拒赌会联合各界，举行声势浩大的广东人民请愿禁赌大巡行，以强大的民意，为政府做后盾。陈炯明宣布，从12月1日开始，全面禁绝广东赌博。“所有赌博公司、赌馆，必须在11月30日晚上10时以前结束封闭。”省长公署颁布七条禁赌办法，第一条指出“一番摊，二铜宝，三花会，四牌九，五麻雀，六车马炮，七天九，八啤牌，九斗牛，十十点半，十一骰子”等赌博，一律按广东赌博治罪章程惩办。消息瞬间传遍大江南北，上海《申报》盛赞，“这是黑暗的中华民国里头的一线曙光”。

11月30日晚上10时钟声一响，全省赌馆果然全部熄灯关门，军队派士兵进驻。12月1日，广州人举行了狂欢庆祝活动。全城到处彩旗飘扬，各团体、学校、商店，纷纷悬旗志庆，家家户户在门口贴上“本户赞成禁赌”字条。大街小巷，炮仗连天，锣鼓动地。停泊在省河的兵舰、轮船，也挂起了庆祝的旗帜。广州报界宣布“全体休业”一天，以便参加庆祝活动。大小茶居酒楼，全部爆满，几乎都是庆祝禁赌的酒宴。

晚上，青年会以影画戏助兴，放映由新会人黎北海执导拍摄的《庄子试妻》。电影改编自粤剧《庄周蝴蝶梦》，第一次有女演员出演，第一次运用特技拍摄，使庄子的魂魄飘忽隐现，令观众大呼过瘾。从天字码头到越秀山脚，从西门口到大东门，成千上万盏灯笼，有如一条光芒闪烁的游龙，比元宵花灯璀璨百倍。这是由广东教育会、拒赌同志团和工商学各界举行提灯大巡行。广州学界发起为陈炯明铸铜像，以纪念禁赌的成功。

12月6日，省政府重申禁烟令，凡私吸私售鸦片，一律施以重罚。有几个省议员因为吸鸦片，被警察当场抓获，不得不向省议会辞职。帝制时代，“衙门八字朝南开，有理无钱莫进来”，但新政府致力于革除弊习，据英文报纸《字林报》的美籍记者观察，广州官场的一切繁礼都已删除，各官署随客出入，不加禁止。记者访省长，可直入公署，只要和看门人说明理由即可。这再次刷新了广州人的观感，让他们开始切实地感受到，变化真的来了。

西风东渐

广州与海外有悠久的通商历史，西方文化与器物，早已通过海路，渗入到民众生活的方方面面，广州人把火柴叫“洋火”，雨伞叫“洋伞”，蜡烛叫“洋烛”，布料叫“洋绉”“洋呢”，汽水叫“荷兰水”，铁钉叫“洋钉”，镀锡铁皮叫“洋铁”，十字镐叫“洋镐”，钢铲叫“番铲”。商人、士绅们也模仿起洋人的礼仪，比如握手、脱帽、鞠躬等。

以前受朝廷的种种限制，外国人的活动范围，主要在十三行附近，不能擅自入城。但鸦片战争后，中国门户大开。《南京条约》规定广州为通商五口岸之一，其后的《望厦条约》《黄埔条约》和《天津条约》，均规定允许外国传教士在通商口岸可租买田地，建造教堂、医院、学校、坟地，允许华人信教。于是，西方的教会，蜂拥而来了。道光二十四年（1844），美国基督教浸信会开始到广州传教，创办各种宗教、教育、医疗和慈善机构。

光绪十一年（1885），广州、粤东、粤北、粤中和广西梧州、桂林等地的浸信会教派成立跨省的“两广浸信联会”，会址设在东山。光绪十五年（1889），浸信会在东山创办培正书院（今培正小学）；光绪三十三年（1907），原设在五仙门的浸信会男女义塾和福音堂，都搬到了东山庙前街（1914年转到寺贝通津）；光绪三十四年（1908），浸信会把原设在东石角教堂的培正学校，也迁到了东山，并在寺贝通津兴建了一座可容纳1300人的大礼拜堂，是浸信会在两广地区最大的教堂。第二年，浸信会在东山创办了慕先学校和培道学校（今第七中学）。宣统三年（1911），在培正小学旁边创办恤孤院，在寺贝通津创办安老院。

天主教法国巴黎外方传教会于道光二十五年（1845）进入广州传教，隶属澳门教区。光绪元年（1875），罗马教廷把广东、广西分为两个监牧区。1914年，广东监牧区被分为广州代牧区和潮州代牧区。天主教广州教区除发展教务外，还开办学校、孤儿院、安老院、医院等公益慈善机构。

法国天主教安老会，是一个天主教的女修会，亦译作贫穷姑娘会、安贫小姊妹会，前身是1840年前后在法国圣塞尔成立的“穷人的婢女”，专门照顾贫困、无依无靠和有需要的长者，1852年得到教会正式承认。民国第二年，贫穷姑娘会派修女到广州，开展慈善活动，传播教义，在大新街白米巷口办了一间安老院，坊间称作“天主教安老院”。1926年，安老院迁到梅花村。

该院宗旨为抚恤鳏寡，凡是天主教徒年老而无依靠者，均可入院养老。院内分设男、女安老室，可容纳百余人。当时该院收容了44个男人和56个女人。

光绪三十二年（1906）广九铁路动工兴建，宣统三年（1911）正式通车，现代工业文明第一次惊醒了这片沉睡的土地，成为广州东部开发的造端。美南差会（美国浸信会国外传道部）捷足先登，在东山大量购买土地，兴建教堂和学校。继浸信会之后，其他教会也纷纷跟进。宣统二年（1910）美国安息日会在猫儿岗附近宣讲福音。广九铁路以南寺贝通津、培正路、恤孤院路一带，是浸信会地盘；铁路以北农林下路、三育路、福今路一带，是安息日会地盘，1919年教会兴办“三育中学”，1926年将附近路面拓阔，改名为三育路。而教会宣讲教义之地，被称作“福音村”，后来开辟街衢，名福音路，即今福今路。

光绪二十七年（1901），旅美华人美以美会余锡生牧师回国兴建基督教堂，最初选址在油栏门（今海珠南路盐亭街），购买一商铺改作聚会处所，时称“广东美以美会油栏门福音堂”，由几位归侨信徒帮助协理教务，信众从最初的几十人发展到一百多人。不久教堂失火焚毁，迁到西濠二马路兴建新堂。由于信众太多，聚会场地不够用，1935年余锡生牧师在西瓜园附近（今人民中路）筹建新堂，为了筹集建新堂的费用，把旧堂抵押给别人。1936年2月新堂落成，取名“锡安堂”，意为“上帝圣殿”。

美以美会在广州先后开设河南基立村堂、台山县三八墟堂、中山县鳌溪堂等三个支堂，并派传道人主持各堂教务，而广州锡安堂是广东美以美会的总堂。抗日战争时期，广州沦陷，教友星散各地，在艰难而贫困的岁月里，罗德谦牧师一直留守锡安堂，寸步不离。抗战胜利后，教友才陆续重返广州。

1886年，旅美华侨组织中华纲纪慎自理传道会。光绪二十年（1894），传道会委托黄瑞堂、邝广德两位董事，携款到广州，在十八甫购置屋业，设立宣道堂。光绪二十三年（1897），宣道堂改作“星导书楼”，摆放了很多西方社会及自然科学与基督教图书，供人浏览。后因信徒增多，堂舍狭小，便在光孝路购地，由留美回粤的传道会总干事谭沃心牧师主持筹建新堂，于1921年12月奠基，历时三载落成，耗资七万元毫银。因加传道会入中华基督教会广东协会，教堂取名“中华基督教会光孝堂”。在教堂内曾举办过正光小学、幼儿园和各种短期民众教育班等公益机构，四楼仍保留着纪念先贤的星导书楼。

教会在广州创办了不少学校，最著名的是岭南大学。光绪十三年（1887）美国长老会传教士哈巴安德（Andrew Patton Happer）医生在沙基（今六二三路）创办了格致书院，后来搬到四牌楼，又搬到花地萃花园，再迁至澳门。书院课程主要有英文、数学、物理、化学，并聘请中国教师讲授中国古典文学，还有固定的圣经课。陈少白就是该书院的学生，后来协助孙中山革命，成为著名的革命家。光绪二十六年（1900）书院从澳门迁至广州河南康乐村，后来更名为岭南学堂，知名度越来越高。1927年正式命名为岭南大学。

先后出任岭南学堂教务长、岭南大学董事会主席的钟荣光，是一位有趣的人物，他29岁中举人，才名噪一时，与刘学询、江孔殷、蔡金湘并称广州文场的四大金刚。他经常给人做科考的枪手，还百发百中，他处世放荡不羁，嫖赌饮吹，样样都嗜，公开身份是一个信奉基督的举人，秘密身份则是反清的兴中会成员。光绪二十五年（1899）他加入格致书院，任汉文教习，从此就没离开过岭南大学。1928年岭南大学收归国人自办时，钟荣光出任第一任校长。

岭南大学一贯保持教会学校传统，学生必须西装革履，连吃饭的方式，亦别具一格，先由厨房定出菜谱，每人任点两样，用盘子分开，各自用餐；星期日全体师生都要做集体礼拜，衣履不整或皮鞋不亮，都被视为不够虔诚，要受罚在“怀士堂”门口扛枪立正。

白鹤洞的真光书院和西村的协和女子师范学校，都与一位叫那夏理（Harriet Newell Noyes）的美国女传教士有关。她在鸦片战争后，远渡重洋，来到广州。经过几年的社会观察，那夏理认为，“欲救中国女同胞，使能接受真理，非先倡女学不可”，于是致力于推动中国的女子教育。

同治十一年（1872），那夏理在沙基金利埠（今六二三路容安街）创办广东第一所女子学校，定名为真光书院，奉“尔曹乃世之光，尔光当照人前”为校训。初期只有六名女学生。那夏理在《华夏大地上的一束光》中回忆说：“为了吸引和招募生源，我们只能向学生提供一切——学费、书本、衣服、住宿和其他杂费。”这间专为女子而设的中学，虽然是教会办的，但传授的并不限于宗教，而是让学生接受智慧与道德的训练，使她们在未来成为社会的精英，让世人跟着她们的光前行。

人们并不是马上相信传教士的善意，各种谣言，曾不胫而走。有人说学校是为了把女孩子卖到国外，也有人说是要把女孩子的眼睛挖出来做医学试验，甚至有人怀疑那夏理是男扮女装的拐子佬。那夏理感叹：“我们确实需要时间来获得我们所希冀的影响力，并证实我们的品行并不像他们所想象的那么坏。”

沙基是一个码头栏口区，挤满各种低矮简陋的木棚房子，光绪元年（1875）一场大火，殃及真光书院校舍，那夏理将书院迁至仁济街，由美国差会拨款重建，改称真光中学堂，只有三幢校舍，容纳一百多人，分大班、中班、细班和妇人班，宣统三年（1911）更名私立真光女子中学。1917年，白鹤洞新校舍主体工程——真光堂、连德堂和西女教员宿舍、膳堂竣工，中学部迁往白鹤洞，原址留作小学部。1921年在白鹤洞校舍扩建怀素堂、必得堂、中女教员宿舍、协赞堂的首层。

另一位美国长老会女传教士碧卢夫人（Jeanie Bigelow），宣统三年（1911）也来到了风雨飘摇的广州，在逢源街长老会礼堂创立慈爱保姆传习所，首创幼稚园和幼稚园师范班。这所学校，没有毁于火灾，却在1915年夏天那场水灾中，被洪水冲垮。碧卢夫人与那夏理女士协商，把真光书院的师范班与慈爱幼儿师范合并，改名为协和女子师范学校，增设小学师范科。“协和”二字，便是取两校“协力同心，和衷共济”之意。1921年，在美国长老会、同寅会、加拿大长老会、新西兰长老会的资助下，学校在广州西村兴建新校舍，并于翌年迁入，同时附设幼稚园和小学。这就是今天协和中学的前身，而校内那座古色古香的协和堂，亦为当年建筑。

越来越多的广州女子，希望能走上社会，服务人群，而不是终日困守家庭，一辈子做女红，相夫教子。清末女子教育的兴起，为她们提供了机会。到光绪三十三年（1907），广州已出现了40所教会女子学校，大批有志女性，放下针黹，走出家门，进入学校就读。民国成立前后，广州已有十万女学生，这一数字，居全国前列。

1924年初，在孙中山的推动下，广东高等师范学校、广东法科大学、广东农业专门学校，合并成国立广东大学，后来广东公医大学也并入了广东大学。1925年9月，学者陈其瑗、卢颂芳、张景耀、祁士恭、霍共若暨叶启芳等人，共同创办广东国民大学，校址设于东山庙前西街，分大学、中学及专科三部分，设有中文系、政治学系、经济学系及商学系，另设英文专修科和附属高中部。其后广东国民大学在多宝路租借原时敏学校校址建筑新校舍，并利用惠福西路原广东铁路学校旧址增设分教处，时敏学堂为大学部，称第一学院，高中部附设于第一学院，惠福西路校舍则改办初中部。这两所大学的学制，与西方大学基本相同。

广州是中国最早引进西洋医学的地方。道光十五年（1835），曾经给林则徐治过疝气病的美国传教士伯驾（Peter Parker），在广州新豆栏开办“眼科医局”（博济医院前身），这是中国历史上第一所西式医院。

光绪十三年（1887），基督教美北长老会的女传教士富玛利（Mary Fulton）在广州四牌楼和同德路，分别创办了两家妇女赠医所，上门求诊者络绎不绝，每月有四五十人至上百人。于是，她又在花埭再开一家赠医所。这时，她已经开始筹划建立一家专门为女性服务的正规医学院和医院了，这就是后来的广东女子医学校和柔济医院（今广州医科大学附属第三医院）。柔济最初取名“道济”，用粤语读就像“刀仔”，让女患者花容失色，误以为医院是专门开刀的，于是改为柔济。开张那天，美国驻广州领事、番禺县令、南海县令、广雅书院院长等一众高官名流，都出席了开幕典礼。

那时国内还没有护士这个职业，病人在医院，靠家人或仆人照顾。后来，富玛利再创办了一所护士学校。最初人们以为护士类似佣人，工作卑微粗贱，没人肯报读。富玛利便以“道生法师向顽石说法”的毅力，不断解释。终于有一位被她治好病的女患者，出于报恩心理，硬着头皮报了名，入学后发现课程包括看护礼法、产科护法、小儿护法、手术护理、五官护理等，专业严谨，并非做人婢女。但看不起护士的人还是很多，连洋人也是如此。有一次沙面有一位洋人请了柔济的护士上门服务，吃饭时让她到厨房吃。富玛利知道后，非常生气，马上把这位护士召回，中止服务，以维护护士的尊严。

光绪二十七年（1901），美国人夏葛（E.A.K.Hackeet）捐款扩建广东女子医学校，四年后更名为夏葛医学校。到1920年，夏葛医学校已经培养出160多名女医生。护士学校从光绪三十二年（1906）开办，到1936年，共办了37届，培养了197名护士，其中178名是广东本地人。

眼科医局在咸丰九年（1859）改为博济医院（今中山大学孙逸仙纪念医院），由美国俄亥俄州的长老会传教士嘉约翰（John Glasgow Kerr）主持。当时中国人对西医所知甚少，开刀等“血光”之事，让人听了头皮发麻。坊间纷纷传言，博济医院对病人施展“挖肝剖腹”的巫术。但嘉约翰以坚忍不拔的毅力，坚持不懈，一生中为70多万名中国患者治过病，做过近5万次手术。光绪二十四年（1898），又在芳村创办惠爱医癫院（今广州市精神病医院），专门收治精神病人，是中国最早的精神病院之一。嘉约翰还在同治五年（1866）创办博济医校，为中国培养医生。光绪三十年（1904）改名为华南医学院，后来变成了中山医科大学。

根据博济医院的记录，仅同治十三年（1874）这一年，嘉约翰便成功完成368例结石手术，第二年完成首例卵巢囊肿切除术。7月1日这一天，嘉约翰给病人做了膀胱切除术一例，摘除白内障两例，摘除眼肿瘤一例，瘘管手术一例，腿骨坏死移植术一例，包皮割除术一例，忙得不可开交。光绪二十七年（1901），嘉约翰在广州去世。为了纪念这位中国人民真正的好朋友，2014年11月，广州市基督教两会与广州市脑科医院为嘉约翰及其家人遗骸，举行了迁墓落土礼，让他们永久安息在大窝岭基督徒墓园。

博济医院出过不少仁心仁术的医生。美籍华人医师冯西，曾在博济医院内收养四名盲幼女，把她们送入医院附设的女塾读书。几年后收留的女盲人越来越多，便在仁济街租赁房舍，设立瞽目女塾，教授盲女们盲文、音乐、打毛衣、编竹篓、竹筐等。后来一场火灾，把女塾烧毁。1912年，冯西在惠爱医癫院旁边，购地建筑永久校舍，将女塾改名为明心书院，兼收男盲童，于是广州便有了第一所盲人学校。

达保罗（Paul J. Todd）是一位美国医生，光绪二十八年（1902）受美国长老会派遣来到广州，在博济医院担任内外科医生。光绪三十一年（1905），博济医院院长嘉约翰回美国休假，达保罗任代理院长。在嘉约翰回国的一年间，在达保罗主持下，博济医院共治门诊病人26473人次，住院病人1538人，手术病人3047人。

宣统元年（1909），南华医学堂发生了一场学潮，学生们因反对美籍校方的某些举措，实行罢课。校方开除了四名学生，并将学堂停办。此事激起社会义愤，广州绅士潘佩如、江孔殷、钟宰荃、赵秀石，香港富商李煜堂，英国医学博士李树芬等40多人发动倡议，筹募资金创办广东公医学堂。达保罗支持他们的行动，积极出谋划策，对学校的管理和教学，提供了重要的意见。

公医学堂开办初期，租十三甫的一间民房作校舍，招回原南华医学堂学生就读。第二年春天，以公助私筹的形式，购置长堤天海楼（在今长堤潮音街附近），建立公医医院，医院设在天海楼右邻。此举继广东光华医科专门学校和广东光华医院创立之后，进一步打破由外国教会垄断中国西医医疗机构与医学教育的局面。学校学制四年，由潘佩如任学校监督兼代校长。教员除曾留学英美及国内医校毕业的中国医生外，还有一些来自美国、英国的教会医生。

民国成立那年，达保罗离开了博济医院，先是自设诊所行医，后加入公医学堂，担任教员。公医学堂附设公医院作为实习医院，达保罗任首任院长。他的妻子是英籍护士，担任公医院附属护士学校校长，学生们亲切地称呼为“达师母”。在公医院，达保罗为清朝的广东水师提督李准以及汪精卫、伍廷芳、粤军参谋长和第一师师长邓铿等政要治过病。

1915年，广东公立医学堂由广东省政府教育部门收归公办，改名为广东公立医科专门学校，学制仍为四年，后改为五年。1918年，校方在百子路（今中山二路）创办了新公医院作为医校附属医院。1921年8月，该校曾一度改名为公医医科大学，学制改为六年，由1916年毕业于公医学堂，在公医院担任医师多年的黎铎出任公医学校校监兼代理校长，达保罗任公医附属医院院长。与此同时，广东公立医药专门学校因经费支绌，设备不全，被广东省教育厅决定停办，将全部学生转到该校为插班生。

1925年，广东公立医科专门学校改名为广东公立医科大学，学制六年，校长为李树芬；而新公医院则并入广东大学，改名为广东大学附属第一医院。1928年，达保罗在惠福路妇孺医院设立达保罗医务所。达保罗的妻子兼任中华护士会南方地区护士注册委员和护士统一会考干事，1924年当选为中华护士会副会长，1926年至1928年，担任中华护士会会长。1933年达保罗医务所迁至官禄路（今观绿路）30号，更名为达保罗医院（今儿童医院）。医院占地面积3811平方米。风格优雅，内有小花园两处，还有一片果园。医院主楼安装了电梯，设单人病房40间。

达保罗医院因气派奢华而闻名，到医院求医者，也大部分是达官贵人，富商豪贾。达保罗医术高明，诊金和手术费也特别昂贵，且不收中国货币，只收港币。白天出诊费为50元，晚上加倍，动个小手术也起码要千元。国民党要人陈济棠、宋美龄都曾经是他的病人。

第一次世界大战期间，欧美华侨纷纷回国避乱，在广州寻找落脚之处，但城里与西关，早已针插难入。于是，他们把目光转向城东。从1915年开始，美洲华侨黄葵石等人，在龟岗买了十几亩荒地，挖掘平整，开辟了龟岗一、二、三、四马路，分段出售，兴建房屋。龟岗的房子建起来后，其他华侨争相仿效，在后来的十年间，由华侨开辟的道路和投资兴建的住宅区，遍布东山，1916年开辟了署前路；1918年开辟了启明大马路至四马路、合群一、二、三马路、恤孤院路和新河浦路；1920年开辟了美华路。街区道路网络渐次形成。

东山的种种建设，带有浓厚的西方色彩。除教堂与别墅群外，1917年，广州市第一家西医私人医院——邝磐石医院，亦在前鉴东约（今东华东路）开张营业，两年后又在东山梳头岗兴建新院，后被改为今天的中山医东山分院。

1928年7月，广州基督教青年会在东山组织了全市性布道大会，并于1933年至1937年间，每年的复活节都在东山神道学校（在今寺贝通津）、福音路、东较场等地，举办有五六千人参加的基督教复活节纪念大会。经过浸信会、安息日会的早期开发，教堂、学校、医院、安老院、孤儿院等机构相继出现，大量田地用于非农业用途，大量非农业人口迁入，带动服务业蓬勃兴起，标志着东山地区，开始了城市化的进程。

清代末年，身穿西服，头剪短发的，往往被认为是维新人士，与传统社会格格不入。广州的《赏奇画报》上，刊登了一则趣闻："有两人服西装，其一剪发，同在云来阁品茗。"西装与剪发，都是现代性的符号，而上茶楼饮茶，是传统性的标志。当两者在同一个背景框架中出现时，便成为新闻了。

民国以后，崇尚西方文化，成了一股潮流。人们以模仿洋人为时髦，城里的西餐馆多起来了，越来越多的人以吃过西冷牛排、芝士面包、葡国鸡为傲。穿一身笔挺的西服，衣袋露出手帕一角，头戴白色拿破仑帽，手持一根士的（中国人称之为"文明棍"），说话夹一两句"骨摸宁"，是现代"文明绅士"的标准形象。

有时这个形象还会加上一根香烟，香烟是从外国传入的玩意，很多人吸上了瘾，终日手不离烟。富商大贾、缙绅先生、政府官员、豪门少爷和江湖猛人，最初喜欢三炮台牌，后来民族主义兴起，抵制洋货了，便转向金龙牌、七星牌、无双牌、喜鹊牌、百雀牌；而一般小市民和学生喜欢地球牌、多宝牌、金字牌等。

为了迎合民族主义的潮流，香烟广告往往刻意淡化“洋味”，让人觉得香烟天生就是本土的，比如美丽牌香烟广告以游荔湾这种乡土活动作为卖点：“偕伴侣游荔湾，携美丽牌香烟，可增添无限风光。”珠江牌香烟广告雅得像唐诗宋词：“欲寄相思无红豆，斜晖归棹买珠江。”而孖圈牌香烟广告则相反，俗得像广州市井的口语：“孖圈抵食，抵食孖圈。”让人一听就记住。后来，美丽牌香烟推出新广告，也换了更贴近市井的风格：“日长无事，麻雀消遣，一物莫忘，美丽牌香烟。”宝塔牌香烟的广告，直接把吸烟与救国联系起来：“救人一命胜造七级浮屠。这宝塔牌香烟，是救中国命的。诸君见了这七级浮屠，更当想想救国的责任。”百雀牌也是诉诸民族主义：“国家兴亡，匹夫有责！睇戏睇成套，食烟食味道。我们大众奋起，争点气味来！”

文明人士的另一个重要配件，是一块手表或舵表。一只名贵的外国手表，在广州曾经可以换一幢三层高的楼房。1925年，惠爱东路（今中山四路）一家“省港澳李占记”钟表店开张，以“名师精修，名牌钟表”为宣传口号，老板李兰馨在香港以精修名牌钟表出名，无论是百达翡丽（Patek Philippe）、万国（IWC）、江诗丹顿（Vacheron Constantin）、爱彼（Audemars Piguet），还是宝玑（Breguet）、伯爵（Piaget）、积家（Jaeger LeCoultre）、劳力士（Rolex）、芝柏（Girard-Perregaux），李占记来者不拒，都能修好，因此顾客中不乏上流社会的绅士，为他免费做宣传。

李兰馨独具慧眼，预计广州将会像香港一样迅速西化，于是抢先移师广州，在十八甫先开了第一家李占记钟表店，在惠爱东路又开第二家。李占记的贵宾室门口，悬挂着一副很有现代味的对联：“占得利权天下观，记得时刻寸分量。”店内摆满琳琅满目的洋表，但李占记做广告的手法，却同样带有浓厚的本土文化色彩，他除了在店中备了大量痢疾散，凡上门来的街坊或四乡村民，不管是不是帮衬，一律获赠一包外，还在店门口两边橱窗“摆”了两个“人偶”，一边是关公，一边是张飞，身穿粤剧戏服，手执青龙偃月刀和丈八蛇矛。当大批市民围观时，两个“人偶”竟然吹鬍张目，抖动刀矛，围观者轰然惊呼：原来是两个大活人扮的！

把痢疾散、关公、张飞和众多世界名表摆在一起，正是把现代、传统、本土、舶来的各种元素，糅合在一起，建构一种新的文化认同。

在新文化运动风靡云涌的年代，“拥护西装”“打倒长衫马褂”“眼镜精神不死”“皮包万岁”的口号，深入年轻人的大脑。国产土布往往只能靠“爱国”促销，否则根本不是洋布的对手。1923年第七甫同德夏布庄广告是这么宣传的：“世界文明，爱国热诚，衣服文明，国货要兴。”民初有一首竹枝词，反映了这种文化心态：“东方人好饰西方，绸缎绫罗似滞场。厌旧喜新同一慨（概），美洲士女又唐装。”注释有云：“美洲士女好玩麻雀，在家又好穿中国服装，广州西关新衣店办此货出口者颇兴旺。”

军政界、文化界和学界一切以洋化自诩的人士，更喜欢永汉路、惠爱中路，没事都往那里跑。在大新公司周围，汇聚了最多的书店、眼镜店、文具店、西服店、西餐馆、照相馆、百货公司，囊括一切文明世界的妆身之物，年轻学生的揸腰散尾西服、长而窄的领带、轻而软的西式内衣、穿袜式竹筒裤、窄边企身白草帽、金手表、红皮提包、自来水笔、博士架（眼镜）、透明丝袜、言情小说、裸体美女画片、百美图、口香糖、朱古力、五色布纹信纸信封、印花素巾，这里应有尽有。男学生的标准形象是：“腊肠其裤，揸腰其衫，自来水其笔，博士架其眼镜，和尚其帽，步步尺七，满口AB。”女学生的形象是：“裙短至膝，衣长及股，鸡翼其袖，杏仁其领，顺其襟，卷其发，襟头夹一支自来水笔，穿黑白相间之鞋。”

经营洋服的店铺越开越多，1921年的相关从业人员达一千多人，还成立了广州市洋服同业工会。惠爱中成为全市最大的西服店荟萃地。同时洋服的“下游产业”也被带旺。昔日的广州府衙后面，是清荫园，园中有蕉竹山房、来青阁、红雪亭、古树堂、环翠轩、近水榭、风烟一览、小桥曲径诸胜，如今变成了一排排的洗衣铺，广大、大光、益民、中央、紫罗兰、神经六、振华新等众多洗染店号，把广大路变成了“洗衣街”。

许多政府高官，都有留学欧美的经验，对中国传统文化的厌恶，对西方文明的崇尚，影响社会风气，至为明显。早在1912年民国刚成立时，广东军政府就下令废除七夕妇女乞巧的“陋习”，派警察查禁售卖七夕物品的店铺。在拆城墙筑马路时期，大拆古旧建筑，已是一种宣示，迨至国民政府成立前后，反对传统文化达至高潮。

国民党广州市党部的风俗改革委员会，发起移风易俗运动，每晚都派人到中央公园、西濠口、天字码头、十八甫等繁华地段，进行演讲，号召民众破除迷信。区芳浦、林翼中、陆幼刚、程天固、欧阳予倩等名流，在中央公园播音台发表演讲，宣传迷信之害，以唤醒民众，尽早破除迷信。风改会的宣传员走上街头，张贴禁止七夕拜仙、烧衣的布告标语：“打破七夕拜仙陋习！”“打破七夕烧衣陋习！”“七夕烧衣是不良的风俗！”“七夕拜仙是怪诞的举动！”“七夕会牛女是无稽的诳言！”“禁止七夕拜仙烧衣！”“谁敢烧衣拜仙即拿送公安局究办！”“禁止商店贩卖七夕拜仙烧衣用品！”“禁止七夕拜仙烧衣是改革风俗的起点！”“一致遵照公安局布告废除七夕拜仙烧衣！”“我们自动起来废除七夕拜仙烧衣！”

七夕那天，仓边路天官里有三位妇女，在家中摆设香案果品，烧香燃炮仗拜仙，风俗改革委员会的志愿者闻声赶来，通知警察上门拘拿，把三个妇女押到警察局进行训诫。新闻登上报纸，说这三个妇女“一路上哭哭啼啼，请求释放她们”。

端午赛龙舟也作为“陋习”，被革除了。城市中心不再有赛龙舟的锣鼓声，只有在远离市区的东山寺贝底、河南小港一带，还可听到隐约的锣鼓声。一位老广州人感叹：“‘憧憧转，菊花园。炒米饼，糯米团，阿妈凑我睇龙船。龙船扒得快，今年好世界。谷米又平，仔女又快大。娶埋新抱，女又嫁晒。’此数十年前之童谣也，迨闻赛龙舟迭次滋扰，发生械斗，当道遂禁止竞渡，每届端午，即禁令重申，自是龙舟深埋地下，不复闻‘怦咚咚，怦嘞嘞’之声。童子以无龙船可睇，此歌不唱久矣。”

政府雷厉风行，接管了都城隍庙，把城隍像拆掉搬走，强行把那里改为国货市场；以修马路为由，把六榕寺砍掉了一半，改建为净慧公园；把海幢寺改建为河南公园；连大佛寺也拍卖掉了。主持城隍庙改造的社会局局长简又文，在《西北从军记》中踌躇满志地写道：“多年古庙，另有新气象、新意义，辟除迷信，建设新事业，此为我任内最为棘手难办而也是最为痛快得意的事。”

孙中山夫妇、蒋介石夫妇，包括很多政府高官，都是基督徒，政府对西方宗教没有太多限制，仅在1928年7月颁布《内地外国教会租用土地房屋暂行章程草案》。天主教、基督教、东正教、犹太教、锡克教等外国教会，只要向政府做了登记，便可以自由发展，没人干涉。但对本土的佛教、道教和民间信仰，则颁布一连串法规，包括《寺庙登记条例》（1928年9月）、《废除卜筮星相巫觋堪舆办法》（1928年9月）、《神祠存废标准》（1928年10月）、《取缔僧尼办法》（1928年11月）、《寺庙管理条例》（1929年1月）、《监督寺庙条例》（1929年12月）、《令禁止幼年剃度》（1930年）等。废除祭祀“日、月、火、五岳、四渎、龙王、城隍、文昌、送子娘娘、财神、瘟神、赵玄坛、狐仙等神”；画符念咒的道教，也在废除之列。大量佛寺、道观被拍卖、改建、征用为学校、公园、机关、军营等。

这种抑中扬西心理，到1929年被推到了极致。国民政府认为所有中医典籍，都是封建时代的遗物，缺乏科学依据，乃在南京召开全国卫生会议，宣布废止中医药，独尊西医。广州的社会局亦步亦趋，规定所有善堂必须停用中医，改用西医。卫生部和教育部又以中医无科学根据，不符合学制为由，要求所有中医学校，一律改称“学社”。中医学生即使在政府认可的正规中医学校毕业，也要再通过卫生局的考试，才能执业，但西医学校毕业的，就无须经过这种考试。

这一系列举措，走得太远，引起全国及广州中医界哗然。中医学生愤愤不平地质问：我们在学校毕业时，已经考过试了，还要参加卫生局考试，是不是卫生局不承认学校的考试？是不是卫生当局与教育当局打架？郎中们齐集方便医院举行联席会议，成立广东中医药联合会，由广州中药公会、广州中医公会、广州医学卫生社、中医药专校起草抗议书。

广州中医界联合发表通电，要求撤销“废止中医案”，通电疾呼：“中卫委会议决取缔中医一案，实行打倒中药，推销西药，贩卖中国，莫此为甚。因中医亡，则贩药商亡，植药农亡，制药工亡，每年药物出产金额数万万元，恃药物为生治民众数千万人，因此取缔中医一案，同归于尽。间接则各界均受其害。可见外人经济侵略，无所不用其极，亡国亡种，此见其端。”他们强烈呼吁，立即撤销取缔中医案，以救危亡，并请各界一致援助。由于全国各地的反对声浪，滔滔不绝，政府不得不搁置废止中医议案。

拆城墙筑马路

广州城的膨胀速度之快，让人们感觉不知所措。根据光绪二十三年（1897）的统计，城里有两千多条街道，九万多间店铺。十年后再统计，就多出了一千多条街道。民国成立时再统计，已有三千八百多条街道。1918年市政公所公布，广州的人口，已“有一十五万四千九百余户，有七十万零四千九百余口”。人口越来越密集，街巷越来越狭隘，造成了很多问题，诸如饮用水清洁、粪便垃圾排放、传染病管控、交通、火灾、治安等方面的发展和建设，都无法跟上城市的扩张速度，让当局十分头痛。

广州人为饮水问题，折腾一千多年了，始终没找到好的解决办法。光绪八年（1882）一位燕梳公司职员提议，在白云山设立自来水厂，据当时估算，广州有七千八百多户人家，每户每天平均用水十至十五担，因此每日供水，至少要十万担以上。英国工程师上白云山实地勘察，发现白云山水每天最多只能供应八万担，并不足够，而且白云山上太多山坟，恐怕会影响水质。坊间还有另一种担心，就是在白云山建水厂会破坏风水。普通民众从荷包考虑，也不愿意为自来水多付一笔费用，宁愿饮用虽然不很干净，但免费的井水和河涌水。于是计划被束之高阁。

光绪二十九年（1903），岑春煊出任署理两广总督兼管广东巡抚，推行新政，提倡实业改良，其中一项举措是创办自来水厂。广州暑疫盛行，春夏之交，往往死亡枕藉，主要原因是饮水不洁。商人再次提议兴建水厂，并且承诺每年向官府缴银一万五千元为承包费，这对官府有很大吸引力；同时又提出，发生火灾时，居民可以免费使用自来水救火，这对居民又有很大吸引力。尽管一向以挑水为生的挑夫，发出微弱的抗议声音，但社会主流意见，已趋于支持开办自来水厂。

然而，官府拒绝让商人自己来办，而要采用官督商办的形式。光绪三十一年（1905），成立“广东省河自来水有限公司”，在谷埠购置办公大楼，聘请八旗子弟关国栋与两位美国工程师、一位德国工程师，共同进行水源勘测和水厂基建的技术设计工作。关国栋，字干臣，满姓瓜尔佳氏，广州满洲正黄旗人，幼时入读广州同文馆，学习汉文、英语、数学等课程，以优异成绩，官派到英国留学，入牛津大学攻读工程技术专业。

经关国栋勘察后，确定以增埗河为采水点，引小北江水入市，在西场乡征地70亩，兴建广州第一间官督商办的公用自来水厂——增埗水厂（西村水厂），向西关、南关和惠爱路一带供水。广州成为继上海之后全国第二个使用自来水的城市，但由于水压不足，需要在西关地区兴建水塔。其时适逢西关长寿寺被人举报窝藏妇女，岑春煊下令拆毁长寿寺，寺地用来兴建戏院、商铺，而水塔亦选址于此。

关国栋负责设计水塔，光绪三十二年（1906）动工，两年后建成。工程造价94087两白银的西关水塔，是广州第一座供应自来水的水塔，蓄水罐外壁用钢板焊接而成，塔身高6.71米，内径12.2米，可储存约782立方米水，距地面约42.1米，巍峨壮观，堪称西关的地标性建筑物。水厂刚开始供水时，只惠及600户人家，但第二年已增加到9000多户。每户以六人计算，每月交1元水费，多一人加收1毫。自来水公司在街头安装水龙头，给那些没钱安装水龙头的贫苦人家挑水用，每64斤水收费1仙。

有了水，还要有光。光绪十六年（1890）美国檀香山华侨黄秉常等人集资40万元，开办广州电灯公司，向城内供电，使广州成为全国最早使用电能的三大城市（上海、北京、广州）之一，漆黑的夜里，开始有了点点灯光。但该公司的发电量仅可供1500盏电灯照明用，市面出售的电灯也只有16支烛光和10支烛光两种，电费却贵到飞上天，普通居民根本无力负担，只有总督署和少数大商家用得上。数遍全城，也只有区区700盏电灯。且电厂设备陈旧，故障频频，开办九年，便告停业。光绪二十六年（1900），英商旗昌洋行在广州长堤五仙门开办粤垣电灯公司，俗称五仙门电厂，以四台发电机向城内供电。

每天清晨，天色渐渐发白，寂静的街头，响起去挑水的人“呱哒、呱哒”的木屐声，预示着繁忙的一天又开始了。码头的各个栏口已经杀摊，茶楼热闹起来了；一些妇女在河涌埗头上涮洗屎塔、鸡笼；荷溪上的粪埠泊满了四乡来的屎艇，船上一个个装满粪便的粪桶，臭气熏天，行人掩鼻而过。广州人把清倒粪溺称为“倒夜香”，粪埠叫作“汇馨”，每到年尾，乡民会带些番薯芋头酬谢街坊，至今仍有汇馨通津的路名。

街边的铺头开始陆续卸下门板营业，伙计与路过的街坊打着招呼。回洋行上班的大班，也坐着三人抬的长班轿出门了。赤脚的轿夫，轻盈地走在砂石或麻石路上，一双脚板仿佛是铁铸的，毫不在意路面凹凸不平。但住在街道两旁的人们，却常常抱怨，街道太狭隘、太破烂了，没有一条平坦顺畅的马路，还经常沟渠淤塞，秽气熏蒸，未雨则路滑泥泞，雨后则渠溢水泛。

张之洞担任两广总督时，曾接受建业堂等商户的建议，下令拆掉南城墙，修筑长堤马路。对这条马路，他提出了“铺廊”的概念，即在街道一边修筑两米宽的行栈长廊，可以遮阳挡雨，商民做买卖，不受天气影响。这似乎是广州近代骑楼的雏形。可惜，张之洞在广州时间很短，他离任后，长堤马路成了一个烂尾工程，仅建成一段堤坝，“铺廊”计划，更人亡政息，连影子都没了。

辛亥革命以后，广州军政府成立，旋即颁布《广东省城警察厅现行取缔建筑章程及施行细则》（“取缔”一词，源自日文，意为“管理”），其中有云：“凡堤岸及各马路建造屋铺，均应在自置私地内，留宽八尺建造有脚骑楼，以利交通之用。”这标志着以政府主导，以法制规范的城市改造运动，由此起步。

陈炯明在遣散各路民军时，把一部分人改编为工兵，那时已有一个大计划，准备拆除广州的城墙，扩宽城内的马路。1912年11月，十三行一带发生火灾。猛烈的北风把火星吹过河南，以致河南也烧了起来，河北烧毁店铺384间，河南烧毁店铺107间。火灾给了军政府一个机会：很多人灾后无力重建，政府便趁机征收房子，在清理废墟时，把马路拓宽到9米至15米。这个局部小变化，没人想到，会开启一个伟大的城建时代。

咸丰十年（1860），粤海关税务司在西堤建立公署。1914年，由英国建筑师戴卫德·迪克（David C. Dick）设计的海关大楼，在税务司原址奠基兴建，历时两年完工。这座四层高的新古典主义建筑，坐北向南，连钟楼总高31.85米，建筑面积4421平方米，钢筋混凝土框架结构。东南立面用花岗石砌筑，西北立面砌红砖墙，以大块麻石作基础。首层为基座形式，用云南大理条石砌筑，与上层的圆柱和栏杆，互相呼应。正面外墙以花岗岩圆柱与条石镶砌，正面和东侧柱廊全部双柱，仿爱奥尼柱通贯二三层，四层为罗马塔司干柱式。穹顶和副楼带有巴洛克式的建筑风格。房间宽敞，光线柔和。高大的黑色柚木门窗，顶部略呈平缓拱形，颇有英国殖民地建筑的特色。大楼顶端那座由八组塔司干双柱支撑起的13米高的穹隆顶钟楼，上有大型四面时钟，内置五个大小不一的吊钟，每隔15分钟以《随想曲》报时一次，乐韵雄浑悠扬。老广州人都习惯叫它“大钟楼”。

在海关在楼的东侧，是1916年落成开业的广东邮务管理大楼。这里原来是广东国税厅筹备处，给了粤海关扩建邮政新局，由英国建筑师丹备（Willian Danby）设计，坐北向南，面积1740平方米，南主楼三层，北副楼二层，均为钢筋混凝土框架结构。南立面以爱奥尼巨柱通贯二三层，柱头饰有涡卷，造型相当优美。平天台外围砌女墙，四角立方身尖顶装饰柱。楼内房间宽敞，设有壁炉。门窗地板均用柚木。走廊通道铺花阶砖，楼梯扶手饰以铁铸漏花。步入首层大门，拾级而上，便是营业大厅。大厅后面是包裹库，二三楼是办公室。

沿着西堤往东走，邮务管理大楼与城外大新相邻，再往东，就是由杨锡宗设计，20世纪20年代初建成的南华楼（即新亚酒店）、嘉南堂东楼（即新华酒店）和西楼。嘉南堂的主人是基督教浸信会的牧师，“嘉南”是取“圣经”中地名“迦南”，意为一块“流着奶和蜜”的土地。

南华楼最初是按写字楼设计，后来觉得西堤是码头和商业中心，南北旅客很多，高级酒店却不多，便把它改为新亚酒店。其在设计上，采用古希腊神庙柱式，正面耸立着六根爱奥尼式巨柱，楼身面料采用巨型的麻石砌体，底部是高达五米余、宽近四米的行人通道，突破了官方对骑楼尺度的标准要求，尺度宏大，刷新了人们的观感，堪称全中国最豪华的骑楼空间，被誉为“南华第一楼”。

新华酒店位于长堤与人民南路的相交处，连续的古罗马拱券形柱廊，跨出行人道上，每个发券都有漩涡形的龙门石，而南立面的发券建有四根塔斯干柱的拱顶垫石，颇有浪漫的效果。在南立面与西立面之间，以弧形的拱券连接成一个连续的、和谐的整体，而且使大楼的转弯，别有一种柔和、流畅的感觉。

这一系列的建筑，反映清末民初西方文化对广州的影响。这种影响，在广州工务局对广州建设的整体规划中，也处处清晰可见。香港《士蔑西报》，报导了广州工务局的建设规划，包括把西关的住宅搬走，重建为商业中心；旗街也将重建；双门底与惠爱路将改为61米阔的大马路，直通内城中心；越秀山改为公园。工务局已着手进行测量工作了。陈炯明解释拆城墙的理由："省垣地方，素称殷盛，城厢内外，商业尤为繁富，若非于交通上设法改良，实不足以资利便。查现在城基一带，占地甚多。而城内城外互相隔阂，于交通上尤形不便。徒以往日满清官吏，藉城自卫，故虽明知其害，亦终不忍弃除，此实地方之大障碍，而亦我全省人民之不幸事也。"但拆城墙的计划，由于局势的变化，未及实施。陈炯明带着区区二十营粤军，移驻福建漳州。广州的拆城墙工程，由桂系政府接手。

但政府五行欠金，应了一句俗话："冇个钱唔过得横水渡（没钱什么事情都办不成）。"面对耗资巨大的市政工程，束手无策。1918年1月，最繁华的双门底永汉街发生火灾，64栋房子被烧毁，这给了政府又一个机会，可以低价征收房子，有些红契已遗失或烧毁的房子，干脆作为官地收回。政府依靠这种"趁火打劫"的办法，把永汉街修筑成一条18米宽、137米长的大马路。除此之外，政府好像别无良策了，以致粤海关的税务司半玩笑半认真地说："广州要进一步改造马路，除非解决经费来源，否则就要靠再发生大火灾。"

1918年9月30日，广东督军署与广东省长公署发布第153号委任令，委任杨永泰、魏邦平为广州城厢市政公所总办，负责筹办广州城厢市政公所，规划市政建设，管理广州市交通、卫生、经界、登录及其他关于市政一切事务。这是第一次出现"广州市"的概念，但当时还没有成立"市"，广州城区仍分属番禺、南海两县管理，但市政公所的诞生，标志着在城市现代化道路上，广州迈出了历史性的一步。

当年10月17日，广州市政公所发出第1号布告，广州城厢市政公所更名为广州市市政公所，首要推动的事项计有五端。首先是拆城墙，廓清这道天然障碍，"然后一切交通，方可措手"；其次是辟马路，把拆城墙后的地基，作为马路，"而由普济桥便门至西门，由西门至财政厅前，更由此后通省长公署，前达永汉街口，概先筑路，外而与长堤衔接，内而与西关旗界一气沟通，则城里工商，首蒙莫大之利"；然后要设市场、公园和工厂，把禺山关帝庙（今北京路名盛广场附近）改建为有121个摊位的模范市场，由政府直接管理；其他分择适中地点，次第建设；把巡抚衙门改建为第一公园，推及于海珠、东较场、东山庙三处，西关则另谋适合地点，同时建设；在旗界（今光塔街一带）设一大工厂，收容无所事事的八旗子弟。布告斩钉截铁地宣称："盖不拆城、不辟路，绝无市政可言，而欲辟路先拆城，尤为此中枢纽，故无论如何，断不稍存瞻顾。”

10月22日，广州市政公所在育贤坊禺山关帝庙成立，内设总办、帮办、坐办三职，分别由杨永泰、魏邦平、曹汝英出任，下辖总务、工程、经济、登录四科。总务科主财政、工艺、卫生、档案等工作；工程科主各项市政建设；经界科主测绘、调查、评价事务；登录科主注册、印证、税契等事务。10月29日，广东督军署及广东省公署再发指令，市政第一期进行办法核准立案。是为广州创办市政之始。

在市政公所全盘统筹之下，拆除城墙、修筑马路、规划街道等市政建设事项，次第开展。所有应兴应革事宜，统由市政公所错仪画制，发号施令，番禺、南海两县无权决定，这是广州建市的筹备阶段，为建市做了重要的准备工作。

市政公所把拆城墙、修马路列为首要任务，成立之初，即刊发布告，开投拆卸正西门、太平门、普济便门、大东、小东、大南、小南、归德、文明、五仙、靖海、油栏、竹栏、永兴、鸡翼城便门，共15座城门，只保留大北、小北两城门。后来大北城楼因年久失修倒塌了，小北城楼也在1924年拆除了。

西关是广州商业中心，打通这里的道路，有利于整顿交通，振兴商务，扩大商业中心的范围。因此，拆城墙工程从西城墙开始，拟先把西水关至正西门的城墙拆去，利用城基开辟一条30米宽的大马路。对拆迁的补偿，政府公布标准，若是出租的房屋，按一个月房租的六倍补偿，其中一半是给业主做拆屋工费补偿，一半是给租客做搬迁补偿；如果是自建自住的，则按月租的160

倍补偿。

但民众殊不满意，尤其是政府对商铺的顶手费不予补偿，令商民利益受损。广州商铺，向有“铺面”和“铺底”两种所有权，铺面权是指业主对地块与房屋的所有权，铺底权是指租户对铺面进行装修、改建及各种家私的所有权。业主与租户签订合约后，除非租户欠租，否则一般不会收回房子。而租户有时因经营不善，会把铺面权转让出去，从新租客处收取一笔装修和家私的补偿，这就是所谓的“顶手费”。对此，政府拒绝补偿，但相应调整了一些补偿标准，比如把原来的六倍月租补偿，增加到十倍。

商家同时亦忧虑市政公所没有制定完善的计划，拆迁后商民的生活无法维持。除了业主和铺户要面对各自的困境外，广州原有商业传统、商业格局，也将受到拆城筑路的影响。因此，拆城墙之举，遭到西关商家的激烈反对，组织了很多抗议示威活动，但并不能动摇政府的决心。

为了化解官民之间的利益矛盾，市政公所对扩路征地的补偿，也做了调整，凡属圈用附城铺屋，对住客搬迁费、业主自行拆卸费和业主契价补恤费三项作出补偿。其标准大致为：清拆的铺屋如果是全间拆卸，则搬迁费和拆卸费，均照一个月的租额五倍支给，而作为补偿主体的契价补恤费则以1918年市政公所开办以前，各业主向官厅投税红契内所载价格，给现银四分之一，拆清后四个月再给现银四分之一，尚余四分之二给予电车路股票。至于非全间拆卸者，则每井补回拆修费毫银五元，多少照算。

为了筹措工程资金，政府把“砻糠榨出油”，甚至连旗界内的各种衙署，衙署所属的马圈、马房、空地，群房（旗人防御职以上人员衙署附属房屋）和旗街房屋，统统都拿去拍卖了。前三种分期开投，价高者得，最高价的是西瓜园的一段。很多人还没搬走，尽管他们的房子已经被拍卖了。对企图顽抗者，政府出动消防队，用挠钩套索强行拆房，一时间灰尘滚滚，房屋连排倒塌，夷为平地。有人在西瓜园贴了一副对联："今朝有酒今朝醉，明日拆城明日迁。"西城墙拆除后，城基开辟成了丰宁路、长庚路（今人民南、中、北路一段）。

在席卷全城的拆城筑路浪潮中，府学东街被扩建为15米宽的马路。因为在文明门东边有一条文德里，所以扩路后就借用了文德里的名字，命名为文德路。马路要穿过城墙遗址，直达江边，意味着要拆去广府学宫和万寿宫，这引起了孔学会的遗老们群起抗拒，甚至声言"如果拆万寿宫，誓以老命相拼"。他们每晚都提着"乞恩免拆"的灯笼，到督军署和省长公署前走来走去示威。警察厅长魏邦平下令强行拆除，大队警察进入施工现场，手起锤落，一座古色古香的万寿宫，顷刻化作残壁颓垣。那些饱读诗书的老夫子们，捶胸顿足，痛哭一场，然后卷铺盖走人。

三年间，基本完成了拆城筑路的第一期工程，拆除城基，修成大马路，开辟城内各主干马路，全部经费均是变卖旗产所得。城墙与城门被拆后，大部分砖石用来修筑马路，仅余归德门石额一方，在1949年以后被考古发现，石额宽163厘米、高99厘米，碑石黑色，其上横书篆体双钩"归德"两字，为番禺人易贵所书，字体工整，笔势雄浑刚劲。此石额现藏广州博物馆碑廊。

拆城墙筑马路以后，市民觉得视野豁然开朗，广州仿佛一下子大了许多。他们出行方便了。以前城里只有一百多辆人力车仔，行走于大沙头至仁济路口之间，全程共分四段，每段收费一分二厘银。1915年，马来亚华侨回国投资，四处考察一番，发现也只有大东门至沙河的东沙马路，比较像样，于是从香港买了几辆旧汽车，翻新一下，在东沙马路上经营起“扬手即停，随街接客”的出租车业务来。但汽车一到大东门，就要止步掉头，因为城里没有可以让汽车行驶的马路。

市政公所在1918年设立广州电车公司，招商承办；1919年由美国华侨伍学焜、伍籍磐承办。第一辆有轨电车是用汽车改装的，不是真正的电车，也没有轨道。行走路线有两条，一条由广九站至西濠口，另一条由广九站至普济桥。显然因为马路还很不好走，所以电车生意不如预期。1920年，政府责令电车公司要铺轨行车。电车公司勉强铺了广九站至一德西路的一段路轨，便不肯再投资了，电车无形停办。1931年，电车公司更因为资金不足而倒闭，原来铺好的路轨，废置无用，抗战期间，都被日本人挖掘殆尽了。

经过充满喧嚣、忙乱、尘土飞扬的1919年，永汉、万福、惠爱、文德等马路，陆续开通。双十节那天，由军政府总裁伍廷芳、督军莫荣新主持，在永汉路举行开车与开路典礼。所有军政高官，乘坐着人力车仔，从长堤的江防司令部出发，前呼后拥，行至永汉路铁桥前。一座华丽的花牌坊，耸立在路中央，上面用电灯泡排出“国庆纪念，道路修明”八个大字，一条五色丝带，悬挂在牌坊上。莫荣新上前把丝带解开，现场顿时欢声雷动，伍廷芳坐着车仔通过牌坊，开路与通车典礼，在经久不息的欢呼声中，宣告完成。一众高官坐着车仔，经万福路、文德路、惠爱路，到达财政厅。

随着马路一天天向前拓宽，汽车紧跟其后开进来了。1920年，广州的出租车增至20多辆；1933年激增至631辆。广州也开始试运营公共汽车，投资者还是电车公司，从国外买了几辆铁轮货车改装成客车，投入营运，但质量很差，事故频频，最后被政府勒令停驶。1922年由加拿大华侨投资成立“加拿大长途汽车公司”，正式承办市内客运，设置四条线路，一条由东山经大东门、财厅前，至西濠口；一条由东山经东堤、靖海路口，至沙基东桥；一条由司后街（今越华路）至天字码头；一条从沙河到大东门。车轮一转，行人都向它行注目礼，既有羡慕、尊敬，也有嫌恶的目光，因为不是人人都坐得起。每站收六枚铜板，还是有不少人觉得肉痛，宁愿步行。

为了方便辨识，1928年公共汽车线路改为三色（红、黄、绿）线路和新辟线路。黄线由东山公园（今越秀区图书馆侧）经惠爱路、永汉路、长堤，至黄沙；绿线从普济桥经丰宁路、惠爱路西至大新公司前；红线从普济桥经泰康路至广九站；新辟线路从禺山市至十一甫口。自从有了公共汽车以后，市内马路不准马车通行，“马路”从此虚有其名矣。

给你一个新广州

1920年陈炯明就任省长后，各项改革，雷厉风行，裁撤道尹、镇守使，另成立稽核局，对各县知事进行监督，以政绩作为考核；筹划开辟全省公路网；成立经济调查局，举办广东农品展览会，振兴本地农业；在广州设立生丝检查所及蚕种制造所，以改良丝料出产；将省政府的实业科改为实业厅，赋予更大的权责，以推动实业。不到一年，广州市丝厂增至五十余家；港商也投资开设农场及罐头厂；南洋归侨则在洽谈集资开发黄埔港；港、粤、沪商人筹办资本一千万元的股票交易所；成立广东全省总商会。同时广州还成立了各种工会组织，在工人中推广平民教育，维护劳工权益。

人们学会打官司了。广州成立了地方审判厅、地方审检厅等机构。但大部分民间纠纷，并没有闹上法庭，而是按照传统的做法，向行政官署告状，或由工会、行会和慈善机构出面调处解决，或由德高望重的人士居中斡旋、仲裁。

1921年5月，广州机器工人因工时与工资问题，与资方发生纠纷，陈炯明亲自出面调处。事件肇因于机器工人要求缩短工作时间和增加工资，被资方拒绝。长期以来，机器工人每天的工作时间，长达十几小时，而工钱却只有二三角洋钱。工人几次请愿，均无结果，于是酝酿实行总罢工。

劳资双方都向省长求助。陈炯明邀请了11名资方代表和16名工人代表到公署，协商解决办法。在听取双方解释后，陈炯明提出一个初步意见，请大家讨论：一、工作时间每天八小时；二、每年例假日定为八日，照给工资，星期日休息；三、工价拟定五毫以下者加四，五毫以上至一元者加三，一元以上至二元者加二，二元以上者一律加一。

资方代表表示，他们只同意将工作时间减到每天十小时，工资一律照原价加一，星期天照常上班，无例假休息。陈炯明再提建议，例假日可以减去武昌起义纪念日，与双十国庆合并，另外再减去万国和平日和五月节共三天，但星期天要让工人休息，工资八折计算。资方代表不敢当面拒绝，说要回去商量，但回去后迟迟不答复，却放出风声说，工作时间不能再减。机器工人的怒火，被瞬间点燃，随即召开大会，宣称八小时工作制是国际劳动同盟所定，省长也已同意，必须力争到底。一万多机器工人宣布罢工。粤汉、广九、广三铁路的机工，一致响应。

陈炯明第二次邀请劳资双方到公署谈判。双方针锋相对，激烈争吵。陈炯明劝告："你们无论是东家，还是西家，都有密切的关系。在座的东家，有些也是由西家出身的，而在座的西家，以后难保也有变成东家的。兄弟我今天是省长，将来下职了，或退而作工；而诸位不作工时，或也会做省长。所以应该和衷共济，各相体谅，以图进步才对。"

双方争论的焦点，在工作时间问题。工人坚持八小时，资方则要十小时。陈炯明提出的折中方案为：一、每天工作时间定为九小时，原定八小时者仍旧；二、每年例假日定为八日，照给工资，星期日休息，不给工资，如开工，则以双工计；三、工价拟定五毫以下者加四，五毫以上至一元者加三，一元以上至二元者加二，二元以上者一律加一。各公用机构，如铁路、电力公司、自来水局、造币厂、士敏土厂等，一律遵守以上办法。

大家对第一条都无异议，但资方主张另订工作细则，才能照办。劳方代表则说，他们还要向同业报告。第二、第三条，双方都有不同意见，但最基本的九小时工作制，达成了共识，其他例假日问题，就易于解决了。工人同意复工，一场急风骤雨，归于平息。《华字日报》声称，这是工人的胜利。

1923年一德路隆兴海味店铺位的产权官司，也一度成为人们茶余饭后的话题。当年政府为了筹措军费，大肆拍卖寺产，规定禁止寺庙盗卖寺产，亦禁止人民私买，并鼓励民众揭发隐匿的寺产。位于大新东的瑞利公司，向市政府举报，一德路61号门牌的隆兴号海味店铺位，是六榕寺的寺产，私下租给店主李共成。瑞利公司要求政府收回投变，愿以每井350元毫银优先承领，并可先交押金。孙科市长接到状纸后，批转给财政局，要求查明核办。财政局正急于开发财源，增加收入，对这笔天降横财，喜出望外，还没查清那间店铺究竟是不是寺产，甚至连李共成的面也没见过，便轻率地批准瑞利公司的承领请求。

不料这回政府打错更，惹出个“大头佛了”。瑞利公司拿到政府判决，以为十拿九稳，便派人到一德路61号丈量店铺面积。店主李共成这才惊悉，他的店铺业权，竟在自己毫不知情的情况下，悄悄易手。他愤然把一纸申辩书，递到财政局，宣称这间店铺是他一年前买下的，持有红契，并经登记完毕，并非寺产，上一手也不是寺产，有各种契据可以为证。

但李共成却没有按照财政局要求，交出这些证据，瑞利公司也没有遵守承诺，缴纳那笔押金。案件莫名其妙拖到第二年，在财政局的催促下，瑞利公司总算把钱交了，财政局正式发文，准许瑞利公司续价承领。李共成表示不服，誓言抗争到底，并向市政府申诉。官司又回到孙科那里。孙科是拍卖寺产的主要推手，当然希望按寺产处理。怎奈，李共成已提交了契据照片，铁证如山，孙科也不敢造次，只好仍发回财政局核明妥办。财政局不得不承认，这间店铺，确系民业，并非寺产，撤销了瑞利公司的承领。

这次轮到瑞利公司不服了，一纸状文，把市政府告到了省政府，指控市政府职员“舞弊营私图利，遂使政务倒持，反复如斯，其如破坏政府之信用”。省政府把案件转回给市政府，此时孙科已经离任，新任市长李福林又把案件转回财政局。就这样，案件在行政机关中，转来转去“游车河”。财政局的最后判决是瑞利公司“无理取闹”，撤销承领，退回押金；房产由李共成领回，但要缴纳一笔回购费，总之政府不能吃亏。

在一德路做生意的行家，无不哑然失笑，都说李共成是命犯太岁，招惹无妄之灾，虽然胜诉，却无端花了一笔冤枉钱，买回属于自己的东西。瑞利公司最厉害，虽然败诉，但毫发无损，而且拿政府先前的批文做抵押，已在沙面做了一次循环投资。小店主真的玩不过大公司。这种事情，在商业社会，几乎无日无之。

茶楼业在1924年发生了一场因工资而起的劳资纠纷，工仔要求加工资，东家不答应，代表工仔的西家行便发动工潮，有些茶楼无法开门营业，有的虽然开门，但茶不靓水不滚，点心也少了，惹得茶客们十分不满。对广州人来说，茶楼是每天必到之地，一天不去，就好像闭目塞耳，不知世界发生什么了。因此，茶楼工潮对他们影响太大，引得抱怨连天。

茶楼也有自己的行业公会——协福堂，设在桨栏路。理事长是茶楼业老行尊谭新义。他逝世后，由第二代“茶楼王”谭晴波接任理事长。各茶楼东家经常在协福堂聚会，交流市场信息，解决同业纷争，遇有官府压迫干预的事情，也在协福堂商量应付办法。这次纠纷，协福堂没有向官府求助，而是写信邀请西家行，到第三方的机器总会谈判，由机器总会会长黄焕庭做和事佬。双方都派了十几名代表，面对面协商，《广州民国日报》报导了这次成功的谈判：“首由东家行将工人所提出加工条件，切实答复加三，而西家行亦允让步，减去三点，实要加三七。斯时各有讨论，后有黄焕庭居中做调停人，向双方宣布东西两家，应要再让一步，以谋解决。”由于双方都拿出诚意，最后各让一步，和气收场。

就在同一时间，柴业与轮船业也发生了纠纷，解决办法，是两个行业自行协商调处。香港的柴薪，一向由广州供给。广州柴商的来货，主要分为东江柴、西江柴和北江柴。东江柴从粤东地区沿东江运来，柴栏主要在东濠、东堤铁桥附近；西江柴则来自粤西地区，柴栏在东堤大马路、北京南路一带。最兴盛时，全市有四百多家柴商，其中有部分西江柴是销往香港市场的。

1924年，香港市场忽然冒出新加坡柴商，夺走了很大一块市场份额，广州柴商个个损手烂脚。柴商要求轮船公司降低运价，双方各自推举有威望的人物出来协商，商定运价由原来的每千斤15元，降至10元。但没过多久，柴商又提出新要求，认为轮船运杂货的运费都有折扣优惠，柴商应有同等待遇。这一要求被轮船公司一口拒绝了。柴商非常气愤，扬言要对轮船公司实行抵制。市场上议论纷起，引起极大的关注。最后柴行与轮船行的头面人物，出面调解，双方找了一家茶楼坐下，一盅两件，细细斟酌，互相让步，事件逐渐降温，没有引起更大的社会震荡。

这就是民治的基础。广州商界在清代有七十二行商、总商会、九大善堂、广东自治会等，都是很有影响力的商人组织。商业发达的地方，市民化程度也相对较高。市民化程度越高，社会越稳定，越和谐。孙中山认同这种以民治为基础建设模范省的改革。他致函南洋各埠华侨称：“文与伍（廷芳）、唐（继尧）、陈（炯明）诸子本民治之精神，图根本之改造，举其荦荦大者，如禁赌、裁兵、废督、撤镇道，已一一实行。其它变革，亦将次第推行，以为各省模范。”

广州一向是番禺、南海二县分治，当改革和建设推进到一定阶段时，旧有的行政管理架构，便成了瓶颈。陈炯明认为广州作为全省行政中枢，原设立的市政公所，管辖范围太狭，除拆卸城墙、辟宽街道外，一切未遑计及，未足以言市政，而市政规划刻不容缓。

在广州城划出一个独立于番禺、南海两县的“市区”这一设想，民间很早就有人提出了。在光绪三十三年（1907）五月广东全省农工商总局创办的《商工旬报》创刊号上，主编江宝珩便撰文提出，“划出城厢内外为市区”，是振兴商务的前提之一。他特别指出：“此非市头之市，乃合城厢内外统为一市。”这被视为广州设市的先声。

然而，江宝珩的建议，只是从商业的角度考虑，并非现代意义上的市制。1911年12月，陈炯明就任广东军政府副都督后发表《治粤政纲》，其中有“取用东西各国市区独立制度，宜划出省城及河南铺户别为区域，直隶于都督府，不分隶南番两县”一项，这是广州首度提出按现代国家“市区独立制度”设市。

由于政局动荡，这个设想只是纸上谈兵。直到1920年冬天，陈炯明出任省长，再次主政广东，赢得了两三年的和平时间，机会终于来了。在他主持召开的广东省制编纂委员会会议上，大家都推举孙中山的儿子孙科，负责起草新的广州市政条例。

孙科，字连生，号哲生，是美国哥伦比亚大学的荣誉法学博士。他对各国市政建设颇有研究心得，特别推崇德国的城市规划，把城市划定不同区域，依各区的交通与地理位置，确定其功能，如住宅区内不得建工厂，市中心须有公园、图书馆等。他曾在1919年的《建设》杂志上发表《都市规划论》，认为城市规划的目的是“利用科学智识，计划新都市之建设，及对于现在之都市，使之日见改良而臻于完善之境，成为较便利，较健康，较省费而节劳，较壮丽而美观”。孙科力主把广州市划为省辖市，不入县的行政范围，这与陈炯明原来的构想，不谋而合。孙科当天就起草了一份《广州市暂行条例》。几天后，省长公署公布条例，具体规定了广州市的行政区域、行政范围、行政组织及其职权。这是广州设市的依据，也是全国第一部比较完整的城市组织规章。

根据这份条例，把旧属番禺、南海两县各一部区，合并为一行政单位，由广州市管理，不再由番禺、南海二县分治。番禺和南海县署，分别迁往黄埔和佛山。这是中国第一个将县、市分立的现代市制。

对广州市的区域范围划定，政府最初的计划，是东起车陂东圃墟，西至增埗罗冲围，北起白云山五雷岭，南至河南黄埔港。但实际上当局一切都处于草创时期，人力不足，财力更欠缺，暂时没有能力在这么大范围内，开展市政工程，于是《广州市暂行条例》规定，暂以现行的警察区域为市区区域标准。广州的警务属市政范畴，警察厅改为公安局，下摄境内十二区、二十六分区，设警察区署及分署，置署长及分署长，管理公安事项。同时，设广州市政厅管理广州市政。

1921年1月6日，陈炯明委任魏邦平、许崇清、孙科等七名委员，组成广州市政厅筹备处，专责研究市政改组事宜，向省长提出一个符合现代城市规范的市政架构设想。仅仅一个月后，即2月15日，大年初八，广州市政厅在浓浓的过年气氛中，正式成立了。广东省省长公署发布第7号布告，宣布将省会地方划为广州市的行政区域。同日，广东督军署、广东省长公署发出布告，委任孙科为广州市历史上第一任市长，负责接收原市政公所的所有职权。孙科嫌市政公所在育贤坊的办公地过于狭迫，于是把市政厅迁往南堤。

市政厅的成立，推动各项市政建设，蓬蓬勃勃，开展起来。当时广州市内合乎现代标准的马路共有38.4千米长，其中12千米是在市政厅成立前完成的。市政厅成立后半年内，即完成了14.4千米，剩下的12千米也在修建中。这些马路宽24~45米，旁边有人行道，路面铺水泥。人行道的出现，直接刺激了一种新的建筑形式——骑楼的大量涌现，因为人们发现，骑楼可以补回因拓宽马路损失的住房面积，还可以遮阳挡雨，有了人行道和骑楼，店铺生意更好了。于是大家纷纷申请建筑骑楼，广州第一条骑楼街，出现在一德路。

元宵节过后，市政建设的第二期工程，便在市政厅主持下，便轰轰烈烈，开工大吉了。本期工程，主要是开辟城内各支线马路，并着手开辟西关各马路。城内支线费用，由当日筹办的电车公司所缴纳专利款100万元拨充，西关部分则由沿路铺户业主摊派。

补偿的地价，不同地段，天差地别。1929年，太平街每华井（约11平方米）补600元，第八甫是500元，第五、六、七甫是400元，而华贵大街、观澜大街每井只补150元，三圣头巷、三圣新街、余庆里更低，只补100元。但这还是比小北一带好，小北城门圈内每井只补80元。难怪人们说广州“东村，西俏，南富，北贫”。

尽管有人欢喜，有人抱怨，有人愤怒，但各项工程的进展，还是如火如荼，气象万千。扩筑马路，整理内街街线的工程，一直持续到20世纪30年代陈济棠治粤时期，直至抗日战争爆发，广州沦陷，始告一段落。

1920年底，广东省政府成立省制编纂委员会，颁布了《广东省暂行县自治条例》《广东省暂行县长选举条例》和《广东省暂行县议会议员选举条例》，全省按部就班，铺开民选县议员和县长工作。这也是走在全国前面的。县长，由县民直接选出三名候选人，省长从中择一任之。对这种“半干涉选举”的方式，省议会曾提出异议，指有违民治精神，不如一人一票的直选方式。但省政府认为，乡村士绅势力极大，为避免被士绅把持选举，宜暂时采取这种过渡性质的“半干涉选举”。最后省议会接受了省政府的解释。

在选举中，有一个特别规定，就是每位选民必须在当年参加义务劳动三天，凭劳役证换取选举票。如不能参加的，须出资请人代劳，每天毫券四角。义务劳动大多是从事修筑公路。为了能够领到一张选票，选民毫无怨言，踊跃参加。当年9月，全省民选县议员完成；11月，民选县长亦告完成。舆论盛赞："县长民选，不特在粤省为创举，即在全国民治史上，亦为破天荒事业。"

继广州成立市政厅之后，海口、高州、北海、江门、惠阳、汕尾等地的市政厅（局）也相继成立。各地拆城墙、修道路、筑公园，开展市政建设，干得热火朝天。经济建设初见成效，文化教育等各项建设，也同步发展。

1921年2月14日，省政府公布了由新文化运动旗手陈独秀主持起草的《全省教育委员会组织法》，第一任委员长由省长聘请陈独秀担任。教育委员会拟定了一份义务教育计划，从1922年8月起，至1928年7月止，分期推广，公立学校实行免费教育，从前每学生每月三角钱的学费，一律取消，务求在六年之内，使三百多万儿童能够完全就学。教育委员会还决定筹办西南大学、市民大学、编译局、宣讲员养成所、贫民教养院、劳动补习学校、通俗图书馆、幼稚园等社会教育机构。

广州公务局还计划兴建三座公园：第一公园在惠爱中路，是利用原来的巡抚衙门改建，已经动工；第二公园在东较场，包括一个公共运动场；第三公园在海珠岛上，也在密锣紧鼓筹备中。其他市政建设计划还包括：修建珠江铁桥，装设马路电灯，筹办市政纪念图书馆，设立公共儿童游戏场，建立更多的公共体育场和美术学校，定期举办美术展览和体育运动会等。这些都与市民文化生活，息息相关，给人们勾画了一幅值得憧憬的图画。

卫生局聘请了12位中外医生，组成顾问团，把全市分为六个卫生区，每个区都有两名稽查员、清秽员，负责有关公共卫生的事情；酒楼、饭馆、旅店、戏院和厕所等公共场所，都要奉命严格执行政府颁布的卫生规则，不得雇用有肺痨、疥癞等传染病的人，厨房内不得有厕所；贮藏食品必须有盖罩遮护；不可贩卖变质和添加色素的食物等；设立新式屠场，由卫生局监督检查肉类卫生；举办卫生知识展览，印制宣传卫生的小册子，挨家派发。

有人总结出广州有“十大好味”，排在头三位的是：厕所屎尿堆积丰富，“好味”！巷口路旁垃圾如山，“好味”！死鼠随街生虫如蚁，“好味”！为整顿市容卫生，卫生局雇用了上千名城市清洁人员，分工十分细致，名目五花八门，有总清秽夫、清秽夫目、特务夫目、特务夫、垃圾车夫、鼠夫目、鼠夫、伙夫、倒粪夫、担粪夫、厕夫、船夫和市场打扫夫等。各自负责打扫街道，运输垃圾，疏通沟渠，清洁厕所等，还有身穿白制服，绿色领章，手执一根二尺长短棒的卫生警察，在街头巡视，检查哪里有垃圾秽物。

每天在固定时间，八位车夫拉一辆垃圾车，沿街摇铃收取居民垃圾。有的市民抱怨，车子走得太快了，他们听到铃声出来，垃圾车已经过去了。10公斤以上的垃圾和砖瓦泥土之类的建筑废料，居民要自行处理。清秽夫负责清扫大街，用箩筐把垃圾挑到码头，由垃圾公司卖给四乡的农民做肥料。

鼠夫们整天走街串巷，目光如炬地寻找死老鼠，有时还要捡取死婴；哪里发生火灾，特务夫就要去清理火场废墟；每天早上8点以前，下午4点以后，厕夫要把厕所打扫干净；倒粪夫每三天要到居民家中收取粪便。如果街巷厕所两次没有清洁干净，造成粪便堆积，政府可以查封该厕所充公。卫生局还配置了清秽艇，专责捞取珠江上的动物尸体和垃圾。

仅1921年，就有八间工厂因排放污水被关闭，有四间贩卖死猪肉的屠场被取缔；全市焚烧了2.5万只死老鼠；疏通了94条街渠，全长达1.2万米；清走了约109.5万担垃圾。这个数字还在逐年增大，1929年清理的垃圾，达到177.269万担。报纸刊登了一首《城市卫生歌》，让市民传唱：

病夫昔日受人讥，欲雪国耻莫迟迟。
个人卫生及公众，强种强国在于斯。

1921年，全国教育会在广州召开第七届联合会。江苏省代表黄炎培，事后撰写了一本题为《一岁之广州市》的小册子，盛赞在新文化之下的广州新景象。黄炎培是上海人，著名教育家，职业教育的热心提倡者，也是全国教育会的发起人之一。他归纳出广州在五个方面的变化：

一、尊人道。如严禁警察无故鞭打人力车夫；

二、言论自由。广州市日报有33家之多，虽有指斥当局，甚至倾向北洋政府的，也从未加以干涉；

三、整风纪。如严禁妓女私入旅馆卖淫，厉行禁吸鸦片；

四、一方面提倡工会，一方面劝诫罢工，同时积极推行工人教育，设立工人补习学校；

五、卫生行政方面，特聘专门人才，以科学的方法，锐意改革。如对医院、化验室、屠场、市场、浴场，以及药品、食料、饮料、茶楼、酒馆、牛奶房、剧场的管理，对妓院的检查和取缔。

引领风气的《新青年》杂志，收到一封读者来信，信中激情洋溢地写道："只一点火在黑暗中大发其光，是易招灭熄的，但在一个能发光而有引起他物燃烧的地位时，自然是努力吐光焰，照耀一切！"这位读者热切地期待着，"等到广东烧得红了，别处也见着太阳是从广东来的了！"

在暴风雨中

1922年6月16日凌晨。天气炎热，很多人仍未入睡，突然听见凄厉的号音，夹杂着几声零星的枪响，然后一切又归于寂静。人们不知发生什么事情，悄悄爬起来，从门缝往外张望，漆黑的街道上，只见大队士兵，荷枪实弹，时而从东往西跑，时而从西往东跑，脚步声急遽而杂乱。大家顿时有一种不祥之感。

天亮以后，越秀山总统府方向，传来了密集的枪声。各种骇人的消息，开始在坊间疯传，都说孙中山和陈炯明闹翻了，陈炯明反对孙中山北伐，孙中山把他罢免了，粤军在凌晨悍然发动兵变，要驱逐孙中山。孙中山登上了海军的舰只，准备与叛军决一死战。

海军向市民发出通告，请大家尽快躲避，军舰即将向叛军开炮。满城人民扶老携弱，仓皇奔走，城西的人往城东跑，城东的人往城西跑。开店铺的人家，又怕枪炮无情，又怕乱兵抢劫，守着那点货物，想跑又不敢跑。

炮弹从天空呼啸而过，城里升起了一股股黑烟。人们更加惊恐了，谁也不知道炮弹会落在哪里。《华字日报》当日的报导：“附近居民纷纷喊救，行人不幸罹弹死者共十一人，而东提一带，各铺户已大受糜烂。闻冠月茶楼被炮炸毁，死伤三十余人，其余各处死伤之数定多，但仓猝未能详查耳。”《士蔑西报》报导：“在市东郊和在河南东部的房屋，受到损毁最大。平民死伤，实数不知，但一般估计，总在一百人以上。”许多酒楼、戏院、公司，均受池鱼之累，损失浩大。

军人又在市内到处抢掠，所有店铺都关门停业，有的门口悬挂外国国旗，有的张贴“本店货物被抢一空”“暂停交易”等字条，以求自保。警察厅长魏邦平巡视市面，不禁哀叹：“吾民何辜遭此浩劫，诚可痛心。连年受水火风旱、兵燹盗贼之灾祸，已苦不胜言，今双方若无调停之意，其祸究不知伊于胡底。”

建设模范省的梦想，就在一片枪炮声中，急遽地落幕暗场。一场灾难的果，往往成为另一场灾难的因。这场灾难，可以追溯到20世纪20年代初。彼时粤桂之间，战事不断，陈炯明从福建打回广州，继而征讨广西，孙中山又急于北伐，最需要金钱，广东财政当局穷到虱乸都冇血，唯有滥发纸币，强迫市场接受毫无信用的军用票，鼓铸低色银币，形成金融恶性循环。北洋政府以广东铸币成色不足，禁止粤币在其他省份流通，加上军费不断暴增，广东省银行走投无路，竟发生行长趁深夜出走的怪事。财政枯竭，金融动荡，对商界来说，是一场生蛤拖死蛤的噩梦。

孙、陈决裂的根本原因，是财政问题无法解决。1923年1月，滇桂联军打着讨贼旗号，起兵入粤，驱逐陈炯明，顺利地占领了广州。但讨贼军入城后做的第一件事，就是重开烟业、赌业。广州街头挂起了大大小小的“谈话处”“茶烟室”招牌，外地人看了莫名其妙，其实“谈话处”就是鸦片烟馆，终日“居居”之声盈耳，腾腾烟雾弥目。曾一度绝迹的番摊赌馆、地摊牛牌，统统死灰复燃，咸鱼翻身，粉饰门庭，挂起了“防务馆”“收票处”的招牌重操旧业。东皋、川龙口、东市街、永汉路、天字码头、泰康路、西濠口、黄沙车站、西关戏院、陈塘、荔枝湾一带，“万头攒动，伏地围赌，有如趁市”，日夜不绝；“发财请进”的招纸，贴满大街小巷。有报纸写道：“草木皆兵之广州城，竟一旦尽变赌国，十色五光，应有尽有，已属绝对大观。且强占商店以作赌场，划分防地以截赌饷。赌国光复，灿烂极矣。”在滇军统治下，“闻每日赌饷收入约四万元，佛山约八千元，合计不下五万元，烟捐尚不在内云。”

孙中山重返广州，设立大元帅府，以大元帅名义节制陆海各军。但广州聚集了几十万滇军、桂军、粤军、豫军及各路赣军、陕军、攻鄂军、建国军、海军、军校，各自为政，开烟赌、设娼寮、铸毫银，截税抽饷，无所不为，孙中山赤手空拳，根本节制不了他们，于是1912年民军大闹广州的一幕，又再重演。这场灾难，又为新的灾难，种下了祸因，最后演变成政商两界全面冲突，百年繁华西关，荡为尘烟。

广州是一个商业城市，一旦发生动乱，商界受祸最深。民国初年，丝业巨商岑伯著、出口洋庄商行总经理、广东汇丰银行买办陈廉伯等人，联合一批大行商，成立维持公安会，假下九甫锦纶堂为会址，宗旨是维持市场治安，保护商人利益不受侵扰。该会后来改组成广东商团，岑伯著为第一任团长。洋杂货、酒楼、茶居、布匹等行业纷纷加入，队伍越来越大，并不限于商界，许多工厂，如朱兰记造船厂、生隆船厂、珍记酱园、兴亚火柴厂等，都加入了商团。1916年岑伯著去世，陈廉伯继任团长。

陈廉伯出身工商世家，父亲是中国近代机器缫丝业的开山鼻祖陈启沅。同治十二年（1873），陈启沅在家乡南海西樵开办继昌隆缫丝厂，这是中国第一家蒸汽缫丝厂。他开创了机器缫丝新法，为中国缫丝业从手工作坊，走向企业规模化管理、机械化生产、系统化经营，开辟了先路。机器缫丝的出现，带动行业蓬勃发展，到20世纪20年代，珠江三角洲的机器缫丝厂，已多达两百多家，超过了传统蚕丝产区的江南地区。

商团财力雄厚，知识水平和组织能力，强于其他团体，运作更有效率。他们深入市场的每个角落，捕匪缉盗，维持治安秩序，组织商户联防救火、救济赈灾、举办善堂、兴办商业学校，还筹办体育会，出版月报，推广文化体育，卓有成效，商界有目共睹，踊跃加入。到1924年夏季，全省商团号称有十万之众。

商团认为，面对滇桂联军的为非作歹，既然政府无力保护商民，商民唯有自保。“官之卫民，不如民之自卫”，乃成一响彻云霄的口号。商团、乡团、工团、农团等大小山头，纷纷向政府申请为合法拥有武装的社会团体。

然而，商人跑得太快了。其实官商关系，从1918年拆城墙筑马路时，因为补偿问题，已经开始转差。历年政府未能纾解民困，反而引入大量客军，使商民备受荼酷，更使官商关系，跌入冰点。当其他社会团体，如工团、农团等，还要仰赖政府财政支持，接受政府指导，才能生存时，商团却凭着雄厚的经济实力，一枝独秀，政府反而要求助于商团，希望得到商界的金钱支援。对政府的索求，商界往往不能完全满足，令政府怀疑他们是有意作梗。况且陈廉伯本人是买办出身，与南方政府的头号敌人英国，瓜葛相连，关系暧昧，也足以引起政府警觉，认为商团已不是传统行会组织，俨然有“第二政府”的影子。

1921年7月，中国共产党成立。1923年6月，中共在广州召开第三次全国代表大会，决定共产党员以个人身份加入国民党，实现国共合作。1924年1月20日至30日，国民党第一次全国代表大会由孙中山主持在广州举行，孙中山实行“联俄、容共、扶助农工”三大政策，与中国共产党实行合作。

1924年5月，广州发生一起全城罢市事件。事件起于1924年5月下旬，广州市政厅宣布推行“统一马路业权”案，目的是向商户抽收铺底捐。这引起商民强烈反对，于是全市商团联络附近各县民团，集中广州，决议于5月28日实行全城大罢市，宣布戒严，反对政府的决定。在商界压力下，政府同意永远取消“统一马路业权”案，罢市风潮，遂暂时停止。但聚集在广州的98个商民团体，以为这次风潮，并非一朝一夕之事，亦非只因一事而发，故议决组织“广东省商团军联防总部”。而政府对商团的恶感，也在急遽升级。

为了加强商团军的装备，商团向香港南利洋行订购了一批枪械，事前向政府缴纳了五万元，并获军政部签发护照，准予分饬沿途关卡查验放行。但当军火运抵广州时，政府下令海关截留，将全部军火监押起存于黄埔军校，并在黄埔岛实行戒严。

扣械事件引发大地震。陈廉伯当天宣告辞职，去了香港。辛亥革命后拆除的街闸，重新架设起来。从8月20日起，每天晚上关闭西关闸口，断绝交通。联防总部迁往佛山，摆出了对抗到底的姿态。佛山首先发难，所有商店一律上板关门，随后全省总罢市。军队也在广州实行戒严。政府指陈廉伯勾结陈炯明，意图谋反。

9月1日。政府发表对外宣言，强烈指责英国，要摧毁南方革命政府。三天后，报纸刊登孙中山措辞更为激烈的反英宣言：“自广州汇丰银行买办公开反叛政府之始，余即疑其此种反国民运动，必有英国帝国主义做后盾……本政府否认有炮击无防卫都市的残暴举动，因为在广州市中，本政府须用武力镇压的地方，只有陈廉伯的叛党作为根据地的西关一隅之地。”

至此，关于军队要消灭商团的消息，在坊间哄传，人心震惧。商团拒绝让步，政府也拒绝妥协，双方都没了退路，博弈乃陷入僵局。10月15日，传言终于成真。凌晨4时，只听一声枪响，打破黎明的寂静，军队兵分三路，攻入西关，一时杀声震天，弹如雨下。理发工人在军队掩护下，沿街纵火。西关的民居，多属砖木结构的骑楼，瞬间火烧连营，整条街陷入火海。由店员伙计拼凑起来的商团军，平时在市场捉捉小偷还行，遇上正规军队，毫无招架之力，天没亮便全盘溃散了。

西关大火从10月15日，直烧到17日才熄灭。共计大小街道三十多条被焚，不少1915年水灾后才重建的房子，再次变成废墟，一千多商户被洗劫，损失约五千万港元以上。死伤人数约两千人，大部分是无辜市民。以上仅为官方公布的数字，实际损失，远远不止此数。10月15日，政府连下数令，凡加入商团者，为首者没收财产，附从者处以罚金，由数百至万元。商团店户、货物、财产，悉行充公。10月16日，政府再下令没收西堤的城外大新公司充公。

粤商在清末粤汉铁路运动中，展现了载舟覆舟的力量，令朝廷伤透脑筋；在辛亥革命中力挽狂澜，促使广东和平易帜，但经此一役，元气大伤，经济实力濒于破产，团体被彻底瓦解，政治影响力清零，作为一股曾经呼风唤雨的社会力量，已不复存在。在即将到来的大革命浪潮中，他们成为第一批被时代巨浪淘去的泥沙。

商人势力，迅速式微，工人势力，蓬勃兴起。这是一个民族主义觉醒的年代，越来越多的劳资纠纷、工潮，带有强烈的政治色彩。经济纠纷，容易解决，在政府、行业公会、商会的调解下，通常很快便平息，但政治冲突，则复杂得多，不仅来得快、来得猛，而且有传染性，一点星火，瞬间燎原，形成跨行业、跨地区之势。

1921年8月，中国共产党领导的中国劳动组合书记部（中华全国总工会前身），作为工人运动的指挥机构，在广州成立了南方分部，对工人开展宣传教育，改组旧工会，建立新工会，领导工人运动，筹备在广州召开第一次全国劳动大会。月晕础润，预示着更大的暴风雨，即将来临。

自1922年1月起，以香港海员罢工为头炮，“中国第一次罢工高潮”开始了。广州的盐业工人紧随其后，举行了大罢工。这些罢工，都已不是单纯经济罢工，而有政治的诉求。1922年5月1日，第一次全国劳动大会在广州召开。大会直接提出了“打倒帝国主义”“打倒军阀”的政治口号，通过了《罢工援助案》《全国总工会组织原则案》《惩戒工界虎伥案》等一系列政治决议案。

第二年7月，沙面爆发了大罢工。原因是租界当局颁布新警律，沙面华仆出入租界，概须携带执照，执照上须贴评论相片，每晚9时以后，华人不带执照不能多次进入，但其他族裔的人则不受限制。于是租界华人愤然罢工，后来华捕也加入罢岗。罢工持续一个月，以迫使租界当局取消新警律而告捷。这是一次完全的政治罢工，用中共工运领袖邓中夏在《中国职工运动简史》中的话来说：“给了帝国主义相当打击，不消说给了中国人以劳动运动在民族解放运动中的重要意义，而为后来省港罢工有力的启示了。”

1925年6月香港海员、电车和印刷行业职工，发起大罢工，声援上海“五卅运动”。各行各业，相继加入，半月之内，罢工人数多达25万人。浩浩荡荡的罢工工人，乘坐火车、轮船，从前山、江门、三水河口，返回省城广州。6月23日，广州各界10万人在东较场集会，会后举行反帝示威大游行。当队伍经过沙基时，对岸沙面租界的英、法军队，突然隔河开枪扫射，当场死亡52人，重伤170多人。7月3日，省港罢工委员会（简称“罢委会”）正式成立，领导这场长达一年零四个月的省港大罢工。

罢委会拥有极高的权威，任何涉及工人权益的事务，工人不再找行会了，也不再找政府了，直接找罢委会去！法院总把什么“不偏不倚”挂在嘴边，罢委会不讲这一套，它旗帜鲜明地为工人撑腰。香港和海外报纸，攻击罢委会是“第二政府”。邓中夏宣称：“敌人既然说我们是第二政府，这又有什么了不得呢？应该知道，我们工人阶级，是要有自己的政府的！”罢委会中作为最高议事机关的工人代表大会，具有行政、立法、司法的绝对权力；法制局主立法；会审处和拘留所（即法庭与监狱）主司法；工商检验货物处、工商审查仇货委员会主工商管理；工人纠察队负责维持治安。法庭、警察都可以靠边站了。

十几万罢工工人，把广州挤得人山人海。三街六巷、茶楼饭馆、车站码头、城郊四乡，方圆百里，到处是集会、旗帜、横幅、标语的海洋。所有通往沙面的街道，一律被工人搭起竹棚、加封条封路，严禁出入；工人纠察队封锁了珠江口，东起深圳，西至前山，所有港口，一律由纠察队把守，省港澳交通完全断绝。工人们兴高采烈，谈论着他们如何让帝国主义威风扫地，如何把香港变成臭港、饿港，如何让工贼变成过街老鼠。

武装起来的工人纠察队，雄赳赳气昂昂，在大街上巡逻，在江面上巡逻，深入每条横街窄巷，每条大船小艇，搜查工贼、奸商，没收仇货。工人纠察队还设有水陆侦查队和军法处。抓到人犯，先在军法处初步审讯，然后根据案情，轻者转送会审处，重者转送特别法庭。凡属接济敌人粮食物资、包庇工人复工、鼓动工人复工等罪，均在特别法庭审判。罪名较轻的则由会审处审理，比如擅自造谣煽惑人心者，拘留十天；自己的襟章、饭券给别人用膳者，拘留五天；冒充工人享受权利者，拘留十天；同为工友而互相打架者，拘留五至十天；聚赌吸食洋烟者，拘留五至十天等。

轰动一时的“林和记案”，就是一件由罢委会特别法庭审理的案件。林和记私下招收海员复工，被人揭发，工人纠察队当场抓获。罢委会召集各工会代表共同会审，认为应判处死刑。广东检察厅从纯法律角度出发，以“尊重法律，保障人权”和“破坏罢工，罪不至死”为由，提出异议。罢委会坚决回答：“天赋人权、个人主义之说已不适用于今日”，并以国民党一全大会宣言为依据，直言指责林和记是帝国主义走狗、卖国贼，不得享受法律的权利。只要“群情激愤，皆曰可杀”，那他就是该杀的，“即使戮之于市，亦足大快人心”。但政府坚决要求交回正式法庭审理。这件事令政府与罢委会的鸿沟，进一步加深。

警察当局认为，抓坏人是警察之职，即使发现工贼，亦应由警察去捉拿。不应由工人自行抓人。罢委会开会讨论，将此争议付诸公决。有人主张交由政府负责，几十人举手赞成；另一部分人主张由纠察队负责，赞成者一百多人；还有一种主张：人人都可以捉拿工贼，付表决时，七成人举手赞成。最后决定人人都可以捉拿。

罢委会警告，一旦发现有艇家为英国船只和租界偷运人货，“须将全艇用火油烧之”。纠察队在白鹅潭发现一艘悬挂英国国旗的快艇，企图驶向一艘英国轮船，立即展开围追堵截。经过激烈驳火，快艇终于被迫靠岸，一名偷运劳工去香港的英籍船员被抓。纠察队把那名船员拷在酷热的太阳下，暴晒一通。工人们说：“过去他们不把中国人当人，这回让他们也知道中国人的厉害。”然后，一名审判员和工人升堂，各工会派来十几名会审委员监审，周围是虎视眈眈的纠察队员。那名英籍船员要求：“要审，可以让政府来审。”工人拍案而起，大声怒斥：“你要到哪里去？你犯的是破坏罢工罪，就得在这里审问！”

“帝国主义”“工贼走狗”“反革命”这些词汇，已深入人心，妇孺皆知，街市买菜、茶楼饮茶、朋友聚会，朗朗上口。演讲家跑到“谈话处”，向鸦片烟鬼们慷慨陈词：“你们的枪，是制造弱民的，还不立刻抛了，换别一支去打倒帝国主义。起来吧，同胞们！”在罢工工人的宿舍门口，有两个小孩打架，大人把他们拉开，问为何打架。一个小孩说：“他骂我的爷娘，骂我的妹妹，都不要紧，但是他骂我是帝国主义，我不打他？”另一个小孩说：“他骂我是地痞，骂我是兔子，都不要紧，但是他骂我是反革命，我不打他？”

几万罢工工人的衣食住行，是最大难题。工人焦虑，市民也焦虑。罢委会组织工人投入市政建设之中。1925年7月9日，省港罢工工人领袖联合向国民政府提出请求，为失业者安排适当工作，办法之一，是把黄埔辟为国际商贸港口和修筑通往黄埔的公路，两项工程，可容纳大量劳动力。财政部长廖仲恺、内政部长古应芬，与罢委会召开联席会议，专门讨论罢工工人谋取工作机会的问题。大家都认为，修路是一个优先选项。

这是孙中山在《建国方略》一书中提出的建设蓝图之一。在“实业计划”部分，孙中山提出建设三个世界级大商港：一个是在渤海湾的“北方大港”；一个是在杭州湾的“东方大港”；一个是把广州建成“南方大港”。他设想在广州城与黄埔港之间，开辟一条相连接的大道，可填塞省河取得土地，“以供市街之用”。因政局混乱，国力唯艰，这个设想一直无由实施。1925年3月，孙中山去世。几个月后，这个计划被国民政府再次提出。

广东省政府迅速批准了罢委会的修路提议，财政厅为该项工程拨款5万元为开办费。建设部长孙科训令公路局进行测量。省港罢工工人的第四次代表大会，通过了成立筑路委员会的决议，正式宣布修筑广州至黄埔的公路。公路铺筑路面的预算为35万元，国民政府原拟拨款，但由于财政拮据，无法筹出这笔款项，唯靠各界集资补足。8月12日，廖仲恺主持举行了筑路开工典礼。8月16日工人正式开工。

三千多名罢工工人，荷锄挑担，随行逐队，自愿参加筑路工程。这条公路东起东山口，西与百子路相接，东达黄埔港，途经杨箕、冼村、石牌、车陂、东圃、鱼珠，全长约18千米，宽6米，砂石路面，为广州与黄埔港相连的陆路交通动脉。罢委会顾问邓中夏大加称赞："修筑中山公路。罢工委员会的眼光，不仅敏锐，而且远到。认为打倒香港根本办法，即为黄埔开埠。孙大元帅在时，再三注意及此。故提议修筑从广州至黄埔之马路，凡长七十五里，定名为中山公路，兼以纪念国父也。筑路工人凡三千余人，有筑路委员会管理之。"

中山公路的修筑，成为开发建设黄埔港的先声。1925年11月29日，"中华各界开辟黄埔商埠促进会"成立。国民政府在1926年2月成立黄埔开港计划委员会，孙科任主席，伍朝枢、陈公博、宋子文为委员，设立计划工程处，对黄埔港建设进行全面规划。开辟黄埔商港，是为了取代香港的贸易港口地位。经过罢工工人历时九个月流血流汗的奋斗，中山公路分两期筑成开通。

然而，有工开的毕竟是少数，数以万计的工人，聚集广州，没有工作，没有收入，入冬以后，生活更加艰苦。历史往往只留意他们意气风发、叱咤风云的一面，很少关注他们含辛茹苦、备尝艰难的另一面。邓中夏在《一年来省港罢工的经过》中写道："天气寒冷了。几万罢工工友住在空洞无遮的房里，睡在塞门德土（水泥）的地上，罢工委员会因经济关系，又不能为置床板，置草垫，地上只是一张装货的草包。两个人共盖一张棉被，又短，又窄，又薄，材料又不好，两人共盖。每人发给棉衣一件，'僧多粥少'，尚有万余人取不到。只有棉衣，没有裤发，有的因裤破不敢出街。”他特别以罢工医院为例，每天都有五六百人上门求诊，需要留医的就有三四百人，死者约二十人。“其病多半是脚气病，因为睡在塞门德土的地上的缘故。有些是痨病，因为东征南征操劳过度的缘故。女工在医院产育，因设备不周，往往发生危险。”邓中夏感慨：“罢工工人的苦楚，真是一言难尽。”

1926年，国民政府开始北伐。罢工工人组织了运输队，随军出发，饮马长江。革命的重心北移，广州反而相对安静下来了。然而，1927年上海发生四一二反革命政变；4月15日，广州的国民党也宣布反共，中华全国总工会广州办事处、省港罢工委员会、广州工人代表会、铁路工会、海员工会，一夜之间，全部被封，五千余人被捕，市内大小监狱全部爆满。一百多人被马上押赴刑场枪决，两千多铁路工人被驱逐。广州成为一座恐怖之城。不久武昌又发生七一五反革命政变，国民党全面清党，国共关系破裂，大革命失败。1927年8月，中国共产党在南昌组织起义，其后叶挺、贺龙两军撤出南昌，转向广东。

8月20日，中共广东省委在香港成立，张太雷任省委书记。省委制定了广东各县、市暴动计划，组织了广州、西江、北江暴动委员会，准备俟叶、贺军到达广东后，发起全省总暴动，夺取政权，重新建立广东革命基地。然而，南昌叶、贺军进入潮汕地区后，遭遇强敌阻击，寡不敌众，旋告失败，叶挺经香港进入广州，准备参加共产党在广州组织的起义。

时广东方面国民党主力为张发奎的第四军，正与广西军队作战，广州仅留教导团与警卫团守备。后方卫戍事宜，交由司令部参谋长兼教导团团长叶剑英代拆代行。叶剑英是中共党员，教导团1300名学员和教官中，有两百多名中共党员，三个营长有两个是中共党员；警卫团实际上也由中共掌握。

11月26日，从上海回到广州的张太雷，与陈郁、黄平等人在广州召开常委会议，决定立即起义。由张太雷、周文雍、黄平组成革命委员会，负责全盘运筹调度。12月7日，张太雷在司后街（今越华路）一间小电影院里召集干部秘密会议，向大家宣讲、解释起义的政纲、口号。这是一次重要的战前动员。

起义的总指挥部设在禺山市场一间杂货铺里，这间杂货铺的老板是陈李济药厂的少东陈少泉，他虽然没有参与起义的准备工作，但热情地把自己的店铺让出来，作为起义的总指挥部。陈李济药厂不少工人积极捐钱，用于购买起义的急需物资。

12月9日，叶挺和杨殷（中共广东省委常委兼省革命军事委员会主任、中共中央南方局委员）、沈青（工人赤卫队队长）、陈道舟（郊区农军总指挥）和教导团代表，在这间杂货铺里召开起义参谋团军事会议，制定起义部署和战斗序列。大家认为，起义的消息已外泄，张发奎对教导团有所怀疑，“此时如不动作，教导团力量将被其解散，同时敌人更加紧地向我们进攻，故广州暴动即须很快的发动”。省委决定，12月11日举行广州起义。起义口号是：

（1）工农兵联合起来要饭吃，要衣穿，要太平；

（2）一切政权归工农兵政府；

（3）没收资本家财产，没收土地归农民兵士；

（4）暴动开始即缴保安队警察枪械，即继之以总同盟罢工。

总指挥部的部署是：叶挺担任起义动总指挥。除教导、警卫两团按原建制不动以外，全部工农赤卫队编为七个联队和一个敢死队。其中，第一联队和敢死队负责攻打维新路的市公安局；第四联队负责进攻大佛寺警官讲习所、大南路警察局和附近的军警机关；第五联队负责进攻省长公署、德宣路警察局和越秀山。第一联队集结在龙藏街的太邱书院；第四联队集结在大南路的建筑工会内；敢死队埋伏在中央公园，第二联队以人力车夫为主，加上酒业、铜铁两个工会的工友，集结在广大路。

12月10日晚，第二联队派人到万福路车夫馆布置任务，但发现夜班工友都已出车，馆里一个人也没有。他们只好沿着惠爱路、惠福路、一德路、长堤，一直往西濠口走，遇见人力车夫就说："今晚不要上街，就在馆里等着。""马上回去，准备动手。"工友们互相通知，纷纷赶回车夫馆，把车一丢，便直奔广大路去了。他们有的拿起竹杠、木棍、柴刀、菜刀，有的拆下人力车的车轴当铁棍，还有的把旗杆一头包上铁皮尖，做成长矛。

12月11日，星期日，凌晨3时30分，驻扎在黄花岗附近四标营的教导团官兵打响了第一枪。起义开始了。系着红领巾的战士，按照原定计划，奔向各连分配的作战地点。广州全城响起了密集的枪声，几千名工人赤卫队，打着红旗，系着红领巾，手持步枪、手榴弹、大头六火（土枪）、剑仔、木棒、尖尾锉、螺丝批、扳手，从太邱书院、高第街、禺山市场、中央公园和各个隐蔽地点，呼啸而出。红带友（起义者）乘坐国民汽车公司的十几辆汽车，沿街高呼："暴动啦！暴动啦！"

第一联队与敢死队分别从龙藏街和中央公园冲出，围攻市公安局。大批童子军、妇女则在南朝街、西湖路、教育路一带放声唱歌、喊口号，造成"四面楚歌"的声势。公安局及各处据点，很快都被攻占。到天亮时，珠江以北的广州市区，已基本被红带友所占领。张发奎等逃往河南。

广州市苏维埃政府成员和工农兵执行委员会举行第一次会议，宣告成立苏维埃政府，因为起义是仿照巴黎公社形式，故亦称新成立的苏维埃政府为"广州公社"。苏兆征任主席（未到前张太雷代），黄平任内务委员兼外交，杨殷任肃反委员，周文雍任劳动委员，彭湃任土地委员，陈郁任司法委员，何来任经济委员，张太雷任海陆军，恽代英任秘书长，叶挺任总司令。政府在公安局内办公。

政府原定在中央公园召开苏维埃成立大会，但一股敌军突然冲过越秀山，在吉祥路与赤卫队发生激战，大会改到12日中午在西瓜园举行。会后发布了《广州苏维埃宣言》《广州苏维埃政府告民众》和有关的法令。

然而，形势很快便急转直下。起义不到一天时间，国民党李福林第五军陆续从猎德、河南戏院码头渡江，对广州公社实行反攻，越秀山爆发激烈的攻防战。12日中午，张太雷在西瓜园开完苏维埃政府成立大会，乘车经过黄泥巷口时，遭到机器工会伏击，张太雷和他的司机、卫兵全部中弹身亡。

炮声隆隆，满城硝烟。张发奎、李福林等军队，分几路攻入广州，与起义者展开逐街逐巷的争夺战。当晚，起义总指挥部举行紧急会议，叶挺、黄平等人认为，固守孤城，只会徒增牺牲，因此拒绝了共产国际代表要他们再坚守十天的要求，作出立即向城外撤退，保存革命实力的决定。然而，由于形势混乱，命令没有传达下去，大部分工人赤卫队没有及时撤退，仍在黑夜之中，各自战斗。教导团发现总部已撤走后，也撤出市区，经太和墟向花县（今花都）退却。

12月13日清晨，越秀山失守。国民党军队从德宣路、吉祥路、惠爱路、四牌楼长驱直入，夺回公安局。下午，巷战沉寂下来了，广州全城重新落入国民党手里。大规模的搜捕随即展开。由于下雨，许多工人脖子上、手腕上缠的红布条褪色，成了参加暴动的证据。军队一看见身上染了红颜色的人就杀，后来杀红了眼，看见女人剪短发的也杀，穿奇装异服的也杀，喝一声脸上变色的也杀，讲话带潮汕、海陆丰口音的也杀，竟杀了五千七百人之多，屠肠抉眼，陈于市朝。连广东工会和机器工会，也在当街枪决犯人。

死者的人数，难以统计。张发奎说，在几天的战事中，广州有三十多条繁华街道、一万余栋房屋被焚毁，市民死伤一万五千余人。他写道：“我亲眼见到遍地死尸，尤其是在河南对面的天字码头地区，尸体沿马路一直堵到龙眼洞，堆满死尸的手推车兜兜转转才能穿过街道，我们收埋了两千多具尸体，其中有些死者是普通的广州市民。”李宗仁的回忆录则说：“（国民党反攻广州后）下令凡见颈系红巾的，即格杀勿论。人民分不出孰为红军，孰为第四军，只知有红巾亦死，无红巾亦死。一时广州全市全城鬼哭狼嚎，无辜人民被杀的不计其数。大火数日不绝，精华悉被焚毁，实为民国成立以来鲜有的浩劫。”

撤出广州的起义军余部一千余人，在花县改编为工农革命军第四师，后经从化、紫金等地进至海丰、陆丰县境，成为中国共产党在东江地区的一支活跃的武斗力量；另有部分人员转移到广西右江地区，后来参加了百色起义；还有少数人员撤往粤北韶关地区，加入了朱德、陈毅率领的南昌起义军余部，后来上了井岗山。

第十一章　破与立

广州人最殷切期待的就是赶快清理战争的废墟，重建这座城市。广州受灾最严重的，是西堤至黄沙一带，以前这里是广州各种栏口集中的地方，沦陷前受日本飞机的反复轰炸，国民党撤退时又纵火焚烧，抗战后期复被盟军飞机轰炸，西堤附近已成废墟。

- 花园城市
- 万丈高楼平地起
- 坠入黑暗深渊
- 全面崩坏
- 历史新一页

花园城市

1928年以后，疮痍满目的广州，渐渐平静下来了。一些尘封已久的建设计划，又被人记起。孙中山十年前写《建国方略》时就提出，把广州建成一个“花园城市”。他说：“广州附近景物，特为美丽动人，若以建一花园都市，加以悦目之林圃，真可谓理想之位置也。”广州人有条件住上更好的房子，生活在更好的环境中，“广州占商业中枢之首要地位，又握有利之条件，恰称为中国南方制造中心，更加以此部地方之要求新式住宅地甚大也。此河汉内之殷富商民与华人在外国经商致富暮年退隐者，无不切盼归乡，度其余年；但坐缺乏新式之便宜与享乐之故，彼等不免踌躇，仍留外国。然则建一新市街于广州，加以新式设备，专供住居之用，必能获非常之利矣”。

受20世纪初美国华盛顿城市规划及城市美化运动影响，“花园城市”“田园城市”一类概念，在中国大行其道。1921年孙科担任广州市第一任市长时，就把欧美近代城市规划中的“田园城市”理论，引入广州，提出限期把东山一带的丛墓迁走，在松岗、竹丝岗、马棚岗一带建筑新式住宅区，把孙中山的“新市街”设想，付诸实现。

1927年，林云陔出任广州市政委员会委员长（后改称市长），主持广州的市政建设，正式把“田园城市”的理论，落实到市政建设中。他力邀城建专家程天固出任工务局局长。在当年的《市政公报》中，市政府讲述了对住宅建设的设想：

> 市民的住宅以预防灾患为第一条件，以卫生及安适为第二条件。因第一条件的关系，材料务求坚牢，桩脚务深入地底，竹木等易燃之物不宜露出表面，风火墙要加高。因第二条件的关系，空气光线要充足，方向要朝南，屋内各种装置要极完备（如厨房、厕所、火炉等）。至住宅区的位置以市郊为宜，求其清静而不至偏僻，又有马路直通市中的；附近有葱郁的树林尤为适合。住宅区须附设菜市、钟楼、公园、游戏场等，又须有相当的小学校、幼稚园，以容纳该区的学龄儿童。

市政府于1929年制订《广州政府施政计划书》；1930年再由工务局编订《广州工务实施计划》，确定了广州市区范围与界线、城市功能分区、河南发展计划和道桥建设与内河堤岸建设规划。林云陔把广州未来的住宅区，划分为三大板块，一是在老城区、西村和河南区兴建平民住宅区，二是在东山兴建模范住宅区，三是在石牌、员村一带兴建园林住宅区。

广州市近代许多重大的市政建设项目，都是在林云陔任内启动或完成的，包括兴建海珠桥、市府合署楼、中山纪念堂、越秀山仲元图书馆、文德路中山图书馆、高第街平民宫、越秀山水塔、东山水塔；修复越秀山镇海楼，改建为广州博物院；开辟和修整城区马路等。1929年8月，由林云陔主持的市行政会议议决，修筑市区马路61线，共长约74千米；修筑郊外马路东、南、西、北区25线，共长约171千米，各分三期陆续兴筑。

1928年3月，广州市政府与美商中国电气公司拟订合约，安装全市自动电话4000号。7月14日，广州电话所在西瓜园奠基兴建，总机房设在丰宁路西瓜园，总局在南朝街。1929年9月，正式使用新式自动电话并开始通话。不到两年时间，广州自动电话便快装满了，广州政府赶紧又与美商中国电气公司续约，加装3000号设备，不到一年，又告装满，于是1932年再次续约增加3000号设备。

尽管广州已有自来水供应，但水压不足，城里很多地区，尤其是城东，还是用不上自来水。民国元年担任军政府卫生司长李树芬说："城中居民之食水多系由井取汲，间有吸食海水者。然井水之中实在无一干洁者。试观各处之井，多属不深，而附近无非沟渠、沁井、小便所等环绕，至清倒粪溺、洗桶之水随街倾倒，似此污秽之水，流入于内，不洁可知。至于吸食海水，不洁更甚，盖所有死尸、死畜各物均投入海中，即大小便等事，亦在海面，是则海水之中无物不有秽。何如之？”

1915年，东山的住户和社团集资，要求向东山供水、供电。经过数年呼吁，政府仅在今中山二路中山医科大学台地上，建了一个加压水塔，远远不能满足需求，东山居民用水，仍然主要靠水质不良的水井和河涌。即使用上自来水的，也有诸多不满，尤其是枯水期，自来水一样受咸潮影响，带有咸涩味。而电灯公司虽然在东山地区架设了供电线路，但照明电压为110伏，动力用电为220伏。动力用电输送至用户时，经常只有95伏。东山居民的照明，还是以火水（煤油）灯为主。坊间有“自来水不清，马路不平，电话不灵，电灯不明”之讥。

然而，到了20世纪20年代末，广州人开始感受到生活的变化了。1920年落成的广东省会电力机厂，经过不断的扩建，加装发电机组，1929年的发电量，已可达到5000多万千瓦时。广州安装了6700盏路灯，其中大街上的40瓦白炽灯有773盏；小街上的25瓦白炽灯有147盏，多头路灯121盏；炭挂灯3盏；内街路灯5657盏。尽管大部分路灯，仍很昏暗，但晚上的街道，毕竟有了光。

为了解决东山地区的饮用水难题，1927年10月，市政府筹划在水均岗附近兴建东山水厂和水塔，但因政治环境的剧烈变动，建设计划，无形搁置。等到1928年初，政府接管西村水厂，并派人对东山水厂重新勘察测量，绘具图则，2月25日动工兴筑，翌年落成。水塔位置在今梅花村南街东边尽头，水均大街南段，日供水量初为270立方米。沦陷期间，水塔被日军拆毁了。1931

年，政府又在越秀山象岗炮台放午时炮的旧址上，建造一个大水塔，翌年4月启用，塔高14.6米，内径12.2米，可容水1100多立方。广州人终于饮到干净自来水了。

解决了水、电供应，为大规模住宅建设，创造了条件。1928年，广州市政府组织筹备委员会，公布《修正筹建广州市模范住宅区章程》，开始进行规划、设计和建筑工作。根据规划，整个模范住宅区的总面积为40.8万平方米，其中住宅用地占总用地57%，公共建筑用地占4%，道路用地占39%。全区规划新辟、扩宽道路11条，长约6080米，按其宽度划分为五个级别，大道为30~40米，干道为25~30米，一等街为20~25米，二等街为15~20米，三等街为10~15米，并确定各级道路的横断面。

除了执信女子中学占去8万平方米外，其余地区，分六期工程建设。区内设置公共建筑的项目有小学、幼儿园、礼堂及图书馆、儿童游乐场、网球场、公园、公共厕所、公共电话所、消防分所、派出所、水塔及水机房、市场、电灯等13项。全区住宅用地划分为5个地段，规划兴建住宅 514幢，层数不超过3 层，按其面积大小分为四等，其中甲等63幢，乙等262幢，丙等130 幢，丁等59 幢。广州市工务局局长程天固主持第一期的松岗模范区建设工程，大部分用地原属寺右村，北至东山安老院（今梅花村省委幼儿园），南至广九铁路（今中山一路），东至自来水塔，西至仲恺公园（今中山公路）。

为了加快建设步伐，1929年4月，市政府决定把模范住宅区周边青菜岗、上下坟头岗、大岗咀、蚬壳岗等处的坟场，一律迁移，腾出来的五百亩土地，由市政府开投拍卖价每亩平均2000元，补偿私产后，可得90万元，分别用来兴建贫民住宅区、郊外马路、公共坟场和市府公署。

林云陔在市政会议上提出《筹建模范住宅区修正草案》，要求区内业主，迅速将契照及面积报告市政府，倘业主逾期不报，作官产论。凡区内地段一经查验及测量后，由市政府发给土地所有权凭证，业主持证得享模范区一切权利。同时政府组织估价委员会，将区内各地段于未建筑前，估定其公平地价。估价委员会委员由业主代表一人及财政局代表一人，工务局代表一人，土地局代表一人及总商会代表一人，共五人组成。估价委员会所采用的估价标准，须得市政府同意。全区规划及土地分配在必要时由市政府决定。马路开始兴筑后，沿线业主必须在半年内动工建房。倘业主不能自建，经市政府批准后，自可招别人建筑。倘逾期不建，市政府可照估价委员会所订的地价收用。凡政府照估价委员会所订地价收用的土地，若后来地价高涨，获利部分政府将用于区内的一切公益事业。该草案获得第184次市政会议通过。

模范区第一期的建设，热火朝天地开展起来了。首先为东山水厂修建新的沉淀池，以提高自来水质量和供水量。市政府要求尽快在梅花村铺设自来水管。1929年9月，自来水管理委员会提出，在东山安老院前铺设水管并非急务，似可暂缓。当时模范村已计划把道路改为沥青路面，自来水管理委员会的意见，立遭市政会议否决，指出模范村建设已经开展，安设水管并非不急之务，应从速安装，以免将来再将路面掘开。

由于建设速度太快，管理跟不上，水厂向政府叫苦：太多用户没有安装水镖（水表），滥用自来水现象，已成一种公害。水厂出水量与水费收入相差甚远，影响了经营。1932年9月，市政府市政会议决定，用户必须安装水镖，否则加收水费3元，以三个月为限，逾期不安者，即行截水；已安装水镖的，则减轻水费每千加伦8毫；同时多设公用水管，随时开放，以方便市民。至1932年，东山水厂平均日供水量达到1500立方米左右，全天24小时供水。1944年，盟军轰炸东山日军据点，东山水厂被炸毁了。

拓宽旧马路，开辟新马路，通电、通水、通车、通电话，铺设地下排水管道，兴建新式住宅，各项工程，密锣紧鼓，次第兴办。警察局东山四区二分署负责在区内调查户口；各方清除各马路和街道的阻碍物和污秽物，清洁环境，改善观瞻。所有工程，都在密锣紧鼓地开展。模范村内的大部分建筑由林克明（工务局技士）、陈荣枝（工务局第一课课长）和罗明燏（工务局技佐）等建筑工程师负责设计。

林云陔身为市长，整躬率物，在大水牛岗侧购寺右村土地一幅，兴建邸宅，1929年成为第一位入住模范村的“村民”。他还邀请其他高官入住模范村，写信给当时因病返回广州休养的国民政府文官长古应芬，向他介绍模范村的建设情形，甚至亲自作担保，向广州市市立银行贷款1.5万元，给古应芬在模范村盖房子。林云陔公馆在模范村中部位置，与后来兴建的陆匡文公馆、陆幼刚公馆、古应芬公馆相邻。

1930年，国民革命军第八集团军总指挥陈济棠在村里兴建公馆，从而确立了梅花村在松岗模范区的中心地位。陈济棠公馆是一座园林式的别墅建筑，位置在林云陔公馆的西面。公馆分为主楼、后楼、东楼和西楼，中间用天桥连接；清水红砖，雄伟的圆柱、高大的窗口，气势不凡，四周种满了郁郁葱葱的龙眼树、鸡蛋花树和凤凰树。

陈济棠，字伯南，广东防城（今属广西）人。光绪三十二年（1907）毕业于广东陆军小学，次年加入同盟会，参加反清革命。1928年，陈济棠升任第四军军长，次年任第八路军总指挥，其后又将第八路军扩编为第一集团军。1931年，陈济棠驱逐了广东省主席陈铭枢，宣布反蒋（介石），在1932年初成立的国民党中央执监委员会西南执行部、国民政府西南政务委员会中担任常委，掌握了广东的政权、军权、财权，有“南天王”之称。

西南反蒋后，林云陔转任广东省政府主席兼财政厅厅长，广州市长由程天固接任。程天固萧规曹随，甫上任即提出《繁荣广州经济计划》，推行“三化二发”政纲，即电力化、水利化、交通化和发展黄埔港口、琼崖（海南）资源，还致力改良警政，革新税制。他的种种建设计划，得到林云陔主持的省政府和财政厅大力支持。

陈济棠落户模范村后，广东几乎所有高官显宦，都争相在村里盖房子。先后入住的有国民党元老古应芬、萧佛成，陈济棠的哥哥、第一集团军总司令部总务处长陈维周，广东省政府委员及国民党广东省党部执行委员陆匡文，广州市政府秘书长兼土地局局长陆幼刚，国民党中央执行委员、广东省政府委员、民政厅厅长林翼中，广东省政府财政厅厅长兼财政部广东财政特派员区芳浦，继林云陔任广州市长的刘纪文，第一集团军第一军军长余汉谋，第一集团军第三军军长李扬敬，第八路军总指挥部参谋长缪培南，第六十二师师长香翰屏，第一集团军副参谋长杜益谦，广东空军第一大队长黄光锐等大批军政要员。

以村中纵向的西马路为界，西面是陈济棠和陈维周、区芳浦、李扬敬、林时清等亲信的住宅区，东面是以古应芬、林云陔、萧佛成为代表的国民党元老派的住宅区。模范村成了广东乃至整个西南地区的权力中心，陈济棠俨然成为“村长”，在这里处理公务，发号施令。广东、广州的许多重要建设规划，都是在模范村商议、决定的。

1932年8月，广州市政府公布《广州市城市设计概要草案》。这是广州市第一部正式的城市规划文件，主要内容有：把全市地域划分为工业、住宅、商业、混合四个功能区。其中工业区分布在临江一带，如西村、石围塘东南部、牛角围、牛牯沙、罗冲围等处。原有的商业区在旧城区内，新辟的商业区设在黄沙铁路以东，河南西北部，东山以东，省府合署地点以西一带。住宅区分为两种，一是风景优美的住宅区，分布在河南中、北部，东山以东一带以及车陂东部、白云山至飞鹅岭之东南麓等处；二是工人住宅区，主要分布在与工业区毗邻的地方，如市西泮塘及芳村茶滘等地。

模范村已初具规模，范围包括福今路东西两侧，三育路以南大片，中山一路以北地区。全部马路都铺上了沥青，排水大渠亦已筑成。政府规定，住宅区新开辟的30米宽马路两旁，均要求栽种三行树木；25米宽的也要种植树木。绿化树种以马尾松、桉树、白千层等为多。安老院东边是一个美丽的花园，北街与东马路交会的东南角是一个球场。西马路以东，南街以南也有一个操场，再往东是市立第八十八小学校，位置挨着今中山一路。模范村西南角（今育才中学）是广九铁路的苗场。西北角（今广东省气象局处）有一所临时疗病院。西、北、东边还保留着一些菜地。警察局在村内设有派出所，派驻20名警察，加上各高官显宦都配有警卫人员，因此村中治安良好。1932年5月19日在第七次市政会议上，新上任的广州市长刘纪文提议，把模范村改名为梅花村，获得会议通过此地自此有梅花村之名。

1936年，陈济棠联合新桂系发动反蒋（介石）的“两广事变”，失败后被免职，出洋游历。模范村的建设因此停顿，只完成了松岗模范区的住宅和马路的主要部分，其他公共设施项目，如幼儿园、游乐场、图书馆等，则大部分未及实施建设。

计划中的平民住宅区，以兴建大南路平民宫为起步，逐步推进。拆城墙后，在城墙基上开拓了大南路，路的东头原为大南门，因此得名。与大南路平行有一条仙湖街，是挨着城墙的街道，清代康、雍年间（1662—1735），建有三座纪念祠，一为濂溪祠，祀周敦颐；一为白沙祠，祀陈献章；一为朱文公祠，祀朱熹。

仙湖街的名字，很有一些来历，因与南汉时的仙湖（西湖）相邻而来。文溪西支（今吉祥路）流入西湖，再从仙湖街汇入珠江，南汉时建有宝石桥，残迹清代尚存。明代六脉渠正南一脉由此处出城，与昔日南汉时湖水出城的水窦相同。由于六脉渠年久淤塞，仙湖街一带常遭水淹。雍正十二年（1734）五月大雨，仙湖街、清源巷、书坊街同遭水灾。乾隆二年（1737）七月又大雨，以上三处街巷再次遭受水灾，街道、房屋一片汪洋，水深三尺。

仙湖街有惠福巷，传说是金花娘娘的出生地。附近原来有一座灵应祠，祀金花娘娘，相传妇女求子，诚感咸应，后因岁久圮毁。成化五年（1469），巡抚都御史陈濂在灵应祠旧址兴建金华夫人庙（金花庙），香火复盛，前往祈嗣的妇女，络绎不绝。这座庙在明、清两代，多次被官府拆毁，然民间信仰，根深蒂固，屡毁屡建，最后迁到了珠江南岸石鳌村。大南路开通后，历史悠久的仙湖街，遂成了一条与大南路平行的内街。

城墙脚居住着城市的最低层民众，包括很多无家可归者，这里的卫生环境非常恶劣，垃圾成山，蚊蝇成群，很多家畜的尸体、人类的粪便，都往城墙脚丢，甚至不时还有死人的尸体，到处污水横流，肮脏不堪，成为各种疾病的温床。拆城墙后，这种情形稍为好转，但流浪者还是习惯在此聚集，流行性疾病的危机，潜深伏隩，随时爆发。

1928年12月27日，市政府组织了一次全市性的卫生宣传及大扫除运动，包括举办展览、大巡行、宣传演讲和清扫街道。两支由101人组成的队伍，负责清扫全市的大马路，内街和巷子则由警区另外雇人清扫；所有铺位、茶楼、酒楼、戏院，都要自行清洁，每间公共厕所的墙壁，都要刷白灰水；墙壁六尺以下都要喷杀虫水。大扫除当天，警察要入屋检查，达不到要求者要受处罚。为了做表率，林云陔市长亲自操起大扫把，扫了一条马路。

最令市民兴奋的是大巡行。警察局和卫生局官员，衣冠楚楚，走在前面开路，后面跟着一对大灯笼，然后是军乐队、宪兵队和工会的鼓乐队，大吹大擂，响彻云霄。警察同学会的人则化装成疯子和各种病人，装出手舞足蹈，或步履蹒跚的样子；卫生警察、防疫队、清秽夫等人，高举着苍蝇、蚊子、老鼠、臭虫的巨大模型，看上去十分怪异骇人。还有孤儿音乐队、医院、医学院学生的队伍，救护车、救火车殿后。一群看热闹的小孩，跟在后面，一边模仿操正步，一边唱："嘀嗒嘀嗒庞庞，新抱跌落床床……"

《广州民国日报》报导："所经之路，但见旗帜飞扬，扫把蔽空，浩浩荡荡，情形异常热闹，观者塞途，大有万人空巷之象。"活动甚至出动飞机在天空抛撒传单，引起阵阵轰动。然而，巡行结束后，遗下满街垃圾，光是被市民随手丢弃的传单，就够清秽夫清扫一天了，令巡行组织者哭笑不得。要改变人们千百年形成的卫生习惯，是一场漫长的战斗。

1932年，广州便暴发过一场霍乱大流行。市政府发起灭三害（鼠、蚊、蝇）运动，在许多百货公司、电影院门口，都张贴着政府的宣传传单，引来不少人驻足围观：

苍蝇为物，积秽而生。性嗜逐臭，群飞营营。吮尸舐脓，流毒杯羹。一经传染，贻害非轻。肺痨肠热，诸病酿成。灭蝇器具，购置实行。扫除菌患，保固永贞。

一张画着老鼠和苍蝇的广告上，写着触目惊心的大字：“铲除杀人最凶之媒介！”卫生局再次组织了规模浩大的灭蝇大游行，军乐队吹吹打打，一只只硕大无比的苍蝇模型，由童子军擎举着，招摇过市。各校学生挥舞着各色旗帜、标语，熙熙攘攘，填街塞巷，号召市民参加灭蝇比赛。医生和政府宣传员，纷纷奔赴街头、公园，进行演讲，劝告人们养猫捕鼠。但上海一位市民对广州的灭蝇运动，却冷嘲热讽：“我到广州街上看见有一队人拿着许多小旗，说要和苍蝇打仗。还拿着些药粉，将些纸片撒得满街和出丧的纸钱似的。你想一个人要和苍蝇打架，可笑不可笑？难为他们怎么想出这些淘气法子来。”

一些流浪街头的人，死后无人殓葬，或曝尸街头，或浮尸珠江，也是一个造成卫生恶劣的问题。为了解决穷人的丧葬，1925年，一些穆斯林在大南路的南胜寺创立“广东回教慎终会”（后更名为“广东回族同益会”），专门赒穷恤老。老人入会后交纳基金1元，以后按月交月费4毫，交足100个月即为满额，去世后可由家人领回丧葬费60元。会员入会后，只要交过两个月会费，一旦死亡，即可由家人领得丧葬费50元。不少信众都踊跃入会，会员最多达千人。1946年，中国回教协会广州支会建立，将会址设在南胜寺，并在寺内开办收容穆斯林儿童的慈幼院。

除了灌输卫生知识外，为平民、疍民提供良好的居住环境，对改善城市卫生、预防传染病，也同样重要。市政厅在1929年颁发《建筑平民舍原则》，规定建筑经费由地方公款拨出，如不足可募集补充，可拆卸庙宇及其他无用的建筑物取其建筑材料，在城内空地或城外附廓的空地上，建设平民住所、平民宫，或劳工住宅等。选址要靠近贫民谋生地，为有工作但无住所的人提供栖息地；可酌情收最低的租金。

当时政府恰好有一笔六万多元的缉私烟罚款，陈济棠打算用来做一些公益事情。程天固建议，不如兴建平民宫吧。陈济棠立即同意。于是1930年11月，广州市第一座平民宫，在大南路原省政府军事厅旧址，奠基动工。该建筑由毕业于法国里昂建筑工程学院的建筑师林克明负责设计，《广州市政公报》说，“一切务求美观、庄伟”，总投资为7.17万元，不足的工程费用，由市政府补足。

按市政府制定的《平民宫建设简章》要求，开办平民宫的目的，是“为谋一般无地寄宿之平民及工人利便起见”，应多多设置床铺，以广收容，而利普及；还应附设新式厕所、浴室，并随时清洁，以重卫生；要有图书馆、阅览室及夜校，以便工余修业而增长工人知识；并且要有游戏运动的场所，以便工余有正当娱乐。住宿的平民工人，一时居住，或永久居住，由本人任意定之，但须遵守宫内一切规则，并服从管理员命令。寄寓宫内的平民工人，如无固定职业，可由管理员按其人的技能，介绍职业，或送往贫民教养院习艺。

平民宫共有四层，一楼是厨房、浴室、饭堂、消费合作社，饭堂名为“平民饭店”，廉价出售中西食品；宫内设施包括水电、娱乐都是免费的；消费合作社售卖平价的日常用品。第一至第八宿舍，共有床位268张，其中第三、第四两宿舍为甲种，房间较为宽敞、光亮，合共有床位76张，只要每月交4元，就可以得到一张铺了弹弓床垫的铁架床，还配有衣架、台椅及茶壶等用具；第一、第二两宿舍为乙种，合共有床位120张，每月征收租金两元，是木制的碌架床，也还算舒适；第五、第六、第七、第八四宿舍为丙种，合共有床位72张，每日征收租金两毫。丙种宿舍比较拥挤，以致有人担心，万一发生传染病，恐怕谁也跑不掉。

1931年12月15日，平民宫正式启用，平民宫二楼举行了简单而热闹的开幕典礼。主礼台四面花团锦簇，台下宾客云集。粤路总工会赠送了一条长长的贺词横幅：“努力建设，惠及平民。㟴嵘大厦，百度维新。同人恭祝，如月之恒。幸参盛典，载道欢腾”，悬挂在主礼台上方。政府的音乐队，奏响欢快的乐曲，程天固发表演讲。他说，今天广州的人口，富者仅两成，贫苦大众占七成，市民有自己房产者是极少数，租屋住的人甚多。今天平民宫落成了，每月仅缴些少租金，贫苦而单身人士即可入住。但平民宫毕竟地方有限，对于广大贫苦民众来说，实在是捉襟见肘。

他当场宣布，市政府有一个宏远的计划：再建筑平民住宅

900所，希望富有者能共襄盛举，完成这桩美事，让贫苦者有屋住，广州的社会秩序才会稳宁。近期的目标，是在未来两三年内，建成500间平民所，每间有三房一厅，每间建筑费约1000元，每月每间收回租银三四元，但目前暂时还没找到合适的地方。

当天，平民宫开始为有意入住者登记。几千名参观者，把大南路挤得水泄不通，从早到晚，人头攒动，热气腾腾，附近卖油炸鬼、芋头糕的小摊档，卖“郭什”（牛羊肉）的店铺和卖茶叶、羊咩包、酥烧卖、饼子、馍馍等各种回民食品的小店铺，都生意大旺。热闹，嘈杂，欢笑，叫嚷，喜气洋洋，步履轻快，每个人都从心底感到兴奋，整条街如同欢乐的河流一般。

几百个入住名额，很快就满了。也许因为流落街头的贫民，以男性居多，所以平民宫只收男性留宿。《平民宫宿舍管理规则及其设施》要求入住者“以道德立身”，禁止一切“口出秽言、赴饮花酒、吸食鸦片、各种赌博以及含赌博性质之游戏及不道德之行为”；规定宿舍不得招待妇女入内；亲友来探，只可在客厅叙谈，不得径入宿舍；女眷如欲参观宿舍，必须由办事人员引导同行。同时要求“每早起床后，应将个人之被褥等件，折叠妥当，以重观瞻”，“晚上11时之后、早晨时点之前，宿舍内不得喧哗，致碍他人寝睡。熄灯后，不得藉端私用别种灯火，以防危险”，每晚12点宫门关闭，逾时返回者，必须向管理人报明床位号数，签名簿上，以便稽查。

管理人不时召集入住者开会，征求意见，检讨工作，举办各种棋艺、猜谜、饮茶活动，大家相处融洽。1932年1月，平民宫利用二楼的几间课室开办日夜学校，名为“平民宫附设日夜学校”。凡8岁以上的失学女孩安排读日班，8岁以上的失学男孩入夜班，一律免费，仅在报名时收取2元保证金，以4个月为修业期限，完成后保证金退还，若中途退学则不退款。同时在二楼教室墙壁贴满文字，每天中午12点到下午3点，让游客进入，有人想学字，就由宫内人员教。平民宫每周聘请市内名人及教育专家作“四育”（德、智、体、群）演讲，欢迎全体市民参加。不久，平民宫又设置一种短期宿舍，每晚收两毫；另有学生宿舍，让外地来广州求学的青少年居住，设立学生储蓄会，为学生提供储蓄服务。后来，还利用大南路附近的空地，开辟了篮球、排球和足球场，让市民开展体育活动。

刘纪文市长在《平民宫记》中写道：“万间广厦，古叹其难，虽市府加设平民宿舍，从事补苴，而芸芸市民尚多无以为家之叹。”政府希望多多兴建平民宿舍，以解决低下阶层的住宿问题。1934年，陈济棠提倡并发起筹集巨款，由市政府设计建造劳工住宅，建成并陆续投入使用者，计有八旗会馆第一号、八旗会馆第二号、河南又居里第一号、又居里第二号、海珠桥南边桥脚和海珠桥北边桥脚等六处劳工住所。海珠桥南斜坡下为第一劳工安集所，北斜坡下为第二劳工安集所，分别设有士敏土上下床位220个和312个，限男性劳工可入所留宿，每晚每人收暂宿费铜仙二枚，日间不得在所内留宿。自此露宿街头的人少了，街道也干净了许多。

拆城墙筑马路以后，市面日益繁荣。百货业户如栉比，绫罗绸缎、西装革履、胭脂水粉、毛巾雨伞，土洋杂陈，包罗万象。饮食业门如鳞次，茶楼酒家，中餐西餐，各擅胜场，飞潜动植，炒煎焗炆，炸煲炖扣，样样精美。服务业多如星布，裁缝染洗、理发梳头、照相裱画、旅次住宿，宾至如归，无微不至。娱乐业更是繁如丝纷，电影粤剧、音乐歌舞，笙箫管笛，吹拉弹唱，各种形式的表演，昼夜不停。

不少具有岭南风情的骑楼街，相继兴建，大南路是其中之一，此外还有惠爱路、海珠南路、大新路、一德路、泰康路、文明路、丰宁路、太平路、中华路（解放路）、永汉路（北京路）、维新路（南段）、长堤大马路、靖海路等。由于骑楼是私人投资兴建，设计也就各施各法，任意发挥，有仿哥特式的，有南洋式的，有复古主义的，有现代主义的；装饰风格有巴洛克的，也有洛可可的，几乎西方建筑中的元素，骑楼无不尽备，构成广州街头一轴长长的风景画，纷繁栉比，令人目不暇给。

然而，在“花园城市”“田园城市”观念影响下，政府对究竟是发展骑楼街，还是绿化街，一直举棋不定，颇有鱼与熊掌的犹豫。

惠福路是政府建绿化街的试点。惠福路在清代分几段，互不相通，东为惠福巷，中段为早亨坊，民国时打通扩筑为马路。按当时的市政规划，惠福路是一条绿化路，沿街植树，不建骑楼。设计者聪明地选择大叶榕作为路树。这种树较为粗生，成长迅速，很快便形成了一条交柯覆盖的绿色长廊。惠福路是广州建成的第一条绿化马路，其经验陆续在其他马路推广，路树树种也变得丰富多样，有细叶榕、有加利、楹树、银桦、木棉、石栗等，把广州的街道装点得郁郁葱葱，四季如春。

在这个亚热带城市，人们一如既往地热爱鲜花。双门底大街扩宽为永汉路后，沿街的牌坊、庙宇全部拆去。以前广州的常年鲜花市场，以各个城门为主，而只在除夕前，才在城内主要街道设大型花市。双门底的除夕花市，至少在清代咸丰、同治年间，已经形成。清人张心泰的《粤游小志》有记："每届年暮，广州城内双门底卖吊钟花与水仙花成市，如云如霞，大家小户，售供座几，以娱岁华。"清人徐澄溥的《岁暮杂诗》，咏双门底花市："双门花市走幢幢，满插箩筐大树秾。道是鼎湖山上采，一苞九个倒悬钟。"

自从双门底开辟为大马路后，每年腊月廿八至除夕夜的花市，规模更大，也更热闹了，从原藩署前一直到教育路、西湖路一带，全部成为茉莉、含笑、绯桃、月季、菊花、茶花、夜合、珠兰、白兰、玫瑰、夜来香的海洋。后来，桨栏路也开设花市，马路两旁摆满了芍药、吊钟、柑桔、水仙、大丽花，粉白黛绿，姹紫嫣红。许多卖字画、古玩、杂架、冬果、陶瓷、漆器的摊档，夹杂在万花丛中。

从东山来的军政要人、东山少爷、番书仔、斯士她，从西关来的西关小姐、西关亚瓜、凑仔婆、梳傭老妇，还有从大南路平民宫来的工人大佬、趿屐友、流浪汉，汇聚一街，摩肩接踵，一同享受这欢乐的一刻。欧阳山在《三家巷》中描写1925年的花市："那里灯光灿烂，人山人海。桃花、吊钟、水仙、腊梅、菊花、剑兰、山茶、芍药，十多条街道的两旁都摆满了。人们只能一个挨着一个走。笑语喧声，非常热闹。"

直到迎接大年初一到来的炮仗声在全城爆响，一年一度的迎春花市，才告结束。花市散后，由当地的庙祝、更夫负责清扫场地，后来改由各花档档主向警局缴费，由警局派人清洁。岁暮花市是广州人过新年的习俗，流传至今，称之为"逛花街"。

鲜花于广州人而言，不仅是一种赏心悦目的装饰，而且具有强烈的象征意义，广州人一见到鲜花，往往会很自然地接受"繁荣兴旺"的暗示。有一位在下九路开绸缎铺的老板，已快要破产了，对外却谎称找到了新股东，准备扩充营业。为了让人相信，他在除夕夜买回大株桃花，摆在铺头。其他行家一见桃花盛开，便像中蛊毒一样信了他的谎言，向他赊出大批货物，结果这老板还没等桃花谢尽，已卷货潜逃了。事后大家纷纷自嘲："看他桃花开得这么靓，怎么会估到骗人呢？"广州人对鲜花，就是如此毫无免疫力。

20世纪30年代修筑的绿化路，还有维新路（北段）、法政路、越秀北路、应元路等。据政府的统计，到1934年，全市已种植路树万余株，品种有石栗、大叶榕、细叶榕、有加利、银桦、南洋楹、紫荆、黄槐、金合欢、梧桐、相思、秋枫、红豆、木棉、阴香等。绿荫深处，烦嚣的市声，也有了清凉之意。

万丈高楼平地起

辛亥革命后，军政府主政广东，兴建城市公园的计划，已在酝酿之中。1918年，广州市政厅以原巡抚衙署为主，再征用了几十间民居，扩建成“第一公园”。以前人们只知道富贵人家的私家园林，现在开始有“公园”——公共园林——的概念了。第一公园的建筑，由毕业于美国康奈尔大学的建筑师杨锡宗设计，1920年动工，1921年建成，10月12日正式开园。这是广州有史以来第一家公立的现代化综合性公园，“第一”之名，名不虚传。公园的落成开张，在市民中引起极大的轰动，人们潮水般涌来参观，这种参观甚至赋予了一种带有喜气的仪式感，好像不来第一公园就不是广州人似的。报纸上刊登了一首新编粤讴：

君呀，你到过来，个处第一公园……

因为佢系建筑初成，就应份前去一转。

睇下辉煌到点样，免使我锁着眉头。

君呀，你快快同奴去吓，莫个重在心头算。

有心就唔怕路远。

个阵吸些空气，都叫做系有点因缘。

这首粤讴借一位女子之口，表现了市民渴望游览第一公园的心情，不怕路途遥远，就算到公园呼吸一下空气，也算不枉此行。

第一公园的设计属意大利图案式庭园布局，十字交叉道路系统呈中轴对称布置。公园范围甚大，南临中山五路，北至东风中路，西至莲花井，东至吉祥路，面积为现在人民公园的两倍。公园内种满大树、花草，有六座喷水池，四座艺术雕像，还有大礼堂、古物陈列馆、餐厅、射击场、球场等设施，大门外立有一座警察殉难纪念碑。为了配合意大利庭园风格，原衙署内的中式亭台楼阁，统统拆除；古木修竹，几乎砍伐一空，重新种植，现只剩下市政府门前的古榕一株。

公园中轴线上的大门和音乐亭至今尚存，华丽的意大利古典风格，鲜明可见。在公园里有一对石狮子，是平南王府的旧物。尚可喜修建王府时，命人用肇庆七星岩石雕了一对石狮，但在运来广州时，中途船被风浪打沉，石狮亦失，尚可喜命人再造一对。第一公园中的石狮，就是后来再造的那一对。

第一公园向全体市民开放，不用买门票，任何人可以自由出入。但奇怪的是，公园四周却用砖墙围起来，市民戏称为“大监牢”。后来政府把砖墙拆了，改用铁枝栅栏，变得更像大监牢了。其实砌围墙完全多余，公园是底层市民休憩的乐园。《广州民国日报》一篇报道，反映了公园的草根色彩：“今第一公园的草地，乃坐满的无产阶级，和劳力工人，无拘无束的坐地，正是自由得很，快乐得很，但青草被他们蹂躏得太不成模样了……听得歌声清亮，以为是什么剧社演剧，乃趋前一看，见着裸体的苦力工人，在那里击壤而歌，响遏行云，阳春白雪和霓裳羽衣曲。”

1926年，第一公园改名为“中央公园”。当时国民政府成立，以广州为首都，这个公园俨然全国革命的中心。第一届的国民政府委员，就是在中央公园宣誓就职的。1927年，广州市市政委员会会议通过决议，着手筹建广州无线电播音台。1929年5月6日，广州第一家广播电台——广州市播音台开始播音，呼号为CMB，发射功率500瓦，台址设在中央公园西侧靠连新路的一间小平房里，内设播音室及发射机房等，由市公用局派一位技士管理。

电台播音从中午12时20分开始，大部分节目，是粤剧的唱段和西洋音乐。下午2时休息，傍晚7时继续播音，包括用粤语、国语、英语播放新闻和音乐，晚上10时30分停止。据电台公布，每天播放时间为6小时32分15.48秒，精准度匪夷所思。星期二、星期四、星期日下午是儿童节目，聘请有经验的教师、受过训练的儿童，轮流演讲益智故事。电台还常猜谜比赛，奖品由各大商店或私人捐赠。

为纪念孙中山，政府计划在越秀山下兴建公园，以伟大的建筑，作永久的纪念。1926年2月25日《广州民国日报》报导："粤秀山之中山纪念堂的建筑计划，听闻其规模极大，建筑费定为一百万元。惟兹事体大，种种事务均需人主理，闻政府拟设立一'建筑中山纪念堂委员会'。会员之产出，由国民政府擢定先总理家属一人、指派国民政府一人、人民团体一人、建筑家一人、美术家一人，闻家属中已推定孙科，并派秘书长陈树人为委员，其余建筑家、美术家未定，而人民团体则拟派金曾澄云。"

动议得到各界积极响应，议决在原总统府旧址兴建中山纪念堂。这块地在清代曾做抚标箭道，后改做督练公所；桂系统治广州时期，曾做督军署。1921年，孙中山在广州就任非常大总统，总统府设于此。在1922年的"六一六事变"中，总统府被毁。1925年孙中山在北京逝世。广州的国民党中央党部曾决定在西瓜园兴建中山纪念堂，但最后还是决定把纪念堂改建在原总统府遗址上，更有纪念意义。

建筑孙中山先生纪念堂筹备委员会把收到的各种设计草案，都放到国民政府内展览，由评判员分别评判，并请画家温其球、姚礼修、高剑父、高奇锋、冯钢伯、陈丘山，建筑家林逸民、陈耀祖八人为评判员。最后，吕彦直设计的方案获得首选。吕彦直是天津人，杨宗锡的康奈尔大学同学，也是越秀山上中山纪念碑和南京中山陵的设计者。

纪念堂工程，以馥记取价归元银九十二万八千八百二十五两；纪念碑工程，以宏益公司取价上海规元一十三万八千六百两；全部钢架，以慎昌洋行取价上海规元一十八万五千两为当选。总投资按广东省财政厅公布的数字为3365970元，部分由热心的广州市民和海外华侨集资，部分由广东省政府拨给。工程于1929年1月15日奠基，但中途遇到经费不足及地质复杂等问题，进展一度受阻，直到1931年才基本建成。可惜吕彦直没能看到他的伟大作品落成，中山纪念堂奠基时，他已身患重病，工程还没未完成，便于1929年3月18日在上海病逝。

纪念堂整体建筑庄严雄伟，气势磅礴，包括门楼、纪念堂及东西附楼，坐北朝南，占地共6万平方米。建筑面积1.2万平方米（含东西两座附楼、后台休息室及地下化妆室），钢架和钢筋混凝土结构，前后左右四个重檐歇山顶拱托着中央的八角形亭式顶盖。从堂体地面至八角亭宝顶最高点为57米。红柱黄墙，衬以宝蓝色琉璃瓦盖，庄严瑰丽，墙裙为辽宁青石，用香港花岗岩做须弥座台基和阶级。廊柱为红色水磨石米柱和红色隔扇。正面重檐歇山顶的中央，高悬一块蓝底红边的漆金大匾，上有孙中山手书“天下为公”四个大字，雄浑有力。

堂内观众大厅，分上下两层，共4729个座位，顶呈圆盖形，是用玻璃镶嵌的一个大吊顶，厅内无一柱，不会阻碍视线，堪称建筑艺术中的杰作。堂内四周饰以彩绘图案，丹彩明丽，传达着一种东方民族的风采流韵。舞台后墙镶嵌着孙中山浮雕头像和《总理遗嘱》刻石。牌亭（即草坪南侧的大门楼）由香港宏益公司承造，广州吴翘记营造厂负责门楼的批荡工程，纪念堂室内灯光工程主要由慎昌洋行承办。

在纪念堂动工的同时，市政府酝酿着一个更庞大的计划，就是以中山纪念碑、中山纪念堂和海珠桥的建设为骨架，把越秀山—中山纪念堂—中央公园—维新路—海珠桥，规划为广州的新中轴线，与中山路等东西向马路构成纵横网状，全市交通集中于此，发号施令，若网在纲。为了配合这一规划，市政府把原计划在法国领事署（今南越王宫博物馆处）兴建的市政府合署办公楼，移到中央公园北部，把这里变成行政中心；省公署、交涉署、财政厅、市政厅、审检厅、图书馆等，全部迁到中央公园周围。远期规划，是把中央公园与越秀公园连成一体，变成一个大公园，中山纪念堂置于其中，改名为中山公园。但最后因局势变化，规划更改，公园计划半途废止。

广州市行政议会向社会征集市府合署办公楼建筑设计方案，要求切合实用、适合经济能力和具有美观性；采用中国传统宫殿式，能保存固有艺术，参以现代需要，创成新中国式之建筑，东方文化之精神。最后经评审委员会评定，以广州建筑设计师林克明、唐锡畴合作设计为优，定为实施方案。

林、唐方案的大楼外观，为中国传统的宫殿式，与中山纪念堂建筑相呼应。外观三层，内分五层，坐北朝南，钢筋混凝土框架结构，建筑面积1.3万平方米，前座总面阔88米。考虑到中山纪念堂高度为57米，为了烘托纪念堂，符合中国建筑北高南低的传统习惯，合署楼高度定为33.3米。屋顶铺黄色琉璃瓦绿屋脊，重檐歇山顶，饰吻兽造型，同样是为了有别于中山纪念堂的蓝色屋顶。门廊施红色圆形巨柱，侧翼巨柱形成柱廊。两端角楼五层，四角重檐攒尖顶，如跂斯翼；飞檐翘角，如鸟斯革。屋顶檐下的斗栱与额枋用钢筋混凝土浇筑，水磨石上饰有彩画。侧翼东西两楼五层，重檐十字脊顶。余为两坡顶，红圆柱廊，内分四层。整座建筑基座以花岗岩砌成。

大楼在功能上按土地、公安、工务、财政、社会、教育六个局合署办公来设计，根据民族传统形式图样及合署的精神，采用合座式结构。大楼内六个局可分可合，南立面中央主楼的五楼为市长办公室，四楼为会议室，三楼为各局长和秘书等办公室，二楼为六局办公室，基座部分为首层。各部分各自有独立门户，内部有纵横通道，便于相互沟通。

大楼前是花岗石砌的高台，分三层。正门前月台总阔约34米，深约8米。月台仿须弥座形式，饰莲瓣图案，三面设石阶。水洗石米带寻杖的栏杆，望柱头雕云纹松鹤，垂带栏杆的尽头设抱鼓石。主台阶前立有一对石狮，是清代康熙年间广东巡抚部院门前的旧物。百尺高楼，雄伟端庄，极富民族气派。

大楼原定分三期进行建设，第一期工程为正面前座及两旁的前部，也就是今所见到的建筑，1931年7月1日奠基，1934年10月竣工。时任广州市长刘纪文题写了“广州市政府”五字。后因政局动荡、资金不足等多种原因，第二、三期工程，无奈搁置。

1931年的小寒刚刚过去几天，1月10日，广州首次国货展览会在西瓜园开幕，被誉“国货第一展”。展览会设立了“食用原料”“制造原料”“毛皮革类”“纺织用品”“家庭日用品”等14个国货陈列区，还在展览会安排了大量游艺节目，包括武术表演、热门粤曲演唱、英文戏剧表演、提琴独奏等。展览会至1月31日闭幕，近27万人次，购票入场参观购物，在这个寒风凛冽的季节，掀起了滚滚的热浪。

展览会有如好戏的开场锣鼓一样，激动人心，大幕在眼前徐徐拉开，锣边大滚花、十八罗汉架，陆续上场。第一个高潮，就是政府在1931年4月炸掉了海珠石，修筑沿江新堤。海珠石是广州海印、浮丘三石之一，坐落在长堤对开的珠江河道上，全长六百余米。1928年政府在岛上建了一座“海珠公园”，但才三年时间，就决定把它炸掉了，因为海珠石造成这个河段水流过急，尤其夏潦高涨时，航船十分危险。炸掉海珠石后，这一段凹进去的岸堤被拉直，开辟马路（今沿江西路）。填得土地的价值，用来支付炸石筑堤与建筑海珠桥的工程费用。当年炸海珠石的费用，每立方码要6.8元港币，海珠石约有11.55万立方码（约8.83万立方米），费用为78.5125万元8仙港币。工程由美国的马克敦公司承办，工人大多是从天津雇来的。

在爆破时，发生了一个不幸的意外。有一根引线没有炸响，处理过程中，炸药爆炸，炸死了一名叫徐就的工人。马克敦公司声称，他们每次爆炸前一小时、半小时，都会鸣锣示警，以便附近的行人和江上船艇避开，这次处理未爆炸药，也曾事先唱令工人走避。调查报告写道：“该工人徐就，因走避不及，致被石块从背后打落，受伤毙命，系因执务不慎所致，与寻常疏忽伤人不同，业由该公司优给棺殓费了结在案。”

1932年，东南亚著名华侨企业家胡文虎家族在新填地建筑永安堂大厦，作为虎标万金油的总批发处。永安堂以卖万金油、八卦丹、头痛粉和清快水“四种良药”而出名。这是广州繁荣再现的标志之一。众多港澳华侨，纷纷回国寻找投资机会。1933年初，一个庞大的“港澳华侨回国参观团”，在广东考察投资环境，适逢2月15日广东建设成就的大型展览“广州市展会”开幕，内容分市政、工商、农业、教育、美术、古物、民俗、摄影、武备、革命纪念品十大部分。这一切，让人感觉繁荣仿佛近在眼前。

同一天，还有更让人兴奋的事情发生，那就是海珠桥建成通车了。海珠桥从1929年破土动工，历时三年，元吉大成，造价103.2万两白银，也是由马克敦公司承建。大桥北起于维新路口，横跨珠江，直抵河南厂前街。全长183米，宽约18.28米，南面引桥百斜坡117.64米，北面引桥斜坡145米，桥心高度离水平线约8米。其外形庄严显赫，构造穷工极巧，中段桥面由电力控制起降开合，使大型轮船可以从桥下通过。整座大桥以钢铁和水泥为材料，每天当太阳从赤岗塔那边升起，在白鹅潭沉下之际，霞光漫天，云水相映，海珠桥就像一件宏伟的工业时代艺术品。

与海珠桥遥遥相望的，是坐落在长堤的广州第一摩天大楼——爱群大酒店。这是由陈荣枝与李炳垣两位建筑师携手，为香港爱群人寿保险公司而设计的，1934年10月1日破土动工，1937年7月27日建成开业。65米高的大厦外观，是典型的美国摩天大楼风格，而竖形的线条造型，又带有哥特式建筑的特征。全楼钢架结构，采用先搭好钢筋框架，再灌浇水泥的新工艺。当15层高的大厦钢架结构搭起后，广州市民不禁惊叹，从来没有见过如此庞大和复杂的建筑钢框架。又一件工业革命的艺术品，赫然出现在广州街头。

爱群大酒店的“开业宣言”写道：“广州地濒洋海，互市最先，店户之骈阗，行旅之杂遝，建筑之雄伟，允为南中国冠。比年当局整顿市政，不遗余力，使全市规模，焕然充满西方化之色彩，其舄奕丽谯，盖骎骎乎与沪上竞衡矣。”爱群大酒店直到20世纪60年代初，仍是广州最高的建筑物。

在这波建设浪潮中，让人振奋的消息，纷至沓来：广州在西村创办了第一工业区，在河南创办了第二工业区，在芳村（南石头）创办了第三工业区，兴办肥田料厂、硝酸厂、苏打厂、水泥厂、造纸厂、酒精厂、纺织厂、糖厂和兵工厂等，尤以纺织与制糖业最为可观，产品足供全省之用，并可输往外地和海外市场；开发建设黄埔港；又着手筹办华侨实业银行，鼓励海外侨胞、港澳同胞回国投资。市政建设方面，积极修筑马路，三年间，开辟了三十多条马路，为东山模范住宅区、川龙口外商业区和大沙头娱乐区的发展奠定基础；还建造海珠桥，开办无线电台，扩建发电厂。对教育亦颇热心，创办德明中学，扩迁中山大学，提倡尊孔读经，鼓励学界整理国故，编订典籍，考据六经，刊定传记。

1933年元旦，陈济棠批准公布《广东省三年施政计划》，这份纲领性文件由“整理”和“建设”两大部分组成，整理部分又分“吏治整理”和“财政整理”。根据这个计划，广东将建立规模浩大的省营工业体系，作为经济龙头，斥巨资兴建包括制糖厂、制纸厂、氮肥厂、棉纱厂、渔船制造厂、钢铁厂和水电厂在内的24间大型工厂。工商业像一辆马力强劲的蒸汽机车，带动着社会向前飞奔。

有人把20世纪20年代末至1938年广州沦陷的这段时期，称为“黄金时代”。对很多市民来说，繁荣的指标之一，就是看茶楼、酒家、戏院是否座无虚席。

广州的大茶楼多不胜数，陶陶居、大三元、惠如、三如、南如、福如、祥珍、调珍、荣华、瑞如、天如、大元、成珠、涎香、吉祥、永乐、巧心、枕江、醉观、长江、金山等，每天茶客如云，是各种小道消息、八卦新闻的集散地。酒楼更是后来追上，遍布六街九陌，其中著名的有西关的银龙、孔雀，小北的北园，惠福西的得心，中山四路的妙奇香，龟岗的玉波等。仅长堤一地，就有东亚大酒店、一景楼、金轮酒家、大东酒店、大同酒家、冠华酒家、总统酒家、金龙酒家、新亚酒店、新华酒店等。这种繁华的程度，历史上从未见过。市内茶楼、菜馆、饭店、粉面小食、筵席馆、凉菜档，多达1200多家，天天人满为患，夜夜灯火辉煌。当号称“四大酒家之首”的大三元酒家，推出60元大裙翅“益街坊”时，食客趋之若鹜。还有什么理由怀疑，这不是一个“黄金时代”呢？

酒家大多以鱼翅为招徕，上好的几十元一盅，稍次的十几元，再次的10元以下也有交易，官燕窝也很受欢迎，然后是燉乳鸽、挂炉鸭、烧乳猪等。最流行的菜式，是十大菜四热荤，还有所谓八大八小、六大六小之类，价钱在10元至60元之间。无数的商人、官员、名伶、记者、作家和普通市民，几乎把所有酒楼都挤满了。饮食界都说，广州的酒楼百年不算短，十年成老号，可见酒楼繁衍之快，更新换代之快。

20世纪20年代，在惠爱西路有两家著名的菜馆，一家是六榕寺内的榕荫园素食馆，由六榕寺住持铁禅和尚的亲戚戴恭谦、戴健生两父子经营。另一家是与六榕寺相邻的西园酒家，位置在今中山六路与六榕路交界处，号称广州四大园林酒家（文园、南园、谟觞）之一。酒家内有莲池水榭，敞轩回廊，布局幽雅。所有营业厅堂，都掩映于茂林修竹之间，设有古色古香的雅座，视野开阔的牖窗，顾客置身酒家任何一处，都可以观赏到园林景色，听到从六榕寺传来的晨钟暮鼓之声。这是西园酒家设计的特色。

1923年，岭南画家黄般若、潘致中、赵浩公、卢振寰、姚粟若、卢子枢、黄君璧、何冠五、李瑶屏等人，组织以复兴传统国画为宗旨的“癸亥合作社”，1926年扩展为“国画研究会”，以六榕寺人月堂为会址。画家们常在这两家菜馆聚会，切磋画艺，合作写画。

第一代“酒楼王”陈福畴1927年接手了西园酒家。为了与榕荫园争夺食客，他设计了一款招牌菜——鼎湖上素，采用上等斋料“三菇六耳”，即香菇、蘑菇、草菇，石耳、黄耳、桂花耳、白背耳、榆耳、雪耳，配以竹笙、鲜莲子、银芽等，分别用“二汤”（即以老鸡、猪瘦肉、火腿骨等为主要原料熬出上汤后，再加水熬制的味汤）煨透。一碟鼎湖上素，售价高达20元，普通人家难得一尝。但用了腥荤，就不能称之为“素菜”了。

坊间流传着一个故事，说西园隐瞒鼎湖上素用肉汤的真相，不少食客都上了当，叹为素菜一绝。后来陈济棠慕名邀请西园厨师制作这道素菜，但要把所有材料呈上，逐一检查，不能有半点膻荤。厨师左右为难，不敢不做，又不知怎么做，无奈之下，只好兵行险招，用毛巾吸取浓肉汤，晒干后带去，烹制时偷偷用水浸出毛巾内的肉汁调味。这一招瞒天过海，居然得逞，骗过了陈济棠。

为了开辟马路，政府在1921年把上下九附近的文昌庙和洪圣庙拆了。1935年，在光复南路经营英记茶庄的陈星海，买下这块空地，兴建西南酒家，重金礼聘“南国厨王”钟权担任正印大厨。他的拿手好菜“西南文昌鸡”，皮黄而脆，肉嫩而美，骨酥而鲜，肥而不腻，香味浓郁，成为名动一时的招牌菜。广州人在一片“起筷起筷”“饮胜饮胜”的喧嚷声中，吃着佳肴美馔，喝着洋酒或本地的橙花酒、双蒸酒，谈论着遥远北方正发生着的激烈战事，为东北人在“九·一八事变”后的流血抵抗和四处流亡，欷歔不已。他们不知道，广州的和平日子，也快要结束了。

1937年，日本飞机开始轰炸广州，西南酒家被炸毁，陈星海的半生心血，化为灰烬。但他愈挫愈勇，在废墟上重建楼宇，再开酒家，易名为“广州大酒家”，并邀请名厨梁瑞掌勺，后来更请到在巴拿马国际烹饪比赛大会上获得金牌的“世界厨王”梁贤加盟。两大厨神名不虚传，烹饪手法，变化无穷，炒、煎、焗、炆、炸、煲、炖、扣，花样百出，样样精美，把粤菜的“清、鲜、嫩、滑、爽、香”，演绎得出神入化。

对广州人来说，“食在广州”不仅意味着上茶楼、酒楼，更意味在街头巷尾，到处可以找到解馋的美食，正所谓“百步之内必有美食”。广州街头不乏底层民众光顾的小酌馆，各式小炒，号称“经济时菜”，每碟不过两毫。平民美食，最常见的就是粥、粉、面了。及第粥、艇仔粥、皮蛋瘦肉粥、猪红粥、鱼片粥、白粥等，都是必不可少的。生滚粥是用经长时间熬煮的粥做底，把新鲜材料如牛肉、鲩鱼片、猪肝等，放到已调味的粥底之中，煮至仅熟如此，保持材料鲜嫩之余，也让味道渗进绵滑的粥里，带来无比令人满足的美味。还有鲜虾云吞面、及第粥、咸煎饼、裹蒸粽，广州人能一五一十，说上几天几夜。

品尝美食不是富人的专利，穷人也有穷人的美食。和平中路鸡栏孖庙旁边，就有一条食街，美食摊档，星罗栉密，五个铜仙一碗的芝麻糊、花生糊、杏仁糊、绿豆沙、番薯糖水，从巷头一路摆到巷尾。走进巷子，就像融入了浓郁的香气之中，看见什么都想尝，袋里却只有五个铜仙，让人左右为难。聪明的店家就把芝麻糊、杏仁糊和绿豆沙盛在一个碗里卖，三色混合，煞是好看，五仙可以尝到三种甜品，美其名曰“甜品三及第”。

曾经有人出了一个上联：“一群白鹭天边上。”向社会征求下联，得到最工整的下联是：“半只烧鹅地上行。”果然只有贪饕的广州人才想得出来。烧腊在粤菜中，举足轻重，“秋风起，食腊味”，秋凉时用腊味来焗煲仔饭，味道一流。所谓广式烧腊，分为烧味、卤味、腊味三种。烧和卤是烹饪肉类的方式，而腊则是指腌制、熏制、风干肉类的方法。烧味有烧乳猪、烧鹅、烧乳鸽、烧梅叉、烧排骨、烧鸡等二三十个品种。

民国时数得上的腊味店，大部分开在西关地区，如桨栏路信丰、奇友，十八甫佳栈、巧然，上九甫悦来，下九甫皇上皇，龙津东路亚洲、球记，第十甫长洲、广州，十三行参如、有参栈，长寿东路晏行栈，宝华路大元栈、参栈、奇有等。做腊味的师傅，以中山大黄圃人氏居多。

创于清末民初的孔旺记烧腊店，以烧乳猪最为出名，有“广州乳猪第一家”的美名。店主孔昭旺是番禺市桥小龙村人，到广州谋生后，初时做猪肉小贩，有了本钱后便在后楼房（今市政府大院后）开设了固定的店铺“孔旺记”，做起烧乳猪的生意。生意越做越好，开了多间分店，分别由孔昭旺的几个儿子经营，其中第八子孔全在黄泥巷（华宁里）口开的分店叫孔莫记。

孔旺记的烧乳猪，选料精细，选用以本地米喂养的小猪，配上他精心配制的调料，以明炉烧烤，火候掌握得恰到好处。烧出来的乳猪表面光滑，红红润润，俗称“玻璃皮”。其特点是色泽鲜明，入口化皮，甘香酥脆，皮脆肉嫩，香而不腻，口感极佳。1948年，时任广东省政府主席宋子文设家宴招待地方官员，也专门订了孔旺记的两只“席猪”（一席20件，每人2件），其矜贵可知。

沧洲栈始创于光绪二十九年（1903），店主黎敦潮，是香山大黄圃人，16岁到佛山一家烧腊店打工，偷师学了一套制作腊味的手艺，然后到了广州，与其他几个人合股，在中山四路一条横巷里开了家名为“沧洲栈”的腊味店。到1928年，沧洲栈腊味的名气已经很大，生意兴隆，黎敦潮买下了几个股东的股份，变成独资经营，并把店迁到惠爱东路的新店址。新店临街而开，客流更加旺盛。

沧洲栈的腊肠一定选用新鲜猪肉，而且非前后腿肉不用；肠衣也必须由本店伙计亲自制作，名为“本地衣”；所选用的酒一定是正牌的江西回龙酒和天津玫瑰露酒；糖则非要上等白砂糖不可。制作招牌的“生抽腊肠”时，必须要从本地河南酱园购买，为了保证生抽的质量，要用细管从酱缸中慢慢抽出来，一滴一滴过滤，买一次生抽往往要花上一天时间。生抽运回店后，还要在天台晾晒。每一个程序都精益求精，环环紧扣，才生产出“豉味”浓郁、备受欢迎的腊肠。

沧洲栈的腊味品种有二十多个，其中“鲜鸭膶肠”是其独创的品种，采用新鲜鸭肝，配以白糖、酒、生抽等，经过特殊的加工处理，生产出来的腊肠风味独特，鸭肝的鲜肉香味与糖、酒等互相配合，相得益彰，口感香滑，既有鲜味，又有腊味，极受喜爱。

广州人说“食系十足，着（穿）系九六”，意思是吃才是最实惠的，因此对吃十分讲究，寻访美食是一种生活乐趣。

当人们蜂拥到戏院听戏时，一种新鲜玩意悄然进入人们的生活——唱片。这是一种崭新的娱乐方式，让人们不用上戏院也可以听戏。其实，早在光绪二十八年（1902），美国的胜利唱片公司就录制了粤剧唱片，现存最早的粤剧唱片《围困谷口》和《闺留学广》，是光绪二十九年（1903）录制的。那时留声机还不普及，能听唱片的人寥寥无几，而坊间相传，灌唱片后留声机会把人的嗓音摄进去，引起失声（倒嗓），以后再也不能演戏唱曲了，所以粤剧演员们个个都畏缩不前，不敢尝试。

第一个吃螃蟹的人是八和会馆创始人邝新华，他毅然灌录自己的第一张唱片。在他的带动下，灌唱片的粤剧演员越来越多，胜利、百代、高亭等外国唱片公司，纷纷为粤剧录制唱片。在中国所有地方戏剧中，粤剧是灌制唱片最早、也是最多的。农村酬神庙会上的古老戏曲，和最先进的工业文明产品相结合，具有划时代的象征意义。

几乎与唱片出现同时，电影在广州登陆了。这是一种更具工业文明色彩的东西，人们完全想不到，若干年后，它在中国竟会成为上百亿票房的巨大产业。电影是光绪二十二年（1896）前后，从西方传到中国的。法国人把电影放映机带到广州，在石室耶稣圣心堂的丕崇书院内放映电影短片。这是电影第一次出现在广州。后来，一位华侨从海外带回来了一台放映机和几部短片，在茶楼里放映，这是普通民众第一次有机会，在小小银幕里看到外面的大千世界。后来有了专门放电影的地方，叫“画院”或“映画院”。

清末民初，广大路口开了一家“通灵台”，是广州最早的电影院之一。“通灵”二字，反映出中国人对电影艺术的理解。不久城隍庙附近也开了一家，叫“镜花台”，意思是从这里可以走入一个疑幻似真的奇妙天地。默片（无声电影）时代，电影院常用广东音乐在现场伴奏，二弦、三弦、高胡、椰胡、洞箫高奏着畅快淋漓的广东音乐，观众十分过瘾，甚至把广东音乐称为“国乐”。电影院的座位分成许多等级，但名称都起得很好听。1925年在明珠影画院看一部无声电影，包厢位3.5元，明珠位8毫，和平位4毫，大同位2.5毫，花园椅1.5毫。至于明珠位与和平位有什么区别，只有进了影画院的人才知道。这是超级豪华的享受了，在十八甫的一新影画院，最贵的二楼散厢座位，也只3毫。

自从1930年4月，西堤二马路的中华画院首次放映派拉蒙公司有声片《红皮》，标志着有声电影来到广州，顿时风靡全城。到1934年，广州已有21个电影放映场：永汉路的中国电影院、永汉戏院、南关影画院，西堤二马路的中华影戏院，十一甫的模范影戏院，长堤的明珠影画院，惠爱中路的明星影画院、民乐影戏院、新华影画院，下九甫的新国民戏院、中山戏院，长寿路的和平戏院，十八甫的一新戏院，中华南路的华民戏院、大德戏院，太平沙的天星影画院（除华民及各天台放映场外，均已放映有声片）。此外，还有广州、红棉、大佛三家电影院在兴建中。各影院的总座位数，已逾两万。

每有新戏上映，电影院门口便排起买票的人龙。“浪漫奇情巨片《玉骨冰心》”“肉感、香艳、销魂歌舞巨片《万花团》”，是报纸上常见的电影广告。还有《神经六空城计》《军中红粉》《差利懒骨头》《三个奇女子》之类的广告，充斥报纸的版面。一般的电影院每天放两场，头场从正午12时起，至下午2时止；二场接着放，到4时止。晚上也有两场，晚7时第一场，晚9时第二场。据当年的《广州年鉴》介绍：新华影画院的“内容布置皆含有极新时代性，且多影国片，尤能吻合观众爱国心理，大有时时满座之盛况”。但在电影开映之前，观众往往要先听卫生局派来的人员，演讲30分钟，教市民如何加强卫生。

电影的观众，迅速超过了传统的粤剧，1933年统计广州本地的营业额总收入，电影比粤剧高了160%。很多粤剧大老倌也纷纷加入电影行业。“在玻璃棚下求生活”的粤剧伶人，有薛觉先、唐雪卿、白玉堂、谢醒侬、叶弗弱等人，他们拍摄了《白金龙》《荼薇香》《歌台艳史》《良心》《裂痕》《摩登泪》《雪国女皇》《歌台艳史》等一系列影片。薛觉先主演的粤剧时装影片《白金龙》，创下惊人的票房收入，为式微的粤剧注入了强心剂。

1933年，丰宁路西瓜园开了一家太平戏院，可容纳1800人，规模颇大，是广州第一家拥有旋转舞台的戏院。这是学香港利舞台的，采用两级减速齿轮传动装置，使舞台可以旋转360度。每一场结束时，把舞台一转，就可以换上新布景，节省时间。这是个不错的噱头，吸引了大批有好奇心的观众。戏院落成后，首场演出是大尧天剧团的粤剧《白蟒占龙宫》。当年，马师曾组建大罗天剧团和太平剧团，在这里也演出过《苦凤莺怜》《佳偶兵戎》和《狸猫换太子》等剧目。

国难当头，舞台却仍然以袍甲打斗、宫闱秘闻、神怪香艳一类古老戏剧为主，引起部分观众反感，于是戏剧界有人另竖大旗，上演具有时代感的戏剧。“九·一八事变”后，广州掀起了轰轰烈烈的抗日救亡宣传活动，太平戏院上演大型历史剧《黄花岗》，广东话剧舞台上的“三大小生”李门、张村、卓文彬，“三大名旦”梁绮、阮琪、邝清辉，都在戏中担任要角，演出大获成功，成为全城热议的一件盛事。

国民政府于1930年5月颁布《市组织法》，把市分为行政院辖市与省辖市两种，规定除首都为院辖市外，人口在百万以上者，或在政治上、经济上有特殊情形者，亦为院辖市；广州市虽符合院辖市条件，但因为是省会城市，遂定为省辖市。市以下为区，区内编制为保甲，十户至三十户为甲，十甲至三十甲为保，十保至三十保为区。

由于当时广州在陈济棠管治下，对南京中央政府处于半独立状态，故市内并未马上实行保甲制。1934年，国民党中央政治会议第432次会议议决，由行政院通令各省市切实办理地方保甲。行政院于同年12月通知各省，普遍实行保甲制度。广州市从1937年2月才开始实行乡镇保甲制，每个区设区公所（后改称联乡办事处），按警察分局管辖范围，划分为若干保、甲，各联保、保、甲均设联保长、保长、甲长。

繁荣时代总会有黑暗的另一面。1934年的广州街头，聚集了五万多的乞丐，他们有自己的组织——关帝厅，华林寺是总舵，还有不少分舵。他们行乞时各出奇招，有的把腐烂的臭牛肉贴在腿上，假扮脓肿残废行乞；有的牵绵羊、耍猴子，在街头卖艺；也有的化装成和尚、尼姑，沿门托钵；还有专门替人打架的。普通市民办红白喜事，都要事先知会关帝厅，缴纳保护费，以免被恶丐捣乱。

政府最初规划，是把大沙头建成娱乐区，所有烟室、赌馆、娼寮、妓艇，都集中到娱乐区经营。1933年，大沙头娱乐区破土动工，沿岸砌石，划定马路界线，分段招商承建。但在建成之前，广州的烟赌档，一律迁到河南。自从河南辟为赌博特别区后，专向赌仔借钱的“裕泰公司银牌现钱”，从厂前街至大基头，招牌林立，抢尽风头。沿江排列着“裕泰公司”的几十个霓虹灯巨型招牌，入夜明光烁亮，照耀江面。横水渡往来穿梭，西濠口还有电船，专门运载赌仔过江。海珠桥上，三五成群的赌仔，多如过江之鲫，散向河南各个赌场。

陈塘、东堤一带，花街柳市，棋布错峙。报纸上充斥着专治“广疮”的广告，所谓“广疮”乃指各种花柳暗病。《广州民国日报》上一则“敬告全国青年男女”的广告写道：“社会进步，淫风日盛，世风日下，人欲横流，青年男女，情窦初开，纵欲伤身，不知自爱，以致少年斲丧，精神萎靡”，所以要及早吃他们的“精武丸”。另一则广告写道：“鄙人不知自爱，偶然宿娼染毒，疳疔芒果，源源发作，面起斑纹，终日如虫行蚁走，毛发脱落，鼻梁以下，面目全非。”经大医师施以针射服药，一星期完全治愈。而电影院里，天天放映着“肉感歌舞片”《夜未央》，广告词充满着色情暗示：

> 写纸醉金迷的百老汇底夜间生活！
> 写笙歌不绝的夜总会底繁华热闹！
> 写奢侈荒淫的文明都市底淫奔幽会！
> 写脂香四溢的舞女底情歌艳舞！
> 写风流怪诞的男女底醉生梦死！
> 看！看！看！夜未央！
> 有歌，有舞，有肉，有香！

熟读四书五经的老夫子，看见报纸刊登这样的广告，无不痛心疾首。陈济棠也担心歌舞升平的生活，会对人们的精神，产生负面影响，造成道德滑坡，遂在20世纪30年代发起了道德重建运动。他从第一集团军各级政治部中，抽调部分政工人员，组织提倡传统道德、阐扬国学精华的“明德社”，出版杂志，重建“为政以德，德治天下”的理念；编写历代贤臣、名宦行状的《官人模范录》，在政府官员中，倡行明德修身，要求大家终日惕厉，不忘官箴，“尚中庸，去偏激，使到阶级融和；重实行，轻哲理，使到文化统一；喜和平，厌侵略，使到平等博爱”；又办学海书院，照搬张之洞的办学制度，以研究周易、礼制、道德经、孔子、孟子、宋明理学、曾国藩为课程，以期造德器之养成。

然而，到了民间，重建运动，却变得离弦走板，诸如规定省小学一年级起要粗明经义，高小至初中分四年读完“四书”，高中以上读“五经”，而《孝经》则从小学一直读到高中。省教育厅推出的《新公民课本》，第一课就是让学生们学会说：“陈总司令爱我，我爱陈总司令。”政府规定在游泳场要用木板分隔，男女不能同池游泳；新国民戏院聘请男伶白驹荣和女伶关影怜同台演戏，也被公安局以“有伤风化”为由，禁止演出；甚至连歌舞团，亦不准男女同台献艺。在经历过五四运动之后，这种与时代脱节的道德规范，令人有隔世之感，不仅备受知识界质疑，而且在现实中，也很难产生积极的效果。

坠入黑暗深渊

1936年6月1日，国民党中央执行委员会西南执行部、国民政府西南政务委员会举行联席会议，议决呈请中央领导抗日，并通电全国一致响应。6月4日，陈济棠、李宗仁、白崇禧等36人电中央党部、国民政府和国民党中央执行委员会西南执行部、国民政府西南政务委员会西，提出“北上抗日赴汤蹈火，所不敢辞”，并通电全国，号召武装胞泽一致抗战。是为震动时局的“两广事变”。这场事变，虽然打着抗日旗号，但实际上是一场反蒋的内战，因此得不到舆论和军队的支持，很快被蒋介石所挫败。7月13日，陈济棠黯然下台。

1937年日本发动“七七卢沟桥事变”，中国全面抗日战争开始。1937年8月31日，日本军队首次空袭广州，至1938年10月21日广州沦陷，共出动900多架次飞机，投弹两千余枚，对广州进行反复的、频繁的无差别轰炸，其轰炸密度仅次于当时的陪都重庆。

惠福区（今光塔街）一带是空袭重灾区。1937年9月22日光孝路被炸。至27 日，德宣、西山、惠福、西禅、东堤、前鉴、黄沙、石牌各区共落弹59枚，大量平民被炸死，大量房屋被炸毁；朝天街市立第57小学、第27小学、第10小学附近等处亦中多弹。其中规模最大、使广州损失最为惨重的是1938年5月、6月间的大轰炸，仅一个多星期，日军共出动飞机14批100架次。5月30日自上午9时25分至中午12时，日机共分五批袭击广州，在市区先后投下爆炸弹和烧夷弹两百余枚，净慧路中弹，民居焚毁甚多。越华路居民区志文撰写《越华书院被日本飞机炸毁》回忆说：

> 1938年5月29日（星期日），上午10时许，侵华日本飞机又来广州轰炸了！飞机投了两枚炸弹，越华书院和两旁的房屋以及我们家的大厅都被炸毁了，当时我们大厅有十余人，我们一家四口都在厅内，我记得：瓦面先跌灰沙下来，接着两声巨响，瓦面、木杉、砖墙都倒塌了，我们大厅一死数伤！死者是同屋沈女士，我父亲胸部压伤，我外婆、我、我母亲并排站在一起，她们用手护着我的头，我没伤，她们手背都有点伤。还有史巷行人入屋躲避的，也有受伤的。我们从砖瓦堆爬出来，死里逃生，看见越华书院大部分房屋都倒塌了！下午已挖出遗体四五十具，还继续在挖寻中。第二天我们

全家走难回乡了。日机炸毁越华书院，我在现场，是见证人。

仅1938年5月28日至6月9日，日机在13天出动三百四十余架（次），轰炸广州黄华塘村，死一百余人。后来人们在黄华路立了一块“血泪洒黄华”碑。区志文记述：1938年5月28日下午，日机轰炸二牌楼茶市（今仓边路与东风路交会处），仓边路一间朝德宣路开的面铺及其两旁的房屋也波及，房子被炸毁。“我放学后到现场看过，死伤情况不详。在这日之前，中山纪念堂被炸去一角，不久就原样修复了。”

6月4日，日军飞机16架，经虎门闯入广州市上空，另有日机9架，西经顺德入广州市，狂袭市内最繁盛的中心地，投弹约40枚，毁民房商店300余间，死伤无辜平民约3000人，其中在惠爱西路（今中山六路）西门口附近，投下一重约500磅的巨型炸弹，炸毁店户20座，死伤百余人。惠爱西路营房巷（在将军东对面）也着一弹，毁店户10余座，死伤60余人。下午4时，英国驻广州领事、副领事、加拿大教士、外国记者等数人，在市卫生局局长朱广陶陪同下，前往被炸的惠爱西路等各灾区视察，实地拍摄灾区照片。

6月6日，日军飞机轰炸惠福区，惠爱西路258号至270号的楼房被完全炸塌，昔日繁华的六街三市，顿时变为瓦砾与尸骸堆积的废墟。光孝路仁型里一带落弹5枚，炸塌民房、学校30余间，炸死老妇一人，伤20余人。丰宁路、长庚路一带落弹20余枚，炸毁铺屋20余间，伤毙市民30余人。中华路、大德路交会路口落弹两枚，毁铺户10余间，压死50余人，尸体支离破碎，腹穿肠流，厥状极惨，伤者百余人。惠爱西路市美术学校落弹3枚，死9人，附近铺户大片塌毁。花塔路（今六榕路）、将军西路等街道，均受到猛烈轰炸，为况之惨，创空袭以来纪录。

作家夏衍在《广州在轰炸中》的通讯中，记述他目睹广州受到空袭后的惨况：“文化街的永汉路，惠爱路，长堤，每走十步不是一堆焦土和残砖，就是一排炸成碎片压成血浆的尸块……路中散碎着人的肉，毛茸茸的小孩的头盖，灰黄色的脑浆，炸飞到十几步远的紫蓝色的肚肠。”“街上尽是半疯狂状态地号哭着的失去了丈夫和儿子的女人，尽是装在运输汽车上的一列列的白木棺材，残砖碎瓦，被烧焦了民房，炸弹片，一排排的用芦席盖着的尸首，和由红变褐，由褐变黑了的血迹，晚风吹过来，空气中充满了火药气和血腥……”

8月8日，日军再次大举空袭广州，几分钟之内，在惠爱西路及广卫路、西湖路等市中心街区，投下了36枚重型炸弹。惠爱西路、四牌楼一带人口最稠密的商业繁华之区，被炸得千疮百孔，一片碎瓦颓垣。仅这一天的空袭，就造成广州市500多人死伤。

日本侵略者对广州长达14个月的狂轰滥炸，出动飞机900余架次，炸死居民6000余人，炸伤近8000人，炸毁房屋4000多幢，炸毁船只近百艘。但广州市红十字会统计，被日机炸死、炸伤的同胞，达3万余人。是广州历史上的又一场浩劫。

日本军队开始向广州进攻。国民党在撤退之前，对广州进行了焦土式的破坏，重要的工厂、仓库，或被纵火，或被爆破。全城大火熊熊。西堤大新公司首当其冲，被烧三日四夜，全楼烧通了顶，只剩下钢筋骨架，连同存放在内的城内大新的货物，统统化为灰烬。士敏土厂、电厂、机场，都冒出了滚滚浓烟，从黄沙向东到太平路、法国大教堂一带，火光四起。街道灰烬纷飞，如同黑夜。沙面政务会主席史密斯（H.S Smith）在日记中骇然写道："这很难使人相信生存于1938年的有智力的人会采取如此残忍的愚蠢政策，只有数万年前的原始人才会这样做。"

空气中不断传过来警报凄厉的嘶叫声。省城公安局通知广州市民紧急疏散，政府官员挨家挨户劝谕市民离开市区。在通往四乡的道路上，"走日本"的人潮，汹涌澎湃。所有的车船都挤满了难民。有些人挤不上船，干脆坐在一块门板上，随波漂流，指望能漂到香港。沙面的法租界已架起铁丝网围，垒起沙包。英国人的汽车在城里抢购生活物资；为了保证在城陷之后，还有牛奶喝，他们在租界里养了12头良种奶牛。

1938年10月21日，广州沦陷。

一年前还在为爱群大酒店开业敲锣打鼓，欢呼雀跃的人们，怎么也没想到，一年后的广州，会变成恐怖的死城。国民党广东省政府已播迁韶关，大批工厂、学校也已迁往粤北、广西和香港。仅香港一地，到1940年下半年，就有432家已注册或未注册的内地工厂迁入。广州大学、国民大学、岭南大学、知用中学、广州大学附中等大、中学校，也都在沦陷前把学校搬到香港、九龙、新界各处。许多著名的文化人，包括作家、记者、演员、画家、教师等，纷纷逃离烈焰中的广州，或随政府去了粤北，或跑到香港避难。广州人口从130多万人骤减至只剩90万人。

广州的荒凉，从商业的急速衰败，反映出来。高第街曾经是人气旺盛的商业街，沦陷后棉布批发几乎完全停顿，只剩下50户布商，苦苦支撑。作为南方棉布批发中心的杨巷，更加惨淡，只剩下十几户布商，勉强维持着。

大新街原来是各种民间工艺荟萃之地，牙雕、玉雕、木雕、珐琊、银铜器皿、弦索乐器、扇子、炭相瓷画等店铺，从十三行时代传承下来，繁花似锦。1935年，广州全城有55家玉器作坊，其中33家在大新路，占了六成。但一夜之间，铺头执笠，人员星散，好似山崩一般。曾经骈门连室的象牙店铺，1942年仅余19间，凋零之状，惨不忍睹。珐琊从此停产，抗战胜利后也未能恢复。玉器行业的祥胜、崇德两个玉器墟，相继歇业。商家纷纷收拾细软逃难，工匠流离失所，或逃回乡下避难，或转行另谋生路。在国际博览会上夺得金奖的牙球大师翁昭，因生活贫困，被迫将两个女儿卖给他人，自己做了小贩，沿街挑菜叫卖。有的牙雕工匠转行去做人力车夫，有一位赫赫有名的牙雕工匠，甚至饿死在大新路马路旁。“瞓（睡）石，褛（盖）席，枕木屐”，成为艺人们悲惨生活的写照。

大德路是广州最主要的五金铁器市场，日军占领后，以五金为“军用物资”为由，进行大肆掠夺，所有五金器材和旧铜铁，统统作为战略物资，收缴运回日本。本地商业户纷纷迁往香港、粤北等地。日本人在大德路还修建了一座本愿寺，供日军朝拜。恶名昭著的杉元株式会社也设在大德路，令这条在宋代就开始繁荣的街道，充满了凶邪煞气。

日军在市区实行戒严，所有交通要道，都由日军把守，路过的市民都要出示"良民证"，向岗哨90度鞠躬。每天入夜7时，街上除了巡逻的日军和警备队，便杳无一人了，所有人力车、公共汽车，均禁止行驶。尽管日本占领军先行建立了轮船业、米业、航业、找换业、酒楼茶室等八种公会，珠江航道也部分解封，允许商船通过；又勒令市内大小商店一律恢复营业，把惠爱中路、汉民路（今北京路）、西濠口、长堤等处，划为日人商业区，由日本人营业，希望恢复经济的正常运作，但广州市内的紧张气氛，丝毫未见舒缓。

广州被饥饿包围着。广东本来就是缺粮省份，日军虽然控制着全省三分之一的土地，但主要是广州、佛山、江门、汕头、海口这些工商业城市，粤北、粤西的大片产粮区，仍然被中国军队控制着，或者已沦为炮火纷飞的战区。1940年，国民党为了切实掌握粮食，设置了粮食管理机构，严格控制粮食市场。并实行新的田赋征收办法，把原来征收代金，改为征收实物（谷、麦、粟、小米等）。因此，流入沦陷区的粮食，日见减少，粮价则节节攀升。

日军在广州发行军票，还规定军票一元等于毫券二元，市面一律按此价。所有买卖价格，都要改以军票为计算本位。1940年1月份的米价，按军票计算，每担齐眉19.2元，丝苗19.2元，金山粘18元，糯米24元。到5月7日，短短的四个月，米价已经狂升至齐眉每担44元，丝苗43.5元，金山粘43元，糯米39元。受日本人支持的伪省政府将于5月10日成立，人们以为，为了营造升平气象，粮价怎么都会减一点，不料仅隔一天，5月8日的米价继续势不可当地飙升着：齐眉47元，丝苗46元，金山粘46元，糯米40元。一场粮食大恐慌，由此触发。各个米铺外，人头涌涌。

市政府紧急召开粮食救济会议。陆军特务机关、海军特务部、日本总领事馆、兴亚院出张所、各长官代表、商会、谷栏公会、海关等机构都派人出席。粮荒必然会导致社会不稳，甚至会引起民众骚乱。日本人警告说，无论如何要压抑粮价，一方面尽量从四乡搜刮粮食，先供应广州，另一方面由日本在广州的七家洋行开仓平粜，以解燃眉之急。

日本洋行的开仓平粜，从5月7日开始，规定每担大米售军票28元，一律原包发售，绝不零沽，每包180斤。天刚蒙蒙亮，晏公街、一德路、天平路、太平路一带的购粮人潮，在坑满坑，在谷满谷，万头攒动，人龙不知哪是头哪是尾。一位记者估计，不下一万几千人，但实际人数，当在数万以上。每家日本洋行一天只发售60~100包大米，瞬间售罄。家里已经吊起砂煲而买不到米的妇女，坐在马路上不肯离去，触地号天，绝望恸哭。5月8日，候购平粜米的人潮，更加凶猛，近乎疯狂。一些老弱妇孺被推挤得跌跌爬爬，晕头转向，挤了一天，连洋行的门也没挨上。

1940年3月，汪精卫宣布“还都南京”，所有名称、制度、主义、国旗、首都，一仍旧制，把“和平”“反共”“建国”这几个词，高唱入云。大大小小的汉奸团体，都冠以“和平”之名，军队叫“和平救国军”，民间团体称作“促进和平联合会”。一个在河南小港路卖榄的小贩，也在榄箱写上“和平反共，建国之基”几个字，他卖榄都有名目，叫“和平榄”“反共榄”和“建国榄”。小贩打扮得古灵精怪，身穿灰布长衫，头戴一顶纸糊的尖顶高帽，上面写着“半日穷”三个字，吸引了大群小孩围观。小贩介绍说，涩的是反共榄，甘的是和平榄，甜的是建国榄。小孩们也听不懂，嘻嘻哈哈，只是跟在后面跑。

广东音乐联盟会创作了一首题为《拥护汪精卫》的歌曲，由市复兴处学务科通告全市各学校音乐教师，必须尽快教会学生们唱这首歌，“以发扬和平运动之精神”。大学的文学院也编了一首《拥护领袖歌》，让大家学唱：“我们的领袖，是中华民国的救星，是东亚联盟的柱石，我们四万万人，只有一个领袖汪主席！只有一个思想，三民主义！我们竭诚拥护我们的领袖汪主席，主席振臂一呼，我们四万万人同声响应，震撼全东亚！”似乎指望人们唱着“拥护歌”，就不会饥饿了。然而震撼全东亚的，不是歌声，而是米价。

1941年的《中山日报》写道：“照银水来伸算，本市物价比香港便宜，挣扎于香港生活线上而自杀者甚多。”文章安慰人们：“广州一元军票可以买得白米三斤许，买得干柴二三十斤。香港呢，每元港币买得白米四五斤左右，柴更是每元买不到十来斤。所以就是照两地银水伸算，广州物价仍然比香港为便宜。”

但比香港便宜再多，也解决不了广州人没米落镬的困境。广州的报纸，同样每天都有自杀的消息。

即使有米落镬，人们也没柴生火。这是另一个巨大的民生难题。柴价飞涨，而且没得供应。广州郊区的树木，被人偷伐一空。连北郊、东郊的坟墓也被人挖开，把棺材木拿去当柴卖。有些人逃难回乡，广州的空房子竟连梁柱、门板都被人偷光了。芳村区、河南区警团张贴告示，禁止柴薪出口，无论树木杉料、桌椅板凳、箱栊衣柜床板，凡可作柴薪燃料之用的一切木器，严禁运出本区范围。曾经自诩“金山珠海”的广州人，真正体味到“量柴头，数米粒”的生活苦况了。

自从1941年7月香港实行疏散人口政策以来，港人和回流的粤人，如同洪水般涌入广州，多达十万人。在市场凋零不堪的情况下，骤增巨量消费人口，使广州就像一艘在台风中摇摇欲沉的船只。饥饿的市民，只好用米浆、枧水混合，做成一种叫“神仙糕”的东西糊口，或者从日军马匹拉出来的粪便中，捡取未消化的豆子（俗称“马屎豆”）充饥。饿殍和弃婴，马路上随处可见。身穿掩埋队服装的人，每天早上，蹬着挂有收尸铁箱的单车，沿街收拾路尸，以防被人拿去做熟食出售，因为有人肉包卖的谣言，街头巷尾已经传得很盛。

1941年汪伪政权的中央储备银行成立，发行新法币“中储券”，与军票、旧法币一起流通，它们之间又互相排斥，造成金融一片混乱。1942年的广州，大米涨至大洋800元一担，猪肉30元一斤，鸡50元一斤。加上霍乱流行，每天都有上百人饿死、病死，最多一天达600人。到1944年10月，广州生油每升640元，是战前的七八十倍；大米已经涨至8000元；两个月后，年底生油涨至2.1万元，大米1.5万元。广州普通市民，对沦陷时期最深刻的记忆，就是“饥饿”。从1942年6月22日起，连食盐也要定量供应了。食水也非常缺乏，每天供水时断时续，街头的供水站，永远是大排长龙。

在马路上大排长龙的，还有粪桶。尽管政府规定下午3点是清粪的时间，但居民早早就把“八宝塔”（马桶）放在路边，宛如一字长蛇阵，蔚为壮观。当卫生当局试图劝说居民不要这么早把马桶搬出来时，他们干脆把粪溺倒入附近的沟渠。整条街弥漫着恶臭，污水横流，肮脏得让人难以忍受。这种情况，不仅发生在横街窄巷，甚至在一些繁忙的通衢大道，也是如此。

公共汽车站总是聚集着一群群乞丐，衣衫褴褛，面色黧黑，每当钵钵车一靠站，便蜂拥而上，向乘客向出一双双脏手：“奶奶太太，好心施舍个发财钱喇。”有个女乞丐跪在马路边乞讨，身前铺一张纸写着：“山冷雪寒炉火断，计穷罗尽到炊骨。”这两句诗还可以倒着读，意境更加凄凉。写诗的大约是个文人，如果不是她自己，也可能是她的家人。在饥饿面前，斯文已一文不值。

在百业凋零之中，唯有鸦片、娼妓遍地开花。烟馆从1939年的70多家，增至1940年的110多家。粮食没有运入广州，烟土倒源源不断地运来。日本宪兵司令部从地痞无赖中招聘了一支“侦缉队”。这些人的形象，大都是头上歪戴着草帽，身穿黑胶绸衣服（到冬天则换上氈帽和黑夹布衣服，外面再披一件大衣，但帽子一定是歪戴着，衣服前襟一定是敞开的），手提一根铁棍，鼠目四射，名义上是维持治安，其实是专门走私烟土和买卖“老鼠货”。他们从萝岗、东圃和从化太平场，偷运烟土进广州，高价卖给各个烟馆。

能够与烟馆争春的，只有娼业。娼妓最集中的地方有三处：西区的“花坛”和中区、东区的“娱乐场”。西区花坛在宝华路，中区娱乐场在海珠中路，东区娱乐场在沙河。其中以花坛最为热闹，属于高级场所，日本人和汉奸们，最喜欢光顾。报纸描述，银龙酒家附近，“只要黄昏到了，这里的汽车堆积，连路也不通，非到夜深是不会散的”。中区、东区的娱乐场，属于低级的“二四寨”，花35元，或6.3元军票，另付一两块“婆妈钱”，就可以为所欲为，度过荒淫的一晚。

比娱乐场的娼妓更低级的是私娼。她们多如牛毛，遍布在西关的带河路、十一甫、梯云路、黄沙，中区的海珠中路、海珠南路、长堤，河南的南华路、大基头一带。每天晚上，老老嫩嫩，站在昏黄的路灯下，拖着长长的影子，满脸病容，涂抹着厚厚的脂粉，向过往行人娇声兜揽。只要掷下20元，就干什么都可以了。1945年的一份报纸写道：“一届黄昏，恒见花枝招展，群立街头，鸨母则从中勾引少年游客，干此勾当。”

还有一种行业叫“导游”，与皮肉生意，相差无几。诸如“桃花江导游社”“蝴蝶导游社”“金屋导游社”“南郊导游社”之类的名堂，在香港沦陷后，如雨后春笋般，在广州竞相冒出。翻开报纸，满眼都是“南国佳人”“美丽小燕”“能歌善舞”“大家闺秀”“娇小玲珑”一类广告词。她们所提供的服务，并不是到风景区游赏，而是陪吃饭、陪看戏、按摩捶骨，甚至过夜等。花3元军票可以买一个小时，以后每加一小时两元。记者嘲讽说：“风景区是例不去的，因为她们所喜欢的地方，是人海苍茫的地方，上酒店才是目的地。所谓能歌善舞的南国佳人们和娼妓，又有什么底分别呢？”

公开的赌馆虽然被禁，但茶楼、酒楼纷纷设雀局、响局招徕，记者在河南目睹：“各号别开生面，扩充营业，为夜市招徕计，报效雀局，适应社会人士需求。故现该处品茗、消夜，及作临时娱乐消遣之场，比比皆是。并加聘女职工，殷勤招待，红袖添香，花枝招展，可见河南之繁荣，诚不减当年之盛。”所谓响局，就是招请盲姬唱曲，既有唱《百里奚会妻》《五郎救弟》一类传统粤曲，也有唱“新编粤曲”：

（起赛龙夺锦）
莫战，莫战，大家都无谓战。
彼此，亲善，中日同一战线。
战则，两损，猛醒莫再迁延。

香港沦陷后，逃到香港的艺人们，再次踏上流亡之路。比如粤剧泰斗马师曾，在香港沦陷后第三天，带着全家老少，逃到澳门，再逃到尚未沦陷的湛江。电影艺术家蔡楚生在东江游击队的协助下，扮成盲人，混在难民队伍当中，乘船经长洲岛到达澳门，然后经台山、梧州逃到了桂林。被誉为“中国电影之父”“中国纪录片之父”的黎民伟，携眷经澳门逃入内地，奔走于湛江、桂林、柳州、八步一带，以戏剧宣传抗日救亡。逃回抗日后方的电影界人士，还有关文清、吴楚帆、张瑛、黄曼梨、白燕、梅绮、大口何等一批编导和演员。粤剧界的“万能老倌”薛觉先在1942年也逃出香港，登报声明：前受日寇束缚滞留香港，现脱离虎口，将全力为国家服务。

然而，也有一些艺人，选择回流广州。广东音乐界有“四大天王”之称的高胡名家吕文成、梵婀玲（小提琴）高手尹自重、琵琶奇俊何大傻、洞箫妙才何浪萍，便联袂回到广州，成立中华音乐团，在大东亚百货公司（原先施公司）的酒菜部，举办音乐茶座，演奏“精神音乐”。何谓“精神音乐”？广东音乐作曲家卢庆文在《东方天籁》一书中说：“当时，由‘四大天王’吕文成打木琴，尹自重拉小提琴，何大傻弹吉他，何浪萍吹萨克管，后再加上程岳威打爵士鼓，演奏节奏轻松愉快的乐曲，使人‘爽神’而得名。”在死气沉沉的沦陷区中，这种“爽神”的音乐，带动起一股“音乐茶座”的热潮，泰康路的安华公司、西濠口的广州戏院、太平南的新华酒店、下九甫的广州酒家以及金华酒家、陆羽茶庄等，纷纷效法。

然而，虚假的繁荣，终究不得持久。

1941年9月17日中午，广州市内突然响起连串爆炸声。威力最大的爆炸发生在惠爱中路新华戏院门口，炸药藏在一辆装满木柴的大板车上。另外，在大德戏院的日本南支派遣军司令部、大新公司日军据点和日军军官专用的赤玉食堂门口，都发生了爆炸，日军和汉奸死伤数十人。这一连串的爆炸，震撼了整个广州。日军在全城搜捕抗日分子，街上侦骑四出，在宪兵司令部外从早到晚都听到被拷打的犯人惨叫声。到处都笼罩着阴森的凶气。

1944年4月4日，清明前一天，广州又发生了一件大事：广东省主席陈耀祖在文德路的古玩市场，遭到抗日分子狙击，刺客向他开枪和扔手榴弹，陈耀祖当场毙命，刺客则安然逸去。如果说新华戏院爆炸案时，人们仍然觉得日本人势不可当，那么到陈耀祖遇刺时，天下大势，已四方易位，日本人看似战无不胜的神话，到了梦醒时分。这件事形成巨大的冲击波，令许多汉奸惶惶不可终日。

连天气也开始反常了。广东出现特大干旱，粮荒日益严重，潮汕和台山各县饿死、逃亡的民众，逾两百万人，不少人逃到了同样闹着粮荒的广州。1944年，广州谷米、生油、花生、糖类、面粉、豆类、麸类供应，全面告急。物价如脱缰野马般飞腾，火柴、棉纱、棉布、黄金、铜、铁，乃至日常生活中，一切用钱做价值代表的东西，都在这股狂涨潮的推动下，冲天而去。

有个男人到最低级的丙等理发铺剪个头发，竟要5元，他抗议说：“你怎不去抢钱？我上次来才3元，这次就变5元了？”理发师淡定地回答：“明天来就要9元了。”他如果有到高级的理发厅，那里的价钱，一定把他吓晕：剪个头发要500元。理发师笑容可掬地说：“你是贵客，打个折头给你，400元吧。”在各个茶楼酒家门前，大多贴着“随意小酌”一类招贴，茶客们叹息，如今只能“小酌”，不敢“随意”了。

6月24日，政府在原来的1元、5元、10元、100元面额中储券外，又增发500元面额中储券，市场更是鸡飞狗跳。入秋以后，物价却进入了台风季节，商店的标价，一天数变。10月份，生油涨至583元一斤，人们还在怀疑是不是标错价了，11月份，当大米涨至8000元一担时，生油竟要640元一斤，人们怀疑市场是不是发疯了。12月，竟创下生油2.1万元一斤、大米1.5万元一担的天价，人们开始觉得是自己发疯了。中储券的命运，是蟹未死先臭，市民与商家都拒绝使用。而政府除了以评定物价为由，对所有重要物资“一律停止发证输出”之外，束手无策。

1945年柴米油盐价格，继续飞上云头。柴薪价格升至每担4100元，催生了一些专门做“拆家”生意的店铺，他们从四乡搜罗旧木板回来，“拆”成木柴，一点一点放出市场，趁机抬高价格。报纸写道：“荷松山杂等柴，甚至山草，不论干湿，亦如梯式增高。”而生油每埕标价2.5万元，但有价无市；麦子每担1.7万元。8月初，黄金曾经创下一天之内飙升3万元的历史纪录。市内的铺租、房租，纷纷改收白米，政府曾严令禁止，但哪里禁得了呢？

黄金可以炒，港币可以炒，柴米油盐，无不可以炒。报纸描述街头的炒家："有一群正在石室前炒卖砂糖，而另一群又在杨巷口炒卖花纱。东一群，西一群，或则附耳斟盘，或则高声叫价。个个面红面绿，人人臭汗交流。"米店老板预先写好十几块不同的价钱牌，一有风吹草动，马上换牌提价。报纸愤然地写道："米价每小时涨一次，米签换一次，饿死了的穷人又多一次。"

在一片末世的恐慌之中，报纸刊登了一首题为《过海珠桥》的诗，这座几年前还是广州人骄傲的大桥，如今竟笼罩着墓碑般的死亡气息："在你招徕的市声里/无数阴晴的朝暮/噬吐着/数不清的人群/而啮蚀着饥馑的无告者/奔向你的胯下/如有一具具的活尸/在那里躺着躺着。"

从1943年开始，盟军飞机对广州的轰炸，越来越频密。8月26日，十几架美军轰炸机袭击了广州市区；9月2日又轰炸了广州和香港；9月4日、9月9日盟军再次空袭广州，并与日本战机展开激烈空战。进入12月以后，空袭变得更加频繁，12月23日，盟军以战斗机和轰炸机的联合编队，大举空袭广州，再次与拦截的日本战机展开空战。1944年2月11日，27架盟军飞机突破日军的防空炮火，再次对广州进行轰炸。日本的防空力量基本失灵，盟军飞机想炸哪里，就炸哪里。

1945年6月30日深夜，又一批盟军飞机空袭广州，在市中心投下十几枚燃烧弹，德政中路、大塘街、长塘街、高华里附近，多处火起，熊熊大火照亮夜空。7月12日上午，防空警报再次拉响，盟军轰炸东较场、东川路、龙津中路和芳村等地。然而，市民虽然死伤枕藉，但对盟军的轰炸，却似乎并不感到愤怒。记者对灾区进行了第一手观察后，所得的印象，“就是一般市民对于敌机轰炸的防御问题绝不考虑，对于室外的防空壕简直是有而不用”。这反映出民众对日军与汉奸，充满了“时日曷丧，予及汝皆亡”的仇恨情绪。

政府宣布全市灯火管制，入夜不准点灯。广州坠入了黑暗深渊的最深处。过惯夜生活的广州人，饮夜茶、吃夜宵、睇夜戏、逛夜街，所有这些嗜好，统统被迫革除。政府派“哨街猪”四处巡逡，一旦发现点灯，即向警察举报。中华南路茗珍茶楼、高第街明栈食品店、丽华洋服店、永祥和等店铺，都因被举报，受到停业一星期的处罚。

1945年8月7日，报纸首次公布关于广岛被一颗“新型炸弹”轰炸的消息，人们并不知道这颗炸弹，就是原子弹。广州报纸转载的日本大本营公告很简单：“一、昨6日广岛市因受敌B 29小数机之攻击，发生相当损害；二、敌机于此次攻击中，似使用新型炸弹，详细情形刻正调查中。”8月11日，日本南支军最高司令官，向广州市民发出严厉警告：“照得东亚风云益趋变幻，形势颇为严重，民众宜从教服训，安居乐业，倘有流布谣言，妨碍治安，搅乱经济，定当依法严惩不贷。”

老人常常告诫后生，寒在五更头，也许某些巨变，即将发生。虽然报纸和昨天、前天一样，“米价涨风激烈”“柴价涨潮仍炽”“各项物价突见飙升”一类标题，依然洞心骇目，但人们阴郁已久的脸上，终于暗露一丝喜色，仿佛有了盼头。警务处宣布禁止民众舞狮和燃放炮仗；同时要求全体警察“站紧岗位，执行职务”，“要在国家至上，民族至上口号，共同负起确保治安，努力迈进”。从8月12日起，所有军政机关，取消星期天休息，一律照常工作。大家都猜到，他们要完了。

8月15日，七夕的翌日。今年的七夕，冷冷清清，烧衣拜仙的人，比往年大为减少。也许因为局势飘摇，人们都没有心思；也许因为天气不好，雨连续下了好几天，连预告很久的排球义赛和国术表演，都因天气取消了。天空终日阴霾密布，凉风习习，大有一雨成秋之势，人们都失了出门的兴致，好像在家里等着什么。

街上行人稀少，只有米铺外聚着三五成群的人们；金声电影院放映由李丽华、王丹凤、严俊合演的“歌舞巨片”《万紫千红》；广州电影院放映李香兰、袁美云等人合演的“香艳史实悲壮片”《万世流芳》，但观众反应平平。这些都不是现在他们想要的东西。曾经让很多人梦魂颠倒的“增产奖券”，又要在中山戏院开奖了，每张300元，每联100元，特奖70万，报纸“预测悬奖五百万”，多买多中，同中同分；《中山日报》头版，隆重介绍三种新型人造衣料的文章，一种是纸制衣料，另一种是人造羊毛衣料，还有一种是玻璃衣料，“用软玻璃制成衣服，既清洁，又容易洗濯，不怕风雨，这是最进步的一种衣料了”。大金马香烟还在做着那个让人厌烦的广告：“�

不过，市民发现，街上那些穿黑胶绸的“侦缉老爷”忽然消失了，偶然看见，也如夯尾狗，没了往日的威风；很多日本人开的店铺，这天都贴出了“暂停营业”的字条；海珠桥上站岗的日本兵，似乎也有点委顿的模样；拱日西路（今和平西路）的西宪兵司令部、流花桥的北宪兵司令部、南武中学对面的南宪兵司令部、大东门的东宪兵司令部和德政北路的中央宪兵司令部，全都戒备森严，气氛紧张。就在这天正午，日本宣布无条件投降。

消息还没传到广州。下午，广州市商会召开大会，还在商量着如何配合当局，平抑物价。黄昏散会时，大街上已经人潮涌动，无数人流着眼泪，奔走着，哽咽着，呼叫着：日本投降了！战争结束了！

全面崩坏

1945年，抗日战争胜利结束，中国政府恢复对沦陷区的管治。1947年9月20日，宋子文出任广东省政府委员兼主席，复兼任国民政府主席广州行辕主任、广东军管区司令。人们欢天喜地，迎接“王师”的归来。

广州人最殷切期待的就是赶快清理战争的废墟，重建这座城市。广州受灾最严重的，是西堤至黄沙一带，以前这里是广州各种栏口集中的地方，沦陷前受日本飞机的反复轰炸，国民党撤退时又纵火焚烧，抗战后期复被盟军飞机轰炸，西堤附近已成废墟。

国民党回到广州后，准备重建西堤灾区，但进展缓慢，因为所有道路、房屋都要重新规划，动工之前，原来的店铺都暂不发给营业执照。灾民只好在瓦砾堆上，搭建临时棚屋栖身和做生意，于是这里冒出了林林总总的饮食、粮油、柴炭、飞发、杂货无牌小店。这其中有二十多家猪栏，大栏就有生祥栏、宏信栏、三益栏、瑞兴栏等，他们在生猪产地和城内大型肉类经销商都有股份，占了市场半边天，被称为“西猪栏”。在他们的推动下，联合德兴、合兴、永同安、公昌、兴昌、公兴等栏商，组织起生猪栏同业公会。后来，三鸟栏、蛋栏等三四十家栏商，也陆续进驻。政府的重建规划还没出台，废墟上已经有上千家店铺了。

这时，粤汉铁路已恢复通车，水路运输也畅通无阻。抗战初胜，人心思治，社会蒸蒸然有振兴之势。本省各县及梧州、株洲、湘潭、郴州，乃至武汉的生猪，源源不绝地运来，货源充裕。战时奄奄一息的猪栏生意，再度红火起来，每栏每天都有上百头生猪出入。卖往香港的生猪，占了生意额的一半。

抗战之前，联兴街、兴隆路一带（现文化公园附近），是广州最大的三鸟栏、蛋栏、生鱼栏。栏商们分别成立了自己的鱼栏同业公会、鸡鹅鸭栏同业公会、蛋栏同业公会，主营鲜活生鱼、鲇鱼、水鱼、鳝鱼、田鸡、虾、蟹、三鸟、蛋品等。西猪栏经营的生猪都是大出大进的，一些小猪贩运来的零星生猪，他们根本看不上眼，懒得理睬，于是生鱼栏便向这些小猪贩招手，收购他们的生猪。西猪栏的栏商们跳起来抗议，指责生鱼栏“捞过界”。但政府认为，生鱼栏只是收购西猪栏不要的猪，“你不要，还不许别人要？没这个道理。”于是判定生鱼栏可以兼营少量生猪，并把“生鱼栏”改名为“牲鱼栏”，同时成立了牲鱼栏同业公会。

不幸，屋漏偏逢连夜雨，灾民的棚屋区，发生火灾，火势瞬间蔓延，西堤以北，再成一片焦土。政府要拆建兴隆路，指定德政南路、八旗二马路一带，为安置灾民和栏口的地方。三鸟栏迁往德政南路，牲鱼栏迁往新桥市，兴隆路只保留蛋栏。德政南路靠近东堤码头、天字码头和广九火车站，是南来北往的水陆通衢。湖南的生猪，从铁路运到广九火车站；本省的三鸟、蛋类、生猪、腊味，从西江、北江运到东堤，交通十分方便；郁南、封开、肇庆的西江鸡、“花猫”（西江产的花鸭）、东莞、惠州、清远、番禺、顺德、南海的清远鸡、胡须鸡、竹料鸡、鸭、鹅，都可以畅通无阻地运抵东堤。

牲鱼栏同业公会的理事长谢伯澄与几个行家，合资在德政南路兴建了七八间店铺，卖给栏商做货栈。大兴栏的老板陈桥也在德政南路盖了一座混凝土的三层楼房和三座砖木结构店铺，几大鸡栏同时挂牌经营，中小栏商争相“埋堆”。人们把德政南叫做“鸡栏”，把兴隆路叫作“蛋栏”，与黄沙的“西猪栏”区别开来。但迁到德政南的鸡栏，大部分都兼营生猪，越来越多的猪栏，被吸引过去。东园街、东园新街、八旗二马路一带，建起了星罗棋布的栏口铺位，最多时有一百多家店号，人们改口叫它“东猪栏”了。

东猪栏的迅速兴旺，给了人们极大的希望：广州真的要复兴了。但西堤灾区重建，迟迟吾行，由西濠口往西到镇安路，往北到十三行，面积约四万平方米，仍是烂地一块。为了重建问题，政府与商民矛盾尖锐，双方大斗法，风潮迭起，甚至闹上南京中央政府，又给了人们另一种不祥之兆：广州的复兴之路，漫漫而难行。

广州人一向把茶楼酒家视作市道旺淡的重要指标，市道好时，食肆人头涌涌，反之则水静鹅飞。1946年广州的茶楼酒家，食客如云。抗战胜利后，四乡的酒楼、茶楼，纷纷涌入省城，安营扎寨；许多被日本人巧取豪夺去的酒家，又重回到广州人手中。战争期间避难外地的饮食业经营者，也陆续返回，重操旧业。

沦陷期间由台湾人开在长堤的东天红餐馆，被香港人接手经营，改名为大公餐厅，以精美的西餐、西点驰名省港澳；德兴饭店老板在长堤开了一家冠华酒家；著名茶商陈星海的侄儿陈勤昌把长堤的割烹别府改建为总统酒家；金龙酒家是省港澳饮食大王高棠所开，他经营的酒楼遍布香港、澳门、广州、上海、南京等地；汉民路两家太平馆西餐厅，沦陷时一度停业，也重新开业了。国泰、红棉、大中、新陶芳、迎宾等酒家，先后在惠爱中路、汉民路开张，盛极一时。由兴宁人经营的宁昌饭店，在忠佑大街城隍庙前，开门迎客。这是一家以客家菜为主的饭店，东江盐焗鸡、梅菜扣肉、东江爽口牛肉丸、八宝窝全鸭、七彩杂锦煲等东江名菜，都是宁昌的招牌菜式。“宁昌”让人产生“兴宁昌盛”的联想。

但这种昌盛的想象，不过昙花一现，到1946年下半年，便黯然凋谢了。最初出现的征兆，是政府在1946年底，突然向酒楼加征筵席饮食税，把原定每天认缴总额360余万元，上调为2800余万元。酒楼业大哗，认为定额太高，无法接受。他们向政府大吐苦水："酒楼行现在的环境，支持已不易，能求企稳者不及三分之一，时见酒家登出平价菜式以招徕，足见生意不景。希望政府能维持原税额不变。"但政府答复："目前全市酒楼每日营业额已超过一亿元，征收十分之二实不为多，此事不能讨价还价。"

政府寸步不让，透出的信息是，财政十分紧绌，想从商界搜刮，挹彼注兹，除此别无良策。但商界认为抗战刚刚结束，人们喘息甫定，政府此举，无异杀鸡取卵。政府与商界的关系，突形紧张。商界没有意识到，筵席税只是一个小小的浪花，紧接着而来的惊涛骇浪，才足以让大多数人都折戟沉沙。

1946年，随着内战全面爆发，物价开始出现不正常的波动。1937年，100元法币可以买到两头牛，1945年可以买两只鸡蛋，但1946年只能买到六分之一块肥皂。政府断言，这是因为投机商人利用游资，散布谣言，乘机囤积居奇，助长物价不合理上涨。政府要求市参议会、市商会，会同各行各业的同业公会、消费合作社，共同组织物价评议委员会，负责监督物价，发现有关民生的商品价格不合理地上涨时，就要召开评价会。但如果这样一个委员会就能平抑物价，那么一棵树也能挡住南海台风了。

到1947年，100元法币连六分之一块肥皂也买不到了，只能买一个煤球。1947年11月，猪肉上肉3.2万元一斤，花肉3.1万元一斤，鲩鱼1.6万元一斤，鲮鱼1.5万元一斤，菜心3800元一斤，莲藕要4400元一斤。仅仅四天之后，上肉变成4.2万元一斤，花肉

4.1万元，鲩鱼2.2万元，鲮鱼2万元。米价在11月25日、26日、27日三天内，每担上涨30万元，达到80余万元。家庭主妇们叫苦连天，沦陷时物价飞涨的魔影，再次浮现。

那个在1945年会被500元剪发费吓出冷汗的男人，这时又踱进甲级理发厅，口袋里揣着5000元，心想怎么都够了吧。一看墙上的价格表，头上又冒汗了：剪发1.33万元，洗头1.31万元。他赶紧蹑手蹑脚溜出理发厅，跑到差一点的理发厅一看，乙级的剪发1.03万元，丙级也要6200元，只好又溜了出来。最后他拖着疲惫的脚步，到一家街边档，理发师伸出四个手指。他惊喜地问："400？"理发师说："你发梦啊？4000。"但这还不算最高，到1948年春节前，连街边档剪发的最低消费，也从1.5万元起步。人们想和往年一样，到花市买几株桃花回家过年，到花市一看，二三十万元一枝桃梅。与患有麻风的私娼过夜，也就是这个价钱。人们哪里还有心情过年。

政府对涨价的解释了无新意，一时归咎于奸商囤积居奇，一时归咎于金价、港币暴升，一时又归咎于交通不畅，一时又安慰民众"本市粮食无虞，各县存粮运穗"。这些遁词，人们早在日伪时代，已听得耳朵起茧。有一首打油诗讽刺："物价飞升未肯松，朝朝喊涨势无穷。盘旋欲与青云接，峰外从知更有峰。"

很多人被沉重的生活负担，压得喘不过气来，抑郁症、狂躁症、营养不良、低血糖、胃炎、溃疡病等，成了流行病。市立妇婴保健院公布调查报告称，广州每46人中有一个患肺病，每5人中有一个感染梅毒。但要上医院看病，也不是一件轻松的事情，弄不好，抑郁症更加严重，因为全市中医统一标价，门诊5万元起步，出诊20万元。看不起病，只好等死，或者自杀，爱群大厦三天两头就有人跳下来。马路上不时见到无人认领的死尸，1947年1月就有307具，2月有334具，3月有262具，当地的保甲长不闻不问，装聋扮盲。掩埋队全年共收殓2931具路尸，到1948年每天有6具，即全年有2190具路尸，无人收殓。有人又写了一首悲凉的打油诗："前世唔修死路头，一双遗体无人收。掩埋队诈唔知道，保长推庄乜理由。"

但奇怪的是，虽然物价飞涨，但茶楼人气不减，还是那么兴旺。有人感叹：古诗所写"朱门酒肉臭，路有冻死骨"的悲惨情景，不期重现于20世纪40年代的广州。其实茶楼的茶客，大部分是从事黑市交易的炒家。"有咸龙吗？""有花旗纸吗？"各种窃窃私语，夹杂在"叉烧包""生肉包"的叫卖声中，粥粥乎哉，可谓盛矣。

政府派出大量检查员，巡查市场各个角落，一旦发现有人炒卖港币、黄金，马上拉人封屋。报纸上几乎每天都有抓获"好淡友"的新闻，好淡友就是那些专门"揸好友、空淡友"的炒家。一则新闻写道："某人在十三行故衣街裕大银号炒卖金融，为经检队员巡查发觉，将其捕获，在其身上搜获收用记号港币一纸，港币水单一张，港币二元六角，乃将之带往分局处理。"二元六角港币，亦足以惹上官非。另一则新闻写道："太平分局值勤警士巡至十三行附近，见有男子数人麕集是处，交头接耳，状殊神秘，似属炒卖黑市。警乃认为好友辈谈论黑市金融，意图炒卖，遂上前拘捕。讵彼辈男子见警至，即作鸟兽散，后卒截获好友一人，带返分局办理。”状殊神秘，被认为“意图炒卖”，也可入罪。

广州的金银首饰业，清末民初就很兴旺，从业人员一度多达三千人，金铺两百余家，多聚集于小市街、惠爱街一带，人们夸张地形容，小市街“金铺多过米铺”。1930年开辟马路后，小市街改称中华南路，金银首饰店愈开愈多，成行成市，大致上分属兴和堂与立本堂，前者生产唐装首饰，以供应国内市场为主；后者生产洋装首饰，以供应国际市场为主。20世纪40年代，两个堂口联合组成广州金银首饰器皿业职工会。1946年以后，政府突然宣布禁止黄金自由买卖，勒令银楼、首饰店上报全部金饰，限三个月内售出，逾期须向中央银行兑换国币。这对金银首饰业是沉重打击，小市街金铺大起惊慌，能逃则逃，能藏则藏，一时鼠撺狼奔，乱作一团。

当局誓言要“平抑金潮”，警察局、金融管理局派出众多警员和便衣，全力扫荡金铺、银号。惠爱中路的厚生金铺，被搜出5052元港币和21元美金，立即被贴上封条。便衣又到各个银号，混在普通顾客当中，只要听到有人查询黑市价格，马上现身，喝令其静坐候查，禁止离开。有便衣在一家银号检查时，发现柜台上有50元港币，立即严厉追问是谁的，竟无人敢认，宁愿眼巴巴看着被没收充公，查完以后，还要店铺自动出具书面切结，证明检查人员没有进行勒索和滋扰。政府的打击力度，不可谓不强，但1948年1月25日报纸的大字标题却仍然是：“黄金港币腾涨，突破最高大关。”

政府认为打击粮食炒家，与打击金融炒家，同等重要。政府公布官定米价，三日公议一次，不得随意变动，米铺必须标出公价的米签，不插米签也算违法。1月25日，广州各区警局大举出动，扫荡市内米铺，在长寿路、南华中路、东华东路、永安东、三角市、大东路、龟岗、小北路等处，抓获逾百名不插米签，或违反公价的“投机米商”，连打工的伙计也一并拘捕。欧阳驹市长发表措辞严厉的讲话，声言对黑市经营者，一定深究其罪，且罪名是“扰乱粮价以扰乱治安”。米商大呼冤枉，声称米价时时变化，警察下午来搜查时，不能按上午的价格抓人。很多米铺没有插米签，是因为根本不清楚即时的米价。

严刑峻法，并不能阻止米价的一路狂涨。白花花的大米，成了广州人挥之不去的“白色恐怖”噩梦。

1948年3月4日，新齐眉224万元一担，银粘米220万元一担。100元法币，现在只够买五百分之一两大米了。《和平日报》开辟了一个“主妇须知”的栏目，公布肉菜和粮油、副食品市场每天的价格。猪肉上肉卖16万元一斤，花肉15万元，鲩鱼6.2万元，菜心8000元，莲藕2.5万元。广州每天供应市场800~1000头猪，其中70头是死猪。到6月19日，每担上等大米售价为922万元，到7月23日升至4888万元。1947年2月，火柴每盒104元；一年后升至2000元；肥皂每块925元，一年后升至5万元；鸡蛋每只369元，一年后升到1万元。

春天快过去时，一份卖3万元的报纸标题是：“昨日涨了今又涨，你也涨来我也涨”；入夏以后，报纸卖到6万元一份，新闻标题是：“在广州，涨价不是新闻，不涨价才是新闻”。当报纸售价升到20万元一份时，已经没人想看新闻了，大家都麻木了。民众在水深火热之中，完全看不到希望。

政府应付危机的办法，就是让印钞厂机器，开足马力印钞。1937年“七七事变”之前，全国法币的发行额是14亿元，至日本投降时，达到5000亿。其后三年间，法币发行量，新增达600多万亿。1947年发行1万元面额大钞，老百姓已叫苦不迭，1948年更发行2万元、4万元，甚至25万元关金大钞，也如出柙猛虎一般，现身市场了。人们手头有货的不敢卖，有钱的无处买货，整个市场，有价无市。外表海沸山裂，内里寂若死灰，一切交易陷于停顿。

有人在六榕寺的花塔上，刻了一首打油诗：“白云山上白云浮，岂有艰难一哭休。锋镝每于穷处现，图存只向险中求。”为了生存，人们不惜作奸犯科。有个每天在太平沙珠光路口摆摊卖菜的孕妇，光天白日，被一名西装友持枪指吓，强抢手上的金镯，这是她的命根子，妇人大叫“抢嘢”，奋力反抗，歹徒竟连开三枪，致其当场毙命。然后歹徒在众目睽睽之下，脱下死者金镯，扬长而去。这种惨剧，发生在闹市中心，令人胆战心惊。

歹徒不仅抢金器，连大粪也抢。广州的粪溺，一向由三泰行独家承销，幕后老板是前十九路军抗日名将谭启秀。这一行有多好赚呢？从三泰行每年缴给政府的承包费224042万元，可以想象，利润是一个天文数字。广州人谑称粪便为“黄金”，三泰行炒“金”无罪，而且炒得盆满钵满，引起很多人眼红，竟冒出不少“武装偷粪”的团伙，在西关、东山及河南邻近四乡出没，专偷粪溺。据报纸披露，这都是一些有组织的盗窃，其方法是“以火水箱或特制皮箱，为装运偷粪之用具”，而且有武装保护偷运。在百货呆滞之际，粪溺却交投活跃，货如轮转，足以羡煞旁人。

1948年8月19日，中央政府公布《财政经济紧急处分令》，正式实行币制改革，以金圆为本位币，十足准备发行金圆券。行政院成立“经济管制委员会”，以上海、广州、天津为重点管制对象。宋子文担任广州经济督导员，坐镇梅花村，处理经济危机问题，颁了七道严令：一、取缔地下钱庄，严禁黄金外币非法买卖；二、加强黄金外币出入口的检查；三、携带现钞入境，依限额办理，逾额封存中央银行；四、检查各仓库存货，取缔囤积居奇；五、严缉食米走私出口，禁止抬高米价；六、严制金融业的电话通讯；七、拘获扰乱金融罪犯，即解送法办。当局号称筑固“八一九防线”，要扶大厦之将倾。

然而，以铁腕强权，令物价骤然冻结在一个岌岌可危的尖峰位置，等于埋下一颗不定时炸弹。根据“八一九防线”，上等米的公价是4600万元一担，评定为21金圆，等于法币6300万元；旅店房租在8月19日前是300万~400万元，现评定为2~3金圆，等于法币600万~900万元。这实际上就是在涨价。8月25日，广州的物价比“八一九防线”时，飙升100%，升幅居全国之冠。

抢购狂潮，瞬间惊涛拍岸。市民疯狂扑向商店，抢购限价商品，然后加价转手渔利。也有人在广州市郊设卡，拦截四乡运入广州的粮食、肉类，按限价收购，再加价转售。商店进货渠道断绝，粮荒、肉荒，百物皆荒。粮食和民生日用品的价格，产区高于销区，原料高于成本，来源枯竭，物资逃匿，不少商店闩门歇业，无市与黑市现象，急剧恶化，伊于胡底。民间的金圆券，迅速变成大量游资，银根松滥，币信暴跌，金圆券势将重蹈法币覆辙。市面出现空前大恐慌、大混乱。

就在一片风声鹤唳之中，由1200名热血青年组成的“广州青年服务队”，迈着坚定步伐，走上街头，高喊“打大老虎”的口号。他们慷慨激昂地对围观市民说：“目前的青年应该齐向革命目标前进，集中力量去推行此一社会革命，对准豪门开刀！”市民为之鼓掌打气，他们握拳宣称：“我们广东不少人当官，但谁来替老百姓‘当差’呢？现在只有我们自动起来替老百姓‘当差’！”

青年们协同警察、宪兵，扫荡地下钱庄，收缴外币、黄金；搜查仓库，没收囤积货物；检查旅馆，一旦发现外币，立即代其换成金圆券；外地来广州的旅客，身上携带现钞，不准超过1000元金圆券。一时间，这一“革命”造成风起云涌的声势。特种高等刑事庭受理了一宗“严重案件”：有一家理发店居然无视法令，向顾客收取了1元理发费，超出限价两角。法庭铁面无私，执法如山，判这个理发师有期徒刑6个月。民间对金圆券与经济管制的观感，从期待转为看淡，就像塞一把湿柴进炉灶，只见冒烟，不见火焰。

10月1日，广州戏院公会首先要求提高票价50%，政府一口拒绝。但你有张良计，我有过墙梯，戏院就把一套戏分成上下两段售票；公用事业的涨价，也箭在弦上，这些行业不仅要求加价，而且要从9月份开始追加；汽油、煤油、柴油一马当先，车票、船票、电话、电报、图书、大米、柴薪、肥皂、白糖、火水、猪肉、白菜、咸鱼、豆豉等行业紧随其后，万马奔腾，猛撼“八一九防线”，雷轰电掣，欲罢不能。11月26日，广州物价整体水平，比“八一九防线”之前，劲超13倍。1949年1月22日，宋子文黯然辞去广州绥靖公署主任、广东省政府主席，宣告经管失败。

1949年4月下旬，中国人民解放军发起渡江之战。这时的南方，已是春回大地，满树新绿，木棉花红红火火，开得正旺，与广州黯淡的政治、经济气氛，形成鲜明对比。南京失守的消息一经传来，广州全城实行戒严，街道行人寥落，车马稀疏，处处可见荷枪实弹的军警巡逻。民国政府和国民党中央，在一片“保卫华南”的口号声中，仓皇逋迁广州。

金圆券的闹剧，还未煞科，解放军渡江，又刺激美钞、谷物、棉纱一律涨价5倍，黑市港币1元兑金圆券8万元，上等米一担卖300万元。5月7日，央行发行10万元面额的金圆券大钞5000亿元，破历来发行纪录；5月10日，再发行50万元面额大钞1000亿元。金圆券的印刷成本，超过面值，这种怪诞情况，让人瞠目结舌，拱手无措。一周之内，物价攀升387.7%。粮食价格进一步暴涨。

金圆券是无法维持了，但用什么取代它？财政部认为，中国民间习惯使用银元，信任硬币，自从法币、金圆两度贬值之后，这种心理尤其明显，不如“适合人民心理，顺应社会需求”，先恢复银元本位，各种版色银元，如孙中山像银元、袁世凯像银元、龙版银元、墨西哥银元、澳洲银元、川版、滇版银元等只要重量成色合乎标准，一律准予流通行使。然后，再由中央银行察酌社会需要，依照规定成色，拨足准备金，发行银元兑换券。

新的币制改革，从7月2日开始推行。然而，在当前的战争状态下，交通几乎完全断绝，各省怎么调拨现金、现银？权宜之计，只能在广州、重庆、桂林、长沙、福州、贵阳等几个大城市先行兑换，但可笑的是，这些大城市也没有银元。结果，这几个国民党仅存的城市，便成了自己一手炮制的币制改革的牺牲品。7月4日，银元券首次挂牌，金圆券前鉴不远，金融界对银元券的反应，更为冷淡，直视其为“欺骗性纸币”。市民纷纷涌往银行兑换银元，以致银元迅速告罄，不得不以黄金折兑。人们认为这是停兑的先声，谣诼蜂起，人心再次大乱。

香港《大公报》批评：“因过去政府改币，朝令夕改，已失信于民，而今岂易重收覆水？”纵使号称以银元准备，但无人相信，兑换情形惶乱不堪，发行仅一天，银行界就预言它“势将破产”了。7月17日，新华社发表声明，中共解放华南、西南以后，将只收兑银元，不收兑银元券及国民党发行的一切货币。对奄奄一息的币制改革，不啻夺命一击。

10月1日，毛泽东在北京宣布中华人民共和国成立。国民党大势已去，一个旧时代谢幕了，一个新时代开始了。国民党在中国大陆的最后一届政府，就这样在广州土崩瓦解，作鸟兽散。10月14日上午，警察总局拉响了撤退的汽笛，凄厉的声音在空中回荡。下午1时许，天河机场、白云机场被炸毁；广州东北郊的飞机库、军械库，也传来连串的爆炸声。国民党开始了撤退前的破坏。下午5时55分，长堤方向响起巨大的爆炸声，浓烟冲上半空，海珠桥被炸断了。傍晚6时30分，中国人民解放军从沙河进入广州。

历史新一页

历史旧的一页翻过去了。

我们并不清楚，这座城市的第一页应从何处落墨，是从七千年前七星岗的海蚀崖？从战国时五羊降临广州？还是从秦始皇南征？抑或从赵佗建立南越国？但我们却清楚地知道，后面还有无数的篇章，有待谱写。太阳每天都是新的，阳光下的广州，每天也是新的。就像穿城而过的珠江，人们无从知悉它的第一滴水源自哪里，也不知道它最终流向何方，唯一可见的，就是它永远在滔滔奔流。看似山依旧，水依旧，江山犹是昔人非。其实每一秒钟都是一条新珠江，与前一秒钟已全然不同，每一滴水珠、每一粒河砂，都起了变化。

在西关的横街窄巷里穿行，与在花城广场里徜徉，空间的感受截然不同，仿佛两个不同的空间在互相挤压着、对峙着，又互相包容着，一个如此亮丽、张扬，一个如此沉稳、淳厚。在南越王宫署博物馆里，有一个“地层关键柱”，让人可以直观地看到，从秦代到民国，两千多年的岁月轮转，时代更迭，就像一张“千层饼”，层层递进，层层叠压着。有学者告诉我们，历史是一个浑然天成的过程，无始无终，无生无灭，无住无往，线性时间的观念，只是人类想象的结果。然而，在这里，线性时间却以赤裸裸的形态，呈现在人们面前，带给人一种莫可言状的震撼之感。这种感受，与在热闹的人潮中，俯视着北京路那11层寂静无声的路面时的一样，神摇意夺，汗不敢出。

当年，致美斋酱园门口，摆放着一对石磨，长年缓缓转动，一个出麻油，一个出麻酱，从店内飘出的酱油和猪脚姜醋的气味，香透了整条街，“未到其门，先闻其香”成了它的活招牌。它的对面，就是两千多年前的赵佗南越王宫署。岁月就像那对石磨一样，日夜转个不停，把豆磨成粉，把粉磨成浆。此时此刻，我们又确实感觉到，历史并不是循着线性的路径发展，它是一个不断互相融摄、发酵、衍生、成长的丛体，你中有我，我中有你。在今天的广州，我们仍能找到一两千年前的某些风俗习惯，在广州人身上还能看到一些世代相传的性格特征。

春雨初歇的清晨，我们走进人声嘈杂的酒楼，融入那些饮早茶的广州人当中，听着他们对柴鱼花生粥和金黄油炸鬼的评论，谈论着左邻右里、三姑六婆的是是非非；看着在街上固执地为一两角钱和小贩讨价还价的主妇，背着两只大纯净水罐，不辞劳苦上白云山挑水的阿婶；小学的喇叭传来“月光光，照地塘，虾仔你乖乖瞓落床”的童谣，端午时节珠江响起扒龙舟的锣鼓声和炮仗声；过年在大街上扛着一枝大桃花、一盆四季桔，抱着一束束石竹花、剑兰、芍药、银柳的男男女女，洋洋盈耳一片“恭喜发财”“快高长大”的声音……你又会觉得，时间之流是如此的松弛、疏慵，仿佛一切都是静止的，千年不变。

历史这本大书，就在这变与不变之间，一页页翻过去了。20世纪90年代以后，广州新城区的崛起与扩张，以排山倒海之势，滚滚而来，每天都刷新着城市的面貌。昨天走在冼村、猎德村，还是一派“田父草际归，村童雨中牧”的田园景色，今天已成最高级的中央商务区，四周都是高耸入云的写字楼，还有图书馆、博物馆和歌剧院等豪华的城市设施。许多人十年不见广州，便几乎认不出来，连连惊呼：“发展太快了，变化太大了！”

2010年，广州市政府在人民公园外的广场，设立广州原点。这是一个用精铜浇铸的圆盘，厚度达2厘米，重达3吨，表面镌刻一圈从南越王墓出土的龙形玉佩图案和羽人驾舟等图案，作为广州坐标方位的“零公里点”，让人思绪如潮。古书上描写的那个涨海连天，瘴氛弥地，蝮蛇蠚生，疾疠多作的穷山恶水，与今天云厦如林、道路如网、车水马龙、日新月盛的广州，是同一片土地吗？那些驾着扁舟，擂着铜鼓，出没于江浒河汉的羽人，与眼前满街衣着光鲜，拎着大包小包，带着欢声笑语走过的广州人，重合得起来吗？他们是同一片土地养育的儿女吗？是他们前赴后继地创造了这座城市的吗？

是的，就是这片土地，就是这些人们。

历史将永远感谢他们，感谢他们开创了这座伟大的城市，感谢他们让这座城市知书识礼，留下那么丰盛的衣冠文物，感谢他们把这座城市带向世界，还要感谢他们发明了那么多好吃的东西。

参考书目

1．广州市文化局、广州市文博学会编：《羊城文物博物研究》，广东人民出版社1993年版。

2．广州文物考古研究所编：《广州文物考古集：广州考古五十年文选》，广州出版社2003年版。

3．广州文物考古研究所编：《广州考古六十年》，广东人民出版社2013年版。

4．广州市地方志编纂委员会编：《广州市志》（1~20卷），广州出版社1995—2000年版。

5．《广州市文物志》编委会编著：《广州市文物志》，岭南美术出版社1990年版。

6．吴仁敬、辛安潮著：《中国陶瓷史》，上海书店1984年版。

7．项怀诚主编：《中国财政通史》（1~12卷），中国财政经济出版社2006年版。

8．袁英杰编著：《中国历代服饰史》，高等教育出版社1994年版。

9．宋杰著：《中国货币发展史》，首都师范大学出版社1999年版。

10．广州市地方志办公室、广州市地方志研究所编印：《广州市沿革史略》1989年版。

11. 广东省地方史志办公室辑《广东历代方志集成·广州府部》，岭南美术出版社2007年版。

12. 李默、林梓宗、杨伟群点校：《岭南史志三种》，广东人民出版社2011年版。

13. （唐）刘恂著：《岭表录异》，广东人民出版社1983年版。

14. （宋）周去非著：《岭外代答校注》，中华书局1999年版。

15. （宋）乐史著：《太平寰宇记》（1~9卷），中华书局2007年版。

16. （元）陈大震编纂：《南海志》（残本），广州市政日文化传播印（影印本）。

17. 李龙潜、杨宗霖、陈忠烈等点校：《明清广东稀见笔记七种》，广东人民出版社2010年版。

18. （明）黄佐编纂：《广东通志》（上、下卷），广东省地方史志办公室誊印。

19. （明）郭棐著：《粤大记》，中山大学出版社1998年版。

20. （清）阮元编纂：《广东通志》，上海古籍出版社1990年版。

21. （清）屈大均著：《广东新语》（上、下卷），中华书局1985年版。

22. （清）同治朝《番禺县志》，广东人民出版社1998年版。

23．（清）康熙朝《南海县志》，书目文献出版社1992年版。

24．（清）道光朝《南海县志》，（台湾）成文出版社（影印本）。

25．（清）宣统朝《南海县志》，（台湾）成文出版社（影印本）。

26．（清）《驻粤八旗志》，辽宁大学出版社1992年版。

27．（清）李翰章、廖廷相编纂：《广东舆地图说》，清光绪十五年重修会典馆藏本（影印本）。

28．（清）顾祖禹著：《读史方舆纪要》，中华书局2005年版。

29．（清）何淙修：《光孝寺志》，广东教育出版社2015年版。

30．（清）仇巨川纂：《羊城古钞》，广东人民出版社1993年版。

31．（清）檀萃著：《楚庭稗珠录》，广东人民出版社1982年版。

32．梁鼎芬等编纂：《番禺县续志》，（台湾）成文出版社（影印本）。

33．《六榕寺志》，六榕寺自印本1999年版。

34．黄佛颐编纂：《广州城坊志》，广东人民出版社1994年版。

35．黄任恒编纂：《番禺河南小志》，广东人民出版社2012年版。

36．黄炎培著：《一岁之广州》，商务印书馆1927年版（影印本）。

37．刘伯骥著：《广东书院制度》，（台湾）国立编译馆中华丛书编审委员会1958年版。

38．陈守为著：《岭南古史》，广东人民出版社1999年版。

39．尚智丛著：《传教士与西学东渐》，山西教育出版社2000年版。

40．冯沛祖著：《越秀史稿》（1~6卷），广东经济出版社2015年版。

41．黎业明著：《湛若水年谱》，上海古籍出版社2009年版。

42．汪宗猷主编：《广东满族志》，广东人民出版社1994年版。

43．伍锐麟著：《民国广州的疍民、人力车夫和村落》，广东人民出版社2010年版。

44．马以愚著：《中国回教史鉴》，宁夏人民出版社2000年版。

45．杨曾文著：《唐五代禅宗史》，中国社会科学出版社1999年版。

46．陈祖椝、朱自振编：《中国茶叶历史资料选辑》，农业出版社1981年版。

47．黄纯艳著：《宋代海外贸易》，社会科学文献出版社2003年版。

48．聂宝璋编：《中国近代航运史资料》（上、下卷），上海人民出版社1983年版。

49．中外关系史学会编：《中外关系史论丛》（1～5辑），世界知识出版社1985年版。

50．中外关系史学会编：《中外关系史译丛》（1～5辑），上海译文出版社1985年版。

51．张星烺编注；朱杰勤校订：《中西交通史料汇编》（1～5册），中华书局1977年版。

52．黄启臣主编：《广东海上丝绸之路史》，广东经济出版社2003年版。

53．朱学勤、王丽娜著：《中国与欧洲文化交流志》，上海人民出版社1998年版。

54．林明体主编：《广东工艺美术史料》，广东省工艺美术工业公司、广东省工艺美术学会编印1988年版。

55．张海林著：《近代中外文化交流史》，南京大学出版社2003年版。

56．方豪著：《中西交通史》，上海人民出版社2008年版。

57．沈福伟著：《中西文化交流史》，上海人民出版社1985年版。

58．英国维多利亚阿伯特博物馆、广州市文化局等编：《18～19世纪羊城风物：英国维多利亚阿伯特博物馆藏广州外销画》，上海古籍出版社2003年版。

59．广州历史文化名城研究会、广州市荔湾区地方志编纂委员会编：《广州十三行沧桑》，广东省地图出版社2002年版。

60．杨万秀主编：《广州通史》（1～8卷），中华书局2010年版。

61．罗冈撰：《中华民国国父实录初稿》（1~6册），（台湾）正中书局1965年版。

62．黎智添著：《清代道光年间广州城区祠庙的空间分布及其意涵：以道光十五年“广州省城全图”为考察中心》。《中国文化研究所学报》，2016年。

63．周瑞坤著：《公共卫生与城市现代化（1901—1930）》，（台湾）政治大学硕士学位论文，2003年。

64．《广州市市政公报》，1921—1936年版。

65．广州市政府编：《广州市市政纪要》，1930年版。

66．《广州市政府两年来施政报告书》，真平印务局印。

67．刘纪文：《广州市政府三年来施政报告书》，1935年。

68．广州市新生活运动促进会编：《广州市新生活运动辑要》（第一辑），1937年。

69．广州市工务局编：《广州工务之实施计划》，1930年。

70．广州市工务局编：《广州市工务报告》，1933年。

71．广州市政府编印：《广州指南》，1934年。

72．《南天岁月：陈济棠主粤时期见闻实录》，广东人民出版社1987年版。

73．广东省档案馆编印：《陈济棠研究史料》，1985年。

74．高旭红编著：《越秀碑刻》，广东人民出版社2017年版。

75．赵立人著：《粤海史事新说》，广东人民出版社2017

年版。

76．［意］鄂多立克（Friar Odoric）著，吕同六、蔡蓉译：《鄂多立克东游录》，四川人民出版社2007年版。

77．［阿］苏莱曼（Sulayman）著，穆根来、汶江、黄倬汉译：《中国印度见闻录》，中华书局，1983年版。

78．［摩］伊本·白图泰（Ibn Batūtah）著、马全鹏译：《伊本·白图泰游记》，宁夏人民出版社1985年版。

79．［意］马可·波罗（M. Polo）口述，谦诺笔录，余前帆译注：《马可·波罗游记》，中国书籍出版社2009年版。

80．［意］利玛窦（Mathew Ricci）、［比］金尼阁（Nicolas Trigault）著，何高济、黄遵仲、李申译：《利玛窦中国札记》，中华书局1983年版。

81．［美］马士（H. B. Morse）著、中国海关史研究中心组译：《东印度公司对华贸易编年史》（1～5卷），中山大学出版社1991年版。

82．［荷］包乐史（Leonard Blussé）著，赖钰匀、彭昉译：《看得见的城市：东亚三商港的盛衰浮沉录》，浙江大学出版社2010年版。

83．［德］于尔根·奥斯特哈默（Jürgen Osterhammel）著、刘兴华译：《亚洲去魔化：18世纪的欧洲与亚洲帝国》，左岸文化事业有限公司2007年版。

84．［美］唐纳德·F·拉赫（Donald F. Lach）著、周宁总校译：《欧洲形成中的亚洲》（1～3卷），人民出版社2013年版。

85．［瑞］龙思泰（Ander Ljungstedt）著，吴义雄、郭德焱、沈正邦译：《早期澳门史》，东方出版社1997年版。

86．［美］亨特（William C. Hunter）著，冯树铁、沈正邦译：《广州番鬼录 旧中国杂记》，广东人民出版社2009年版。

87．［美］亨特（William C. Hunter）著、沈正邦译：《旧中国杂记》，广东人民出版社2009年版。